立项资助单位

由联合国教科文组织国际交流发展计划第十四届政府间理事会（IPDC）批准立项的《中国女新闻工作者现状和发展》项目（352－CPR－41）

中国社会科学院老学者文库

中国新闻界的"半边天"

陈崇山● 编著

中国社会科学出版社

活跃在’95 世妇会上的女新闻工作者

1995 年 9 月 5 日活跃在’95 世妇会上的女新闻工作者陈崇山在 NGO《妇女与传媒》论坛做《中国女新闻工作者现状和发展》的主题发言。灯柱边站立者是首都女记协会长李琴。

陈崇山在论坛发言。

全国记协戴预璋在论坛发言。

北京外国语学院吴青在论坛发言，
右为主持人陈秀霞。

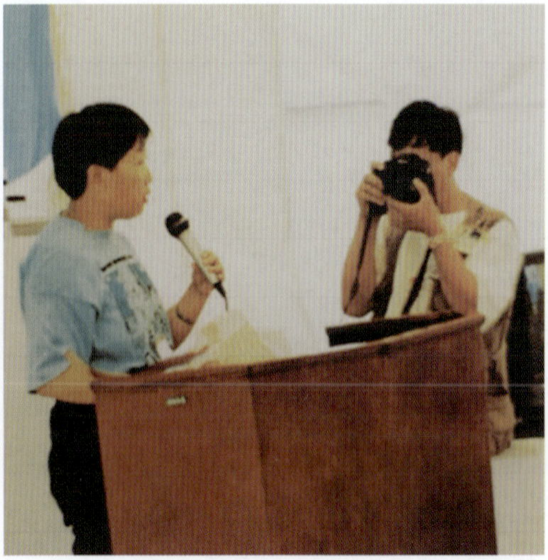

新华社熊蕾在论坛发言。

上海电视台王小平在论坛发言。

左:中国妇女报谢丽华在论坛发言并回答外国
代表的提问,中:陈秀霞帮助翻译。

工人日报张淑华和中国青年报谢湘采访’95 世妇会秘书长蒙盖拉夫人。（原载《女记者与世纪同行》）

中国日报黎星（后排居中者）在主席台采访。（原载《女记者与世纪同行》）

中国人民广播电台白勇熙（朝鲜族）在会上采访。（原载《女记者与世纪同行》）

左：人民日报卢小飞　右：中国青年报谢湘在’95 非政府组织妇女论坛现场留影。（原载《女记者与世纪同行》）

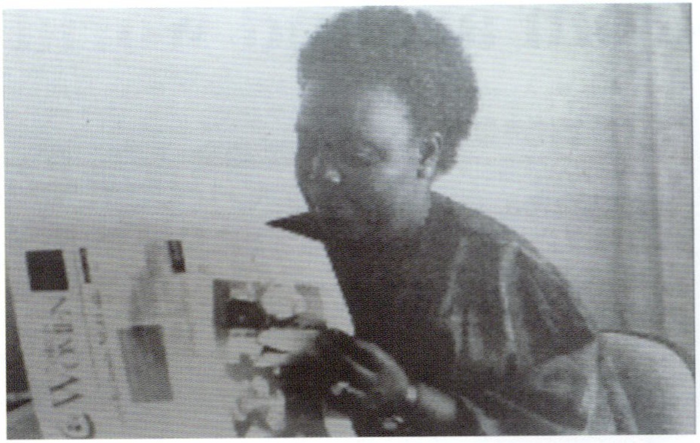

联合国第四次妇女大会秘书长蒙盖拉夫人在阅读《世界妇女报》。（黄庆提供）

联合国第四次妇女大会上代表争相阅读《世界妇女报》。（黄庆提供）

《世界妇女报》主编黄庆在非政府组织论坛发言。（原载《女记者与世纪同行》）

《世界妇女报》编辑部全体人员合影。《世界妇女报》

陈崇山同外国代表交换名片。

外国代表访问谢丽华主办的《农家女百事通》杂志社。(谢丽华提供)

1995 年 9 月 4 日,人民画报社女记者出席联合国第四次世界妇女大会非政府组织(NGO)盛大开幕式。(原载《女记者与世纪同行》)

厦门大学新闻传播学院美籍教授英键(中)与陈崇山(左)和卜卫(右)在'95 非政府组织妇女论坛现场留影。

全国妇联主席彭珮云（中）与首都女记协会长和副会长王金凤（右）在会场合影。（原载《女记者与世纪同行》）

首都女记协会长王秀琳（左）与顾问陈秀霞（中）、陈崇山（右）在2000年“北京+5”研讨会上。

首都女记协成员在怀柔。自左至右：张明非、李琴、陈崇山、岳克、王金凤。

2000年8月，中国青年报的冯媛、蔡一平、郭艳秋等开办社会性别意识培训班。图中：（居中者）首都女记协副会长斯热歌（蒙古族）、（左一）少数民族女记协会长白勇熙（朝鲜族），同行者有：中央电视台寿沅君（左二）、郭艳秋（右三）、陈崇山（右二）。

中国新闻史上第一次全国女新闻工作者大规模抽样调查在全国记协礼堂举行发布会。（闵大洪摄）

发布会由陈秀霞（右1）主持，陈崇山（左1）报告调查结果。（闵大洪摄）

调查组部分成员。自左至右：社科院新闻所的陈力丹、宋小卫、刘晓红、卜卫。（闵大洪摄）

2004年，中国妇女报在全国第十次妇女代表大会上开展读者问卷调查，一位少数民族妇女代表在认真填写问卷（任安立提供）

（以上照片除注明出处者外，均系陈崇山提供）

目　录

第一编　中国女新闻工作者百年历程

第二编　中国首次大规模女新闻工作者调查

第三编 传媒人要推动性别意识纳入主流

第四编 中国女新闻工作者的喜和忧

第五编　女新闻工作者主办的报纸特征

——对《中国妇女报》的个案研究

序一　回首'95世妇会20年

卢小飞

《中国新闻界的半边天》终于付梓面世，崇山老师的呕心沥血在这里画上句号。作为新闻同道，在惺惺相惜的同时，也感佩作者在泥沙俱下的信息洪流中，呈献出一幅全景式正面描述中国新闻界女性的历史画卷，假以填补此类著述的空白，其学术价值自有历史评判。

崇山老师执著于追求真理，她以自己得心应手的新闻调查切入，从没有过坐而论道的时光，这是我认识她30年来不变的印象。1983年，我初入人民日报社，新闻界自身正酝酿着诸多变革，其中就有崇山老师组队的新闻调查。当时，中国社会科学院新闻研究所借用着人民日报社的9号楼，我们碰面机会较多，每每见她都是手执课题，与年轻同道一起风风火火投入社会实践，以定性和定量分析相结合的实证研究方法，开展许多不同主题的读者调查，成了一种倒逼新闻真相的手段。那个时候，新闻改革如同其他一切领域的改革一样，让我们许多新闻人沉醉其间，而新闻实证研究的新颖和独创性，也让我们一线记者有一种紧迫感，及至影响了我后来的新闻写作。

1995年夏天，我们相聚在第四次世界妇女大会非政府论坛，都是《妇女与媒介》论坛的发言者，崇山老师的主旨发言正是《中国女新闻工作者现状与发展》调查报告，也是论坛上分量比较重的话题。三年后，我调入中国妇女报社，原以为见面机会无多，未料她对妇女与媒介话题热度不减，不仅上门采访了我，还义务为妇女报开展了多次读者调查。直到最近看到这本书稿，才知道世界妇女大会以后，她循着社会性别倡导与研究的方向"一条道走到底"，最终以这部著作回馈了世界妇女大会提出的问题。

那么，世界妇女大会究竟提出了什么问题呢？出席会议的各国政府首脑在那次会上共同签署了《行动纲领》，并以《北京宣言》的形式高调向世界发布。《行动纲领》向世界提出了12个关切领域，涉及到妇女生存发展的各个方面，包括了就业、教育、健康、环境、女童、反暴力和反贫困等等，其中的“妇女与媒介”就是个世界性的话题，它要求各国政府应“鼓励媒体塑造和采用非陈规定型、平衡和多元化的妇女形象”，“鼓励媒体不要将妇女描绘为低人一等的人和利用妇女作为性玩物和商品，而将妇女描绘为具有创造性的人、及其重要的行动者、发展进程的促进者和受益者”。还提出，大众媒体应“在符合言论自由原则下，制定专业准则和行为守则及其他的自律形式以促进表现非陈规定型的妇女形象”。提出“通过媒体宣传，促进平等分担家庭责任，在宣传中强调两性平等以及妇女和男子在家庭中的非陈规定型的性别角色”。说穿了，解决性别平等问题的核心要素是思想观念，为此中国政府制定的《中国妇女发展纲要》作出了积极的回应，提出“制定具有社会性别意识的文化和传媒政策，加大男女平等基本国策的宣传力度，增强全社会的社会性别意识，逐步消除对妇女的偏见、歧视以及贬抑妇女的社会观念，为妇女发展创造良好的社会环境”。

20年过去了，中国妇女的发展状况为世界瞩目，这12个领域的进化与国情发展大体是同步的，妇女在就业、健康、教育、卫生、婚姻家庭和反贫困等领域取得了长足的进步，而传媒、环境、女童、反暴力等领域则不尽如人意。作为传媒业的一员，我曾提出过尖锐的批评亦有自省，但也不否认这些领域取得的成绩。我把媒介与女性关系中呈现的变化概括为三个特点，即“半壁江山的发展格局，砥柱中流的发展态势和笑傲江湖的英雌轨迹”。

所谓半壁江山的发展格局，是指女性在传媒业的就业现状。根据国家新闻出版广电总局2016年6月20日发出的政府信息公开告知书（2016年广第168号）告知：全国新闻从业人员总数为900664人，其中女性为356211人，所占比例为39．55%。在核准持有新闻记者证的258126人中，有男性记者143964人，占55．77%，有女性记者114162人，占44．23%。持证记者的分布为：报纸记者100979人，期刊记者7434人，通讯社记者3087人，电台电视台记者145429人，新闻电影制片厂记者386人，中央重点网站记者801人。当然，还有大量从事网络媒体、自媒体和体制外媒体的人员未能统计进来。仅就这些数字来看，女记者的数量已经接近半壁江山。这和目前高等院校新闻传播院系中女学生的现况相符。

所谓砥柱中流的发展态势，是指传媒业女性的在岗状态。这些年，新闻界无疑经历着我们这个国家所有大事要事的考验，女新闻工作者的作为也通过大众传播得以呈现。传媒业女性进入决策层比例日渐增多，尤以广电系统为多，过去清一色男性领导的党报系统也出现了女性身影，而高层次人才成长速度超过了预见。我曾作为评委连续多年参加国家新闻出版行业高级职称评定，2008年以后，呈现出女比男多的趋势。比如，2010年评定的2009年度新闻行业高级职称87人，其中男性34人，女性53人；2011年评定高级职称92人，其中男性34人，女性58人。而出版行业连续多年的职称评定都是女性多于男性，新闻出版行业女性人才发展可见一斑。

所谓笑傲江湖的英雌轨迹，是借用了秋瑾前辈将英雄改为英雌的理念，这是对我们自身面对多重挑战的一种警醒。这多重挑战既有来自体制的，也有来自观念的。十数年前，在传统新闻体制的外围，出现了女性掌管的市场化传媒新军，几轮大浪淘沙，依然有阳光媒体集团、财新传媒、互动媒体集团笑傲江湖，她们创办了一批高度市场化的传媒产品，而其特立独行敢于面对挑战的行事风格也被社会所接纳。

曾几何时，我们对媒介女性发展态势既有乐观的一面，确也有保守的一面，谁会想到今天每个女性都会是自媒体的信息发布者，又怎会料到移动互联时代的“信息爆炸”如此这般。毋庸置疑，信息社会凸显了女性的优势，先进的生产力为两性平等创造了条件，体力劳动、机械劳动逐步为高智能劳动所替代，曾经比男人矮一截的女性，借助着“电子科技”这个巨人的肩膀，一下子长高长大。发达的肌肉绝不比聪明的大脑更“优越”，物质的变迁正在逐步调整社会的评价体系。

那么，我们身处“信息”时代，社会对于女性的评价是进步还是倒退了？普通女性在意识的深处是觉醒了还是愈加迷惘了？依我看是喜忧参半。“信息爆炸”会冲破思想的牢笼，但也同时会导致思想的迷乱。人们通常认为，20世纪末到21世纪初，中国女性进入了觉醒的时代。然而，运动式的“男女平等”竟出现悖论，许多人居然彻悟自己过去没有成为真正意义上的女人，政治上的矫枉过正剥蚀了女人的天性，要回归自己“女性”的角色中去，做一个真正完整的女人。这个“觉醒”的标志体现在服装、化妆、性的解放上，也烙印在职业的选择上，甚至表现在气质和形态的描述与追求上，盲目找回“女人味儿”，却不去追究女人到底该是什么“味儿”，重新陷入刻板规范的窠臼。一些大学和中学增设了淑女教程，一些民间机构开办了所谓贞洁讲座，却绕开女性全面发展的本质要求。身在其间的传媒业女性自然也绕不开这些话题，一味地盲从使得传媒业乱象复出，真的是令人痛心。

“妇女与媒介”涵盖了精神与物质两个层面，既是一个宣誓的载体，又是一个行动的方面军，是一个因属性难以量化而缺乏刚性的执行机构。其要义绝不限于这个领域的女性成长，抑或是纲领字面上的女性参与，首当其要的应是媒介在传播过程中的社会性别倡导，总体目标应当是媒介和社会机制统一而有序地为社会性别意识纳入决策主流而共同努力，但媒介自身并不会产生这样的自觉。这倒让人想起那句老话“扫帚不到，灰尘照例不会自己跑掉。”20 年的实践告诉我们，仅有纲领是不够的，有一个两个机构执行、推动或者监督也是不够的。必须把提高媒体从业者的社会性别意识作为一项长期工作，传媒业女性更当有一种自觉，将惯有的性别刻板印象量化为过街的老鼠，形成人人喊打的态势。

如果说新闻媒体是社会性别倡导的先头部队，那么传媒业女性理当成为排头兵，当性别文化依然烙印着父权和夫权阴影时，我们一定不可随波逐流。媒体话语中对女性形象的塑造固然是社会现实的映射，而我们在传播中要多元化的女性形象，让更多弱者的身影以正面形象进入主流视线。在报道女性相关议题和处理相关话语时，应该把握客观、公正的立场。在制定报道方针的时候，坚持社会性别分析的视角，坚持性别平等的立场，不要把女性形象刻板化、定式化，注意均衡、多元化的呈现。即便是女性形象的呈现，也应当关注不同阶层妇女的声音，对于涉及妇女儿童权益的问题，应当在揭露的同时给予分析。对于各地维护妇女儿童权益的经验和思想理论研究成果，应该积极学习和传播，引导更多妇女参与传播参与意见。像妇女土地权益、男女平等退休、妇女阶段性就业等话题，通过讨论而影响决策。媒体揭示社会问题的程度和质量直接决定着是否能进入到公共政策的“问题构建”中，进而为公共部门提供有效的解决方案，这意味着公共部门在政策采纳过程中将更倾向于此，能有效地促进政府的积极关注和果断治理，从而能够对真正的社会问题找到正确的方案，成功地“化解问题”。而在“政策评估”过程中，新闻从业者应发挥自身优势地位，监督该公共政策执行的力度、品质以及将政策放到实际中去的“贴合程度”，判断政策的缺憾，进而谏言，以不断完善公共政策。

我们向往着性别平等的社会，向往着善于运用各种机制协调冲突和矛盾的社会。毋庸回避，在传媒商业化和消费主义膨胀的态势下，新的性别歧视和妇女回家的思潮还在泛滥，越来越多的女性正遭遇着享乐主义思潮的影响，仍在传统社会分工定型化中迷惘，愿意回归家庭的女性不在少数，大众传媒依然模糊着两性的所属，模糊着信息传播，削弱着新闻女性应有的锐利。

男女平等基本国策的贯彻落实，男女两性的平等发展，和睦相处是建设和谐社会的基础。今天，国家已经从构建和谐社会的高度来认识和解决妇女发展与男女平等问题。正在开始把男女平等与人口、资源、环境等人类社会生存发展面临的基本问题放在同等重要的位置，提升到国策的高度，这体现出党和国家对妇女发展的高度重视，以及对构建和谐社会的深层思考。发达国家的先例证明，经济增长并不能替代妇女的进步，社会进步也不等于妇女进步，性别问题具有超阶级、跨阶段的特征，必须通过法律、政策、教育、舆论等手段，在推动经济社会发展的同时，解决妇女的全面发展问题，使妇女与男子同步发展，与社会发展和谐一致。广大女新闻工作者也将在其间获得自由与新生。

序二　女记者是男女平等的强力推动者

宋素红

《中国新闻界的“半边天”》一书是陈崇山老师在专业研究的基础上，经多年积累和调查研究的结果。此书不仅凝结着作者的大量心血，也是中国女新闻工作者研究领域的标志性成果之一。

作为推动我国新闻事业发展的重要力量和女性解放的重要表征，女新闻工作者不仅在新闻传播事业的发展中发挥了独特作用，同时也是中国女性解放和两性平等的积极推动者。女新闻工作者在我国新闻事业中的地位、总体规模、发展状况、其在发展中遇到的问题以及解决问题的建议等内容，既是媒介与女性研究的重要内容，也是关系两性平等和女性与传媒和谐发展的重要实践问题。

该书首先梳理了我国女新闻工作者的百年历程，在此基础上运用规范的实证调查方法，对女新闻工作者进行细致的调查分析；同时，该书通过对普通读者和精英读者分别调查的方法，分析了《中国妇女报》在推动女性发展方面的积极作用，由此揭示出当女性在媒体决策层占据重要地位时，媒介内容所发生的根本性变化。

该书通过对我国女新闻工作者群体，以及对《中国妇女报》的调查研究和分析所发现的问题，揭示了传媒报道中存在不平衡和性别偏见的根本原因。基于此，作者在不同层面提出了自己的观点：女性需要有竞争意识和女性群体意识；女性需要进入媒体决策层；领导干部需提高自身的国策意识和性别意识；国家有关部门应大力支持和促进女性进入传媒的决策层，进一步推动落实男女平等的基本国策。这些观点均为作者调查与思考的结果，因其基于严谨而规范的调查分析和层层递进的逻辑思维，并考虑到我国的具体国情，所以经得起反复推敲。作者通过对具体媒介的调查分析所得的大量数据，不仅为相关研究提供了扎实的基础，也为学术界深入研究此类问题提供了宝贵的资料。

在内容特点和结构安排上，本书以女新闻工作者为主线，从不同侧面反映和探析这个群体的真实存在。该书从历史和现实两个维度观察女新闻工作者的发展历史与现状，既肯定了女新闻工作者的进步与社会发展之间的关系，也理性地分析了女新闻工作者面临的职业发展瓶颈；而作者对女新闻工作者进行的访谈，则真实而生动地呈现了女新闻工作者的性别意识和专业水准。该书对《中国妇女报》的个案研究，乍看与女新闻工作者无直接关系，其实它们之间存在着不言而喻的密切联系。作为女性报媒中的佼佼者，《中国妇女报》的信息传播携带着鲜明的性别意识，其在对女性权益的大力呼吁，对社会旧风陋俗的抵制等方面，发出了响亮的声音，成为中国妇女强力的“代言人”。

本书作者具有丰富的科学研究和实践调查经验，曾主持过数十次大规模的受众调查，对于规范的受众调查谙熟于心，这有助于科学研究的开展。她对调查数据的分析，有理有据，细致缜密，保证了研究的可信度。

近年来，出版界不断有关于女新闻工作者、女记者的图书出版，但内容多为女记者的个人经历和工作经验的回顾，其文本展开倚重叙述的方式，内容具有较强的经验性和个案特色，也因此略显零碎。在此背景下，该书从学术研究的高度，系统分析新闻工作者中的女性群体及其对性别平等的推动，其价值是显而易见的。作为发端于上世纪末的一项学术研究，这一点并未受到新旧世纪的交替以及传统媒介和新媒介演变的影响。

由于专业学习和研究的需要，我多次求教于陈崇山老师，也因此有了近距离接触陈老师的机会。作为一名新闻传播研究领域的学者，陈老师既有新闻工作者的激情和敏感，又有学者的严谨和理性，并在书斋和社会两个层面保持难得的热度和密切的联系；她在耄耋之年仍坚持对学术研究的追求，对女新闻工作者的研究孜孜不倦，并完成了这本在女记者研究领域具有标志性意义的研究成果。该书将对女记者在社会剧烈变动的背景下如何继续推动性别平等提供历史经验。这种探索与奉献精神值得敬仰。这些都在另一层面增加了此书在同类出版物中的独特价值。

学术研究总是在持续积累和不断开创中获得质的提升，我相信，此书的出版会是学术界对女新闻工作者研究的一个新台阶。

2013年12月2日于北京师范大学

（宋素红博士系北京师范大学新闻传播学院教授）

前　言

新中国建立以来，中国社会取得了世人瞩目的进步，人民的物质生活有了很大的提高，精神生活有了一定的改善，然而，我们仍然感到生存的空间并不理想。有来自各种各样自然灾害的侵袭和环境污染，有来自各种不合理社会制度的羁绊，还有来自我们自身思想观念和行为习惯的自我束缚。因此，我们时常感到“活得很累”，甚至有的人“活得痛苦”，没有或少有幸福感。生活在以男性为中心的社会中的妇女，活得比男人更累，更不容易。这是现实。

中国妇女为了获得与男子同等的公平、公正、公道的生存权利，掀起了妇女解放运动，力争消除妇女发展的限制和障碍，获得身体和精神的完全解放，以使妇女充分发挥自身的潜能和创造力，“终于成为自己的社会结合的主人，从而也就成为自然界的主人，成为自己本身的主人——自由的人。”① 这是妇女运动的根本目标。

自20世纪70年代以来，妇女发展问题日益受到国际社会的高度重视。联合国在对第一个全球经济发展规划进行评估时，发现在一些发展中国家妇女地位有下降趋势，认识到社会发展并不必然地带来妇女发展和地位提高，应当将妇女发展纳入整个社会发展规划。联合国在第二个发展十年，把妇女发展作为发展战略之一，妇女发展由此纳入联合国的议程；从1975年到1995年联合国连续四次举办世界妇女大会，明确提出要“把性别意识纳入决策主流”。近一、二十年以来，世界银行、世界卫生组织、联合国人口基金会等许多组织都把缩小男女在教育、就业、健康等各个领域的性别差距，作为考察一个国家和地区发展程度的重要指标。男女平等在国际社会中不再被狭义地看作女权问题，而是人权问题、发展问题，把妇女问题

① 见《马克思恩格斯全集》第3卷，人民出版社1995年版，第443页。

作为解决社会、经济和环境等战略问题的重要组成部分。国际社会从最初提出男女平等的对待政策，到实行积极行动政策，针对因性别差异形成的弱势，对妇女进行特殊的培训和帮助，再到提出性别意识主流化，使性别平等问题进入了一个新层次。联合国倡导的性别意识主流化的主张，在全球产生了广泛影响。可以说，妇女发展已经成为20世纪末不可逆转的国际潮流，妇女的发展状况是衡量一个国家人权状况和综合发展的重要指标。男女平等基本国策正是在这样的国际大背景下提出来的，也是我国政府向国际社会的承诺。[①] 正如《北京宣言》所指出的：

> 我们参加第四次妇女问题世界会议的各国政府，于1995年9月，联合国成立五十周年的这一年，聚集在北京，决心为了全人类的利益，为世界各地的所有妇女促进平等、发展与和平的目标，倾听世界各地所有妇女的呼声，并注意到多种多样的妇女及其作用和情况，向开路奠基的妇女致敬，并受到世界青年所怀希望的鼓舞，确认过去十年来妇女在某些方面的地位有所提高，但进展并不均衡，男女仍然不平等，重大障碍仍然存在，给所有人的福祉带来严重后果；还确认源于国家和国际的贫困日增，影响到世界上大多数人民，尤其是妇女和儿童的生活，使这种情况更加恶化；毫无保留地致力于克服这些限制和障碍，从而进一步提高世界各地妇女的地位并赋予她们权力，并同意这需要本着决心、希望、合作和团结的精神，现在就采取紧急行动，把我们带进下一个世纪。

这一段话描绘了当今妇女存在的主要问题是：男女不平等使妇女日益贫困。这些问题的存在影响到全人类的利益，需要各国政府“本着决心、希望、合作和团结的精神”立即行动，予以克服，“从而进一步提高世界各地妇女的地位并赋予她们权力”，促使所有的妇女实现平等、发展、和平的目标。这是联合国第四次世界妇女大会的积极成果，也是世界妇女和中国妇女今后为之努力奋斗的任务和目标。

联合国第四次世界妇女大会在北京召开，为中国妇女运动注入了新的活力，不仅推动政府将男女平等定为基本国策，而且将女性宣传和女性研

---

① 参见《男女平等基本国策提出的时代背景》，东北新闻网，2005－03－07 13：09：17。

究也推向了一个新高潮。本书就是在这一高潮的推动下产生的成果。

《中国新闻界的“半边天”》一书分五个部分：

第一编　中国女新闻工作者的百年历程

中国是一个有五千年历史的文明古国，同时，也是一个经历了两千年封建统治的国家。在儒家礼教的影响下，“男主外，女主内”的思想紧紧束缚着中国妇女，女子无才便是德，深居简出守闺房，妇女极少参加社会活动。而新闻工作是一项十分广泛的社会活动，是新闻工作者借助对信息的采集、加工和报道，沟通人与人之间、群体与群体之间、民族与民族之间的思想情感，促进社会进步和发展，因此，加里宁同志曾把新闻工作者称为“社会活动家”。

中国妇女的觉醒和解放，是随着封建制度的解体和民主制度的确立而逐步实现的。清朝末年的“百日维新”推动了女子学校的兴起，造就了一大批有见识有抱负的知识女性。19 世纪末 20 世纪初，一些先知先觉的知识女性首先起来“造反”，为女性自身的生存呐喊和斗争，并运用当时可利用的传媒宣传自己的主张，唤起女性民众的觉醒，开展了以争取男女平等为目标的妇女运动。中国第一张女报和第一批女新闻工作者的出现，标志着中国女性的觉醒，也是中国妇女进步的里程碑。

中国首批参加新闻工作者的女性，几乎都同康梁维新派沾亲带故，如 1897 年出现的中国第一位女新闻工作者康同薇，就是维新运动领袖康有为的女儿，后来和她一起入主《女学报》的李惠仙，则是梁启超的夫人。1898 年出现的中国第二位女新闻工作者裘毓芳，她的叔叔是维新派白话运动的倡导者裘廷梁。16 岁创办《女报》自任主编的女政论家陈撷芬，则是《苏报》馆主陈范之女。她们创办报刊或参与报刊工作，都是为了开通民智，实现维新。还有如女革命家秋瑾及同她一起办报的林宗素、徐自华，都是孙中山先生领导的同盟会会员。她们的目的就是要推翻满清专制统治，建立民国。秋瑾不惜为此理想而捐躯。

然而，社会接纳女新闻工作者也有一个过程，如由女诗人吴曾兰主笔“专对女界立言”的《女界报》，在成都报界一枝独秀。每次都督府总政处开政务会，允许《女界报》的三名女记者列席。省临时议会开会时，在议场楼上旁听席右侧用红布围另辟一室，专用来招待女记者。足见“男女授受不亲”的祖训仍束缚着男女两性。

辛亥革命推翻了清朝的封建统治，剪长辫，放缠足，妇女得到解放，女新闻工作者在公共场合可同男性平起平坐了。新文化运动因受马克思主义的思想影响，女性更获得了进一步的个性解放，出现了如向警予、刘清扬、郭隆真那样具有新女性特点的女新闻工作者。

日本帝国主义的入侵唤起中华民族的全民抗击，女记者不顾个人安危，同男性一样日夜奔波于战场或后方，涌现出了杨刚、彭子冈、龚澎、浦熙修等一大批优秀的战地女新闻工作者。她们在国共分裂打内战的解放战争时期，始终坚持人民立场，客观报道事实真相，揭露国民党的反动统治，遭到特务迫害和殴打而在所不惜。

新中国的建立，促使新闻事业蓬勃发展，为女性从事新闻工作提供了良好的机会，女新闻工作者的人数逐年增加。到 1994 年底，全国从事采访、编辑、翻译、校对、播音和新闻节目主持等新闻专业工作的人近 20 万，其中拥有新闻专业职务的 8.7 万人，含女性 2.8 万人，占 33%。到 2015 年 6 月，持有记者证的新闻工作者中，女性占到 46%。先后有如王金凤、陈柏生、刘衡、陈敏、郭玲春、侯波、郭梅妮、卢小飞、卢勤、孟小云、曾绵华等一大批新秀涌现，随着广播电视事业的突飞猛进，更有如丁一岚、阮若琳、黄惠群、沈力、蒋巧云、敬一丹等一大批从事广播电视工作的女新闻工作者闪亮登场。她们为发展中国的新闻事业，促进中国现代化建设做出了很大的贡献，日益成为中国新闻界的一支重要力量。

自 1897 年中国出现第一位女新闻工作者至今的一百多年来，各个历史阶段都有突出的女新闻工作者。但因我国历来不重视分性别统计，如今无法提供每一历史时期女新闻工作者的人数以显示其规模。

第二编　中国首次大规模女新闻工作者调查

中国女新闻工作者现状和发展调查，系联合国教科文组织提供资助的一个实证研究项目，由中国社会科学院新闻与传播研究所和中华全国新闻工作者协会合作实施。

调查采用分层抽样的方法。将全国（除港澳台地区外）的 30 个省、自治区、直辖市、县级以上新闻机构工作中，拥有记者、编辑、校对、翻译、摄影、新闻节目主持人和播音员等新闻专业职务的 2.8 万女新闻工作者作为抽样总体，并抽取部分拥有上述职务的男新闻工作者作为对照组。严格按照随机原则，先在全国新闻机构中，抽取 461 个新闻机构作为样本单位，其中报社 266 家，通讯社 2 家，广播电台 115 家，电视台 78 家。在 266 家报社中，政党机关报占 49.4%，对象性报占 13.5%，专业报占 27.2%，晚报占7.4%，科技报占2.5%；在115家广播电台和78家电视台中，属中央和省部级台占46.4%，地市级台占38.0%，县级台占15%。再在样本单位中按配额抽样到人。

1995年4月至6月，采取以邮寄为主、面访为辅的方式，用统一问卷对我国女新闻工作者做了全面的抽样调查。调查内容包括女新闻工作者的地区分布、机构分布、人口特征、经济收入、健康状况、婚姻家庭、职业追求、工作经历、专业职务、新闻价值观、受众观念、提升机会、平等感受、满意程度、自我评价、自由时间、困扰苦恼等，还有对女性从事新闻工作的看法，以及女性难进传媒决策层的原因等方面的内容。调查范围除港、澳、台地区外，涵盖全国30个省、市、自治区。共发放问卷8240份，回收有效问卷5867份，其中女新闻工作者4033人，男新闻工作者1834人（作为对照组），问卷回收率为71.2%，置信度±5%。重点研究了女新闻工作者对当前生态的满意度。时任全国妇联副主席黄启璪同志评价道：“这篇调查报告反映出中国女新闻工作者的队伍，在党和政府的支持下发展很快，比起许多西方国家有优势。是一篇有数据、有分析的好报告。望女新闻工作者再创成绩。”

这是中国新闻史上第一次女新闻工作者调查，规模之大，至今未被任何国家的同类调查所超越。这也是中国新闻史上第一次采用实证研究方法，用定性和定量相结合的方法，对全国女新闻工作者做抽样调查。请中国传媒大学柯惠新教授制定的抽样方案，得到统计学界的好评，从而保证了调查结果的科学性和代表性，经得起实践的检验。

此次调查结果曾在联合国第四次世界妇女大会NGO的《妇女与传媒》论坛宣讲，获得与会者的好评，并向联合国教科文组织报送了中、英文调查报告。此次调查的问卷和方法被一些地方女记协在开展女新闻工作者调查时作为参照样板。遗憾的是因遭受不应有的行政干预，总体设计计划未能全部实现，调研成果也未能及时面世。但调查所得的大量统计数据和非统计资料，仍可作为以后开展同类调查研究的参考和借鉴，因而具有作为史料保存的意义和价值。

第三编　树立社会性别意识促进女性发展

联合国第四次世界妇女大会的东风，吹来了国际女性研究的先进理论——社会性别意识新概念，

何为“社会性别意识”？国际劳工组织性别平等局局长张幼云，在2000

年7月20日“《世界妇女进程》发布会暨社会性别与宏观经济研讨会”上的发言中说：“性别纳入主流是一个过程，它对任何领域各个层面上的、任何一个计划包括立法、政策或项目对妇女和男人所产生的影响进行分析。它是一个战略，把对妇女和男人的关注、经历作为在政治、经济和社会各领域中设计、执行、跟踪和评估政策和项目计划的不可分割的一部分来考虑，以使妇女和男人能平等受益，不平等不能延续下去。它最终的目的是达到社会性别平等。”在大众传播领域中，也应该毫不例外地把社会性别纳入主流。

近年来，笔者采用电话、个别访问和开座谈会的方式继续关注女新闻工作者的生态问题，发现女性参与新闻传播业的势头旺盛，在新闻传播界的人数已超过四成（1995年仅占33%），出现了一大批优秀人才。但女新闻工作者自身的工作生活满意度却有所下降，突破天花板进入决策层的难度依然很大，为此笔者呼吁女新闻工作者自身要努力争取掌握传播决策权，扩大女性报道面，推动社会性别意识进入主流，加速男女平等国策的实现。

党和政府则必须将社会性别意识纳入文化发展战略，任命领导干部时需考察其男女平等的国策意识和社会性别意识，因分性别统计是性别研究的基础，要求政府应对所有衡量国家发展的指标均实现分性别统计。

第四编　中国女新闻工作者的喜和忧

这部分是多年来笔者亲自采写的女新闻工作者，大都是热爱新闻工作的优秀女记者，但并非社会公认的名记者。采写她们是为了印证笔者在女新闻工作者研究中的某些论点。比如2009年，在与一些女新闻工作者个别交谈和座谈中，发现有人对自己的工作感到厌倦，有的想“跳槽”；有的想提前退休，想迅速摆脱新闻工作的繁重压力。有位已进入决策层的女副总编更认为新闻工作是年轻人的事业，反对同龄同职的男女新闻工作者同时退休。这就产生了一个问题：“女新闻工作者的职业生涯究竟有多长?”为此，笔者特地访问了原香港《文汇报》驻京特约女记者刘诚。刘诚51岁开始当记者，一直干到70岁，20年中除了发新闻稿，还采写了100多位各界名人，其中有政要、作家、画家、学者、科学家、文艺和体育明星，还有劳动模范。依靠勤奋和毅力，刘诚用笔记录下名人们一生中最闪光的亮点。这些报道都发表在香港《文汇报》、《大公报》、《人民日报·海外版》等报纸上。证明女新闻工作者只要热爱本职工作，具备“新闻眼”和“新闻耳”，勤奋不懈，总能触摸到时代的脉搏，抓到新事物的苗头，写出受众所欢迎的报道，只要健康状况允许，可以像刘诚那样生命不息，奋笔不止。

第五编　女新闻工作者主办的报纸特征——对《中国妇女报》的个案研究

由全国妇女联合会主办的《中国妇女报》，是我国主流传媒中唯一的一张由女性办、主要办给女性看的全国性报纸，创刊于1984年10月1日，其宗旨是“介绍妇运信息，维护妇女权利，宣传先进典型，鼓励自强不息，学习科学知识，正确教育子女，婚姻美满如意，家庭幸福和睦。”创刊以来，在维护妇女权益、提高妇女“四自”精神、传播科学知识、宣传社会性别意识等方面表现突出而坚定。应报社之邀，笔者曾分别在1998年、2004年、2008年，采用在报纸上刊登调查问卷的方法，先后做了三次读者调查，动态地描述了这张报纸的前进轨迹，并以调查数据有力地论证了《中国妇女报》是一张普适于、普惠于全国妇女的报纸。

对《中国妇女报》的研究也颇有特色，除了沿用传统的方法研究报纸内容外，着重以受众为本位，通过读者调查，从读者的视角评判报纸对读者的帮助，凸现出该报实实在在的传播效果。并采取一般读者和女性精英相结合的方法，对全国第十届妇女代表大会代表作整体调查，比较全面地反映了各阶层妇女对报纸的期望和诉求，为报纸改革提供了切实的依据。遗憾的是因经费不足，无法实现全国随机抽样调查。

笔者在新闻与传播研究所的主业是用实证研究方法调查研究受众，属于传播学研究的范畴。笔者介入女新闻工作者研究纯属偶然，受联合国第四次世界妇女大会的吸引和鼓励，对女新闻工作者和女性传媒只做了些粗浅的探索，但因缺乏女性学理论的素养，对实证研究获得的大量数据的理性分析很欠缺，希望同仁批评指正。

21世纪是女性在中国新闻界崛起的时代，呼吁党和政府加速将社会性别意识纳入主流，多多关注女新闻工作者的生态文明建设，充分发挥她们的聪明才智，为女新闻工作者进入新闻机构的决策层创造更有利的条件，同时希望对此项目有兴趣的学者做深入、持续的研究。

第一编

中国女新闻工作者百年历程

中国妇女在长达两千多年的封建统治下，处在社会的最低层，没有经济权，更没有政治权，连恋爱婚姻的自主权也被剥夺殆尽，无数妇女为争取做人的权利同命运抗争，最终都被“君为臣纲、父为子纲、夫为妻纲”的“三纲”和“在家从父、出嫁从夫、夫死从子”的“三从”等封建礼教所吞噬。同时，“女子无才便是德”的理念，及缠足越小越金贵的习俗，也紧紧禁锢着中国妇女的头脑，束缚住中国妇女的行动。历史造就了中国社会严重的男女不平等。

19 世纪中叶，帝国主义的坚船利炮打开了中国闭关锁国的大门，西学东渐，一些传教士来中国布道的同时，也带来了西方文明，1850 年 4 月，在上海西林后路 102 号，由美国基督教会创办的裨文女塾宣告成立，是上海最早的女子学校。1892 年，美国基督教卫理公会在西藏中路沐恩堂创建了中西私塾，专收中国信徒的女孩入学，宋庆龄三姐妹曾就读于此校。康有为、梁启超等说服光绪皇帝实行维新变法，并提出必须大力发展女子教育的主张。1898 年，维新派经元善在城南桂墅里办起经正女学，是国人创办的第一所女子学校，后有教育家蔡元培等相继创办女校。孙中山先生特别重视女子师范的作用，说：“四万万人皆得受教育，必倚重女子师范。”在辛亥革命成功后的 1912 年，上海一地就有 18 所女子学校。[①]

女子学校的兴起和推广，造就了一大批有见识有抱负的知识女性。19 世纪末 20 世纪初，一些先知先觉的知识女性首先起来“造反”，为女性自身的生存呐喊和斗争，并运用当时可利用的传媒宣传自己的主张，唤起女性民众的觉醒，开展了以争取男女平等为目标的妇女运动。中国第一张女报和第一批女新闻工作者的出现，标志着中国女性的觉醒，成为中国妇女运动的里程碑。

新闻工作与政治运动密不可分，一是政治运动使整个社会处于动荡之

---

① 杨忠明：“旧上海的女校”，载《中国妇女报》2006 年 2 月 7 日第 8 版。

中，每一个人都需要了解周围发生了什么，以确定应对的良策，因此对新闻的需求更为迫切；二是社会处于变革动荡时期，也是出新闻最多最丰富的时期，为女性参加新闻工作创造了更多的机会，从而促成了创办女性报刊的高潮，也促成了女新闻工作者队伍的壮大。

辛亥革命前的女新闻工作者

最早走上新闻工作岗位的女性，大都是以男性革命家的同盟军身份出现的，以批判封建专制主义，鼓吹妇女解放为己任。有两类人，一类是男性革命家的眷属或族亲，另一类是女革命家。她们积极参加新闻工作，提倡办女学，开女智，争女权，铸女魂，目标是实现男女平等。

鉴于著名新闻学家戈公振先生最早在他的《中国报学史》中认定："我国报界之有女子，当以裘（毓芳）女士为第一人矣。"① 因此以后新闻学界均以此为根据，认为江苏无锡的裘毓芳是中国第一位女新闻工作者。然而，经宋素红博士考证，证实康同薇比裘毓芳还早进入报界工作，因此，中国第一位女新闻工作者应该是康同薇。笔者认同宋素红博士的考证。因为康同薇最初进入《知新报》任翻译，也属于传播新闻的工作，理应是新闻工作者。

康同薇（1879—1974），字文僩，号薇君。广东南海人，是清末维新变法运动领袖康有为的长女。自幼力行其父主张，不缠足、不穿耳，姊妹、族人多仿效之。她天资聪颖，勤学强记，精通国学和英语、日语，在《知新报》工作期间，翻译了大量日文报纸，计有日本《内阁官报》、《东京日日新闻》、《长崎新报》、《大阪每日新闻》、《东京时事新闻报》、《东京时事西文报》、日本《时事新报》、日本《太阳报》、日本《新闻报》等。②

1898 年 6 月 11 日，光绪皇帝颁布"明定国是"诏书，"百日维新"开始。康有为、梁启超都很关注妇女问题，呼吁妇女解放。维新派人士、上海电报局总办经元善联络了严筱舫、陈敬如、施子英等人，倡议"民捐民办"在上海创设女学堂。光绪二十四年四月十二日（1898 年 5 月 31 日），

---

① 戈公振：《中国报学史》，三联书店 1955 年 3 月版，第 130 页。

② 宋素红：《女性媒介：历史与传统》，中国传媒大学出版社 2006 年版，第 10 页。

女学堂在上海桂墅里正式开学。黄漱六建议“学堂中宜设报馆一区：首论说，务使通国知女学之有益，冀以渐开风气，由教习、董事主稿；次如医学、史学、格致（即物理）及各种艺事，湘学报条例颇善，宜仿之；次各学生功课。或嫌创办时无可登载，旬日报，半月报俱可。”（见《中国女学集议初编，女学堂接寓聚兴栈黄君书》）

于是，由上海桂墅里女学会书塾女提调女董事会在《湘报》刊登广告，向全社会公开招聘“中西贤淑名媛”、“闺秀中的大手笔”主持笔政。招聘来二十几位主笔全部是受过良好教育的知识女性，有康有为的长女康同薇、梁启超的夫人李惠仙，还有裘毓芳、沈和卿、刘可青、章畹香、蒋畹芳、龚慧苹、张蕴华、潘璇、薛绍徵、文静芳、廖元华、睢念劬、丁素清、沈静英、沈翠英、朱蔚兰、狄宛迦、宗恒宜、周远香、吴亦秋、谢墨卿、朱沁芳、谢佩兰等，她们是中国第一批女新闻工作者。1898 年 7 月 24 日，《女学报》正式面世。每期报首页都印有“女主笔题名”，将女主笔姓名、籍贯印于报端，以提高女主笔的社会声望。

《女学报》是上海桂墅里女学会的会刊，是中国第一份由妇女主办、主要办给妇女看的报纸，为对开石印一大张，每月出版三次，第一期是朱印。《女学报》旨在宣传变法维新，提倡女学，争取女权，主张妇女参政，力争男女平权，申明“我道这报是救我们二万万人，得平权的起点。”（按：当时全国人口四万万）康同薇在“女学利弊说”中极力倡导女学，以期使“超二万万沉埋之囚狱，革千余年无理之陋风，昌我圣道，复我大同。”并大力提倡科学，将妇女从封建愚昧中解救出来。在卢翠著的“女子爱国说”中，提出“既然男子可以上书，女子也应当可以上书”。理由是“大造生才岂有偏，阴阳平等不分权”。强烈要求女性参政，对国事有发言权，提出了妇女参政七条具体建议，要求都察院代奏光绪皇帝，其中最重要的是“设贵妇院，设女学部大臣”，使妇女掌控部分实权。该报鼓动摆脱封建礼教的束缚，实现婚姻自主。在王春林的《男女平等论》一文中揭露家庭暴力，批判“夫杀妻则止杖徒，妻杀夫则必凌迟”的不平等法律制度。① 可是戊戌变法运动失败，这份中国最早的《女学报》也被迫停刊。

裘毓芳（1871—1904），字梅侣，笔名梅侣女史。她具有深厚的文史和

---

① 刘巨才：“中国历史上第一份女报”，《新闻研究资料》1983 年第 17 期，第 215 页；《华夏妇女名人词典》，华夏出版社 1988 年版，第 973 页。

国学根基，精通英文，思想敏锐，知识渊博，文笔优美。她不仅熟知中外历史与现状，善于汲取一切新鲜的思想养料，而且立志办通俗报刊，运用比较通俗的白话文来开通民智，传播新知，主张以白话为维新之本。认为“欲民智大启，必自广学校始，不得已而求其次，必自阅报始。报要能人人而阅之，必自白话报始。”（《无锡白话报序》）她与叔父裘廷梁（维新派、白话运动倡导者），于1898年5月11日创办了《无锡白话报》（五日刊），第五期起改名为《中国官音白话报》，每两期合出一册，全国发行。

她主持该报编务，曾译介李提摩太的《俄皇彼得变法记》，撰写了《日本变法记》、《印度记》、《化学启蒙》等文，她编写了“哥伦布发现新大陆”、“麦哲伦探地”、“蒙哥巴克探地”、“富兰克林探北极”等科学小故事，向读者普及科学常识，以改变民众的封建愚昧状态。并发表了《女诫注释》、《孟子年谱》等论著。还运用章回体写了一系列生动活泼的通俗寓言小品《海国妙喻》，如“挖金蛋笨伯急求财”、“树上鸦唱曲受欺”、“猪寻柿痴心掘地”等，把报纸办得生动活泼，雅俗共赏，深受读者欢迎。创刊号上刊发的“变法取士”、“女学将兴”、“白话大行”三项主题则贯穿于报纸的始终，只可惜仅出版了29期，即因“变法”失败被迫停刊。①

1899年冬，于无声中爆惊雷。一份宣传女权，提倡女学的《女报》，突然出现在上海街头，引起社会关注。可谁也没有想到，主编竟是一位16岁的小姑娘陈撷芬。

陈撷芬（1883—1923）笔名楚南女子。湖南衡山人。《苏报》馆主陈范之女。她16岁创办《女报》，自任主编，但不久停刊。她再接再厉，于1902年2月27日又创办《女报》月刊。翌年，改名《女学报》继续出版，每期约六十页，内容分论说、演说、新闻、女界近史、传记等栏目。陈撷芬在新闻的编辑手法上，既采取简明新闻的手法增大新闻容量，扩大报道面，又采用集中报道的手法，突出重点新闻，增强社会效应。她还十分重视刊登读者来信，吸引知识妇女参加办报，特开辟“同声集”专栏，反映妇女呼声，并在重要来信前加注编者按，由此密切了同读者的联系。

陈撷芬最擅长的是撰写政论，她文思清新，观点鲜明，逻辑严密，文笔流畅，极富号召力。她写的“普告同志妇女文”、“男女之比较”、“兴女

① 辛彬：《中国最早的女报人——裘毓芳》，载福建日报新闻研究所编《中国女记者》（1983年），第1页（参照百度人物介绍）。

学说”、“婚姻自由记”、“中国女子之前途”等，都有势如破竹，条分缕析的气势与风格。最有代表性的是 1903 年 2 月 27 日发表的论说“独立篇”：

“呜呼，吾再思之，吾三思之，殆非独立不可，所谓独立者，脱压力，抗阻挠，犹浅也，其要在不受男子之维持与干预。……吾视男子亦徒能骄其妻妾耳。大官则受制于朝廷，小吏则受制于大吏。今且举朝廷大官小吏百姓而悉受制于外人。”她以敏锐的洞察力，揭示出妇女的独立不能只限于摆脱男人的“维持与干预”，更要反抗官僚制度的统治和外国帝国主义的压迫。

《女学报》由苏报馆发行，实际上是随《苏报》附送，因此当时有人称为“女苏报”。编辑部设在上海新马路新安里，主要执笔人还有沈世才、陈超、俞碧霞、湘南女史等。与此同时，19 岁的陈撷芬还担任上海爱国女学校的校长，参加上海爱国女学社的活动。后因 1903 年 6 月发生了“苏报案”，《女学报》出至第三期被迫停刊，乃全力资助《国民日报》出版。后随父避居日本，在东京出版了第四期《女学报》，并加入反清秘密会党三合会及留日女学生组织的共爱会。在与秋瑾一起改组共爱会时，被推为会长。陈撷芬，不愧为是 20 世纪初中国杰出的女社会活动家。①

陈撷芬的好友陈超是《女学报》的女记者。她在“呈梦坡先生亦示撷芬吾友”一文中，这样表达自己的从业动机和理念：“为念国势弱，皆因女教失。二万万裙钗，未能食其力。贵者习骄奢，贱者等奴仆。教子与相夫，几人能杰出。于是创女报，纤手羊毫握。拨簪供报资，挑灯亲著述。奉劝同志人，人人习四术（按：女学会号召女子习中文、西文、医学、女红四种课程）。算法与舆图，致知在格物。男子之能事，女子岂可忽。齐家平天下，共挽斯危局。勿使中华人，一半居桎梏。”② 可见，当时的女新闻工作者均以救民族于危亡为己任，以求男女平等为目标。

辛亥革命时期还有一份用中文编印的大型摄影画报——《世界画报》（季刊），现仅存两本，9×12 寸开本，铜版纸印刷，十分精美。1907 年创刊于巴黎，以旅法华侨和海外华人为主要对象，并通过设在上海的发行所在国内销售，栏目有“世界各殊之景物”、“世界真理之科学”、“世界最近之现象”、“世界纪念之历史”和“世界进化之略迹”等，依次刊登照片和

① 罗星：《“楚南女子”陈撷芬》，载福建日报新闻研究所编《中国女记者》（1983 年），第 13 页；《华夏妇女名人词典》，华夏出版社 1988 年版，第 636 页。

② 宋素红：《女性媒介：历史与传统》，中国传媒大学出版社 2006 年版，第 75 页。

图画，解说词用三号铅字，非常醒目。每期刊用各类图片三四百幅，半数以上为世界各地的风景名胜、科学技术、文化生活作品和时事照片。取材着眼于全球，国内情况偶有报道。编者姚蕙是中国最早从事摄影刊物编辑的女性。姚蕙为清学使刘菊仁之女。她在这份摄影画报上发了许多具有反帝、反封建意义的照片，如“女子天足会”、“淮北饥荒”等图片，都是珍贵的历史资料。①

随着民主主义革命的兴起，一些女革命家也纷纷以办报作为舆论武器，加强女性教育，呼唤妇女觉醒。女性报刊不断出现，女新闻工作者的队伍也不断壮大。她们从男女平等的基本人权出发，鼓励女性走向社会，参与国事，代表人物是女革命家秋瑾。

秋瑾（1875—1907），笔名鉴湖女侠，浙江绍兴人。1904 年冲破封建家庭的束缚，只身东渡日本留学，在东京与陈撷芬等创办《白话》报，宣传推翻清朝封建统治，提倡男女平权。1907 年在上海创办《中国女报》，以“开通风气，提倡女学，联感情，结团体，并为他日创设中国妇女协会之基础”为宗旨。她在发刊词中充分肯定报纸的作用，说：“然则具左右舆论之势力，担监督国民之责任者，非报纸而何？吾今欲结二万万大团体于一致，通全国女界声息于朝夕，为女界之总机关，使我女子生机活泼，精神奋飞，绝尘而奔，以速进于大光明世界。为醒狮之前驱，为文明之先导，为迷津伐，为暗室灯，使我中国女界中放一大光明灿烂之异彩，使全球人种，惊心夺目，拍手而欢呼。无量愿力，请以此报创！吾愿与同胞共勉之！”

《中国女报》于 1907 年 1 月 14 日问世，内容丰富，体裁多样，有论文、传记，小说、诗词和调查报告，文言白话并用，系综合性月刊，全册共六十页，每册售价二角。第二期改用道林纸印刷，相当精美。可惜她由于参加武装起义失败而被杀害，已编好的第三期不得面世而夭折。②

有后人评价道：“有谁能像秋瑾那样：夫不能为妻纲，女子既不从夫，也不从父，更不从子。她自己选择人生；她居然无视王权、干预国事、要‘力挽乾坤’……她，称得上是第一个从两千年封建帝制下站起来要推翻帝

① 方汉奇主编：《中国新闻事业通史》（卷一），中国人民大学出版社 1992 年版，第 1004—1005 页。

② 谷长岭、郭舒：“秋瑾办《中国女报》”，载福建日报新闻研究所编《中国女记者》（1983 年），第 13 页；《华夏妇女名人词典》，华夏出版社 1988 年版，第 636 页。

制的女子；一个从两千年封建重压下不屈地昂起头、挺起胸的女子——成为一个有独立人格有尊严有傲骨的‘人’！一个觉醒了的人！并为此付出生命与鲜血的女英雄。”①

秋瑾，是第一位牺牲在封建专制统治下的女新闻工作者。

秋瑾的好友、曾与秋瑾一道练习制造弹药技术的林宗素，在日本参加了革命妇女团体共爱会。1904 年春回到上海，即投入报纸工作，在其胞兄林白水主办的《中国白话报》上发表了大量鼓吹民主主义革命的文章，继而担任《俄事警闻》、《警钟日报》的编辑，并在《妇女时报》上鼓动妇女参政，终于在 1911 年末组成了上海女子参政同志会。她代表全体会员晋见临时大总统孙中山，要求男女有平等参政的权利，得到孙中山总统的支持。1913 年以后在南洋等地从事教育事业并经营商业，积极资助兄长林白水的办报事业。②

在《中国女报》协助秋瑾办报的女记者徐自华，后来先后担任《神州女报》、《妇女杂志》、《女子杂志》等报刊主撰，民国时期主持两湖秋瑾纪念馆。

女同盟会会员办的报刊还有《中国新女界杂志》，由留日河南籍女同盟会员燕斌主编，1907 年 2 月在日本东京创刊。

燕斌，笔名炼石，又称炼石女士，热衷于妇女解放运动，曾为秋瑾主办的《中国女报》撰稿。《中国新女界杂志》以宣传妇女解放、男女平等为宗旨。办刊方针有五大主义：“（1）发明关乎女界最新学说；（2）输入各国女界新文明；（3）提倡道德，鼓吹教育；（4）破旧沉迷，开新社会；（5）结合感情，表彰幽遗。”该刊发表的大部分论著、演说均出自燕斌之手。尽管她行文比较平和，曾被秋瑾批评为“不敢放手”。但仍因刊发《妇女实行革命应以暗杀为手段》一文，遭日本警方勒令停刊，只出版了六期。③

还有女诗人吴曾兰主笔的《女界报》，“专对女界立言”，在成都报界一枝独秀。都督府总政处每次开政务会，也允许《女界报》的三名女记者列席。省临时议会开会时，在议场楼上旁听席右侧用红布围另辟一室，用来

① 钟婴：《秋瑾墓前思秋瑾》，未发表。
② 《华夏妇女名人词典》，华夏出版社 1988 年版，第 660 页。
③ 刘巨才：《中国近代妇女报刊小史》，《新闻研究资料》1986 年总第 35 期，第 141 页。

招待女记者。①

除了热心创办妇女报刊的杰出女性外，还有大批知识女性在一些报刊做编辑、记者工作。较为著名的有《江苏》的编辑胡彬夏，1911 年 7 月，编辑上海留美学生会主办的《留美学生年刊》，所载内容分美国留学界情形、美国之政治风俗、时事感言、新思想等。1914 年起改名《留美学生季刊》继续出版。

此外还有《湖北学生界》编辑楚北英雌，《觉民钟报》的郑慧文、郑慧材，《东莞旬报》的刘博鸿等。另有不少留日女学生和杰出的妇女活动家，如何香凝、方君笄、张雄西等，也积极为报刊撰稿②。女新闻工作者在争取妇女解放和男女平等方面发挥了积极的作用。

刘巨才评价道："继《女学报》之后，1899 年陈撷芬创办《女报》到 1911 年辛亥革命爆发的 12 年间，据不完全统计，全国各地相继出版的妇女报刊约 32 种。从创刊时间上看，1899 年到 1905 年同盟会成立以前创办的有 6 种，1905 到 1911 年有 25 种，其中 1907 年创刊的竟达 10 种之多。这同辛亥革命前夕革命派势力的发展，妇女教育的勃兴，女子留学的兴起以及知识妇女群的出现有着密切关系。特别是 1907 年，由于学部颁布了女学堂章程，国内女学校有了一定发展，留日女学生人数大增，仅东京一地就有近百人。这就必然推动妇女报刊的发展。于是，出现了妇女办报刊的第一次高潮。从地区分布上看，妇女报刊绝大多数创办于上海、北京、广东等城市及日本东京，而这些地区多是辛亥革命前夕政治、经济、文化中心，又是革命派从事革命活动频繁的地方。从妇女报刊的主编人看，绝大部分是接受过资产阶级教育的知识妇女，其中有一部分是留日女学生。就各报刊的出版时间看，其中大多数出版时间不长，有的仅出两期便停刊了，但是，却此伏彼起，反映了当时创办妇女报刊的困难和妇女们办报刊的坚韧不拔精神。"③

---

① 方汉奇、陈业劭主编：《中国当代新闻事业史（1949—1988）》，新华出版社 1992 年版。
② 刘巨才：《中国近代妇女报刊小史》，《新闻研究资料》1986 年总第 35 期，第 144 页。
③ 同上书，第 132 页。

民国时期的女新闻工作者

1911 年 10 月 10 日，孙中山先生领导的资产阶级民主革命，推翻了清王朝的封建帝制，建立了共和国。已经觉醒了的妇女认为，妇女既然参与了辛亥革命并为之付出了代价，理应与男子一样享有选举权和参政权，因此组织参政团体，积极创办妇女报刊，舆论的重心由兴女学、开女智转向鼓励妇女参政议政。仅 1912 年就创办了 9 种女性报刊，掀起了中国新闻史上创办妇女报刊的第二个高潮。

一　民国初期的女新闻工作者

先是张昭汉、陈鸿璧在苏州创办《大汉报》，张任总编辑。

上海女子参政同志会会员刘舜英，创办《民国女报》（半月刊），以开通女界，提倡女学，扶植女权，养成女子参与政治之知识为宗旨。然出版不久，即告终止。在天津有潘连壁、伍崇敏、郑毓秀等创办《女子国学报》（半月刊），于 1912 年 4 月 1 日问世，以提倡国学，发达女权，辅助共和为宗旨，撰稿人均以女子为限。

在北京 1912 年则有《北京女学日报》创刊。其主旨为开通社会风气，灌输女界知识。

1912 年 9 月，汤云秋在上海创办《中华女报》，以提倡女学、发达女权为宗旨。出版两期后转给万国女子参政会做机关报，改名《万国女子参政会旬报》。该报与唐群英主编的《女子白话报》和张昭英主编的《神州女报》，是民国时期鼓动妇女参政的三大妇女报刊。

唐群英（1871—1937），1905 年在日本加入同盟会，是同盟会第一位女会员，从 1906 年开始为宁调元主办的革命刊物《洞庭波》撰稿。1910 年 6 月，唐群英秘密回国参加革命宣传活动，孙中山先生曾赋诗为其送行。她曾组织女子北伐队，自任队长。1911 年 5 月在日本东京创办季刊《留日女学会杂志》，任主编。该刊是中国留日女学会的机关刊物。它在《发刊词》中指出，祖国面临瓜分之危局，号召妇女与男子一起救亡图存。“共担义务，同尽天职。”并且指出“今日义务，即他日权利之张本”。希望广大妇女“发爱国之忱，谋独立之道”。“极一时女界之光，吐千载闺阁之气”。但仅出一期便停刊了。

1912 年 1 月，唐曾上书南京临时政府参议院，反对三纲五常，要求男女平权。同年 10 月在北京成立全国女子参政同盟会，自任会长，创办机关报——《女子白话报》，声称“本报以至诚之音，引申至真之理，务求男女平权目的为宗旨。”她以总编辑的名义发表了“女子参政同盟始末记”“女子参政之先声”等文章。同年 12 月返回湖南，在长沙成立女子参政同盟会湖南分会。1913 年初，又与张汉英、丁步兰等合作在长沙创办《女权日报》，作为女子同盟会湖南分会的言论机关。①

张汉英（1872—1916），湖南醴陵人。1904 年与丈夫李发群去日本留学。在东京加入中国同盟会；1910 年回国，到上海协助黄兴进行革命活动。武昌起义时为女子队组织者之一。南京临时政府成立后，被推举为女子参政同盟领导成员。为争取在《临时约法》中写入女子与男子有平等选举权与被选举权和在国民党党章中列入男女平权主张，参与领导女会员请愿示威及砸南京临时参议院等活动。1913 年 4 月去上海组织万国女子参政会，任会长。

万国女子参政会是国际性的妇女参政联合组织，会长是美国人嘉德夫人。1912 年她曾来我国访问，受到神州女界协济社成员的热烈欢迎。1913 年 4 月，张汉英、陈德晖等人在上海成立“万国女子参政会中国部”，出版《万国女子参政会旬报》，张汉英任经理兼主编。从第四期起改为月刊，刊名改为《万国女子参政会月刊》。设有图画、社说、中外纪事、本会纪事、小说、评林、余组、文苑等栏目。除介绍各国妇女参政运动情况外，还报道诸如理财、筹边、教育、外交、外国、法律、实业、交通等方面的情况，旨在使中国妇女了解国内外大事，开阔眼界，增长知识和才干，为妇女参政作准备。

---

① 刘巨才：《中国近代妇女报刊小史》，《新闻研究资料》1986 年总第 35 期，第 141 页；《华夏妇女名人词典》，华夏出版社 1988 年版，第 906 页。

张汉英在《本报宣言》（第一期）中声称："为造就女子之知能，在广设学校，而灌输女子之学识，则在编述报章，此本旬报组织之原因也"，并认为如果不办报，"吾女界终无与男子知识平等之日矣"。她与国际女权运动建立联系，着力宣传女权。国际社会称她和唐群英为"一国两英"。后因受到袁世凯专制统治的压制，两人同到湖南继续开展女权运动，在长沙建立湖南女子参政同盟会，创办会刊《女权日报》，继续为争女权而奋斗。①

《神州女报》是神州女界协济社的机关报。1912 年 11 月创刊于上海。主要领导人有张昭汉、姚景苏、汤国黎、杨季威等，初为旬刊，1913 年 3 月改为月刊，卷期另起，改由杨季威、谈社英主编。因经费困难，仅出四期而止。《神州女报》之宣言书宣示："其（办报）宗旨则发挥共和真旨，代表社会言论，导启女界政治及实业思想，鼓吹国民道德及尚武精神。"因中华民国临时政府参议院否决了女子有参政权，引起了革命妇女的义愤。该报连续发表文章，指其乖谬，尖锐泼辣地指出："今日者，共和开幕，五族同仁，而独屏我女子于种种权利之外，此可忍孰不可忍？"号召妇女当前应当积极创造参政条件，学习政法、财政、国际法等知识，力争参政。认为如果没有这方面的知识，那么，尽管争得了参政权，也只能作为"傀儡"，装点门面而已。该报还鼓动妇女争取女子财产继承权。认为"承袭遗产问题为女界人人所应争者，女子同为人类，何能独自放弃？论男女平等亦当争之，论人权天赋亦当争之。"② 足见当时的女新闻工作者对维护妇女权益的意识已相当深刻。

张昭汉（1888—　），字默君，号涵秋，湖南湘乡人，与父亲张伯纯同时加入同盟会，同为反清革命组织南社社员。辛亥革命前在苏州创办《大汉报》，宣传民族革命，提倡妇女解放，曾经赴欧美考察并著述介绍女子教育，回国后任上海《时报》妇女周刊编辑。

这一时期的女编辑还有 1908 年 7 月 3 日在广东创办《东莞旬报》的刘博鸿，协助丈夫王璟芳创办《湖北学生界》的王莲，她是清末湖北第一位留日女学生，解放战争时期逝世。

1912 年 12 月 1 日，在孙中山、黄兴、张默君、辛素贞、武问梅等人的赞同下，社会党党员文典、乐勤、滋生、冷亚等在上海创办《女权月报》，

① 转引自谈社英《中国妇女运动通史》，妇女共鸣社 1936 年版，第 85 页。

② 刘巨才：《中国近代妇女报刊小史》，载《新闻研究资料》1986 年总第 35 期，第 147 页。

宗旨为发扬女子固有本能，恢复女子固有权利。该报在发刊缘起中说：“今种族政治革命告终，社会革命方兴。而其不平之最，实为男女，同是天赋，焉可歧视。今则习惯已成，非即为是，无正大光明之报以鼓吹学识，造成舆论，俾女同胞得自立，得自由，恢复其天赋之权，断难以达平等之目的也。”

民国初期的女新闻工作者，许多人是经历了“百日维新”的女革命家，她们开办女校，创办女报，组织妇女团体，目的都是唤起妇女群众实现自我解放。因此，当时的女性报刊大都是女校的校刊或是妇女团体的机关报，舆论的中心是力争妇女参政议政。然而，军阀袁世凯倒行逆施，篡夺胜利果实后，恢复封建帝制，歧视排斥妇女，1912 年 9 月 4 日，公然规定只有男子有选举权和被选举权。此举引起妇女界的强烈不满，纷纷利用报纸予以抨击。上海《中华新报》的女记者刘韵琴宣告：“那独夫（袁世凯）一天不死，一天不退位，著者这支笔也是一天不能停下，必要把他种种奸谋揭了出来，在报上宣布，以尽我笔诛的天职！”她自制墓联云：“仗剑走天涯，寻求真理酬壮志；买舟归故土，声讨袁贼惊国人。”多么豪迈的革命气概啊！《中华新报》读者陈荣广在为刘韵琴的《韵琴杂著》一书作序时说：“吾国女界能以文字托业于新闻，影响政局，启迪人群者，当推刘女士韵琴也。”①

二 “五四”时期的女新闻工作者

反帝反封建的“五四”新文化运动，标志着中国进入了新民主主义革命的新阶段。以解放全人类为己任的中国共产党，力争把妇女置于同男人平等的地位，将妇女运动纳入整个民族解放运动的轨道。

1915 年 9 月 15 日，陈独秀先生在他创办的《新青年》上发表了《法兰西人与近世文明》一文，最先向国人介绍了社会主义学说。1917 年他在上海成立马克思主义研究会，在中国传播马克思主义。

《新青年》吹响了新文化运动的号角，同时为妇女解放运动创造了比较优越的舆论环境，出现了一大批女社会活动家。她们积极参加新文化运动，利用传媒发表妇女的诉求，因而也掀起了妇女宣传的高潮。

---

① 宋素红：《女性媒介：历史与传统》，中国传媒大学出版社 2006 年版，第 75 页。

缪伯英（1899—1929），湖南长沙人。1916 年入长沙第一女子师范学校读书，1919 年考入北京女子高等师范学校，加入李大钊、陈独秀、王光祈发起组织的北京工读互助团，后又与十几位女同学共同组织北京女子工读互助团，在《晨报》上发表宣言，号召妇女“本互助精神，实行半工半读”，“造就社会的新生活”，引起社会震动。1920 年初，她参加李大钊领导的北京大学马克思主义研究会，同年加入少年中国学会、社会主义青年团和北京共产主义小组，1921 年中国共产党成立时即入党，是中共第一位女党员。后任北京劳动组合书记部女工部部长，担任《工人周刊》《劳动通讯》编辑，同丈夫何孟雄共同写过许多文章。1922 年与蔡和森、高尚德、刘仁静等 10 余人出面发起组织北京民权运动大同盟，并参加北京女权运动同盟会，领导成立了女权同盟会南京分会，同年底和翌年初去武汉支援湖北女子师范学堂的学生运动。震惊中外的“二七”惨案发生后，回北京负责编辑《京汉工人流血记》，揭露和控诉军阀势力镇压工人运动的暴行，向罢工受难的工人和家属发放救济品，冒险去监狱秘密慰问被捕同志。1924 年调任中共湖南省委妇委会书记，1927 年到上海任中共沪西区委会书记，因积劳成疾，不幸病逝。①

向警予（1895—1928）革命烈士。原名向俊贤，笔名振宇，土家族，湖南溆浦人。中共中央第一位女委员，中共中央妇女部第一任部长。1915 年冬毕业于长沙周南女校，后任县立女校校长。1919 年带领学生参加“五四”运动，后到长沙参加新民学会，组织湖南女子留法勤工俭学会，同年底，赴法国勤工俭学，因参加反对华法教育会把持里昂大学压迫中国勤工俭学学生的斗争，1921 年底被法国当局遣送回国，1922 年初在上海加入中国共产党，曾当选为“三大”中央执行委员，“三大”、“四大”中央委员。先后任中共中央妇女部部长、中央妇女委员会书记，上海女界国民会议促成委员会书记，中共中央妇女工作委员会委员长等。向警予于 1923 年 8 月 22 日主编《妇女周报》，旨在面向“要求解放最迫切的最富有解放精神与魄力的”无产阶级妇女群众，密切联系实际宣传贯彻中国共产党的主张，是当时唯一反映全国妇女运动全貌的妇女刊物。杨之华是该报的主要撰稿人。向警予 1925 年入莫斯科东方大学学习，期间作为中共代表参加了共产国际第七次扩大执委会会议。1927 年回国，在武汉总工会、中共汉口市委、

① 《华夏妇女名人词典》，华夏出版社 1988 年版，第 1086 页。

中共湖北省委工作，主编《大江报》。1928年在汉口法租界被捕，在狱中受尽折磨，坚持斗争，同年5月1日英勇就义。刑前曾沿路向群众进行演讲宣传。

向警予是中国著名妇女运动的优秀领导者、革命烈士，也是继秋瑾之后被专制统治者杀害的女新闻工作者，而且是一位少数民族女新闻工作者。①

郭隆真（1894—1931）革命烈士。原名淑善，回族，河北大名县人。1909年在家乡开办女子中学，1913年被选送到天津直隶第一女子师范学校深造。在"五四"运动中与邓颖超、刘清扬等组织天津女界爱国同志会。同年参加周恩来、马骏组织的"觉悟社"，创办《觉悟》杂志，开始接触马克思主义。在爱国斗争中曾三次被捕，受审时在法庭上揭露反动政府丧权辱国的丑行，得到群众声援而获释。1920年同周恩来等赴法国勤工俭学，1923年加入中国共产党。1924年赴莫斯科东方大学学习，次年回国，时值国共两党实行第一次合作，奉命协助国民党北京特别市党部妇女部的工作，任妇女委员会委员。1926年创办缦云女子学校作中共的秘密活动据点。曾与刘清扬一起主办《女界钟》。停刊后又与张挹兰创办《妇女之友》，冒着生命危险往来于京津间，保证了刊物的出版发行。1930年不幸再次落入敌手，于1931年在济南就义。② 是继向警予之后牺牲的第二位少数民族女新闻工作者。

刘清扬（1894—1977）妇女运动先驱者。回族，天津人，早年参加辛亥革命。"五四"运动时发起组织天津妇女爱国同志会，参与组织天津各界联合会，任常务理事。1919年参加觉悟社，参与周恩来、郭隆真等创办《觉悟》杂志和《天津学生联合会报》，领导天津的学生运动。1921年赴法国勤工俭学，后加入中国共产党。1924年随同李大钊出席第三国际第五次代表大会。在"文革"中横遭"四人帮"迫害，1977年含冤而死。1979年得到昭雪，恢复名誉。③

邓颖超（1904—1992）广西南宁人，著名女社会活动家。1919年"五四"运动中，响应同在天津北洋直隶第一女子师范学校读书的郭隆真的倡

---

① 《华夏妇女名人词典》，华夏出版社1988年版，第240页；宋素红：《女性媒介：历史与传统》，中国传媒大学出版社2006年版，第113页。

② 《华夏妇女名人词典》，华夏出版社1988年版，第900页。

③ 同上书，第275页。

议，参与成立天津女界爱国同志会，被推举为演讲队队长，带领队员在街头开展反帝爱国宣传活动。与周恩来等人一起组织进步学生团体觉悟社，办《觉悟》杂志。1923 年 4 月，邓颖超和李峙山组织女星社，创办《女星》杂志，初期是天津《新民意报》的附刊，由女星社出版，一年后改为天津《妇女日报》的副刊继续出版。《女星》无情揭露妇女受到的种种迫害，抨击旧的社会制度，探讨妇女解放的根本问题，明确提出改革旧经济制度、打破旧礼教、男女平等、社交公开、婚姻自主等主张，引起社会较大反响。向警予盛赞该报问世开创了“中国妇女宣传运动的新纪元”，“是中国沉沉女界报晓的第一声”。①

邓颖超 1924 年加入中国社会主义青年团，1925 年加入中国共产党。在 70 多年的革命生涯中，成长为优秀的党和国家领导人。

“五四”新文化运动前后著名的女新闻工作者还有：在土地革命时期，担任洪湖苏区《红旗日报》主编的李培之（1904—1994）；任《妇女前哨》旬刊编辑委员会委员的李文宜（1904—1997）等。

“五四”新文化运动在广泛传播民主和科学思想的同时，促进了中国新闻教育的发展。1919 年在北京诞生的燕京大学，于 1922 年创办了新闻系，这是中国最早的新闻教育机构。第一任校长司徒雷登认为大学的核心就是自由，思想自由、学术自由，大学就是给学生以选择自由。他明确地说：“保持中国的民族自由及其优秀的民族文化与实现太平洋的和平及全人类的进步事业是绝对分不开的。”遵循“因真理得自由以服务”的校训，新闻系培养出大批为真理、为自由而战的新闻战士。第二次世界大战期间，中国驻世界各大城市的新闻特派员，90% 是燕京大学新闻系毕业的学生。②

资深报人顾执中先生，1923 年任上海《时报》记者，1927 年改任上海《新闻报》记者。1928 年，利用业余时间在上海创办民治新闻专科学校，是我国第一所民办的新闻学校。1940 年 8 月，他遭日伪特务狙击负伤，9 月辗转到抗战后方。1942 年在重庆续办民治新闻专科学校。1944 年赴印度，在加尔各答侨报《印度日报》任社长兼总编辑。1946 年回上海，续办民治新闻专科学校。中华人民共和国成立后到北京，任高等教育出版社编

---

①　宋素红：《女性媒介：历史与传统》，中国传媒大学出版社 2006 年版，第 113 页；《华夏妇女名人词典》，华夏出版社 1988 年版，第 142 页。

②　百度：林杉的日志：燕京大学之父：司徒雷登（转载）。源地址：http：//blog. renren. com/GetEntry. do？ id = 704594042&owner = 15110。

审。顾执中从事新闻教育工作近60年，历任上海、重庆、仰光、加尔各答、香港、北京等地民治新闻专科学校校长、名誉校长，培养了大批新闻专业人才，是有影响的新闻教育家。1995年4月16日因病在北京逝世。①

1929年9月，上海复旦大学新闻系成立，本着“追求真理、传播事实”的精神，培养了大批“有正义感的、有科学精神的、敢于讲真话的新闻工作者。”（新闻系教授王中语）。

新闻教育的兴起，结束了新闻业的师徒制，造就了一大批具有新闻专业知识适应时代需要的新型新闻人才。同时，也为知识女性参加新闻工作提供了有利机会。培养出如余梦燕等一大批杰出的女新闻工作者。

三　抗日战争和解放战争时期的女新闻工作者

日本帝国主义者入侵我国，在这民族危亡之际，许多知识女性走入新闻工作的行列，在极度困难的情况下，以笔或话筒为武器，召唤全民族人民奋起抗日。

沈兹九（1898—1989）浙江德清人。1934年在《申报》主编《妇女生活》，鼓动妇女参与抗日救亡运动。1939年加入中国共产党。1946年在新加坡参加中国民主同盟，创办《新妇女》月刊，任《南侨日报》、《风下》周刊、《民主周刊》编辑。新中国建立后，历任全国妇联常委兼中国妇女杂志社社长。②

曹孟君（1903—1967年），湖南长沙人，妇女运动领导者。1933年主编《新民报》副刊《新妇女》，宣传抗日救亡和妇女解放。1939年接办沈兹九主办的《妇女生活》杂志，被迫停刊后又设法改出《现代妇女》，在极其困难的条件下坚持宣传团结抗日的主张，表现出前仆后继的大无畏气概。③

当时的女新闻工作者人才辈出，社会影响大的是被誉为新闻界“四大名旦”的杨刚、彭子冈、浦熙修、戈扬。遗憾的是其中三位在新中国建立后的1957年被错划为右派，身心受到摧残，浪费了22年的宝贵时光。

杨刚（1905—1957），湖北沔阳人。原名杨季徽，1926—1928年在南

---

① 顾执中：《上海民治新闻专科学校的诞生与成长》，《新闻研究资料》1981年第5期。

② 《华夏妇女名人词典》，华夏出版社1988年版，第509页。

③ 同上书，第951页。

昌葆灵中学读书时，曾用贞白的笔名写过文章，入燕京大学英文系读书后，改名杨缤。李念群及杨刚是她的笔名。她于1930年第一次入党，后因被捕失去组织联系，1938年重新入党。1928—1933年在燕京大学学习时，为北方左联发起人之一。因积极参加并领导北方学界抗日运动，1931年被捕入狱，经受酷刑，背部被鞭子打得稀烂，仍表现坚定。出狱后，继续从事文学创作。作品最早发表在《大公报·文艺》及《国闻周报》上。1939年9月，她接编《大公报·文艺》。

太平洋事变后，杨刚经粤北、湘南抵达桂林，继续主编《大公报·文艺》，并从事国统区的统战工作。1942年秋，自桂林转往浙、赣、闽战区采访。当日寇发动浙赣战役向江西吉安步步进逼之际，她却陪同澳大利亚女记者贝却敌，迎着西逃的难民奔向吉安，沿途报道国军与日寇浴血奋战的事迹，并以难民的悲惨生活揭露日寇疯狂实行“三光”的罪行。在短短两个月里，她写下的战地通讯和报道不下5万字。夏衍称她为“浩烈之徒”。

1944年夏，她赴美国任《大公报》特派员。在美期间，参与组织中国民主同盟美洲支部，向美国朋友宣传中国抗日情况，争取他们支持中国人民的斗争。同时深入美国社会底层，以记者的敏锐和作家的文笔，发回大量报道，用故事和人物描述了“美国社会是一个钱的社会，在那个社会里人与人的关系是货币的表现。”一针见血地指出“（美国）的所谓民主政治，拆穿来看不过是垄断大王们所操纵的一种交易”。后来集结成《美国札记》。

1948年回国后，她发动香港《大公报》起义。平津战役后主持天津《进步日报》，把该报改造成人民的报纸。新中国建立后任外交部政策委员会主任秘书；抗美援朝期间，任周恩来总理办公室主任秘书；1953年任中共中央宣传部宣传处主任。1954年被选为第一届全国人民代表大会代表；1955年任《人民日报》副总编辑期间，被选为中共八大代表。一次在赴机场从事外事活动途中，不幸遭遇车祸，造成脑震荡，疗养期间带病坚持工作，1957年10月7日逝世，终年52岁。①

彭子冈（1914—1988）江苏苏州人。1936肄业于北京的中国大学，应沈兹九之邀，到上海参加了《妇女生活》杂志的工作。1936年10月，鲁迅

① 萧乾：“《杨刚文集》编后记”，载《中国女记者》福建日报新闻研究室编（1983年），第54—64页；宋素红：《女性媒介：历史与传统》，中国传媒大学出版社出版2006年版，第203页。

先生逝世。出殡那一天，上海的学生自发游行。她应《大众生活》主编邹韬奋之约，采写了游行队伍从上海殡仪馆步行到万国公墓的全过程，刊登在《大众生活》上，令人瞩目。

1937年，上海全国各界救国联合会负责人沈钧儒、邹韬奋、李公朴、沙千里、章乃器、王造时、史良七人（人称“七君子”）被国民党非法逮捕。她冒充大法官史良的表妹，独闯监狱采访了史良。在“史良律师访问记”中，彭子冈热情颂扬这位著名女律师：“她的确是给‘无产’、‘无辜’的人们恢复自由、争取生存的良友。我们需要有更多的这样勇敢前进、为大众谋利益的良友。”

她既采访众望所归的宋庆龄，以及郭沫若、黄炎培、张治中等社会名流，也涉足监狱，舞场、贫民窟、难民所以及妓女麇集的小街，尤其关注妇女和儿童，采写了大量反映底层人民生活的社会新闻。1938年加入共产党。

彭子冈向以“放言无忌”著称。作为《大公报》的记者，常以犀利的笔触用事实揭露国民党的腐败政治，在特写《舞场一瞥》中，她写道：“在这里，天地回旋，世界好象净化了。不！也可以说是浊化了。在正义抬头，全民族牺牲已到最后关头的时候，这些荒淫取乐的现象是一个可耻的污点。”

太平洋战争爆发，大批国民党要员和财产亟待从香港撤至重庆。12月9日，彭子冈与《新民报》女记者浦熙修得知这是港飞渝的最后一班飞机，便一起到机场“等”新闻，知名人士王云五也到机场接家眷，但当飞机降落在重庆的珊瑚坝时，从飞机上下来的竟是几条洋狗、一个老妈子和大批箱子，穿着男装的孔二小姐扬长而去。而王云五的家眷却不见踪影。

当时国民党的新闻检查非常严厉。彭子冈和浦熙修深知完整地报道这件事，肯定通不过新闻检察官的眼睛，于是她们灵机一动，巧妙地把这条新闻分割写成三条均不牵涉政治的动态新闻和社会新闻：一是孔夫人由港抵渝；二是王云五接眷失望；三是重庆出现喝牛奶的洋狗。愚蠢的国民党新闻检察官，竟然嗅不出政治气味，均予通过。第二天，重庆《大公报》和《新民报》都把这三条新闻并排在一起刊登，顿时轰动各界，明眼的读者一下就看出这三条短新闻揭发了国民党要人“重狗轻人”的新闻主题，称赞二位女将机智勇敢，战胜了新闻检察官。这一起“飞机洋狗事件”在社会上引起很大震动，学生们举行游行示威，向国民党当局提出强烈的抗议。

国民党开参政会议时，彭子冈曾隐藏在会议厅的大镜子后面作记录。警察局秘密逮捕进步人士，她千方百计去调查事实真相，无情揭露。每当新闻检察官扣发或删改她的文稿时，她都要去据理力争，那些新闻检察官都说："这个人真不好对付。"

1946 年 2 月，在国民党发动全面内战的前夕，彭子冈独自一人从北京跑到解放区张家口。参加了聂荣臻、罗瑞卿举行的一次招待会。会后写了一篇特写《张家口漫步》，刊登在 2 月 13 日、14 日的《大公报》上，盛赞解放区实行民主政治，关心群众生活和繁荣文化艺术的新气象。文中写道："这是一个新的传奇，新的诱惑，就像延安在抗战初期一样。"

新中国成立后，彭子冈先后在天津的《进步日报》和《人民日报》任记者。1954 年任《旅行家》杂志主编。然而 1957 年被错划为右派，1979 年平反改正。但当她正在筹备《旅行家》复刊时，不幸病逝。①

浦熙修（1910—1970）著名新闻记者。江苏嘉定人。北京师范大学中文系毕业后，1936 年冬任南京《新民报》记者，1944 年加入中国民主同盟。1946 年 1 月，在重庆举行有全国各党派代表和社会贤达参加的政治协商会议（即旧政协），为防止国民党中央社垄断新闻，歪曲报道，《新民报》拟定了采访政协代表的计划，身为《新民报》重庆社采访部主任的浦熙修，勇挑重担，冒着浓雾暴雨，日夜奔波，遍访 38 位政协委员。她以巧妙的提问采访到每位政协委员的真实想法，客观如实报道，使读者一目了然，看出哪些委员真诚坚持以人民利益为重，维护和平民主；哪些委员坚持专制独裁，破坏和平民主。旧政协会议于 1946 年 1 月 10 日至 31 日历时 22 天，浦熙修除按照计划全面完成《政协代表访问记》36 篇（其中青年党的杨永竣与余家菊，常乃德与陈启天，合写为两篇），另有一篇《政协有关人物——李璜访问记》外，还发了大量新闻稿，约 10 万字左右，被同行誉为"勇于披坚执锐，敢于短兵相接"的新闻战士。

然而，停战协定和旧政协决议刚刚签字，国民党却加紧扩大内战，重兵进攻解放区。6 月 23 日，从上海爆发反内战游行示威，要求国民党政府立即停止内战，并派代表到南京请愿，不料发生"下关血案"，在现场采访

---

① 杨晓霞：《女记者彭子冈》，载福建日报新闻研究室编《中国女记者》（1983 年），第 84—102 页；宋素红：《女性媒介：历史与传统》，中国传媒大学出版社 2006 年版，第 203 页。

的浦熙修身受重伤。但她说："国民党怕什么呢？它怕人民觉醒起来，怕记者们的真实报道。我看透了，他们越是怕，我们越是要报道。" 1947 年南京发生"五二〇"大血案，她仍不顾个人安危，坚持报道事实真相，有力地支持人民的正义斗争。正是她不屈不挠坚持战斗，1948 年被国民党宪兵司令部逮捕，后经共产党和各方营救才出狱。毛泽东称誉她是"坐过班房的女记者"。

新中国成立后，她任上海《文汇报》驻北京办事处主任，曾三次赴朝鲜战场采访，采写了大量歌颂志愿军英雄气概的报道。1956 年任《文汇报》副总编辑兼北京办事处主任，前往边疆地区采访，出版《新疆纪行》。1959 年任全国政协文史资料委员会文化教育组副组长。历任第一、二、三、四届全国政协委员，中国民主同盟中央候补委员，民盟北京市委员会常务委员兼副秘书长。1957 年被错划为右派，"文革"中惨遭迫害致死，1981 年举行追悼会予以平反昭雪。①

戈扬（1916—2009）著名女新闻工作者，笔名洛文。原籍江苏海安，生于江苏扬州。19 岁秘密参加中国共产党外围组织"读书会"，以笔名栖栖在《镇江日报》副刊发表短篇小说及散文。1937 年在江苏省镇江师范毕业后，1938 年春在台儿庄一带做抗日救亡工作，写了许多战地通讯。以后在武汉、贵阳、重庆等地做新闻工作和妇女工作。1941 年参加新四军，同年加入中国共产党。先后担任过记者、编辑、新华社苏北分社社长、新华社华中分社副主任、山东《大众日报》采访部主任、《潍坊日报》副总编辑等职。抗战后期及整个解放战争期间，一直活跃在大江南北的根据地及山东鲁南与胶东、渤海等地区，进行采访和报导。1943 年 8 月 22 日，在转移中摔伤，躺在门板上，还写出脍炙人口的通讯"苏南人民心目中的新四军"，刊登在延安《解放日报》，由新华总社发向各个根据地。1949 年随军进入上海，任新华社华东分社副总编辑，出版了《采访与写作》一书。1950 年胡乔木同志任命她接手由储安平主编的《观察》杂志，并答应她"让我当主编，就要按我自己的意思来办。"杂志改名《新观察》，办得非常出色，发行量仅次于《中国青年》。有两个栏目特别受人欢迎，一个是"生活小故事"，一个是"小批评"。这两个栏目的每个月来信来稿居然要

① 陈理源：《敢为人民鼓与呼——回忆浦熙修在旧政协的采访》，原载《新闻研究资料》总第八辑；高集：《坐过班房的女记者——记浦熙修南京下关采访》，原载《中国妇女》1982 年第 11 期。

用麻袋来装，足见读者基础之深。

1957年因鸣放中说："教条主义真束缚人……"被错划为右派分子开除党籍下放劳动21年。但在后来恢复她的党籍时，她却写下了"忽听党召唤，赤心和泪哭"的感人诗句。

1980年《新观察》复刊，她仍任主编。1989年4月15日，胡耀邦同志逝世。19日，她和《世界经济导报》驻京记者张伟国，联合召开悼念胡耀邦的大型座谈会，到会者五十多人，中心议题两个：一是要求纠正胡耀邦所受的不公正待遇；二是要求为清除精神污染和反对资产阶级自由化运动的受害者平反。后因发生北京风波被迫流亡美国，有国难归，客死他乡。①

龚澎（1914—1970）安徽合肥人。1937年燕京大学历史系毕业，曾参加"一二·九"学生爱国运动。1938年到延安，翌年在晋东南任十八集团军总司令部秘书。1940年开始长期任周恩来同志的秘书兼翻译，并历任《新华日报》记者。1946年底到上海组织出版英文刊物《新华月刊》，宣传中共的政策，仅出刊三期即遭国民党当局封闭。她随即化名钟威洛，在香港主编英文刊物《中国文摘》，于1946年12月31日出刊。新中国建立后，是外交部第一任新闻司司长、中国第一位女新闻发言人。参加过第一次、第二次日内瓦会议，多次随周恩来出访非洲、亚洲各国。"文革"中遭"四人帮"迫害，于1970年因病逝世。哈佛大学已故教授、中国问题专家费正清曾在回忆录中写道："她（龚澎）的性格里既有青春的朝气，又有对中国共产党事业的坚定信念，再加上随军记者所特有的敏锐观察力和清新的幽默感"，在重庆那种单调乏味的气氛中，"龚澎成了言论自由的象征"。②

这一时期活跃在新闻战线上的女记者还有：《新民报》有著名女记者高汾、《新蜀报》张志渊、《时事新报》余梦燕、《商务日报》黄冰、《民主报》邵琼、《时事新报》熊岳兰、《申报》谢宝珠、《文汇报》表筱梅、"中央通讯社"陈香梅、路透社重庆分社赵敏淑、塔斯社重庆分社张郁廉、《新洲日报》和《星岛日报》重庆特约女记者黄薇、重庆《新华日报》杨慧琳、吴全衡，贵阳《中央日报》张明、《中央日报》副刊女编辑封禾子、《中苏文化》杂志驻苏女记者胡济邦等，还有擅长报业经营的《新民报》的

---

① 杨德华：《精神食粮的炊事员——访〈新观察〉杂志主编戈扬》，载福建日报新闻研究室编《中国女记者》（1983年），第97页。

② 《华夏妇女名人词典》，华夏出版社1988年版，第957页；百度网。

女经理邓季惺。

在中共掌控的解放区，新闻界除有著名随军女记者戈扬外，还有任《冀中导报》社长同时兼《中国妇女》记者的范瑾，任延安《解放日报》副刊《中国妇女》编辑主任的罗琼，参与创办《人民日报》的李克林，先后在新四军《挺进报》、《襄河报》及《东北日报》任编辑的李野等。[①]

在解放区，因中共中央提出了“全党办报，群众办报”的方针，各传媒机构都建立了群众工作部，建立了通讯员制度，积极培养工农通讯员，因此使许多未受过新闻专业训练的干部和工农积极分子进入新闻队伍，并在新中国建立后成为新闻界的中坚力量。

① 宋素红：《女性媒介：历史与传统》，中国传媒大学出版社2006年版，第189—190页。

新中国的女新闻工作者

新中国建立后，“男女平等”被写进了中华人民共和国的第一部宪法，中国妇女得到了跟男性同等的受教育机会，新闻队伍中的女性人数也日益增长。在超过半个世纪的社会主义革命和建设中，凡是有男新闻工作者出入的场合，必然会显现女新闻工作者的身影。

一　女新闻工作者队伍不断壮大

大批经过社会主义革命和社会主义建设锻炼的女记者如李琴、李克林、王金凤、陈柏生、刘衡、陈敏、傅冬、朱军、梁丽娟、郭玲春、郭梅尼、樊云芳、孟晓云等都是新中国新闻队伍中的佼佼者。

女摄影记者侯波因拍摄中华人民共和国开国大典而闻名遐迩，并成为采访中央新闻、拍摄毛泽东等中央领导人的新闻照片的专家。谢琍、司马小萌、叶同荷等的新闻摄影作品同样脍炙人口。

在人民广播战线，既有解放区的老播音员魏琳、丁一岚、徐瑞璋、杨慧琳、孟启予、苏安、陈今、吴道英等，又有在新中国迅速成长起来的林琳、潘砺、徐曼、刘振明等著名女播音员和女记者。

20 世纪 50 年代电视事业的兴起，为女性施展才华提供了新的广阔天地，沈力是中央电视台的第一位女播音员，邓勤、寿沅君等是中国早期电视摄影女记者，以后出现了敬一丹、张泉灵、张栗坤等一大批受观众喜爱的电视节目女主持人。①

一些在长期新闻实践中锻炼出领导才干的杰出女性，如范瑾、丁一岚、

---

① 资料来自《华夏妇女名人词典》，华夏出版社 1988 年版；首都女新闻工作者协会：《女记者与世纪同行》画册。

阮若琳、汪溪、黄惠群等，走上了传媒领导岗位，分别担任报刊社的社长、总编辑或广播电台和电视台的台长。随着新闻事业的发展，先后进入传媒决策层的女性逐渐增多，如申宜芬、高维进、王秀琳、卢小飞、谢丽华、周建英、曾绵华、卢勤、王硕、郑德芳、黄庆、张明非、谢湘、马利、张小影等，她们不仅兢兢业业于本职工作，而且热衷于首都女记协的工作，带领首都女新闻工作者携手共进。

自20世纪90年代经中央批准设立中国新闻最高奖长江奖和韬奋奖以来，中国记协共评选出长江新闻奖获奖者128名，其中女性30名，占比23.4%；共评出韬奋新闻奖获奖者123名，其中女性21名，占比17.1%（见第589页附录）。

1995年联合国第四次世界妇女大会在北京召开，中国社会科学院新闻与传播研究所和中华全国新闻工作者协会得到联合国教科文组织的资助，开展了中国新闻史上第一次也是迄今规模最大的全国女新闻工作者调查。

发现全国除港澳台外的30个省市，到1994年底，在中国内地拥有记者、编辑、翻译、校对、播音和节目主持人等新闻专业职务的8.7万人中，有女性2.8万人，占新闻专业人员的32%；其中少数民族女新闻工作者占女新闻工作者的11.9%。

女新闻工作者有56.2%在广播电视部门工作，有42.5%在报社工作，有1.3%在通讯社工作。在通讯社工作的女新闻工作者在新闻专业人员中占29.2%（男性为70.8%）；在报社工作的女新闻工作者在新闻专业人员中占27.5%（男性为72.5%）；在广播电台和电视台工作的女新闻工作者在新闻专业人员中占37.3%（男性为66.7%）。

女新闻工作者的活动范围十分广阔，她们涉足每一个报道领域，从事经济报道的占33.2%，社会新闻报道的占30.7%，教育报道的占30.7%，文艺报道的占28.3%，政法报道的占25.1%，科技报道的占23.8%，体育报道的占9.6%，国际报道的占7.4%，编辑受众来信者占9.1%，还有19.1%的人从事其他方面的报道。她们中间已有6.7%的人获得高级新闻专业职务，33.7%的人获得中级新闻专业职务。但担任领导职务的比例偏低，仅有4.4%的女新闻工作进入传媒决策层——编辑委员会；担任部主任一级中层领导职务的女新闻工作者仅占10.3%。中国女新闻工作者要想在掌握传播权方面争取到完全的男女平等，还任重而道远。①

时间的考验已显示出女新闻工作者具有极强的竞争力。截至 2012 年 11 月 5 日，我国持有新闻记者证的新闻采编人员共 248101 人，其中报纸、期刊记者 105942 人，广播、电视、通讯社等媒体记者 142159 人。从性别比例上看，男性记者为 140684 人，女性记者为 107417 人，男女比例为 57∶43。从学历上看，目前 99% 的新闻采编持证人员均具有大专以上学历。从年龄结构看，中青年记者占了绝大多数，其中 21—30 岁的记者 31447 人，占总人数的 12.7%；31—40 岁的记者 97827 人，占总人数的 39.4%；41—50 岁的记者 81141 人，占总人数的 32.7%；51—60 岁的共有 34436 人，占总人数的 13.9%。②

自 2014 年 7 月 15 日换发新版新闻记者证以来，截至 2015 年 6 月 23 日，国家新闻出版广播电影电视总局共换发 184816 个新闻记者证，其中女性持有新闻记者证人数为 85612，占总数比例为 46.3%。尚有数万新闻记者证在换发中。③

中国社会的发展为妇女从事新闻工作展示了广阔的前景，目前在许多新闻传播高等院校的学生中，女生已超过男生，有人认为：女性在新闻界崛起的时代到了。

二 首都女新闻工作者协会的建立及其活动

（一）首都女新闻工作者协会的创建

20 世纪 80 年代，是中国历史上少有的思想解放的年代，历经十年“文革”磨难的中国新闻人，以前所未有的勇气和毅力投身新闻改革，在改革新闻的同时，力争改善和创造自身的生存发展条件。

1980 年代初，人民日报王金凤、陈柏生、陈敏等著名女记者有机会走出国门，放眼世界。她们发现许多国家的女记者拥有自己的组织——女新闻工作者协会。回国后，她们便议论要成立中国女新闻工作者协会。

她们的动议得到汪溪、丁一岚、王秀琳等同行的热烈响应，也得到时任中共宣传部新闻局局长钟沛璋的大力支持，帮她们多方奔波，上下沟通，

① 详见本书第 97 页《中国女新闻工作者现状和发展》调查报告。

② 中国记者队伍现状：持证采编人员近 25 万人来源：中国新闻出版网/时间：2013—01—08。

③ 资料由国家新闻出版广电总局新闻报刊司提供，2015.6.23。

终于获得认可。但主管领导以“中国记者已经有了中华全国新闻工作者协会，没有必要再成立一个全国女新闻工作者协会”为理由，不准成立全国性的女新闻工作者协会，只允许建立地方性的女新闻工作者组织，因此，她们只得在北京市民政局登记注册，建立了“首都女新闻工作者协会”（英文名称是 WOMEN JOURNALISTS ASSOCIATION OF THE CAPITAL，CHINA，缩写 WJAC）。

首都女新闻工作者协会（以下简称首都女记协）于 1986 年 3 月 6 日成立，是一个具有正式法人资格的社会团体，一个独立的经费自理、民主自律、自我管理、自我发展的女新闻工作者的群众性组织，是一个真正意义上的非政府组织（NGO）。

首都女记协当初由 46 家新闻单位的女新闻工作者组成，有会员 5800 余人，理事 118 人，常务理事 42 人，特邀理事 70 多人。北京周报社原社长兼总编辑汪溪被推选为第一任会长，丁一岚、陈佩明、王金凤、王秀琳、王之琦等被推选为副会长，老一辈女报人范瑾、吴全衡、邓季惺、戈扬为名誉会长。

此后，上海、河北、云南、浙江等省市也纷纷建立了女新闻工作者协会。

女记协的建立，标志着中国女新闻工作者性别意识和维权意识的提高，标志着中国女新闻工作者群体意识和社会责任感的增强，是百余年来女性参与新闻事业的历史必然。

（二）首都女新闻工作者协会的宗旨

首都女记协的宗旨是：遵守国家宪法、法律、法规和政策，遵守社会道德风尚，在中国共产党领导下，广泛团结首都女新闻工作者，发扬“四自”（自尊、自信、自强、自立）精神，爱岗敬业，忠于职守，不断提高自身的素质和地位，增进与国内外女新闻工作者的联系与友谊，为建设有中国特色的社会主义新闻事业而努力奋斗。积极鼓励女新闻工作者大力宣传报道各行各业妇女的先进事迹和创造成就，维护广大妇女的合法权益，提高妇女的社会性别意识，为落实男女平等的基本国策鼓与呼。

（三）首都女新闻工作者协会的组织

首都女记协具有广泛的群众基础，团体会员涵盖中央和北京市的报社、通讯社、广播电台、电视台、互联网、新闻研究机构和新闻院校等单位，实行团体会员制。由团体会员单位派出理事组成理事会，由理事会民主选举产生正副会长和正副秘书长，一届任期5年，后改为任期3年，可连任两届。理事会每月举行一次会长办公会议，日常事务由正副秘书长和办公室正、副主任以及秘书组成的办公室处理。会员单位按女新闻工作者人数每年交纳会费。

第二届、第三届会长李琴，第四届、第五届会长王秀琳，第六届、第七届会长曹照琴，第八届会长赵晨仔。

首都女记协没有正式编制，没有专职工作人员，所有承担任务的人都是不拿报酬的“义工”，全凭对新闻事业的热爱，对女记协的责任而作出无私的奉献。许多著名的资深女记者在离退休后全力投入女记协的工作，为培养年青一代，提高女记者的素质和地位尽心尽力，从而使女记协始终保持着青春活力，成为享誉社会的女性非政府组织（NGO）。

中国是一个由56个民族组成的大家庭，据20世纪90年代中期的调查，已有42个少数民族的女记者活跃在新闻战线上，为少数民族新闻事业做出很大贡献。2000年，首都女记协成立少数民族女新闻工作者分会，白勇熙（朝鲜族）任会长，斯日歌（蒙古族）为名誉会长。

此前，新华社、人民日报社和光明日报社等女记者多的单位，也成立了分会。

（四）首都女新闻工作者协会的活动

首都女记协凝聚女记者的力量，充分发挥会员的主动性和积极性，以开展多种活动吸引新闻界和社会各界的关注和支持，推动社会进步。

1. 组织女记者易地采访，报道人民群众特别是妇女群众的活动以及她们所关心的热点、难点、疑点问题。目的是帮助女记者深接地气，了解国情，开阔视野，锻炼女记者适应不同工作环境的能力。继1986年7月组织女记者到宁波、江西采访之后，10月13日的出行颇显隆重：十几家媒体的女记者（年龄最大的53岁，最小的24岁）组成“金秋自行车采访队”，飒爽英姿地集结在天安门广场人民英雄纪念碑下，整装待发。时任北京市委宣传部部长王立行、副市长陈昊苏和首都女记协的会长们前来送行。她们在河北保定市的7个县、16个乡、20几个村镇采访，行程500余公里，如实反映河北农村改革中的妇女风貌，受到当地政府和群众的热烈欢迎。此后，易地采访已成常态，女记者的足迹遍及大江南北，直至青藏高原。1997年6月22日，首都女记协组团从北京出发，经西宁、抵格尔木乘车跨昆仑、翻唐古拉，在平均海拔4000米以上、被称为生命禁区的青藏高原沿线，对驻守官兵进行采访。特别是在5·12汶川特大地震发生后，首都女记协先后三次组团赴四川绵阳采访灾后重建，受到广泛好评，荣获四川省绵阳市委颁发的“汶川地区抗震救灾报道突出贡献奖”。

2. 强化对女记者的专业培训。不定期举办的讲座内容丰富多彩，不拘一格。如请新闻学者和资深记者编辑讲授新闻理论，请政府官员讲解政策方针和时政、经济形势，请社会名流讲授专业知识。1986年举办的“新闻采访与写作”、“女性理想”等专题讲座就有8次之多。在1998年的《国情与新闻——名人系列讲座》中，时任外经贸部部长吴仪、外交部新闻发言人沈国放、新华社总编辑南振中、人民日报总编辑范敬宜、经济日报总编辑艾丰、新华社原副社长李普、著名指挥家李德伦、著名经济学家樊纲等，热情为女新闻工作者做了生动精彩的专题报告。

女记协还组织对著名女记者杨刚、彭子冈的追思会，弘扬老一辈女记者的敬业精神和高风亮节，进行传统教育。1995年6月8日，首都女记协举行“中国女记者——半个世纪的风采”祝贺表彰大会。新闻界老前辈、年已89岁的邓季惺到会，走过50年艰辛历程的丁一岚、田林就“回首往事深感自豪”这一主题，发表讲话。会后出版了纪念文集《半个世纪的风采》。

此外，还举办过英语培训班和电脑培训班，促进女记者掌握现代传播技术。

女记协还组织座谈会、业务交流会、报告会、演讲比赛，让女记者自述心得体会或与境外同行交流业务经验，也是提升女记者素质的好方法。

女记协在每届年度好新闻表彰会上都要进行大型的业务交流，至2014年已经进行了16次。2008年7月10日，首都女记协在北京隆重举办抗震救灾优秀女记者表彰暨报告会，十届全国人大常委会副委员长、全国妇联主席顾秀莲亲临现场，她充分肯定女新闻工作者在5·12汶川特大地震的采访报道中作出的突出贡献，并向87名受表彰女记者颁发证书。人民日报鲍丹、新华社朱玉、中央人民广播电台李天娇、中央电视台柴静、解放军报冯凯旋、光明日报张玉玲、经济日报隋明梅等荣获表彰的女记者介绍了在抗震救灾一线采访报道的感受。

近几年，首都女记协注重发挥新媒体优势，与人民网—人民视频共同举办了“首都女记协走进绵阳——感恩之旅：来自新北川的报告”大型报告会，以及“庆祝共和国60华诞——为祖国骄傲、为女性喝彩”、“庆祝建党90周年——党的阳光雨露哺育我成长”、“中国梦我的梦”等大型女记者演讲比赛。2013年7月18日，由首都女记协、北京市妇联和人民网联合举办的“中国梦 我的梦”女记者演讲比赛更是别开生面：首都共有24家新闻单位选送了26名选手参赛，经9位评委评议，以无记名投票方式确定了16名选手进入决赛。选手们激情满怀地抒发各自的梦：北京电视台张栗坤说，梦想是什么？就是你付出再多但想起来依旧会给你无限力量的东西。中央人民广播电台的伊丽娜说，我出生在新疆塔城，从小有一个梦想，长大要到首都上大学，没想到不仅来到北京读书，还成为一名少数民族新闻工作者。今年6月26日，新疆吐鲁番鄯善县发生了严重暴力恐怖袭击事件，我除和同事连线报道事件真相外，还发出了“吐鲁番的葡萄熟了，别让果农的心儿碎了”的微博，为要求迅速恢复社会秩序的鄯善果农呼号，收到良好效果……我最想说的是，只有民族团结才能放飞梦想。光明日报王斯敏的梦想“是做一名好记者，用好这个时代所赋予我的宝贵的话语权，记录历史，见证荣光。”经济日报张双说：“瞭望我们所处的时代，广泛而直接地参与社会进程，正是新闻人的存在方式和价值体现。”这些选手个个都充满了青春活力，她们将梦想与现实相结合，动情地讲述怎样在亲身经历中去体会和认知中国梦，怎样在采访实践中去印证和实现中国梦，感染和打动着现场的每一个人。

3. 出版书籍画报，弘扬女记者的风貌和贡献。1989年2月，由邓小平同志题写书名的《中国女记者》开始出版，先后共出版了8集，收入数千名老中青女记者的简历、照片及新闻代表作。这套书如实地反映了中国女记者的成长历程，以及她们笔下的中国历史。新华社原副社长李普在该书的序言中赞叹道：“女性是天生的从事新闻这一行的好材料。”

1997年，女记协与新华社摄影部合作在中国革命历史博物馆联合举办“中国妇女百年足迹”图片展。雷洁琼、陈慕华及各部委女部长、全国人大女代表、全国政协女委员及各界人士出席开幕式。1999年还成功地举办了“中国女记者50年回顾”大型图片展，并出版了由首都女记协副会长、新华社摄影记者谢琍主编的画册《女记者与世纪同行》，形象地展现了中国女记者投身民主革命和社会主义建设的历程。2003年3月5日协同中国女摄影家协会、北京市女美术家联谊会在美术馆隆重推出“女美术家联谊会会员自选作品展”、“首都女摄影记者沙龙展”等展览。

4. 为了激励女记者深入社会，深入群众，调查研究，写出更多有深度、有水平的优秀新闻，首都女记协从1994年开始，举办女记者优秀新闻作品评选活动，至2014年已举办十六届新闻表彰暨经验交流活动，千余名女记者脱颖而出。在2013年1月29日第十五届女记协好新闻表彰暨经验交流会上，新华社记者吴小军、王茜等撰写的综述《世界性民生难题的中国答案——国家新医改惠及亿万民众》获一等奖。它把目光聚焦全民关注、全社会关心的医改问题。作者站在全球高度，用全新视角反映了国家医改三年来的显著成就，凸显了中国共产党人把人民群众利益放在第一位的执政理念，以及医改给农民带来的新气象。这篇作品影响广泛，先后被人民日报、光明日报、经济日报、解放军报、北京日报等主要报纸以及中国政府网、中国共产党新闻网、搜狐、新浪等86家新闻媒体转载。吴小军在评选会上说："在基层，经常在采访基层医务人员和农牧民时，被他们的故事感动得落泪。用手、用脑、用心、全球视角是中国最著名骨科医生对自己工作的总结。用在记者身上也贴切。记者走基层必须用脚丈量土地，只有去过足够多的地方，采访到足够多的人，手里有足够多的素材，才能支撑这样一个全景式的医改画卷。"而由中央电视台记者栾婷婷采写拍摄的电视新闻片《寻找最美乡村教师：凤凰日记》则获得特等奖。她讲述了湖南凤凰这个国家级贫困县的乡村教师坚守岗位、默默守护众多留守儿童的故事。在片中既可以看到"豆腐老师"靠磨豆腐挣钱贴补教育经费的艰辛，又可以看到一边教书一边照顾学生生活的"鸡妈妈"的慈母之心。节目播出后立刻引起强烈社会反响，社会各界纷纷伸出援手，捐款捐物，那里的所有贫困留守儿童均得到了社会救助，并引起各级政府及社会各界对解决留守儿童问题的重视。

5. 为鼓励女记者更好地与妇女群众"同呼吸，共命运"，女记协经常组织与各界妇女的联谊会、研讨会，如1993年有在京中外女企业家参加的"成功女性要素"专题研讨会；与全国记协、中国女市长联谊会联合举办的女市长、女新闻工作者联谊会，有6位女市长（女市委书记）与来自10个国家的19名驻华女记者、女新闻官以及首都女新闻工作者60余人欢聚一堂。1994年与北京妇女理论研究会等联合举办"农村妇女如何进一步发挥半边天作用"的研讨会等。1995年，与'95世妇会中国组委会宣传动员委员会联合召开"妇女与媒介"研讨会。1996年举行中外记者研讨会，讨论福建三资企业女工状况调查和农村妇女扫盲问题，到会中外记者40余人。1998年，召开"中国女记者与21世纪"研讨会，展望21世纪新闻传媒信息流动的前景，强调在新闻传媒中的社会性别意识，充分发挥女性新闻工作者的优势，促进社会可持续发展，强调要提高女性在主流传媒中的影响力，推动更多的女新闻工作者进入决策层等。2004 年，与中国妇女报举办"妇女传媒与妇女发展论坛"，与会者就妇女传媒如何为妇女的进步与发展创造良好的舆论环境展开讨论，并与许多地区的女农民一起开展"性别、媒介、发展"研讨交流活动，使女记者对中国基层女性的生活境况有了更深切的了解，并积极为改善基层女性的生产生活现状呼吁，努力推动有关部门提供帮助解决实际问题。

2005 年是联合国在北京召开第四次世界妇女大会 10 周年，也是我国提出"男女平等基本国策"10 周年。为观察和记录中国妇女 10 年的发展进步，促进性别平等，与全国妇联等单位合作，开展"北京 + 10：中国女记者百人行"活动，百余名中国优秀女记者记录了中国妇女进步的实绩。

2006 年 1 月，首都女记协与中国妇女报社、中国人民大学媒介与社会发展研究中心、中国传媒大学广播电视研究中心举办"2005 促进性别平等专家推荐媒体"活动。以推动公众关注媒体的性别表达，改善中国性别平等的舆论环境。

6. 通过会员推动各媒体维护妇女儿童合法权益，宣传男女平等，增强性别意识，为妇女、儿童做实事、做好事。1996 年 6 月，首都女记协与北京地球村举办"女记者与环保论坛"，向社会发出了"保护环境，从我做起"的倡议书。1997 年论坛又发出"向垃圾公害宣战——给首都新闻界的倡议书"。1999 年首都女记协同上海、广州等地的女记协联合开展"手拉手"植树活动，赴黄河壶口种下了 500 棵树苗。

2001 年 11 月 7 日，在共庆新中国第二个记者节之际，首都女记协、中国妇女活动中心、邓亚萍体育用品有限公司和泉州伟民鞋业有限公司，联合举办"女记者与奥运冠军联谊会"，并向新闻战线全体同志发出了"倡导健康体育观念，传播有益体育文化，做体育运动的积极参与者"的倡议。2007 年至 2014 年，首都女记协分别在江苏常州、常熟举办了 3 届首都女记者与当地女记者乒乓球友谊赛。

2005 年，首都女记协、中国妇女报等多家单位与北京军区总医院合作，开展女性免费宫颈筛查大型公益活动，历时 3 年，约有 10 万名妇女受益。

2007 年 4 月 10 日，首都女记协、北京市妇联联合举行"见证 2008 山区孩子之旅"大型公益活动，将 1000 台由杭州奥普电器有限公司捐赠的电视机，分送到全国部分山区学校，以便孩子们能观看北京奥运会的盛况。11月举办的奥普爱心连线温暖行之北京山区后续公益活动，女记协的会长们陪门头沟区雁翅镇山区的孩子游览北京，并登上天安门城楼。

2013年7月8日，首都女记协和北方汽车专修学校在四川省成都市举办的雅安追梦班开学。有103名来自雅安地震灾区的贫困家庭孩子参加。全国人大常委会原副委员长、中国关心下一代工作委员会主任顾秀莲在会上说："这是一个播种希望、催生梦想的典礼！这是我们为雅安地震灾区的灾后重建，特别是解决贫困家庭子女就业做的一件实事。"这些孩子毕业后由学校安排工作，成为社会有用之才。

1999年5月，以美国为首的北约集团轰炸中国驻南联盟使馆，新华社女记者邵云环、光明日报记者朱颖夫妇不幸遇难。首都女记协是中国第一个在互联网上发表声明表示严正抗议的社会团体。

7. 首都女记协采用"走出去，请进来"的方式加强同港澳台女记者的交往。1999年11月澳门回归前夕，应澳门妇女联合会和澳门基金会的邀请，由副会长谢湘率领首都8家媒体的女记者前往采访。2003年11月17日，由首都女记协主办的"女记者与社会进步"研讨会在福建晋江举行。来自海峡两岸及香港、澳门地区的40多家新闻媒体的60多位女新闻工作者与会。这是一次等待了半个多世纪的聚会。中国内地及台、港、澳地区的女记者以自己的亲身体会现身说法，作了"传媒的使命与责任"、"新闻面前男女平等"、"女记者在抗非典第一线"、"关于生命科学的公众监督"、"要用性别意识搜索性别歧视"、"我国少数民族女记者的成长"、"台湾报纸主编的风格"、"澳门女记者的不断发展"等精彩发言。

8. 首都女记协采用多种形式加强与境外姐妹组织的合作交流，增进友谊，巩固团结。女记协成立不久便在北京主持了亚洲女新闻工作者研讨会。1987年与美国、希腊、芬兰、匈牙利、菲律宾等国家的驻华女记者举行联欢会。1994年派理事参加泰国召开的妇女问题交流会议；参加在罗马召开的广播电视妇女协会第26届会议。组团访问瑞典。1996年副会长曾绵华、谢湘率团赴美，就中美两国媒体中的妇女问题进行了考察和采访。1997年副会长熊蕾代表首都女记协出席在马尼拉召开的"性别与传播政策亚太地区区域性会议"，并提供了国别报告。顾问陈秀霞赴瑞士、美国等地进行"妇女与传媒"业务交流。2000年，应美国国际妇女基金会的邀请，副会长熊蕾参加在华盛顿召开的"妇女与媒介，女性进入领导层"的国际研讨会和联合国总部在纽约举行的一系列“千年论坛”活动。2001 年副会长黎星赴马来西亚参加国际传媒监测组织主办的题为“媒体行为规范与性别意识地区对话”国际会议。2005 年 9 月 6 日，首都女记协在北京成功举办了海峡两岸女记者“妇女与传媒论坛”，台湾中视著名新闻女主播沈春华率台湾女记者代表团应邀参加并作精彩发言。

9. 女记者当主编。2001 年 3 月 9 日首都女记协响应联合国教科文组织的倡议，发动女新闻工作者参与“三八，妇女制作新闻”活动。人民日报、光明日报、中国青年报、农民日报、北京青年报等中央和首都媒体，在这一天推出了由女新闻工作者执掌“编采大权”的版面。但此活动未持续进行。

在首都女记协成立初期，曾组织青年俱乐部为新闻界大龄未婚青年牵线搭桥，还创办小星星幼儿园，为女记者解忧；但因人力、物力有限，没有坚持下来。

首都女记协成立以来开展的所有社会活动，都是围绕着培养和提高女新闻工作者的素质，推动社会性别意识融入主流，落实男女平等基本国策这一主题进行的。但对女记者本身的有些困难，比如女新闻生的就业、女记者的定期培训、职务晋升（尤其是进入传媒决策层）、健康保障等问题介入不多。①

（五）妇女传媒监测网络在行动

联合国第四次世界妇女大会在北京召开，促进了中国政府和社会各界对妇女问题的关注。大会前后，传媒加强了女性报道，在宣传报道中更是引进了有关妇女解放的新理论、新观点和新方法。以中国妇女报社的冯媛、郭艳秋、蔡一平等为主的一批女记者，积极开设培训班，大力宣传社会性别意识，力争将社会性别意识融入主流。

1996 年 3 月，首都女记协成立了妇女传媒监测网络。其宗旨是，男女新闻工作者携起手来，为消除媒介中对妇女有意无意地歧视、贬低，为充分、正面展示妇女的精神风貌，为实现男女平等的基本国策共同努力。《中国妇女报》以整版篇幅报道了该网络“通过监测提高传媒性别意识”的主旨。

---

① 本节资料主要采自《首都女新闻工作者协会 20 周年纪念刊》和相关资料，大都系任安立撰写。

同年7月22日，《中国妇女报》报道妇女传媒监测网络对人民日报、光明日报、法制日报、经济日报、农民日报、中国青年报、工人日报和文汇报8家报纸要闻报道内容的性别意识监测分析结果。

分析结果显示，男性新闻人物在出现频度、被引用频度、被拍摄频度方面都远远多于女性，在文字和图片新闻中都是压倒多数的主角：在主要新闻人物中，男性占83.19%，女性只占16.81%；在有言论被引述的主要新闻人物中，男性为91%，女性仅为9%；在刊用的重要新闻人物的照片中，男性占71%，女性仅29%，在正面事件中显示出主动作用的主要新闻人物中，男性为82.28%，女性为17.72%。男性绝大多数以主角身份登场，女性则以家属、秘书等从属角色出现。这与我国妇女在社会生活中所发挥的作用极不相称。这项研究是副会长熊蕾从1993年开始组织实施的，在第四次联合国世界妇女大会“妇女与传媒”非政府论坛发言后，引起与会者关注。

此后，妇女传媒监测网络以《中国妇女报》为主要宣传阵地，开展了对大众媒体妇女、性别议题报道的监测及批评，并且多次组织公开倡导活动。

1997年3月5日，妇女传媒监测网络在《中国妇女报》公布电话号码：010－65226646，呼吁社会各界参与“制止影视、书报刊中对妇女形象的贬低和污辱性描绘。改变社会对女性的歧视和偏见，增进全体公民对妇女合法权益的认识。”并在《中国妇女报》开辟专栏刊登监测文章。声称“大众传媒是大众的媒介，您对媒介报道中的性别平衡的关注，您的意见和建议，将帮助我们公正全面地反映这个两性共有的世界，促进女性的平等发展和参与——也是世界均衡发展的必需。”

1999年，妇女传媒监测网络与中国社会科学院联合邀请亚洲女记者传媒网络在北京举办性别意识培训班。

2000年7月，首都女记协少数民族分会名誉会长斯热歌和会长白勇熙率团赴内蒙古呼和浩特市，与当地女记者进行增强性别意识促进民族团结的座谈，交流开展性别意识培训。

2001年12月10日联合国发展基金会与妇女传媒监测网络在北京联合举办了“共享没有暴力的生活是妇女的权利——‘白丝带’活动”，以纪念国际人权日。2002年1月，首都女记者与40多名河北沧县妇女开展手拉手活动，一起参与了形式活泼有趣的社会性别培训。2004年11月，一组以宣传消除对妇女的暴力为主题的公益广告现身街头。这是妇女传媒监测网络与中国法学会反对家庭暴力网络共同发起的“十六日运动”宣传活动的一部分，也是国内第一次以户外媒体形式宣传“消除对妇女的暴力国际日”。2006年3月5日，首都女记协举办“媒介有性别”活动，妇女传媒监测网络“电视广告中的两性形象”课题组发布了2005年下半年中国电视广告性别监测的初步研究结果，并公布了从4935条广告中评选出来的2005年十大性别公正广告和十大性别歧视广告。

1999年8月至2000年9月，妇女传媒监测网络相继在《中国妇女报》、《人民日报》、《人民日报·海外版》、中央电视台“半边天”节目、《中国青年报》、《工人日报》、《北京青年报》、《中国日报》（英文）、《青年参考》、《中国妇女》杂志、英文《中国妇女》杂志、《中国妇运》杂志等传媒，连续推出报道，强化社会性别意识。

2000年2月，妇女传媒监测网络在《中国妇女报》“妇运潮汐版”开辟征文“行动，设立’95之后”栏目，共发表北京、辽宁、湖南、云南、陕西等地作者的16篇文章，回顾了各自在性别意识培训、性别和媒介、农村妇女、妇女教育、少数民族妇女群体意识和研究、妇女和法律、妇女研究等领域的五年之旅。几乎同时开辟的“行动在中国——‘行动纲领’五年实施采访记”专栏，刊发14篇报道，反映妇女团体在陕西、云南、广西、湖南、浙江、内蒙古、甘肃等省、自治区，就扶贫、教育、人权、反暴力、媒介、就业、女童、保健、环境这些重点关注领域所采取的后续行动。

2000年3月6月，由《中国妇女报》以及《人民日报》、《工人日报》、《中国青年报》、《中国日报》和中央电视台“半边天”节目的10位记者组团，两次赴纽约采访和报道“北京加五”筹备会议和特别联大。以记者亲见亲历，使国内的广大读者能够及时了解世界各国妇女付出的艰苦努力。2003年初，妇女传媒监测网络发起成立“传媒守望”写作小组，在《中国妇女报》报开设“传媒守望”专栏，以敏锐的眼光搜索、批评传媒中的性别歧视现象，使监测行动常态化。

此后，妇女传媒网络逐渐独立，2009年6月进行了工商注册。

1999年，首都女记协荣获“北京市巾帼文明示范岗”称号。2013年和2014年首都女记协连续荣获创先争优优秀基层党建工作创新项目先进集体的荣誉。

在首都女记协生存发展的过程中，得到了北京市妇联和北京市民政局社团办的很多帮助支持和监督指导。

首都女记协在大数据、可视化、全媒体开启的时代，将不断跟进媒体融合与发展一体化的进程，加强学习，不断创新，为女记协的发展注入新的活力，为会员提供更加切合实际需要的服务。

三 活跃在联合国第四次世界妇女大会上的女新闻工作者

联合国第四次世界妇女大会在北京召开前，首都女记协积极参与了筹备工作：应美国“外国记者中心”的邀请，中国女新闻作者首次组团于1993年9月3日至10月3日赴美进行了为期一个月的业务交流活动。此行重点是了解妇女、发展与媒介，目的是为1995年在北京召开的联合国第四次世界妇女大会的报道做准备。代表团访问了华盛顿、纽约、旧金山、罗彻斯特等城市的包括非政府妇女组织、新闻媒介、金融界、基金会及联合国系统部门等30个机构，就世界妇女与发展、新闻媒介在促进妇女发展中的作用、中美经济合作的现状与前景等问题进行了广泛的交流。（陈秀霞）首都女记协还派代表先后参加了在奥地利、美国、菲律宾、泰国、加拿大等国召开的“’95NGO区域磋商会和研讨会”。

1995年7月4日，首都女记协与联合国第四次世界妇女大会中国组委会宣动委合作，在新华社召开了“妇女与传媒”研讨会。

1995年9月5日，首都女记协在北京怀柔成功地组织了“妇女与传媒”非政府组织论坛。是日，会场上座无虚席，只能容纳50人的帐篷挤进了六、七十人。论坛由顾问陈秀霞主持，顾问陈崇山做了“中国女新闻工作者现状和发展”的主题发言。她的发言是基于中国社会科学院新闻与传播研究所和全国记协合作开展的全国女新闻工作者调查。这次调查是在除港澳台外的全国30个省、市、自治区开展的，共抽样调查了女记者4033名，另有1837名男记者作为对照组。这是中国新闻史上首次也是规模最大的一次女新闻工作者调查。副会长熊蕾作了首都8报要闻版新闻性别意识分析的发言；副会长谢丽华介绍了《农家女》刊物指导农村妇女发家致富的情况；在会上发言的还有戴预璋、上海的王小平等。她们的发言引起与会者极大的兴趣，纷纷提问。提出的问题有：在中国通过什么方式对女新闻工作者进行培训？中国有无发生对女新闻工作者施暴的情况？中国女新闻工作者的地位如何？为什么中国的传媒要用西方人做广告？《农家女》刊物的经济来源如何解决？等等。对这些问题，陈崇山、卜卫、谢丽华等同志一一做了回答。

参加论坛的有首都女记协会长李琴、副会长王金凤、黄庆、周建英、岳克、王秀琳，罗晓璐等，以及众多理事和女新闻工作者。外国参会者有来自美国、加拿大、瑞典、英国等国来宾，以及福特基金会、美自由论坛、美《时代》广播公司、《每日电讯》报等单位的人员。厦门大学新闻传播学院的美籍教授英健也参加了大会。

美国、瑞典等国的与会者表示，会议组织得很好，英国广播公司中文台记者当即采访了发言人之一谢丽华；中央电视台“半边天”节目组拍摄了录像；《人民日报》记者卢小飞和《中国日报》记者黎星均作了报道，新华社也发了通稿。

受宣动委委托，《中国日报》在世妇会期间承担了大会英文会刊“World Women”《世界妇女》的编辑出版任务。由女记协副会长、《中国日报》副总编黄庆任主编，熊蕾、黎星任副主编。《世界妇女》为日刊，及时报道会场消息、与会人物及发表评论，沟通信息，活跃气氛，增强合作。自8月29日至9月16日，《世界妇女》共正式出版19期，有3期为四开16版，其余均为四开8版。会刊共刊发文章452篇，其中该报记者自写400篇，新华社稿52篇，刊发照片299幅，漫画8幅，文章及图片涉及1000余人。

英文会刊在论坛和大会期间，博得广泛好评。报纸印数从开始15,000份三次上调，增至20,000份，仍供不应求。在国际会议中心，新闻中心等场所，经常可以看到各种肤色的人在阅读《世界妇女》。

副会长熊蕾还在全体大会发言，针锋相对地驳斥西方极少数人对我国的恶意攻击和诽谤，弘扬了正气。

5年后的2000年和10年后的2005年，首都女记协又分别参加了全国妇女联合会组织的“’95世界妇女大会”5周年和10周年研讨会，并主持了《妇女与传媒》专题研讨。

四 部分省市女新闻工作者协会的建立及其活动

继首都女新闻工作者协会建立之后，上海、浙江、河北、云南等省、市也纷纷建立了女新闻工作者协会，省、市女记协的活动各有千秋。

（一）浙江省女记者协会成立于1989年1月7日，隶属于浙江省新闻工作者协会，具有法人资格。会员2000多名。宗旨是团结女记者自强自立，开拓创新，写出更多更好的稿件，编出更多更好的节目，为促进四化建设作出积极的贡献，使新闻战线涌现更多的巾帼英才。女记者协会的活动具有公益性、服务性和群众性三大特点。

1. 开展各种社会公益活动，展现女记者的社会责任意识，如联合一些单位、企业帮扶弱势人群。1997年3月6日，与省总工会、省劳动局一起在武林广场的一次活动中，就有460家单位进场招工，400多名下岗女工当场与招工单位签订就业意向书，最后录用了40多人。同年，与省妇联、省女法官协会、省女检察官协会、省女律师联谊会、省女企业家协会、杭州女知识分子协会一起，在省女子监狱举办“百名巾帼能人对百名失足女性爱心帮教志愿活动”。1998年，348位在杭女记者捐款68690元，资助百余名下岗女工子女上学。

2. 组织易地采访和培训，为女记者创造业务训练的机会。除在省内易地采访外，还组团到边疆省区、老革命根据地采访。如2005年组织女记者去云南丽江等少数民族地区采访；同年10月，组织18位年轻记者，去四川领略当年红军在恶劣的环境下艰苦奋斗的精神面貌和英勇气概；2006年组织27名女记者赴新疆采访，行程二万五千里，走遍天山南北，昆仑高原，报道少数民族的生存实况；2007年组织23名女记者赴广西革命老区采访。

培训方面，除请资深记者讲课传道外，2000年还根据女记者的特点，组织了两次家庭教育报告会，第一次是邀请北京女记者赵定军介绍教育孩子成才的经验，有近200名女记者参加；第二次是举办“与孩子同步成长”演讲会，气氛热烈。还在2002年母亲节与省妇联等单位举办了“21世纪我们怎样做母亲”大型研讨会。2003年组织担任一定职务的26名女记者参加“如何发挥女性优势做好工作”研讨会，

3. 举行大型联谊活动，充分体现女记者组织的群众性。浙江女记协初创时主要开展一些联谊和文娱活动，活跃女记者的生活，减轻工作压力。曾创作了充满激情的《女记者之歌》和长诗《我们是女记者》，在“三八”妇女节联欢会上演唱。还举办过音乐会。以后每年的“三八”妇女节和记者节都举行大型茶话会，为女记者们提供互相交流的机会。为庆祝第一个中国记者节，2000年11月8日，组织300多名在杭女记者攀登玉皇山。

2005年，与浙江大学女教授联谊会一起召开了“女性健康”座谈会。2006年记者节，为了展现新时期女记者的团结协作精神，又在玉皇山举行了爬山比赛，有9个代表队参加，浙江广电集团代表队获得冠军。

此外，浙江女记者协会每年派代表列席省人大会议，参政议政，在会上提出的合理化建议，每次都被写进会议简报。在20世纪90年代初期，曾与省女企业家协会、律师联谊会一起，召开“‘三八’妇女形势展望会”，邀请省委书记李泽民、省长葛洪升到会，就有关妇女参政议政问题进行对话。1993年，在省妇联的统一部署下，协会组织力量调查，在全省新闻单位中推荐了50多名优秀新闻工作者，供组织部门考察选拔。

尊敬前辈，传承传统，也是每一个女记者应具有的素质。女记者协会经常慰问新闻界女性老领导和离休女记者。2007年11月在汪庄西园茶楼举行了离休女记者茶话会。原浙江日报摄影部主任张怀清为每位离休女记者拍了照片。女记协根据离休女记者们提供的各个历史时期有代表性的照片，为她们编印了记录革命生涯的2008年台历，还赠送了水晶像。①

（二）云南省女新闻工作者协会成立于1996年，一直致力于提高女新闻工作者思想政治素质和业务水平，积极组织女新闻工作者开展各种活动。随着新闻事业的发展，女新闻从业人员的队伍也越来越壮大。为全面摸清全省女新闻工作者的工作、生活状况和需求，2008年，女记协、省社会科学院社会性别与参与工作室和省妇联合作，对全省女新闻工作者开展了一次调查。

主要调查对象是云南省传媒机构的女性记者、编辑、校对、翻译、播音员、节目主持人、采编部门和媒体负责人等一线采编人员，包括在编人员和招聘人员（指与单位签订正式劳动合同者）。

第一阶段调查于7月28日发出“云南省女新闻从业人员基本信息表”（A卷）73份，其中昆明市13份，收回有效信息表13份，有效率达100%；州市60份，收回15份，有效率为25%。主要调查女新闻工作者的姓名、民族、年龄、新闻工龄、政治面貌、职务、职称等基本状况。

第二阶段是从驻昆明的13家省、市新闻单位中抽取调查对象。这13家新闻单位的总人数是4308人，其中男性2509人，占58.24%，女性1799

① 资料来源：《浙江省新闻志》浙江人民出版社出版，《浙江省女记协第三届理事会工作情况汇报》（内部材料，未发表）。

人，占41.76%，填写A卷的女职工总计1732人。

这1732名女新闻工作者具有以下特点：（1）年纪轻，76.79%的人在40岁以下，50岁以上者仅占4.73%；（2）招聘人员多。占51.33%；（3）进入决策层者少，处级只有70人，占4.04%，科级也只有132人，占7.63%；（4）拥有新闻专业职称者少，正高职称者仅占1.27%，副高职称者占10.22%，中级职称者占19.75%，初级职称者占17.96%，绝大部分聘用人员没有专业职称。

根据驻昆明市的13家传媒机构新闻专业人员的总体结构，按随机原则抽取受访对象，于2008年9月5日发放了“云南省女新闻工作者工作和生活状况调查问卷”（B卷）378份，收回有效问卷340份，回收率为89.9%。在云南省社会科学院樊坚的专业指导下，使用SPSS软件10.0版对数据进行统计分析。

与此同时，还开展对招聘组、青年组、中年组和男性组等四个焦点小组深入访谈，进行定性研究，完善调研方法。对招聘组主要研究招聘人员工作的稳定性，着重了解招聘人员的合同签订与解除、报酬待遇和保险等具体情况，以及她们对工作发展空间、是否感受歧视等的看法。在在编人员中，按照年龄分为两组，一组是年龄在25—45岁的青年组，主要了解她们面临的工作压力、晋升和进修机会、婚姻和生活安排等；另一组是年龄在46—55岁的中年组，主要了解她们对业绩、职务、职称的满意度，以及对性别平等和退休制度的看法等。第四个焦点小组是男性组，主要了解男新闻工作者的总体情况，听取他们对女新闻工作者的看法和评价，以及他们对推动两性平等的建议和对策等。

此次调查发现女新闻工作者的状况是：

1. 年纪轻：20—29岁的占到了42.9%；30—39岁的占38.3%；普遍自我感觉健康状况尚好，其中觉得自己健康状况“很好”的占到24.2%，觉得“较好”的占27.2%，觉得“一般”的占42.4%，觉得“不好”的仅占4.8%。但不同程度地患有慢性疾病：眼睛干涩（占55.9%）、胃病（38.8%）、颈椎病（38.2%）、失眠（35.6%）。平时经常感觉到乏力、睡眠不好、易患感冒、眼睛干涩和头昏胸闷等。但只有41.8%的女新闻工作者能够享受到政策规定的女职工保障（包括医疗保障）。

2. 学历较高，自信心较强：本科毕业的占到74.1%，主要来自新闻、中文等文科专业。尽管她们中间有半数以上的人无职称和职务，但对自身的工作能力充满自信。经5级量表测定，在10项评价指标中，在“开展社会公关活动和人际关系的能力”（占40%），“了解社情民意、把握舆论导向的能力”（占42.8%），“掌握现代化新闻报道新技术的能力”（占44.9%），“对新闻敏锐、洞察的能力”（占46.4%）等方面均自评为4分以上（5分为满分）。女新闻工作者具有较高的新闻素养，对工作的满意度也较高，有66.4%的人对“在工作中能充分施展自己的聪敏才智，拥有较大的自主权”比较满意。

然而，调查发现女新闻工作者还存在不少困惑：有93.2%的人感到“工作中人际关系紧张”，75.1%的人认为“新闻竞争激烈”，52.1%的女性说自己“经常加班加点”，接近半数的人感到在这个行业中“知识的更新太快”、“技能储备不足”、“工资和福利待遇差”、“个人发展空间有限”、“对自己能否大有作为信心不足”，需要进一步提升自己。

3. 生活状况一般：

物质生活方面，46.5%的人月收入在2000—3000元之间，有43.1%的人说她们的月收入最大开支花在了储蓄买房买车上。但招聘人员的工资来源是基本工资加计件工资，而基本工资只有600元，得靠每天拼命地干才能维持。她们自称“就是新闻民工嘛!”

感情生活方面，认为夫妻或与男友感情“很好”的占52.7%，觉得“较好”的占22.3%，“一般”的占到18%，认为存在危机有可能破裂的只占7%，有2.6%的人说家里存在家庭暴力。

对于家庭和事业的关系，51.2%的人认为家庭和事业二者可以兼顾；17.9%的人认为二者难以兼顾。对于家庭中的家务活由谁来承担的问题，44.9%的人说是由夫妻双方来承担的，31.7%的人说主要由女方承担，主要由男方承担的只占到4.5%。

业余生活方面，总体看还比较丰富，在休闲时，68.8%的人逛商店、购物，66.8%的人看电视、电影，65.0%的人与朋友聚会，59.4%的人上网。半数以上的人选择以看专业书籍、上网学习、与他人交流讨论这三种方式进行自我学习提升自身素质。

4. 有75.3%的女新闻工作者有很强的性别平等意识，她们认为新闻界存在有男女不平等现象：有47.1%的人认为“在同等条件下女性晋升的机会比男性少”，有31.5%的人认为“在同等条件下女性进修学习的机会比男性少”；有17.9%的人认为新闻单位在“人员招聘中重男轻女”；有

6.5%的人反映自己的“婚姻和生育曾受到上司的干预”；有4.4%的人认为“在同等情况下男女同工不同酬”。还有9.7%的人反映在工作中曾遭遇（或是看到、听到过）男同事或受访人的性骚扰。

因此，有过半的女性希望能早退休。有64.1%的女新闻工作者认为“女性比男性提前退休合理”，52.9%的人认为50岁退休比较合适，20%的人认为应是55岁退休。

5. 自身权利意识薄弱：新闻记者作为“社会的良心”，时常能为维护社会正义、平等、公正而奋不顾身，并以此感到荣耀。但当自身的利益受到不公正对待甚至被侵犯时，很多人却不知道如何保护自己。在此次调查中，在问到“您单位是否设有女职工代表委员会?”时，有55.4%人回答“不知道”；在问到“您是否知道您单位的女职工代表是谁?”时，有88.6%的人回答“不知道”；在问到“您单位是否设有女性专栏栏目?”时，42.4%的人回答“不知道”；在问到“在您与单位签订的劳动（聘用）合同中是否有女职工特殊权益保障内容?”时，50.6%的人回答“不清楚”。这让人对女新闻工作者合法权利和权益的保障和维护感到担忧。

6. 男新闻工作者的看法客观公正：男新闻工作者认为“中国社会对男性的定位要风光，要承担重任啊!”“男的承担的压力就要比女的多一些，我们在单位里干最重最累最险最急的活儿，应对突发性的事一概都是男的去，女的就是留守一下或者辅助一下。”“说心里话，我们现在的压力相当大，要养活自己，创收也越来越难，你要当个媒体的老大是不容易的。当领导有领导的压力，当员工有员工的压力。有压力也是好的，这样才有一股冲劲，并不是说女的压力就高于男的，是各自有不同的压力。”

有些男新闻工作者说：“现在女的进来，给人的感觉是很全面，比较安定，一心一意扑在工作上，进取心比男的强。”“现在电台用人基本是采编播合一了，恰巧综合能力女孩子特别行。一个人就把全部节目都负责了。”“女性在前三年或者前五年，没结婚之前对单位来说非常好用，也非常敬业，非常投入，什么累活都能干，也都没有问题。那时男女差别感觉不强烈。麻烦的是女性成家后，受到孩子、家务的拖累。等到子女上大学了，母亲也到了四十多岁，这时候女性的黄金期又来了，活力又焕发了，这也是个必然。但这个时候职位大都已被男的占了，前面的路也被堵住了，她们难以受到重用了。这对她们很不公平。”

对策建议：

1. 针对女新闻从业人员很难进入单位领导决策层，也很难获取高级新闻专业职称的现状，需要单位领导认真贯彻男女平等基本国策，改变“女人干活，男人做官”的现状。因为女性在结婚生子前和孩子长大后有两个工作投入的黄金阶段，应为她们创造提升的机会和空间。

2. 针对招聘人员将成为新闻界主力的趋势，单位领导应该遵照“男女同工同酬”的原则，改善招聘人员的待遇，以留住新闻人才，稳固新闻队伍。

3. 针对女新闻工作者的年龄结构趋于年轻化，而职业技能要求却越来越高，需要有策划和创新能力，因此需要有更多的业务学习和进修机会，传媒机构及女记者协会应为她们开展业务学习和交流活动多提供平台和机会。

4. 针对女新闻工作者面临工作和家庭的双重压力，女记者协会可以开展健康、法律等知识讲座，举办联谊活动，丰富她们的业余生活。

5. 女记者协会应承担起在云南新闻界倡导社会性别平等意识的重任，及早使社会性别意识融入主流。①

（三）上海第二次女新闻工作者调查结果公布

2014 年 2 月 27 日，东方网以“沪‘女性新闻工作者调查报告’出炉自信背后的‘职业倦怠症’”为题，发布“2013 年上海第二次女新闻工作者调查报告”。

消息称：“2013 年上海市女性新闻工作者调查报告”研讨会今天下午在文新大厦召开，上海市新闻工作者协会主席、上海新闻学会会长宋超，上海报业集团、上海广播电视台领导以及来自复旦大学新闻学院、上海社科院新闻研究所的专家学者出席研讨会。

今天发布的这一调查报告由上海市记协女记者工作委员会确定课题，委托复旦大学新闻学院实施调查，30 多家上海本地新闻媒体参与配合，历时近一年。调查显示，近十年来，上海女新闻工作者的比例进一步上升，本科以上学历占九成，近八成女记者事业心强，但她们也面临着工作和家庭等一系列困扰。据 2001 年的调查，当时上海新闻界的性别构成为：男性 62.9%，女性 37.1%。本次调查仅以原上海两大报业集团为例，截至 2013

① 摘自叶茸提供的《云南省女新闻从业人员工作和生活调研报告》（未发表）。

年10月，男性占56.81%，女性占43.19%。而实际上，在一线工作的女记者、女编辑、女主持人的比例已大大超过半数。女性新闻工作者已成为上海新闻界名副其实的“半边天”。

（一）女性新闻工作者自信度较高

本次调查涉及35家上海本地新闻媒体，包括报纸、广播、电视、网络等，基本上涵盖了上海本土新闻界，因而具有相当的代表性。调查发现，女新闻工作者总体趋于年轻化，35岁以下的达69.6%；专业性强、学历较高，一半的被调查者专业背景为新闻传播类专业，本科学历比例为65.2%，研究生学历为28.3%，本科以上学历达93.5%。调查显示，女性新闻工作者对自身的评价较高，超过九成的调查对象认为自己在熟练运用外语采编的能力、处理好人际关系的能力、开展社会公关活动能力三方面的能力强于男性或与男性一样。与2001年的调查相比，本次调查中的女新闻工作者在了解社情民意和把握舆论导向的能力、掌握现代化新闻报道新技术、新闻传播业经营管理能力等方面的评价指数都有所提升。

（二）近八成被访者认为家庭与事业同样重要

由于工作特性决定，私人时间被工作时间挤压，是大部分女性新闻工作者的常态。75.1%的被调查者通常晚上11点后才入睡；晚上回家后没有继续工作的人仅为29.7%。73%的调查对象每天做家务的时间为1小时以下，大大少于我国城市职业女性工作日102分钟的家务时间。65%的被访者认为新闻工作对她们的爱情、婚姻和家庭都造成了较大的影响，这些影响主要体现在：作息不规律，特别是需要上夜班的时候；出差频繁，照顾家人方面有所欠缺；工作时间弹性大，甚至很少有完全下班的状态。由于工作时间的不稳定，可以自由掌握的时间难以确保，不仅影响到女性新闻工作者的身心健康，也影响到了她们的家庭生活品质。

尽管如此，本次调查结果仍显示：只有4.0%的人认为家庭比事业更重要，39.2%的调查对象认为她们能够兼顾二者，37.1%的女性认为不同时期侧重点不同，后两者相加，近八成女性新闻工作者认为家庭与事业同样重要。而第三期中国妇女社会地位调查显示，54.8%的中国女性认同“男人应该以社会为主，女人应该以家庭为主”的观点，48.0%的女性认同“干得好不如嫁得好”。相比之下，女性新闻工作者则更为独立自强，体现了更强的事业心。79.8%的女新闻工作者强调职业上的自主选择权，力争上游，希望能够在自己的本职工作上越来越好，只有18%的调查对象希望保持现状；

97.3%的调查对象认为自己有进修的必要，以此提升自己的职场竞争力。

（三）多重压力导致出现“职业倦怠症”

然而，女性新闻工作者也有不少困扰。本次调查发现，婚姻家庭与工作的冲突、报酬水平偏低、工作量太大、进修机会少、晋升空间和机会有限这几方面的压力对女性新闻工作者影响较大。不少受访者的职业自豪感在降低，存在一个明显的职业发展滞缓期。另外，养育孩子是导致女性新闻工作者产生“职业倦怠症”的另一个重要因素。而在行业和社会环境方面，新媒体对于传统媒体的倒逼，加剧了所有新闻从业人员的学习压力与适应压力，女性也不例外。

在本次调查中，一部分女性新闻工作者没有坚决地想要放弃现有的工作，同时又期待能在新闻行业之外另寻职业新发展。大多数被调查者认为眼下社会上关于“传统媒体必将灭亡”的论调不符合客观事实，并期待着传统媒体与新媒体产生更深入而广泛的合作。

值得注意的是，女性新闻工作者的职场晋升机会依然不足。2001年的上海市调查报告显示，女性在副处级干部中所占比例为14.1%，副局级及局级干部职位少有女性担任。而本次调查发现，在上海新闻界中女性担任中高层领导方面有较大突破，尤其是在中层管理层，但进入高层管理层和顶层决策层的女性数量不多，与新闻工作者女性数量相比显得不相称。

报告指出，女性新闻工作者职业生涯的“玻璃天花板”、客观上所存在着的性别歧视与不公等问题仍需引起重视。本报告为此提出了一系列建议：继续提升女新闻工作者的职业自豪感；对入职一定年限以上的女性新闻工作者提供制度化的职业培训；针对生育期女性新闻工作者给予特殊政策和工作模式，在家远程办公，半天工作制等。在本次调查的后续访谈中，新闻界的前辈们提醒新人：“新闻是清贫的、理想主义者的职业”，“不是真心喜爱新闻这个行业，就不要选择这个职业”。①

五　中国少数民族女新闻工作者

（一）1995年中国少数民族女记者占全国女记者的5.4%

一项题为《中国女新闻工作者现状和发展》的调查，按照联合国教科

① 2014年2月27日东方网。

文组织的“交流为人类服务”的方针，由国际交流发展计划第十四届政府理事会（IPDC）批准通过立项并慷慨资助，于第四次世界妇女大会在北京召开前顺利完成了。这项调查在除港澳台地区外的30个省、自治区、直辖市进行，严格按照随机原则，在全国县级以上新闻机构中抽取486个新闻机构作为样本单位，再在样本单位具有新闻专业职务的男女新闻工作者中随机抽取调查对象。

这是一项极有意义的调查，其结果表明：中国少数民族新闻工作者已成为中国新闻队伍中的后起之秀，成长迅速。据1990年全国人口普查资料记载，全国56个民族除汉族外，55个少数民族人口占全国人口总数的8.1%。但据中华全国新闻工作者协会和中国社会科学院新闻与传播研究所完成的一项全国性抽样调查，发现在5867名调查对象（含女新闻工作者4033人）中，汉族新闻工作者5214人，占88.9%，少数民族新闻工作者653人，占11.1%。少数民族新闻工作者在新闻界所占比例，比少数民族在全国人口中所占比例高出3.8个百分点。

被抽中的653名少数民族新闻工作者分别属于蒙古、藏、满、回、朝鲜、维吾尔、哈萨克、苗、傣、土家、羌、彝、达斡尔、壮、瑶、景颇、拉祜、傈僳、撒拉、白、哈尼、裕固、俄罗斯、锡伯、鄂温克、鄂伦春、布依、仡佬、侗、黎、柯尔克孜、乌兹别克、畲等33个民族（可能在抽样时，有的民族没有被抽到），其中有女新闻工作者217人，分属29个民族，占全国女新闻工作者总人数的5.4%。说明中国大多数少数民族都有了自己民族的新闻工作者，并且都培养了本民族的女新闻工作者。

这项调查还表明，少数民族女新闻工作者对目前的工作和生活的满意度高过汉族。汉族女新闻工作者（3437人）表示“很满意者”占8.4%，“满意者”占60.7%，合计为69.1%；还有11.4%的人表示“无所谓”，17.3%的人“不大满意”，2.2%的人表示“不满意”。

少数民族的女新闻工作者（471人）表示“很满意者”占到18.3%，表示“满意者”占59.9%，合计为78.2%；还有7.4%的人表示“无所谓”，“不满意者”仅占1.1%。需注意的是，有将近二成的少数民族的女新闻工作者，对工作和生活表示“很满意，”比汉族女新闻工作者高出9.9个百分点。她们当中有88.1%的人对“同事关系”表示满意，45.4%的人对“工作自主性”感到满意，42.2%的人对收入和住房等“生活条件”表示满意。

按照少数民族新闻工作者在全国拥有新闻专业职务的8.7万人中占11.9%的比例推算，目前全国活跃在新闻工作第一线的少数民族新闻工作者已有13000余人，其中三分之一是女新闻工作者。他（她）们在运用民族语言和民族文字，使新闻媒介具有民族特色和民族风格方面，发挥了重要作用，对中国新闻事业特别是民族新闻事业的发展做出了很大贡献。①

（二）《民族团结》发布新闻：中国42个少数民族拥有女新闻工作者

1999年3月23日，首都女新闻工作者协会和《民族团结》杂志社，在中国妇女报社联合举行首届少数民族女新闻工作者座谈会，总结检查自1995年联合国第四次世界妇女大会以来，中国新闻界落实《北京宣言》和我国《妇女发展纲要》的行动，讨论少数民族女性与新闻工作的关系。有40多名身着民族盛装的少数民族女新闻工作者和汉族新闻工作者参加。

座谈会由首都女新闻工作者协会副会长斯热歌主持，《民族团结》总编辑铁木尔发布消息。他说："今天我们举办的这个座谈会，规模虽小，意义重大。……五十年前，中国少数民族的女性参与新闻工作的人屈指可数，寥若晨星，大概只有十数人。新中国成立后，随着少数民族经济、文化建设事业的发展，新闻工作者队伍中逐步出现了一批初出茅庐却颇具个性的少数民族女记者、女编辑。她们崭露头角却大显身手，活跃在第一线。改革开放后，更出现了一次大飞跃。据1995年《中国女新闻工作者现状和发展》课题研究的抽样调查，第一次发现有29个少数民族中有女新闻工作者。""对于中国众多的少数民族女性来说，'新闻工作'是一个陌生而神秘的领域。这个职业的内涵远离她们所熟悉的文化传统；这个职业的开放性、外向性特点，在打破少数民族女性传统生活格局和封闭心理等方面，显示出特别的意义。因此，促使我们格外重视这个问题，着力调查研究。"

在《民族团结》杂志开展的这项调查中，获得如下重要调查发现：

> 一是除高山族有待进一步调查外，中国大陆已有42个少数民族拥有了本民族的女新闻工作者。目前尚未出现女新闻工作者的民族均系人数较少、居住地区较为偏远的民族，它们是居于怒江峡谷的怒族、独龙族、普米族；居于西藏内陆的珞巴族；居于甘肃临夏回族自治州境内，人口只有9000余人的保安族；居于云贵高原的阿昌族、布朗

① 《民族团结》1995年第12期，第36页。

族、德昂族、基诺族；居于广西的毛南族、仫佬族以及有“广西最富裕的民族”之称的京族。

二是在全国权威性新闻机构中，几乎都有少数民族女新闻工作者。新华通讯社有属于8个民族的女新闻工作者28人，其中副高及以上职称者6人，占21%；人民日报社有少数民族女新闻工作者7人；光明日报社有3人；中国日报社有3人；法制日报社有6人；中国妇女报社有7人，其中副高职称者1人；工人日报社有3人；中国青年报社有1人。中央人民广播电台有9个民族的女新闻工作者38人，其中拥有副高及以上职称者11人，占29%；中国国际广播电台有7个民族的女新闻工作者49人，其中拥有副高及以上职称者21人，占43%；北京电视台有9个民族的女新闻工作者43人，其中拥有副高及以上职称者4人。广播电台和电视台因运用多种语言广播，所以任用少数民族女新闻工作者较多。

三是少数民族女新闻工作者在全国五大民族自治区的分布情况：

西藏自治区：西藏日报社的41名女新闻工作者和广播电视系统的132名女新闻工作者全部是藏族。藏族女记者和女编辑在同行女性中的比例高达80%，绝对是主力军。

内蒙古自治区：内蒙古日报社有4个民族的少数民族女新闻工作者72人，占全报社138名女新闻工作者的52%；内蒙古人民广播电台有6个民族的女新闻工作者84人，在全台131名女新闻工作者中占64%。

宁夏回族自治区：宁夏日报社有少数民族女新闻工作者16人，其中拥有副高及以上职称者10人，比例高达63%。宁夏人民广播电台的14名少数民族女新闻工作者都是回族，在全台30名女新闻工作者中占47%；其中副高及以上职称者9人，在14名回族少数民族女新闻工作者中的比例高达64%。宁夏电视台有37名女新闻工作者，其中有3个少数民族的女新闻工作者共9人，占全台女新闻工作者的24%；在9名少数民族女新闻工作者中，拥有副高及以上职称者4人，占44%。

新疆维吾尔自治区：新疆日报社有5个少数民族的女新闻工作者共88人，其中副高及以上职称者11人，占13%。新疆人民广播电台有8个少数民族的女新闻工作者110人，其中副高及以上职称者14人，占12.7%。新疆电视台有4个少数民族的女新闻工作者119人，其中拥有副高及以上职称者14人，占11.8%。

广西壮族自治区：广西日报社的7名少数民族女新闻工作者由3个民族组成。广西人民广播电台的10名少数民族女新闻工作者都是壮族。广西电视台有5个少数民族的女新闻工作者22人，其中副高职称及以上者3人，占13.6%。

铁木尔总编辑指出：

这个调查结果使我们对中国少数民族女新闻工作者队伍的现状，有了一个较为明确的印象，那就是：20世纪，尤其是新中国成立50年以来，中国的少数民族女性在现代传媒领域里，完成了一个从无到有、从弱到强、从局部到整体的跨越。但还有一些值得我们注意的问题，如少数民族女新闻工作者队伍中，拥有高级职称的人数并不少，但进入决策层——编辑委员会的却十分稀少。此外，有些少数民族已获得经济的高速发展，文化却显得滞后，至今未出现女新闻工作者。

他希望有更多人关心中国新闻工作者队伍中的这个特殊群体——中国少数民族女新闻工作者。

中国社会科学院新闻与传播研究所研究员、首都女新闻工作者协会顾问陈崇山，对少数民族女新闻工作者队伍的成长壮大做了评析，她说：

第一，一个民族中出现了女新闻工作者，标志着这个民族女性的新觉醒。两千多年的封建统治，将中国妇女压在了社会的最底层。中国妇女不仅遭受着残酷的阶级剥削和阶级压迫，而且还要忍受来自社会以至来自亲人的精神桎梏。在历史上，曾发生过无数为婚姻自由、个人权利而拼死抗争的烈女故事，但都属于个人行为。自从1898年中国出现了第一位女编辑和第一张女报，即表明了中国女性已跳出个人的小圈子，冲破家庭的束缚，走向社会。中国第一份女性报刊——《女学报》，于1898年7月24日正式问世。二十几位主笔全部是受过良好教育的女性。《女学报》旨在力争男女平权，申明“我道这报是救我们二万万人，得平权的起点”。（按：当时全国人口四万万）女报强烈要求女性对国事有发言权，提出“既然男子可以上书，女子也应当可以上书”。理由是“大造生才岂有偏，阴阳平等不分权”。并在《男女平等论》一文中揭露家庭暴力，批判“夫杀妻则止杖徒，妻杀夫则必凌迟”的法律制度。尽管这份女报较多地反映了贵族女性的要求，但争取男女平等的目标，始终是该报宣传的主线。说明中国的第一批女新闻工作者一出现，就以全国二万万妇女的解放为己任，她们关注民族的发展和社会的进步，她们的活动属于社会活动，她们是“女社会活动家”。

现在，我们全国55个少数民族中，有42个民族有了自己的女新闻工作者，拥有了自己的女社会活动家，表明了这个民族的女性有了新的觉醒，她们的眼光已经投向整个民族，投向整个社会，以致投向整个世界。即使有的少数民族的生产力目前还很低下，社会形态还处于原始公社阶段，但有了女新闻工作者的出现，就表明了这个民族的女性已开始走向现代化，因为现代的新闻传媒，本身就是现代化的产物。

第二，少数民族的女新闻工作者是各自民族妇女的“领头羊”，她们在新闻机构工作，有条件接受各方面的信息，信息的积累就是知识，因此，她们比本民族的其他女性更高一筹，她们站得高看得远，目光敏锐，吸收新鲜事物快，在知识经济时代，她们理应当仁不让地担负起“领头羊”的重任。

我至今仍然十分感谢新疆大学中文系新闻专业的汪仲英教授，1987年4月，他请我去乌鲁木齐，给新闻专业首届毕业生讲课，使我有机会到达民族地区，并接触到很多民族新闻工作者。最令我佩服得五体投地的是他们有多个“舌头”，而我只有一个“舌头”。我专门拜访了全国唯一的一家锡伯文的报纸《察布查尔报》，总编辑伊克坦和他的妻子都毕业于中央民族学院，他们都有五个“舌头”，他们除了会讲本民族语言和汉语外，还会讲维吾尔语、哈萨克语及俄语。他妻子也是报社的记者。他们出去采访不用带翻译，而且对民族语言中受众所喜闻乐见的俗语、俚语运用自如。他们运用多种语言传播信息，沟通各民族人民之间的情感，是实现民族大团结的“使者”。

第三，在中央新闻机构工作的少数民族女新闻工作者，已经成为发展少数民族新闻事业研究，尤其是开展民族女新闻工作者研究的骨干力量。建议在首都女新闻工作者协会下面，成立一个少数民族女新闻工作者分会，由《民族团结》和《民族画报》牵头，组织首都各新闻单位的少数民族女新闻工作者参加。在这个分会下面，可以按民族组成各自的研究小组，与外地各自民族的女新闻工作者联系和合作，开展各种有利于自身发展的活动，开辟少数民族女新闻工作者这个“待开垦的处女地”。

陈崇山研究员希望少数民族女新闻工作者珍惜现有的工作岗位，强化敬业精神，做好本职工作。她说：

你们是各自民族女性中的佼佼者，希望你们不要把从事新闻工作当作职业看待，而要把新闻工作作为毕生的事业来干。新闻工作是一种忙碌而辛苦的工作，而且待遇偏低，如果我们仅仅把现有的工作作为一种职业，那么我们就有可能抵挡不住外界的诱惑而“跳槽”。但如果我们把现有的工作作为毕生事业来对待，那么，就会有明确的奋斗目标，勇往直前，任何困难都不在话下，名记者、名编辑、名节目主持人等，都会在你们中间产生。

陈崇山研究员还希望少数民族女新闻工作者加强群体意识，关注群体的提高和发展。她说：

斯热歌大姐是少数民族女新闻工作者中群体意识最强的一位。她自从当选为首都女新闻工作者协会的副会长后，始终兢兢业业地做发动少数民族女新闻工作者参与主流社会的工作。她的胸怀像内蒙古的大草原一样辽阔，她不仅仅关心蒙古族的女新闻工作者的成长和进步，而且关心所有少数民族女新闻工作者的成长和进步。每次首都女记协活动，她都自费通知少数民族女新闻工作者中的积极分子参加，她还到这些同志家访问，鼓励她们树立信心，勇挑重担。

陈崇山研究员说：

1995 年的调查表明，有 55.2% 的女新闻工作者自参加工作以来，从未得到过业务进修的机会，有 63.6% 的女新闻工作者因业务进步慢而深感苦恼，希望具有新闻和传播专业的高等院校能举办短期或长期的培训班，为女新闻工作者尤其是少数民族的女新闻工作者“充电”；

特别需要加强外语培训，帮助她们走出国门，奔向世界，参与国际新闻报道的竞争。希望中国新闻界要多多关心和支持少数民族新闻界的姐妹们，让她们同汉族女新闻工作者一道，比翼高飞，鹏程万里，一路顺风，奔向光辉灿烂的21世纪！

中央民族大学新闻系白润生教授，在会上介绍了少数民族女新闻工作者在新闻史上的作用；中国国际广播电台的宝日玛（蒙古族）介绍了她从放牛娃到高级播音员的艰辛历程；佤族女记者布饶依露介绍了她采访张艺谋等名人的经验；郑茜谈了她对主流文化和少数民族文化关系的理论思考。首都女新闻工作者协会会长王秀琳，表示将在会长办公会上专门讨论加强少数民族女新闻工作者提高和发展的问题。[①]

（三）中国少数民族女新闻工作者功不可没

在澳门回归的日子里，闻一多先生在70多年前创作的“七子之歌”唱遍祖国大地。这首歌里有两句歌词：“他们掠走的是我的肉体，你依然保管着我内心的灵魂。”什么是“内心的灵魂”？那就是“中国魂”。“中国魂”，是由五千年源远流长的中华民族的文化精铸而成的，因此是谁也夺不走的。

在中国960万平方公里的土地上，生活着56个民族的人民，世世代代和睦相处，勤奋耕耘，创造了光辉灿烂的中华文化。今天大家看到的《民族团结》珍藏版，生动地记录了近百年来55个少数民族同胞对祖国的新贡献，为中华文化注入了新的血液。

这册《民族团结》珍藏版，足足有100页，它以翔实的史料告诉我们：在20世纪的百年中，我国少数民族同胞与汉族同胞一道，在中国共产党的正确领导下，前仆后继，英勇奋战，赶走了日本帝国主义及其他侵略势力，维护了中华民族的尊严，保卫了伟大祖国的统一。这册珍藏版还告诉我们：我国少数民族同胞与汉族同胞一道，紧紧团结在中国共产党的周围，打败了反动的国民党军队，建立了新中国。在中国革命和建设的艰难历程里，有许许多多少数民族的优秀儿女，呕心沥血，艰苦奋斗，为了民族的解放，为了祖国的富强，创造了骄人的业绩。他们当中有不少人已经离开我们远去，但是，有更多少数民族的创业者，在祖国母亲的怀抱中诞生，在中华民族的大家庭中成长，他们在政治、经济、社会、科技、文化等各个领域

① 《当代传播》1999年第3期，第40页。

默默地辛勤劳作，贡献自己的力量。在《民族团结》珍藏版公开发行之际，我想说："少数民族同胞对中国革命和建设作出了巨大的贡献，功不可没。"

我们注意到，在这本《民族团结》的珍藏本中，后半个世纪的少数民族杰出人物，要比前半个世纪多得多，这说明，中国共产党领导下的新中国，为我国少数民族的生存和发展提供了优越的条件，开辟了广阔的前景。

民族团结杂志社的同志们，为了出版这本珍藏版，解放思想，团结奋斗，从杂志版式的设计到内容的精选，都有新的创造和突破，他们的这种创新精神，正是新世纪的时代精神，值得学习，值得弘扬。当然，这里面也包含着杂志社女新闻工作者的功劳。

我国现有的女新闻工作者在整个新闻业中已占到三分之一，她们当中有56.2%的人在广播电视系统工作，有42.5%的人在报社工作，有1.3%的人在通讯社工作。令人欣喜的是，少数民族女新闻工作者在全国女新闻工作者中占到5.4%。

联合国第四次世界妇女大会在北京召开，激励了全国妇女，也激励了女新闻工作者，少数民族女新闻工作者的性别意识也有很大的提高。民族团结杂志社的女新闻工作者，以前所未有的热情和责任感，对首都和五大民族自治区的新闻机构进行了调查，发现全国除台湾省的高山族外，在内地的54个少数民族中，已经有42个少数民族拥有了自己的女新闻工作者，在新华通讯社、人民日报、中央人民广播电台、中国国际广播电台、中央电视台等全国权威性新闻机构中，都有少数民族女新闻工作者与其他新闻工作者一起，并肩战斗。在全国五大民族自治区的新闻机构中，少数民族女新闻工作者更是一支勇挑重担的生力军，人数比例很大，她们对民族地区的新闻传播事业作出了很大的贡献。正如《民族团结》杂志铁木尔总编辑所说："20世纪，尤其是新中国成立50年来，中国的少数民族女性在现代传媒的领域里，完成了一个从无到有、从弱到强，从局部到整体的跨越。但还有一些值得我们注意的问题，如少数民族女新闻工作者队伍中拥有高级职称的人数并不少，但进入决策层——编辑委员会的却十分稀少，此外，有些少数民族已经获得经济的高速发展，文化却显得滞后，至今未出现女新闻工作者。希望有更多的人关心中国新闻工作者队伍中的这个特殊群体——中国少数民族女新闻工作者。"

首都女新闻工作者协会，注意到了少数民族女新闻工作者在中国新闻事业中的作用，决定成立少数民族女新闻工作者分会，便于首都的少数民族女新闻工作者根据自己的民族特点组织活动，联络感情，交流经验，切磋业务，共同提高，为我国的新闻事业作出更大的贡献。

2000年，是联合国第四次世界妇女大会在北京召开后的第5年，联合国将于2000年6月举行主题为“妇女2000年：为21世纪的性别平等、发展和和平”的特别会议，考察和评估贯彻执行内罗毕提高妇女地位前瞻性战略（1985年）和北京《行动纲领》（1995年）的情况，简称为“北京+5”。少数民族女新闻工作者分会的成立，是中国在落实内罗毕战略和北京《行动纲领》方面的一个实际行动，也是我国新闻界贯彻民族平等和男女平等基本国策的实际行动。

希望首都的少数民族女新闻工作者，努力学习，勤奋工作，迅速提高自身的政治素质和业务素质，在少数民族特别是少数民族妇女同主流社会之间架设起“直通车”的桥梁，促进各族人民的大团结，促进我们伟大祖国的繁荣富强。①

（四）呼吁加紧培养少数民族女新闻干部

在2000年年初的全国组织工作会议上，中央领导同志提出要加强对青年干部、妇女干部和少数民族干部的培养和使用。但最近我们在内蒙古日报社看到的情况却不是这样。

8月5日至14日，应中共内蒙古自治区宣传部部长宁宝才同志的邀请，首都女新闻工作者协会副会长斯热歌带领一个小组赴呼和浩特访问。此行的目的在于沟通首都和内蒙古女新闻工作者之间的思想感情，传递有关今年6月纽约特别联大的新信息，开展社会性别意识培训，建立反家庭暴力研究小组。

8月7日下午，我们同呼和浩特市的少数民族女新闻工作者座谈，会上许多女新闻工作者为一位名叫敖毅的达斡尔族女新闻工作者抱不平。敖毅1977年在黑龙江大学哲学系本科毕业后，即被分配到《内蒙古日报》任记者。她丈夫是军人，她独自带着孩子，但每逢紧急而艰巨的任务都勇往直前，大兴安岭发生火灾，她把孩子托付给邻居，登上直升机就出发了。洪水袭来，有的男同志借故不去，她却义无反顾地跟随中央领导同志到抗洪第一线去采访。她的稿件不仅本报报道，而且被当地及中央级传媒广泛采

① 首都女新闻工作者协会顾问陈崇山2000年1月18日在《民族团结》珍藏版首发式会上发言。

用。她精力充沛，手捷眼快，今天的事不拖到明天，全年发表的评论稿多达七、八十篇，她以自己的才华和勤奋赢得了社会的赞誉，多次得奖，被评为主任编辑，多年胜任总编室副主任的工作。但她认为自己最适合从事记者工作，因此在今年初的机构改革中，她参加竞聘记者部副主任的职务。尽管她得分很高，群众呼声也高，不知为什么报社领导层却不顾民意也违背她的本意，决定让发行部主任去兼任记者部副主任（同一人担任两个部的主任，在报社历史上是罕见的），而分配敖毅到群众工作部任副主任。把原先竞聘群众工作部副主任的一位汉族女同志调去任总编室副主任。

敖毅认为，自己竞聘的是记者部副主任岗位，并没有竞聘群众工作部副主任岗位，如果不能去记者部，仍愿留在总编室，报社领导调她去群众工作部降级使用，她要求报社领导解释为什么要作这样的调配？因双方不能达成共识，敖毅已有近半年没有工作了。这期间，报社领导采取听之任之的态度，没有找她谈话，也不给她安排工作。

当晚，宣传部长宁宝才同志请我们吃饭，席间谈起对敖毅的使用问题，一位报社领导在说了一些冠冕堂皇的理由后，强调“达斡尔族女性脾气太倔，敖毅群众关系紧张。”“她除了能吃苦外，水平都比不上别人。”还说“群众工作部现在没有正主任，让她去掌握全面工作，等于是正主任了。”有同志问：“你们告诉她以后要提她为正主任了吗？”答：“没有。她已45岁了。我们都是按照文件办的。文件规定男50岁、女45岁不再提拔。”我们问：“哪里发的文件？”这位领导答：“自治区政府人事部门的文件”。事后，我们征询了一些离退休老新闻工作者对这事的看法，他们也大惑不解。有的人认为这位领导调来报社仅一年多，对敖毅的工作能力和拼搏精神缺乏了解，对敖毅的评价很不公正，对她的使用不当。有的说达斡尔族全国才10万人，敖毅能脱颖而出，成为高素质人才，实属不易，不用太可惜了。

还有一对蒙古族夫妇，在大学时代是同班同学，毕业后同时分配到内蒙古日报社工作，工作能力和才华相当，身体健康状况也差不多，现在都是副高职称的主任编辑（记者），但按公务员男60岁、女55岁退休的规定，今年却要精力不衰的女编辑退休，群众都感到这种规定对女新闻工作者很不公平。他们认为，从事新闻工作的女性，到了这个年龄，不仅文字功底熟练，对客观世界的洞察力强，而且拥有了深厚的群众基础，最能捕捉到有价值的新闻。当她们正在成功之路上疾步前进的时候，却让她们退休回家，实在是一种人才的社会性浪费，也是极大的男女不平等。

政府的人事制度规定男性60岁、女性55岁退休，和男性50岁、女性45岁不再提拔，属于制度性的性别歧视。制度性的性别歧视，是根本性的性别歧视，说明在政策制定者的头脑里，还没有融入男女平等是基本国策的观念。

新中国建立初期，老一辈无产阶级革命家十分重视少数民族干部特别是女干部的培养和提拔，现在尽管中央一再强调，但在有些地方、有些单位的领导干部的头脑中，却已经淡化了。内蒙古是以蒙古族为主体的自治区，内蒙古日报社除汉文部外还设有蒙文部，但在报社的决策层中，社长兼总编辑和3名副社长均系汉族，还有1名达斡尔族副社长，却没有1名蒙古族干部，更没有女性。为此我们呼吁中组部、中宣部、全国妇联积极向党中央和中央政府反映情况，把培养和选拔少数民族干部，特别是培养和选拔少数民族女干部的问题提上议事日程，并切实落实执行。①

（五）走向自觉——首都女记协少数民族分会成立

从妇女学的角度看，一个民族出现了女新闻工作者，显示出这个民族妇女的新觉醒。说明这个民族的妇女已不满足于“做饭和生孩子”的家庭生活方式。她们走出家门，闯入社会，关注民族的前途和命运，更关注本民族妇女的生存和发展。她们用手中的笔，热情赞美新生事物，无情鞭笞丑恶行为，从而促进了妇女解放，促进了民族平等，促进了社会进步。

从传播学的角度看，少数民族女新闻工作者是各自民族中的“意见领袖”，更是各自民族中妇女的“意见领袖”。她们在新闻机构工作，有条件接收各方面的信息，信息的积累就是知识，因此，她们站得高看得远，目光敏锐，洞察力强，吸收新鲜事物快。在21世纪的信息时代里，她们将当仁不让地担负起使少数民族妇女了解社会，使社会了解少数民族妇女的重任。

鉴于少数民族女新闻工作者在新闻事业中的作用日益显著，首都女记协于2000年1月18日正式成立了少数民族女新闻工作者分会（简称少数民族分会），由首都女记协副会长斯热歌兼任分会名誉会长，由中央人民广播电台主任记者白勇熙（朝鲜族）任会长，中国国际广播电台高级播音员

① 中共党员离休干部、原《民族团结》编审斯热歌（蒙古族）、中共党员、离休干部中国社会科学院新闻与传播研究所研究员陈崇山，2000年8月28日致中国妇女研究会彭珮云会长的信（未发表）。

宝日玛（蒙古族）任副会长，《民族团结》编辑布饶依露（佤族，汉名吴萌）任秘书长，《民族团结》主任编辑张淑云（满族）任办公室主任。

少数民族分会的宗旨是“团结首都少数民族女新闻工作者，为建设有中国特色的社会主义新闻事业，提高少数民族女新闻工作者的素质和地位，增进与国内各地少数民族女新闻工作者的友谊作贡献；结合少数民族女新闻工作者的实际，开展具有民族特色并有利于提高少数民族女新闻工作者素质的活动，维护少数民族女新闻工作者的合法权益，以促进事实上的民族平等、男女平等和社会进步。”

2000年5月，在中国妇女研究会和联合国性别主题组联合召开的“’95世界妇女大会5周年研讨会”上，分会会长白勇熙提供了题为“走向自觉——首都媒体少数民族女性群体新态势”的论文，详细介绍了少数民族女新闻工作者分会的活动和打算，引起与会者的兴趣。全国妇联主席彭珮云接见了与会的少数民族女新闻工作者，并与她们合影留念。

8月5日至14日，斯热歌和白勇熙带领首都女记协的一个小组赴内蒙古访问，沟通了首都和内蒙古少数民族女新闻工作者之间的思想感情，传递了6月特别联大的新信息，开展了社会性别意识培训，建立了反家庭暴力研究小组，探索了少数民族分会的活动方法。

少数民族分会将成为首都少数民族女新闻工作者亲切而温暖的“娘家”。①

① 《中国妇女报》2000年9月26日。

香港的女新闻工作者

笔者对香港新闻界不熟悉，仅凭掌握的有限资料做一点简单介绍：

一、华夏出版社 1988 年出版的《华夏妇女名人词典》，收入三千余名妇女的简历，“其目的是用历史的、当今的真人真事，显示妇女的力量，提高妇女的社会地位，鼓舞当代妇女为建设有中国特色的社会主义事业建功立业。”①

这本按姓氏排列的词典，居首位者竟然是一名香港女新闻工作者一叶。

一叶（1925— ）作家。原名梁漪，曾用笔名良伊、梅漂、东琳、石苇等。广东罗定人。中学时代，广泛阅读世界文学名著，1943 年就读国立桂林师范学院，开始向报刊投稿。在黔、川、滇的学校任教。1949 年去香港，后任香港《新晚报》副刊编辑。主要作品有长篇小说《囡囡》，《迟来的春天》，《高处不胜寒》、《春雨愁心》。

同时代的还有孙方中（1928— ）江苏无锡人。从上海圣约翰大学毕业后，在家乡的《无锡人报》工作，后来进入南京的《大刚报》当记者。1953 年赴港，曾在《星岛日报》担任特约记者。后又致力发展教育事业，对香港社会有卓越贡献，获英女皇颁授的英联邦员佐勋章（M B E）。

香港 1997 年回归祖国后，随着凤凰电视台的开播，大陆观众认识了台湾籍的女主播吴小莉，认识了像闾秋露薇、陈鲁豫、曾子墨、许戈辉等在内地名不见经传而到香港后迅速成长为新闻界名人的女主播、女记者，说明香港的新闻生态环境对女新闻工作者的生存发展相对优越。

二、值得称道的是，香港的新闻传播学者很重视对新闻从业人员的调查研究。

香港回归前夕，香港中文大学新闻与传播学院教授陈韬文与台湾政治

---

① 罗琼：《华夏妇女名人词典·序》，华夏出版社 1988 年版。

大学传播学院教授兼院长罗文辉、美国南卡罗莱纳大学新闻传播学院助理教授魏然、美国威斯康星大学传播艺术学系副教授潘忠党合作，在1996年7月至1997年4月间，分别对大陆、香港、台湾新闻人员进行随机抽样调查。这是有史以来第一项以大陆、港、台地区新闻人员为对象的比较研究，旨在分析比较大陆、港台地区新闻人员的社会经济背景、专业特质、对媒介角色的认知与伦理态度。

"此项研究共访问了1647位大陆新闻人员，533位香港新闻人员与834位台湾新闻人员。其中大陆新闻人员有67.1%为男性，32.9%为女性，平均年龄为37.4岁，平均新闻工作年资为12年，有59.5%大学毕业，有30.6%主修新闻或传播。香港新闻人员有55.1%为男性，44.9%为女性，平均年龄为32岁，平均新闻工作年资为7.7年，有44.7%为大学毕业，有49.3%主修新闻或传播。台湾新闻人员有59.4%为男性，40.6%为女性，平均年龄为35岁，平均新闻工作年资为8.5年，有70.7%大学毕业，52.2%主修新闻或传播。"总体上看女性在香港新闻界所占比例较高。

此项调查做得规范，有价值，遗憾的是研究者没有做分性别的数理统计分析，因此难以判别女新闻工作者与男新闻工作者的差异。

1990年，香港中文大学新闻传播学院的苏钥机、陈韬文、李立峰教授，为了解香港新闻工作者和新闻界的情况，设计新闻传播教育课程，首次对香港新闻界开展随机抽样问卷调查，此后，分别于1996、2001、2006、2011年每隔5年进行一次，做历时态的系统研究，积累了大量宝贵资料。可是也没有做分性别的数理统计分析。

感谢三位教授提供了基础数据，笔者请在香港中文大学新闻传播学院攻读博士学位的罗嫣女士，对2011年B卷的调查数据做了分性别的统计分析，摘要简介如下：

此次调查样本总数为926人，姓别项缺损41人，实际为885人，其中男性受访者430人，占总体49%；女性受访者455人，占总体51%。主要发现是：

（一）香港新闻界同内地一样，存在着"男人做官，女人干活"的现象。

1. 在一线工作的记者女性多于男性，在344名记者中，女性213人，占61.9%，男性131人，占38.1%。

2. 总体上女性的业务素质不低，在拥有高级记者、首席记者、高级翻译等高级职称的134人中，女性82人，占61.2%，男性52人，占38.8%，女性多于男性。

3. 在不同层次掌握传播决策权的岗位上，男性都多于女性：

（1）在8名编辑组长和翻译组长中，男性6人，占75.0%，女性2人，占25.0%；

（2）在80名正副采访主任中，男性49人，占61.2%，女性31人，占38.8%；

（3）在4名执行编辑中，男性3人，占75.0%，女性1人，占25.0%；

（4）在18名副总编和助理总编辑中，男性10人，占55.6%，女性8人，占44.4%；

（5）此次抽样调查抽到的9名总编辑，百分之百是男性，可见女性要顶破天花板进入传媒最高决策层，很难。

（二）男女受访者对工作自主程度的感受差别不大，在回答问卷提问“您认为您在目前工作中的自主程度如何”时，以刻度量表测量，从非常有限为1分到非常充分为10分，男女受访者的感受如表1。

表1　　香港男女新闻工作者对工作自由程度的感受　　N = 885

性别		1 非常有限	2	3	4	5	6	7	8	9	10 非常充分	回答人数
女	频数 百分比	10 2.2	7 1.5	21 4.6	38 8.4	65 14.3	74 16.3	115 25.3	92 20.3	27 5.8	5 1.1	454
男	频数 百分比	9 2.1	10 2.4	27 6.4	39 9.2	54 12.8	64 15.2	94 22.3	86 20.4	27 6.4	12 2.8	422

注：女性平均值 = 6.26，标准差 = 1.85；男性平均值 = 6.23，标准差 = 2.00

从表1可以看出，女性平均值 = 6.26，标准差 = 1.85；男性平均值 = 6.23，标准差 = 2.00；男女受访者感受到工作自由程度的统计众数均为7分，但女性比男性高3个百分点，说明香港女新闻工作者的工作自主性受到了较好的尊重。

（三）男女受访者对工作满意度的感受差别不大，在回答问卷提问“您对目前工作的整体满意程度如何”时，以刻度量表测量，从非常不满意为1分到非常满意为10分，男女受访者的工作满意程度感受如表2。

表2　　香港男女新闻工作者对工作满意程度的感受　　N=885

性别	分数	1 非常不满	2	3	4	5	6	7	8	9	10 非常满意	回答 人数
女	频数 百分比	—	6 1.3	25 5.5	39 8.6	61 13.5	101 22.3	139 30.7	65 14.3	13 2.9	4 0.9	453 100
男	频数 百分比	1 0.2	9 2.1	25 5.8	40 9.8	52 12.1	88 20.6	104 24.2	83 19.4	23 5.4	3 0.7	428 99.8

注：女性平均值=6.19，标准差1.56；男性平均值=6.28，标准差=1.70

表2显示，女性平均值=6.19，标准差=1.56；男性平均值=6.28，标准差=1.70，众数也是7分。说明工作的满意程度和自主程度是一对孪生兄弟，自主程度大，满意程度高，自主程度小，则满意程度低。而满意程度是提高工作质量和效率的关键因素。

（四）因不太满意而有换岗想法的原因见表3。

表3　　受访者想离开新闻工作岗位的首要原因　　N=885

	女性			男性		
原因	频次	百分比	序号	频次	百分比	序号
压力太大	44	9.8	3	43	10.3	4
缺乏自主性	9	2.0	12	20	4.8	8
沉闷单调	12	2.7	9	7	1.7	11
低薪酬	180	40.0	1	145	34.5	1
新闻方针不合己意	23	5.1	6	25	6.0	5
缺乏升职机会	23	5.1	7	21	5.0	7
新闻工作已受到政治干预	12	2.7	10	16	3.8	9
新闻自由缺乏前景	15	3.3	8	15	3.6	10
工作时间无规律	30	6.7	5	22	5.2	6
缺乏学习进修机会	11	2.4	11	6	1.4	12
对组织家庭/家庭生活产生影响	59	13.1	2	46	11.0	3
其他	32	7.1	4	54	12.9	2
总数	450	100		420	100	

注：女性标准差=3.42，男性标准差=3.63

“低薪酬”、“对组织家庭/家庭生活产生影响”和“压力太大”这三项是男女新闻工作者想调离新闻工作岗位的前三位原因；男女差别不大，唯“缺乏自主性”这项，在男性中占第8位，在女性中占12位，处于末位。看来香港女新闻工作者对自主性的感受高于男性。

（五）男女新闻工作者对新闻传媒功能的认识。

研究者采用5级量表测量受访者对传媒社会功能的认识，非常不重要为1分，非常重要为5分，统计结果如表4。

表4a　　女新闻工作者对传媒社会功能重要性的认识　　N＝455

传媒功能	答题人数	非常不重要	不重要	一般	重要	非常重要	平均值	标准差
1. 迅速地为大众提供新的信息	453	0.7	0.7	5.7	41.3	51.7	4.43	0.96
2. 依据事实报道最近发生的事件	454	0.4	0.4	4.4	29.1	65.6	4.59	0.64
3. 报道可靠信息以阻止流言的散布	453	0.9	1.3	10.4	29.6	57.8	4.42	0.80
4. 对复杂的问题提供分析与解释	453	0.7	1.3	10.6	43.3	44.2	4.29	0.76
5. 对形成中的政策展开讨论	429	0.4	1.4	11.1	50.0	36.9	4.21	0.73
6. 对政府的政策作出解释	449	0.4	1.3	26.3	44.8	25.2	3.90	0.84
7. 帮助市民了解政府的政策	451	0.4	2.0	12.0	49.0	36.6	4.19	0.75
8. 引导公众舆论	450	2.7	7.3	34.2	35，8	20.0	3.63	0.97
9. 帮助市民实行舆论监督	448	0.9	2.2	13.6	42.2	41.1	4.20	0.82
10. 成为市民的喉舌	446	2.5	6.1	32.5	31.4	27.6	3.76	1.00
11. 推动社会改革	447	1.6	7.2	33.3	35.3	22.6	3.70	0.95
12. 声援社会弱势群体	448	1.1	4.7	27.5	40.7	26.1	3.85	0.90
13. 报道最大多数市民感兴趣的新闻	451	1.6	6.9	37.3	40.6	13.7	3.58	0.87
14. 教育群众，提高他们的知识与文化水平	449	0.7	5.3	39.8	42.8	21.4	3.79	0.86
15. 为市民提供娱乐和休闲	451	1.1	13.1	43.7	33.9	8.2	3.35	0.85

续表

传媒功能	答题人数	非常不重要	不重要	一般	重要	非常重要	平均值	标准差
16. 质疑并批评政府官员的言行	448	1. 6	3. 6	30. 4	40. 2	24. 3	3. 82	0. 89
17. 质疑并批评工商界的言行	448	1. 8	5. 4	31. 9	39. 1	21. 9	3. 74	0. 92
18. 质疑并批评社会团体的言行	448	1. 8	5. 8	33. 7	39. 1	19. 6	3. 69	6. 91

表 4b　　男新闻工作着对传媒社会功能重要性的认识　　N＝430

传媒功能	答题人数	非常不重要	不重要	一般	重要	非常重要	平均值	标准差
1. 迅速地为大众提供新的信息	427	0. 2	0. 5	10. 1	34. 7	54. 6	4. 43	0. 71
2. 依据事实报道最近发生的事件	428	0. 2	0. 9	7. 2	30. 6	61. 0	4. 51	069
3. 报道可靠信息以阻止流言的散布	425	0. 5	1. 9	13. 2	33. 4	51. 1	4. 33	0. 81
4. 对复杂的问题提供分析与解释	425	0. 5	2. 4	13. 4	42. 4	41. 4	4. 22	0. 80
5. 对形成中的政策展开讨论	425	0. 5	1. 9	13. 2	33. 4	51. 1	4. 03	0. 81
6. 对政府的政策作出解释	424	1. 7	8，7	34. 2	36. 6	18. 9	3. 26	0. 94
7. 帮助市民了解政府的政策	422	1. 2	1. 9	19. 4	49. 1	28. 4	4. 02	0. 81
8. 引导公众舆论	423	5. 4	9. 0	32. 9	38. 5	14. 2	3. 47	1. 02
9. 帮助市民实行舆论监督	425	1. 4	2. 6	16. 9	42. 1	36. 9	4. 11	0. 87
10. 成为市民的喉舌	424	5. 4	9. 0	32. 9	38. 5	14. 2	3. 67	1. 04
11. 推动社会改革	420	3. 8	8. 6	33. 1	35. 2	19. 3	3. 58	1. 02
12. 声援社会弱势群体	417	2. 2	7. 0	29. 0	37. 2	24. 7	3. 75	0. 98
13. 报道最大多数市民感兴趣的新闻	422	2. 4	6. 4	35. 3	39. 6	16. 4	3. 61	0. 91
14. 教育群众，提高他们的知识与文化	423	1. 9	6. 4	31. 0	43. 5	17. 3	3. 68	0. 90
15. 为市民提供娱乐和休闲	423	3. 8	12. 0	46. 1	29. 4	8. 7	3. 27	0. 92

续表

传媒功能	答题人数	非常不重要	不重要	一般	重要	非常重要	平均值	标准差
16. 质疑并批评政府官员的言行	421	1.0	3.8	25.9	41.1	28.3	3.92	0.88
17. 质疑并批评工商界的言行	419	1.2	6.2	26.0	38.9	27.7	3.86	0.93
18. 质疑并批评社会团体的言行	419	1.2	4.8	30.3	39.9	23.9	3.80	0.90

从有四成以上的人认为“非常重要”的前5项的数据看，男女受访者对传媒功能的认识基本趋同，居首位的都是“依据事实报道最近发生的事件”，女性为65.6%，男性为61.0%；居第二位的：女性是“报道可靠消息以阻止流言的散布”，为57.8%，男性是“迅速地为大众提供新的信息”为54.6%；居第三位的：女性是“迅速地为大众提供新的信息”，为51.7%；男性是“报道可靠消息以阻止流言的散布”，为51.1%；居第四位的：女性是“对复杂的问题提供分析与解释”，为44.2%，男性是“对形成中的政策展开讨论”，为51.1%（女性为36.9%）；居第五位的：女性是“帮助市民实行舆论监督”，为41.1%（男性为36.9%），男性是“对复杂的问题提供分析与解释”，为41.4%。

表4a和表4b的数据显示，男女差别较大的有两项，一项是“帮助市民实行舆论监督”，女性为41.1%，男性为36.9%，女性比男性高出4.2个百分点。是否意味着女性比男性更亲民？香港有学者曾认为，也许由于长期受英国殖民统治，新闻人员深刻体认政府需要监督与制衡，因而较重视媒介的“对立”角色。

另一项是“对形成中的政策展开讨论”，女性为36.9%，男性为51.1%，女性比男性低14.2个百分点，香港有学者曾经分析，对长期受英国殖民统治的香港而言，媒介对政府政策有较高的疏离感，认为解释政策是政府的事，媒介应该客观中立，不应越俎代庖。但在香港回归祖国14年后的2011年，男新闻工作者已有半数以上的人认为“对形成中的政策展开讨论”“非常重要”，只有三分之一强的女新闻工作者认为“非常重要”。而在“质疑并批评政府官员的言行”项上，女性为24.3%，男性为28.3%，低于男性4个百分点，这是否意味着：尽管女新闻工作者在传媒要“帮助市民实行舆论监督”方面，高出男性4.2个百分点，但在代言市民参政议政方面观念有点滞后？

但在传媒与政府相关的另几个题项上，女性认为“非常重要”的比例却高于男性：如“对政府政策作出解释”项，女性为25.2%，男性为18.9%，女性高出6.3个百分点；“帮助市民了解政府的政策”项，女性为36.6%，男性为28.4%，女性高出8.2个百分点；“成为市民的喉舌”项，女性为27.6%，男性为14.2%，女性高出13.4个百分点。这可能是跑一线的女记者多，比较接近市民，对传媒沟通市民和政府关系的重要功能认识得更为深刻。

（六）男女新闻工作者对互联网功能的认可度。

互联网改变了传统的传播方式，直接影响到市民的生活方式，同时也影响着新闻传播的效能。研究者采用5级量表测定受访者对互联网的认可度（见表5）。

表5a　女新闻工作者对互联网的认可度　N=455

互联网功能	答题人数	非常不同意	不同意	说不好	同意	非常同意	平均值	标准查
1. 可增加新闻工作的效率	233	0.9	0.9	3.9	23.2	71.2	4.63	0.68
2. 可令新闻资讯更加丰富	233	0.9	0.9	6.0	33.0	59.2	4.49	0.73
3. 可令新闻报道更全面	234	0.9	2.1	16.2	35.5	45.3	4.22	0.86
4. 可令新闻报道更深入	233	1.7	4.3	21.0	36.1	36.9	4.02	0.95
5. 整体而言对新闻工作有很大的助益	234	0.4	0.4	10.3	38.9	50.0	4.34	0.82

表5b　男新闻工作者对互联网的认可度　N=430

互联网功能	答题人数	非常不同意	不同意	说不好	同意	非常同意	平均值	标准查
1. 可增加新闻工作的效率	225	1.3	0.4	4.0	23.6	70.7	4.61	0.71
2. 可令新闻资讯更加丰富	227	0.9	0.9	7.0	30.8	60.4	4.49	0.74
3. 可令新闻报道更全面	225	2.2	3.1	15.6	30.2	48.9	4.20	0.97
4. 可令新闻报道更深入	223	2.7	7.2	21.5	30.0	38.6	3.95	1.06
5. 整体而言对新闻工作有很大的助益	224	0.9	1.3	12.9	32.6	52.2	4.35	0.82

表5显示，男女新闻工作者对互联网的认可度基本趋同，在认为“非常同意”的受访者中，除“可增加新闻工作的效率”项女性略高与男性外，其他4项女性都略低于男性。

（七）关于互联网对新闻工作重要性的评估，男女新闻工作者对“互联网的以下用途对你的工作有多重要”的回答也有差别（见表6）。

表6a 女性受访者对互联网重要性的评估 N=455

互联网重要性	答题人数	非常不重要	不重要	一般	重要	非常重要	重要和非常重要两项相加	平均值	标准差
1. 搜寻有关新闻事件的资料	234	0.4	0	2.1	13.7	83.8	97.5	4.80	0.50
2. 搜寻新闻人物的资料	234	0.4	0	2.1	18.4	79.1	97.5	4.76	0.53
3. 搜寻新闻题目的灵感	230	0.4	1.3	16.5	37.8	43.9	81.7	4.23	0.80
4. 与消息来源沟通或接触	230	1.3	6.5	17.8	37.0	37.4	74.4	4.02	0.97
5. 观察市民/网民对新闻事件的反应	233	0	6.0	17.6	33.9	42.5	76.4	4.13	0.91
6. 寻找由市民制作的内容加以报道	229	3.5	13.5	30.1	38.4	24.5	62.9	3.57	1.10

表6b 男性受访者对互联网重要性的评估 N=430

互联网重要性	答题人数	非常不重要	不重要	一般	重要	非常重要	重要和非常重要两项相加	平均值	标准差
1. 搜寻有关新闻事件的资料	226	0.4	0	4.9	20.8	73.9	94.7	4.68	0.61
2. 搜寻新闻人物的资料	225	0.4	0.9	3.1	28.0	67.6	95.6	4.61	0.64
3. 搜寻新闻题目的灵感	222	1.4	5.4	23.9	33.3	36.0	69.3	3.97	0.97
4. 与消息来源沟通或接触	218	1.4	12.8	23.4	33.0	29.4	62.4	3.76	1.06
5. 观察市民/网民对新闻事件的反应	221	1.8	5.4	19.0	41.2	32.6	73.8	3.57	0.95
6. 寻找由市民制作的内容加以报道	219	5.8	10.5	28.3	32.0	22.4	54.4	3.57	1.15

表6显示，男女新闻工作者对互联网的重要性认识基本趋同，但对表中各项认为“重要”和“非常重要”两项相加后，发现都是女性高于男性。其中“搜寻新闻题目的灵感”项，女性认为“重要”和“非常重要”者达到81.7%，而男性仅为69.3%，相差12.4个百分点；“与消息来源沟通或

接触”项，女性认为“重要”和“非常重要”者达到74.4%，而男性仅为62.4%，相差12个百分点，这可能是女性在一线当记者的多，与市民接触频繁之故。

（八）新媒体的发展冲击了传统新闻观念，男女新闻工作者对一些说法的态度见表7。

表7a　**女新闻工作者的态度**　N=455

说法	答题人数	非常不同意	不同意	说不好	同意	非常同意	同意和非常同意相加	平均值	标准差
1. 新闻的定义正不断更新	230	1.74	4.8	29.4	44.8	28.3	73.1	3.93	0.91
2. 新闻工作者的职能仍然十分清晰	232	0.9	12.1	35.3	38.4	13.4	51.8	3.51	0.90
3. 新闻工作是专业，业余者难以取代	230	1.7	13.9	28.7	31.3	24.3	55.6	3.63	1.05
4. 专业新闻工作者的“守门人”角色的重要性正在下降	229	5.2	15.3	27.5	39.3	12.7	52.0	3.39	1.06
5. 大众新闻媒体比新媒体更能监察政府	220	1.8	17.7	32.7	33.6	14.1	47.7	3.40	1.00
6. 大众新闻媒体比新媒体更能代表民意	222	1.7	18.9	47.7	25.7	5.0	30.7	3.11	0.86
7. 新闻机构越来越多在制作新闻时参考其他新闻机构报道什么及如何报道	232	0.4	3.4	12.5	47.8	35.8	83.6	4.15	0.80
8. 新闻雷同的情况很普遍	230	0.4	3.9	13.9	52.9	29.6	82.5	4.07	0.79
9. 新闻工作者必须拥有以多媒体处理新闻的能力	231	1.0	1.7	19.5	45.0	33.8	78.8	4.11	0.77
10. 新闻工作者必须不断学习新的技术	232	0.9	0.0	8.2	46.6	44.4	91.0	4.34	0.70

表 7b　　男新闻工作者的态度　　N = 430

说法	答题人数	非常不同意	不同意	说不好	同意	非常同意	同意和非常同意相加	平均值	标准差
1. 新闻的定义正不断更新	221	3.5	5.9	16.3	44.8	29.4	74.2	3.91	1.01
2. 新闻工作者的职能仍然十分清晰	226	2.7	5.3	34.5	41.2	16.4	57.6	3.63	0.91
3. 新闻工作是专业，业余者难以取代	221	4.5	11.8	25.3	14.8	23.5	38.3	3.61	1.10
4. 专业新闻工作者的“守门人”角色的重要性正在下降	222	7.7	16.2	28.8	33.3	14.0	47.3	3.30	1.13
5. 大众新闻媒体比新媒体更能监察政府	220	2.3	13.2	36.8	30.5	17.3	47.8	3.47	1.00
6. 大众新闻媒体比新媒体更能代表民意	214	3.3	19.5	44.4	26.2	6.5	32.7	3.13	0.92
7. 新闻机构越来越多在制作新闻时参考其他新闻机构报道什么及如何报道	221	0.9	5.0	22.2	48.0	24.0	72.0	3.89	0.86
8. 新闻雷同的情况很普遍	222	0.0	3.2	19.4	48.5	27.9	76.4	4.02	0.78
9. 新闻工作者必须拥有以多媒体处理新闻的能力	221	0.5	3.6	15.8	46.6	33.5	80.1	4.09	0.82
10. 新闻工作者必须不断学习新的技术	226	0.4	0.6	8.8	37.6	53.1	90.7	4.43	0.69

表 7 显示，面对新媒体的冲击，男女新闻工作者对 10 个测试题项的看法有的大致相近，有的高度一致，有的差异较大。将持正面态度（即表示“同意”和“非常同意”）的数据相加，高度一致的有 3 项，即第 1 项“新闻的定义正不断更新”（女 73.1%，男 74.2%）、第 5 项“大众新闻媒体比新媒体更能监察政府”（女 47.7%，男 47.8%）和第 10 项“新闻工作者必须不断学习新的技术”（女 91.0%，男 90.7%）；差异大的有两项，即第 3 项“新闻工作是专业，业余者难以取代”，（女 55.6%，男 38.3%），女性比男性高 17.3 个百分点；第 7 项“新闻机构越来越多在制作新闻时参考其他新闻机构报道什么及如何报道”（女 83.6%，男 72.0%），女性比男性

高11.6个百分点。预示着男女新闻工作者对因时代的变迁、科技的发达而带来的传播手段和传播方式的变化，均具有前瞻性和敏感性。

三、运用布迪厄的“场域”理论研究女新闻工作者。

2006年，徐婉诗和李立峰对香港的所有报纸、三家主要广播公司和四家电视公司开展抽样调查，样本数1004人，并选择了不同类型的13个样本作深入访谈，目的在于研究在布迪厄的“场域”理论框架下，个体如何在如家庭、工作场所等互相交叉的场域里摆放自己的位置。他们声称：“本研究试图通过人类行为场理论的视角分析香港女记者的处境。我们的兴趣不仅在新闻业性别不平等的普遍形式，还在于个体经验的变化，特别是一些条件的汇集或许能推动部分女记者的职业，同时不过多牺牲她们的家庭生活。”

他们得出的研究结论是：调查结果显示出香港新闻业的结构性不平等，女记者平均年龄更低，占据新闻编辑室高级职位的频率更低。调查结果显示许多女性记者在大约30岁时离开这个行业，我们的深度访问提供了家庭和工作之间的冲突如何导致女记者离开新闻业的证据。用行为场理论的语言来说，这种冲突是由性别场和新闻场之间重叠部分的逻辑矛盾引起的。新闻场的成功需要长时间努力工作。对于一些人而言，还需要发展一种“批判性的思维”和“不妥协的性格”。在一些机构里，还需要移动性。所有这些要求都和性别场的要求冲突，在这个场里面，对女性的期待是成为温柔、照料他人的人，花许多时间在家庭上。

> 人类行为场理论的主要作用在于提供一个讨论个体差异的框架。事实上，不是所有的女性记者都以同一方式在同一生活阶段感受到性别和新闻场的冲突。接近中年的单身记者强调作为女性［原文“女性”二字为斜体——译注］记者的“性格冲突”。有些早在约会阶段就感觉到了工作和私人生活之间的张力。其他人只在生孩子时才感到这种张力。还有的人只有在她们的孩子长大后才感到这种张力变得无法承受。换句话说，作为女性和记者之间的冲突可能在一位女性的性别场轨迹的任一阶段显现。一位女记者生涯当中有多个点，在这些点上她可能为是否离开这个场而挣扎。
>
> 定位。性别场和新闻场之间的冲突取决于新闻机构中该记者的职位和新闻机构在新闻市场中的地位。在香港，本地媒体市场的竞争激烈

度加重了中文新闻机构中女记者在性别方面的麻烦。在英语或国际新闻机构中工作的人看来，家庭—工作矛盾并不是那么大的问题。而且，个体记者在社会等级场中的地位也大大塑造着她们选项的范围。社会和经济资本也能帮助女记者在建立家庭后继续她们的职业。总体上，分析显示出在性别不平等的基本结构形式的后面是多种可能的个体轨迹。新闻业中的性别不平等不应该被认为仅仅是性别场的结构造成的，还包括不同的场之间如何交叉。

人类行为场理论之后的差异化的分析也能让我们更清楚、系统地确定对这种情况的可能的补救措施。当讨论女记者面临的问题来源于性别角色的观念时，可能会有一种趋势把文化变革视为解决问题的根本。尽管我们并不否认改变性别角色的构想（conception）以及改变家庭内部劳动分工的观念（idea）可以帮助减轻女记者的家庭—工作张力，我们发现许多女记者实际上重视“常规”的性别角色，特别是母性的概念。她们不是被家庭成员施压而去履行这一角色，相反，他们渴望和孩子之间的亲密关系以及从中获得的情感满足。对于这些记者而言，理想的补救不是重新定义父亲和母亲，更有助益的是在新闻机构内部可以帮助女性记者履行她们母亲角色的安排。

当然，在香港的语境下改善可能并不容易，因为经济力量制约着新闻机构和新闻场整体的为女记者进行调整的能力。尽管个体新闻管理人员可能承认确有问题，媒体机构之间激烈的竞争使香港的记者工作变得要求极高。不过，应该至少存在着在新闻编辑室内部更加开放、更加严肃地探讨这个问题的空间。应该注意到我们受访者中的一部分也认为新闻业竞争性的天性和这份工作的高要求是理所当然的。正如我们之前指出的，有些受访者对于来自上级的无论多么善意的“特殊对待”都感到不安。缺乏的是新闻编辑室内部的讨论，讨论为什么对已生育已婚女记者的特定安排或许完全没有“不平等”。

更宽泛地说，可能需要改善女记者职业前景的制度性安排。尽管我们的研究并没有触及劳动法和政策的事项，在这里指出香港的劳工法十分“不成熟”（underdeveloped）也是恰当的。例如，香港的女性雇员依法有权获得仅仅连续十周的产假（劳工处，2010）。伴随着低度的职业保护，香港女性特别依赖外国的家政助手和她们自己的社会网络来解决照顾家庭的问题。这加剧了许多女性的家庭—工作张力的问题，特别是对于那些没有多少可供支配的经济和社会资本的女性。社会方面，为了女记者以及总体上所有女性能够享受成功的职业和令人满足的家庭生活，改进法律的和机构的安排是关键。①

① Celiay. s. & Francis L. F. Lee (2012) TRAJECTORIES OF WOMEN JOURNALISTS' CAREERS IN HONG KONG Publtshed online: 12 jul 2011 To link to this article: http://dx. doi. org/10. 1080/1451670x. 2011. 592360.

台湾的女新闻工作者

（一）台湾新闻传播业的发展

1945 年二战结束，被日本帝国主义统治了半个世纪的台湾光复回归祖国。1946 年 2 月 25 日，国民党“中央通讯社”在台湾设立分社，可为报业提供国际新闻，促使一些民间人士纷纷利用日本人留下的印刷设备创办报纸，仅 1946 年 3 月至 9 月的 6 个月中，就有 15 家报纸诞生，开启了创办民营报纸的历史。当年日本人留下的唯一报纸《台湾新报》，在被接收后改组为《新生报》，于 1946 年 10 月 25 日正式发行，是第一份省营报纸。

1949 年蒋介石率国民政府退居台湾，一些传媒机构也一同迁往，“中央日报”于 1949 年 3 月 20 日复刊，因系国民党党报，短短 3 个月发行量便超过其他各报。至 1960 年后，台湾报社总数达 31 家。① 自 1988 年 1 月 1 日开放报禁后，报纸便如雨后春笋般纷纷创刊，从原本的 31 家急速扩增，最盛时期高达 260 余家。无论是报道内容、尺度、篇幅、版面编排，都比报禁开放前要自由、多元而且缤纷。② 吴玲娇说：“台湾的传播媒体‘密度’之高，可能是世界其他地区所罕见的！小小的台湾，土地面积 36000 平方公里，住有 2300 万人口，却有 100 多个电视频道，200 多家报纸，143 家广播电视台，和将近 6000 种杂志。”③

随着新闻业的繁荣，对新闻人才的需求日增，促使新闻传播教育的发展，1951 年政治作战学校首先成立新闻系，接着政治大学新闻研究所、系恢复招生，师范大学也在社交系开设新闻组，世界新闻专科学校，国立艺

---

① 郑菊芬：《台湾报业经营概况》，载《女记者与社会进步研讨会论文集》，台湾女记者与作家协会 2003 年版，第 74 页。

② 傅依萍：《台湾女记者对社会的贡献》，载《女记者与社会进步研讨会论文集》，台湾女记者与作家协会 2003 年版，第 18 页。

③ 吴玲娇：《台湾杂志业的现况》，载《女记者与社会进步研讨会论文集》，台湾女记者与作家协会 2003 年版，第 34 页。

术专科学校，文化学院，辅仁大学新闻及大众传播科系成立，培养了许多优秀新闻人才，台湾的新闻事业空前的发达。① 同时，也为女性参与新闻事业创造了机会和条件。

2003 年首都女记协在福建晋江举行中国大陆及台、港、澳“女记者与社会进步论坛”。联合晚报总编辑傅依萍特地对 6 家主流传媒作了一次调查。这次调查对象只锁定在综合性报纸：《联合报》、《中国时报》、《自由时报》、《苹果日报》、《中时晚报》、《联合晚报》。所调查的路线，只针对政治、财经、文教、科技、医疗、社团、警政、司法、影视、体育等。调查方法，是请联合晚报上述各路线记者去统计 6 家报纸同一路线的女记者人数（见附表）。

附表　　六报女记者人数和比率

路线	六报记者总人数	女记者人数	女记者比率（%）
党政团会	87	32	36.8
财经消费	151	104	68.7
教育	16	9	56.2
科技	6	2	33.3
医药	24	19	79.1
社团	11	8	72，7
警政	47	7	14.9
司法	29	8	27.6
摄影	162	6	3.7
影视	100	63	63
体育	53	7	13.2
总计	686	265	38.6
（不含摄影）	524	259	49.4

调查结果显示，女记者已（攻占）各路线，尤其在以往是男性地盘的政治（包括党政、国会、府院）路线，6 报女记者占到 36.8%；财经（包括财经、金融、消费）路线，女记者更占 68.9%。连一向认为不适合女性

① 郑菊芬：《台湾报业经营概况》，载《女记者与社会进步研讨会论文集》，台湾女记者与作家协会 2003 年版，第 81 页。

跑的警政路线，女记有也占到了 14.6%，司法路线更占 27.6%。女记者比率最低的，竟然是体育路线，只有 13.2% ，最高的是医疗路线，高达 79.1%。

女性唯一欠缺的领域是摄影。联合和中时报系各有专业摄影记者 40 人和 34 人，全是男性。自由时报 24 名摄影记者中只有一名女性，是组长。《苹果日报》64 名摄影记者中有 5 名女性。由于摄影记者必须背着长短镜头和手提电脑冲锋陷阵，身上装备数十公斤重，实非女性所能担负，所以摄影这行，还是男性天下。如不计摄影，6 报上述全国性路线记者共 524 人，女记者占 259 人，比率达 49.4%。比傅依萍在 11 年前作的同类调查上升了约 10 个百分点。

至于女性主管，6 报中有两家的总编辑是女性：傅依萍在 2001 年 5 月 1 日从联合报执行副总编辑接任联合晚报总编辑，是综合性报纸中第一位女性总编辑；2001 年 9 月，联合报总编辑也由原经济日报总编辑黄素娟接任，是综合性日报中的第一位女总编。6 报的采访主任中只有一家是女性：中国时报的夏珍。不过担任组长或召集人等中级干部的女性则很多。①

（二）台湾的资深女新闻工作者

杨千鹤（1921—2011）台湾借最早的女新闻工作者。生于台北市，高中就读于被称为“新娘学校”的台北女子高等学校，学生时期曾获台湾桌球比赛单、双打双料冠军。因她广读西方文学，常向刊物投稿，堪称文武双全。她受到惠特曼“人非得美丽地做梦、美丽地活着、美丽地死去不可”诗句的影响，怀着梦想投身职场，开始在帝国大学（今台湾大学）担任研究助理，薪资比同期的日本同事少 15 元，便愤然辞去职务。《台湾日日新报》主编西川满亲自邀请她担任该报“妇人版”记者。杨千鹤欣然同意，条件是薪水要跟日本人平起平坐。于是她成了台湾第一名女记者。她写下许多文笔生动的精彩报道，包括专访画家郭雪湖、诗人李腾岳等，连男记者都为之佩服。后因受太平洋战争的影响，“妇人版”缩小版面，杨千鹤辞职，结束了短暂的 10 个月的报社记者生涯。2011 年 10 月 16 日她在美国马里兰州家中过世，享寿 90 岁。②

---

① 傅依萍：《台湾女记者对社会的贡献》，载《女记者与社会进步研讨会论文集》，台湾女记者与作家协会 2003 年版，第 19 页。

② 汪季兰：《百岁年轮，千秋纸页——记中华民国早期的重要女新闻工作者》。载《风云际会一百年——女记者》，天下文化书场 2011 年版，第 27—28 页。百度网。

林海音（1918—2001）原名林含英。台湾苗栗人，出生于日本大阪。青年时代在北京先后就读于女子高等师范学校、世界新闻专科学校，毕业后任北京《世界日报》记者。1948 年回台湾，历任《国语日报》、《联合报》、《文星杂志》等报刊编辑，曾因刊登一首名为《船》的诗遭当局拘捕。1951 年转向小说创作，1967 年独自创办《纯文学》月刊，后又主办纯文学出版社，出版《纯文学丛书》。①

徐锺佩（1917—2006）江苏常熟人。中央政治学校新闻系毕业，任职国民党中央宣传部国际宣传处新闻检察官、南京《中央日报》记者，1945 年成为英国伦敦特派员，曾采访第一届联合国大会及巴黎和会等重大国际新闻。汇集成《英伦归来》一书。她细腻的笔触、感人的故事，受到读者高度的肯定而闻名国内外，也吸引了不少向往新闻工作的年轻人。

余梦燕（1916—1993）湖南临湘人，著名女报人。早年就读燕京大学、华中大学、武汉大学、中央政治学校新闻学院。1946 年赴美在哥伦比亚大学新闻学院获硕士学位。她研习新闻，爱好新闻事业，毕生从事新闻工作，自费创办并经营发行英文《中国邮报》（The China Post）。她还在大学讲授广告课，为台湾广告事业培育了第一批人才。她热心国际新闻社团活动，也积极参与国际广告事业团体活动。她是早年台湾广告事业在国际广告领域中最活跃、最积极，表现也非常杰出的广告人。历任国际广告协会理事兼东亚局副局长、亚太广告协会主席，并任国际新闻协会会员、国民党中央评议委员。

陈香梅（1924— ）广东蕉岭人，出生于北京。七七事变后前往英属香港求学。4 年后香港被日军占领，母亲去世，父亲远在美国。她和姐姐一起带着小妹妹们跟随流亡队伍跋涉几千里，经澳门、广州、桂林、重庆，辗转到达昆明。父亲闻讯后，安排她们姐妹六人去美国学习，唯独陈香梅拒绝了，她说“我不能在祖国受难时离开。我要工作，要尽我对祖国的责任。”1944 年她任中央通讯社昆明分社特派员，成为中央社第一位女记者。因采访美国飞虎队陈纳德将军，两人一见钟情，于 1947 年结婚。1948 年任《台湾新生报》驻美特派员，同时受美国肯尼迪总统委任进入白宫工作，成为第一位进入白宫的华裔，并先后得到从肯尼迪到克林顿八任美国总统的重用，1972 年被评为全美 70 位最有影响的人物之一。1963 年至 1968 年任

① 《华夏妇女名人词典》，华夏出版社 1988 年版，第 662 页。

美国之音广播员，1965 年又成为中央通讯社的海外特派员，直到 1999 年。陈香梅热衷于中美友好事业，曾任美国中美友好协会主席、美中航运总裁等职务。在台湾与大陆的关系上，陈香梅也发挥了举足轻重的作用，是她向蒋经国提议让台湾退役老兵回大陆探亲，开启了海峡两岸的民间往来。她说："我始终坚定不移地相信，台湾一定会回归。"在祖国改革开放之后，她又开始充当介绍台商到大陆投资的"媒人"。为此，她荣获凤凰卫视联合海内外十余家传媒和机构共同评选的"2005—2010 年影响世界华人大奖。"

谢宝珠（1921— ）1945 年毕业于成都燕京大学分校新闻系，就职于重庆美国新闻处，不久转往中央通讯社任职，因母亲过世赶回上海，成为《申报》记者。她主跑的路线包括市政府、外事、妇女等，接触到不少重要人物，如上海市市长吴国桢、蒋介石夫人宋美龄、孔祥熙夫人宋蔼龄等政界人物。她还有一项优势，就是她自备相机，图文并茂，对新闻报道有加分效果。1953 年她到台湾，先在美援会（后来的经合会）工作，之后又到经济部投资业务处负责主编月刊。两岸开放后，因为思念姐姐一家人，回到家乡上海居住。

张明 笔名姚葳，是继谢宝珠之后的上海《申报》女记者，并曾在贵州《中央日报》任职。到台湾后任《台湾新生报》采访主任，后升任总编辑，同时兼任《台湾画刊》社长，还独立创办《今日妇女》半月刊。她早年为《大华晚报》撰写专栏文章，褒贬时事，内容精彩，文笔犀利，深受读者欢迎。

李青来 原是《正言报》的记者。到台湾后，先后任妇联会的《中华妇女》杂志主编、《中央日报》记者，访问过许多学术界名人；对中国古代艺术和艺品有不少专题报道；曾在《大众日报》担任撰述委员 8 年。

姚宜瑛（1927— ） 江苏宜兴人。就读于上海法学院新闻系，她个性开朗，爱交朋友，对事物有强烈的好奇心，下定决心当记者。毕业后考入国民党军报《扫荡报》任记者。1949 年到台湾。《扫荡报》停刊，她转为写散文、小说，著作相当丰富。①

夏龢 是中国广播公司节目部新闻组的记者。因一美军无端枪杀平民刘自然，而凶手逍遥法外，引发民众围困和捣毁美国大使馆的抗议示威，

① 汪季兰：《百岁年轮，千秋纸页——记中华民国早期的重要女新闻工作者》。载《风云际会一百年——女记者》，天下文化书场 2011 年版，第 27—32 页。

1957年5月24日，她带着手摇录音机在现场采访，还采访了刘自然的太太，在当天的新闻节目中连续播出，遭到国民党特务拘捕入狱。后任中国电视公司新闻主编。[①]

沈嫄璋　是从福建随政府入台的，在《新生报》任记者。1962年5月大批难民从深圳偷渡到香港，成为惊动世界的“五月难民潮”。沈嫄璋与各自代表不同报社的记者前往香港采访，但一篇稿也没写。据说她在福建时参加了一个“读书会”，是一个中共吸收知识分子的外围组织，因而被警备总部收押。最后在囚房里“自杀”身亡。[②]

（三）黄肇珩对台湾女新闻工作者的评析

黄肇珩　毕业于国立台湾师范大学社教系，历任“中央通讯社”记者，正中书局总经理，活水文化双周报社长、中华日报副社长、社长，“监察院”监察委员、顾问，现任国立台湾师范大学社教系讲师。她采访过的人物从政治大老张群、王云五，到学术界泰斗胡适之、赵元任、林语堂、吴大猷、钱穆、梁实秋等，并以《一代名师——蔡元培传》荣获国家文艺奖。她最愿被称作的头衔是“记者”。她说：“七千多个不见晨曦和晚霞的日子，在轻轻的笔尖下溜过，这是一段属于我最美好的时光，我双手捧给了我终于抉择的这份‘晨昏颠倒’、‘六亲不认’的新闻工作，没有抱怨、没有惋惜，只有溢满心怀的感激。”有评论称：黄肇珩女士二十年来从事新闻工作的忠实纪录，从新人成为资深记者，由记者成为采访主管，由新闻组学生成为新闻传播系老师，尤其是在那个新闻记者十之八九都是男性的时代里，黄女士堪称是台湾早期新闻女记者之先驱，甚至还创造了新闻界“黄派”特稿写法，是许多新时代的记者，在选择如何跨越理论与实践鸿沟的典范。

在《风云际会一百年——女记者》出版之际，黄肇珩在该书的引言中，对台湾女记者的发展轨迹，做了精辟的评析：

1949年到台湾的女记者余梦燕、徐锺佩、陈香梅、张明、林海音、黄顺华、夏穌、李青来、姚宜瑛、谢宝珠等，她们中不少是燕京大学、复旦大学和中央政治学校等大专学校的新闻科系培育出来的，是这一年代的生力军。1950年代的女记者，有理想，有勇气，有创造力。她们从文教、体

① 夏穌：《白色梦魇》，载《风云际会一百年——女记者》，天下文化书场2011年版，第48—51页。

② 前《台湾新生报》社长苏玉珍：《新闻生涯四十三年》，载《风云际会一百年——女记者》，天下文化书场2011年版，第58页。

育、艺术圈起步，以成果逐渐扩展采访领域，最后终于攻入政经、要闻甚至军事新闻。由于人数较少，知名度很快上升，圈内圈外对记者性别的包容度、接纳性，开始起了变化。徐佳士教授认为，这段时期是女记者个人奋斗的时代，在报纸控制极严、版面不多的客观限制下，基础涵养和专业才能等，是女记者发挥潜力的关键。

20 世纪 60 年代，台湾经济快速成长，报业欣欣向荣，广播与新兴的电视，都为女性踏入新闻界开拓更广阔空间。社会大众逐渐习惯女记者活跃在各类大众媒体。其重要的因素之一，是教育普及化，带动女性的高升学率。据教育部统计：台湾从三十九学年度起，各级学校女学生人数逐渐增多，女性接受更高层次教育的意愿也显著提升。六十九年度女大学生人数，是三十九学年的 193 倍，男大学生只有 34 倍。

20 世纪 60 年代后期，新闻媒体迎向激烈竞争与挑战，但媒体工作者流动率偏低，就业机会取得不易，女性晋升仍受传统塑像限制。根据台北市记者公会会员性别统计：女性会员在 1960 年仅占 8.1%，1964 年增至 12.8%，1968 年升至 16.2%。殷允芃女士于 1977 年所作“国内女性接受大专教育与就业状况”的调查研究中指出，当时女性有平等的受教育机会，但就业情况却不理想。

当时女性在职场上就业比例偏低，固然缘于过去男性居先的就业优势，已占据大量中高层职位，但在新进人员方面，女性仍受限制。从 1979 年到 1983 年五个学年，政大、师大、文化、辅仁四个大学新闻及大众传播系组毕业生，年年都是女性多于男性，总比例约为 1.5∶1。但新闻界新人录取率，女性偏低。以七十二年度《联合报》和《中国时报》招考新进人员为例，女性报考人数多于男性，录取总比率男性为 13.5%，女性只有 4.21%。

1985 年笔者在台湾大学人口研究中心举办的“妇女在国家发展过程中的角色”研讨会，提出“妇女与台湾新闻事业”的报告，其中有一项是针对当时 17 位报社总编辑（都是男性）进行的意见调查，提出“对于聘用记者性别应否限制?”70.58% 认为应有限制。在决定升迁人选时，他们都表示不会优先考虑女性。但是他们对女记者的工作能力和敬业态度，却有 50% 以上的人持肯定态度。相对于 29 家报社 200 位现职女性新闻工作者的回应，70% 以上是积极正面的；她们对工作表示能够胜任，能发挥所学与专长，而且可以和男性同等承担任何新闻工作。这项调查说明了 20 世纪 70

年代女性新闻工作者多具有信心和企图心，期待有更多发挥的机会。

从相关的主管性别，也可看出女性尚未获得平等的重视。由台湾新一代女性新闻工作者起步，到1970年代初期，女性出任采访主任仅六、七人而已，总编辑只有张明一位，还是资深前辈。报社社长民营出现四位，最早的《英文中国邮报》社长余梦燕女士是自己创报，其他三家报纸《民生报》、《工商时报》、《英文中国日报》是创报人的优秀第二代，虽然都获任社长，但不全是报系最主要的主持人。公营、党营报纸直到1982年才史无前例地任命了一位《中华日报》的女社长——黄肇珩。

探求这些现象形成的背景，相关调查指出：在于大多数仍然是男性主管的权力中心，潜意识对女性能力的不信任，或女性受家庭牵绊较多，以及女性能适应的采访环境领域不及男性等刻板印象。至于不积极晋升女性为主管的另一个考虑因素，是担心资深及人数都偏多的男性部属，不易适应女主管领导指挥。1988年政府废止对报纸的各种限制，一般称之为“报禁解除”。一时原有报纸大幅扩增版面，新兴报纸大量登记创刊。是年底，报纸由维持1948年的31家，暴增到129家，到1992年已达264家。日趋蓬勃的电视与广播，迅速增加新闻播报时间，台视、中视、华视三家电视台，新闻部门扩展，记者增至百人，以相抗衡。大学新闻与大众传播以及其他相关系科，文科毕业生也大量增多，甚至超过男毕业生。一时各媒体女记者比率急速上升，其趋势之猛与女记者的处处活跃，不仅在国内采访无所不达，在海外足跡遍天下，也参与了首先进入大陆采访，原为男性专揽的摄影记者圈，不但被女性攻入，而且成绩斐然。这些出色表现，冲破数十年来新闻工作者性别的樊篱，被视为是女记者“攻陷”新闻界的年代。

至1993年，据总社在台北的14家主要报纸的统计，女记者已有406人，占记者总人数的39%，其中有63%的女记者年龄不满30岁，41岁以上的女记者仅占4.8%。

女记者已深受报社重视。这14家报纸公认，没有不适合女记者采访的路线。在主要路线采访记者中，女记者占国会记者的73%，外交记者的73%，“行政院”记者的46%，连过去甚少跻入的军事路线，女记者也超过了20%。一般反映，负责与敬业是女记者普遍的优点，美貌不是主要选项。

新闻单位分派采访路线、晋升主管，比较着重工作表现与领导能力，性别不是主要考量因素。各媒体出现了女社长、女总编辑、女总经理，甚至董事长级的女主管，已不算是新闻。

过去被视为女性在新闻工作上可能面临的性别歧视、性骚扰、薪资不平等、升迁机会少等的阻碍与问题，只是少数个案。子女教养、家务分担等等，在大多数女记者的家庭中，也都能有相当的调整与调适。女记者拥有较多专业自主权。

1993年有线电视开放，成为台湾媒体新宠，才几年就频道逾百。其中不少专播新闻节目，因此一时间大量进用记者及新闻主播，且以女性居多。她们表现出色，尤其是电视女记者再兼主播，知名度之高，超越其他媒体记者。

报禁解除后狂热创刊的新兴报纸，却在不堪市场剧烈竞争的压缩下，逐渐纷纷停办，报纸总数锐减四分之三以上。记者人数虽下降，但新闻媒体记者中，女记者反而超过半数，她们甚至跨越广播、电视界，成为谈话性节目的“名嘴”。

女记者的专业工作的表现，在服务机构与社会大众间，普遍获得重视与赞赏。许多卓越的成果也得到专家学者的肯定，近十余年来，各类新闻传播奬的新闻报道、新闻采访、新闻主播方面的首奖得主，经常是女性多过男性。

随着科技发展，传统媒体的界限逐渐模糊，电脑普及化，网路数字化，媒体汇流锐不可当，在这样趋势下，社会兴起一股“公共新闻学运动”，强调日渐流失的可信度，记者的独立性、自主性和开放性，民间出现公民记者、网路记者、独立媒体人或创办独立电子报，在这股媒体逐渐多元化、专业化的潮流中，女记者扮演重要角色。甚至舍去名位和高薪，争取不属于任何新闻机构的记者采访权，也赢得社会的肯定。①

---

① 黄肇珩：《百年来女记者的奔腾》，载《风云际会一百年——女记者》，天下文化书场2011年版，第11—20页。

架设友谊之桥的女新闻工作者

在中国的女新闻工作者中，有一个专门从事国际新闻信息交流的群体，她们中既有土生土长的女新闻工作者和外国语学校的毕业生，又有许多归国华侨和留学生，以及中国留学生的夫人，此外，还有热衷于中国新闻事业的外籍女性，其中有的人还是新中国对外广播事业的创业者。她们努力提高双语水平和沟通能力，扩大国际文化交流，目的是“让世界了解中国，让中国了解世界”，在中国人民和世界各族人民之间架设起一座座友谊之桥。

（一）早期从事对外交流的女新闻工作者

郑毓秀（1891—1959）广东宝安人。是我国第一位女博士和女律师。1907 年，她随姐姐东渡扶桑。次年，经廖仲恺介绍参加同盟会。不久回国从事革命活动，因参与刺杀袁世凯和良弼而遭追杀，随即赴法国留学。1919 年 1 月，第一次世界大战的战胜国在法国巴黎凡尔赛宫召开“巴黎和会”，因郑毓秀精通英语和法语，被任命为巴黎和会中国团书记和万国新闻记者团中国代表，担任联络和翻译工作。1919 年 6 月 27 日是巴黎和约签字的前一天，她约集 300 多名留法学界与华工代表赴巴黎西郊，包围中国首席代表陆征祥的寓邸，阻止了他在巴黎和约上签字，保住了我国山东省的权利不被日本侵占。

当时，日本的宣传机关拼命造谣，甚至侮辱中国代表。一些缺乏辨别力的中国记者竟然把这种混淆视听的电报也刊登出来，误导舆论。郑毓秀深感组织通讯社传播中国声音的重要性。她说：“概巴黎所得东方消息大抵自伦敦来，对于吾国情形时多贬词。所以，我人宜自设通讯社，将东方消息传巴黎，将中国之真相与要求宣播于欧洲社会。此在国民外交上，有极大之助力。”她身体力行在巴黎组织了“巴黎通讯社”，向国内各报发送新闻和专论，并鼓励中国传媒“把中国的各种消息传播到欧美各国，使中日之间的一切不平等条约，均为欧美人士所洞悉。”1926年4月，郑毓秀在上海对国闻社记者的谈话中，再次提到对外传播的重要性：“就余于欧洲各国近来外交争斗上观察之，所得有一点可使吾人特别注意者，即为宣传之力量。此点向为吾国外交上最大之缺憾。”致使“欧洲头脑中常以我国比其中古时代之国家，为已过去之文明国。因之，种种不平等事发生，此殆少宣传之过耳。”

据《申报》1929年2月2日透露，郑毓秀还有一个创办国际通讯社的计划。报道称：“郑毓秀博士，近以世界上各民族之接触机会，日益繁复。其间苟有不能互通生气之通讯机关，则往往易生误会。决意在上海设一大规模之通讯社，定名为世界通讯协社；在日内瓦及各国都会，设立分社，国内各大埠亦设通信机关，以谋与各国互通声气。现经积极筹备，已赁定霞飞路三百五十四号为社址。”可是，由于种种原因，这个计划没能实现。

郑毓秀深信“公理战胜强权”，强调“欲人了解，必须宣传。”积极投身对外传播。她是中国新闻史上第一位积极实践国际信息交流的女新闻工作者。①

黄薇（1912— ）新闻记者。福建龙岩人。原名黄维英，曾用名南君。厦门集美女子师范学校毕业后，于1933年赴日本留学。从1936年开始，在中共东京支部领导下参加革命活动，是“留东妇女会”、“社会科学座谈会”和“留东文化团体联合会”的领导成员。1937年夏毕业于明治大学政治经济系。“七七”事变后回国，作为新加坡《星洲日报》特派记者赴徐州前线、延安和华北抗日根据地采访，撰写了《活跃在敌人后方》、《晋察冀边区访问记》等通讯报道百余篇发往海外报刊。1939年被聘为香港《星岛日报》驻重庆特派记者。“皖南事变”后被迫离开重庆去香港，在《星岛日报》任编辑，1941年被派往菲律宾从事抗日宣传工作。1942年参加中国共产党。太平洋战争爆发，菲律宾沦陷后，主编抗日地下报纸《华侨导报》。日本投降后，先后担任《华侨导报》编辑主任、总编辑，兼任“菲律宾华侨妇女会”主席。1947年10月《华侨导报》被迫停刊后到香港任新华社香港分社总编辑。新中国建立后，历任中共中央马列学院组织科长、中共中央对外联络部处长等职，为全国妇联第一届候补执行委员，第二、第三

① 宋素红：《女性媒介：历史与传统》，中国传媒大学出版社2006年版，第133—137页。

届执行委员。离休后发表了一些革命回忆录，著有《回到抗战中的祖国》。①

陈学昭（1906—1991）原名陈淑章、陈淑英，笔名学昭、野渠。浙江海宁人；1927年赴法国留学，经戈公振向天津《大公报》总编辑张季鸾推荐，陈学昭于1927年秋至1931年5月任《大公报》驻欧兼职特派记者，在天津《大公报》上共发表38篇文章。其中系列通讯“欧游杂记”5篇，“西行通信”15篇。后又担任邹韬奋主编的上海《生活周报》特约撰稿人，1935年获法国克莱蒙大学文学博士学位。1938年，她以重庆《国讯旬刊》特约记者身份赴延安采访，写成一组延安访问记，在《国讯旬刊》发表后，即遭国民党查禁。后又历任延安《解放日报》和《东北日报》副刊编辑。据不完全统计，截至1949年，陈学昭先后在13种报刊上发表201篇通讯和散文。1957年，因为一句“省委对文艺工作不够重视”而被打成右派分子，身心遭受严重折磨。但她只要遇到可以说一两句心里话的老同志，就会含着热泪说：“要活下去！活下去！”她带病笔耕不止，直到辞世。从1925年起，她为她热爱的人民留下了4部长篇小说、1部短篇小说、6部散文集、1部诗集、6部翻译小说、童话和回忆录。②

（二）参与新中国对外交流的女新闻工作者

丁一岚（1921—1998）前中国国际广播电台台长。祖籍福州，出生于河北塘沽。1937年赴延安，1938年春加入中国共产党。1939年底到晋察冀抗日根据地从事妇女工作，经常为《晋察冀日报》撰写反映妇女生活与抗日斗争的新闻报道。1942年任《晋察冀日报》编辑、记者，与总编辑邓拓结婚。1945年10月，参加新创建的张家口新华社广播电台的播音工作。1949年10月1日，她与男播音员齐越一起参加了天安门举行的开国大典现场实况播音。“中华人民共和国的国旗，现在正由毛主席亲手升起。参加大会的30万人都整齐肃立致敬，注视着人民共和国庄严而美丽的五星红旗徐徐升起……她象征着中国的历史已经进入一个新的时代！”这就是丁一岚的声音。同年11月任北京市人民广播电台台长。1954年调任中央人民广播电台播出部主任，1960年以后参加对国外广播工作，担负同外国专家沟通的任务。“文革”中遭到残酷批斗，但为共产主义事业奋斗终生的信念不动

① 《华夏妇女名人词典》，华夏出版社1988年版，第921页。

② 同上书，第611页；宋素红：《女性媒介：历史与传统》，中国传媒大学出版社2006年版，第137—140页。

摇。1982 年出任中国国际广播电台台长，1985 年离休。[①]

崔玉陵（1932— ）中国国际广播电台台长。河北宁河人。1948 年参加革命，此时她才 16 岁。1949 年加入中国共产党。先后任延安、吉林新华广播电台播音员，同年秋，被派往苏联莫斯科广播电台从事播音和翻译工作，参加过重大节日的现场播音，为国内访苏人士担任翻译。1955 年回国，参加筹办中国国际广播电台对苏俄语节目，先后任该台编辑、记者、对苏广播组业务秘书、对社会主义国家广播组副组长、苏联东欧部编辑组组长及部主任等职。组织过对苏东国家和地区的重大广播宣传活动。她十分重视听众来信，认为那是取之不尽的新闻来源，规定编辑记者都必须参加听众来信的回复工作，于是听众来信直线上升，仅 1960 年上半年即达到 1 万多封，是全台听众来信最多的部门。“文革”中丁一岚被诬为“苏修特务”受冲击。复职后，1982 年任中国国际广播电台副台长，1985 年起任台长，为筹建国际台大楼费尽心血。1993 年离休。[②]

蒋巧云（1941—）国际台首位驻外记者。毕业于北京外国语学院（现北京外国语大学）。她服从国家分配，到中央广播事业局（现广电总局）对外部（现中国国际广播电台）塞尔维亚语部从事翻译、记者、校对、定稿和播音工作。国际台 1980 年开始在国外建立记者站，外派记者都是男性。直到 1990 年底才派出第一位女记者，那就是蒋巧云。

蒋巧云只身进驻贝尔格莱德记者站，当时设备比较简陋，无电讯稿，消息来源主要靠外出采访，参加记者招待会，以及驻地广播、电视和报纸杂志等。稿子靠手写，写好后要抄成清样再通过电话用传真机传回国。除了发稿，她还要克服各种困难，独自办理记者站的内部事务。

万万没有想到的是，她立足未稳，南斯拉夫国内局势就急剧动荡，爆发了波黑战争。我驻南使馆要求撤退女性工作人员和家属，但蒋巧云想到战争本身就是新闻报道的最好时机，因此毫不犹豫地要求留下坚守。她说：“我要用行动证明女记者驻站不比男记者差。”

波黑战争成为继海湾战争之后的又一国际热点。蒋巧云密切关注时局的发展，分析局势走向，全身心投入战地新闻的采访，发回大量“从质量到数量均值得称道”的新闻稿和内参稿。因此，她经常要忙到凌晨 3 时以

① 《华夏妇女名人词典》，华夏出版社 1988 年版，第 3 页；胡耀亭、陈敏毅主编：《CRI 创业者风采——国际传播 70 周年》，中国国际广播出版社 2011 年版，第 63—71 页。

② 同上书，第 966 页；同上书，第 72—78 页。

后才能休息，有时通宵达旦。睡眠严重不足加剧了她偏头痛的老毛病，靠吃止痛片维持。但她无暇考虑个人的安危，每当听到自己半夜时分发出的报道，清晨在中央人民广播电台的《新闻和报纸摘要》节目中播出时，内心感到无比的欣慰，觉得冒着危险付出的劳累很值得。

蒋巧云曾多次被评为国际台先进工作者、优秀播音员、优秀共产党员和优秀党务工作者，广电总局和中共中央直属机关优秀党员和党务工作者，1994 年 3 月被中华全国妇女联合会授予全国“三八”红旗手和全国巾帼建功标兵称号，2001 年获国务院颁发的政府特殊津贴和证书，2010 年被中国翻译协会授予资深翻译家荣誉称号。同时，从 1999 年 1 月至今，当选并连任首都女新闻工作者协会第四、五、六、七届理事会副会长、常务副会长，曾任欧美同学会东欧分会副会长。1998 年任西亚非洲地区广播中心主任，直至退休。①

茹克娅·哈吉（1939—）1956 年她才 17 岁，从乌鲁木齐女子高中毕业后即到北京中央人民广播电台，成为向新疆广播的首位维吾尔语播音员。1960 年在北京广播学院学习土耳其语。1961 年中苏关系恶化，土耳其语专家拒绝翻译、播音工作，致使我国土耳其语和波斯语广播从 1961 年 11 月 7 日起停播 12 天。周总理得知后亲临电台问：“中国如此之大，难道没有一个懂得土耳其语言的中国人吗？”台领导回答说：“有位维吾尔族姑娘在北京广播学院学习土耳其语。”周总理亲自接见了茹克娅·哈吉，问她：“你能不能胜任土耳其语的播音工作？哪怕只是文艺节目也可以。”茹克娅·哈吉既激动又紧张地回答说：“好，我就从音乐节目做起。”这样，她成为第一位对土耳其广播的中国播音员。这年冬天，中苏关系破裂，党中央发布了 16 号文件。周恩来总理和其他领导人特地在人民大会堂宴请广播 16 号文件的播音员，茹克娅·哈吉也收到了邀请，和中央领导在同一张桌子上吃饭。席间，周恩来总理跟大家说：“你们是中央宣传工作的喉舌，你们一定要保重身体不能得病，你们一定要搞好宣传工作。现在是国家困难时期，但是为了保证你们的工作，中央决定每个月给你们补助 4 斤肉、4 斤鸡蛋、2 斤糖。”周恩来总理和夫人邓颖超同志亲自来到播音员身边敬酒，鼓励大家“多注意身体，好好工作”。这件事让她终生难忘。

---

① 胡耀亭、陈敏毅主编：《CRI 创业风采——国际传播 70 周年》，中国国际广播出版社 2011 年版，第 464 页。

茹克娅·哈吉是位学者型的女新闻工作者。1989 年至 1990 年，在安卡拉大学语言历史地理系土耳其语部进修期间，多次出席在土耳其举办的学术会议，发表文章和演讲。其中在土耳其举行的首届国际民俗学会上发表的“著名维吾尔语诗人阿曼尼沙汗在维吾尔语文学中的地位”一文得到了广泛好评。1994 年在高加索《母亲者语》报上发表的“维吾尔语与高加索土耳其语的相似点”一文，她把稿费捐给了当地的一所小学。1991 年她与一位日本教授编写的《日文维文词典》1996 年在日本出版。她还将《苏图克·博格拉汗》等维吾尔文书籍译成土耳其文，把《孤儿力提甫》等十几本土耳其文儿童读物译成维吾尔文，加强了中土文化的交流。她说：“在党的培养下，我有幸成为我国土耳其语对外广播的一名播音员，并在播音的岗位上整整奋斗了 50 年，我没有辜负周总理对我的期望。”①

原清志（1912—2001）1912 年出生在一个贫寒的日本平民家庭，原为日本共产党党员，1937 年千里寻夫，来到炮火连天的中国，加入了中国国籍，投身中国的抗日战争，成为一名中国共产党党员。1941 年 10 月，与丈夫程明升同赴延安，立即投入延安新华广播电台日语广播的筹备工作。1941 年 12 月 3 日，延安新华广播电台新增的日语对外节目开播，主要以侵华日军为听众对象，宣传中共的抗日主张与政策，以瓦解侵华日军的士气。这标志着中国人民对外广播事业诞生了。原清志担任播音员，成为中国人民对外广播史上首位日语播音员，也是中国人民对外广播史上第一位外语播音员。事后她说“当时我们的日语广播是宣传抗日打击敌人的。那时我只想用我的声音感召更多的日本士兵走进反战的行列，让更多的日本人明白战争的真相。”②

叶华（1911—）摄影家。德国布莱斯劳人，1964 年 10 月 17 日加入中国籍。1930 年毕业于慕尼黑电影学院摄影专业。1934 年与中国作家萧三结婚。1940 年到延安生活了四年，后在赴苏途中被国民党逮捕驱逐出境。她带着两个孩子流落到前苏联哈萨克，1949 年回中国定居，在新华社工作。1951 年至 1953 年，随保卫世界和平理事会中国代表萧三在布拉格任宣传部摄影记者。她熟悉德、俄、英、法、瑞典等国语言，能用中文写作。1958 年 5 月至 1964 年她受聘为德意志民主共和国电视台驻中国记者，热情地向

① 胡耀亭、陈敏毅主编：《CRI 创业风采——国际传播 70 周年》，中国国际广播出版社 2011 年版，第 343—346 页。

② 同上书，第 191—198 页。

世界宣传中国，出版多种影集。“文革”中与萧三一起被关押，1974 年经周恩来营救出狱。1983 年成为全国政协委员。①

（三）向世界传播中国的外籍女新闻工作者

在中国人民反帝反殖民主义的斗争中，有多位进步、正直的女记者为支持中国人民的正义事业，见证中国历史，记录中国变化，用她们手中的笔，向世界传播真实的中国。

艾格尼丝·史沫特莱（1892—1950）出生在美国密苏里州奥斯古德附近工人家庭，度过贫苦的童年。16 岁就踏上漂泊流浪的生活之路，做过报童、服务员、推销员、卷烟工等。1917—1920 年到纽约，为宣传社会主义的《号角》周刊和女权运动的《节育评论》撰稿。1918 年 3 月因被指控为企图煽动反抗英国统治而遭拘捕。1928 年成为德国《法兰克福日报》的驻华记者。来华后参加了中国民权保障同盟的活动。1932 年初，在宋庆龄支持下，与美国左派记者伊罗生创办进步的英文刊物《中国论坛》。1931 年 2 月，柔石等 5 位左翼作家遇难，她将鲁迅写的《黑暗中国的文艺界现状》一文翻译成英文送往国外，促使美国 50 多位一流作家联名向国民党政府发出抗议书。从 1927 年至 1932 年，她撰写了《中国人的命运》、《中国红军在前进》，向美国人民介绍了中国社会、中国共产党创建的工农红军和根据地中央苏维埃政权的实况。

1934 年她再次访华。受宋庆龄的委托，1936 年 6 月，她在上海协助格兰尼奇创办进步英文半月刊《中国呼声》。是年底发生西安事变，她每晚在张学良的总部做 40 分钟的英语广播，报道事变真相，使她成为国际舆论关注的人物，被称为“中国共产党的辩护人”而闻名于世。有的美国报纸称她为“美国姑娘，赤色危险人物”，惊呼“美国妇女帮助中国人叛乱”、“她背后有庞大的军队”。

1937 年 1 月初，她得到邀请赴延安。先在三原访问了红军著名将领贺龙和彭德怀，到延安访问了毛泽东、朱德、周恩来等中共领导人。她特别仔细地采访了农民出身富有传奇色彩的红军总司令朱德，要为朱德写传记。

1937 年 7 月抗战爆发，她随朱德奔赴前线，在十个月内，冒险奔走于华北、华东抗日前线采访。同年 10 月，武汉沦陷，她以英国《曼彻斯特卫报》记者身份随新四军指战员转战华东、华中各地，撰写了许多报道，无

① 《华夏妇女名人词典》，华夏出版社 1988 年版，第 174 页。

情揭露日本侵略者的残暴罪行，反映中国人民、八路军、新四军英勇抗日斗争的事迹，撰写了《中国在反击》和《中国的战歌》两本书，后者被普遍认为是二战期间最佳通讯集。与此同时，她还热情参与社会活动，争取国际社会对抗日根据地军民的援助。1941 年她抱病返回美国，继续写文章、发表演讲，向美国人民介绍中国的抗战情况，潜心撰写朱德传记，直至晚年才完成多年的心愿——《伟大的道路》一书。1950 年 5 月她在英国因病治疗无效，离开了人世。根据她的遗愿，骨灰安放在北京八宝山革命公墓。朱德亲自为她题写碑文："中国人民之友美国革命作家史沫特莱女士之墓"。1955 年《伟大的道路》首先在日本出版，后译成多种文字广泛发行。

安娜·路易斯·斯特朗（1885—1970）出生于美国内布拉斯加州的弗仑德小镇。1907 年获得芝加哥大学哲学博士学位，后即投身于反战和争取妇女权利的社会活动，坚定地支持各国人民的解放事业，先后到过苏联、中国、西班牙、波兰等国，报道这些国家人民的革命斗争，在各国的进步人士中享有崇高的声望。

她曾六次访问中国：1925 年第一次来华，在上海结识了宋庆龄。宋庆龄支持她到广州亲身感受中国大革命的浪潮，她报道了省港大罢工。

1927 年第二次来华，到达充满革命激情的武汉，深入湖南农村，目睹了中国革命运动的烈火。她把两次中国之行的见闻，写下了第一本有关中国的著作《千千万万的中国人》，率先把中国人民革命斗争的消息传播给世界。

1937 年第三次来华，到山西南部的八路军总部，采访了八路军总司令朱德、彭德怀、刘伯承、贺龙、林彪等中共将领。1938 年初，她途径武汉拜访了周恩来和邓颖超。撰写了《人类的五分之一》一书，报道了八路军敌后抗日游击战争的英勇事迹。

1940 年 12 月，她从苏联经新疆第四次访华，在重庆分别采访了周恩来和蒋介石，了解了国共的合作与斗争及其抗战政策。周恩来向她透露了国共军队之间的武装冲突情况，揭露了蒋介石的反共阴谋。她回美国不久，1941 年 1 月中国发生了震惊中外的皖南事变，她及时写了揭露蒋介石破坏抗战制造事端的报道，发给《纽约先驱论坛报》，后来又在《美亚》杂志上详细报道，将皖南事变的真相公诸天下。

1946 年夏天她第五次访华，乘运输机飞抵延安，受到朱德的热情接待，8 月 6 日采访毛泽东。她说："我认为这是一次划时代的谈话。"1947 年初，斯特朗赴陕北采访，而国民党军队已大军压境，准备进攻延安。党中央决定暂时撤出延安。她却要求留下随军转移，考虑到她的安全，耐心劝慰她去上海。是年5月，她到上海后立即写出了《中国的黎明》。此书在印度首发，第二年又补充修改成《中国人征服了中国》，热情地介绍解放区欣欣向荣的景象。

1949年初，她取道苏联回美国，在苏联境内被冤枉为间谍遭逮捕，后被驱逐出境。回到美国，她生活在冤屈的阴影下，还摆脱不了麦卡锡的政治迫害，直到1955年苏联才撤销对她的指控，并欢迎她重返苏联。但她始终向往新中国。

1958年9月，她终于第6次踏上魂牵梦绕的中国。令她无比兴奋的是中国发生了深刻的变化。在周恩来的邀请下，她决定在北京安家落户，而且常到各地参观，继续采写文章向世界介绍新中国的发展变化。从20世纪60年代开始，她除了主办《中国通讯》，用6种文字陆续向世界介绍新中国的进程外，还撰写了3卷本自传，分别题为《我改变世事》、《漫游到革命》、《我在中国的发现》。她不顾高龄踏访雪域高原，撰写了《西藏见闻》和《西藏农奴站起来了》等书，热情赞扬了翻身农奴的生活变化和西藏农业的进步。直至她80寿辰时，还出版了《成千上万的中国人》一书，记录着中国的最新变化。1970年3月29日她走到生命的终点，享年85岁。其骨灰安葬在北京八宝山革命公墓，由郭沫若题写墓碑："美国进步作家和中国人民之友。"

鉴于斯诺、史沫特莱、斯特朗长期致力于向世界报道中国人民的正义事业，作出了特殊的贡献，受到中国人民的尊重与怀念，中国专门成立了三S研究会，以他们三人的姓氏的英文字母开头，其宗旨是："研究三S生平及其著述，介绍三S事迹，发扬光大三S精神，促进中外新闻界和人民的相互了解和友谊，维护世界和平。"

海伦·福斯特·斯诺（1907—1997）笔名尼姆·威尔斯（Nym Wales）。美国犹他州人，1931年8月来到中国，翌年与美国记者埃德加·斯诺结婚。1933—1937年任上海《密勒氏评论报》通讯员兼书刊评论员。1937年与斯诺在北平创办《民主》杂志。

1935年北平学生发动"一二·九"游行前夕，斯诺夫妇把《平津10校学生自治会为抗日救国争自由宣言》连夜译成英文，分送驻北平外国记者，并联系外国记者采访。斯诺夫妇在游行当日跟着游行队伍，及时报道了学生围攻西直门、受阻宣武门的真实情况。

1936年10月，她到西安访问张学良，就南京政府的内外政策及时局提了五个问题，张学良回答虽不尽明朗，但已可看出他的抗日决心已定，核心是蒋介石“必须遵从民意”，停止内战，一致对外，否则“人民也是永远不会允许”的。采访后，由于西安邮电局拒绝拍发这次谈话内容。她于10月5日清晨乘第一班开往北平的火车，给伦敦《每日先驱报》发去访问张学良的报道。合众社把这个消息传遍美国和中国。

1937年4月下旬，海伦悄然离开北平，历尽艰险到达陕北延安。在延安近5个月的时间里，广泛接触了陕甘宁边区的战士、工人、农民、文艺工作者、妇女和学生。采访了毛泽东、朱德、周恩来、张闻天等中国共产党领导人，她采访了不下65位有名有姓的人物，还为其中的34人写了小传，特别是同毛泽东进行了5次难忘的长谈。她的采访，不仅大大充实了斯诺正在撰写、修订的《红星照耀中国》（又名《西行漫记》），而且还写成了堪与《西行漫记》相媲美的姐妹篇《红色中国内幕》（又名《续西行漫记》）。她在该书的序言中说：中共“实现了一种新思想，一种新人物，正在地球上最古老、最持恒的文明的中心开辟新天地”。

1949年因性格不合海伦同斯诺离婚，终生独居，一生写出四五十部著作，其中一半是关于中国的，但绝大多数未能出版。海伦对此不以为意，她对时常前来探望她的中国学者安危说：“我的书不是为出版商写的，我是为中美两国青年人写的。”

绿川英子（1912—1947） 日本的世界语反战作家。1912年出生于日本山梨县猿桥地方一个建筑工程师家庭，1936年和中国留日学生刘仁结婚。1937年七七事变前随丈夫刘仁来到中国，经郭沫若推荐，她到国民党的广播电台参加日语广播，向侵华的日军宣传反战思想。她用世界语写下两本著作《在战斗的中国》、《暴风雨中的私语》，记录了她和中国人民共同反对日本法西斯的战斗友谊。抗战胜利后不幸病逝。

贾安娜·白修德（1915—1986） 美国记者、作家，1941年曾作为联合国善后救济总署的宣传员到重庆工作。1944—1945年作为美国《时代》周刊记者再度来华。与丈夫白修德合著的《中国的惊雷》，对当时美国政府、国民党和共产党三者之间的关系，以生动具体的事实进行比较和分析，其报道极富内幕性，引起广泛好评。①

① 陈日浓著：《中国对外传播史略》，外文出版社2010年版，第265—274页。

第二编

中国首次大规模女新闻工作者调查

《中国女新闻工作者现状和发展》调查报告

中华全国新闻工作者协会、
中国社会科学院新闻与传播研究所
（1996年1月5日）

由联合国教科文组织国际交流发展计划第十四届政府间理事会（IPDC）批准立项的《中国女新闻工作者现状和发展》项目（352－CPR－41），经中华全国新闻工作者协会和中国社会科学院新闻与传播研究所共同组织实施，已于1995年12月如期完成。这是中国历史上首次对女新闻工作者所做的大规模问卷调查。项目完成情况报告如下。

（一）调查研究的目的

中国自1970年代末实行改革开放以来，新闻事业得到迅猛发展。到1995年11月，共有报纸2204种，是1978年186家的11.8倍；广播电台1210家，是1978年106家的11.4倍；另有县乡有线广播站49000家，广播人口覆盖率为77.4%；有电视台980家，是1978年38家的25.8倍，还有有线电视台1202家，卫星地面接收站已有62920座，电视人口覆盖率达83.3%；电视机的社会拥有量由1985年的6965万台增至2.5亿台（1994年底）。中国已基本形成了天上卫星、地面微波、地下电缆的广播电视立体网络。中国两家通讯社（即新华通讯社和中国新闻社）的规模也有很大扩展。

新闻事业的发展，为妇女从事新闻工作提供了机会，女新闻工作者的人数逐年增加，据中共中央组织部、广播电视部、新闻出版署、劳动人事部、国家教育委员会等提供的不完全的基础数据，目前中国内地从事采访、编辑、翻译、校对、播音和节目主持人等新闻专业工作的人近20万，其中拥有新闻专业职务的8.7万人，含女性2.8万人，占32%。她们为发展中国的新闻事业，促进中国现代化建设做出了很大的贡献，日益成为中国新闻界的一支重要力量。然而迄今没有人对她们的情况做过系统的调查。因此，对她们的受教育环境、工作条件、社会地位、家庭生活，精神状态等，均缺乏统计数字和具体分析。

本项调查旨在了解中国女新闻工作者的工作和生活现状，了解她们在中国新闻事业中的地位和作用，促进她们的提高、进步和发展，促使她们在中国社会主义现代化建设及维护世界和平的事业中，发挥更大的作用。通过这次调查，将使社会更好地了解中国女新闻工作者的状况和问题，从而为决策者制定相应的政策提供可靠的依据，为中国女新闻工作者的提高和发展，提供更好的社会环境。同时，也为了让世界各国新闻传播界了解中国女新闻工作者的状况，以便广泛开展相互交流和合作。

（二）调查研究的对象

中国除港澳台地区外的30个省、自治区、直辖市在县级以上新闻机构工作并拥有记者、编辑、校对、翻译、新闻节目主持人和播音员新闻专业职务者计8.7万人，其中女性2.8万人。以女新闻工作者2.8万人作为抽样总体，并抽取部分男新闻工作者作为对照组。

（三）调查研究的内容

——中国女新闻工作者的地区分布和部门分布。

——中国女新闻工作者的现状：包括民族、年龄、健康、婚姻家庭及子女，以及所服务的新闻机构和服务机构所在地区等。

——中国女新闻工作者的教育和职业培训。

——中国女新闻工作者的住房情况、工资待遇、社会福利等。

——中国女新闻工作者在新闻界的地位和作用。

——中国女新闻工作者对职业观念和职业能力的自我判断。

——中国男女新闻工作者在新闻机构领导层的比例，以及在工作条件和生活方面的性别差异和平等感受。

——中国女新闻工作者的新闻观念与受众观念。

——中国女新闻工作者对工作和生活的满意程度。

——中国女新闻工作者面临的困扰和期望。

——改革开放对中国女新闻工作者工作环境、生活条件和精神面貌的影响。

（四）调查研究的实施

由中国社会科学院新闻与传播研究所和中华全国新闻工作者协会联合组成课题组，课题组长：陈崇山、陈秀霞，课题组成员：徐耀魁、阮观荣、陈力丹、戴预璋、闵大洪、李斯颐、宋小卫、卜卫、刘晓红、刘海兰、王小英，特邀研究员：英健博士、柯惠新博士。

调查采用分层抽样的方法，以有新闻专业职务的2.8万女新闻工作者为调查总体，严格按照随机原则，先在全国（除港澳台地区外）的30个省、市、自治区县级以上新闻机构中，抽取461个新闻机构作为样本单位，其中报社266家，通讯社2家，广播电台115家，电视台78家；在266家报社中，政党机关报占49.4%，对象性报占13.5%，专业报占27.2%，晚报占7.4%，科技报占2.5%。在115家广播电台和78家电视台中，属中央和省部级台占46.4%，地市级台占38.0%，县级台占15%。再在样本单位中按配额抽样到人。

1995年4月至6月，采取以邮寄为主、面访为辅的方式，用统一问卷对我国女新闻工作者做了全面的抽样调查。共发放问卷8240份，回收有效问卷5867份，其中女新闻工作者4033人，男新闻工作者1834人，回收率为71.2%，置信度±5%。此次调查的结果报告如下。

一　中国女新闻工作者的基本状况

（一）女新闻工作者的分布

1. 女新闻工作者的地区分布：

发达地区	57.8%
次发达地区	28.6%
欠发达地区	8.4%
不发达地区	5.2%

中国女新闻工作者在各地区分布不均，是因为发达地区人口密度大，经济繁荣，文化发达，新闻媒介普及率高，报纸种数占全国报纸总数的62.9%，为妇女参加新闻工作提供了较多机会。同时，历史悠久的高等新闻院校都集中在发达地区，妇女学习新闻专业的机会也多。但在发达地区工作的女新闻工作者比例低于男新闻工作者，而在其他地区的比例均高于男新闻界工作者（详见第119页附表一）。

2. 女新闻工作者在56个民族中的分布：

中国有56个民族，据1990年人口普查资料，除汉族外，55个少数民族占全国人口总数的百分之8.1%；这次调查发现，在5867名男女调查对象中，汉族5214人，占88.1%；少数民族653人，占11.9%，高过少数民族全国人口比例3.8个百分点；这653名少数民族新闻工作者分别属于33个民族，其中有女新闻工作者217人，分属蒙、壮、满、藏、回、朝鲜、维吾尔等29个民族。属于少数民族的女新闻工作者占少数民族新闻工作者总数的33.2%，占全国女新闻工作者总数的5.4%。

3. 女新闻工作者在新闻机构中的分布：

女新闻工作者有56.2%在广播电视部门工作，有42.5%在报社工作，有1.3%在通讯社工作。

女新闻工作者在通讯社的新闻专业人员中占29.2%（男性为70.8%）；在报社的新闻专业人员中占27.5%（男性为72.5%）；在广播电台和电视台的新闻专业人员中占37.3%（男性为66.7%）。

4. 女新闻工作者在新闻专业职务人员中的分布：

中国的新闻专业职务分三档，即初级、中级和高级（含副高级和正高级）。女新闻工作者在1.1万拥有高级新闻专业职务的人中占17.1%（男性占82.9%），在3.4万拥有中级新闻专业职务的人员中占28.1%（男性占71.9%），在4.1万拥有初级新闻专业职务的人员中占41.5%（男性占58.5%）。

5. 女新闻工作者在新闻机构的决策层中的分布：

女新闻工作者在社委会及编委会一级干部中占8.5%（男性占91.5%），在部主任一级干部中占17.6%（男性占82.4%）。

（二）女新闻工作者的年龄和新闻工龄

1. 女新闻工作者的年龄在25岁以下者占8.4%，26—35岁者占50.4%，36—45岁者占28.1%，46—60岁者占12.8%，61岁以上者占0.3%。平均年龄35岁，比男新闻工作者平均年龄39.9岁低得多。

2. 女新闻工作者从事新闻工作的年限，在5年以下者占27.5%，6—10年者占28.2%，11—20年者占33.3%，21—30年者占8.3%，31年以上者占2.8%，平均为11.02年，较男新闻工作者平均新闻工龄的13.62年略低。

（三）女新闻工作者的教育程度和职业训练

1. 女新闻工作者受教育程度见表1。男新闻工作者的教育程度略高于女新闻工作者。

表1　　女新闻工作者受教育情况（%）　　N=3951

教育程度	初中或以下	高中或中专	大学专科	大学本科	硕士	博士
女	1.3	14.8	40.7	41.6	1.6	0.1
男	1.4	10.9	38.6	45.1	3.8	0.2

在受过高等教育的女新闻工作者中，主修新闻传播专业的人占26.2%（男性为26.1%），其他文科专业占47.5%（男性为49.7%），外国语专业占3.6%（男性为2.6%），理工科专业占5.3%（男性为8.6%），艺术专业占5.1%（男性为4.7%）。

2. 女新闻工作者的职业训练可区分为职前培训和职后培训。

职前培训，是指女新闻工作者在正式从事新闻工作之前，已担负新闻报道工作，接受新闻报道实践的训练。由于各新闻机构一贯重视吸引公众参与新闻工作，随时注意选拔和培养通讯员，因此，有些女新闻工作者在正式从事新闻工作前，就有新闻报道的实践经验，计有12.9%的人担任过新闻媒介的通讯员，9.2%的人担任过兼职报道员，还有5.0%的人担任过非新闻机构的专职新闻干事。这部分人热爱新闻工作，实际工作能力较强，是新闻队伍中的重要力量。

职后培训，是指女新闻工作者从事新闻工作后，继续接受新闻专业的培训。统计表明：有44.7%的女新闻工作者从事新闻工作后，接受过新闻专业的培训（男性为53.7%），而有55.2%的女新闻工作者（男性为46.2%）未接受过新闻专业培训。数据显示，男新闻工作者接受过新闻业务培训的人多于女新闻工作者9.0个百分点。

在44.7%接受过新闻业务培训的女新闻工作者中，培训时间在一个月以下者占15.3%（男性为12.9%），1—6个月者占16.5%（男性为23.5%），7—12个月者占4.2%（男性为6.8%），13—18个月者占2.2%（男性为3.4%），19个月以上者占6.5%（男性为7.1%）。

相关分析显示，进修时间与业务工作能力呈显著正相关，P=.001，即业务进修机会越多，时间越长，新闻业务能力提高越快。男女趋势一致。

目前，有63.6%的女新闻工作者感到“缺少进修机会，业务提高慢”，这已成为她们工作中的苦恼。

同时，女新闻工作者所拥有的自由时间少于男性。自由时间是指除去必要的社会劳动和家务劳动所消耗的时间外，个人可用于自我发展的时间。女新闻工作者每天拥有的自由时间在1小时以下者占9.1%，1—2小时者占37.6%，3—4小时者占39.9%，5—6小时者占8.0%，6小时以上者占5.4%，多数人的自由时间在3小时左右，加权后的均值检验表明，女新闻工作者自由时间的均值为2.6372，男新闻工作者为2.7149。自由时间的相对缺少，也有碍于女新闻工作者自学提高。

（四）女新闻工作者的健康状况

多数女新闻工作者身心比较健康，与男新闻工作者相比无显著差异。据女新闻工作者自述：

1. “有充沛的精力，能从容不迫地担负日常生活和繁重工作，而不感到过分紧张疲劳”者占85.7%；

2. “处事乐观，态度积极，乐意承担责任，事无大小不挑剔”者占96.9%；

3. “善于休息，积极用脑并注意起居规律”者占80.0%；

4. “应变能力强，能适应外界环境的各种变化”者占96.1%；

5. “能抵抗一般性感冒和传染病”者占88.0%；

6. “体重适当，身体匀称，站立时头、肩、臂位置协调”者占94.1%；

7. “眼睛明亮，反应敏锐，眼睑不发炎”者占86.0%；

8. “牙齿清洁无疼痛，牙龈颜色正常，无出血现象”者占67.8%。（详见第119页附表二）

患有各种慢性疾病的女新闻工作者占总数的35.8%，人数比例略高于男新闻工作者的35.2%。有17.6%的人患有消化系统疾病，这同新闻工作竞争激烈、紧张，生活不规律有关。男女新闻工作者所患疾病无显著差异，唯患生殖系统疾病者中，女性高于男性，这个问题需予以重视，新闻机构的领导者对女新闻工作者的特殊生理机能应给予特别关照，女新闻工作者自身也要注意经期、产期、哺乳期的卫生和休息。

二　中国女新闻工作者的婚姻和家庭状况

（一）女新闻工作者的婚姻状况

有17.7%的人未婚，82.3%的人已婚。在已婚者中，属初婚者占

75.4%，离婚独居者占3.7%，再婚者占2.8%，丧偶独居者占0.4%。男女差异显著（P=.0000），女性离婚独居者比男性多2.5个百分点；男性再婚者比女性多1.6个百分点。

（二）女新闻工作者的婚姻质量

1. 女新闻工作者的婚姻质量较好，在回答“您和配偶的感情如何?”的3145人中，夫妻感情很深者达到46.2%，较好者占39.2%，总计为85.4%；夫妻感情一般的占9.9%，夫妻之间有冲突但还能维持者占3.4%，夫妻感情存在危机随时可能破裂者占1.3%。平均值为4.26，标准差为0.86。男女差异显著（P=.0000）。夫妻感情很深和较好的男新闻工作者比女新闻工作者多4.6个百分点，其他情况均为女性多于男性。女新闻工作者因家庭不和影响工作情绪的仅占2.1%。

2. 女新闻工作者配偶的职业：有21.3%从事新闻工作，16.9%从事商业财贸金融工作，13.1%在党政工团妇部门工作，10.1%从事科学技术工作，8.1%做教育工作，8.0%在工交部门工作，5.2%在公安检察法院工作，4.4%从事文化艺术体育工作，3.9%从事医务工作，3.7%是军人，1.4%从事农林牧副渔工作，还有4.7%做其他工作。数据表明，选择新闻界同行做配偶的女新闻工作者，夫妻双方共同语言更多，夫妻感情更好。

3. 在已婚的女新闻工作者中，26.0%的人还没有孩子，61.3%的人有一个孩子，12.7%的人有两个及两个以上孩子。但有60.9%女新闻工作者的孩子未成年，因此有57.6%女新闻工作者的主要家务负担是要抚养未成年子女，另有18.1%的人要赡养侍候老人，2.1%的人要服侍病人。因家务同工作矛盾大而感到困扰的女新闻工作者占19.3%。在目前家务劳动社会化程度还很低的中国，多数女新闻工作者少受或不受家务事的困扰，而能够全身心投入工作，很大程度上得益于“只生一个孩子”。

4. 在女新闻工作者的家庭中，当夫妻双方在工作安排上发生冲突时，女新闻工作者所采取的解决方法是：有60.1%的人采取“看事情的重要程度协商解决”的方法，比男新闻工作者的50.8%高9.3个百分点；有22.3%的人是“各干各的”，比男新闻工作者的15.4%高6.9个百分点；有10.7%的人是“女方迁就男方”，比男新闻工作者的20.3%低9.6个百分点；有6.0%的人是“男方迁就女方”，比男新闻工作者的12.4%低6.4百分点，还有1.0%的人用其他方式解决（如把孩子托付给父母或其他人，男性为1.1%）。男女差异显著。

三　中国女新闻工作者的经济收入和福利待遇

中国的工资制度保证了男女同工同酬，政府规定了统一的工资标准，在同一新闻机构中从事同一工种的人，如果是同等学力、同等工龄、同等新闻专业职务或担负同等的领导职务，每月工资基本相同。晋升工资也由政府统一部署，统一调整，女新闻工作者生育孩子休产假不扣工资，也不影响晋升工资，因此有 89.2% 的女新闻工作者认为在晋升工资方面男女平等。

据调查，女新闻工作者在 1995 年 1 月份的收入，在 400 元以下的人占 21.6%，在 401—600 元的人占 39.6%，在 601—800 元的人占 20.5%，801—1000 元的人占 10.5%，1001—1500 元的人占 5.1%，1500 元—2000 元的人占 1.6%，2001 元以上的人占 1.3%。一般拥有初级或中级新闻专业职务的女新闻工作者平均月工资在 400—800 元人民币之间，属高级新闻专业职务的女新闻工作者月工资在 600—1000 元人民币之间。

同时，女新闻工作者同男新闻工作者一样，享受由国家和社会提供的住房、公费医疗、直系亲属（指没有工作的父母和孩子）的统筹医疗等社会福利。

女新闻工作者的经济收入同居住地区显著相关。经济收入依所居住地区的经济发达程度递增，发达地区最高，不发达地区最低。

女新闻工作者的经济收入同所服务的新闻机构的效益显著相关。经济收入的多少，视所服务的新闻机构的经济收益而定。福利待遇也一样，经济收益较好的新闻机构，一般都设有幼儿园或托儿所，单位给予补贴，费用比社会上的幼儿园低，在很大程度上解除了新闻工作者的后顾之忧。但人员较少、经济收益差的新闻机构，则无条件开设幼儿园，全国还有 19.3% 的女新闻工作者受到“家务重与工作矛盾大”的困扰。同样，规模较大、经济收益较好的新闻机构，不仅能为员工分配住房，而且设有疗养基地，免费提供疗养。因此，一些在基层工作的女新闻工作者，期望调到经济效益好的新闻机构去工作。

四 中国女新闻工作者在新闻事业中的作用

（一）女新闻工作者大都活跃在新闻报道的第一线，在报社和通讯社工作的女新闻工作者主要从事记者、编辑、翻译和校对工作。在广播电台和电视台工作的女新闻工作者中，有58.7%的人从事记者、编辑、翻译和校对工作，41.3%的人从事播音或节目主持人的工作。

在广播电台和电视台的记者、编辑和翻译中，女新闻工作者占28.6%（男性占71.4%）；在播音员和新闻节目主持人中，女新闻工作者占67%（男性占33%）。说明女新闻工作者在广播电视的播音和主持新闻节目工作中的作用更加显著。

（二）少数民族的女新闻工作者是新闻队伍中的后起之秀，占全国女新闻工作者的5.4%。她们在运用民族语言和民族文字，使新闻媒介具有民族特色和民族风格方面，发挥了重要作用，对中国新闻事业特别是民族新闻事业的发展做出很大贡献。

（三）女新闻工作者的活动范围十分广阔，她们涉足每一个报道领域，从事文化教育艺术方面报道及负责受众来信来访及其他内容报道的人数比例多于男新闻工作者，在从事政治、经济、体育、社会、科技报道方面，男女有显著差异，见表2（加权后统计数据）。

表2　　各个新闻报道领域男女新闻工作者的比例（%）

报道内容	女性比例（1896人）	男性比例（3971人）
政法报道	25.1	34.1
经济报道	39.8	52.5
国际报道	7.6	8.0
体育报道	9.8	13.3
文艺报道	29.0	25.2
科技报道	24.2	28.2
文化教育报道	31.2	31.0
社会报道	33.6	38.1
受众来信	9.3	8.9
其他报道	19.3	17.7

注：加权后统计数，女性1896人，男性3971人，性别下面是回答问题人数。

（四）有四成女新闻工作者一专多能，在记者、编辑、校对、翻译、节目主持人、播音员等六项新闻专业工作中，女新闻工作者专做其中一项工作的人占57.1%，做两项工作的占29.6%，做三项工作的占7.9%，做四项以上工作的占2.6%。说明这部分女新闻工作者具有多方面的工作能力，有些人还相当出色，如果注意培养，在她们中间不难选拔优秀的新闻机构领导干部。

（五）许多女新闻工作者已成为新闻业务骨干，她们中间已有6.7%的人获得高级新闻专业职务，33.7%的人获得中级新闻专业职务，还有59.6%的人获得初级新闻专业职务。但同男新闻工作者相比，女新闻工作者获得高级新闻专业职务者，比男新闻工作者的15.9%低9.2个百分点，获得中级新闻专业职务者，比男新闻工作者的42.6%低8.9个百分点。

（六）已有4.4%的女新闻工作者进入各新闻机构的决策层（社务委员会和编辑委员会），另有9.6%的女新闻工作者担任部主任一级的领导工作。她们在各自的领导岗位上不仅出色完成组织领导任务，而且锻炼提高了组织领导能力。但同男新闻工作者相比，进入高层领导的人比男性低6.1个百分点，进入中层领导的人比男性低14.4个百分点。对于目前新闻机构决策层中女性少的原因，男女新闻工作者的看法有显著差异（详见第120页附表三）。

五　中国女新闻工作者在新闻事业中的地位

新中国成立以来，中国妇女在实现男女平等方面取得了历史性的进步，获得了法律的保障。中华人民共和国宪法第48条规定："中华人民共和国妇女在政治的、经济的、文化的、社会的和家庭的生活等各方面享有同男子平等的权利。"　女新闻工作者享受着同男新闻工作者同等的权利，处于平等的地位。

从女新闻工作者主观的感受看，认为在下列14个方面完全平等和基本平等的人数比例，依次是：

（1）发表作品（稿件或节目）的机会　　占90.9%，

（2）晋升工资的机会　　占89.2%，

（3）评比和奖励优秀新闻作品或节目的机会　　占86.1%，

（4）评聘专业职务的机会 占83.6%，
（5）评选优秀新闻工作者的机会 占81.1%，
（6）孩子入托、入学、招工的机会 占80.7%，
（7）解决夫妻两地分居的机会 占78.2%，
（8）赴疗养场所休假或疗养的机会 占76.7%，
（9）担负重大题材报道（采、编、播、译）的机会 占76.4%，
（10）进修提高的机会 占73.3%，
（11）易地参观采访开阔眼界的机会 占64.8%，
（12）分配住房的机会 占61.5%，
（13）进入决策层（编委会、社委会）的机会 占53.9%，
（14）出国访问的机会 占51.1%。

数据表明，绝大多数女新闻工作者认为在工作、荣誉及工资收入等方面男女完全和基本平等，而在晋升领导职务、分配住房和出国访问方面，多数女新闻工作者感到完全平等和基本平等，少数女新闻工作者感到不大平等和不平等。

对女新闻工作者来说，发表作品是自我实现的前提，因为女新闻工作者的智慧和才能、风格和文品，首先表现在她们的新闻作品上，新闻作品能及时发表，是对她们劳动的尊重和肯定。而晋升工资、评聘新闻专业职务，以及评选优秀新闻作品和优秀新闻工作者，主要的依据是发表作品的数量、质量及其社会影响，因此，发表新闻作品直接关系到她们的荣誉和物质利益，有90.9%的女新闻工作者在这方面感受到平等；对晋升工资、评聘新闻专业职务、评选优秀新闻作品和优秀新闻工作者等方面有平等感的女新闻工作者都在80%以上，说明中国新闻界在主流方面使女新闻工作者有平等感。但还存在着不尽如人意之处，比如有些新闻机构在分配住房时规定以男方为主，因此，有38.4%的女新闻工作者感到不平等。至于出国访问的机会，不完全是性别差异所致，一般在地市级以下新闻机构工作的人，出国访问机会很少，即使在省级以上新闻机构工作的人，有机会出国访问者大多是领导干部。只因领导干部中女性很少，因此有近半数的女新闻工作者认为不平等。

相关分析表明，女新闻工作者的平等感受，同新闻专业职务、领导职务和工作满意程度呈显著相关（P=.0000），即新闻专业职务越高，越有平等感；担负的领导职务越高，越有平等感；工作满意程度越高，越有平

等感。

男新闻工作者对目前新闻机构中男女平等的感受，各项都同女新闻工作者有十分显著的差异，认为完全平等的人数大大超过女新闻工作者，比如“进修提高的机会”，女新闻工作者认为完全平等者仅16.9%，男新闻工作者则有49.3%，高出32.4个百分点；对“评聘新闻专业职务的机会”，女新闻工作者有22.6%认为完全平等，男新闻工作者有57.9%认为完全平等，高出35.3个百分点；对“晋升工资的机会”，女新闻工作者有26.4%认为完全平等，男新闻工作者却有61.8%认为完全平等，高出35.4个百分点。“进入决策层的机会”，女新闻工作者只有11.9%认为完全平等，而男新闻工作者却有36.7%认为完全平等，高出24.8个百分点。以上情况说明，男女新闻工作者的主观感受是有差距的（详见第121页附表四）。

六　中国女新闻工作者的职业意识

（一）女新闻工作者当初参加新闻工作的原因，反映出女新闻工作者从事新闻业的初始动机，除了有38.8%的人是“服从组织分配”和有4.0%的人因“长辈做新闻工作”受家庭影响外，属于个人的原因而参加新闻工作的人数比例，依次为：“能发挥我的个性特长”占32.8%；“喜欢写作”占12.4%；“接触生活面广”占8.3%；“能推动社会进步”占3.0%；“能解决住房、夫妻分居等实际问题”占2.3%；“出于好奇心”占2.1%；“有较高的社会地位”占1.0%；“容易出名”占0.3%；还有2.9%的人参加新闻工作是出于其他原因。

（二）女新闻工作者对女性从事新闻传播业的认识

近年来，新闻传播业日益成为热门行业，妇女从事新闻传播业的人数呈上升趋势，高等新闻传播院系一些班级的学生中，女学生超过半数，这取决于妇女对新闻传播业的认识和爱好。

在女新闻工作者中，多数人对妇女参加新闻工作持肯定和赞赏的态度，有83.5%的人认为“性别差异对做好新闻工作没有影响”；84.4%的人认为“女性工作认真细致更值得信赖”；73.1%的人认为“女性更富有同情心，敢于替老百姓说话”；72.9%的人认为“女性善于处理人际关系，容易合作共事”；61.1%的人认为“女性社会责任感强，在舆论监督中敢于仗义执言”；还有 51.5% 的人认为“女性比男性更容易得到报道材料”；对一些贬低女新闻工作者作用的说法，多数女新闻工作者持否定态度，有 82.3% 的人不同意说“女性的职业技能不如男性”；69.9% 的人不同意说“女性有自卑感竞争意识不强”；有 68.3% 的人不同意说“一个新闻单位女性人数多了会影响工作效率”；有 57.8% 的女新闻工作者不同意说“一个新闻单位女性多，有利于加强妇女报道，促进妇女发展”。

男新闻工作者对妇女从事新闻传播业的看法，大多同女新闻工作者的看法都有显著差异，如对“女性的职业技能不如男性”的说法，只有 17.7% 的女新闻工作者表示同意，却有 38.5% 的男新闻工作者表示赞成；总编辑中也有三分之一的人持这一看法；对于“一个新闻单位女性人数多了会影响工作效率”的说法，竟有 53.6% 的男新闻工作者表示同意；（详见第 123 页附表五）这种看法在一定程度上影响新闻机构接纳妇女从事新闻传播工作。

（三）女新闻工作者的敬业意识

在回答“如有重新择业的机会，您将选择什么工作”时，有 62.1% 的女新闻工作者表示仍愿做新闻工作，比男新闻工作者的 59.3% 高出 2.8 个百分点。

在如有重新择业的机会，希望选择新闻业以外职业的人中，有 11.2% 的人愿从事商业、财贸、金融工作（男性为 13.2%）；有 6.7% 的人愿做教育工作（男性为 3.5%）；有 5.3% 的人愿做医务工作（男性为 3.2%）；有 4.3% 的人愿从事文化、艺术、体育工作（男性为 5.1%）；有 2.7% 的人愿从事科学技术工作（男性为 4.6%）；有 2.5% 的人愿做公安、检察、法律工作（男性为 2.8%）；有 1.9% 的人想当军人（男性为 2.0%）；还有 1.8% 的人想从事其他工作（男性为 1.6%）；说明有六成以上的女新闻工作者愿意继续做新闻工作，而有将近四成的女新闻工作者由于不同的原因想改行。

在愿意仍旧做新闻工作的人中，有 38.8% 的人愿继续在原单位工作，37.3% 的人想到中央级新闻机构工作，有 16.4% 的人想到省级新闻机构工作，有 5.7% 的人想到地市级新闻机构工作，愿意在县级或企业新闻机构工作的人，各占 1%。

七　中国女新闻工作者业务能力的自我评价

（一）女新闻工作者对新闻业务能力的自我评价同男新闻工作者的自我评价相比较时，多数项目有显著差异，而且都是女性不如男性，见表3（加权后数据）。

表3　　男女新闻工作者业务能力自我评价“较强”者比较（%）

业务能力题项	女新闻工作者（1896人）	男新闻工作者（3971人）	相差百分点
1. 深入实际调查研究的能力	39.6	58.4	-18.8
2. 了解社情民意把握舆论导向的能力	35.1	62.1	-27.0
3. 有开展社会活动的能力	32.7	39.2	-6.5
4. 有快速写作、拍摄和现场直播的能力	29.6	42.2	-12.6
5. 有发掘重大报道题材的能力	25.2	48.9	-23.7
6. 有独立组织重大报道的能力	24.7	51.4	-26.7
7. 有组织领导发挥全体同事整体效益的能力	16.6	38.4	-21.8
8. 有与国内外同行进行新闻竞争的能力	15.3	31.7	-16.4
9. 有掌握现代采、编、播、译新技术（如电脑等）的能力	10.3	11.6	-1.3
10. 有新闻传播业经营管理的能力	8.0	19.5	-11.5
11. 有熟练运用外国语采编的能力	4.6	5.5	-0.9

注：加权后统计数，女性1896人，男性3971人，性别下面是回答问题人数。

从表3可以看出，女新闻工作者对自己业务能力的评价都低于男新闻工作者。这说明女新闻工作者需要有更多的学习培训和实际锻炼的机会，需要从理论和实践两个方面增长知识和才干，不断提高政治理论水平和业务工作能力。（详见第124页附表六）

相关分析表明，女新闻工作者的受教育程度同业务能力呈显著正相关，教育程度越高，业务能力越强；从总体上说，在受过高等教育的女新闻工作者中，毕业于新闻传播专业的人的业务能力，要比非新闻传播专业毕业的人强一些。均值检验显示，前者的均值为35.3044，后者的均值为34.7433。因此，对未接受过新闻传播专业教育的女新闻工作者进行新闻理论和新闻业务的再教育，是十分必要的。

八　中国女新闻工作者的新闻观念及受众观念

（一）女新闻工作者的新闻观念在很大程度上，表现为对新闻传播媒介职能的认识。多数女新闻工作者对新闻媒介的信息传递功能、宣传功能、文化教育功能、舆论监督功能和娱乐功能认识明确，仅对新闻媒介舆论监督功能重要性的评估低于男新闻工作者。对新闻媒介的意见表达功能，尤其对吸引受众参与表达意见的重要性，认识尚有差距（详见第126页附表七）。

在4033名接受调查的女新闻工作者中，对新闻媒介职能重要性的认识，认为很重要和重要者所占比例，依次为：

（1）迅速、真实地向公众报道国内外新闻　占99.0%

（2）对公众关心的社会热点问题提供分析和解释　占98.8%

（3）传达和解释国家法律和党的政策　占96.9%

（4）揭露抨击社会不良现象　占96.6%

（5）传播现代科学技术和文化知识　占95.8%

（6）对党和国家领导机构及其公务员实行舆论监督　占94.3%

（7）宣传先进典型人物　占88.8%

（8）为公众提供发表作品及意见的机会　占82.7%

（9）提供文化娱乐消遣　占82.6%

（二）女新闻工作者对受众新闻观念的判断：

女新闻工作者对受众新闻观念的了解和判断与男新闻工作者工作者差异不大，但认为受众大多数人愿意参加新闻传播活动的人多于男新闻工作者。

有90.7%的女新闻工作者很同意和同意说“大多数人关注社会不公平问题的报道”；有59.3%的人认为“大多数人有轻信新闻报道倾向”；只有52.9%的人认为“大多数人关注新闻本身，不关心分析性报道”，并有47.1%的人不同意这一说法。还有67.3%的人认为受众中“大多数人关心新闻传播领域的法制建设”；64.3%的人认为受众中“大多数人愿意参与新闻传播活动”（详见第 126 页附表八）。

九　中国女新闻工作者对工作和生活的满意程度

满意程度是本项研究的重点之一，因为，女新闻工作者如果对现有的工作和生活感到满意，便能充分发挥主观能动性，积极而富有创造性地工作，健康而愉快地生活，既有利于不断提高女新闻工作者的自身素质，稳定和巩固新闻队伍，又有利于促进新闻事业的发展，最大限度地发挥新闻工作在社会主义现代化建设中的作用。

（一）女新闻工作者对目前工作和生活满意程度的感受

调查表明，女新闻工作者对工作和生活表示很满意者占 9.6%，满意者占 60.5%，合计为 70.1%；有 10.9% 的人表示无所谓，还有 16.9% 的人表示不大满意，2.1% 的人表示不满意。与男新闻工作者比较，没有性别的差异。

（二）同女新闻工作者工作和生活的满意程度感受相关的因素

1. 人口因素（含民族、年龄、教育程度和健康状况）

（1）女新闻工作者所属民族同满意程度相关显著，少数民族女新闻工作者对现在的工作和生活比汉族女新闻工作者更感到满意，表示满意和很满意者占 78.2%，而汉族只有 69.1%。

（2）女新闻工作者的年龄同满意程度相关显著，年轻人比年长人的满意度低，随着年龄的增长，感到满意的人数比例也增加。对工作和生活感到很满意和满意的人，在 25 岁以下的人中占 68.9%，在 26—35 岁的人中占 68.4%，在 36—45 岁的人中占 71.0%，在 46 岁及以上的人中占 75.8%。

（3）女新闻工作者的教育程度同满意程度相关显著，呈负相关关系，教育程度越高，满意和很满意的人数比例越低。满意和很满意者在初中及以下的人中占 79.2%，在高中及中专的人中占 77.1%，在大学专科的人中占 71.6%，在大学本科及以上的人中占 66.5%。

（4）女新闻工作者的身心健康同满意程度相关显著，身心健康的人比不大健康的人的满意程度高；在无疾病的女新闻工作者中，很满意和满意者占 72.6%，而在患有慢性病的女新闻工作者中，仅为 64.9%，相差 7.7 个百分点；在“身体不佳，难以承担现有工作”的人中，不满意者占到27.8%。

2. 环境因素（含家庭环境、工作环境、居住地区）：

（1）女新闻工作者的婚姻状况同满意程度的相关显著，已婚者感到满意的人数比例高于未婚者，前者为70.8%，后者为67.0%。可能已婚女性生活稳定感比未婚女性强一些之故。

已婚的女新闻工作者的满意程度，同在家庭生活和谐程度相关显著，当工作时间与配偶发生冲突时，夫妻双方采取协商方式解决的，满意者占73.1%；采取女方迁就男方或男方迁就女方方式解决的，满意者分别占69.8%和68.8%；采取各干各的方式解决的，满意者占66.0%；采取其他方式解决满意者占41.4%。

（2）女新闻工作者所服务的新闻机构同满意程度相关显著，在广播电视系统工作的女新闻工作者感到满意的人，略多于在报社和通讯社工作的人，前者为71.3%，后者为68.9%。可能广播电视系统的工作条件稍好些。

（3）女新闻工作者所在地区同满意程度相关显著。出乎预料的是：发达地区开放程度比其他地区高，经济收入比其他地区多，工作环境比其他地区好，但满意者比例最低，仅为68.1%，比不发达地区的68.4%还低，满意者比例最高的是欠发达地区，为75.3%，其次是次发达地区，为73.0%。

3. 专业因素（含主修专业、从业动机、新闻工龄、专业职务、领导职务、对妇女报道的重视程度、重新择业意向）：

（1）女新闻工作者的主修专业同满意程度的相关关系不显著。非主修新闻传播专业的人中，满意者的人数比例多于主修新闻传播专业的人，前者为71.1%，后者为67.6%。

（2）在10项“从事新闻工作的主要原因”中，同满意程度显著相关的仅两项：①因新闻工作“能发挥个性特长”而参加新闻工作的人满意程度高。②因新闻工作“接触生活面广”而参加新闻工作的人，满意程度低，可能是现实的工作实践和活动范围同她们最初的期望有距离之故。

（3）女新闻工作者从事新闻工作年限（即新闻工龄）同满意程度的相关关系不显著。表示满意的人在新闻工龄5年以下组中占69.3%，6—10年组中占67.5%，11—20年组中占70.3%，21—30年组中占73.0%，30年及以上的人中占76.0%，总的趋势是新闻工龄越长，业务技能越强，工作自主性越大，满意度越高。

（4）女新闻工作者的专业职务同满意程度的相关关系不显著。一般应该是新闻专业职务越高，工作自主性越大，因而对工作和生活感到满意的人数比例也越高，但统计数据出现马鞍形，表示满意的人在初级专业职务的人员中占69.7%，在中级专业职务的人员中占68.9%，在高级专业职务的人员中占77.7%。

（5）女新闻工作者担负领导职务同满意程度的相关关系不显著。数据显示出担负领导职务越高，工作自主性越大，对工作和生活感到满意的人数比例也越高，表示满意的人在不担任领导职务的人中占60.7%，在担任中级领导职务（部主任）的人中占71.0%，在担任高级领导职务（社委会或编委会成员）的人中占76.4%。

（6）媒介对妇女报道的重视程度同女新闻工作者满意程度相关显著。因有87.0%的女新闻工作者对妇女报道感兴趣，所以，媒介对妇女报道的重视程度也影响到女新闻工作者的满意程度。在设有专人从事妇女报道的新闻机构里工作的女新闻工作者，满意者多于没有专人从事妇女报道的新闻机构里的女新闻工作者，前者为74.1%，后者为66.8%，相差7.3个百分点。同样，在媒介设有妇女专栏、专版或专题节目的新闻机构里服务的女新闻工作者，满意者多于没有设妇女专栏、专版或专题节目的新闻机构里的女新闻工作者，前者为74.4%，后者为67.8%。可以认为，重视妇女报道的编辑委员会，对机构内部的女新闻工作者也比较关心和体贴。

（7）女新闻工作者的满意程度同重新择业的相关关系显著，愿意仍然选择做新闻工作的人中，满意者达78.9%，而希望改做其他工作的人中，满意者为56.1%。

（三）测定女新闻工作者对目前工作和生活满意程度的具体内容

具体测定女新闻工作者对工作和生活满意程度的量表包含20个题项（其中第5、第11、第17、第19和第20题是反向题），见表4。

表4 女新闻工作者的工作和生活满意程度分析（%） N＝4033

公共因子	满意内容	很符合	比较符合	不大符合	不符合	平均值	标准差	回答人数
工作自主性	1. 能充分施展自己才能	9.6	64.1	22.7	3.6	2.8	0.65	3955
	2. 工作富有创造性，有成就感	8.5	51.4	34.1	6.0	2.6	2.72	3897
	3. 能促进社会进步，很有价值	19.3	58.8	18.9	3.0	2.9	4.71	3930
	4. 对自己的工作拥有较大主动权	8.3	53.6	30.8	7.2	2.6	3.74	3941
工作自主性	5. 主动采写的稿子或创作的节目被改动很大	1.8	12.1	55.4	30.7	3.1	5.69	3661
	6. 自己对新闻改革的设想能体现在版面上或节目中	3.6	49.6	36.0	10.6	2.4	7.73	3642
	7. 领导能耐心听取自己的意见建议	9.1	63.4	22.1	5.3	2.7	6.69	3820
	8. 领导常委以重任	5.7	51.5	35.3	7.4	2.5	6.71	3696
同事关系	9. 与同事相处和谐愉快	31.0	65.8	2.8	.5	3.2	7.53	3961
	10. 喜欢与同事合作完成艰巨任务	28.6	63.4	6.7	1.3	3.1	9.61	3900
	11. 对单位内部的人际关系不满意	8.5	37.7	40.9	12.9	2.5	8.82	3861
社会支持	12. 同受众建立了感情	17.7	66.8	13.3	2.2	3.0	0.63	3819
	13. 比别的职业更多地得到社会尊重	12.6	69.6	15.5	2.3	2.9	3.61	3893
	14. 采写批评性报道能得到各方面支持	3.8	44.6	43.8	7.8	2.4	5.69	3387

续表

公共因子	满意内容	很符合	比较符合	不大符合	不符合	平均值	标准差	回答人数
个人升迁	15. 经常获得进修提高的机会	1.2	10.5	42.0	46.3	1.6	7.71	3846
	16. 有定期晋升机会	2.6	22.4	40.7	34.4	1.9	3.82	3768
生活条件	17. 感到现在的经济收入太低	29.1	44.7	23.0	3.2	2.0	0.81	3924
	18. 现在的收入足够支付日常开支	6.5	47.5	34.7	11.4	2.4	9.78	3928
	19. 最大的困难是住房拥挤	30.6	24.2	25.5	19.7	2.34	1.11	3856
工作压力	20. 感到工作太紧张、太累、压力大	7.9	39.6	41.6	10.9	2.5	5.79	3941

因子分析表明，20项测定工作和生活满意程度的指标，可提取6个公共因子，第一个公共因子为“工作自主性”，有效程度或称贡献率为22.7%，第二个公共因子是“同事关系”，有效程度为8.2%，与第一公共因子的积累贡献率为30.9%；第三个公共因子是“社会支持”，有效程度为7.1%，与第一、二个公共因子的积累贡献率为38.0%；第四个公共因子是“个人升迁”，有效程度为6.7%，与第一、二、三个公共因子的积累贡献率为44.6%；第五个公共因子是“生活条件”，有效程度是6.0%，与前四个公共因子的积累贡献率为50.7%；第六个公共因子是“工作压力”，有效程度是5.1%，与前五个公共因子的积累贡献率为55.8%。

数据表明，对女新闻工作者工作和生活满意程度起作用的因素，首先是拥有工作的自主性。其次是工作环境（同事关系和社会支持），宽松、和谐、安全的生存环境，是女新闻工作者自由施展才能的外部条件，目前女新闻工作者对新闻单位内部同事合作比较满意，但社会支持还有待改善，尤其在开展批评、实行舆论监督方面，还需要大大改进。再次是个人的升迁和生活条件，个人升迁同个人的物质利益紧密相连，开放改革后，国家建立了新闻专业评聘制度，新闻专业人员可定期参加考评，成绩优秀者可得到专业职务晋升和增加工资，住房面积也有可能扩大，在这方面男女没有差别。但因各地区经济发展不平衡，各新闻机构的经济效益不尽相同，因此，相同专业职务的人，尽管按政府规定工资收入相同，但奖金及其他补贴不一样，甚至相差悬殊。最后关于工作压力，有半数以上的人尚未“感到工作太紧张、太累、压力大”，这可能同中国女新闻工作者年轻、健康、孩子少有关。

从总的情况看中国女新闻工作者比较注重追求事业的成就和发展，崇尚敬业和奉献，而将个人的物质利益和精神压力置于次要地位。

十　中国女新闻工作者面临的问题和对策

（一）中国女新闻工作者的现实状况良好，她们年纪轻、文化高，婚姻质量好，家庭稳固，大多数人敬业精神强，已成为专业骨干。但也有一些人住房比较困难、收入较低、家务较重，影响工作和生活。建议政府和新闻机构给予关照，尤其对少数民族的女新闻工作者、对在偏远地区和贫困地区工作的女新闻工作者、对在地市级及以下新闻机构工作的女新闻工作者，应给予更多的关怀。

（二）中国女新闻工作者担负着方方面面的新闻报道任务，为中国新闻事业的进步和发展做出了很大的贡献。但有63.9%的人因“缺少进修机会，业务提高慢”而感到困惑（详见第127页附表九）。建议主管新闻传播业的部门，制订切实可行的计划，采取多种形式，发挥全国高等新闻传播院校、新闻研究机构和新闻社团的作用，加强对女新闻工作者的职业培训，争取在2000年以前，使大部分新闻工龄在十年以上的女新闻工作者得到知识更新的机会，特别为培养一批跨世纪的女名记者创造条件。

希望联合国教科文组织在可能的范围内，拨专款资助培训中国少数民族的女新闻工作者，以及在偏远地区和贫困地区工作的女新闻工作者，使她们优先得到职业教育和培训的机会，以迅速提高她们的思想文化素质和业务能力，促进民族新闻事业和欠发达地区、不发达地区新闻事业的繁荣发展。

（三）中国女新闻工作者在自主工作、发表作品、晋升工资、评选先进和评聘专业职务等方面，享受着同男新闻工作者一样的平等权利，但在晋升领导职务机会方面，女新闻工作者感到不如男新闻工作者多。有84.1%的女新闻工作者认为主要是“在社会潜意识中存在着排斥女性的倾向”。而有53.3%的男新闻工作者认为“女性优柔寡断，决策魄力不大”，有46.1%的男新闻工作者认为“女性的组织领导才能偏低”。同时，女新闻工作者争当领导干部的意识不强也是重要原因，有54.2%的人认同“一般女性只愿埋头干业务，不愿当领导指挥别人”；有41.7%的人认同“女性家庭责任感强，生怕担当领导工作影响家庭生活”；还有45.4%的人担心“女性当领导，男同事不服气，领导工作难做”；更有72.4%的人认为“只要工作适合志向，何必当领导干部”？缺乏同男新闻工作者公平竞争的意识。

建议新闻机构按照国家关于重视选拔女干部的要求和《中国妇女发展纲要》提出的目标，培养、选拔有领导管理能力的女新闻工作者进入决策层（即社委会或编委会）和担当部门负责人，充分发挥她们的领导才能。同时注意鼓励和培养女新闻工作者增强自信心和竞争意识，要有敢挑重担、多作贡献的敬业精神。

（四）中国新闻界要进一步加强妇女报道。中国妇女占12亿人口的一半，在社会主义四个现代化建设中发挥着不可替代的巨大作用。目前只44.6%的新闻机构有专人负责妇女报道。只有三分之一的新闻媒介设有妇女专版、专栏或专题节目。

建议有条件和有能力而尚未开辟妇女专版、专栏或专题节目的新闻媒介，开设妇女报道专版、专栏或专题节目，已开设的要提高巩固，坚持不懈。为女新闻工作者提供用武之地，为各阶层妇女提供发表意见的园地，提高妇女的参与意识，关心妇女的切身利益，维护妇女的权益，推动我国妇女运动的发展。

（五）女新闻工作者的性别意识还需增强。目前一些新闻媒介的妇女报道不够，同不少女新闻工作者性别意识不强有一定关系。希望女新闻工作者增强性别意识，发挥自尊、自信、自立、自强的精神，提高自身的素质和能力，为社会多作贡献，为中国和世界妇女的进步和发展而努力奋斗！

陈崇山、卜卫执笔

1995年9月27日

附表一　　中国新闻媒介和新闻工作者的分布状况（%）

地区分类	总人口	含乡村人口	传播媒介			新闻工作者		
			报纸	电台	电视	女	男	合计
发达地区	20.9	78.7	62.9	26.1	32.3	57.6	58.2	58.7
发达地区	53.6	79.3	24.3	48.5	43.9	28.6	27.6	27.9
欠发达地区	11.3	80.5	7.0	14.9	13.0	8.5	8.1	8.2
不发达地区	14.2	86.9	5.8	10.6	10.8	5.2	5.0	5.1

注：1. 全国地区分类，是根据全国农业区划办公室和国家统计局农调总队的《中国农村分区综合经济实力研究报告》划分的。

2. 表内“报纸种数”是根据新闻出版署1994年10月提供的数据。

附表二　　中国女新闻工作者的身心健康状况（%）　　N = 4033

身心健康标准	完全符合	基本符合	不大符合	不符合	平均值	标准差	回答人数
1. 有充沛的精力，能从容不迫地担负日常生活和繁重工作，而不感到过分紧张疲劳者	15.1	70.6	12.2	2.0	2.9	9.60	3971
2. 处事乐观，态度积极，乐意承担责任，事无大小不挑剔者	36.3	60.6	2.8	3.0	3.3	3.54	3958
3. 善于休息，积极用脑并注意起居规律	14.2	65.8	18.6	1.4	2.9	3.62	3936
4. 应变能力强，能适应外界环境的各种变化	20.6	70.5	8.5	.5	3.1	1.55	3933
5. 能抵抗一般性感冒和传染病	22.5	65.5	10.6	1.5	3.0	9.62	3947
6. 体重适当，身体匀称，站立时头、肩、臂位置协调	38.7	55.4	5.4	0.6	3.3	2.60	3941
7. 眼睛明亮，反应敏锐，眼睑不发炎	31.6	54.4	12.4	1.6	3.1	6.69	3947
8. 牙齿清洁，无龋齿，不疼痛，牙龈颜色正常，无出血现象	22.6	45.2	25.4	6.8	2.8	4.85	3953

附表三　　男女新闻工作者对决策层中女性少的看法

决策层中女性少的原因	性别	很同意	比较同意	不大同意	不同意	卡方值	自由度	显著度
1. 女性优柔寡断，决策魄力不够	女 1816 人	3.1	28.6	46.5	21.9	273.073	3	.0000
	男 3814 人	7.3	46.0	36.5	10.1			
2. 女性的组织领导才能偏低	女 1811 人	1.7	20.0	52.7	25.6	390.718	3	.0000
	男 3774 人	5.8	40.3	43.0	10.9			
3. 一般女性只愿埋头干业务，不愿当领导指挥别人	女 1827 人	8.4	45.9	32.7	13.0	110.857	3	.0000
	男 3773 人	4.6	36.7	46.3	12.4			
4. 在社会潜意识中存在着排斥女性的倾向	女 1825 人	22.9	61.4	13.2	2.5	653.802	3	.0000
	男 3782 人	7.4	44.4	37.6	10.6			
5. 有些单位女性少选拔女干部难	女 1793 人	10.0	50.6	30.6	8.8	8.641	3	.0345
	男 3768 人	8.3	54.3	29.6	7.8			
6. 有女性认为只要工作适合志向何必当领导干部	女 1816 人	16.3	56.1	21.1	6.5	142.348	3	.0000
	男 3716 人	7.7	52.0	31.2	9.0			
7. 女性责任感强，生怕担当领导工作影响家庭生活	女 1809 人	6.1	36.0	44.0	14.0	12.294	3	.0064
	男 3735 人	6.0	39.6	43.3	11.1			
8. 女性当领导，男同事不服气，领导工作难做	女 1803 人	7.9	37.6	42.1	12.4	160.111	3	.0000
	男 3753 人	4.2	24.4	53.3	18.1			

注：加权后统计数，女性 1896 人，男性 3971 人，性别下面是回答问题人数。

附表四　　男女新闻工作者对平等的感受比较

平等项目内容	性别	完全平等	基本平等	不大平等	不平等	卡方值	自由度	显著度
1. 发表作品（稿件或节目）的机会	女 1741 人	28.3	62.4	6.6	2.7	525.318	3	.0000
	男 3796 人	60.7	36.2	2.4	.7			
2. 晋升工资的机会	女 1789 人	26.4	62.8	7.0	3.8	651.258	3	.0000
	男 3786 人	61.8	35.4	1.8	1.0			
3. 评比和奖励优秀新闻作品或节目的机会	女 1783 人	26.0	60.3	10.0	3.7	605.586	3	.0000
	男 3798 人	59.83	2.8	1.2				
4. 评聘专业职务的机会	女 1795 人	22.4	61.1	11.7	4.9	714.957	3	.0000
	男 3787 人	57.9	38.2	2.5	1.4			
5. 评选优秀新闻工作者的机会	女 1750 人	23.5	57.8	12.9	5.9	706.522	3	.0000
	男 3786 人	59.7	35.2	3.5	1.6			
6. 孩子入托、入学、招工的机会	女 1535 人	22.0	58.7	12.3	6.9	387.663	3	.0000
	男 3678 人	49.9	41.8	6.1	2.2			
7. 解决夫妻两地分居的机会	女 1373 人	17.0	61.2	13.9	7.9	313.698	3	.0000
	男 3569 人	42.4	46.4	8.2	2.9			

续表

平等项目内容	性别	完全平等	基本平等	不大平等	不平等	卡方值	自由度	显著度
8. 赴疗养场所休假或疗养的机会	女 1568人	21.1	56.0	13.9	9.0	638.708	3	.0000
	男 3615人	57.2	35.6	4.4	2.9			
9. 担负重大题材报道（采、编、播、译）的机会	女 1723人	18.6	57.8	17.9	5.6	490.999	3	.0000
	男 3762人	46.3	45.1	7.3	1.2			
10. 进修提高的机会	女 1771人	16.9	56.7	18.1	8.3	774.280	3	.0000
	男 3785人	49.3	44.9	3.9	1.9			
11. 易地参观采访开阔眼界的机会	女 1718人	15.1	49.7	23.5	11.7	738.524	3	.0000
	男 3751人	46.9	42.5	8.0	2.6			
12. 分配住房的机会	女 1766人	17.3	44.3	18.6	19.7	476.434	3	.0000
	男 3789人	44.3	36.0	12.0	7.3			
13. 进入决策层（编委会、社委会）的机会	女 1624人	11.9	42.3	33.2	12.7	532.055	3	.0000
	男 3687人	36.7	44.1	14.5	4.7			
14. 出国访问的机会	女 1468人	13.1	38.1	25.1	23.8	619.818	3	.0000
	男 3304人	44.4	36.7	11.0	7.9			

注：加权后统计数，女性1896人，男性3971人，性别下面是回答问题人数。

附表五　　男女新闻工作者对妇女从事新闻工作看法的比较

看法内容	性别	很同意	比较同意	不大同意	不同意	卡方值	自由度	显著度
1. 性别差异对作好新闻工作没有影响	女 1845 人	37.6	45.9	14.0	2.5	24.355	3	.0000
	男 3889 人	33.2	45.1	18.1	3.6			
2. 女性比男性更容易得到报道材料	女 1830 人	14.2	37.1	42.9	5.7	288.906	3	.0000
	男 3891 人	27.9	42.2	26.1	3.8			
3. 女性富有同情心敢于替百姓讲话	女 1836 人	22.8	50.1	24.4	2.7	417.967	3	.0000
	男 3868 人	10.7	42.2	26.1	3.8			
4. 女性善于处理人际关系容易合作共事	女 1838 人	3.5	19.7	53.1	23.7	137.694	3	.0000
	男 3874 人	11.6	47.1	34.4	6.9			
5. 女性有自卑感竞争意识不强	女 1836 人	4.2	26.8	50.4	18.6	62.771	3	.0000
	男 3858 人	4.4	33.9	49.9	11.7			
6. 女性工作认真细致更值得信赖	女 1845 人	27.0	57.5	13.1	2.4	398.538	3	.0000
	男 3860 人	9.7	56.1	28.7	5.4			
7. 女性的职业技能不如男性	女 1838 人	2.0	15.8	52.4	29.9	417.364	3	.0000
	男 3860 人	5.7	33.2	49.5	11.6			
8. 一个新闻单位女性人数多了会影响工作效率	女 1840 人	4.2	27.5	46.9	21.3	345.552	3	.0000
	男 3801 人	11.4	42.2	38.4	8.0			

续表

看法 内容	性别	很 同意	比较 同意	不大 同意	不 同意	卡方 值	自由 度	显著 度
9. 一个新闻单位女性多，有利于加强妇女报道促进妇女发展	女 1838 人	8. 7	33. 9	46. 9	10. 5	5. 867	3	. 1183
	男 3852 人	9. 6	36. 3	44. 0	10. 0			
10. 女性社会责任感强，在舆论监督中敢于仗义执言	女 1826 人	11. 5	49. 6	34. 4	4. 6	487. 979	3	. 0000
	男 3814 人	2. 7	30. 0	54. 5	12. 8			

注：加权后统计数，女性 1896 人，男性 3971 人，性别下面是回答问题人数。

附表六　　男女新闻工作者业务能力自我评价比较

业务能力题项	性别	较强	一般	欠缺	卡方值	自由度	显著度
1. 有深入实际调查研究的能力	女 1742 人	39. 6	54. 1	6. 4	176. 218	2	. 0000
	男 3840 人	58. 4	38. 3	3. 3			
2. 有了解社情民意把握舆论导向的能力	女 1790 人	35. 1	58. 1	6. 8	393. 953	2	. 0000
	男 3860 人	62. 1	36. 1	1. 8			
3. 有开展社会活动的能力	女 1766 人	32. 7	60. 8	6. 7	24. 992	2. 0000	
	男 3866 人	39. 2	55. 9	4. 9			
4. 有快速写作、拍摄和现场直播的能力	女 1723 人	29. 6	49. 7	20. 7	106. 953	2	. 0000
	男 3797 人	42. 2	45. 3	12. 5			

续表

业务能力题项	性别	较强	一般	欠缺	卡方值	自由度	显著度
5. 有发掘重大报道题材的能力	女 1723 人	25.2	58.9	15.9	341.849	2	.0000
	男 3810 人	48.9	45.3	5.8			
6. 有独立组织重大报道的能力	女 1735 人	24.7	55.6	19.7	445.735	2	.0000
	男 3831 人	51.4	42.2	6.4			
7. 有组织领导发挥全体同事整体效益的能力	女 1669 人	16.6	53.2	30.0	343.964	2	.0000
	男 3721 人	38.4	48.9	12.8			
8. 有与国内外同行进行新闻竞争的能力	女 1734 人	15.3	59.2	25.5	290.920	2	.0000
	男 3791 人	31.7	57.6	10.7			
9. 有掌握现代采、编、播、译新技术（如电脑等）的能力	女 1729 人	10.3	36.6	53.1	3.591	2	.1660
	男 3799 人	11.6	34.3	54.1			
10. 有新闻传播业经营管理的能力	女 1692 人	8.0	50.6	41.4	239.304	2	.0000
	男 3738 人	19.5	57.2	23.3			
11. 有熟练运用外国语采编的能力	女 1703 人	4.6	23.0	72.4	5.892	2	.0525
	男 3770 人	5.5	20.5	74.1			

注：加权后统计数，女性 1896 人，男性 3971 人，性别下面是回答问题人数。

附表七　　**中国女新闻工作者对新闻媒介职能的认识**　　N＝4033

媒介职能	重要性认识（%）				平均值	标准差	回答人数
	很重要	重要	不大重要	不重要			
1. 迅速、真实地向公众报道国内外新闻	79.1	19.9	0.8	0.3	3.78	0.45	3982
2. 对公众关心的社会热点问题提供分析和解释	71.7	27.1	1.1	0.1	3.70	0.49	3980
3. 传达和解释国家法律和党的政策	64.1	32.8	1.9	0.3	3.63	0.54	3972
4. 提供文化娱乐消遣	18.9	63.7	16.0	1.4	3.00	0.64	3937
5. 传播现代科学技术和文化知识	48.3	47.5	3.9	0.3	3.44	0.59	3955
6. 宣传先进典型人物	30.5	58.3	10.0	1.2	3.18	0.65	3961
7. 揭露抨击社会不良现象	59.0	37.9	2.7	0.4	3.56	0.57	3966
8. 为公众提供发表作品及意见机会	22.4	60.3	15.5	1.8	3.03	0.67	3929
9. 对党和国家领导机构及其公务员实行舆论监督	57.6	36.7	3.7	2.1	3.50	0.67	3945

附表八　　**中国女新闻工作者对受众新闻观念的判断**　　N＝4033

受众新闻观念	很不同意	不大同意	同意	很同意	平均值	标准差	回答人数
1. 大多数人关注新闻本身，不关心分析性报道	11.0	41.9	35.6	11.5	2.53	0.84	3930
2. 大多数人关注社会不公平问题的报道	38.6	52.1	8.0	1.3	3.28	0.66	3949

续表

受众新闻观念	很不同意	不大同意	同意	很同意	平均值	标准差	人数
3. 大多数人有轻信新闻报道的倾向	7.9	51.4	35.1	5.6	2.62	0.71	3924
4. 大多数人愿意参与新闻传播活动	8.2	64.3	25.4	2.2	2.78	0.61	3918
5. 大多数人关心新闻传播领域的法制建设	12.1	55.2	28.1	4.6	2.75	0.72	3909

附表九　　男女新闻工作者目前工作与生活中的困扰比较

困扰内容	女新闻工作者（N＝4033）%	男新闻工作者（N＝1834）%	相差百分点
1. 家务重与工作矛盾大	19.3	15.2	+4.1
2. 孩子小无法出差	17.7	10.2	+7.5
3. 社会治安欠佳外出不安全	20.3	16.6	+3.7
4. 无住房或拥挤影响生活	26.4	28.6	-2.2
5. 收入低家庭负担重	24.5	33.6	-9.1
6. 夫妻两地分居不得解决	2.7	2.2	+.5
7. 缺少进修机会业务提高慢	63.9	43.5	+20.4
8. 职业技能低无法竞争	6.1	2.5	+3.6
9. 家庭不和影响工作	2.1	1.7	+.4
10. 身体不佳难以承担工作	4.5	3.2	+1.3
11. 得不到晋升提拔	14.3	15.2	-.9
12. 人际关系不和谐	2.5	4.1	-1.6
13. 女新闻工作者有时受到性骚扰	3.4	—	
14. 其他	2.2	3.8	-2.6

（原载《中国新闻年鉴》1996年版。）

《中国女新闻工作者现状和发展》调查（女性部分）频数数据

%

A. 共获得女新闻工作者有效样本总体为 4033 人

B. 所属民族：N = 3710

汉族	少数民族
88.1	11.9

C. 出生年月：N = 3710

25 岁以下	25—35	36—45	46—60	60 岁以上
8.4	50.4	28.1	12.8	0.3

D. 教育程度：N = 3981

1. 初中或初中以下	2. 高中或中专	3. 大学专科
1.2	14.0	40.6
4. 大学本科	5. 硕士研究生	6. 博士研究生
42.4	1.6	0.1

E. 受高等教育时所学专业：N = 4033

1. 新闻传播专业	2. 其他文科专业	3. 外语专业
26.2	47.6	3.6

4. 理工科、医科、农科专业	5. 其他（请自填）
5.3	5.1

F. 党派归属：N = 3702

1. 中共党员	2. 共青团员	3. 民主党派成员	4. 无党派
36.2	36.1	0.9	26.8

G. 1995 年 11 月的工资及工资外收入（人民币）：N = 3973

1. 400 元以下	2. 401—600 元	3. 601—800 元	4. 801—1000 元
21.6	39.6	20.5	10.5

5. 1001—1500 元	6. 1501—2000 元	7. 2001 元以上
5.1	1.6	1.3

H. 健康状况符合下列基本标准者：N = 3953

1. 有充沛的精力，能从容不迫地担负日常生活和繁重的工作，而且不感到过分紧张疲劳

（1）完全符合	（2）基本符合	（3）不大符合	（4）不符合
15.1	70.6	12.2	2.0

2. 处事乐观，态度积极，乐于承担责任，事无大小不挑剔

（1）完全符合	（2）基本符合	（3）不大符合	（4）不符合
36.3	60.6	2.8	0.3

3. 善于休息，积极用脑并注意起居规律

（1）完全符合	（2）基本符合	（3）不大符合	（4）不符合
14.2	65.8	18.6	1.4

4. 应变能力强，能适应外界环境的各种变化

（1）完全符合	（2）基本符合	（3）不大符合	（4）不符合
20.6	70.5	8.5	0.5

5. 能抵抗一般性感冒和传染病

（1）完全符合	（2）基本符合	（3）不大符合	（4）不符合
22.5	65.5	10.6	1.5

6. 体重适当，身体匀称，站立时头、肩、臂位置协调

（1）完全符合	（2）基本符合	（3）不大符合	（4）不符合
38.7	55.4	5.4	0.6

7. 眼睛明亮，反应敏锐，眼睑不易发炎

（1）完全符合	（2）基本符合	（3）不大符合	（4）不符合
31.6	54.4	12.4	1.6

8. 牙齿清洁，无龋齿，不疼痛，牙龈颜色正常，无出血现象

（1）完全符合	（2）基本符合	（3）不大符合	（4）不符合
22.6	45.2	25.4	6.8

I. 是否患有慢性病：N＝3898

1. 没有	2. 有
64.2	35.8

J. 主要患有的慢性病是：N＝4033

1. 运动系统（骨骼、关节、骨骼肌等）	9.0
2. 循环系统（心脏、血管、血液和淋巴等）	7.0
3. 呼吸系统（咽、喉、气管、支气管、肺等）	10.1
4. 消化系统（胃、肝、胆、肠等）	17.6
5. 泌尿系统（肾、输尿管、膀胱、尿道等）	2.8
6. 生殖系统（性腺、输卵管道、生殖器官等）	1.5
7. 内分泌系统（脑垂体、甲状腺、胰腺、肾上腺等）	2.1
8. 感觉系统（眼、耳、鼻、口腔、皮肤等）	6.9
9. 神经系统（脑、脊髓和周围神经）	3.7

K. 婚姻状况：N＝3943

1. 未婚	2. 初婚	3. 再婚	4. 丧偶独居	5. 离婚独居
17.7	75.4	2.8	0.4	3.7

L. 已结婚者配偶从事的工作状况：N＝3123

1. 新闻	21.3
2. 教育	8.1
3. 党政工团妇	13.1
4. 文化艺术体育	4.4
5. 医务	3.9
6. 商业财贸金融	16.0
7. 工业交通	8.0
8. 农林牧副渔	1.4
9. 公检法	5.2
10. 军人	3.7
11. 科学技术	10.1

12. 其他（请自填） 4.7

M. 女新闻工作者和配偶的感情状况：N = 3145

1. 感情很深 46.2
2. 感情较好 39.2
3. 一般 9.9
4. 有冲突，但还能维持 3.4
5. 存在危机，随时可能破裂 1.3

N. 夫妇俩的工作时间发生冲突时，一般处理方式：N = 3134

1. 女方迁就男方 10.7
2. 男方迁就女方 6.0
3. 各干各的 22.3
4. 看事情的重要程度协商解决 60.1
5. 其他 1.0

O. 已经结婚者拥有孩子数：N = 3599

1. 未有孩子	2. 1个	3. 2个	4. 3个	5. 4个	6. 5个
26.0	61.3	10.6	1.6	0.4	0.1

P. 孩子的年龄是：N = 4033

1. 6岁以下 24.8
2. 7—12岁 21.2
3. 13—18岁 14.9
4. 19—23岁 6.6
5. 23岁以上 4.8

Q. 目前主要的家庭负担是什么？（指共同生活者，没有可不填）N = 4033

1. 抚养未成年子女 57.6
2. 赡养和伺候老人 18.1
3. 服侍病人 2.1

R. 现有家庭人均居住面积：N = 3807

1. 无房 19.6
2. 8平方米以下 14.1

3. 9—20 平方米	37.6
4. 20—30 平方米	12.9
5. 31 平方米以上	15.7

S. 从事新闻工作年限：N = 3883

1. 5 年以下	2. 6—10 年	3. 11—20 年	4. 21—30 年	5. 30 年以上
27.5	28.2	33.3	7.9	2.8

T. 当初从事新闻工作的主要原因：N = 4033

1. 由组织分配	38.8
2. 长辈做新闻工作	4.0
3. 能发挥我的个性特长	32.8
4. 接触生活面广	8.3
5. 能推动社会进步	3.0
6. 容易出名	0.3
7. 喜欢写作	12.4
8. 有较高的社会地位	1.0
9. 出于好奇心	2.1
10. 能解决住房、夫妻分居等实际问题	2.3
11. 其他	2.9

U. 正式到新闻单位工作前担任过以下的工作：N = 4033

1. 通讯员	2. 兼职报道员	3. 专职新闻干事
12.9	9.2	5.0

V. 现在做的具体工作（选项不限）：N = 4033

1. 记者	2. 编辑	3. 翻译	4. 校对	5. 节目主持人	6. 播音员
49.0	66.0	4.1	6.1	13.9	11.8

W. 主要采写（编播译校对和组织）的领域（选项不限）：N = 4033

1. 政法	2. 经济	3. 国际	4. 体育	5. 文艺
25.0	39.8	7.4	9.6	28.3
6. 科技	7. 文教	8. 社会	9. 通联	10. 其他
23.8	30.7	33.2	9.1	19.1

X. 现任专业职务：N = 3757

1. 初级	2. 中级	3. 副高级	4. 正高级
53.1	40.5	5.7	0.7

Y. 所担任的领导职务（兼任可多选）：N = 4033

1. 社长	2. 总编辑	3. 电台台长	4. 电视台台长
0.6	0.6	0.3	0.1
5. 副社长	6. 副总编辑	7. 电台副台长	8. 电视台副台长
0.0	0.9	0.4	0.3
9. 总经理	10. 副总经理	11. 编委	12. 正副秘书长
0.0	0.0	1.3	0.3
13. 正副部主任		14. 其他	
10.3		4.2	

Z. 对我国新闻媒介的职能重要性的认识：

1. 迅速、真实地向公众报道国内外新闻（N = 3982）

（1）很重要	（2）重要	（3）不大重要	（4）不重要
79.1	19.9	0.8	0.3

2. 对公众关心的社会热点问题提供分析和解释（N = 3980）

（1）很重要	（2）重要	（3）不大重要	（4）不重要
71.7	27.1	1.1	0.1

3. 传达解释国家的法律和党的政策（N = 3972）

（1）很重要	（2）重要	（3）不大重要	（4）不重要
64.1	32.8	1.9	0.3

4. 提供文化娱乐消遣（N = 3937）

（1）很重要	（2）重要	（3）不大重要	（4）不重要
18.9	63.7	16.0	1.4

5. 传播现代科学技术文化知识（N = 3955）

（1）很重要	（2）重要	（3）不大重要	（4）不重要
48.3	47.5	3.9	0.3

6. 宣传先进典型人物（N = 3961）

（1）很重要	（2）重要	（3）不大重要	（4）不重要
30.5	58.3	10.0	1.2

7. 揭露、抨击社会不良现象（N = 3966）

（1）很重要	（2）重要	（3）不大重要	（4）不重要
59.0	37.9	2.7	0.4

8. 为公众提供发表作品与意见的机会（N = 3929）

（1）很重要	（2）重要	（3）不大重要	（4）不重要
22.4	60.3	15.5	1.8

9. 对党和国家领导机构及其公务员实行舆论监督（N = 3945）

（1）很重要	（2）重要	（3）不大重要	（4）不重要
57.6	36.7	3.7	2.1

AA. 您是否同意下列关于受众（读者、观众、听众）的判断？

1. 大多数人关注新闻本身，而不关注分析性报道（N = 3930）

（1）很同意	（2）同意	（3）不大同意	（4）不同意
11.0	41.9	35.6	11.5

2. 大多数人关注社会不公平问题的报道（N = 3947）

（1）很同意	（2）同意	（3）不大同意	（4）不同意
38.6	52.1	8.0	1.3

3. 大多数人有轻信新闻报道的倾向（N = 3947）

（1）很同意	（2）同意	（3）不大同意	（4）不同意
7.9	51.4	35.1	5.6

4. 大多数人愿意参与新闻传播活动（N = 3918）

（1）很同意	（2）同意	（3）不大同意	（4）不同意
8.2	64.3	25.4	2.2

5. 大多数人关心新闻传播领域的法制建设（N = 3909）

（1）很同意	（2）同意	（3）不大同意	（4）不同意
12.1	55.2	28.1	4.6

BB. 对工作的满意程度：. = 3938

1. 很满意	2. 满意	3. 无所谓	4. 不大满意	5. 不满意
9.6	60.5	10.9	16.9	2.1

CC. 自认为下列各项符合自己的情况：

1. 您感到现在的工作能充分施展自己的才能（N = 3955）

(1) 很符合　(2) 比较符合　(3) 不大符合　(4) 不符合

9.6　64.1　22.7　3.6

2. 您的工作富有创造性，令您不断获得成就感（N＝3897）

(1) 很符合　(2) 比较符合　(3) 不大符合　(4) 不符合

85.0　51.4　34.1　6.0

3. 您的工作能促进社会进步，您感到很有价值（N＝3930）

(1) 很符合　(2) 比较符合　(3) 不大符合　(4) 不符合

19.3　58.8　18.9　3.0

4. 您感到工作太紧张、太累、压力大（N＝3941）

(1) 很符合　(2) 比较符合　(3) 不大符合　(4) 不符合

7.9　39.6　41.6　10.9

5. 您对自己的工作拥有较大的主动权（N＝3941）

(1) 很符合　(2) 比较符合　(3) 不大符合　(4) 不符合

8.3　53.6　30.8　7.2

6. 您主动采写和组织的稿件或节目经常被人改得面目全非（N＝3661）

(1) 很符合　(2) 比较符合　(3) 不大符合　(4) 不符合

1.8　12.1　55.4　30.7

7. 您对新闻改革的设想能体现在版面上或节目中（N＝3942）

(1) 很符合　(2) 比较符合　(3) 不大符合　(4) 不符合

3.8　49.6　36.0　10.6

8. 您的工作比别的职业能更多地得到社会的尊重（N＝3892）

(1) 很符合　(2) 比较符合　(3) 不大符合　(4) 不符合

12.6　69.6　15.5　2.3

9. 您采写或核实批评性报道时，能得到社会各方面的支持（N＝3387）

(1) 很符合　(2) 比较符合　(3) 不大符合　(4) 不符合

3.8　44.6　43.8　7.8

10. 您的领导能耐心倾听您的意见和建议（N＝3820）

(1) 很符合　(2) 比较符合　(3) 不大符合　(4) 不符合

9.1　63.4　22.1　5.3

11. 您的领导经常委您以重任（N＝3696）

(1) 很符合　(2) 比较符合　(3) 不大符合　(4) 不符合

5.1　51.5　53.3　7.4

12. 您与同事相处和谐愉快（N＝3961）

(1) 很符合	(2) 比较符合	(3) 不大符合	(4) 不符合
31.0	65.8	2.8	0.5

13. 您喜欢与同事共同完成艰巨任务（N＝3900）

(1) 很符合	(2) 比较符合	(3) 不大符合	(4) 不符合
28.6	63.4	6.7	1.3

14. 您同受众建立了感情（N＝3819）

(1) 很符合	(2) 比较符合	(3) 不大符合	(4) 不符合
17.7	66.8	13.3	2.2

15. 您对单位内部的人际关系不满意（N＝3861）

(1) 很符合	(2) 比较符合	(3) 不大符合	(4) 不符合
8.5	37.7	40.9	12.9

16. 您能经常获得进修提高的机会（N＝3846）

(1) 很符合	(2) 比较符合	(3) 不大符合	(4) 不符合
1.2	10.5	42.0	46.3

17. 您有定期晋升的机会（N＝3768）

(1) 很符合	(2) 比较符合	(3) 不大符合	(4) 不符合
2.6	22.4	40.7	34.4

18. 您感到现在的经济收入太低（N＝3924）

(1) 很符合	(2) 比较符合	(3) 不大符合	(4) 不符合
29.1	44.7	23.0	3.2

19. 您现在的收入足够支付日常开支（N＝3928）

(1) 很符合	(2) 比较符合	(3) 不大符合	(4) 不符合
6.5	47.5	34.7	11.4

20. 您现在最大的困难是住房拥挤（N＝3856）

(1) 很符合	(2) 比较符合	(3) 不大符合	(4) 不符合
30.6	24.2	25.5	19.7

DD. 对新闻机构为男、女性提供平等机会的评价：

1. 进修提高的机会（N＝3760）

(1) 完全平等	(2) 基本平等	(3) 不大平等	(4) 不平等
17.0	56.3	18.2	8.5

2. 评聘专业职务的机会（N=3817）

(1) 完全平等	(2) 基本平等	(3) 不大平等	(4) 不平等
22.6	61.0	11.7	4.8

3. 晋升工资的机会（N=3804）

(1) 完全平等	(2) 基本平等	(3) 不大平等	(4) 不平等
26.7	62.5	7.1	3.7

4. 出国访问的机会（N=3121）

(1) 完全平等	(2) 基本平等	(3) 不大平等	(4) 不平等
13.2	37.9	25.1	23.8

5. 分配住房的机会（N=3755）

(1) 完全平等	(2) 基本平等	(3) 不大平等	(4) 不平等
17.4	44.1	18.6	19.8

6. 解决夫妻两地分居的机会（N=2928）

(1) 完全平等	(2) 基本平等	(3) 不大平等	(4) 不平等
17.2	61.0	13.9	7.9

7. 孩子入托、入学、招工的机会（N=3374）

(1) 完全平等	(2) 基本平等	(3) 不大平等	(4) 不平等
22.1	58.6	12.3	7.0

8. 易地参观采访开阔眼界的机会（N=3657）

(1) 完全平等	(2) 基本平等	(3) 不大平等	(4) 不平等
15.2	49.6	23.4	11.8

9. 评比和奖励优秀新闻作品或节目的机会（N=3791）

(1) 完全平等	(2) 基本平等	(3) 不大平等	(4) 不平等
26.1	60.0	10.2	3.7

10. 评选优秀新闻工作者的机会（N=3719）

(1) 完全平等	(2) 基本平等	(3) 不大平等	(4) 不平等
23.5	57.6	12.9	5.9

11. 赴疗养场所休假或疗养的机会（N=3334）

(1) 完全平等	(2) 基本平等	(3) 不大平等	(4) 不平等
21.1	55.6	14.1	9.2

12. 担负重大题材报道（采编播译）机会（N=3664）

（1）完全平等 （2）基本平等 （3）不大平等 （4）不平等

18.8 57.6 17.9 5.7

13. 发表作品（稿件或节目）的机会（N＝3705）

（1）完全平等 （2）基本平等 （3）不大平等 （4）不平等

28.6 62.3 6.6 2.6

14. 进入决策层（编委会、社委会）的机会（N＝3457）

（1）完全平等 （2）基本平等 （3）不大平等 （4）不平等

11.9 42.0 33.2 12.8

EE. 对女性从事新闻工作的看法：

1. 性别差异对做好新闻工作没有影响（N＝3921）

（1）很同意 （2）同意 （3）不大同意 （4）不同意

37.5 46.0 14.0 2.5

2. 女性比男性更容易得到报道材料（N＝3889）

（1）很同意 （2）同意 （3）不大同意 （4）不同意

14.5 37.0 42.9 5.7

3. 女性更富有同情心，敢于替老百姓说话（N＝3901）

（1）很同意 （2）同意 （3）不大同意 （4）不同意

23.0 50.1 24.2 2.6

4. 女性善于处理人际关系，容易合作共事（N＝3905）

（1）很同意 （2）同意 （3）不大同意 （4）不同意

19.8 53.1 23.6 3.5

5. 女性有自卑感竞争意识不强（N＝3899）

（1）很同意 （2）同意 （3）不大同意 （4）不同意

4.2 27.0 50.3 18.6

6. 女性工作认真细致更值得信赖（N＝3920）

（1）很同意 （2）同意 （3）不大同意 （4）不同意

27.1 57.3 13.2 2.4

7. 女性的职业技能不如男性（N＝3906）

（1）很同意 （2）同意 （3）不大同意 （4）不同意

2.0 15.7 52.3 30.0

8. 一个新闻单位女性人数多了会影响工作效率（N＝3909）

（1）很同意　（2）同意　（3）不大同意　（4）不同意

4.2　27.4　47.1　21.2

9. 一个新闻单位女性多有利于加强妇女报道，促进妇女发展（N＝3906）

（1）很同意　（2）同意　（3）不大同意　（4）不同意

8.7　33.5　47.1　10.7

10. 女性责任感强，在舆论监督中敢于仗义执言（N＝3881）

（1）很同意　（2）同意　（3）不大同意　（4）不同意

11.6　49.5　34.2　4.7

FF. 新闻单位编委会及社委会中女性少的原因：

1. 女性优柔寡断，决策魄力不够（N＝3859）

（1）很同意　（2）同意　（3）不大同意　（4）不同意

3.1　28.6　46.5　21.9

2 女性的组织领导才能偏低（N＝3848）

（1）很同意　（2）同意　（3）不大同意　（4）不同意

1.7　20.0　52.7　25.7

3. 一般女性只愿埋头干业务，不愿当领导指挥别人（N＝3883）

（1）很同意　（2）同意　（3）不大同意　（4）不同意

8.4　45.8　32.7　13.1

4. 在社会潜意识中存在着排斥女性的倾向（N＝3879）

（1）很同意　（2）同意　（3）不大同意　（4）不同意

23.1　61.0　13.3　2.5

5. 有些单位女性少，选拔女领导干部难（N＝3813）

（1）很同意　（2）同意　（3）不大同意　（4）不同意

10.0　50.0　30.7　8.8

6. 有的女性认为：只要工作适合志向，何必当领导干部（N＝3860）

（1）很同意　（2）同意　（3）不大同意　（4）不同意

16.3　56.1　21.0　6.6

7. 女性家庭责任感强，生怕担当领导工作影响家庭生活（N＝3845）

（1）很同意　（2）同意　（3）不大同意　（4）不同意

6.0　35.7　44.2　14.1

8. 女性当领导，男同事不服气，领导工作难做（N = 3833）

（1）很同意	（2）同意	（3）不大同意	（4）不同意
7. 9	37. 5	42. 2	12. 4

9. 其他

GG. 本单位的编委会对妇女报道的重视程度：（N = 3912）

（1）很重视	（2）重视	（3）不大重视	（4）不重视
6. 5	60. 9	29. 4	3. 2

HH. 所服务的媒介有无专人负责妇女报道的状况：（N = 3838）

1. 有	2. 没有
44. 6	55. 4

II. 所服务的媒介有无妇女专栏、专版或妇女专题节目的状况：（N = 3854）

1. 有	2. 没有
36. 0	64. 0

JJ. 本人对妇女报道的兴趣：（N = 3858）

（1）很感兴趣	（2）感兴趣	（3）不大感兴趣	（4）不感兴趣
22. 6	64. 4	12. 1	0. 9

KK. 对女新闻工作者有无必要建立全国性社团组织的看法：（N = 3952）

（1）很必要	（2）必要	（3）不大必要	（4）不必要
37. 9	39. 6	17. 7	4. 9

LL. 每天除工作、家务和睡眠外，能自主支配的时间：（N = 3946）

1. 1 小时	2. 1—2 小时	3. 3—4 小时
9. 1	37. 6	39. 9
4. 5—6 小时	5. 6 小时以上	
8. 0	5. 4	

MM. 从事新闻工作后累计参加新闻业务进修学习时间：（N = 3818）

1. 从未进修过	2. 1 个月以下	3. 1—6 个月
55. 2	15. 3	16. 5
4. 12 个月	5. 18 个月	6. 19 个月以上
4. 2	2. 2	6. 5

NN. 对新闻业务能力的自我评价:

1. 了解社情民意把握舆论导向的能力（N=3810）

（1）较强	（2）一般	（3）欠缺
35.1	58.1	6.8

2. 与国内外同行进行新闻竞争的能力（N=3695）

（1）较强	（2）一般	（3）欠缺
15.2	59.0	25.7

3. 独立组织重大报道的能力（N=3694）

（1）较强	（2）一般	（3）欠缺
24.9	55.5	19.6

4. 发掘重大报道题材的能力（N=3672）

（1）较强	（2）一般	（3）欠缺
25.4	58.7	15.9

5. 熟练运用外国语采编的能力（N=3628）

（1）较强	（2）一般	（3）欠缺
4.6	23.0	72.4

6. 快速写作、拍摄和现场直播的能力（N=3667）

（1）较强	（2）一般	（3）欠缺
29.5	49.7	20.8

7. 开展社会活动的能力（N=3758）

（1）较强	（2）一般	（3）欠缺
32.5	60.8	6.7

8. 深入实际调查研究的能力（N=3709）

（1）较强	（2）一般	（3）欠缺
39.8	53.8	6.3

9. 掌握现代采编播译新技术（如电脑等）的能力（N=3678）

（1）较强	（2）一般	（3）欠缺
10.1	35.9	53.9

10. 新闻传播业经营管理的能力（N=3604）

（1）较强	（2）一般	（3）欠缺
7.8	50.1	42.2

11. 组织领导发挥全体同事整体效益的能力（N = 3551）

（1）较强	（2）一般	（3）欠缺
16. 8	53. 2	30. 0

12. 其他

OO. 认为做现代女新闻工作者的重要条件是：

1. 敬业精神（N = 3676）
2. 驾驭文字和语言的能力（N = 3644）
3. 广泛的现代知识（N = 3624）
4. 敏锐的新闻嗅觉（N = 3606）
5. 自觉的职业自律意识（N = 3590）
6. 健康的身体和心理素质（N = 3548）
7. 强烈的社会责任感（N = 3530）
8. 深入群众调查研究的艰苦作风（N = 3511）
9. 掌握现代职业技能（如电脑、摄像、驾车、传真等）（N = 3492）
10. 掌握一门或两门以上外国语（N = 3445）

PP. 自诉生活上和工作中的困扰：（N = 4033）

1. 家务重，与工作矛盾大	19. 3
2. 孩子小，无法出差	17. 7
3. 社会治安欠佳，外出不安全	20. 3
4. 无住房或住房拥挤，影响生活	26. 4
5. 收入低，家庭负担重	24. 5
6. 夫妻两地分居长期不得解决	2. 7
7. 缺少进修机会，业务提高慢	63. 9
8. 职业技能低，与同行无法竞争	6. 1
9. 家庭不和，影响情绪	2. 1
10. 身体不佳，难以承担现在的工作	4. 5
11. 得不到晋升提拔	14. 3
12. 人际关系不和谐	2. 5
13. 女新闻工作者有时受到性骚扰	2. 2
14. 其他	

QQ. 假如有重新择业机会将选择的职业（N = 3807）

1. 新闻	2. 教育	3. 党政工团妇	4. 文化艺术体育
62.1	6.7	1.4	4.3
5. 医务	6. 商业财贸金融	7. 工业交通	8. 农林牧副渔
5.3	11.2	0.0	0.1
9. 公检法	10. 军人	11. 科学技术	12. 其他
2.5	1.9	2.7	1.8

RR. 如果仍选择新闻工作为职业，希望的在什么单位工作：(N = 3576)

1. 仍在本单位	2. 中央级报社	3. 中央级电台
38.8	13.5	4.1
4. 中央级电视台	5. 中央级通讯社	6. 省级报社
17.5	2.2	5.4
7. 省级电台	8. 省级电视台	9. 地市级报社
3.8	7.2	2.1
10. 地市级电台	11. 地市级电视台	12. 县级报社
1.1	2.5	0.1
13. 县级电台	14. 县级电视台	15. 企业报社或电台、电视台
0.4	0.5	1.0

SS. 您对中国女新闻工作者的进步和发展有什么建议?

附：

《中国女新闻工作者现状和发展》调查问卷

中华全国新闻工作者协会

中国社会科学院新闻与传播研究所

受联合国教科文组织委托，中华全国新闻工作者协会和中国社会科学院新闻与传播研究所联合组织《中国女新闻工作者现状和发展调查》课题组，首次对我国女新闻工作者进行调查，旨在了解女新闻工作者的现状和她们的困难、愿望和要求，以期为改善我国女新闻工作者的工作环境和生活环境，为促进她们的进步、提高和发展，提供切实可行的依据。调查成果将报送联合国教科文组织，并将在1995年9月在北京召开的第四届世界妇女大会上同国际妇女界广泛交流，以加强同国际妇女界及国际新闻界的交往和合作，扩大我国女新闻工作者的国际影响。

为了进行男女新闻工作者的对比分析，本次调查还将对部分男新闻工作者进行调查，希望得到男新闻工作者的热诚支持和配合。

这是一次无记名调查，一些判断性的选择也无所谓对错，请不必有任何顾虑，我们对您的看法保密。

《中国女新闻工作者现状和发展调查》课题组

一九九四年十二月

填表说明

1. 请您按照您的实际情况，填写这张调查表，即在符合您情况的项目序号上画圈：如“您的性别：1. 女　2. 男”，女同志在“1”字上画圈，填成“您的性别：①女　2. 男”。依此类推。

2. 请逐项填写，不要漏填。在每道题的多个答案中，如没有注明“选项不限”字样，则只选一项。在四级或五级的级差答案中，只能选一项，如H题的1题，如您已经选择了“基本符合”，就不要再选其他三个答案。依此类推。

3. “民族”栏请自填所属民族，如满、蒙、回、维吾尔……

4. 如果没有慢性病，则不填J题。

5. K题中“初婚”是指只结过一次婚，“再婚”是指结婚二次及以上。

6. S题指最初参加新闻工作的年份。

7. U题中的“专职新闻干事”，是指在非新闻机构专职从事新闻报道的人员。

8. X题中的专业职务：“初级”指助理记者、编辑、编审、校对及二、三级播音员；“中级”指记者、编辑、编审、一级播音员及二、三级校对；“高级”指高级记者、高级编辑、主任记者、主任编辑、正副编审、播音指导、主任播音员、一级校对；节目主持人按实际级别填写。

A. 您的性别：　1. 女　2. 男

B. 您的民族：________________

C. 您的出生年月：________年________月

D. 您的教育程度：

1. 初中或初中以下　2. 高中或中专　3. 大学专科

4. 大学本科　5. 硕士研究生　6. 博士研究生

E. 如您受过大学专科以上高等教育，您学的是什么专业？

1. 新闻传播专业　2. 其他文科专业　3. 外语专业

4. 理工科、医科、农科专业　5. 其他（请自填）

F. 您的党派归属：

1. 中共党员　2. 共青团员　3. 民主党派成员　4. 无党派

G. 您1995年11月的工资及工资外收入合计有多少人民币？

1. 400元以下　2. 401—600元　3. 601—800元

4. 801元—1000元　5. 1001—1500元　6. 1501—2000元

7. 2001元以上

H. 您的健康状况是否符合下列基本标准？

1. 有充沛的精力，能从容不迫地担负日常生活和繁重的工作，而且不

感到过分紧张疲劳

（1）完全符合　（2）基本符合　（3）不大符合　（4）不符合

2. 处事乐观，态度积极，乐于承担责任，事无大小不挑剔

（1）完全符合　（2）基本符合　（3）不大符合　（4）不符合

3. 善于休息，积极用脑并注意起居规律

（1）完全符合　（2）基本符合　（3）不大符合　（4）不符合

4. 应变能力强，能适应外界环境的各种变化

（1）完全符合　（2）基本符合　（3）不大符合　（4）不符合

5. 能抵抗一般性感冒和传染病

（1）完全符合　（2）基本符合　（3）不大符合　（4）不符合

6. 体重适当，身体匀称，站立时头、肩、臂位置协调

（1）完全符合　（2）基本符合　（3）不大符合　（4）不符合

7. 眼睛明亮，反应敏锐，眼睑不易发炎

（1）完全符合　（2）基本符合　（3）不大符合　（4）不符合

8. 牙齿清洁，无龋齿，不疼痛，牙龈颜色正常，无出血现象

（1）完全符合　（2）基本符合　（3）不大符合　（4）不符合

I. 您是否患有慢性病？

1. 没有　　2. 有

J. 如果您患有慢性病，主要是哪方面的疾病？（选项不限）

1. 运动系统（骨骼、关节、骨骼肌等）
2. 循环系统（心脏、血管、血液和淋巴等）
3. 呼吸系统（咽、喉、气管、支气管、肺等）
4. 消化系统（胃、肝、胆、肠等）
5. 泌尿系统（肾、输尿管、膀胱、尿道等）
6. 生殖系统（性腺、输送管道、生殖器官等）
7. 内分泌系统（脑垂体、甲状腺、胰腺、肾上腺等）
8. 感觉系统（眼、耳、鼻、口腔、皮肤等）
9. 神经系统（脑、脊髓和周围神经）

K. 您的婚姻状况：

1. 未婚　2. 初婚　3. 再婚　4. 丧偶独居　5. 离婚独居

L. 如果您已经结婚，您的配偶从事什么工作？

1. 新闻　2. 教育　3. 党政工团妇　4. 文化艺术体育

5. 医务 6. 商业财贸金融 7. 工业交通 8. 农林牧副渔

9. 公检法 10. 军人 11. 科学技术 12. 其他（请自填）

M. 您和配偶的感情如何？

1. 感情很深 2. 感情较好 3. 一般

4. 有冲突，但还能维持 5. 存在危机，随时可能破裂

N. 如果您已有配偶，当您俩的工作时间发生冲突时，一般如何处理？

1. 女方迁就男方 2. 男方迁就女方 3. 各干各的

4. 看事情的重要程度协商解决 5. 其他

O. 如果您已经结婚，您有几个孩子？（未有孩子填0）

请自填________

P. 您的孩子的年龄是：（有两个及以上孩子选项不限）

1. 6岁以下 2. 7—12岁 3. 13—18岁

4. 19—23岁 5. 23岁以上

Q. 您目前主要的家庭负担是什么？（指共同生活者，没有可不填）

1. 抚养未成年子女 2. 赡养和伺候老人 3. 服侍病人

R. 您家现有人均居住面积有多少？

1. 无房 2. 8平方米以下 3. 9—20平方米

4. 20—30平方米 5. 30平方米以上

S. 您从________年开始从事新闻工作

T. 您当初从事新闻工作的主要原因是什么？

1. 由组织分配 2. 长辈做新闻工作 3. 能发挥我的个性特长

4. 接触生活面广 5. 能推动社会进步 6. 容易出名

7. 喜欢写作 8. 有较高的社会地位 9. 出于好奇心

10. 能解决住房、夫妻分居等实际问题 11. 其他（请自填）____

U. 您正式到新闻单位工作前，担任过以下工作吗？（选项不限）

1. 通讯员 2. 兼职报道员 3. 专职新闻干事

V. 您现在做什么具体工作？（兼任可选多项）

1. 记者 2. 编辑 3. 翻译 4. 校对 5. 节目主持人

6. 播音员

W. 您主要写（编、播、译、校对、组织）哪方面的新闻、文章或节目？（选项不限）

1. 政法 2. 经济 3. 国际 4. 体育 5. 文艺

6. 科技　　7. 文教　　8. 社会　　9. 通联　　10. 其他

X. 您现在的专业职务属于：

1. 初级　　2. 中级　　4. 副高级　　5. 正高级

Y. 您目前担任的领导职务是：（如兼任可选多项，未担任者不填）

1. 社长　　2. 总编辑　　3. 电台台长　　4. 电视台台长

5. 副社长　　6. 副总编辑　　7. 电台副台长

8. 电视台副台长　　9. 总经理　　10. 副总经理

11. 编委　　12. 正副秘书长　　13. 正副部主任

14. 其他（请自填）________

Z. 您认为在目前我国新闻媒介的职能中，以下职能是否重要？

1. 迅速、真实地向公众报道国内外新闻

（1）很重要　（2）重要　（3）不大重要　（4）不重要

2. 对公众关心的社会热点问题提供分析和解释

（1）很重要　（2）重要　（3）不大重要　（4）不重要

3. 传达解释国家的法律和党的政策

（1）很重要　（2）重要　（3）不大重要　（4）不重要

4. 提供文化娱乐消遣

（1）很重要　（2）重要　（3）不大重要　（4）不重要

5. 传播现代科学技术文化知识

（1）很重要　（2）重要　（3）不大重要　（4）不重要

6. 宣传先进典型人物

（1）很重要　（2）重要　（3）不大重要　（4）不重要

7. 揭露、抨击社会不良现象

（1）很重要　（2）重要　（3）不大重要　（4）不重要

8. 为公众提供发表作品与意见的机会

（1）很重要　（2）重要　（3）不大重要　（4）不重要

9. 对党和国家领导机构及其公务员实行舆论监督

（1）很重要　（2）重要　（3）不大重要　（4）不重要

AA. 您是否同意下列关于受众（读者、观众、听众）的判断？

1. 大多数人关注新闻本身，而不关注分析性报道

（1）很同意　（2）同意　（3）不大同意　（4）不同意

2. 大多数人关注社会不公平问题的报道

(1) 很同意 (2) 同意 (3) 不大同意 (4) 不同意

3. 大多数人有轻信新闻报道的倾向

(1) 很同意 (2) 同意 (3) 不大同意 (4) 不同意

4. 大多数人愿意参与新闻传播活动

(1) 很同意 (2) 同意 (3) 不大同意 (4) 不同意

5. 大多数人关心新闻传播领域的法制建设

(1) 很同意 (2) 同意 (3) 不大同意 (4) 不同意

BB. 您对目前的工作满意吗?

1. 很满意 2. 满意 3. 无所谓 4. 不大满意 5. 不满意

CC. 您认为下列各项是否符合您的情况?

1. 您感到现在的工作能充分施展自己的才能

(1) 很符合 (2) 比较符合 (3) 不大符合 (4) 不符合

2. 您的工作富有创造性,令您不断获得成就感

(1) 很符合 (2) 比较符合 (3) 不大符合 (4) 不符合

3. 您的工作能促进社会进步,您感到很有价值

(1) 很符合 (2) 比较符合 (3) 不大符合 (4) 不符合

4. 您感到工作太紧张、太累、压力大

(1) 很符合 (2) 比较符合 (3) 不大符合 (4) 不符合

5. 您对自己的工作拥有较大的主动权

(1) 很符合 (2) 比较符合 (3) 不大符合 (4) 不符合

6. 您主动采写或组织的稿件或节目经常被人改得面目全非

(1) 很符合 (2) 比较符合 (3) 不大符合 (4) 不符合

7. 您对新闻改革的设想能体现在版面上或节目中

(1) 很符合 (2) 比较符合 (3) 不大符合 (4) 不符合

8. 您的工作比别的职业能更多地得到社会的尊重

(1) 很符合 (2) 比较符合 (3) 不大符合 (4) 不符合

9. 您采写或核实批评性报道,能得到社会各方面的支持

(1) 很符合 (2) 比较符合 (3) 不大符合 (4) 不符合

10. 您的领导能耐心倾听您的意见和建议

(1) 很符合 (2) 比较符合 (3) 不大符合 (4) 不符合

11. 您的领导经常委您以重任

(1) 很符合 (2) 比较符合 (3) 不大符合 (4) 不符合

12. 您与同事相处和谐愉快

（1）很符合 （2）比较符合 （3）不大符合 （4）不符合

13. 您喜欢与同事共同完成艰巨任务

（1）很符合 （2）比较符合 （3）不大符合 （4）不符合

14. 您同受众建立了感情

（1）很符合 （2）比较符合 （3）不大符合 （4）不符合

15. 您对单位内部的人际关系不满意

（1）很符合 （2）比较符合 （3）不大符合 （4）不符合

16. 您能经常获得进修提高的机会

（1）很符合 （2）比较符合 （3）不大符合 （4）不符合

17. 您有定期晋升的机会

（1）很符合 （2）比较符合 （3）不大符合 （4）不符合

18. 您感到现在的经济收入太低

（1）很符合 （2）比较符合 （3）不大符合 （4）不符合

19. 您现在的收入足够支付日常开支

（1）很符合 （2）比较符合 （3）不大符合 （4）不符合

20. 您现在最大的困难是住房拥挤

（1）很符合 （2）比较符合 （3）不大符合 （4）不符合

DD. 您所服务的单位在下列问题上，为女性提供的机会是否同男性平等?

1. 进修提高的机会

（1）完全平等 （2）基本平等 （3）不大平等 （4）不平等

2. 评聘专业职务的机会

（1）完全平等 （2）基本平等 （3）不大平等 （4）不平等

3. 晋升工资的机会

（1）完全平等 （2）基本平等 （3）不大平等 （4）不平等

4. 出国访问的机会

（1）完全平等 （2）基本平等 （3）不大平等 （4）不平等

5. 分配住房的机会

（1）完全平等 （2）基本平等 （3）不大平等 （4）不平等

6. 解决夫妇两地分居的机会

（1）完全平等 （2）基本平等 （3）不大平等 （4）不平等

7. 孩子入托、入学、招工的机会

（1）完全平等　（2）基本平等　（3）不大平等　（4）不平等

8. 易地参观采访开阔眼界的机会

（1）完全平等　（2）基本平等　（3）不大平等　（4）不平等

9. 评比和奖励优秀新闻作品或节目的机会

（1）完全平等　（2）基本平等　（3）不大平等　（4）不平等

10. 评选优秀新闻工作者的机会

（1）完全平等　（2）基本平等　（3）不大平等　（4）不平等

11. 赴疗养场所休假或疗养的机会

（1）完全平等　（2）基本平等　（3）不大平等　（4）不平等

12. 担负重大题材报道（采编播译）的机会

（1）完全平等　（2）基本平等　（3）不大平等　（4）不平等

13. 发表作品（稿件或节目）的机会

（1）完全平等　（2）基本平等　（3）不大平等　（4）不平等

14. 进入决策层（编委会、社委会）的机会

（1）完全平等　（2）基本平等　（3）不大平等　（4）不平等

EE. 您对女性从事新闻工作有何看法？

1. 性别差异对做好新闻工作没有影响

（1）很同意　（2）同意　（3）不大同意　（4）不同意

2. 女性比男性更容易得到报道材料

（1）很同意　（2）同意　（3）不大同意　（4）不同意

3. 女性更富有同情心，敢于替老百姓说话

（1）很同意　（2）同意　（3）不大同意　（4）不同意

4. 女性善于处理人际关系，容易合作共事

（1）很同意　（2）同意　（3）不大同意　（4）不同意

5. 女性有自卑感竞争意识不强

（1）很同意　（2）同意　（3）不大同意　（4）不同意

6. 女性工作认真细致更值得信赖

（1）很同意　（2）同意　（3）不大同意　（4）不同意

7. 女性的职业技能不如男性

（1）很同意　（2）同意　（3）不大同意　（4）不同意

8. 一个新闻单位女性人数多了会影响工作效率

（1）很同意　（2）同意　（3）不大同意　（4）不同意

9. 一个新闻单位女性多，有利于加强妇女报道，促进妇女发展

（1）很同意 （2）同意 （3）不大同意 （4）不同意

10. 女性责任感强，在舆论监督中敢于仗义执言

（1）很同意 （2）同意 （3）不大同意 （4）不同意

FF. 您认为目前新闻单位的编委会及社委会中女性少的原因是什么？

1. 女性优柔寡断，决策魄力不够

（1）很同意 （2）同意 （3）不大同意 （4）不同意

2. 女性的组织领导才能偏低

（1）很同意 （2）同意 （3）不大同意 （4）不同意

3. 一般女性只愿埋头干业务，不愿当领导指挥别人

（1）很同意 （2）同意 （3）不大同意 （4）不同意

4. 在社会潜意识中存在着排斥女性的倾向

（1）很同意 （2）同意 （3）不大同意 （4）不同意

5. 有些单位女性少，选拔女领导干部难

（1）很同意 （2）同意 （3）不大同意 （4）不同意

6. 有的女性认为：只要工作适合志向，何必当领导干部

（1）很同意 （2）同意 （3）不大同意 （4）不同意

7. 女性家庭责任感强，生怕担当领导工作影响家庭生活

（1）很同意 （2）同意 （3）不大同意 （4）不同意

8. 女性当领导，男同事不服气，领导工作难做

（1）很同意 （2）同意 （3）不大同意 （4）不同意

9. 其他（请自填）

GG. 您单位的编委会对妇女报道是否重视？

1. 很重视 2. 重视 3. 不大重视 4. 不重视

HH. 您所服务的单位是否有专人负责妇女方面的报道？

1. 有 2. 没有

II. 您所服务的新闻媒介是否有妇女专栏、专版或妇女专题节目？

1. 有 2. 没有

JJ. 您对妇女报道是否感兴趣？

1. 很感兴趣 2. 感兴趣 3. 不大感兴趣

4. 不感兴趣

KK. 您认为中国女新闻工作者有无必要建立全国性社团组织？

1. 很必要 2. 必要 3. 不大必要 4. 不必要

LL. 您每天除工作、家务和睡眠外，能自主支配的时间有多少？

1. 1 小时 2. 1—2 小时 3. 3—4 小时

4. 5—6 小时 5. 6 小时以上

MM. 您从事新闻工作后，参加新闻业务进修学习累计有多少时间？

1. 从未进修过 2. 1 个月以下 3. 1—6 个月

4. 12 个月 5. 18 个月 6. 19 个月以上

NN. 您认为自己在下列方面的能力如何？

1. 了解社情民意把握舆论导向的能力

（1）较强 （2）一般 （3）欠缺

2. 与国内外同行进行新闻竞争的能力

（1）较强 （2）一般 （3）欠缺

3. 独立组织重大报道的能力

（1）较强 （2）一般 （3）欠缺

4. 发掘重大报道题材的能力

（1）较强 （2）一般 （3）欠缺

5. 熟练运用外国语采编的能力

（1）较强 （2）一般 （3）欠缺

6. 快速写作、拍摄和现场直播的能力

（1）较强 （2）一般 （3）欠缺

7. 开展社会活动的能力

（1）较强 （2）一般 （3）欠缺

8. 深入实际调查研究的能力

（1）较强 （2）一般 （3）欠缺

9. 掌握现代采编播译新技术（如电脑等）的能力

（1）较强 （2）一般 （3）欠缺

10. 新闻传播业经营管理的能力

（1）较强 （2）一般 （3）欠缺

11. 组织领导发挥全体同事整体效益的能力

（1）较强 （2）一般 （3）欠缺

12. 其他（请自填）

OO. 您认为做一名现代女新闻工作者，那些条件更重要？

（请按重要程度在下面方框内排序）

1. 敬业精神
2. 驾驭文字和语言的能力
3. 广泛的现代知识
4. 敏锐的新闻嗅觉
5. 自觉的职业自律意识
6. 健康的身体和心理素质
7. 强烈的社会责任感
8. 深入群众调查研究的艰苦作风
9. 掌握现代职业技能（如电脑、摄像、驾车、传真等）
10. 掌握一门或两门以上外国语

1	3	3	4	5
6	7	8	9	10

PP. 您目前生活上和工作中有什么困扰？

1. 家务重，与工作矛盾大
2. 孩子小，无法出差
3. 社会治安欠佳，外出不安全
4. 无住房或住房拥挤，影响生活
5. 收入低，家庭负担重
6. 夫妻两地分居长期不得解决
7. 缺少进修机会，业务提高慢
8. 职业技能低，与同行无法竞争
9. 家庭不和，影响情绪
10. 身体不佳，难以承担现在的工作
11. 得不到晋升提拔
12. 人际关系不和谐
13. 女新闻工作者有时受到性骚扰
14. 其他（请自填）

QQ. 假如您现在有一次重新择业的机会，您将选择什么职业？

1. 新闻　2. 教育　3. 党政工团妇　4. 文化艺术体育
5. 医务　6. 商业财贸金融　7. 工业交通　8. 农林牧副渔

9. 公检法　　10. 军人　　11. 科学技术　　12. 其他（请自填）

RR. 如果您仍然选择新闻工作为职业，您希望在什么单位工作？

1. 仍在本单位　　2. 中央级报社　　3. 中央级电台

4. 中央级电视台　　5. 中央级通讯社　　6. 省级报社

7. 省级电台　　8. 省级电视台　　9. 地市级报社

10. 地市级电台　　11. 地市级电视台　　12. 县级报社

13. 县级电台　　14. 县级电视台

15. 企业报社或电台、电视台

SS. 您对中国女新闻工作者的进步和发展有什么建议？

附：

《中国女新闻工作者现状和发展》调查的抽样设计

北京广播学院调查统计研究所　柯惠新

摘要　本篇论文讨论了“1995 年中国女新闻工作者调查”的抽样设计。由于缺乏有关调查总体的详细的统计资料，因此首先必须构建一个近似的抽样框，然后在这个近似的抽样框的基础之上，采用分层的二级抽样方案来抽取调查的样本。

关键词：抽样框　参考指标　聚类　假设　分层　二级抽样

调查的目的、范围和对象

中国女新闻工作者的调查是由 UNESCO（联合国教科文组织）资助进行的。研究的目的是了解中国女新闻工作者的现状、她们的困难、希望和要求。研究的结果将用于改善她们的工作条件和生活条件，并将提供有用的数据，以帮助她们进步、提升和发展。

这是一个全国性的调查，其范围覆盖了针对省、市、县的各级报纸、电视台和广播电台，以及新华通讯社和中国新闻社。

这个项目的调查对象是工作在报纸、电视台、广播电台和通讯社第一线上的，具有低级、中级、高级专业职称的女新闻工作者。为了进行比较，也调查了男新闻工作者。

抽样设计遇到的问题

由于中国的大众媒介的从业人员从来没有被研究过，所以这个项目的抽样设计就比较困难。在现存的信息源中，没有一个可以独立地给这个调查提供符合其目的的、有关这个总体的详尽的信息。因此，不得不使用来自各种不相关的信息源的数据和指标。

待研究的总体是不清楚的，没有可以用来完全描述这个总体的资料。在这项调查的抽样设计中，最困难的就是如何构建一个合适的抽样框。

来自不同信息源的相关信息非常分散而且没有联系。每一个信息源仅仅提供了一小部分信息。为了获得有关该总体的大致分布的资料，必须小心地研究各个信息源的信息，并将其和别的信息源的信息综合在一起。

以下列出了用于汇总有关总体分布的各种信息源。其中，前7种用于按不同的社会发展水平把地区划分成不同的类型，其余几种用于获得新闻工作者的性别、职称和工作类型的分布特征。

1. 1993年中国城市年鉴；
2. 1994年中国农村经济发展统计图；
3. 1993年中国农村统计年鉴；
4. 1994年中国贫困地区分布图；
5. 1992年中国主要经济和社会指标排序年鉴；
6. 1992年中国城市经济、社会发展年鉴；
7. 中国社会指标的应用，1992年；
8. 中国新闻机构和新闻工作者名录，1993年；
9. 中国1990年人口普查资料；
10. 中国新闻年鉴，1993年版；
11. 中国广播电视学刊，1993年版；
12. 由中国新闻出版总署提供的1993年在2001家全国性报纸工作的新闻工作者的统计数据。但是这个数据只提供了每一种类新闻工作者的单独数据，并没有提供新闻工作者的总体构成情况；
13. 由中共中央组织部调配司统计处提供的1993年中国有技术或专业职称的新闻工作者的总数。但是报刊、电视台和广播电台的新闻工作者的数字并没有分别给出；

14. 由中国记者协会提供的 1994 年中国新闻机构总数（按报刊、电视台和广播电台分别列出）；

15. 由中国广播电影电视部政策法规司综合处提供的 1993 年在各省电视台和广播电台工作的职工总数，但是数据没有列出每个电视台和广播电台的情况。

最后，由于没有可以用来将城、乡按不同的社会经济水平进行分类的统一的经济指标，因此，怎样对全国的地区分层也是一个大问题。

构建一个近似的抽样框

对上述 15 个数据源中获得的数据作了进一步的深入加工、比较和分析。用来进行分层抽样的主要的参考指标，是经过新闻研究方面的专家的讨论才确定的。目标总体基本构成和分布是根据一些理论假设估计的。因此，用于科学抽样的近似抽样框也就构建了。

抽样的主要参考指标包括职称、工作类型（报纸、电视台、广播、通讯社）、地区总收入、地区平均收入和地区国民生产总值。

按经济发展水平对地区的划分是根据以下原则进行的：

1. 根据国家统计局农调队（RAST）的资料，把全国 2371 个地区划分成 4 种不同的类型（Type），其中包括了 185 个地级市、294 个县级市、1892 个县。

2. 上述的 479 个城市是按一些城市经济发展指数来评估的，这些指标与用来评估农村地区（1892 个县）的指标是很不相同的。那么，怎样才能将这两个评估指标体系融合在一起呢？必须找出一些能把城市数据和农村数据联系起来的因素。这个因素就是 294 个县级市，因为它们在国家统计局农调队（RAST）的资料中是按照农村地区来对待的，但同时它们又可以按照评估 185 个地级市所用的相同的城市经济指标来评估。因此，通过利用这 294 个县级市，就可以近似地将 185 个地级市和 1892 个县联系起来了。

3. 先利用 RAST 的标准（包括 16 个农村经济发展指标），把 294 个县级市和 185 个地级市（总共 479 个城市）分成了 4 类地区，分别叫做 1—4 类地区（Type）。

4. 再按照前面提到的 3 个城市经济发展指标：地区总收入（指标 1）、地区平均收入（指标 2）、和国民生产总值 GDP（指标 3），将这 479 个城市分成4个层，分别叫做1—4层（Group）。对于上述的每类地区（Type），分别计算这三个指标的平均值；然后将这些平均值当作聚类分层时新的层（Group）的中心。

5. 最后又按照以下的规则，将185个地级市重新划分到某些类型（Type）的地区中：

假如某个城市属于第1层（G1），就将其归到第1类（T）；

假如某个城市属于第2层（G2），如果它的两项指标都大于第1层（G1）的平均，就将其归到第1类（T1）；否则，就在第2类（T2）。

假如某个城市属于第3层（G3），如果它的两项指标都大于第1层（G1）的平均，就将其归到第1类（T1）；如果它的两项指标都大于第2层（G2）的平均，就将其归到第2类（T1）；否则，就在第3类（T3）。

假如某个城市属于第4层（G4），如果它的两项指标都大于第1层（G1）的平均，就将其归到第1类（T1）；如果它的两项指标都大于第2层（G2）的平均，就将其归到第2类（T2）；如果它的两项指标都大于第3层（G3）的平均，就将其归到第3类（T3）；否则，就在第4类（T4）。

这185个地级市的最后聚类结果是：

第1类（T1）：65个城市，

第2类（T2）：68个城市，

第3类（T3）：29个城市，

第4类（T4）：23个城市。

6. 除了重新划分的185个地级市以外，其他市、县都保留在原始的类（Type）中。所以，全国的2371个地区就划分成四种类型，分别叫做：经济发达地区（第1类，T1），经济次发达地区（第2类，T2），经济欠发达地区（第3类，T3），贫穷地区（第4类，T4）。

关于总体构成的理论假设如下：

1. 电视台和广播电台中工作的记者和翻译的职称分布与报纸记者的职称分布相同；

2. 报纸记者的男女性别分布与在新闻和出版行业工作的职工的性别分布相同；

3. 不同职称级别的报纸记者的性别分布与电视和广播记者的性别分布相同；

4. 在不同地区、不同类型的报纸中工作的新闻工作者的性别分布和职称分布是相同的；

5. 在不同地区、不同类型的电视台、广播电台中工作的新闻工作者的性别分布和职称分布是相同的。

根据上面的分析，可以估计出总体的构成，同时也就构建了近似的抽样框（详见第 165—168 页表 3—15）。

抽样方案的设计

利用所构建的抽样框，以下的抽样方案也就随之确定了。

确定女性新闻工作者样本的样本量的原则是，使得每种类型的地区的最大抽样误差，都在 95% 的置信度下不超过 7%。最后确定的总样本量是 3705，对应于 4 种地区类型（T1—T4）的子样本的样本量分别是 2156、1039、314 和 196。男性新闻工作者样本的样本量是 1500（详见表 16）。

各种类型的报纸所分配的样本量见表 17—20，电视台和广播电台样本量见表 21—24。这些分配是根据抽样框所描述的总体分布作出的。

抽样的第一步是使用相应的计算机程序实行的。报纸和通讯社、电视台和广播电台的每个单位被抽中的概率与单位人数的多少成比例（PPS），即采用了不等概率抽样方法。同时，还需要考虑有专业职称的人口总数。设计了满足上述所有要求的计算机程序。抽出的单位数以及分配给这些单位的样本量见附表。

抽样的第二步是从具体的报纸、电视台或电台抽取具体的个人。因为已经事先分配了每一个单位的样本量，所以这一步骤就采取了简单随机抽样的方法。

结　论

这是第一次在中国进行如此大规模的全国性的新闻工作者调查。在没有关于总体信息的完整资料的情况下，抽样方案的设计是根据对有关总体的构成的一些假设、通过对所有可能的基础数据源的研究，并找出它们之间的关系，才得以实现的。经过大量的努力，构建了一个近似的抽样框，并将抽样方案转换成易于操作的形式。

具体的实施从 1995 年 2 月 15 日开始到 4 月 15 日结束。总计给 511 个媒体单位邮寄了8152份问卷，有5913位新闻工作者填写并回寄了问卷，其中5896份是完全填答并有效的，这些问卷来自461个媒体单位，其中报纸266家、广播电台115家、电视台78家、通讯社2家。有效应答率为72.3%。

最后的样本构成与表3—15所描述的总体构成很相近。

参考文献

《中国城市年鉴》，中国行政出版社1993年版。
《中国农村统计年鉴》，中国统计出版社1993年版。
《主要经济社会发展指标》，中国统计出版社1992年版。
《中国城市社会经济年鉴》，中国行政出版社1992年版。
《社会发展指数的应用》，中国行政学院1992年版。
《1990年中国人口普查资料》，中国统计出版社199　年版。
《中国新闻年鉴》，当代中国出版社1993年版。
《中国广播电视年鉴》，北京广播学院出版社1993年版。

附：

《中国女新闻工作者现状和发展》调查的抽样具体步骤

刘晓红　柯惠新　卜卫

一　不同经济发展水平地区划分

（一）目标

农村城市统一划分经济发展水平地区类型

（二）资料分析

农村：

1. 国家统计局农村调查队1993年12月提供的农村2371个地区的四类地区划分（以下简称农调队分类），其中地级市辖区185个、县级市294个、县1892个。

2. 100个百强县指标及名单。

3. 592个贫困县指标及名单。

4. 1993《中国农村统计年鉴》提供的有关中国农村情况的数据。

城市：下列5种文献提供的关于中国城市各项指标的数据

1. 《社会指标的应用》1992年。

2. 《中国城市年鉴》1993年。

3. 《全国主要社会经济指标排序年鉴》1992。

4. 《中国城市经济社会年鉴》1992。

5. 《中国城市统计年鉴》1992。

上述资料没有农村和城市统一划分经济发展水平的统计资料，也没有城市统一分类数据，仅农调队的分类资料可用。

（三）任务

以农调队分类为基础，利用现有的农村和城市统计资料，作一套对农村和城市统一划分经济发展水平类型的资料。农调队对农村县和县级市的分类可直接接受，因此，主要任务是解决185个地级市如何与农村各县、县级市统一分类问题。

（四）思路

找出农村、城市两套资料中有联系的因素，即294个县级市，用这个因素把两套资料组合在一起。因为在农调队分类中，294个县级市被作为农村对待，而在相关城市的资料中，294个县级市被作为城市对待，和185个地级市有相同的经济指标。因此，185个地级市和294个县级市的经济发展水平的相对位置是可以确定的，通过294个县级市，就可大致确定185个地级市和农村各县经济发展水平的相对关系。

（五）做法

1. 暂时把农调队分类中对294个县级市和185个地级市辖区按农村指标的地区分类作为这479个城市的经济发展水平分类，将这个分类作为计算的出发点。

2. 选定三个指标作为城市经济发展水平的标志。

这三个指标是：国民收入、人均国民收入和国内生产总值。

国民收入是从事物质资料生产的劳动者在一定时期内新创造的价值，即从社会总产值中扣除生产过程中消耗的生产资料价值后的净产值。国民收入是衡量经济发展水平、经济效益和分配关系的重要指标。

采用人均国民收入指标是因为：国民收入相同的城市，因人口规模不同，其人均国民收入不同。而《中国女新闻工作者的现状和发展》研究主要从经济发展对个人的影响出发考虑地区分类问题。

国内生产总值（GDP）指一个国家（地区）领土范围内，本国居民和外国居民在一定时期内所生产和提供最终使用的产品和劳动的价值。可作为对前两个指标的补充。

3. 用上述三个指标对479个城市作聚类分析。

聚类方法：快速聚类、指定4类。

聚类中心：计算479个城市暂定的四类地区中每类地区的人均国民收入均值，查每地区最接近均值的城市，以该城市国民收入、人均国民收入和国内生产总值等三个数据作为聚类中心。四个聚类中心数据如表1所示。

表 1

聚类	地区	城市名	国民收入		
			人均国民收入（元）	（亿元）	国内生产总值（亿元）
1	一类	福州	3192	42.19	56.23
2	二类	昌吉	1915	5.08	6.24
3	三类	哈密	1889	5.48	7.27
4	四类	开远	1792	4.51	6.59

4. 参考聚类结果为 185 个城市重新划分地区类型。

划分的规则是：

（1）聚类结果为第 1 类：地区类型为 1.

（2）聚类结果为第 2 类：三个指标中有两个大于 1 类地区均值者，地区类型为 1，否则地区类型为 2。

（3）聚类结果为第 3 类：三个指标中有两个大于 1 类地区均值者，地区类型为 1；三个指标中有两个大于 2 类地区均值者，地区类型为 2；否则地区类型为 3。

（4）聚类结果为第 4 类：三个指标中有两个大于 1 类地区均值者，地区类型为 1；三个指标中有两个大于 2 类地区均值者，地区类型为 2；三个指标中有两个大于 3 类地区均值者，地区类型为 3；否则地区类型为 4。

在按上面的规则划分地区类型时还要综合考虑下列因素：

（1）农调队的分类方法，是先用 16 个农村经济发展指标对全国 2371 个地区作聚类分析，得到 24 个类，每一类在地域上基本是成片的，对围在片内的个别其他类的地区，也人为划入该片内，再把 24 个片合并成四类地区。因此，在某类地区中，可能有个别与该地区经济发展水平不一致的城市或县，例如，在三类地区中，可能有个别应属于二类地区的城市或县。在重新作地区分类时，要考虑这一因素。

（2）农调队分类中，包含了 185 个地级市辖区，可在分类时参考。因为城市和农村的经济发展有一定的连带性。

（3）国家在上世纪五、六十年代重点开发了一批“三线城市”，其中有些“三线城市”发达程度高于周围农村地区，这一特征作为经济发展连带性的例外情况考虑。

（4）《社会指标的应用》一书中对 187 个地级市作了社会发展水平的排

序，除考虑经济因素外，还考虑了一些社会因素，可在划分地区类型时参考。

（六）结论

185 个地级市重新划分地区类型的结果为：

一类地区：65 个（发达），二类地区：68 个（次发达），三类地区：29 个（欠发达），四类地区：23 个（不发达）。

二　总体统计

表 2　对报纸和广播电视有职称总人数的估算

报纸	总人数	42096	来源：新闻出版署
	男	30527	来源：按中组部提供的新闻出版部门（包括报纸、杂志、广电系统）有职称人员男女比例，以 42096 为总数计算。第（b）条假定：报纸记者的性别结构与新闻出版专业职务的性别结构相同
	女	12244	来源：同上
广播电视	总人数	43230	来源：根据 1990—1993 年《中国新闻年鉴》、92/93 年《中国广播电视年鉴》提供的各广播电台、电视台计算和推算：凡单位总人数、或编采播人数缺失的单位，均以该单位所在地区（发达、较发达……）、所属级别（省、地、县）、类型（广播、电视）的单位人数或采编播人数的均值代替。计算和推算结果为 45092，1993 年《中国广播电视年鉴》提供的总人数为 43230。
	男	27108	来源：同下
	女	16212	来源：其中播音员的比例按中组部提供有职称女播音员总数计算，记者和翻译按报纸比例计算，利用第（C）个假定。

表 3　报社通讯社按 4 类地区分类

地区类型	1 类	2 类	3 类	4 类	缺失	总计	有效数
单位数	1221	471	135	113	61	2001	1940
百分比	62.9	24.3	7.0	5.8			100

表 4　报社通讯社有专业职称人员按 4 类地区分类

地区类型	1 类	2 类	3 类	4 类	缺失	总计
人数	27724	9777	2846	1749		42096
百分比	65.86	23.23	6.76	4.15		100

表 5　　广播电台电视台按 4 类地区分类

地区类型	1 类	2 类	3 类	4 类	缺失	总计	有效数
广播电台	247	459	141	100			947
电视台	201	273	81	67			622
合计	448	732	222	167	12	1581	1569
百分比	28.6	46.7	14.1	10.6			100

表 6　　第 1 类地区不同级别的广播电台电视台交互表

	中央和省	市	县	总计	百分数
广播电台	32	71	144	247	55.1
电视台	27	71	103	201	44.9
总计	59	142	247	448	
百分数	13.2	31.7	55.1	100.0	

表 7　　第 2 类地区不同级别的广播电台电视台交互表

	中央和省	市	县	总计	百分数
广播电台	10	99	350	459	62.7
电视台	8	127	138	273	37.3
总计	18	226	488	732	
百分数	2.5	30.9	66.7	100.0	

表 8　　第 3 类地区不同级别的广播电台电视台交互表

	中央和省	市	县	总计	百分数
广播电台	1	34	106	141	63.5
电视台	0	44	37	81	36.5
总计	1	78	143	222	
百分数	0.5	35.1	64.4	100.0	

表 9　　第 4 类地区不同级别的广播电台电视台交互表

	中央和省	市	县	总计	百分数
广播电台	1	34	65	100	59.9

续表

	中央和省	市	县	总计	百分数
电视台	1	48	18	67	40.1
总计	2	82	83	167	
百分数	1.2	49.1	49.7	100.0	

表 10　　不同级别广播电台电视台新闻工作者的总数和比例

地区类型	1	2	3	4	总计	百分数
中央和省	59%	14%	8%	2%		
市	3%	51%	61%	68%		
县	11%	35%	31%	3%		
总计	22370	14063	4185	2672	43290	
百分数	51.8	32.5	9.7	6.0	100	

表 10 数据的计算说明：广播电视的原始数据（TV. DBF）根据 1990—1993 年的《中国新闻年鉴》和 1992—1993 年的《中国广播电视年鉴》。前者有每单位人数和编、采、播的人数，后者无。因有部分单位没有总人数数据，是根据各地区、各级别有总人数的单位的均值，乘以 0.958（使得总数近似于 43230）得出的结果，计算过程如表 9。

表 11　　不同地区不同级别广播电台电视台新闻工作者人数的估计

地区类型		省	市	县	总和	调整数
1. 发达地区	单位数量	145	124	247	23342	22408
	平均值	95.0	49.8	10.1		
	估计总数	13770	7076	2496		
2. 次发达地区	单位数量	18	226	488	14671	14084
	平均值	110.7	33.3	10.6		
	估计总数	1993	7529	5149		
3. 欠发达地区	单位数量	1	78	143	4361	4187
	平均值	355	34.4	9.3		
	估计总数	355	2681	1325		
4. 不发达地区	单位数量	2	84	83	2718	2609
	平均值	0	23.5	9.6		
	估计总数	0	1924	794		
	总和				45092	43288

表 12　不同地区报社通讯社及广播电台电视台的新闻工作者人数

地区类型	报社通讯社	电视台和广播电台	总计
1. 发达地区	27724	22408	50132
2. 次发达地区	9777	14084	23861
3. 欠发达地区	2846	4187	7033
4. 不发达地区	1749	2609	4358
总计	42096	43288	85384

表 13　不同地区和报纸类别的交互表（单位数）

	1	2	3	4	总计	百分数
党政机关报	172	187	63	77	499	25.7
对象性报纸	223	51	17	15	306	15.8
专业报	740	198	43	15	996	51.3
晚报	36	17	8	4	65	3.4
科技报	50	18	4	2	74	3.8
总计	1221	471	135	113	1940	
百分数	62.9	24.3	7.0	5.8		100.0

表 14　不同地区和报纸类别的交互表（新闻工作者人数）

	1	2	3	4	总计（人）
党政机关报	9352	6350	1780	1201	18683
对象性报纸	4447	681	421	248	5797
专业报	11288	1999	541	472	14300
晚报	1738	614	160	98	2610
科技报	899	178	34	30	1141
总计	27724	9822	2936	2049	42531
百分数	65.2	23.1	6.9	4.8	100.0

表 15　党政机关报所在地区和报纸通讯社级别的交互表（单位数）

	1	2	3	4	总计	百分数
中央级	14	4	1	0	19	3.8
省级	35	8	1	1	45	9.0
地市级	59	137	44	63	303	60.8
县级	64	38	17	12	131	26.3

续表

	1	2	3	4	总计	百分数
总计	172	187	63	76	498	
百分数	34.5	37.6	12.7	15.3		100.0

三 样本的构成（表16—24）

表16　　抽样人数按地区分配

地区	报纸			广播电视			总计		
	男	女	总计	男	女	总计	男	女	总计
1	447	898	1345	398	1190	1588	845	2088	2933
2	233	467	700	207	619	826	440	1086	1526
3	70	141	211	62	186	248	132	327	459
4	44	88	132	39	116	155	83	204	287
总计	794	1594	2388	706	2111	2817	1500	3705	5205

表17　　第1类地区按报纸类别和职称分的男女样本量（人数）

	男性新闻工作者				女性新闻工作者				男女总计
	高级	中级	初级	合计	高级	中级	初级	合计	
政党机关报	24	67	61	152	24	116	165	305	457
对象性报纸	12	32	28	72	12	55	77	144	216
专业报	29	81	73	183	29	140	199	368	551
晚报	5	12	10	27	5	21	28	54	81
科技报	2	5	6	13	2	9	16	27	40
总计	72	197	178	447	72	341	485	898	1345

表18　　第2类地区按报纸类别和职称分的男女样本量（人数）

	男性新闻工作者				女性新闻工作者				总计
	高级	中级	初级	合计	高级	中级	初级	合计	
政党机关报	23	66	60	149	24	114	162	300	449
对象性报纸	3	7	6	16	3	13	18	34	50
专业报	8	21	18	47	7	36	51	94	141

续表

	男性新闻工作者				女性新闻工作者				总计
	高级	中级	初级	合计	高级	中级	初级	合计	
晚报	2	6	7	15	2	11	16	29	44
科技报	1	3	2	6	1	3	6	10	16
总计	37	103	93	233	37	177	253	467	700

表 19　第 3 类地区按报纸类别和职称分的男女样本量（人数）

	男性新闻工作者				女性新闻工作者				总计
	高级	中级	初级	合计	高级	中级	初级	合计	
政党机关报	7	19	18	44	7	34	47	89	133
对象性报纸	2	4	4	10	2	8	11	21	31
专业报	2	5	4	11	2	8	12	22	33
晚报	0	2	2	4	0	3	5	8	12
科技报	0	1	0	1	0	1	0	1	2
总计	11	31	28	70	11	54	76	141	211

表 20　第 4 类地区按报纸类别和职称分的男女样本量（人数）

	男性新闻工作者				女性新闻工作者				总计
	高级	中级	初级	合计	高级	中级	初级	合计	
政党机关报	5	13	12	30	5	23	32	60	90
对象性报纸	1	3	2	6	1	5	6	12	18
专业报	1	2	1	4	1	3	4	8	12
晚报	0	1	2	3	0	2	4	6	9
科技报	0	0	1	1	0	0	2	2	3
总计	7	19	18	44	7	33	48	88	132

表 21　第 1 类地区按电视台级别和工作类型分的男女样本量（人数）

		记者	播音员	翻译	总计	总和
省	男	199	28	7	234	937
	女	400	288	15	703	
地市	男	101	14	5	120	475
	女	203	146	6	355	

续表

		记者	播音员	翻译	总计	总和
县	男	38	6	0	44	176
	女	75	54	3	132	
总计	男	338	48	12	398	1588
	女	678	488	24	1190	

表 22　第 2 类地区按电视台级别和工作类型分的男女样本量（人数）

		记者	播音员	翻译	总计	总和
省	男	25	4	2	31	119
	女	49	36	3	88	
市	男	90	13	4	107	426
	女	180	130	9	319	
县	男	61	8	0	69	281
	女	124	88	0	212	
总计	男	176	25	6	207	826
	女	353	254	12	619	

表 23　第 3 类地区按电视台级别和工作类型分的男女样本量（人数）

		记者	播音员	翻译	总计	总和
省	男	5	1	0	6	21
	女	7	6	2	15	
市	男	32	4	2	38	152
	女	66	46	2	114	
县级	男	16	2	0	18	75
	女	33	24	0	57	
总计	男	53	7	2	62	248
	女	106	76	4	186	

表 24　第 4 类地区按电视台级别和工作类型分的男女样本量（人数）

		记者	播音员	翻译	总计	总和
省	男	1	0	0	1	4
	女	2	1	0	3	

续表

		记者	播音员	翻译	总计	总和
市	男	22	3	1	26	105
	女	44	33	2	79	
县级	男	10	2	0	12	46
	女	20	14	0	34	
总计	男	33	5	1	39	155
	女	66	48	2	116	

四　抽样单位及每单位样本数的确定方法

1. 采用不等概率抽样，即，使有职称人数多的单位被抽中的概率大于有职称人数少的单位。

2. 每一抽中单位的人数不定，但满足1≤每抽中报社女性样本人数≤20，1≤每抽中广播电台电视台女性样本人数≤30，即有职称人数多的样本数较大，有职称人数少的单位样本数较小。

3. 为保证抽中报社能满足样本在性别和职称方面的要求，抽中报社要满足：

A. 该单位女性职工数≥女性样本数

B. 高级记者 + 主任记者 > = 男高样本 + 女高样本

主任记者 > = 男中样本 + 女中样本

助理记者 > = 男初样本 + 女初样本

注：广播电视因无性别和各种职称信息，不作A、B判断。

五　广播电视抽样过程

（一）用各地区各级别各类型广播电视有职称人数单位的均值补入无职称人数的单位，用各地区各级别各类型广播电视有人数单位的均值补入无人数的单位，凡用此法补入者均作标记：TV. DBF中MISPERS字段（有职称人数）为“A”，MISPROF字段（单位总人数）为“B”。

注：因第4类地区省级（西藏）电台和电视台PERS和PROF均为0，

用西藏地级台替换。

（二）要涉及的因素

地区：1类、2类、3类、4类

级别：部级、省级、地级、县级

类型：广播、电视

专业：记者、播音、翻译

职称：高级、中级、初级

性别：男、女

（三）步骤

1. 由表14确定各地区男、女、总人数

2. 分别确定男女记者、翻译、播音的比例

男记者比例：23008/27018 =.85　　女记者比例：9228/16212 =.57

男翻译比例：710/27018 =.03　　女翻译比例：284/16212 =.02

男播音比例：3300/27018 =.12　　女播音比例：6700/16212 =.41

给出：

男记者+男播音样本数　　女记者+女播音样本数

男翻译高级、中级、初级样本数　　女翻译高级、中级、初级样本数

3. 在上两步基础上继续计算形成表21、表22、表23、表24。

注：这4个表为抽样程序要求库（TV1. DBF）所需数据。

（四）广电抽样程序分析

1. 备选样本条件：

如果是省级：PROF＊.375 > =5，即PROF > =13

如果是地县级：PROF＊.375 > =2，即PROF > =5

2. 分层：

4类地区×3级（省、地、县）=12层。为操作方便，部级的三个单位在抽样时当作省级对待。

3. 广播电视因素的考虑：

每层按有职称人数排序后，可望使广播电视随机排列，从而使广播电视样本比例接近总体比例，因此在程序中对广播电视不作专门处理。

在程序常数中给出：（因各地区相同）

总体男女比例为：女/总 =16212/43230 =37.5

每个广播电视单位应抽取男样本25.06%，女样本74.94%

男记者在（男记者 + 男播音）中的比例：23008/（23008 + 3300） = .87

女记者在（女记者 + 女播音）中的比例：9228/（9228 + 6700） = .58

男记者高、中、初比例：.16　.44　.40

女记者高、中、初比例：.08　.38　.54

男播音高、中、初比例：.16　.44　.40

女播音高、中、初比例：.02　.18　.80

在要求库（TV1. DBF）中按各地区各级别（表 21、表 22、表 23、表 24）给出：

男记者 + 男播音样本数　　　　女记者 + 女播音样本数

男翻译样本数　　　　女翻译样本数

4. 抽到某一单位后的步骤：

首先抽取翻译，每单位男女各 1 人，因翻译人少，必先完成。

高级女记者样本数 = PROF * .375 * .58 * .08

中级女记者样本数 = PROF * .375 * .58 * .38

初级女记者样本数 = PROF * .375 * .58 * .54

高级女播音样本数 = [PROF * .375 -（高、中、初女记者样本）] * .02

中级女播音样本数 = [PROF * .375 -（高、中、初女记者样本）] * .18

初级女播音样本数 = [PROF * .375 -（高、中、初女记者样本）] * .80

女样本合 = 前 6 项合 + 女翻译

男样本合 = 女样本合/.75 * .25　　　　(1/3)

高级男记者样本数 = 男样本合 * .87 * .16

中级男记者样本数 = 男样本合 * .87 * .44

初级男记者样本数 = 男样本合 * .87 * .40

高级男播音 = [男样本合 -（高、中、初男记者样本）] * .16

中级男播音 = [男样本合 -（高、中、初男记者样本）] * .44

初级男播音 = [男样本合 -（高、中、初男记者样本）] * .40

从要求库的 8 个数据中分别减去该抽中单位的数据，如未完成继续下一单位。

六　总体库结构

（一）报纸总体库结构（KE. DBF）

字段名	意义	类型	长度	取值
NO	报纸编号	C	4	3－2003
RANK	所在地	C	12	
PROV	省名	C	6	
SCOR	社会发展水平总得分	N	4. 1	
TY	发行分类	N	1	1－5： 1－政党机关报 2－对象性报纸 3－专业报 4－晚报 5－科技报
TY1	政党机关报细类	N	1	1－6
TY2	对象性报纸细类	N	2	1－11
TY3	专业报细类	N	2	1－11
NO1	全年实际出版期数	N	3	
AMOUNT	平均每期发行份数	N	6. 1	
TOTAL	全年发行总份数	N	6. 1	
MAN	男性职工人数	N	4	
WOM	女性职工人数	N	4	
A1	研究生	N	4	
A2	大学本科	N	4	
A3	大专	N	4	
A4	中专	N	4	
A5	中学以下	N	4	
A6	新闻专业	N	4	
A7	高级记者	N	4	
A8	主任记者	N	4	
A9	记者	N	4	
A10	助理记者	N	4	
A11	35 岁以下	N	4	

续表

字段名	意义	类型	长度	取值
A12	35－55 岁	N	4	
A13	55 岁以上	N	4	
A14	平均年龄	N	4	
AREA	地区号	N	1	1－4： 1－发达地区 2－较发达地区 3－欠发达地区 4－落后地区
PERS	单位人数	N	6	
PROF	有职称人数	N	6	
PAPAERNAME	报纸名称	C	30	

（二）广播电视总体库结构（TV. DBF）

字段名	意义	类型	长度	取值
PROV	省名	C	6	
GRADE	级别	C	2	部/省/地/县
GDNAME	台名	C	20	
GD	广/电标记	C	1	1＝广播　2＝电视
PERS	单位人数	N	6	
PROF	编采播人数	N	6	
RANK	所在地	C	8	
AREA	地区号	N	1	1－4： 1－发达地区 2－较发达地区 3－欠发达地区 4－落后地区
MISPERS	原人数缺失标记	C	1	缺失＝A
MISPROF	原编采播人数缺失标记	C	1	缺失＝B

《中国女新闻工作者现状和发展》调查的总体设计

本项调查研究的负责团体：由中华全国新闻工作者协会和中国社会科学院新闻与传播研究所合作研究。联合国教科文组织中国全国委员会负责协调、监督和指导。

本项调查研究的资金来源：由联合国教科文组织资助。总金额为3.5万美元（合人民币近30万元）。

调查研究的目的意义：当人类进入信息社会之际，一个国家拥有一支成熟的新闻工作者队伍，对于社会的进步，民族的发展，都具有十分重要的意义。所谓成熟的新闻工作者，是指思维敏捷，新闻敏感性强；作风踏实，接近公众；为人正直、敢于秉笔直书；文笔流畅，生动活泼；热爱新闻工作的人。成熟的新闻工作者越多，新闻界对社会的贡献越大。

在我国新闻界，女性约占三分之一。她们在新闻传播、信息交流的领域里，发挥了不可估量的作用。但是，由于妇女承担着人类再生产的重任（即生育、养育和教育孩子的任务），女性参加社会劳动的实际困难要比男子多得多。在我国从计划经济向市场经济转化的过程中，由于有些人对妇女的生育价值缺乏认识，加之残存的封建意识作怪，社会上一度出现了歧视和排斥妇女的思潮。这个潜流同样也在新闻界回荡。一些新闻单位不乐意接受新闻专业毕业的女性；有的地方在双向选择、优化组合时排斥女性；在一些地区和单位，女新闻工作者在业务进修、职务晋升、工资晋级、住房分配等方面，还没能同男子完全平等；她们在工作、家庭、子女教育、住房等方面的许多特殊困难得不到足够的关心和帮助，这些因素都极大地影响她们的进步。

历史资料表明，在中国新闻史上，对新闻界的全国性和地区性调查比较系统的有：

1. 由上海民治新闻专科学校校长顾执中先生组织学生开展的“上海报

纸和读者调查”（载《新闻记者”1936 年第 1 期）；

2. 1982 年至 1983 年中共中央宣传部新闻局开展的全国媒介调查（载《中国新闻年鉴》，人民日报出版社 1984 年版）；

3. 由中国社会科学院新闻研究所和首都新闻学会合作，1985 年进行的全国报纸普查（《当代中国报纸大全》宁夏人民出版社 1988 年版）；

4. 1987—1989 年由中宣部新闻局和北京广播学院合作的《高层次新闻业务人才培养途径多样化研究》；

5. 1988 年由中国人民大学舆论研究所进行的《全国新闻界对新闻改革态度的调查》（《中国传播效果透视》沈阳出版社 1989 年版）；

6. 江苏新闻学会对全省新闻队伍的调查。

但从未对全国新闻工作者作过全面而系统的调查，更未对女新闻工作者做过全面而系统的调查。为此，在联合国第四次世界妇女大会前，对我国女新闻工作者进行一次全面而系统的调查，非常必要，意义重大。此项调查研究不仅对现阶段我国女新闻工作者的提高和发展具有现实意义，而且对培养跨世纪的新闻人才，对 21 世纪新闻传播业的大发展，同样具有深远的意义。

通过本项调查要达到如下目的：

1. 通过调查弄清女性在我国新闻界的分布，即女性从事新闻事业的总人数；女性在报纸、广播、电视、通讯社、新闻性期刊、新闻传播教育和研究机构的从业人员中所占的比例和人数；女性在记者、编辑、播音员、节目主持人、新闻稿及新闻节目翻译、新闻教学和新闻研究等具有专业职务的人员中的比例和人数；女性在新闻产业管理人员中的比例和人数；女性在总编辑、副总编辑、社长、副社长、台长、副台长等决策人员中的比例和人数；女性在部主任一级的指挥人员中所占的比例和人数；女性在全国新闻传播院校教师和学生中的比例和人数；女性在新闻传播研究人员中的比例和人数。通过调查，对我国女新闻工作者的人数有一个全面的了解。

2. 通过抽样调查，了解女新闻工作者的职业意识（包括从事新闻工作的幸福感、荣誉感、成就感、自信心、竞争力、道德观、新闻敏感性等），文化素质（包括受教育程度、从事新闻工作经历、专长、职业技能、业余爱好等），家庭环境（包括配偶、子女、住房等），工作环境（包括与同事的关系、与领导的关系、与受众的关系、工作条件的现代化程度等）和社会环境（包括交通条件、家务劳动的社会化程度、社会的开放程度、与国外的交流状况等），以便对我国女新闻工作者的现状有一个明晰的了解。

为了解女新闻工作者的发展趋势，还将对目前正在各新闻院校、系、专业就读的女学生做专题调查，了解她们的职业理想、就业准备以及特殊要求和特殊困难，以便在新闻教育工作中，能给女学生以特别的心理和生理教育。

女新闻工作者的进步和提高，除了有良好的自身素质和宽松的社会环境外，所在工作单位领导对女新闻工作者的关照和扶持至关重要，因此，本项调查研究还将对样本单位主管新闻业务的总编辑做专题调查，以了解总编辑对女新闻工作者的评价和期望，了解新闻单位培养女新闻工作者的打算和计划，以便落实帮助女新闻工作者进步和发展的具体办法。

3. 通过专访20—30名有成就的女新闻工作者或召开小型座谈会，了解女新闻工作者的成长道路和环境，探讨提高女新闻工作者的途径和方法，为决策机构提供决策的参考依据。

本项调查研究的最终目的，是在了解女新闻工作者现状的基础上，使政府和新闻界对女新闻工作者在社会主义建设中的作用和地位有正确的认识和评价，争取能制订一项适合中国国情的计划，采取多种方式，培训、提高女新闻工作者的素质和水平，尤其是要为贫困地区、偏远地区和少数民族地区女新闻工作者的提高提供有效的帮助，并争取政府和社会能对女新闻工作者的特殊困难给予足够的重视和关心，对女新闻工作者的就业提供有效的法律保障，为女新闻工作者的提高和发展创造必要的条件。

4. 根据联合国教科文组织的要求，同时也出自我国新闻队伍调查的需要，通过本项调查研究，将探索一种符合我国国情的、多快好省的、科学的调查研究方法，为今后定期开展新闻队伍调查创造条件。

本项调查研究的理论假说

新闻工作的实践性特强，新闻人才的成长主要依赖于新闻工作的实践。实践经验的积累同系统知识的学习具有同等重要的意义。新闻界历来对新闻人才的来源有不同的看法，一种认为应从通讯员中吸收实习生，在采、编、播、译等实际操作过程中培养、提高：另一种认为应大力发展新闻教育，从受过系统高等教育，尤其是受过高等新闻教育的学生中选拔。放手让他们深入生活、深入实际、深入群众，独立工作，促使他们迅速成长、迅速成熟。而专业职务则是新闻工作者成熟的标志，因此，本项调查研究以新闻工作者的专业职务为标志，重点调查具有专业职务的新闻工作者。

女新闻工作者在新闻实践中的困难要比男新闻工作者多得多。比如社会对女性的歧视、家庭对女性的牵制、社会不安定因素对女性活动的威胁等等，是影响女新闻工作者进步和发展的主因，则需要呼吁政府和社会对女新闻工作者的特殊困难和特殊需要，给予特殊的关注和帮助，为女新闻工作者创造良好的工作环境。假如是女新闻工作者自身的素质（含文化素质、心理素质和生理素质）影响自身的进步和发展，则需要新闻界给予女新闻工作者更多的培训和教育，也需要女新闻工作者自身的努力，促使女新闻工作者迅速成长和进步。因此，本项研究将分析研究影响女新闻工作者进步和发展的各种因素，提出现阶段改善我国女新闻工作者的工作条件，及提高女新闻工作者素质的对策措施。

本项调查研究的问卷结构

1. 职业角色。有人说新闻工作者是“社会活动家”，那么中国女性甘当“社会活动家”的人与日俱增。据估计，女性占新闻从业人员的三分之一，而在新闻传播院校新闻系的女学生竟超过半数。为什么我国女性对新闻业如此钟情？一曰：母性和爱心是妇女的天性。在苦难中过惯了动荡不安生活的中国女性，特别珍惜安宁与和平。她们期望通过信息的沟通，促进人与人之间的思想交流，减少矛盾和冲突，增进友谊，维护和平，而新闻工作恰恰是信息交流的工作，因此，新闻工作是适合女性的职业。二曰：在市场经济大潮中，女性缺乏竞争力，新闻工作风险性不大，比较适合女性做。三曰：女性观察生活细致，善于发现社会生活的新动向，抓取独家新闻。四曰：女性感情细腻，善于交际，比男性更容易得到报道材料。五曰：新中国男女平等的观念已成风尚，中国女性自主意识增强，新闻工作比较容易满足女性自我实现的愿望。

2. 价值取向。女性不仅关心本身的生存和发展，而且关心后代的生存和发展，对人类的前途命运分外关心。她们有强烈的社会责任感和历史使命感，愿意为消除社会一切丑恶现象，建立美好社会而献身。因此，女新闻工作者干预生活的勇气足，敢于利用批评的武器，实行舆论监督，抨击社会消极现象。女新闻工作者热爱生活，喜欢热情讴歌生活中一切美好的人和事。女新闻工作者妇女意识比较强，关心妇女疾苦，新闻队伍中女新闻工作者比例大，则新闻媒介对妇女发展的贡献更大。

3. 提升机会。尽管在新闻界女性的比例日益增加，而且有越来越多的女新闻工作者走上中层领导岗位，但是，据 1985 年首都新闻学会调查组的全国报纸普查，在报纸副总编辑以上领导干部中，女性仅占4.7%，在许多新闻单位的编委会中没有女性。为什么女性难以进入领导层？一曰：女性多数优柔寡断，魄力不大，不适合进入决策层。二曰：女性的领袖欲不如男性强，多数女性只愿当编辑、记者干实事，不愿意当官管人指挥人。三曰：女性结婚后家务缠身，不能说干就干，任高层领导工作会耽误事。四曰：女性恋家，热衷于经营“安乐窝”，业务上不求进取，很难选拔出合适的女领导干部。五曰：男尊女卑的封建残余思想作怪，选拔干部时，对女性百般挑剔，标准高于男性。六曰：女性心眼小，婆婆妈妈的事多，领导班子里女性多了不容易团结。

4. 自身素质。尽管现在已经有了一批出类拔萃的女编辑、女记者、女节目主持人、女播音员、女翻译，但在历年来的好新闻获奖者中，在范长江奖和邹韬奋奖的获奖者中，在高级职称的获得者中，为什么女性与男性不等比？一曰：女性的活动能力不如男性，不容易抓到有分量的报道主题。二曰：女性的知识面不如男性广，新闻敏感性弱，不善于抓独家新闻。三曰：女性的感情细腻，善于写人物通讯，不擅长写宏观综合报道。四曰：有时女性外出采访不安全，会主动放弃有价值的新闻线索。五曰：女性有自卑感，当遇到多人竞争时，往往因自信心不足而自动放弃。六曰：评奖委员会或职称评定委员会中的评委大都是男性，评奖和职称评定不公平。七曰：女性的工作技能不如男性（如不会开车、拍照、不会用电脑等），限制了她们的活动能力。

5. 生活环境。尽管宪法作出了男女平等的规定，但是在现实生活中，依然存在着实际上的男女不平等，女性在社会上，在单位和家庭里，某些权利的享受依然同男性不一样，比如分配住房，有的单位明文规定以男方为主；有的单位规定按职务和职称分房，女性因职务和职称均低于男性而得不到住房；因“男主外，女主内”的传统思想，在家庭里，女性承担的家务劳动比男性重，女性能享受到的用于个性发展的自由时闻相应比男性少。据北京市统计局1982年对1200名职工的调查：全市职工平均每天享受自由时间为3小时30分钟，而男职工享受的自由时间为3小时59分钟，女职工享受的自由时间仅2小时57分钟。在家务劳动现代化水平不高的现时代，女性为家庭生活付出的牺牲要比男性多得多，从而妨碍了女性自身的提高和发展。

6. 个人特征：性别、年龄、民族、教育程度、专业职称、政治面貌、从事新闻工作年限；家庭结构：人口、婚姻状况、经济收入、住房面积；心理与生理健康状况。

本项调查研究的样本结构确定两个基本群体作为调查研究对象

1. 具有专业职务的女新闻工作者（包括受过系统高等教育者、受过高等新闻教育者、在新闻实践中成长者三种人）

2. 具有专业职务的男新闻工作者（包括受过系统高等教育者、受过高等新闻教育者、在新闻实践中成长者三种人）。男新闻工作者作为对照组。

本项调查研究的方法

本项调查采取实证研究的方法，在国内外现有研究成果的基础上，针对我国女新闻工作者的实际情况，从定性认识出发，提出理论假设，采取组织大规模抽样调查和传统的典型调查相结合的方法，将定量分析和定性分析相结合，收集大量数据资料和非数据资料，在综合分析大量资料的基础上，证实或证伪原定的理论假设，得出科学的结论，达到更高层次的定性认识。使之对我国女新闻工作者的现状有一个明晰的了解和认识，并为联合国教科文组织和我国新闻事业的决策机构提供资料翔实、可靠的调查研究报告。

1. 调查的范围和分析对象

关于女新闻工作者的一般情况，充分利用新闻出版署、广播电影电视部、新华社等单位的现有资料作为抽样框（即抽样总体）。时间界定为1993 年底；范围界定为全国县级以上经广播电影电视部正式批准的广播电台和电视台，经新闻出版总署正式批准的报社和新闻性期刊社以及通讯社，作为分析单位。

采取分类抽样方法，抽取具有专业职务、目前在专业岗位上从事专业工作的人员为样本，以个人为统计分析单位。但需专访 3—4 位已离退休的著名新闻工作者，征询他们对本项调查总体设计的意见。

2. 资料收集方法

采取“统一问卷，直接面访”和邮寄相结合的方式，并进行个别交谈和召开小型座谈会。

3. 样本抽选方法

根据新闻单位在全国各地的分布状况，严格按照随机原则，在全国范围内抽取 20 个市县以上的 200 个新闻单位作为调查点。考虑到广播电视的同质性较强，而报纸、期刊的异质性较强，在 200 个调查位中可确定调查

100 个报社、4 个期刊社、2 个通讯社、50 个广播电台、50 个电视台、4 个新闻院校（教育者）、2 个新闻研究机构。

在抽中的新闻单位中，由调查员根据抽样方案，在具有专业职务的女新闻工作者中抽取样本，样本总数为 1500 人；另抽取 1500 名男新闻工作者作为对照组（使用不同的问卷）。在此总样本中，需有至少 60 名少数民族的专业人员（女男各半）；还需有至少 150 名未经过系统专业教育，而由通讯员或实习生成长起来的专业人员（女男各半）。高、中、初专业人员在总样本中的比例为 3∶4∶3。

为对女新闻工作者作出客观的评价，对 200 个调查单位中主管业务的领导干部做专题问卷调查。接受调查的领导干部可以是总编辑，也可以是副总编辑，但必须是主管新闻业务的决策者，如有女性任总编辑或副总编辑者，则为当然的调查对象，同时再调查一名男性决策者。调查人数为 800 人左右。为预测新闻队伍的发展趋势，对目前在新闻院校就读的学生进行专题调查。调查人数为 1200 人（女男各半）。

以上各项调查的总人数为 5000 人。

本项调查研究是一项全面、深入、多层次、多角度的调查研究项目，为保证样本的随机性和科学性，拟聘请北京广播学院副教授、调查统计研究所所长柯惠新博士负责制定抽样方案，指导数据统计分析，并主持调查研究方法专题研究。

4. 组织调查的步骤

（1）成立《中国女新闻工作者调查》课题组。课题组由中华全国新闻记者协会和中国社会科学院新闻与传播研究所派精干人员组成。课题组本着权责利一致的原则组织开展工作。本项调查研究由课题组组长向中华全国记者协会和中国社会科学院新闻与传播研究所负责。中华全国记者协会和中国社会科学院新闻与传播研究所向联合国教科文组织及中国全委会负责。

（2）由课题组长负责总体设计。课题组按总体设计要求分工设计总体调查表、综合调查和专题调查问卷。总体调查表在正式定稿前需广泛征求新闻单位的意见；抽样调查问卷在正式定稿之前，必须进行测试，然后进行信度和校度的分析。每份问卷测试的规模为 100 人。如有必要，再做第二次，甚至第三次，以保证调查的客观性、科学性和有效性。

（3）培训调查员。课题组成员除特殊情况外，均需直接参加调查。在进行大模模调查时，视情况聘请有经验的人任调查员，由课题组负责培训。

（4）整个实地调查分两步走：由课题组成员带领经过培训的调查员，先在北京地区实地调查，取得经验，然后分赴各地调查。要求调查员在当地记协的领导和帮助下，按质按量完成调查任务。在交通邮递方便的地区，可考虑采取邮寄方式，以节约费用。

（5）集中进行问卷检查工作，剔除废卷，并进行复查工作，复查的幅度在北京定为10%，在外地定为5%。复查可采取写信、面访、打电话等方式。

本项研究的统计要求

根据每项调查内容设计统计方案。全部统计工作由课题组负责完成。

对数据统计的要求：除要求有绝对数、百分比、中值、众数、不同地区的对比数、不同类别和层次的对比数的统计之外，还要求做自变量和因变量之间的相关分析、回归分析、聚类分析、因子分析，因径分析等高级统计，以发现影响新闻人才成长的诸多因素，找出培养新闻人才的规律。

本项调查研究的成果形式

1. 阶段性成果以简报及论文形式出现。

2. 最终成果：一为调查研究报告，出版中文本和英文本两种；一为课题组集体撰写的专著，暂定名为《中国的女记者和男记者》。

本项调查研究成果署名形式：

凡属本项调查研究的总体设计、问卷设计、统计设计、子课题设计、阶段性调查报告、最终调查研究报告、集体撰写的专著等均属知识产权，均署作者姓名。不参加调查和写作者不署名。

本项调查研究的署名形式

1. 最终成果署名

前面署：中华全国新闻记者协会、中国社会科学院新闻与传播研究所

结尾署：执笔人姓名。

2. 阶段性成果署撰写人姓名。

3. 在前言中署领导小组、课题组及调查组人员名单。

4. 总体设计、问卷设计、统计设计及子课题设计署设计者姓名。

本项调查研究的经费开支：（详见《经费预算》及《经费管理办法》）

本项调查研究组织

1. 建立领导小组，负责内外协调工作及审查调查研究方案并监督实施；

审查经费预算方案并监督执行。

领导小组由如下同志组成：

组长　阮观荣　徐耀魁

组员　陈崇山　陈秀霞　闵大洪

2. 组织课题组，全面负责本课题的设计、统计和调查研究工作，撰写、翻译、出版调查研究报告及专著；向联合国第四届世界妇女大会宣传此成果，以扩大中国新闻界在世界上的影响。

课题组由如下同志组成：

组长：

陈崇山　中国社会科学院新闻与传播研究所研究员

陈秀霞　中国教科文组织全国委员会交流分委员会副主任

组员：

阮观荣　全国记协国内部主任、高级记者

徐耀魁　中国社会科学院新闻与传播研究所副所长、副研究员

戴预璋　全国记协国际部副主任、副译审

刘海兰　全国记协国内部主任记者

李斯顾　中国社会科学院新闻与传播研究所助理研究员、硕士（课题组学术秘书）

陈力丹　中国社会科学院新闻与传播研究所研究员、硕士

宋小卫　中国社会科学院新闻与传播研究所助理研究员、硕士

卜　卫　中国社会科学院新闻与传播研究所助理研究员、硕士

刘晓红　中国社会科学院新闻与传播研究所实习研究员、硕士

王小英　全国记协国内部干事（课题组行政秘书）

本项调查研究日程安排

时间	任务
1. 1994 年 3 月	筹建领导小组及课题组
2. 1994 年 4—7 月	完成总体设计和问卷设计收集总体基础数据及资料
3. 1994 年 7—8 月	设计抽样方案及专家鉴定
4. 1994 年 8 月	培训调查员，完成北京地区的调查
5. 1994 年 9—10 月	全国抽样调查、专题调查

续表

时间	任务
6. 1994 年 11—12 月	抽样调查资料统计分析
7. 1995 年 1—2 月	撰写抽样调查报告并组织翻译定稿，调查研究报告送交联合国教科文组织中国全委会
8. 1995 年 3—6 月	调查研究报告付印，要求 7 月底见成书
9. 1995 年 7—8 月	撰写专著。为参加联合国第四届世界妇女大会做准备工作
10. 1995 年 9—10 月	参加联合国第四届世界妇女大会《妇女与传媒》论坛
11. 课题资料整理，全面总结上报全国记协和中国社会科学院新闻研究所	

《中国女新闻工作者现状和发展》调查课题组

1994 年 4 月

设计者：陈崇山

《中国女新闻工作者现状和发展》调查实施方案

一、调查要求

本次调查的样本分布在除港澳台外的30个省市自治区，共需调查426个新闻单位的5100名男女新闻工作者。要求问卷回收率达到100%，其中有效问卷率达到98%以上，力争达到100%。

二、调查时间

自1995年2月10日至3月30日共50天。

三、调查方式

本次调查的特点是样本数量大、分布面广、调查时间短。为保证按质按量完成调查任务，采用以邮寄为主、面访为副，两者结合的调查方式。

四、调查方法

1. 面访部分：根据需要，由课题组成员自愿，自报公议，确定每人包干1—3个省（或若干调查单位），一包到底。

2. 邮寄部分：采用统一邮寄调查问卷的方法，第一步是给样本单位的负责人（报社和通讯社总编辑或主管新闻业务的副总编辑，广播电台和电视台台长或主管新闻业务的副台长）寄调查函，阐明本次调查的目的和意义，引起新闻单位主管领导的重视，并请求按抽样要求提供该单位调查对象名单，同时寄一份问卷请该领导同志填写，要求在一周内将填写完毕的问卷和调查对象名单寄回。第二步，根据调查对象名单，将问卷直接寄给调查对象。

在给调查对象邮寄问卷时，采取多种方法，一种是不给任何承诺，要求寄回问卷；一种是承诺给予报酬，要求寄回问卷；一种是先寄一信联络感情，再寄问卷，要求寄回。三种方法应该等比。

3. 不论面访还是邮寄，均采用课题组成员分工负责制。其责任是：（1）全权负责回收并检查全部问卷；（2）负责对5%的调查对象进行复查；（3）至少深入一个调查单位，作个别访问和召开座谈会，了解新闻工作者的具体情况；（4）撰写所包干地区的调查报告；（5）如交由地方记者协会负责调查，则需向地方记者协会的同志将任务交代清楚，并签订合同书；（6）审查包干地区内邮费、传真费、长途电话费等支出凭证。

五、调查人员

调查人员主要由课题组成员、委托调查的调查员和院校新闻系研究生担任。

调查员必须忠于职守，认真执行调查任务，要保证将每份问卷交到或寄到调查对象手中，并请调查对象亲自填写。调查员不得代人填写，更不准自己填写。

六、调查经费

调查经费统一计划，统一支出，支出的项目主要是：

1. 课题组成员的差旅费、劳务费、市内交通费及其他费用；

2. 购买信封费、邮费、传真费、长途电话费。

七、经费开支标准

1. 北京地区每份问卷10元人民币，远郊区按出差对待。

2. 除北京地区外，每份问卷为12元人民币。如委托给地方记者协会调查，则给地方记者协会每份问卷10元，委托人得每份问卷2元。

3. 课题组成员离京作面访，按出差支付差旅费、出差地市内交通费和食宿费。差旅费实报实销。除事先规定可乘飞机的地点外，一率乘火车。住宿费平均每人每天平均40元，如住在亲友家减半；伙食费每人每天补助20元；市内交通费平均每人每天10元；劳务费平均每人每天10元；共计80元人民币。

4. 课题组成员如到特区作面访调查，则平均每天住宿费为60元，伙食补贴30元，市内交通费20元，劳务费10元，共计120元。

八、调查报酬按有效问卷计算，如发现废卷，则不付钱。所谓“废卷”，是指填表人的性别A、民族B、年龄C、教育程度D、所学专业E、党派归属F、经济收入G等共七项填写不完全，影响统计分析的问卷。

九、劳务报酬分两次支付，先支付二分之一，另二分之一在任务完成后支付。

《中国女新闻工作者现状和发展》调查课题组

《中国女新闻工作者现状和发展》调查进入实施阶段

《中国女新闻工作者现状和发展调查》最近进入实施阶段。这项调查是为了迎接联合国在北京召开的第四次世界妇女大会，受联合国教科文组织的委托，由中华全国新闻工作者协会和中国社会科学院新闻与传播研究所联合组织进行的。这是我国第一次全国性的有关女新闻工作者现状和发展的大型调查活动。

这次调查的目的，旨在了解中国女新闻工作者的现状，了解她们的工作和生活条件，以及她们的愿望和要求，以期为改善我国女新闻工作者的工作和生活环境，促进她们的进步，使她们对中国的新闻事业作出更大的贡献。

这次调查的成果将送交联合国教科文组织，并在联合国第四次世界妇女大会上同国际妇女界和新闻界广泛交流，以加强同国际妇女界及国际新闻界的交往和合作，扩大我国女新闻工作者的国际影响，提高我国女新闻工作者的国际地位。

这项调查的前期准备工作已经进行了半年。课题组成员广泛搜集了中外有关新闻工作者调查的资料，征求了新闻界、妇女界有关人士的意见，设计了符合中国国情的调查问卷，并按照随机原则，在全国除港澳台地区外的30个省、直辖市、自治区抽取了426个新闻单位作为调查单位。又在这426个调查单位的记者、编辑、校对、翻译、播音员和节目主持人等新闻专业人员中，抽取女新闻工作者3705人作为调查对象；为进行男女新闻工作者的对比分析研究，还抽取男新闻工作者1500人作为对照组。同时对抽中为调查单位的一名总编辑或主管新闻报道的副总编辑（台长或主管新闻报道的副台长）进行问卷调查。

这次问卷调查的内容包括被调查者个人和家庭的基本情况、职业特征、职业意识、对工作和生活的满意程度、个人进步和发展的愿望、要求和困难，对女性从事新闻工作的看法，以及对中国女新闻工作者发展进步的建议等45项。

调查的组织者希望新闻界人士积极配合，高质量地完成这项调查任务。

《中国女新闻工作者现状和发展》调查经费管理办法

一、经费总数

由联合国教科文组织 IPDC 所资助的经费总金额为 3.5 万美元。已到第一次拨款为 2.5 万美元，按汇价 8.62 元人民币折算，总金额为 21.55 万元人民币。另两次拨款当按款到时的汇价计算。

二、经费使用原则

1. 该项经费必须专款专用，即全部用于女新闻工作者的调查研究，以及成果提交联合国第四届世界妇女大会交流之用，不得挪作他用。

2. 本着“保证质量，量力而行”的原则规划和使用经费，努力做到勤俭节约，合理支配，使每笔经费都产生实际效果。

3. 该项经费的管理使用必须遵循公开的原则，课题组每季度向全组同志公布一次经费开支细目，并呈报领导小组，接受全组同志和领导小组的审查监督。

三、经费管理

1. 课题经费由中华全国新闻工作者协会财务处按照《中国女新闻工作者现状和发展调查》课题调研经费预算方案负责管理。负责主管此项经费的会计有权拒绝支付同此项目无关的报销单据。

2. 考虑到调研计划的实际执行者大都是中国社会科学院新闻与传播研究所的科研人员，为确保调研工作的顺利进行，可按课题进行情况，分次预支部分经费到新闻所财务账上。每次预支数额为 5000 元。由新闻所会计负责同记协会计结算。

3. 负责经费管理的会计按月向课题组组长和领导小组长提交一份经费开支细目报表，以利于课题组长和领导小组长按课题计划控制经费的使用。

四、经费开支办法

1. 经费开支严格遵循“多劳多得，按劳付酬”的原则，要有利于调动课题组成员的积极性，增强课题组成员的责任心。

2. 所有报销单据必须写明经费用途和经手人姓名，课题组长陈崇山或陈秀霞才能签字。

3. 经费开支的批准权限：一次性开支在800元以下者，由课题组长陈崇山或陈秀霞签字报销；一次性开支在800元以上、1500元以下者，除由课题组长陈崇山或陈秀霞签名外，还由领导小组组长阮观荣或徐耀魁签字；一次性开支在1500元以上者，除由课题组长陈崇山或陈秀霞、领导小组组长阮观荣或徐耀魁签字外，还要由中国新闻工作者协会主管此项工作的书记王哲人签字。

五、经费开支标准：经费开支标准分为项目经费、日常经费、活动经费和实物经费四项。

1. 项目经费按预算执行。在经费支出前，课题组长必须按项目的要求交代清任务；项目完成后，课题组长必须验证工作质量，经领导小组通过后，才可支付最后一笔报酬。

2. 日常经费是指调研工作必需的通讯联络、公共关系、打印复印等费用，在规定的预算范围内，由课题组长严格掌握。

3. 活动经费是指除项目经费之外的活动开支（包括开领导小组会、课题组会、专家咨询会等集体活动）。一般按下列标准掌握：

（1）发给经常在北京市内调查、联系工作、查资料、参加会议的课题组成员每月交通费20元。

课题组成员因购置设备或搬运重物时，可雇用出租车，实报实销。如由单位派车，则酌情支付汽油费及司机劳务费。

（2）课题组成员外出联系工作、查询资料、开展调查等，每半天发给误餐费20元。领导小组或课题组召开工作会议，每半天发给误餐费20元，特殊情况可酌加，但不得超过30元。

（3）课题组内的离休干部参加第（2）项的活动，每半天除发给误餐费20元外，另加劳务费10元。

（4）专家咨询会，视情况每次支付劳务费50—100元。如需供应中餐或晚餐，就餐标准为50元，特殊情况可酌加，但最多不得超过80元。一般不陪餐，在特殊情况下陪餐人员最多不超过2人。

对联合国官员的接待例外，但应严格控制陪餐人数。

对联合国官员的接待费用由“外事活动”项支出。

（5）支付全国记协财务处每月 60 元，支付起止时间为 1994 年 5 月至工作结束；支付中国社会科学院新闻与传播研究所财务处每月 40 元，支付起止时间为 1994 年 7 月至工作结束。

4. 实物经费是指属于因调研工作需要，必须购置的设备、物件、文具用品等，一律按经费预算执行，凭发票实报实销。

六、参照国家有关规定，在经费总金额中提取 5%（约为人民币 1.5 万元），作为全国记协和中国社会科学院新闻与传播研究所的管理费，各为 2.5%。在课题结束时支付。

七、在课题完成后，如有经费结余，拿出适当比例作为奖金，奖励课题组成员。

八、调查组所购固定用品如计算机、打印机、文传机等，待项目完成后，折价处理给中国记协和社科院新闻所，抵付各自的管理费和节余款。如管理费和节余款抵付不够时，其不够部分由单位支付现金。

九、本办法请全国记协财务处和中国社会科学院新闻与传播研究所财务处协助执行。

1994 年 9 月 5 日

《中国女新闻工作者现状和发展》调查中期小结

由 IPDC 资助的《中国女新闻工作者现状和发展》课题研究，已经进行了将近 8 个月，现将情况总结汇报如下。

一　建立调研组织

中华全国新闻工作者协会和中国社会科学院新闻与传播研究所，在接到 IPDC 批准资助《中国女新闻工作者现状和发展》课题的通知后，即于 1994 年 3 月 29 日开会协商，双方决定派出强有力的干部和科研人员，组成《中国女新闻工作者现状和发展》课题组；并确定成立领导小组，加强对这项工作的领导，以保证课题研究高质量按时完成。

领导小组由中华全国新闻工作者协会国内部主任和中国社会科学院新闻与传播研究所主管科研的副所长任正副组长，两名课题组长及《交流报告》课题组长为组员。

1994 年 4 月 9 日成立有 12 人组成的课题组，其中有研究员 2 名，高级记者 1 名，副研究员 1 名，主任记者 1 名，助理研究员 3 名，实习研究员 1 名，局级干部 2 名，一般干部 1 名。在全组 12 人中，6 人拥有硕士学位。

此外，还聘请厦门大学新闻传播系美籍教授英健和北京广播学院副教授、理学博士柯惠新担任特邀研究员。

课题组有明确的分工，由课题组长负责总体设计；课题组成员分成两组，一组负责普查部分，收集总体资料；另一组负责抽样调查部分，负责问卷设计、抽样方案设计。

二　工作进度

（一）总体设计于 1994 年 4 月完成，内含调查研究的目的、内容、实施步骤、人员组成、经费预算、日程安排等等。

（二）普查部分

到1994年12月初，已向广播电影电视部、新闻出版总署、新华通讯社、中国新闻社征集到1993年底的总体人数资料；中共中央组织部和劳动人事部提供了新闻出版界和广播电视界具有专业职务人员的数据，可按性别区分出高级、中级和初级不同业务水平的人数。

（三）抽样调查部分

1. 收集参考资料

（1）向国内外有关学者征询意见及征求资料。到1994年12月初，已经征集到的资料有：

1985年江苏省社会科学院的《江苏省新闻队伍调查》。

1988年中国人民大学舆论研究所的《全国新闻界对新闻改革态度的调查》。

1988年中共中央宣传部新闻局的《关于高层次新闻业务人才培养途径多样化的研究报告》。

1993年台湾《新闻记者工作满意度的研究》。

1992年美国印地安那大学 Davrid Weaver and Cleveland Withoit：《The American Lourmalist》。

1993年日本新闻协会研究所的《现代新闻记者状况调查》。

（2）有关历届世界妇女大会资料。

（3）国内有关女新闻工作者的报道和图书资料。

（4）国内有关第四次世界妇女大会组织筹备及宣传资料。

（5）国内其他有关妇女调查研究的资料。

2. 设计调查问卷

（1）根据本项研究的目的要求设计的调查问卷，于1994年4月21日拿出初稿，于26日分发给参加全国记协第二届理事会全体理事，进行试测并征求意见，试测后作统计。但发放问卷230余份，仅回收76份。

（2）根据理事们的意见并参照美国、日本等国及江苏、台湾等省的资料，对问卷进行了反复修改，于1994年8月，进行第二次试测。试测对象主要是第一线的编辑记者（含新疆的民族记者和编辑）及新闻传播研究人员，共发放问卷90份，回收有效问卷58份，也进行了统计。

对第二次试测的问卷还召开了两次专家座谈会，对问卷的内容、结构、文字及编排逻辑等方面提出意见和建议。

（3）课题组对调查问卷进行了反复讨论和修改，经11月9日全组会议讨论修改后的问卷，又送国内权威人士评估鉴定。原新华社副总编辑、首都女新闻工作者协会主席李琴称："《调查问卷》所列各项比较详尽，没有其他补充。"中国妇女报总编辑、高级编辑王秀琳称："我认为你们设计的调查题目是比较全面而科学的，符合问卷调查的要求。"中国人民大学舆论研究所所长喻国明称："该问卷在设计上，既考虑了国际通行的一些调查指标，也突出了中国特有的国情，是一份较为出色的调查问卷。问卷的内容涉及面广，既全面，也有重点，结构合理，线索清晰，据此所做的调查，相信一定会有许多既有理论意义又有现实价值的发现。"专家们还对问卷的编排形式、措词以及个别问题提出了修改建议。

（4）现有问卷结构包括：受访者人口特征、健康状况、家庭情况、职业特征、职业意识（含对媒介功能认识和受众意识）、对目前工作条件和环境的满意程度、对女性参加新闻工作的认识、对女新闻工作者进入决策层的认识、对从事新闻工作能力的自我评价、自我提高和发展的状况，以及目前存在的实际困难和要求。

3. 制定抽样方案

请柯惠新博士设计的抽样方案已完成。将在全国新闻界抽取 205 个调查单位，其中 150 个报社、2 个通讯社、52 个广播电台、51 个电视台。调查单位分布于除港澳台地区之外的全国 31 个省、市、自治区。调查范围为县、地市，省市、中央四级新闻机构。样本总数为 4200 人，其中有男新闻工作者 1500 人作为对照组。

总之，到 1994 年年底，《女新闻工作者现状和发展》调查研究课题的设计工作业已完成，只待具体组织实施。

此项工作比原先上报 IPDC 的计划推迟了三个月，原因有二：一是 IPDC 资助的调查研究经费于 1994 年 6 月 28 日才到位，许多工作是在 7 月以后着手进行的；二是有个别领导同志滥用权力，人为设置障碍，《经费管理办法》从 7 月 1 日到 9 月 5 日先后修改 5 稿，花费 66 天；购置设备专用款有部分无端被扣留，拖延了 50 天才买回主要设备。如果在实施问卷调查时，在经费使用时再节外生枝，整个课题研究将无法按时完成。

万事俱备，只欠东风。望个别领导同志以国家信誉为重，以中国新闻界的信誉为重。

《中国女新闻工作者现状和发展》调查组组长　陈崇山

1994 年 12 月 12 日

《中国女新闻工作者现状和发展》调查报告

SURVEY ON THE CURRENT STATUS AND DEVELOPMENT OF CHINESE WOMEN JOURNALISTS

All-China Journalists Association
Institute of Journ-alism, Chinese Academy of Social Sciences

(January 5, 1996)

The "Current Status and Development of Chinese Women Journalists", a research project approved by UNESCO through the 14th session of IPDC under the International Exchange Program, was completed in December of 1995 as scheduled. It was implemented through joint organization of the All-China Journalists Association and the Research Institute of Journalism of the Chinese Academy of Social Sciences. Following is a report on its implementation:

One. Purpose of the Survey

The mass media in China have witnessed a rapid development since the state policy of reform and opening to the outside world becarne official in the late 1970s. By November of 1995, the number of newspapers published all over the country had grown to 2, 204, 11. 8 times the 1978 figure of 186. There were 1, 210 radio stations across the country, 11. 4 times the 1978 figure of 106, in addition to 49, 000 rediffusion stations operating at the county and township levels. The rodio audience accounted for 77. 4% of the national population. There were 980 TV stations, a 25. 8 – fold increase over the 1978 figure of 38. Also in operation were 1, 202 cable TV stations and 62, 920 earth satellite stations. This network of TV broadcasting covered 83% of the national population. The number of TV receivers in use by society grew from 69. 65 million in 1985 to 250 million at the end of 1994. In short, China has basically completed the building of a national network of radio and TV broadcasting, which is complete with earth satellites, rnicrowave ground stations and communication cables. Xinhua News Agency and China News Service, the sole news agencies in China, have also greatly expanded their operations.

Development of the mass media has provided ample opportunity for women to get employed in news reporting, hence the year-by-year growh in the number of women journalists. According to incomplete statistics from the Organization Department of the Central Committee of the Chinese Communist Party, the Ministry of Radio, Film and Television, the Press and Publication Administration of China, the Ministry of Labor and Personnel and the State Education Commission, nearly 200, 000 people are on specialized jobs in journalism, working as reporters, editors, translators, announcers or program hosts. The figure includes 87, 000 who have been assigned to professional posts of journalism. Among them, 28, 000 or 33% are women.

Women journalists have contributed much to the development of the mass media in particular and to China's modernization at large, and are becoming an important force for press work. Nevertheless, until our survey was done, no systematic investigation had ever been made into their conditions. For this reason, statistics and analysis used to be inadequate with regard to their education, working conditions, social status, family life, mental outlook, etc.

This survey is designed to acquire a first-hand knowledge of the working and living conditions of Chinese women journalists, and of the position they occupy and the role they play in China's press work, so as to facilitate the effort to promote their improvement, progress and development and enable them to play a still greater role in China's socialist modernization drive and in the cause of safeguarding world peace. It is meant to help society acquire a better understandng of the current status of wormen journalists and the problems they are facing and provide policy makers with a reliable basis in formulating relevant policies, so that still better social conditions will be prepared for their improvement and development. At the same time, the survey is meant to enhance the understanding of Chinese women journalists by press circles the world over, in order to expand the exchanges and cooperation between the two sides.

Two. The Objects of the Survey

The subjects for our survey are the 28, 000 women with professional titles of journalism, who work as reporters, editors, proof readers, translators, program hosts or announcers in news organizations at the county and higher levels in 30 Chinese provinces, municipalities and autonomous regions (Taiwan Province not included). At the same time, men journalists are selected for comparison.

Three. Contents of the Survey

○ Distribution of Chinese women journalists in different types of regions and news organzations;

○ The basic features of Chines women journalists, including their nationalities, ages, health conditions, marital and family status, children, as well as the news organizations which they serve and the regions where such organizations are located;

○ The education background of Chinese women jourr alists and job training available to them;

○ Chinese women journalists' housing, wages, fringe benefits and social welfare;

○ The position of women journalists and their role in China's press circles;

○ Understanding of Chinese women journalists on their own profession and how they judge their own professional capabilities;

○ The proportions of men and women in the leading echelon of news organizations, as well as the sex differences and the sense of equality of men and women with regard to working and living conditions;

○ Journalistic concepts of Chinese women journalists and their judgments about the media audience;

○ The degrees of satisfaction of Chinese women journalists with work and life;

○ Problems faced by Chinese women journalists and their desires and demands;

○ How the state policy of reform and opening to the world affects Chinese women journalists' working environment, living conditions and mental outlook.

(Appendix I: "Report on the Implementation of the Survey on the Current Status and Development of Chinese Women Journalists.")

(Appendix II: "Questionnaire On the Current Status and Development of Chinese Women Journalists.")

(Appendix III: The Sampling Design of the 1995 Countrywide Survey of Chinese Female Journalists On their Current Status and Development.)

The results of the survey are as follows:

One: The Basic Features of Chinese Women Journalists

One. Distribution of women journalists:

1. Distribution of women journalists among different types of regions:

Those in developed regions	57.8%
Those in average developed regions	28.6%
Those in undeveloped regions.	8.4%
Those in poor regions	5.2%

The disequilibrium in distribution of women journalsts is due to the fact that developed regions, with a high population density while enjoying economic boom are developed culturally, afford a high media accessibility to the public and, most prominently, have 62.9% of the newspapers published across China, thus able to provide women with more opportunities to work as journalists. Besides, those time-honored journalism schools or faculties are mostly in these regions, meaning that it is easier for women there to major in journalism. Nevertheless, women journalists there take a small percentage than men relative to regions of the other types. (See Supplementary Table I)

2. Distribution of women journalists among different ethnic minority groups:

China has 56 nationalities, the Hans being the majority. According to the 1990 national population census, the 55 minority ethnic groups together furnish 8.1% of the country's population. Of the 4,033 women journalists covered by our survey, 411 are identified as separately belonging to 29 minority ethnic groups including Mongolian, Zhuang, Man, Tibetan, Hui, Korean and Uygu. They account for 11.9% of the total, and the figure is 3.8 percentage points higher than that of all ethnic minority groups in the entire population of China's.

3. Distribution of women journalists among different types of news organiza-

tions:

Those working at radio and TV stations account for 56. 2% of the total; those working with newspapers, 42. 5% ; and those with news agencies, 1. 3%.

Of the journalists working with news agencies, 29. 2% are women (and 70. 8% are men) . Of those working with newspapers, women account for 27. 5% (and men, 72. 5%) ; and of those working with radio and TV stations, 37. 3% are women (and 66. 7% are men) .

4. Proportions of women to the total number of people holding professional titles of different grades of journalism:

There are three grades for professional titles of journalism—the junior, the middle and the senior (the senior breaking into associate senior and full senior) . Women account for 17. 1% (and men, 82. 9%) of the 11, 000 with senior professional titles; for 28. 1% of the 34, 000 holding professional titles of the middle-grade (men, 71. 9%) ; and for 41. 5% of the 41, 000 holding professional titles of the junior grade (men, 58. 5%)

5. Percentages of women journalists in the decision-making echelon of news organizations:

Women account for 8. 5% (men 91. 5%) of those on executive and editorial boards of news organizotions. Of leaders at news department level, 17. 6% are women (and 82. 4% are men) .

Two. Wornen journalists in different age groups and groups classified according to the different lengths of service in journalism:

1. 8. 4% of the Chinese journalists are 25 years old or younger; 50. 4% belong to the 26 – 35 age group; and 28. 1% are aged between 36 and 45; 12. 8% , between 46 and 60; and 0. 3% are 61 or older. Their average age is 35, compared with 39. 9 for their male colleagues.

2. The lengths of service of women journalists in journalism:

27. 5% of the women journalists has served in journalism for five years or less;

28. 2% , 6 – 10 years; 33. 3% , 11 – 20 years; 7. 9% , 21 – 30 years; and 2. 8% , 31 or longer. Their average length of service is 11. 02 years, slightly shorter than 13. 82 years for men journalists.

Three. The educational background of women journalists and their job training

1. As regards the educational background of women journalists, see Table I, which shows men journalists are slightly better educated.

Table 1 **Educational Background of Women Journalists (%)**

Ed. background	Junior high school orbelow	Senior high school	2 - year college	BA	MA	Ph. D.
women	1. 2	14. 0	40. 6	42. 4	1. 6	0. 1
men	1. 4	10. 9	38. 6	45. 1	3. 8	0. 2

Among those women journalists who have received higher education, 26. 2% have majored in journalism and communication (men, 26. 1%); 47. 6%, in other branches of liberal art (men, 49. 7%); 3. 6%, in foreign languages (men, 2. 6%); 5. 3%, in science and engineering (men, 8. 6%); and 5. 1%, in arts (men, to 4. 7%).

2. Job training for women journalists can be classified into pre-job training and on-job training.

Pre-job trainng refers to training in practical skills of news reporting provided to those already taking part in news reporting before they officially became journalists. News organizations in Chine attach great importance to involvement of the public in news reporting, and often provide training to correspondents and recruit editorial staff members from among them. Because of this, some women are able to gain practical experiences in news reporting even before they begin working as full-time journalists. Of the women journalists covered by our investigation, 12. 9% used to be correspondents for the mass media, 9. 2% were appointed by news organizations as part-time correspondents and 5%, though not working in news organizations, were assigned by their employers to work as full-time propaganda officers. These women journalists are deeply fond of news reporting and good at practical work. They are an important force in the Chinese contingent of journalists.

On-job training refers to continued professional training provided to women after they officially became journalists. Statistics show that 44. 7% of the women journalists have received such training (the figure is 53.7% for men). The rest, who account for 55.2% of the total, have never received on-job training (for men, the figure is 46.2%). Of the journalists who have received on-job training, men are nine percentage points more than women.

Of those women journalists who have received on-job training, 15.3% spent less than one month on such training (compared with 12.9% for men); 16.5% (in comparison with 23.5% for men), 1 – 6 months; 4.2% (in comparison with 6.8% for men), 7 – 12 months; 2.2% (in comparison with 3.4% for men), 13 – 18 months; and 6.5% (in comparison with 7.1% for men), 19 months or longer.

Our co-relation analysis indicates a remarkable positve relativity (P = .001) between the length of time one spends on training and the degree of success one is able to achieve in improving one's job competence. That is, the more ample is the opportunity one gets for job training and the longer is the time one spends on it, the faster will be the person's progress in improving his or her professional competence for news reporting. This tendency is true to both men and women journalists.

Some 63.6% of the women journalists covered by our survey complain about "lack of opportunity to be further trained in professional skills, so work ability has not improved much."

Meanwhile, women journalists have less "free time" than their male colleagues. "Free time", so to speak, refers to the time available to a person for personal development after the person spends a certain amount of time deemed as necessary performing his or her social and domestic duties. The "free time" averages less than one hour per day for 9.1% of the women journalists; one hour to two, for 37.6% of them; 3 – 4 hours, for 39.9%; 5 – 6 hours, for 8.0%; and more than six hours, for 5.4%. The majority of the women journalists have about three hours of "free time" per day. The weighted average is 2.6372 for women journalists, compared with 2.7149 for men journalists. This relative shortage of "free time" adversely affects efforts of women journalists to seek improvement through study by themselves.

Four. The health status of women journalists:

Most women journalists are in relatively good physical and mental conditions, with no significant differences from their male colleagues in this respect. The following statisticscre worked out on the basis of the descriptions given by the women journalists covered by our survey of their own health status:

1. 85. 7% of them are "full of energy, able to deal with daily life and work load easily, scarcely have a feeling of excessive strain"; 2. 96. 9% "deal with life enthusiastically and actively, are always ready to undertake responsibilities without nit-picking"; 3. 80. 0% "know how to work and rest regularly"; 4. 91. 1% have "strong ability to prepare for contingencies"; 5. 88. 0% are "healthy enough to be free from flu and contagious diseases;" 6. 94'1% have "suitable weight, with head and four limbs in harmony while standing"; 7. 86% have "bright, keen eyes with eyelids free from inflammation;" 8. 67. 8% have "clean teeth without dental caries, the color of the gum being normal and without bleeding." (For details, see Supplementary Table II)

Nevertheless, 35. 8% of the women journalists suffer from chronic diseases, slightly more than men journalists (35. 2%). Those suffering from chronic diseases of the digestive system account for 17. 6% of the women journalists. This may be attributed to the fierce, intense competition characteristic of news reporting which often makes life irregular. There are no significant differences with regard to the specific diseases suffered by men and women journalists. Nevertheless, more women journalists suffer diseases of the genital system than men. This problem indeed merits attention. Leaders of news organizatins should take the physiological characteristics of their female employees into full accoun and make special arrangements accordingly. Women journalists, on their part, should pay sufficient. attention to rest and personal hygiene during menstrual, puerperal and nursing periods.

Two: The Marital and Family Status of Chinese Women Journalists

One. The marital status of women journalists:

Singles account for 17. 7% of the women journalists covered by our investigation. Of those married who account for 82. 3% of the total, 75. 4% are in their first marriages; 3. 7% are living alone after divorce; 2. 8% are re-married and 0. 4% are living alone after their husbands died. The difference between men and women is significant (P = . 000): women living alone after divorce are 2. 5 percentage points more than men, and remarried men are 1. 6 percentage points more than remarried women.

Two. The quality of their marriages:

1. Chinese women journalists have fairly good marriages. Of the 3,145 women journalists who answered our question "How do you feel about the relationship between you and your spouse ," 46. 2% described such relationship as "strongly good" and another 39. 2% , as "good" —meaning that 85. 4% of the marriages are happy. meanwhile, 9. 9% of the respondents admit that there are "some problems"; 3. 4% say that the "marital relations can be maintained in spite of conflicts"; and 1. 3% say that the "marital relation could be broken because of serious crisis". The mean value is computed at 4. 26, with a standard difference of 0. 86. The dfference between men and women journalists is significant (p = . 0000): men journalists deeply in love with their wives or enjoying fairly good marriages outnumber their female colleagues by 4. 6 percentage points. In all the other situations, however, women take a greater percentage than men.

2. Occupations of the husbands of the women journalists: 21. 3% of the husbands are also journalists; 16. 0% are working in the trade or financial sectors; 13. 1% , as Communist Party or government functionaries or with trade union or youths' and women's organizations; 10. 1% , working in scientific or technological institutions; 8. 1% , working in education; 8. 0% , Working in the industry and communication sectors; 5. 2% , working with the police force, courts, or law offices; 4. 4% , working in cultural, art and sports organlzations; 3. 9% , working as medical workers: 3. 7% , in the armed forces; and 1. 4% , in agriculture or related occupations and 4. 7% , on other jobs. Statistics also show that women journalists married to men in the same profession as theirs tend to enjoy happier marriages because the couples have more to share in language.

3. Of the married women journalists, 26. 0% have no children; 61. 3% have single children; and 12. 7% have two children or more. Nevertheless, 60. 9% of the women journalists have children yet to reach adulthood, and that explains why taking care of children is the main domestic duty for 57. 6% of the women journalists covered by our survey. Besides, 18. 1% of the women journalis have elders to

take care of, and 2. 1% hove bed-ridden relatives to attend. Some 19. 3% of the women journalists find it difficult to properly handle the contradictions between domestic chores and work. When household work is far from being socialized in China, most women journalists have benefited from their own "preference to have only one child," hence their complete or relatively complete freedom from family chores which makes it possible for them to fully devote themselves to work.

4. In case of dispute caused by conflicting work schedules with their husbands who are also on full jobs, 60. 1% of the women will resolve the dispute through negotiation on merit of each case; The figure is 9. 3 percentage points greater than that for men journalists (50. 8%) giving the same answer. Some 22. 3% of the women journalists take an attitude that may be described as "each goes his or her own way," 6. 9 percentage points over 15. 4% for men journalists. Meanwhile, 10. 7% of the women journalists prefer to compromise their own work and allow priority to fheir husbands', while the figure is 20. 3%—9. 6 percentage points higher—for men journalists. Some 6% of the women journalists say that it is their husbands who give in, 6. 4 percentage points lower than 12. 4% for men journalists who compromise in favor of their wives. About 1. 0% of the women journalists (in comparison with 1. 1% for men journalists) use other methods to resolve such problems, for example, by letting their parents or other relatives take care of the children when they and their husbands both have to be away from home. In short, the difference between men and women is significant with regard to the handling of husband-wife disputes.

Three: Incomes and Fringe Benefits for Chinese Women Journalists

China's wage system ensures the same pay for the same work, irrespective of the sex of the worker. Unified wage standards, set by the Government, are practised all over the country. Roughly the same monthly wages are paid to people working in the same news organization, if they do the sarne types of work, have the same educational background and seniority, and hold professional or leading titles of the same grades. Wages are increased or readjusted in accordance with the overall planning of the Government. Women journalisls receive full pay during maternity leaves, and they will not be affected for that when wages are increased or readjusted. That' s why 89.2% of the women journalists say that they are equal with men with regard to wage increases.

In January of 1995, 21.6% of the women journalists had a monthly income of RMB 400 or less; 39.6%, RMB 401 - 600; 20.5%, RMB 601 - 800; 10.5%, RMB 801 - 1,000; 5.1%, RMB 1,001 - 1,500; 1.6%, RMB 1,501 - 2,000; and 1.3%, RMB 2,001 or more. On an average, women journalis with professional titles of the junior and middle graes earn RMB 400 - 800 a month; and those with titles of the senior grade, RMB 600 - 1,000.

Like their male colleagues, women journalists are entitled to fringe benefits provided by the state or society such as housing and medical care. Directly related members of their families (parents and children who cannot work) may be covered by social welfare programs for medical care.

There is a marked co-relationship between the incomes of women journalists and their places of residence, the incomes increasing progressively along with each higher level of development for the regions where they live. Those working in developed regions draw the highest incomes, and those in poor regions, the lowest.

The actual incomes of women journalists, however, have a marked co-relationship with the economic performance of the news organizations where they work. In other words, their incomes depend on the profitability of their news organizations. This is also true to the fringe benefits. Financially successful news organizations invariably have kindergartens for children of their own employees. These kindergartens, subsidized by the news organizations, charge the parents less than kindergartens in society. To a large extent, this sort of facilities run by news organizations have freed journalists from worries at work. In contrast, news organizstions too small or without good incomes are unable to run kindergartens of their own, and therefore 19.3% of the women journalists have the problem of household duties too heavy and inability to pay enough attention to work. News organizations which are large and financially good are able not only to provide housing to their employees, but also run rest homes where employees may vacation free of charge. Because of this, some women journalists working at grass-root news organizations want to go to news organizations with better economic performance.

Four: The Role of Chinese Women Journalists in Press Work

One. Most women journalists are doing "front-line" work in news reporting. Those with newspapers and news agencies mostly work as reporters, editors, translators and proof readers. Of those with radio and TV stations, 58.7% work as reporters, editors, translators and proof readers, and the rest, 41.3% of the total, are announcers or program hostesses.

Women account for 28.6% of the reporters, editors and translators working at radio and TV stations (for men, the figure is 71.4%), and 67% of the program hosts and announcers there are women (for men, the figure is 33%). This shows that in radio and TV, women are playing a more prominent role in news broadcasting and program hosting than on other jobs there.

Two. Women joumalists of minority ethnic groups, who account for 11.9% of all Chinese women journalists, are an upcoming generation of high promise. Using written and oral languages of their own, they have made important contributions to development of news reporting with distinct ethnic characteristics, and in styles liked by their own people, thus promoting the development of China's press work at large, and in their own regions in particular.

Three. Women journalists have a broad scope of operations, and are active in all areas of reporting. Those engaging in cultural, educaticnal and art reporting and in correspondence liaison claim a greater proportion than their male colleagues. In political, economic, sports, social, science and technology reporting, however, the numencal differences are significant between men and women journalists. See Table II (statistics weighted)

Table II **Percentages of Men and Women Journalists Working In Different Areas of News Reporting (%)**

Area of news reporting	Women (N = 1896)	Men (N = 3971)
Politics and law	25.0	34.1
Economic affairs	39.8	52.5
International affairs	7.4	8.0

(contd.)

Area of news reporting	Women (N = 1896)	Men (N = 3971)
Sports	9.6	13.3
Culturae &. arts	28.3	25.2
Science &. technology	23.8	28.2
Education	30.7	31.0
Social news	33.2	38.1
Correspondent liaison	9.1	8.9
Others	19.1	17.7

Four. About 40% of the women journalists are experts at one thing while good at many. Some 57.1% of them work full time on one of the six specialized jobs in journalism—news gathering, editing, proof reading, translation, program hosting and broadcasting; 29.6%, on two simultaneously; 7.9%, on three; and 2.6%, on four or even more. This shows that these women journalists are good workers in many areas, and some of them have proved to be outstanding. It is therefore not difficult to select from among them leaders for news organizations provided sufficient attention is paid to their upbringing.

Five. Many women journalists have become backbone elements of the profession. Those with professional titles of the senior grade account for 6.7% of all women journalists; 33.7%, with title of the middle grade; and 59.6%, with titles post of the junior grade. In comparison, 15.9% of the men journalists hold professional titles of the senior grade, 9.2 percentage points over their female colleagues. Some 42.6% of the men journalisfs hold professional titles of the middle grade, and the figure is 8.9 percentage points higher than that for women. (This is the generalsituation of distribution. For details, see Appendix III.)

Six. Some 4.4% of the women journalists are already promoted to the decision-making echelon of news organizations (as members of executive or editorial boards), and an extra 10.3% have been appointed as leaders of news deportments. They have done well as leaders and organizers and, in performing their duties, have improved their leadership capabilities. But in comparison to their male colleagues of the same caliber, they are 6.1 and 14.4 percentage points fewer, respectively. As to why the decision-making echelon of news organizations has few women, men and women journalists hold vastly different views. (For details, see Supplementary Table III.)

Five: The Position of Women Journalists in China's Press Work

Since its founding in 1949, New China has achieved progress of historic importance in ensuring the equaliy of men and women, and such equality has always been protected by law. Here is Article 48 of the "Constitution of the People's Republic of China": "Women of the People's Republic of Cnina shall enjoy equal rights as men in political, economic, cultural, social and other creas and in family life." Women journalists are thus entitled to the same rights and status as their male colleagues.

Here are the percentages of women journalists holding that men and women are entirely or basically equal on each of the following 14 items (in sequential order):

13. To get news works (news stories or programs) published	90.9%
3. To get wages raised	89.2%
9. To be awarded for excellent news stories or programs	86.1%
2. To be promoted	83.6%
10. To be commended as an excellent journalist	81.1%
7. To get children cared for in kindergarten or educated in school	80.7%
6. To get the problem of husband-wife separation resolved	78.2%
11. To be sent to a rest home for vacation	76.7%
12. To be sent to cover (edit, announce, translate, etc.) events of top importance	76.4%
1. To be further trained in professional skills	73.3%
8. To be sent elsewhere in China for news reporting or get to know more about society	64.8%
5. To be allocated housing	61.5%
14. To enter the decision-making circles (executive or editorial boards)	53.9%
4. To be sent abroad for visits	51.1%

According to these statistics, the majority of the women journalists feel completely or basically equal with regard to work, recognition and wages. Most of them feel completely or basically equal with regard to opportunities to be promoted to leading posts, get housing and be sent abroad for visits, while some feel not entirely equal or even unequal.

For women journalists, to get their works published is the pre-requisite for self-attainment, for it is their works which, above anything else, crystallize their wisdom, capabitties, style of writing and literary qualities. Timely publicaton of their works amounts to recognition and respect for their labor. The quantity and quality of works published by journalists and the social repercussions caused by these works are the major yardstick for decidng the raise of wages and assignment of professional titles, and for selecting good journalistic work and outstanding journalists to be commended. Because of this, publication of their works is directly linked to their honor and material benefits. On this question, 90.9% of the women journalists feel equal. Moreover, those who feel equal in respect to raise of wages, assignment of professional titles and selection of good journalistic works and good journalists all exceed 80%. This testifies to the fact that the Chinese press circles have, in the main, made women iournalists feel equal.

Nevertheless, not everything is satisfactory. In distributing housing, for example, some news organizations just let male staff members have it while asking female staff members to get housing from where their husbands work, and that makes 38.4% of the women journalists feel unequal. As regards opportunities for overseas visits, sex differences are not the sole factor that causes problems. Among journalists of both sexes working with news organizations at the prefecture-cily level and below, few have opportunities to be sent abroad.

Our co-relation analysis reveals a remarkable relativity of the sense of equality cherished by women to their professional or administrative post and their degrees of satisfaction with work and life ($P=.000$). That is, the higher the professional or administrative posts they occupy, the greater will be their sense of equality. Likewise, the more they are satisfied with their work, the more they feel equal with their male counterparts.

As for the sense of equality cherished by men journalists, their views on each and every item related to the issue are markedly differert. In proportionate terms, men who insist that complete equality of men and women has been achieved far outnumber women. On the question of further training, only 17. 0% of the women feel completely equal—32. 3 percentage points below the figure for men, which is 49. 3%. Some 22. 6% of the women hold that they are completely equal with men with regard to assignment of professional titles. In comparison, the figure for men is 57. 9% or 35. 3 percentage points greater. Women who feel completely equal with regard to wage increases account for 26. 7% of the total. The figure for men, however, is 61. 8% or 35. 4 percentage points greater. On the possibility to enter the decision-making echelon, only 11. 9% of the women feel completely equal, 24. 4 percentage points below 36. 7% for men. The statistics cited here testify to the differences in the subjective concepts of men and women journalists with regard to equality of men and women. (For details, see Supplementary Table IV)

Six. How Chinese Women Journalists View Their Own Profession

One. The initial motives of the women journalists for picking up news reporting as their profession are manifested in their initial reasons to join it. Some 38. 8% of them say that they did so after they were "assigned by a working organization or unit"; and 4. 0%, because they have elders working as journalists who influenced them in their choice of work. The rest joined press work for personal reasons which are listed in sequential order as follows: 32. 8% of them, because journalism helps "develop my own special skilis"; 12. 4%, for the "opportunities of writing"; 8. 3%, because journalists "have more chances to know society"; 3. 0%, because news reporting promotes social progress; 2. 3%, because "jobs of this kind can be used as a practical tool to get personal purposes realized," such as housing, separation of families, etc.; 2 1%, out of curiosity; 1. 0%, because journalists "have a relatively high social standing"; 0. 3%, because it is "easy for journalists to become known"; and 2. 9%, for other reasons.

Two. How women journalists view the question of women's participation in press work:

Journalism has become increasingly hot as a profession in recent years, and constantly growing is the number of women going in for it. In some classes of journalism and communication schools or faculties, more than half of the students are women. This testifies to women's understanding and love of press work.

Most of the women journalists covered by our survey support and appreciate women's participation in press work. Some 83.5% of them hold that "sexual difference is not a factor to decide the quality of work"; 84.4% of them say that women journalists "are more reliable because of carefulness and seriousness toward work"; 73.1% describe women journalists as "more sympathetic than men, and more brave to be outspoken for ordinary people"; 72.9% agree that "women journalists are good at getting along with colleagues, and are cooperative"; 61.1% hold that women journalists "have a strong sense of social responsibility and are brave to play a role" in ensuring supervision by public opinion over political authorities; and 51.5% feel that "women journalists are more likely" to get to news sources.

Most of the women journalists are opposed to views which belittle the role of women. Some 82.3% of them disagree to the assertion that "women's professional skills are not as good as men's"; 68.9% refute the saying that the female "has an inferior complex, and lacks awareness of being competitive"; and 68.3% reject suggestions that "within a news organization, the working efficiency will be negatively affected if females are in the majority"; and 57.8% disagree to the view that "within a news organization, if females are in the majority," women's development and the reporting of women's issues will be promoted.

With regard to the question of women going in for the sector of journalism and communication, most of the men journalists hold markedly different views from their female colleagues. 38.5% of the men agree to the assertion tnat "women's professional skills are not as good as men's," whereas only 17.7% of the women voice agreement. Moreover, one third of the editors-in-chief are in favor of this assertion. To the assertion that "within a news organization, the working efficiency will be negatively affected if females are in the majority," 53.6% of the men voice agreement (for details, see Supplementary Table V). To a certoin extent, ideas of this sort prevent news organizations from recruiting editorial staff members from among women.

Three. The enterprising spirit of women journalists.

In answering the question "If your have a chance to find a job again, what would you choose," 62. 1% of the women journalists covered by our survey say that they prefer to continue working as journalists – 2. 8 percentage points greater than the figure for men, which is 59. 3%.

Of those women who prefer to transfer to non-journalistic jobs provided there is the opportunity, 1l. 2% prefer to pick up jobs in commerce, banklng, financing or trade (the figure is 13. 2% for men); 6. 7% want to go in for education (for men, 3. 5%); 5. 3%, for medical work (for men, 3. 2%); 4. 3%, for jobs in cultural, arts and sports fields (for men, 5. 1%); 2. 7%, for jobs in the fields of science and technology (for men, 4. 6%); 2. 5%, for work in public security organs or procuratorates or other legal work (for men, 2. 8%); 1. 9% want to join the army (for men, 2. 0%); and 1. 8%, for jobs in other fields (for men, 1. 6%). To sum up, more than 60% of the women want to continue working as journalists, while nearly 40% of them want a transfer for a variety of reasons.

Of those women who want to continue working as journalists, 38. 8% prefer to stay with the current employers; 37. 3% want to be transferred to news organizations at the central level; 16. 4%, to news organizations at the provincial level; and 5. 7%, to news organizations at the prefecture-city level. Those willing to work at news organizations at the county level or run by enterprises each account for 2. 0% of the total.

Seven: Judgments by Chinese Women Journalists on Their Own Professional Capabilities

One. Marked differences are revealed in most of the items designed to compare the judgments passed respectively by men and women journalists on their owm professional capabilities, with women rating themselves as inferior to men on each. please see Table III (weighted statistics)

Table III **A Comparison on Self-Judgments by Men and Women Journalists on Their Owm Professional Capabilities (Rated as "strong" or somewhat strong)**

%

Capabilities	Women	Men	Difference in percentage point
1. To investigate matters personally and do field research	39. 8	58. 4	– 18. 8
2. The degree to which you know public opinion, and can guide it	35. 1	62. 1	– 27. 0
3. To take part in social activities	32. 5	39. 2	– 6. 5
4. Quick in writing or photo-taking or good at broadcasting live	29. 5	42. 2	–12. 6
5. To find important news sources	25. 4	48. 9	–23. 7
6. To organize reporting of important events independently	24. 9	51. 4	–26. 7
7. To organize and lead colleagues to allow full play of the collective initiative	16. 8	38. 4	–21. 8
8. To compete with Chinese and foreign journalists in news reporting	15. 2	31. 7	–16, 4
9. To master new technical methods	10. 1	11. 6	–1. 3
10. To be a managerial asset for your work unit	7. 8	19. 5	–11. 5
11. To report and edit news in foreign languages skillfully	4. 6	5. 5	–0. 9

Table III shows that in passing judgments on their own professional capabilities, women journalists rate themselves as inferior to their male colleagues on all aspects. It spells out the need to provide women journalists with more opportunities to study and get tempered through practical work, so that they will enhance their political and theoretical level and become even more capable of doing practical Work. (For details, see Supplementary Table VI)

Our co-relation analysis reveals a remarkable positive relativity between the educational background of woman journalists and their professinal capablities. That is, the more they are educated, the greater will be their professional capabilities. Of those women journalists who have received higher education, those majoring in journalism, taken as a whole, are relatively better than those majoring in other disciplines. Our equalizing tests result in the discovery that for the former, the mean value stands at 35. 3044, and for the latter, at 34. 7433. It is therefore necessary to let women journalists not majoring in journalism receive re-education in both theory and practice of the profession.

Eight: How Chinese Women Journalists View Journalism and Their Concepts of Audience

One. To a large extent, journalistic concepts held by the women journalists are shown in their understanding of the functions of the mass media. Most women journalists have a clear understanding of media functions such as information dissemination, publicity, communication and education, supervision by means of public opinion and entertainment. Meanwhile, many fail to attach as much importance as their male colleagues to the media function of supervision. What merits special mention is their inadequate understanding of the media as a vehicle of opinion expression, particularly of the need to get the audience involved in opinion expression. (For details, see Supplementary Table VII)

Altogether, 4, 033 women journalists were covered by our survey regard to media functions. The percentages of those expressing "strong agreement" and "agreement" on each of the media functions are as follows (in sequential order):

1. To report international and national news to the public as accurately and quickly as possible 99.0%
2. To provide explanations and analysis on "hot" social issues 98.8%
3. To propagate and explain the nation's laws and the Party's guidelines 96.9%
7. To expose and criticize social ills 96.6%
5. To disseminate knowledge of modern science and technology 95.8%
9. To exercise supervision over the political authorities 94.3%
6. To create the hero-type model for the masses 88.8%
8. To provide the public with opportunites for publishing works and opinions 82.7%
4. To provide entertainment 82.6%

Two. Judgments by women journalists on how the audience perceive news reporting:

No big difference is discerned between men and women journalists in understanding and judging how the audience perceive news reporting. Meanwhile, women who think that most people are willing to get involved in news dissemination outnumber men.

Some 90. 7% of the women journalists "strongly agree" or "agree" to suggestions that most of the people "pay close attention to news reporting about problems of social injustice" . 59. 3% of them believe that most people "tend to be credulous of the news media" . 52'. 9% of them hold that most people "pay closer attention to the news itself than to the relevant analysis," while the rest, 47. 1% , are opposed to this assertion. Those who think that most people are "concerned with the improvement of press-related legislation" account for 67. 3% of the total. The figure is 72. 5% for those who hold most people are keen to take part in news communication activities. (for details, see Supplementary Table Vlll)

Nine: The Degrees of Satisfaction of Chinese Women Journalists With Work and Life

Degrees of satisfaction constitute one of the focal points in our study, as only when satisfied with their work and life. will women journalists be able to bring into full play their creativity. A sound, happy life is conducive to their pursuit of self-improvement while helping consolidate the contingent of Chinese journalists as a whole and promote the development of press work across the country. In short, this will enable journalism to full display its due role in China's socialist modernization.

One. How women journalists rate their degrees of satisfaction with their current work and life:

Our survey shows that 9. 6% of them are "very satisfied" and 60. 5% , "satisfied" -70. 1% when combined. 10. 9% say that they just don't care; 16. 9% , "not entirely satisfied"; and 2. 1%. " dissatisfied. " Comparison with men on the issue reveals no sex-related differences.

Two. Factors in connection with the appraisal by women journalists on the degrees of satisfaction with work and life:

1. Population factors (the ethnic group to which a woman journalist belongs, and her age, educational background, health status, etc.) .

A. The ethnic is significantly correlated with the decree of satisfaction (r = .0427, p = .01) . Those of minority ethnic groups are more satisfied than those of the Han majority. Some 78. % of the women journalists of ethnic minority groups are "very satisfied" or "satisfied." The corresponding figure is 69.1% for those of the Han majority.

B. The age of a woman journalist and her degree of satisfaction are markedly linked in a negative relativity. That is, those who are younger are less satisfied than those who are older. The percentages of those who are "satisfied" grow progressively along with each older age group: 68.9% of those at 25 or younger feel very satisfied or "satisfied," compared with 68.4% for those in the 26 – 35 age group, 71.0%, for those in the 36 – 45 age group, and 75.8% for those who are 46 or older.

C. The educational background of women journalists and their degrees of satisfaction are clearly linked in a negative co-relativily. The higher is their level of education, the smaller is the percentage of those who are "very satisfied" or "satisfied": 79.2% of those who have received junior middle school or lower education are "very satisfied" or "satisfied," compared with 77.1% for graduates from senior high schools or secondary specialized schools, 71.6% for 2 – year college graduates, and 66.5% for those who have completed graduate or postgraduate studies.

D. The physical and mental conditions of women journalists are clearly related to thdir degrees of satisfaction. Those who are healthy physically and mentally are more satisfied than those who are not: 72.6% of those who are free from any diseases feel "very satisfied" or "satisfied," compored with 64.9%—7.7 percentage points smaller—for those who suffer from chronic diseases. Of those who have health problems and find it difficult to do the current work, 27.8% are "dissatisfied."

2. Factors in connection with family conditions, work conditions, places of residence, etc.

A. The marital status of women journalists is clearly related to their degrees of satisfaction. Of those who are satisfied, those who are married take a greater percentage than those who are not—70.8% for the former, and 67.0% for the latter. This may be because married women feel relatively secure in life.

For married women journalists, the family conditions are signiticantly correlated with the degree of satisfaction ($r = .1569$, $p = .000$). Of those who resort to negotiations to resolve conflicts with their husbands over conflicting work schedules,

73. 1% feel "satisfied." The figure compares to 69. 8% in cases of the wife giving in, and to 68. 8% in cases of the husband making the concession. When the "Each-goes-his-or-her-own-way" approach is taken, the figure drops to 66. 0%. It is only 41. 4% for those who use other methods to resolve such conflicts.

B. The types of news organizations where women journalists work have a clear co-relationship with their degrees of satisfaction. Of those who feel satisfied, those working with radio and TV stations take a slightly greater percentage than those with newspapers and news agencies—71, 3% for the former and 68. 9% for the latter. This may be attributed to slightly better working conditions at radio and TV stations.

C. The places of residence of women journalists have a marked co-relationship with their degrees of satisfaction. What is surprising is that of those who are satisfied, those working in developed regions take a percentage just close to those in poor regions (68. 1% for the former, compared with 68. 4 for the latter), although developed regions are more open than regions of the other types, where incomes are higher and living conditions better. Those in undeveloped regions take the greatest percentage—75. 3%, followed by those in average developed regions (73. 0%).

3. Professional factors (the fields of study where women journalists have majored in, their motives for being journalists, their lengths of service in journallsm, the professional or leading posts they hold, the importance attached to women's reporting, intention to pick up new jobs, etc.).

A. The co-relationship is not remarkable between the fields in which women journalists have majored and their degrees of satisfaction. Of those who are satisfied, those who have majored in non-journalism disciplines take a greater percentage (71. 1%) than those who hove majored in journalism (67. 6%).

B. Of the ten "major reasons for being journalists," only two have a clear co-relationship with the degrees of satisfaction. The degree of satisfaction is high for those who became journalists because the profession "helps one develop one's own skills." It is low for those who went in with belief that news reporting "enables one to have more chances to know society." This may be due to feeling that once in journalism, their practical work and the scope of their activities are not as satisfactory as initially expected.

C. The lengths of service (seniority) of women journalists in jourmalism do not have a marked co-relationship with their degrees of satisfaction. Those who are satisfied account for 69. 3% of those with a seniority of five or less years. The figure is 67. 5% for those with a seniority of 6 – 10 years; 70. 3% , for those with a seniority of 11 – 20 yesrs; 73. 0% , for those with a seniority of 21 – 30 years; and 76. 0% for those having worked in journalism for at least 30 yesrs. Generally speaking, the degree of satisfaction cherished by a woman journalist grows as she works longer in journalism, becomes more capable and is given more autonomy in work.

D. The professional titles held by women journalists do not have a marked co-relationship with their degree of satisfaction. It is commonly assumed that the higher one's professional title is and the greater is one's autonomy in work, the higher should be one's degree of satisfaction. Nevertheless, a saddle-shaped curve can be drawn on the basis of the data we have collected- those who feel satisfied account for 69. 7% of those holding professional titles of the junior grade, and the figure is 68. 9% for those with titles of the middle grade. In between the two figures rises that for those with titles of the senior grade—77. 7%.

E. The leadinqg posts held by women journalists do not have a marked co-relationship with their degrees of satisfaction. Our statistics, however, show that the higher the posts held by women journalists are and the grester is their autonomy in work, the higher will be their degrees of satisfaction. Some 60. 7% of those not on leading posts are "satisfied." The figure compares to 71. 0% for those on leading posts of the medium level (posts at the level of news departments), and to 76. 4% for those on senior leading posts (as members of executive or editorial boards) .

F. The importance attached by the mass media to women's reporting is signiticantly correlated with the degrees of satisfaction of women journalists (r = . 3399, p = . 000) . 87. 0% of the women journalists are interested in women's reporting, and the importance attached by the mass media to it, therefore, is bound to affect their degrees of satisfaction. Of those who feel satisfied, those working in news organizations with special teams for women's reporting outnumber those in news organizations without such teams—74. 1% for the former and 66. 8% for the latter, the difference being 7. 3 percentage points. Those working in news organizations which run women's columns, pages or programs outnumber those in news organizations which do not—74.4% for the former, and 67.8% for the latter. It can be said that editorial boards which pay attention to women's reporting are invariably thoughtful of the female members of their editorial staff.

G. The degrees of satisfaction is significantly correlated with whether having intentions to seek new jobs (r = .2443, p = .000). Of those willing to stay in journalism, 78.9% feel satisfied. In comparison, the figure is 56.1% for those intending to seek new jobs.

Three. The specific contents in connection to testing the degrees of satisfaction of women journalists with their current work and life:

Our quantitative table contains 20 specific items in question form, which are designed to test the degrees of satisfaction of women journalists (items 5, 11, 17, 19 and 20 being negative questions). See Table IV.

Table IV **Analysis of the Degrees of Satisfaction of Women journalists with Work and Life (%) N = 4033**

factors	Items loading on factors	SA	A	DS	SD	Meant	Std Dev	N
Autonomy in work	1. Through your current work, you can fully develop your potential	9.6	64.1	22.7	3.6	2.80	.65	3955
	2. You often get a feeling of merit from your creative work	8.5	51.4	34.1	6.0	2.62	.72	3897
	3. You value your job because it can advance social development	19.3	58.8	18.9	3.0	2.94	.71	3930
	5. You enjoy autonomy in making decisions on how to handle your daily news room work	8.3	53.6	30.8	7.2	2.63	.74	3941
	6. News stories written or programs produced on your own initiative often tampered with	1.8	12.1	55.4	30.7	3.15	.69	3661
	7. Your ideas about journalism are likely to be realized through news room work	3.6	49.6	36.0	10.6	2.47	.73	3642
	10. Your boss is patient in listening to you for ideas and suggestions	9.1	63.4	22.1	5.3	2.76	.69	3820
	11. You are often assigned to cover news of top importance	5.7	51.5	35.3	7.4	2.56	.71	3696

(contd.)

factors	Items loading on factors	SA	A	DS	SD	Meant	Std Dev	N
Relation with colleagues	12. You are satisfied with your relations with colleagues	31. 0	65. 8	2. 8	. 5	3. 72	. 53	3961
	13. You are keen to work with colleagues on difficult or important missions	28. 6	63. 4	6. 7	1. 3	3. 19	. 61	3900
	15. You are not satisfied with inter-personal relationships in your own organization	8. 5	37. 7	40. 9	12. 9	2. 58	. 82	3861
Social support	14. You have befriended your audience	17. 7	66. 8	13. 3	2. 2	3. 00	. 83	3819
	8. Compared to other professions, yours commands great esteem	12. 6	69. 6	15. 5	2. 3	2. 93	. 61	3893
	9. You get the support from various side in doing critical reporting	3. 8	44. 6	43. 8	7. 3	2. 45	. 69	3387
Promotion	16. You are often given opportunities of further training	1. 2	10. 5	42. 0	46. 3	1. 67	. 71	3846
	17. You have opportunities to be promoted regularly	2. 6	22. 4	40. 7	34. 4	1. 93	. 82	3768
Living conditions	18. You feel your income is too law	29. 1	44. 7	23. 0	3. 2	2. 00	. 81	3924
	19. Your income is enough to cover your daily expenses	6. 5	47. 5	34. 7	11. 4	2. 49	. 78	3928
	20. Shortage of living space is the biggest problem you are facing	30. 6	24. 2	25. 5	19. 7	2. 34	1. 11	3856
Work load	4. You feel exhausted, pressed, tired of your job	7. 9	39. 6	41. 6	10. 9	2. 55	. 79	3941

(Note: "SA" is the abbreviation for "strongly agree"; "A", for "agree"; "DS" for "disagree somewhat"; "SD" for "strongly disagree".)

A factor analysis (principal component analysis) was performed on the 20 items scale in order to investigate the structure of the scale. A criterion of eigenvalues greater than 1 caused six factors to emerge from the scale. According to the factor loading, we named the Factor 1 "autonomy in work". It explains 22. 7% of the total variance; Factor 2, "relation with colleagues", 8. 2%; Factor 3, "social support", 7. 1% ; Factor 4, "promotions", 6. 7% ; Factor 5, "living conditions", 6. 0% ; Factor 6, "work load", 5. 1% . The six factors can explain 55. 8% of the total variance.

According to the statistics, the primary factor that affects the degrees of satisfaction of women journalists with their work and life is whether they can take the initiative in their own hands in work. It is followed by working environment (relations with colleagues and social support) . An environment that ensures an easy, harmonious and secured life constitutes the exterior condition that makes it possible for women journalists to give free play to their ability. Women journalists are fairly satisfied with cooperation from their colleagues. Meanwhile, work needs to be done to ensure them more social support, and this is especially true with regard to supervision by means of public opinion. Then come promotions and living conditions. Promotions are closely linked to the material benefits of a person. Under the state policy of reform and opening to the world, China practises the system of assigning professional titles to journalists on the basis of appraisals of their professional qualifications. All journalists are regularly subjected to such appraisals. Those who excel will have their professional titles upgraded and their wages increased, and possibly be allowed more housing space. There is no sexual discrimination on this issue. People holding professiona posts of the same grade draw the same wages according to unified standards set by the Government. Nevertheless, their actual incomes may vary as bonuses and subsidies they receive vary – in some cases greatly—due to the disequilibrium in economic development of dlfferent regions and in economic performances of different news organizations. Last of all, the work load. More than half of the women journalists do not feel "exhausted, pressed, tired of (their) jobs." This may be attributed to the fact that Chinese women journalists are relatively young and healthy and have relatively few children.

Chinese women journalists, taken as a whole, attach great importance to pursuit of achievements in work and self-improvement, and take pride in doing their jobs with devotion and are resolved to make still more contributions to society. The importance they attach to material benefits and psychological pressure, however, is relatively minor.

Ten: Problems Faced By Chinese Women Journalists and Strategies for Solufion

One. The current situation is good for Chinese women journalists, who are mostly young and well-educated, enioy good marriages and have stable families. Most of them are enterprising, and have become part of the backbone force on professional jobs of journalism. Meanwhile, some women journalists are facing problems that adversely affect their work and life, such as poor housing, low incomes and heavy household work. The Government and news organizations shall therefore be advised to show them proper concern, and concern is especially necessary for women journalists of minority ethnic groups, and for those working in remote, outlying or poverty-stricken regions or with news organizations at the prefecture-city and lower levels.

Two. Engaging in news reporting of practically all fields, women journalists have contributed immensely to the progress and development of Chna's media work. Meanwhile, the problem summarized as "lack of opportunities to study, hence slow improvement of professional capabilties" worries 63.9% of them (see Supplementary Table IX). Departments in charge of press work shall therefore be advised to formulate plans effective enough to provide them with adequate on-job training of various forms by involving journalism schools and faculties and research institutes and journalists' societies and associations in the endeavor, so that before the year 2000, opportunities will be provided to all women journalists of ten or more years' standing in journalism to update their knowledge. There is also the special need to prepare a contingent of women journalists who are able to work well from now through to the 21st century.

It is hoped that the UNESCO will, within the limits of its capabilities, allocate special funding to the training of women journalists of China's minority ethnic groups or working in remote, outlying and poverty-stricken regions. This is expected to ensure them priority for on-job training to rapidly improve their intellectual quality and professional competence while promoting the development of media work in China's least and under-developed regions.

Three. Chinese women journalists enjoy the same rights as their male colleagues with regard to autonomy in work, publication of works, wage increases, selection of those outstanding to be commended, professional post assignments, etc. Meanwhile, they feel that they do not have as ample an opportunlty as their male colleagues for promotion to leading posts. Of those covered by our survey 84.1% attribute this to the existence in society of a subconsciousness that tends to discriminate against women. Of the men journalists, 31.7% insist that women are "indecisive and irresolute" in decision-making, and 21.7% hold that "women have low abilities to organize" . Another important reason is that women journalists, on their own part, often fail to have a strong desire to compete for leading posts. Some 54.2% of them think that "most women just "want to do practical work, and don't want to be in a commanding position." 41.7% of them agree to the assertion that "women have a strong sense of responsibility for family, so they worry about the possibility of being in a leading position will affect their family life." Another 45.4% worry that once a woman is promoted to a leading post, it will be difficult for her to exercise leadership because her male colleagues may just take her amiss. As many as 72.4% of the women journalists support this argument: "As long as the job is ideal, it doesn't matter whether to be leaders." This again testifies to their inadequate understanding of the need to go in for fair competition with men.

In view of this, news organizatons shall be advised, in line with the demand of the state for selecting female leaders and the targets set in the "State Program for the Development of Women", to provide leadership training to their female staff members and choose from among them those with leadership quality for promotion to the decision-making echelon (executive or editorial boards) or as hads of editorial departments so that women's leadership potential will be fully tapped. Meanwhile, women journalists should be encouraged to enhance their self-confidence and cultivate in themselves the sense of competition and the enterprising spirit of daring to shoulder heavier tasks and make greater contributions.

Four. The Chinese mass media should strengthen their women's reporting. Women, who account for half of the Chinese population of 1.2 billion, are playing an irreplaceable role in the country's socialist modernization. At present, 44.6% of the news organizations have teams special for women's reporting, but one third of them do not run women's columns, pages or programs.

News organizations which do not run women's columns, pages or programs shall be advised to start them so long as they have the means and capabilities to do so; and those which do, to continue doing so while striving for improvements. This is meant to provide ample scope for women journalists to display their capabilities and women of various social strata to express their opinions, help women in general enhance their sense of participation, and ensure that sufficient attention is paid to their immediate benefits, and that their legitimate rights and interests are effectively protected, and the women's movement in China is promoted.

Five. There is the need for women journalists to enhance the sense of their own sex. The fact that women's reporting by some news organizations is inadequate does have something to do with in adequate understanding of women on the part of not a few women journalists. In view of this, it is hoped that women journalists will enhance the sense of their own gender and, in the spirit of self-respect, self-confidence and independence and by taking the initiative in their own hands, strive to improve their own quality and capabilities, so that they will make still greater contributions to society and to the progress and development of women the world over.

(Written on September 27, 1995; Revisefd on October 28, November 27 and December 15, 1995 and January 5, 1996.)

Supplementary Table I. **Distribution of China's News Organizatons and Journalists (%)**

Types of Regions	TP	News Organizations			Journalists		
		newspapers	radio	TV	men	women	total
Developed	20.9	62.9	26.1	32.3	57.6	58.2	58.7
Average developed	53.6	24.3	48.5	43.9	28.6	27.6	27.9
Undeveloped	11.3	7.0	14.9	13.0	8.5	8.1	8.2
Poor	14.2	5.8	10.6	10.8	5.2	5.0	5.1

(TP is the abbreviation for "total population")

Note: 1. The types of regions are classified according to "Study Report On Comprehensive Economic Strength of Different Regions in China" by the National Agricultural Zoning Office and the General Team of Agricultural Investigation under the State Statistical Bureau.

2. The figures of newspapers in the table were supplied by the Press and Publication Administration of China in October of 1994.

Supplementary Table II. **Physical and Psychological Conditions of Chinese Women Journalists**

Norms	SA	A	DS	SD	Mean	Std Dev	N
1. Full of energy, able to deal with daily life and work load with ease, scarcely having a feeling of excess strain	15. 1	70. 6	12. 2	2. 0	2. 99	. 60	3971
2. Deal with life enthusiastically and actively; always ready to take on responsibilities without nit-picking	36. 3	60. 6	2. 8	3. 0	3. 33	. 54	3958
3. Know how to work &. rest regularly	14. 2	65. 8	18. 6	1. 4	2. 93	. 62	3936
4. Strong ability to prepare for contingencies	20. 6	70. 5	8. 5	. 5	3. 11	. 55	3933
5. Healthy enough to be free from flu &. contagious diseases	22. 5	65. 5	10. 6	1. 5	3. 09	. 62	3947
6. Weight normal; head and four limbs in harmony while standing	38. 7	55. 4	5. 4	. 6	3. 32	. 60	3941
7. Eyes bright &. keen, eyelids free from inflammation	31. 6	54. 4	12. 4	1. 6	3. 16	. 69	3947
8. Teeth clean &. Without dental caries, gums of normal color &. Without Bleeding	22. 6	45. 2	25. 4	6. 8	2. 84	. 85	3953

(Note: SA stands for "strongly agree"; A, for "agree"; DS, for "disagree somewhat"; SD, for "strongly disagree")

Supplementary Table III. **Views of Men and Women Journalists on Why the Decision-Making Echelon Involves Few Women (Chi-square test result)**

Reasons given	Sex	N	SA	A	DS	SD	Chi-square	P
1. Women indecisive, irresolute indecision- making	F. M.	1816 3814	3. 1 7. 3	28. 6 46. 0	46. 5 36. 5	21. 9 10. 1	273. 073	. 0000
2. Women have low ability to organize	F. M.	1811 3774	1. 7 5. 8	20. 0 40. 3	52. 7 43. 0	25. 6 10. 9	390. 718	. 0000
3. Most women just want to do practical work, and don't want to be in a commanding position	F. M.	1827 3773	8. 4 4. 6	45. 9 36. 7	32. 7 46. 3	13. 0 12. 4	110. 857	. 0000
4. Long-standing social tendency that discriminates against women	F. M.	1825 3782	22. 9 7. 4	61. 4 44. 4	13. 2 37. 6	2. 5 10. 6	653. 802	. 0000

(contd.)

Reasons given	Sex	N	SA	A	DS	SD	Chi-square	P
5. It's difficult to choose women for decision-making levels because the absolute number of women in some work units is too small	F. M.	1793 3768	10. 0 8. 3	50. 6 54. 3	30. 6 29. 6	8. 8 7. 8	8. 641	. 0345
6. Some women think that as long as the job is ideal, it doesn't matter whether to be leaders	F. M.	1816 3716	16. 3 7. 7	56. 1 52. 0	21. 1 31. 2	6. 5 9. 0	142. 348	. 0000
7. Women have a strong sense of responsibility for the family, so they worry that once in a leading position, their family life will be affected	F. M.	1809 3735	6. 1 6. 9	36. 0 39. 6	44. 0 43. 3	14. 0 11. 1	12. 294	. 0064
8. It's hard to convince men to follow women's leadership	F. M.	1803 3753	7. 9 4. 2	37. 6 24. 4	42. 1 53. 3	12. 4 18. 1	160. 111	. 0000

(SA stands for "strongly agree"; A, for "agree"; DS, for "disagree somewhat"; SD, for "strongly disagree"; F., for the "number of female respondents"; and M., for the "number of male respondents".)

Note: The weighted number of female respondents is 1896; and that of male respondents, 3971.

Supplementary Table IV **Sense of Equality—A Comparison Between Male and Female Journalists (Chi-square test result)**

Items	Sex	N	SA	A	DS	SD	Chi-square	P
1. To get news works published	F. M.	1741 3796	28. 3 60. 7	62. 4 36. 2	6. 6 2. 4	2. 7 . 7	525. 318	. 0000
2. To get wages increased	F. M.	1789 3786	26. 4 61. 8	62. 8 35. 4	7. 0 1. 8	3. 8 1. 0	651. 258	. 0000
3. To be awarded for excellent programs or news stories	F. M.	1 783 3798	26. 0 59. 83	60. 3 26. 17	10. 0 2. 8	3. 7 1. 2	605. 586	. 0000
4. To be promoted	F. M.	1795 3787	22. 4 57. 9	61. 1 38. 2	11. 7 2. 5	4. 9 1. 4	714. 957	. 0000
5. To be commended as an excellent journalist	F. M.	1750 3786	23. 5 59. 7	57. 8 35. 2	12. 9 3. 5	5. 9 1. 6	706. 522	. 0000
6. To get children cared for in kindergarten or educated in school	F. M.	1535 3678	22. 0 49. 9	58. 7 41. 8	12. 3 6. 1	6. 9 2. 2	387. 663	. 0000
7. To get the husband-wife separation problem solved	F. M.	1373 3569	17. 0 42. 4	61. 2 46. 4	13. 9 8. 2	7. 9 2. 9	3t3. 698	. 0000

(contd.)

Items	Sex	N	SA	A	DS	SD	Chi-square	P
8. To be sent to rest homes for vacation	F. M.	1568 3615	21.1 57.2	56.0 35.6	13.9 4.4	9.0 2.9	638.708	.0000
9. To be sent to cover (edit, broadcast or translate) news of top importance	F. M.	1723 3762	18.6 46.3	57.8 45.1	17.9 7.3	5.6 1.3	490.999	.0000
10. To be further trained in professional skills	F. M.	1771 3785	16.9 49.3	56.7 44.9	18.1 3.9	8.3 1.9	774.280	.0000
11. To be sent to other places in China to cover news and get to know more about society	F. M.	1718 3751	15.1 46.9	49.7 42.5	23.5 8.0	11.7 2.6	783.524	.0000
12. To be allocated housing	F. M.	1766 3789	17.3 44.3	44.3 36.0	18.6 12.0	19.7 7.3	476.434	.0000
13. To enter the decision-making circles (e.g. editorial board)	F. M.	1624 3687	11.9 36.7	42.3 44.1	33.2 14.5	12.7 4.7	532.055	.0000
14. To be sent abroad for visits	F. M.	1468 3304	13.1 44.4	38.1 36.7	25.1 11.0	23.8 7.9	619.818	.0000

(SA stands for "strongly agree"; A, for "agree"; DA, for "disagree somewhat"; SD, for "Strongly disagree"; F., for the "number of female respondents"; and M., for the "number of male respondents".)

Note: The weighted number is 1896 for female respondents"; and 3971 for male respondents.

Supplementary Table V **Views on Women' s Participation in Press Work—a Comparison Between Male and Female Journalists (Chi-square test result)**

Views	Sex	N	SA	A	DS	SD	Chi-square	P
1. Sex difference is not a factor to decide the quality of work	F. M.	1845 3889	37.6 33.2	45.9 45.1	14.0 18.1	2.5 3.6	24.355	.000
2. Women journalists are more likely to get to news sources	F. M.	1830 3891	14.2 27.9	37.1 42.2	42.9 26.1	5.7 3.8	288.906	.0000
3. Women journalists are more sympathetic than men, and more outspoken for ordinary people	F. M.	1836 3868	22.8 10.7	50.1 42.2	24.4 26.1	2.7 3.8	417.967	.0000
4. Women journalists are good at getting along with colleagues and are more cooperative	F. M.	1838 3874	19.7 11.6	53.1 47.1	23.7 34.4	3.5 6.9	137.694	.0000
5. The female has an inferior complex and lacks awareness of being competitive	F. M.	1836 3858	4.2 4.4	26.8 33.9	50.4 49.9	18.6 11.7	62.771	.0000

(contd.)

Views	Sex	N	SA	A	DS	SD	Chi-square	P
6. The female is more reliable because of her carefulness and seriousness towards work	F. M.	1845 3868	27.0 9.7	57.5 56.1	13.1 28.7	2.4 5.4	398.538	.0000
7. Women's professional skills are not as good as men's	F. M.	1838 3860	2.0 5.7	15.8 33.2	52.4 49.5	29.9 11.6	417.364	.000
8. Within a news organization, the work efficiency will be negatively affected if women are in the majority	F. M.	1840 3801	4.2 11.4	27.5 42.2	46.9 38.4	21.3 8.0	345.552	.0000
9. Within a news organization, if women are in the majority, women's development and women's reporting there will be promoted	F. M.	1838 3852	8.7 9.6	33.9 36.3	46.9 44.0	10.5 10.0	5.867	.000
10. Women have a strong sense of social responsibility, and are brave in exercising supervision over the political authorities	F. M.	1826 3814	11.5 2.7	49.6 30.0	34.4 54.5	4.6 12.8	487.979	.0000

(SA stands for "strongly agree"; A, for "agree"; SD, for "disagree somewhat'"; SD for "strongly disagree"; F., for the "number female respondents"; and M., for the "numberof male respondents".)

Note: The weighted number is 1896 for female respondents, and 3971 for male respondents.

Supplementary Table VI **Comparison of Self-Judgments Passed by Men and Women Journalists On Their Own Professional Capabilities (Chi-square test result)**

Capabilities	Sex	n	S	FS	N	Chi-square	P
1. Investigate the matter personally &. do field research	F. M.	1742 3840	39.6 58.4	54.1 38.3	6.4 3.3	176.218	.0000
2. To learn public opinion &. guide it	F. M.	1790 3860	35.1 62.1	58.1 36.1	6.8 1.8	393.935	.0000
3. Conduct social activities	F. M.	1766 3866	32.7 39.2	60.8 55.9	6.7 4.9	24.992	.0000
4. Quick in writing or photo-taking or good at broadcasting live	F. M.	1723 3797	29.6 42.2	49.7 45.3	20.7 12.5	106.953	.0000
5. To find important news sources	F. M.	1723 3810	25.2 48.9	58.9 45.3	15.9 5.8	341.849	.0000
6. To organize reporting on important events independently	F. M.	1735 3931	24.7 51.4	55.6 42.2	19.7 6.4	445.735	.0000
7. Organize and lead colleagues to allow full play of collective initiative	F. M.	1669 3721	16.6 38.4	53.2 48.9	30.0 12.8	343.964	.0000

(contd.)

Capabilities	Sex	n	S	FS	N	Chi-square	P
8. Compete with Chinese &. Foreign journalists in news reporting	F. M,	1734 3791	15.3 31.7	59.2 57.6	25.5 10.7	290.920	.0000
9. To master new technical methods	F. M.	1729 3799	10.3 11.6	36.6 34.3	53.1 54, 1	.591	.0000
10. To be managerial asset for your news organization	F. M.	1692 3738	8.0 19.5	50.6 57.2	41.4 23.3	239.304	.0000
11. To report &. edit news in a foreign language skillfully	F. M.	1703 3770	4.6 5.5	23.0 20.5	72.4 74.1	5.892	.0000

(S stands for "strong"; FS, for "fairly strong"; N, for "none"; F., for the "number of female respondents"; M., for "number of male respondents".)

Note: The weighted number is 1896 for women, and 3971 for men.

Supplementary Table VII. **Understanding by Chinese Women Journalists of Media Functions**

Media functions	VI	I	NVI	NI	Mean	Std Dev	N
1. To report international and domestic news as accurately &. quickly as possible	79.1	19.9	.8	.3	3.78	.45	3982
2. To provide explanations &. analysis on "hot" social issues	71.7	27.1	1.1	.1	3.70	.49	3980
3. To propagate and explain the nation's laws &. the Party's guidelines	64.1	32.8	1.9	.3	3.63	.54	3972
4. To provide entertainment	18.9	63..7	16.0	1.4	3.00	.64	3973
5. To disseminate knowledge of modern science, technology	48.3	47.5	3.9	.3	3.44	.59	3955
6. To create the hero-type model for the masses	30.5	58.3	10.0	1.2	3.18	.65	3961
7. To expose and criticize social ills	59.0	37.9	2.7	.4	3.56	.57	3966
8. To provide the public with opportunities for publishing works &. expressing opinions	22.4	0.3	15.5	1.8	3.03	.67	3929
9. To supervise over the political authorities and leaders	57.6	36.7	3.7	2.1	3.50	.67	3945

(VI stands for "very important"; I, for "important"; NVI, for "not very important"; NI, for "not important")

Supplementary Table VIII. **Judgments by Chinese Women Journalists on Journalistic Concepts of The Media Audience**

Concepts of audience	SA	A	DS	SD	Mean	Std Dev	N
1. Most pay closer attention to news itself than to the relevant analysis	11. 0	41. 9	35. 6	11. 5	2. 53	. 84	3930
2. Most pay close attention to reporting about problems of social injustice	38. 6	52. 1	8. 0	1. 3	3. 28	. 66	3947
3. Most have the tendency to be credulous of the news media	7. 9	51. 4	35. 1	5. 6	2. 62	. 71	3924
4. Most are keen to take part in news communication activities	8. 2	64. 3	25. 4	2. 2	2. 78	. 61	3918
5. Most people are concerned with improvement in press related legislation	12. 1	55. 2	28. 1	4. 6	2. 75	. 72	3909

(SA stands for "strongly agree"; A, for "agree"; DS for "disagree somewhat"; SD, for "strongly disagree")

Supplementary Table IX. **Comparison Between Men and Women Journalists With Regard to Problems They Are Facing**

Problems	Women (%) (N = 4033)	Men (%) (N = 1834)	Difference in percentage point
1. Household duty too heavy, work affected	19. 3	15. 2	+4. 1
2. Kids too young, so it's impossible to go on work trips	17. 7	10. 2	+7. 5
3. No safety guarantee because of the increasing violence	20. 3	16. 6	+3. 7
4. Without housing, or living space too crowded	26. 4	28. 6	−2. 2
5. Income too low to support family	24. 5	33. 6	−9. 1
6. Long separation of husband &. wife	2. 7	2. 2	+. 5
7. Lack of opportunity to be further trained in professional skills, so work ability has not improved much	63. 9	43. 5	+20. 4
8. Not good in professional skills, so hard to compete with colleagues	6. 1	2. 5	+3. 6
9. Family not harmonious, so often in bad mood	2. 1	1. 7	+. 4
10. Health poor, thus unable to work properly	4. 5	3. 2	+1. 3
11. Unlikely to be promoted	14. 3	15, 2	−. 9

(contd.)

Problems	Women (%) (N = 4033)	Men (%) (N = 1834)	Difference in percentage point
12. Relations with others not harmonious	2.5	4.1	-1.6
13. As a woman, suffer from sex harassment from time to time	3.4		
14. Other problems	2.2	3.8	-2.6

《中国女新闻工作者现状和发展》调查(女性部分)频数数据

ANALYSIS ON WOMEN SAMPLED IN THE SURVEY ON THE CURRENT STATUS AND DEVELOPMENT OF CHINESE WOMEN JOURNALISTS

A Sex: 1. Female 100 n = 4033 2. Male

B Nationality:

Han nationality 88.1 minority nationality 11.9 n = 3710

C Date of Birth: Month ____ Year ____ n = 3710 mean = 35

25 years or below	25 to 35	36 to 45	46 to 60	60 years or above
8.4	50.4	28.1	12.8	0.3

D Educational Background: n = 3981

1. Junior High School or below	1.2
2. Senior High School	14.0
3. Two-year College	40.6
4. Bachelors Degree	42.4
5. Masters Degree	1.6
6. Ph. D. Degree	0.1

E If your final education certificate was from a two-year college or higher, what was your major? n = 4033

1. Journalism and Communications	26.2
2. Other Fields of Social Sciences or Humanities	47.6
3. Foreign Languages	3.6
4. Sciences, Technology, Medicine or Agriculture	5.3
5. Art	5.1

F Political Party Affiliation: n = 3702

1. Communist Party of China 36.2
2. Youth League Member 36.1
3. Member of One of China's Eight Democratic Parties 0.9
4. Non-Partisan 26.8

G Total Income of Yours in January of 1995 (RMB ¥, self only, not including others in household) n = 3973

1. 400 or below 21.6
2. 401 - 600 39.6
3. 601 - 800 20.5
4. 801 - 1,000 10.5
5. 1,001 - 1,500 5.1
6. 1,501 - 2,000 1.6
7. 2,000 or higher 1.3

H Health Status?

1. Full of energy, able to deal with daily life and work load easily, scarcely having a feeling of excess-strain n = 3971

1) Strongly agree	2) agree	3) disagree somewhat	4) Strongly disagree
15.1	70.6	12.2	2.0

2. Deal with life enthusiastically and actively; always ready to undertake responsibilities without nit-picking n = 3958

1) Strongly agree	2) agree	3) disagree somewhat	4) Strongly disagree
36.3	60.6	2.8	0.3

3. Know how to work and rest regularly n = 3936

1) Strongly agree	2) agree	3) disagree somewhat	4) Strongly disagree
14.2	65.8	18.6	1.4

4. Strong ability to prepare for contingencies n = 3933

1) Strongly agree	2) agree	3) disagree somewhat	4) Strongly disagree
20.6	70.5	8.5	0.5

5. Healthy enough to be free from flu and contagious diseases n = 3947

1) Strongly agree 2) agree 3) disagree somewhat 4) Strongly disagree

22. 5 65. 5 10. 6 1. 5

6. Weight normal; head and four limbs are in harmony while standing n = 3941

1) Strongly agree	2) agree	3) disagree somewhat	4) Strongly disagree
38. 7	55. 4	5. 4	0. 6

7. Bright keen eyes; eyelids free of inflammation n = 3947

1) Strongly agree	2) agree	3) disagree somewhat	4) Strongly disagree
31. 6	54. 4	12. 4	1. 6

8. Clean teeth without dental caries; the color of gum being healthy and normal, and without bleeding n = 3953

1) Strongly agree	2) agree	3) disagree somewhat	4) Strongly disagree
22. 6	45. 2	25. 4	6. 8

I Are you suffering from chronic disease (s)? n = 3898

1. No 64. 2 2. Yes 35. 8

J If you are suffering from chronic disease (s), what kind is it ? n = 4033

1. Motion (Motor) System	9. 0
2. Circulatory System	7. 0
3. Respiratory System	10. 1
4. Digestive System	17. 6
5. Urogenital System	2. 8
6. Genital System	1. 5
7. Endocrine System	2. 1
8. Sensation System	6. 9
9. Nervous System	3. 7

K What is your marital status? n = 3943

1. Single	17. 7
2. In the first marriage	75. 4
3. Remarried	2. 8
4. Widow or Widower	0. 4
5. Living alone after divorce	3. 7

L If you are married, what kind of work does your spouse have? n = 3123

1. Journalists	21. 3

2. In education 8.1

3. Government Office of the CPC (or Political affairs Dept., Trade Union, Youth or Women's organizations) 13.1

4. In culture, arts or sports fields 4.4

5. Medical work 3.9

6. Trade or financial sector 16.0

7. Industrial sector 8.0

8. In agriculture or the related occupations 1.4

9. Police office, law court or attorney's office 5.2

10. In armed forces 3.7

11. In sciences or technology field 10.1

12. Other 4.7

M How do you feel about the relationship between you and your spouse?

n = 3145

1. Strongly good 46.2

2. Good 39.2

3. Some problems 9.9

4. The marital relation can be maintained in spite of conflicts 3.4

5. The marital relation could be broken anytime because of serious crisis 1.3

N If you are married, when there is a conflict in your work time with you spouse's, how has it been settled? n = 3134

1. The wife gives in 10.7

2. The husband gives in 6.0

3. Each goes his or her own way 22.3

4. Negotiate with each other 60.1

5. Other 1.0

O If you are married, how many children do you have? n = 3599

none	one	two	three	four	five	six
26.0	61.3	10.6	1.6	0.4	0.1	0.0

P What is the age of your child (ren)? n = 4033

1. 6 or below 24.8

2. 7 – 12 21. 2

3. 13 – 18 14. 9

4. 19 – 23 6. 6

5. 23 or older 4. 8

Q What is your main family burden today? n = 4033

1. To raise kids 57. 6

2. To support parents 18. 1

3. to attend the sick 2. 1

R In terms of living space, how many square meters does each member of your family have? n = 3807

1. None 19. 6

2. 8 or below 14. 1

3. 9 – 20 37. 6

4. 21 – 30 12. 9

5. 31 or more 15. 7

S In which year, did you begin to work as a journalist? n = 3883 mean = 11

5 years or below	6 to 10	11 to 20	21 to 30	30 or above
27. 5	28. 2	33. 3	7. 9	2. 8

T What is the initial reason for taking a journalism job from the beginning? n = 4033

1. Assigned by a working organization (or unit) 38. 8

2. Influenced by elders who are journalists 4. 0

3. Develop my own special skills 32. 8

4. Have more chances to know the society 8. 3

5. Advance social progress 3. 0

6. Easy to become known 0. 3

7. Enjoy the opportunities of writing 12. 4

8. Have a relatively high social standing 1. 0

9. Curiosity 2. 1

10. Job of this kind can be used as a practical tool to serve for getting personal purpose realized 2. 3

11. Others 2. 9

U Before being a staff member of a news room, did you once work as
n = 4033

1. Correspondent	12. 9
2. Part-time correspondent	9. 2
3. Full-time propaganda department officer	5. 0

V What is your current job (s)? n = 4033

1. Reporter	49. 0
2. Editor	66. 0
3. Interpreter	4. 1
4. Proofreader	6. 1.
5. Host (ess) of a TV or radio program	13. 9
6. News Announcer	11. 8

W In which area do you mainly work? n = 4033

1. Political and legal affairs	25. 0
2. Economic affairs	39. 8
3. International affairs	7. 4
4. Sports	9. 6
5. Culture and arts	28. 3
6. Science and technology	23. 8
7. Education	30. 7
8. Social news	33. 2
9. Correspondent liaison	9. 1
10. Others	19. 1

X In which category does your professional title call? n = 3757

1. Junior	53. 1
2. Middle	40. 5
3. Associate	5. 7
4. Senior	0. 7

Y What is your current position(s)? n = 4033

1. President of a newspaper or magazine	0. 6
2. Editor-in-chief of a newspaper or magazine	0. 6
3. Head of a radio station	0. 3

4. Head of a TV station	0.1
5. Vice president of a newspaper or magazine	0.0
6. Deputy editor-in-chief of a newspaper or magazine	0.9
7. Deputy head of a radio station	0.4
8. Deputy head of a TV station	0.3
9. General manager of a news organization	0.0
10. Deputy general manager of a news organization	0.0
11. Member of Editorial Board of a news organization	1.3
12. General secretary or his/her deputy of a news organization	0.3
13. Head or his/her deputy of a department under a news organization	10.3
14. Others	4.2

Z What is your idea about how important the following functions of news media in China are?

1. To report the international and domestic news to the public as accurately and quickly as possible n = 3982

1) Strongly agree	2) agree	3) disagree somewhat	4) Strongly disagree
79.1	19.9	0.8	0.3

2. To provide explanations and analysis on the "hot" social issues n = 3980

1) Strongly agree	2) agree	3) disagree somewhat	4) Strongly disagree
71.7	27.1	1.1	0.1

3. To propagate and explain the nation's laws and the Party's guidelines n = 3972

1) Strongly agree	2) agree	3) disagree somewhat	4) Strongly disagree
64.1	32.8	1.9	0.3

4. To provide entertainment n = 3937

1) Strongly agree	2) agree	3) disagree somewhat	4) Strongly disagree
18.9	63.7	16.0	1.4

5. To disseminate knowledge of modern science and technology n = 3955

1) Strongly agree	2) agree	3) disagree somewhat	4) Strongly disagree
48.3	47.5	3.9	0.3

6. To create the hero-type model for the masses n = 3961

1) Strongly agree	2) agree	3) disagree somewhat	4) Strongly disagree
30. 5	58. 3	10. 0	1. 2

7. To expose and criticize social ills n = 3966

1) Strongly agree	2) agree	3) disagree somewhat	4) Strongly disagree
59. 0	37. 9	2. 7	0. 4

8. To provide the public with opportunities for publishing works and opinions n = 3929

1) Strongly agree	2) agree	3) disagree somewhat	4) Strongly disagree
22. 4	60. 3	15. 5	1. 8

9. To supervise over the political authorities and leaders n = 3945

1) Strongly agree	2) agree	3) disagree somewhat	4) Strongly disagree
57. 6	36. 7	3. 7	2. 1

AA Do you agree with the following judgment about the media audience

1. Most of them pay closer attention to the news itself rather than to the relevant analysis n = 3930

1) Strongly agree	2) agree	3) disagree somewhat	4) Strongly disagree
11. 0	41. 9	35. 6	11. 5

2. Most of them pay close attention to reporting about problems of social injustice n = 3947

1) Strongly agree	2) agree	3) disagree somewhat	4) Strongly disagree
38. 6	52. 1	8. 0	1. 3

3. Most of them have the tendency to be credulous of the news media n = 3924

1) Strongly agree	2) agree	3) disagree somewhat	4) Strongly disagree
7. 9	51. 4	35. 1	5. 6

4. Most of them are keen to take part in news communication activities n = 3918

1) Strongly agree	2) agree	3) disagree somewhat	4) Strongly disagree
8. 2	64. 3	25. 4	2. 2

5. Most of them are concerned with the improvement of press-related legisla-

tion n = 3909

1) Strongly agree 2) agree 3) disagree somewhat 4) Strongly disagree

12. 1 55. 2 28. 1 4. 6

BB Do you feel satisfied with your current job? n = 3938

1. Very satisfied 9. 6
2. Yes 60. 5
3. Some 10. 9
4. Somewhat dissatisfied 16. 9
5. Very dissatisfied 2. 1

CC Which of following items can be seen to meet your situation?

1. Through the current job you have, you can fully develop your potential n = 3955

1) Strongly agree 2) agree 3) disagree somewhat 4) Strongly disagree

9. 6 64. 1 22. 7 3. 6

2. You often get a feeling of merit from your creative working n = 3897

85. 0 51. 4 34. 1 6. 0

3. You value your job considerably because it can advance social development n = 3930

1) Strongly agree 2) agree 3) disagree somewhat 4) Strongly disagree

19. 3 58. 8 18. 9 3. 0

4. You feel exhausted, pressed, tired of your job n = 3941

1) Strongly agree 2) agree 3) disagree somewhat 4) Strongly disagree

7. 9 39. 6 41. 6 10. 9

5. You enjoy autonomy in making decisions on how to deal with your daily news room work n = 3941

1) Strongly agree 2) agree 3) disagree somewhat 4) Strongly disagree

8. 3 53. 6 30. 8 7. 2

6. The programs or news stories organized by you often tampered with n = 3661

1) Strongly agree 2) agree 3) disagree somewhat 4) Strongly disagree

1. 8 12. 1 55. 4 30. 7

7. Your ideas about journalism reform are likely to be realized through your

news room work n = 3642

1) Strongly agree	2) agree	3) disagree somewhat	4) Strongly disagree
3.8	49.6	36.0	10.6

8. Compared to other professions, yours commands great esteem n = 3892

1) Strongly agree	2) agree	3) disagree somewhat	4) Strongly disagree
12.6	69.6	15.5	2.3

9. You get the support of various sides in doing critical reporting n = 3387

1) Strongly agree	2) agree	3) disagree somewhat	4) Strongly disagree
3.8	44.6	43.8	7.8

10. Your boss is patient in listening to you for ideas or suggestions on work n = 3820

1) Strongly agree	2) agree	3) disagree somewhat	4) Strongly disagree
9.1	63.4	22.1	5.3

11. You are often assigned to cover news of top importance n = 3696

1) Strongly agree	2) agree	3) disagree somewhat	4) Strongly disagree
5.7	51.5	35.3	7.4

12. You are satisfied with your relations with colleagues n = 3961

1) Strongly agree	2) agree	3) disagree somewhat	4) Strongly disagree
31.0	65.8	2.8	0.5

13. You are keen to work together with colleagues on difficult or important missions n = 3900

1) Strongly agree	2) agree	3) disagree somewhat	4) Strongly disagree
28.6	63.4	6.7	1.3

14. You have befriended your audience n = 3819

1) Strongly agree	2) agree	3) disagree somewhat	4) Strongly disagree
17.7	66.8	13.3	2.2

15. You are not satisfied with the inter-personal relationships in your own organization n = 3861

1) Strongly agree	2) agree	3) disagree somewhat	4) Strongly disagree
8.5	37.7	40.9	12.9

16. You are often given opportunities of further training n = 3846

1) Strongly agree	2) agree	3) disagree somewhat	4) Strongly disagree
1.2	10.5	42.0	46.3

17. You have opportunities to be promoted regularly n = 3768

1) Strongly agree	2) agree	3) disagree somewhat	4) Strongly disagree
2.6	22.4	40.7	34.4

18. You feel your income is too low n = 3924

1) Strongly agree	2) agree	3) disagree somewhat	4) Strongly disagree
29.1	44.7	23.0	3.2

19. Your income is enough to cover your daily expenses n = 3928

1) Strongly agree	2) agree	3) disagree somewhat	4) Strongly disagree
6.5	47.5	34.7	11.4

20. Shortage of living space is the biggest problem you are facing n = 3856

1) Strongly agree	2) agree	3) disagree somewhat	4) Strongly disagree
30.6	24.2	25.5	19.7

DD In the working unit you now serve, do you think females enjoy equal opportunities in the following aspects n = 3760

1. To be further trained in professional skills

1) Strongly agree	2) agree	3) disagree somewhat	4) Strongly disagree
17.0	56.3	18.2	8.5

2. To be promoted n = 3817

1) Strongly agree	2) agree	3) disagree somewhat	4) Strongly disagree
22.6	61.0	11.7	4.8

3. To get wages raised n = 3804

1) Strongly agree	2) agree	3) disagree somewhat	4) Strongly disagree
26.7	62.5	7.1	3.7

4. To be sent abroad for visits n = 3121

1) Strongly agree	2) agree	3) disagree somewhat	4) Strongly disagree
13.2	37.9	25.1	23.8

5. To be allocated housing n = 3755

1) Strongly agree 2) agree 3) disagree somewhat 4) Strongly disagree

17. 4 44. 1 18. 6 19. 8

6. To get the wife-and-husband separation problem solved n = 2928

1) Strongly agree 2) agree 3) disagree somewhat 4) Strongly disagree

17. 2 61. 0 13. 9 7. 9

7. To get children cared for in kindergarten or educated in school n = 3274

1) Strongly agree 2) agree 3) disagree somewhat 4) Strongly disagree

22. 1 58. 6 12. 3 7. 0

8. To be sent to other places in China to cover news and get to know more about society n = 3657

1) Strongly agree 2) agree 3) disagree somewhat 4) Strongly disagree

15. 2 49. 6 23. 4 11. 8

9. To be awarded for excellent programs or news stories n = 3791

1) Strongly agree 2) agree 3) disagree somewhat 4) Strongly disagree

26. 1 60. 0 10. 2 3. 7

10. To be commended as an excellent journalist n = 3719

1) Strongly agree 2) agree 3) disagree somewhat 4) Strongly disagree

23. 5 57. 6 12. 9 5. 9

11. To be sent to a roost home for vacation n = 3334

1) Strongly agree 2) agree 3) disagree somewhat 4) Strongly disagree

21. 1 55. 6 14. 1 9. 2

12. To be sent to cover (edit, announce, translate, etc.) the news of top importance n = 3664

1) Strongly agree 2) agree 3) disagree somewhat 4) Strongly disagree

18. 8 57. 6 17. 9 5. 7

13. To get news works published n = 3705

1) Strongly agree 2) agree 3) disagree somewhat 4) Strongly disagree

28. 6 62. 3 6. 6 2. 6

14. To enter the decision-making circle (e. g. editorial board) n = 3457

1) Strongly agree 2) agree 3) disagree somewhat 4) Strongly disagree

11. 9 42. 0 33. 2 12. 8

EE What's your opinion about women taking a journalistic job?

1. Sex difference is not a factor to decide the quality of work n = 3921

1) Strongly agree	2) agree	3) disagree somewhat	4) Strongly disagree
37. 5	46. 0	14. 0	2. 5

2. Women journalists are more likely to get the news sources n = 3889

1) Strongly agree	2) agree	3) disagree somewhat	4) Strongly disagree
14. 5	37. 0	42. 9	5. 7

3. Women journalists are more sympathetic than men, and more brave to be outspoken for ordinary people n = 3901

1) Strongly agree	2) agree	3) disagree somewhat	4) Strongly disagree
23. 0	50. 1	24. 2	2. 6

4. Women journalists are good at getting along with colleagues, and are cooperative n = 3905

1) Strongly agree	2) agree	3) disagree somewhat	4) Strongly disagree
19. 8	53. 1	23. 6	3. 5

5. The female has an inferiority complex, and lacks awareness of being competitive n = 3899

1) Strongly agree	2) agree	3) disagree somewhat	4) Strongly disagree
4. 2	27. 0	50. 3	18. 6

6. The female is more reliable because of her carefulness and seriousness toward work n = 3920

1) Strongly agree	2) agree	3) disagree somewhat	4) Strongly disagree
27. 1	57. 3	13. 2	2. 4

7. Women's professional skills are not as good as men's n = 3906

1) Strongly agree	2) agree	3) disagree somewhat	4) Strongly disagree
2. 0	15. 7	52. 3	30. 0

8. Within a news organization, the work efficiency will be negatively affected if women are in the majority n = 3909

1) Strongly agree	2) agree	3) disagree somewhat	4) Strongly disagree
4. 2	27. 4	47. 1	21. 2

9. Within a news organization, if women are in the majority, women's development and women's reporting there will be promoted n = 3906

1) Strongly agree 2) agree 3) disagree somewhat 4) Strongly disagree

8. 7 33. 5 47. 1 10. 7

10. Women journalists have a strong sense of social responsibility, and are brave to play a role in exercising supervision over political authorities

n = 3881

1) Strongly agree 2) agree 3) disagree somewhat 4) Strongly disagree

11. 6 49. 5 34. 2 4. 7

FF In your opinion, what is the reason so few women are on editorial boards of news organizations

1. Females are indecisive and irresolute in decision-making n = 3859

1) Strongly agree 2) agree 3) disagree somewhat 4) Strongly disagree

3. 1 28. 6 46. 5 21. 9

2. Females have low ability to organize n = 3848

1) Strongly agree 2) agree 3) disagree somewhat 4) Strongly disagree

1. 7 20. 0 52. 7 25. 7

3. Most women just want to do practical work, and don't like to be in a commanding position n = 3883

1) Strongly agree 2) agree 3) disagree somewhat 4) Strongly disagree

8. 4 45. 8 32. 7 13. 1

4. There is a long-standing social tendency that discriminates against women

n = 3879

1) Strongly agree 2) agree 3) disagree somewhat 4) Strongly disagree

23. 1 61. 0 13. 3 2. 5

5. It is difficult to choose women for decision-making levels because the absolute number of women within some working unit is too small n = 3813

1) Strongly agree 2) agree 3) disagree somewhat 4) Strongly disagree

10. 0 50. 0 30. 7 8. 8

6. Some women journalists think that as long as the job is ideal, it doesn't matter whether to be leaders n = 3860

1) Strongly agree 2) agree 3) disagree somewhat 4) Strongly disagree

16. 3 56. 1 21. 0 6. 6

7. Females have a strong sense of responsibility for family, so they worry a-

bout the possibility of being in a leading position will affect their family life n = 3845

1) Strongly agree	2) agree	3) disagree somewhat	4) Strongly disagree
6.0	35.7	44.2	14.1

8. It's hard to convince men to follow women's leadership n = 3833

1) Strongly agree	2) agree	3) disagree somewhat	4) Strongly disagree
7.9	37.5	42.2	12.4

9. Others

GG Does the editorial board of the news organization you are working for pay enough attention to women's reporting? n = 3812

1. Very much so 6.5
2. Yes 60.9
3. Not much 29.4
4. No 3.2

HH Are there some people women-issue beat reporters in your working unit? n = 3838

1. Yes 44.6 2. No 55.4

II Are there some columns (pages, programs) especially about women in the media you're working for? n = 3854

1. Yes 36.0 2. No 64.0

JJ Do you feel interested in women's reporting? n = 3958

1. Very much interested 22.6
2. Interested 64.4
3. Not much interested 12.1
4. No interest at all 0.9

KK What is your opinion about the necessity to create a national organization for women journalists in China? n = 3952

1. Very much needed 37.9
2. Needed 39.6
3. It doesn't mater 17.7
4. Not very necessary 4.9

LL Apart from the time with your work, sleep, and domestic affairs, how much free time do you have everyday? n = 3946

1. 1 hour or less 9. 1

2. 1 – 2 hours 37. 6

3. 3 – 4 hours 39. 9

4. 5 – 6 hours 8. 0

5. more than 6 hours 5. 4

MM What's the total amount of time you have been assigned to be further trained in professional skills after taking your job in journalism? n = 3818

1. None 55. 2

2. Below one month 15. 3

3. 1 – 6 months 16. 5

4. 7 – 12 months 4. 2

5. 13 – 18 months 2. 2

6. more than 19 months 6. 5

NN What do you think about your ability to deal with the following matters?

1. To learn public opinion and guide it n = 3810

1) Strong 35. 1 2) Some 58. 1 3) None 6. 8

2. To compete with Chinese and foreign journalists in news reporting n = 3695

1) Strong 15. 2 2) Some 59. 0 3) None 25. 7

3. To organize reporting on important events independently n = 3694

1) Strong 24. 9 2) Some 55. 5 3) None 19. 6

4. To find important news sources n = 3672

1) Strong 25. 4 2) Some 58. 7 3) None 15. 9

5. To report and edit news in foreign languages skillfully n = 3628

1) Strong 4. 6 2) Some 23. 0 3) None 72. 4

6. Quick in writing or photo-taking or good at broadcasting live n = 3667

1) Strong 29. 5 2) Some 49. 7 3) None 20. 8

7. Conduct social activities n = 3758

1) Strong 32. 5 2) Some 60. 8 3) None 6. 7

8. To investigate the matter personally and do field research n = 3709

1) Strong 39. 8 2) Some 53. 8 3) None 6. 3

9. To master new technical methods n = 3678

1) Strong 10.1 2) Some 35.9 3) None 53.9

10. To be a managerial asset for your news organization n = 3604

1) Strong 7.8 2) Some 50.1 3) None 42.2

11. To organize and lead colleagues to allow full play of collective initiative n = 3551

1) Strong 16.8 2) Some 53.2 3) None 30.0

OO In your opinion, what are the important qualifications for being a modern style woman journalist? (Please mark on blanks 1 - 10 according to the order of importance)

1. Professional spirit n = 3676
2. The ability to master your language n = 3644
3. Extensive knowledge about modern world n = 3624
4. Keen journalistic sense n = 3606
5. Self-awareness of professional ethics n = 3590
6. Good physical and mental health n = 3548
7. Strong consciousness of social responsibility n = 3530
8. Always being ready for investigation of real life n = 3511
9. Possess necessary modern skills (e. g. to drive, to type with PC computer, to use fax machine, etc.) n = 3492
10. Master one or two foreign languages n = 3445

order	1	2	3	4	5	6	7	8	9	10
Survey result	1	4	2	7	3	6	5	8	9	10

PP What are your problem (s) with work and family life? n = 4033

1. Household duties are too heavy, work affected 19.3
2. Kid (s) is/are too young, so it is impossible to go on work trips 17.7
3. No safety guarantee outside because of the increasing violence 20.3
4. Without housing, or living space is too crowded 26.4
5. Income is too low to support family 24.5
6. Long separation of husband and wife 2.7

7. Lack of opportunity to be further trained in professional skills, so work ability has not improved much 63. 9
8. Not good in professional skills, so hard to compete with colleagues 6. 1
9. Family not harmonious, often in bad mood 2. 1
10. Health problems, so hard to undertake the current work 4. 5
11. Unlikely to be promoted 14. 3
12. Relations with others are not harmonious 2. 5
13. As a female, you suffer from sex harassment from time to time 3. 4
14. Othe rproblems 2. 2

QQ If you have a chance to find a job again, what would you choose?

n = 3807

1. News organization 62. 1
2. Educationai institution 6. 7
3. Government office of the CPC (or Political Affairs Dept., official Trade Union, Youth League, or official Women's Federation) 1. 4
4. Organization of culture, arts or sports 4. 3
5. Hospital or the place for medical care 5. 3
6. Trade or financial organization 11. 2
7. Industrial branch 0. 0
8. Agriculture or related occupation 0. 1
9. Police office, law court or attorney's office 2. 5
10. Military force (drafted member) 1. 9
11. Organization of sciences or technology 2. 7
12. Others 1. 8

RR If you choose to work as a journalist again, where would you like to work?

n = 3576

1. At my current unit 38. 8
2. A newspaper at the central level 13. 5
3. A radio station at the central level 4. 1
4. A TV station at the central level 17. 5
5. A news agency at the central level 2. 2
6. A newspaper at the provincial level 5. 4

7. A radio station at the provincial level	3. 8
8. A TV station at the provincial level	7. 2
9. A newspaper at the city level	2. 1
10. A radio station at the city level	1. 1
11. A TV station at the city level	2. 5
12. A newspaper at the county level	0. 1
13. A radio station at the county level	0. 4
14. A TV station at the county level	0. 5
15. A paper, radio or TV station under a business	1. 0

SS We would like to have your suggestions on Chinese women journalists' progress and development

附：《中国女新闻工作者现状和发展》调查问卷

QUESTIONNAIRE

On the Current Status and Development of Chinese Women Journalists

A　Sex：1. Female　2. Male

B　Nationality：

C　Date of Birth：Month ____ Year ____，

D　Educational Background：

1. Junior High School or below
2. Senior High School
3. Two-year College
4. Bachelors Degree
5. Masters Degree
6. PhD Degree

E　If your final education certificate was from a two-year college or higher，what was your major?

1. Journalism and Communications
2. Other Fields of Social Sciences or Humanities
3. Foreign Languages
4. Sciences，Technology，Medicine or Agriculture
5. Other

F　Political Party Affliation：

1. Communist Party of China
2. Youth League Member
3. Member of One of China's Eight Democratic Parties
4. Non-Partisan

G Total Income of Yours in January of 1995 (RMB ¥, self only, not including others in household)

1. ¥400 or below
2. ¥401—600
3. ¥601—800
4. ¥801—1,000
5. ¥1,001—1,500
6. ¥1,501—2,000
7. ¥2,000 or higher

H Health Status?

1. Full of energy, able to deal with daily life and work load easily, scarcely having a feeling of excessive-strain

1) Strongly agree 2) agree
3) disagree somewhat 4) Strongly disagree

2. Deal with life enthusiastically and actively; always ready to undertake responsibilities, and not nitpicking

1) Strongly agree 2) agree
3) disagree somewhat 4) Strongly disagree

3. Know how to work and rest regularly

1) Strongly agree 2) agree
3) disagree somewhat 4) Strongly disagree

4. Strong ability to prepare for contingencies.

1) Strongly agree 2) agree
3) disagree somewhat 4) Strongly disagree

5. Healthy enough to be free from flu and contagious disease

1) Strongly agree 2) agree
3) disagree somewhat 4) Strongly disagree

6. Suitable weight and stature; head and four limbs are in harmony while standing

1) Strongly agree 2) agree
3) disagree somewhat 4) Strongly disagree

7. Bright eyes which have keen sense; eyelids usually free of inflamation

1) Strongly agree 2) agree

3) disagree somewhat 4) Strongly disagree

8. Clean teeth without dental caries; color of gum is healthy and normal, no bleeding

1) Strongly agree 2) agree

3) disagree somewhat 4) Strongly disagree

I Are you suffering from chronic disease (s)?

1. No 2. Yes

J If you are suffering from chronic disease (s), what kind is it?

1. Motion (Moter) System

2. Krebs Cycle System

3. Respiratory System

4. Digestive System

5. Urogenital System

6. Genital System

7. Endocrine System

8. Sensation System

9. Nervous System

K What is your marital status?

1. Single

2. First-time married

3. Remarried

4. Widow or Widower

5. Living alone after divoce

L If you are married, what kind of work does your spouse have?

1. News organization

2. Educational institution

3. Government Office of the CPC (or Political Affairs Dept., official Trade Union, Youth League, or official Women's Federation)

4. Organization of culture, arts or sports

5. Hospital or the place for medical care

6. Trade or financial organization

7. Industrial branch

8. Agriculture or the related occupations

9. Police office, law court or attorney's office

10. Military force (drafted member)

11. Organization of sciences or technology

12. Other

M How do you feel about the relationship between you and your spouse?

1. Strongly good

2. Good

3. Some problems

4. The marital relation can be maintained in spite of conflicts

5. The marital relation could be broken anytime because of serious crisis

N If you are married, when there is a conflict in your work time with you spouse's, how has it been settled?

1. The wife gives in

2. The husband gives in

3. Each goes his own way

4. Negotiate with each other

5. Other

O If you are married, how many children do you have? ________

P What is the age of your child (ren)?

1. 6 or below

2. 7 - 12

5. 13 - 18

4. 19 - 23

5. 23 or older

Q What is your main family burden today?

1. To raise kids

2. To support parents

3. To attend the sick

R In terms of living space, how many square meters does each member of your family have?

1. None

2. 8 or below

3. 9 – 20

4. 21 – 30

5. 31 or more

S In which year, did you begin to work as a journalist? ________

T What is the main reason for taking a journalism job from the beginning?

1. Assigned by a working organization (or unit)

2. Influenced by the old generation of people in your family who were journalists

3. Develop my own special skills

4. Have more chances to know the society

5. Advance social progress

6. Easy to become well-known

7. Enjoy the opportunities of writing

8. Have a relatively high social standing

9. Curiosity

10. Job of this kind can be used as a pratical tool to serve for getting personal purpose realized

11. Others

U Before being a staff member of a news room, did you once work as

1. Correspondent

2. Part-time correspondent

3. Full-time propoganda department officer

V What is your current job (s)?

1. Reporter

2. Editor

3. Interpreter

4. Proofreader

5. Host (ess) of a tv or radio program

6. News Announcer

W In which area do you mainly work?

1. PoliticaL and legal affairs

2. Economic affairs

3. International affairs

4. Sports

5. Culture and arts

6. Sciences and technology

7. Education

8. Social news

9. Correspondent liaison

10. Others

X In which category does your professional title call?

1. Junior

2. Middle

3. Associate

4. Senior

Y What is your current position (s)?

1. President of a newspaper or magazine

2. Editor-in-chief of a newspaper or magazine

3. Head of a radio station

4. Head of a TV station

5. Vice president of a newspaper or magazine

6. Deputy editor-in-chief of a newspaper or magazine

7. Deputy head of a radio station

8. Deputy head of a TV station

9. General manager of a news organization

10. Deputy general manager of a news organization

11. Member of Editorial Board of a news organization

12. General secretary or his/her deputy of a news organization

13. Head or his/her deputy of a department under a news organization

14. Others

Z What is your idea about how important the following functions of news media in China are?

1. To report the international and national news to the public as sincerely and quickly as possible

1) Strongly agree 2) agree

3) disagree somewhat 4) Strongly disagree

2. To provide explanations and analysis on the social "hot" issues

1) Strongly agree 2) agree

3) disagree somewhat 4) Strongly disagree

3. To propogate and explain the nation's laws and the Party's guildlines

1) Strongly agree 2) agree

3) disagree somewhat 4) Strongly disagree

4. To provide entertainment

1) Strongly agree 2) agree

3) disagree somewhat 4) Strongly disagree

5. To disseminate modern knowledge of science and technology

1) Strongly agree 2) agree

3) disagree somewhat 4) Strongly disagree

6. To creat the hero-type model for the masses

1) Strongly agree 2) agree

3) disagree somewhat 4) Strongly disagree

7. To expose and criticize the social ills

1) Strongly agree 2) agree

3) disagree somewhat 4) Strongly disagree

8. To provide the public with opportunities for publishing works and opinions

1) Strongly agree 2) agree

3) disagree somewhat 4) Strongly disagree

9. To act as a check on the country's political, authority and leaders

1) Strongly agree 2) agree

3) disagree somewhat 4) Strongly disagree

AA Do you agree with the following judgment about media audiences

1. Most of them pay closer attention to the news itself rather than to the relevant analysis

1）Strongly agree　　2）agree

3）disagree somewhat　　4）Strongly disagree

2. Most of them pay close attention on the news coverage and reportage about problems of social injustice

1）Strongly agree　　2）agree

3）disagree somewhat　　4）Strongly disagree

3. Most of them have the tendency to be credulous of news media

1）Strongly agree　　2）agree

3）disagree somewhat　　4）Strongly disagree

4. Most of them are keen to take a part in news communication activities

1）Strongly agree　　2）agree

3）disagree somewhat　　4）Strongly disagree

5. Most of them are concerned about the development of press-relared law

1）Strongly agree　　2）agree

3）disagree somewhat　　4）Strongly disagree

BB　Do you feel satisfied with your current job?

1. Very satisfied

2. Yes

3. Some

4. Somewhat dissatisfied

5. Very dissatisfied

CC　Which of following items can be seen to meet your situation?

1. Through the current job you have, you can fully develop your potential

1）Strongly agree　　2）agree

3）disagree somewhat　　4）Strongly disagree

2. You often get a feeling of merit from your creative working

1）Strongly agree　　2）agree

3）disagree somewhat　　4）Strongly disagree

3. You value your job considerably because it can advance social development

1）Strongly agree　　2）agree

3）disagree somewhat　　4）Strongly disagree

4. You feel exhausted, pressed, tired about your job

1) Strongly agree 2) agree
3) disagree somewhat 4) Strongly disagree

5. You can have a relatively dominant position in making decisions about how to deal with your daily news room work

1) Strongly agree 2) agree
3) disagree somewhat 4) Strongly disagree

6. The programs or articles or ganized by you have often been edited too much to be recognized

1) Strongly agree 2) agree
3) disagree somewhat 4) Strongly disagree

7. Your ideas about journaltism reform are likely to be realized through your news room work

1) Strongly agree 2) agree
3) disagree somewhat 4) Strongly disagree

8. Compared to other professions, your job held in great esteem by society

1) Strongly agree 2) agree
3) disagree somewhat 4) Strongly disagree

9. The relevant parts are basically helpful and cooperative when you cover the news of negative matters or check the news of this kind

1) Strongly agree 2) agree
3) disagree somewhat 4) Strongly disagree

10. Your boss is often patient enough to listen to you for ideas or suggestions on work

1) Strongly agree 2) agree
3) disagree somewhat 4) Strongly disagree

11. You often have been assigned to cover the news of top importance

1) Strongly agree 2) agree
3) disagree somewhat 4) Strongly disagree

12. You are satisfied with your relations with your colleagues

1) Strongly agree 2) agree
3) disagree somewhat 4) Strongly disagree

13. You are keen to work together with your colleagues on some difficult or im-

portant matters

1) Strongly agree 2) agree

3) disagree somewhat 4) Strongly disagree

14. You have developed a deep feeling of friendship with your audience

1) Strongly agree 2) agree

3) disagree somewhat 4) Strongly disagree

15. You are not satisfied with the inter-personal relationships within your working unit

1) Strongly agree 2) agree

3) disagree somewhat 4) Strongly disagree

16. You have often been given the opportunities to be further trained in professional skills

1) Strongly agree 2) agree

3) disagree somewhat 4) Strongly disagree

17. You have had opportunities to be promoted regularly

1) Strongly agree 2) agree

3) disagree somewhat 4) Strongly disagree

18. You feel your current income is too low

1) Strongly agree 2) agree

3) disagree somewhat 4) Strongly disagree

19. Your current income is enough to afford your daily expenses

1) Strongly agree 2) agree

3) disagree somewhat 4) Strongly disagree

20. Being short of living space is the biggest problem facing you now

1) Strongly agree 2) agree

3) disagree somewhat 4) Strongly disagree

DD In the working unit you now serve, do you think females enjoy equal opportunities in the following aspects

1. To be further trained in professional skills

1) Strongly agree 2) agreee

3) disagree somewhat 4) Strongly disagree

2. To be promoted

1) Strongly agree　　2) agreee
3) disagree somewhat　　4) Strongly disagree

3. To get wages raised
1) Strongly agree　　2) agree
3) disagree somewhat　　4) Strongly disagree

4. To visit abroad
1) Strongly agree　　2) agreee
3) disagree somewhat　　4) Strongly disagree

5. To be allocated living space
1) Strongly agree　　2) agree
3) disagree somewhat　　4) Strongly disagree

6. To solve the wife-and-husband-work-apart problem
1) Strongly agree　　2) agree
3) disagree somewhat　　4) Strongly disagree

7. To get children cared for in kindergarten or educated in school
1) Strongly agree　　2) agree
3) disagree somewhat　　4) Strongly disagree

8. To be sent to other places to cover news and get to know more about the sociey
1) Strongly agree　　2) agree
3) disagree somewhat　　4) Strongly disagree

9. To be awarded for excellent programs or news articles
1) Strongly agree　　2) agree
3) disagree somewhat　　4) Strongly disagree

10. To be awarded as an excellent working journalist
1) Strongly agree　　2) agree
3) disagree somewhat　　4) Strongly disagree

11. To be sent to a spa or other special place for a vacation
1) Strongly agree　　2) agree
3) disagree somewhat　　4) Strongly disagree

12. To be sent to cover (edit, announce, interpret, etc.) the news of top importance

1) Strongly agree 2) agree
3) disagree somewhat 4) Strongly disagree

13. To get news work published

1) Strongly agree 2) agreee
3) disagree somewhat 4) Strongly disagree

14. To enter into the decision-making circle (eg. editors board)

1) Strongly agree 2) agree
3) disagree somewhat 4) Strongly disagree

EE What's your opinion about women taking a journalistic job?

1. Sex difference is not a factor to decide the quality of work

1) Strongly agree 3) agree
3) disagree somewhat 4) Strongly disagree

2. Women journalists are more likely to get the news sources

1) Strongly agree 2) agree
3) disagree somewhat 4) Strongly disagree

3. Women journalists are more sympathetic than men, and more brave to be outspoken for ordinary people

1) Strongly agree 2) agree
3) disagree somewhat 4) Strongly disagree

4. Women journalists are good at getting along with colleagues, and are cooperative

1) Strongly agree 2) agree
3) disagree somewhat 4) Strongly disagree

5. The female has a inferiority complex, and lacks awareness of being competitive

1) Strongly agree 2) agree
3) disagree somewhat 4) Strongly disagree

6. The female is more reliable because of carefulness and seriousness toward working

1) Strongly agree 2) agree
3) disagree somewhat 4) Strongly disagree

7. Women's professional skills are not as good as men's

1）Strongly agree 2）agree

3）disagree somewhat 4）Strongly disagree

8. Within a news organization, the working efficiency will be negatively influenced if females are in the majority

1）Strongly Yes 2）Some Yes

3）Some None 4）Totally None

9. Within a news organization, if females are in the majority, it will be helpful to advance women' s development and the reportage of women's matters

1）Strongly agree 2）agree

3）disagree somewhat 4）Strongly disagree

10. The women journalists have strong feelings of social responsibility, they are brave to play a role in checking opinions on political authorities

1）Strongly agree 2）agree

3）disagree somewhat 4）Strongly disagree

FF In your opinion, what is the reason so few women are on editorial boards of news organizations

1. Females are indecisive, and lack resolution in policy-making

1）Strongly agree 2）agree

3）disagree somewhat 4）Strongly disagree

2. Females have low ability to organize

1）Strongly agree 2）agree

3）disagree somewhat 4）Strongly disagree

3. Most of women just like to do their own work, they don't like to be in a commanding position

1）Strongly agree 2）agree

3）disagree somewhat 4）Strongly disagree

4. There is a long-standing social tendency that discriminates against women

1）Strongly agree 2）agree

3）disagree somewhat 4）Strongly disagree

5. It is difficult to choose women members for policy-making levels because the absolute number of women within the working unit is too small

1）Strongly agree 2）agree

3) disagree somewhat 4) Strongly disagree

6. Some women journalists think that as long as the job is ideal, it doesn't matter whether or not she is a leader

1) Strongly agree 2) agree

3) disagree somewhat 4) Strongly disagree

7. Females usually have a strong awareness ofresponsibility for family, so they often worry about the possibility of being in a leadership position will influence family life

1) Strongly agree 2) agree

3) disagree somewhat 4) Strongly disagree

8. It's hard to convince males to follow women's leadership

1) Strongly agree 2) agree

3) disagree somewhat 4) Strongly disagree

9. Others

GG Does the editorial board of the news organization you are working for pay enough attention to reportage on women and women's issues?

1. Very much so

2. Yes

3. Not much

4. No

HH Are there some people women-issue beat reporters in your working unit?

1. Yes 2. No

II Are there some cotumns (pages, programs) especially about women in the media you' re working for?

1. Yes 2. No

JJ Do you feel interested in the reportage on women?

1. Very much interested

2. Interested

3. Not much interested

4. No interest at all

KK What is your opinion about the neccessity to create a national organization for women journalists in China?

1. Very much needed

2. Needed

3. It doesn't matter

4. Not very necessary

5. No need at all

LL Apart from the time with your work, sleep, and domestic affairs, how much free time do you have everyday?

1. 1 hour or less

2. 1 – 2 hours

3. 3 – 4 hours

4. 5 – 6 hours

5. more than 6 hours

MM What's the total amount of time you have been assigned to be further trained in professional skills after taking your job in journalism?

1. None

2. Below one month

3. 1 – 6 months

4. 7 – 12 months

5. 13 – 18 months 6. more than 19 months

NN What do you think about your ability to deal with the following matters?

1. The degree to which you know the public opinion and can lead opinions

1) Strong 2) Some 3) None

2. To compete with the journalists from other news organizations in China

1) Strong 2) Some 3) None

3. To organize reports on important events independently

1) Strong 2) Some 3) None

4. To find important news sources

1) Strong 2) Some 3) None

5. To report and edit news in foreign languages skillfully

1) Strong 2) Some 3) None

6. To report on-the-spot and have live broadcast

1) Strong 2) Some 3) None

7. To take a part in social activities

1) Strong 2) Some 3) None

8. To investigate the matter personally and do field research

1) Strong 2) Some 3) None

9. To master new technical methods

1) Strong 2) Some 3) None

10. To be a managerial asset for your working unit

1) Strong 2) Some 3) None

11. To organize and lead your colleagues as a whole

1) Strong 2) Some 3) None

12. Others

OO In your opinion, what are the important qualifications for being a modern style woman journalist? (Please mark on blanks 1 – 10 according to the order of importance)

1. Professional spirit

2. The ability to master your language

3. Extensive knowledge about modern world

4. Keen journalistic sense

5. Self-awareness of professional ethics

6. Good physical and mental health

7. Strong conciousness of social responsibility

8. Always being ready for investigation of real life

9. Possess necessary modern skills (eg. to drive, to type with PC computer, to use fax machine, etc.)

10. Master one or two foreign languages

1	2	3	4	5
6	7	8	9	10

PP What are your problem (s) with work and family life?

1. Household duties are too heavy to pay enough attention to work

2. Kid (s) is/are too young, so it is impossible to go on a working trip

3. No safety guarantee outside because of the increasing violence

4. Without housing, or living space is too crowded

5. Income is too low to support family

6. It is long-standing and unsovled that the wife and husband can not live and work in the same place

7. Lack of the opportunity to be further trained in professional skills, so work abilily has not improved much

8. The use of professional skills is not good, so hard to compete with colleagues

9. The family relationship is not in harmony, so the mood is often in a bad state

10. Health problems, so hard to undertake the current work

11. Unlikely to be promoted

12. Relations with others are not in harmony

13. As a female, you suffer from sexual harrassment from time to time

14. Others

QQ If you have a chance to find a job again, what would you choose?

1. News organization

2. Educational institution

3. Government office of the CPC (or Political Affairs Dept., official Trade Union, Youth League, or official Women' s Federation)

4. Organization of culture, arts or sports

5. Hospital or the place for medical care

6. Trade or financial organization

7. Industrial branch

8. Agriculture or related occupation

9. Police office, law court or attorney's office

10. Military force (drafted member)

11. Organization of sciences or technology

12. Others

RR If you choose to work as a journalist again, where would you like to work?

1. At my current unit

2. A newspaper at the centeral level

3. A radio station at the central level

4. A tv station at the central level

5. A news agency at the central level

6. A newspaper at the provincial level

7. A radio station at the provincial level

8. A tv station at the provincial level

9. A newspaper at the city level

10. A radio station at the city level

11. A tv station at the city level

12. A newspaper at the county level

13. A radio station at the county leve

14. A tv station at the county level

15. A paper, radio or tv station under a business

SS We would like to have your suggestions on Chinese women journalists' progress and development

(NOTE: this questionnaire was designed by the Survey Group on the Current Status and Development of Chinese Women Journalisis, which is organized by the CASS Institute of Journalism and the All China Journalists Association. The English version here is translated by Mr. Zhang Ximing, a research fellow of the CASS Institute of Journa lism. The UN-sponsored survey was conducted in April 1995)

附：《中国女新闻工作者现状和发展》调查的抽样设计

THE SAMPLING DESIGN FOR THE 1995 SURVEY ON THE CURRENT STATUS AND DEVELOPMENT OF CHINESE WOMEN JOURNALISTS

HUIXIN KE & ZHENJIANG XU, BEIJING BROADCASTING INSTITUTE

P. B. 28, Beijing Broadcasting Institute, Beijing, 100024

ABSTRACT

The sampling design of the 1995 national survey of Chinese female journalists is discussed in this paper. Due to lack of sufficient information about the population, an approximated. Ampling frame first had to be constructed, on which was based the stratified two-stage sampling plan used for the survey sample.

KEYWORDS: sampling frame, reference indicator, cluster, hypothesis, stratified, two-stage sampling

THE PURPOSE, SCOPE, AND SUBJECTS OF THE SURVEY

The survey of Chinese female journalists was sponsored by UNESCO (United Nations Educational, Scientific and Cultural Organization). The purpose is to focus on understanding the present situations of Chinese female journalists, their difficulties, desires and demands. The findings are to be used to improve the conditions both for their work and daily life, and to provide useful data to help them in their progress, promotion and development.

The project is conducted on a national basis, with the scope covering newspapers, television stations, and radio stations ranked in various administrative levels of county, city and province.

The subjects of this survey are female journalists working in newspaper, television and radio, with any job titles from technical to professional in elementary, middle or high level positions. In order to make some comparisons, male journalists also were interviewed during the survey.

PROBLEMS IN SAMPLING DESIGN

The sampling design was made difficult because China' s population of mass media personnel had never been studied. No single existing source of information about this population was sufficient for the purposes of this survey. Consequently, indexes and data from various unrelated sources had to be used.

The population to be studied was unclear, and there was no information available which could be used to describe the population completely. How to construct an appropriate sampling frame is the most difficult problem in designing the sampling plan for this survey.

Data from various sources of related information were diffused and not correlated. Each sourse gave only a little information, which needed to be studied and combined very carefully with material from other sources to get an approximate profile of the population.

The following sources of information were used in compiling the population profile. The first seven were used to classify the regions according to different development levels, and the rest were used to obtain the distributions of gender, title, and job type for journalists.

1) The Yearbook of Cities in China, 1993.

2) The Rural Statistical Map of Leading Economies of China, 1994.

3) The Rural Area Statistical Yearbook of China, 1993.

4) The Distribution Graph of Poor Areas of China, 1994.

5) The Yearbook Ranking Main Social and Economic Indexes, 1992.

6) The City Yearbook of Economics and Society of China, 1992.

7) The Applications of Social Indexes, 1992.

8) The Name Lists of Journalism Organizations and Journalists of China, 1993.

9) The 1990 Census Book of China, 1993.

10) The Journalism Yearbook of China 1993.

11) The Broadcast and Television Yearbook of China, 1993.

12) The Statistical Data of Journalists Working in 2001 National Newspapers in 1993, provided by the National Bureau of Journalism Publications of China. But only the total number for each type is given separately, and no data about the overall composition of staff are available.

13) The Total Number of Chinese Journalists with Job Titles in Technical or Professional Positions in 1993, provided by the Statistical Department of the Chinese Central Organization. But the numbers of journalists for newspapers, television stations and radio stations are not given separately.

14) The Total Numbers of Chinese Journalistic Organizations for Newspapers, Television and Radio Stations, respectively in 1994, provided by the National Association of Journalists.

15) The Total Numbers of People Working in Television And Radio Stations for Each Province in 1993, provided by the Broadcasting Bureau of China. But the numbers for individual stations are not available.

Finally, there were no unified economic indexes to classify the rural and urban areas into different types of regions with different social and economical development levels. How to cluster the areas throughout the country into certain strata was also a big problem.

CONSTRUCTING AN APPROXIMATE SAMPLING FRAME

The data obtained from the above 15 sources were further processed, compared and analyzed comprehensivey. The main reference indexes for stratified sampling were decided after interviews with experts in journalism. Then the basic composition and distribution of the population are estimated, according to some theoretical hypotheses. Therefore, an approximate sampling frame was constructed for the use of scientific sampling.

The main reference indexes for sampling were titles of professional positions, types of newspapers or television stations and radio stations, total income of a region, average income of aregion and GDP.

The regions of economic development were divided according to the following criteria:

1) The four types of regions among 2,371 areas given by the Rural Area Survey Team of the National Statistical Bureau were treated as the basic classification, in which 185 cities of district level, 294 cities of county level, and 1,892 counties were included.

2) There were 479 cities to be evaluaced by some urban economic indexes, which are quite different from those used to evaluate the rural areas. How can these two index systems be put together? Some factor which could connect the rural area data and urban date had to be found. This factor is the 294 cities of county level because they are treated as rural areas by the Rural Area Survey Team (RAST), and at the same time, they can be evaluated by the same urban economic indexes as the 185 cities of district level. Therefore, by using the 294 cities of county level, the relationship between 185 cities of district level and 1,892 counties may be approximated.

3) The 294 cities of county level and the 185 cities of district level. (total 479 cities) were first divided into four types of regions based on the criteria used by the RAST, which includes 16 rural economic development indexes. We label them Type 1 -4.

4) The 479 cities were clustered into four groups the second time based on the three urban economic development indexes mentioned above: total income of a region (Index 1), average income of a region (Index 2), and GDP (Index 3). We label them Groups 1 -4. Three means of indexes were calculated for each original type, which were then used as the new group centers for clustering.

5) The 185 cities of district level were redivided and included into some types of regions, according to the following rules:

If a city belongs to Group 1, it goes into Type 1;

If a city belongs to Group 2 and its two indexes are larger than the means of

Group 1, it goes into Type 1. Otherwise, it stays in Type 2;

If a city belongs to Group 3 and its two indexes are larger than the means of Group 1, it goes into Type 1. If its two indexes are larger than the means of Group 2, it goes into Type 2. Otherwise, it staysin Type3;

If a city belongs to Group 4 and its two indexes are larger than the means of Group 1, it goes into Type 1. If its two indexes are larger than the means of Group 2, it goes into Type 2. If its two indexes are larger than the means of Group 3, it goes into Type 3. Otherwise, it stays in Type 4.

The final clustering for these 185 cities is:

Type 1: 65 cities; Type 2: 68 cities;

Type 3: 29 cities, Type 4: 23 cities

6) Except for the redivided 185 cities of the district level, other cities and counties remain in the original types. Therefore, all of the 2,371 areas in the whole country are divided into four types of regions called Developed Economic Region (Type 1)

Averaged Developed Economic Region (Type 2)

Undeveloped Economic Region (Type 3)

Poor Region (Type 4)

The theoretical hypotheses about the composition of the population are as follows:

1) The distribution of professional titles for the reporters and translators working at television and radio stations is the same as that for the newspaper reporters.

2) The distribution of gender for the newspaper reporters is the same as that for the people working in journalism and publications.

3) The distributions of gender among different professional titles for newspaper reporters are the same as those for television and radio reporters.

4) The distributions of gender and of professional titles for journalists working at various types of newspapers in different regions are the same.

5) The distributions of gender and of professional titles for jornalists working at various types of television and radio statons in different regions are the same.

Based on the above three main points, the composition of the population was estimated, and an approximnate sampling frame was constructed. See Tables 1 -

13 in the Appendix for more details.

DESIGN OF SAMPLING PLAN

By use of the sampling frame, the sampling plan was designed in the following way.

The sample size for the sample of female journalists was decided so that the maximum sampling error for each type of region would not exceed 7% at the confidence level of 95%. The total sample size is 3705, with sub-samples of 2156, 1039, 314, and 196 for the four regions, Types 1 - 4, respectively. The sample size for the sample of male journalists is 1500. Details are given in Table 14.

Sample sizes assigned to various strata for newspapers are given in Tables 15 - 18, and those for television and radio stations in Tables 19 - 22, which were obtained by the population distributions described by the sampling frame.

The first stage of sampling was conducted by use of a computer program. Units of newspapers or television and radio stations were drawn according to unequal-probability sampling, with probability proportional to size (PPS). At the same time, the total number of people with professional titles also needed to be considered. The computer programs were designed to meet all the requirements. The numbers of units drawn and the sample sizes assigned to them are given in Table 23.

The second stage of sampling drew individuals from specific newspapers or television and radio stations. Since the sample size for each unit was assigned in advance, random sampling was used to complere the second stage.

CONCLUSIONS

This was the first time to conduct such a large-scale nationwide survey of journalists in China. Without complete information about the population, the sampling was designed under some assumptions about the compositions of the population and by studying all possible sources of basic data to find out the relationships among them. After tremendous effort, an approximate sampling frame was constructed and the final, sampling plan was transformed into one easy to implement.

The field work was conducted from February 15 to April 15, 1995. Altogether 8152 questionnaires were mailed to 511 media units. 5913 journalists responded and sent back their questionnaires, among which 5896 were completed and valid from 461'media units, 266 newspapers, 115 radio stations, 78 television stations ant 2 news agencies. The valid response rate was 72.3%.

The composition of the final sample was quite close to the composition of the population described in Table 1 – 13.

BIBLIOGRAPHY

Chen J. S. , and Liu G. G. (1993), The Yearbook of City in China, Institute of Administration of China.

National Census Bureau (1993) , The Rural Area statistical Yearbook of China, Statistical Publications of China.

National Census Bureau (1992), The Yearbook Ranking Main Social and Economic Indexes, Statistical Publications of China.

Chen J. S. and Liu G. G. (1992) , The City Yearbook of Economics and society of china, Institute of Administration of China.

Zhu Q. F. (1992), The Applications of Social Indexes, Statistical publications of China.

Tabulation on the 1990 Population Census of the People's Republic of China (1993), Edited by Population Census Office under the State Council and Department of Population Statistics, State Statistical Bureau, People' s Republic of China, China Statistical Publications of China.

The Journalism Yearbook of China (1993) . Edited by People's Daily, Current China Publishing House.

The Broadcast and Television Yearbook of China (1993), Publications of Beijing Broadcasting Institute.

THE COMPOSITION OF THE POPULATION
(TABLE 1 - 13)

TABLE 1 **UNITS OF NEWSPAPER BY REGION**

TYPE OF REGION	1	2	3	4	MISSING	TOTAL	VALID
NO. OF UNIT	1221	471	135	113	61	2001	1940
PERCENT (%)	62.9	24.3	7.0	5.8		100.0	

TABLE 2 **JOURNALISTS OF NEWSPAPER BY REGION**

TYPE OF REGION	1	2	3	4	MISSING	TOTAL
NO. OF JOURNAL.	27724	9777	2846	1749		42096
PERCENT (%)	65.86	23.23	6.76	4.15		100.0

TABLE 3 **UNITS OF TV AND RADIO BY REGION**

TYPE OF REGION	1	2	3	4	MISSING	TOTAL	VALID
RADIO STATIONS	247	459	141	100			947
TV STATIONS	201	273	81	67			622
TOTAL	448	732	222	167	12	1581	1569
PERCENT (%)	28.6	46.7	14.1	10.6		100.0	

TABLE 4 **CROSS-TABLE OF TYPE 1 REGION BY ADMINISTRATIVE LEVELS AND BY TV, RADIO STATIONS**

	PROVINCE	CITY (DL)	COUNTY	TOTAL	PER.
RADIO STATIONS	32	71	144	247	55.1
TV STATIONS	27	71	103	201	44.9
TOTAL	59	142	247	448	
PERCENT (%)	13.2	31.7	55.1		100.0

TABLE 5 **CROSS-TABLE OF TYPE 2 REGION BY ADMINISTRATIVE LEVELS AND BY TV，RADIO STATIONS**

	PROVINCE	CITY（DL）	COUNTY	TOTAL	PER.
RADIO STATIONS	10	99	350	459	62. 7
TV STATIONS	8	127	138	273	37. 3
TOTAL	18	226	488	732	
PERCENT（%）	2. 5	30. 9	66. 7		100. 0

TABLE 6 **CROSS-TABLE OF TYPE 3 REGION BY ADMINISTRATIVE LEVELS AND BY TV，RADIO STATIONS**

	PROVINCE	CITY（DL）	COUNTY	TOTAL	PER.
RADIO STATIONS	1	34	106	141	63. 5
TV STATIONS	0	44	37	81	36. 5
TOTAL	1	78	143	222	
PERCENT（%）	0. 5	35. 1	64. 4		100. 0

TABLE 7 **CROSS-TABLE OF TYPE 4 REGION BY ADMINISTRATIVE LEVELS AND BY TV，RADIO STATIONS**

	PROVINCE	CITY（DL）	COUNTY	TOTAL	PER.
RADIO STATIONS	1	34	65	100	59. 9
TV STATIONS	1	48	18	67	40. 0
TOTAL	2	82	83	167	
PERCENT（%）	1. 2	49. 1	49. 7		100. 0

TABLE 8 **JOURNALISTS OF TV AND RADIO BY REGION**

REGION	TYPE 1	TYPE 2	TYPE 3	TYPE 4	TOTAL
PROVINCE	59%	14%	8%	2%	
CITY（DL）	30%	51%	61%	68%	
COUNTY	11%	35%	31%	30%	
TOTAL	22370	14063	4185	2612	43230
PERCENT（%）	51. 75	32. 53	9. 68	6. 04	100. 0

TABLE 9　ESTIMATING NUMBERS OF JOURNALISTS WORKING AT TV AND RADIO STATIONS

			PROVINCE	CITY (DL)	COUNTY	TOTAL ADJUSTS
T-1	NO. OF UNIT	145	142	247	23342	22408
	MEAN (VALID UN)	184.8	49.8	10.1		
	ESTIMATED TOTAL	13770	7076	2496		
T-2	NO. OF UNIT	18	226	488	14671	14084
	MEAN OF UNIT	110.7	33.3	10.6		
	ESTIMATED TOTAL	1993	7529	5149		
T-3	NO. OF UNIT	1	78	143	4361	4187
	MEAN (VALID UN)	355	34.4	9.3		
	ESTIMATED TOTAL	355	2681	1325		
T-4	NO. OF UNIT	2	84	83	2718	2609
	MEAN (VALID UN)	0	23.5	9.6		
	ESTIMATED TOTAL	0	1924	794		
	TOTAL JOURNALI.				45092	43230

TABLE 10　**NUMBERS OF' JOURNALISTS WORKING I N NEWSPAPER, TV AND RADIO, BY REGION**

REGION	NEWSPAPER	TV AND	RADIO	TOTAL
TYPE 1	27724	22408		50132
TYPE 2	9777	14084		23861
TYPE 3	2846	4187		7033
TYPE 4	1749	2609		4467
TOTAL	42096	43230		85326

TABLE 11　**UNITS OF NEWSPAPERS BY REGION AND BY NEWSPAPER CATEGORY**

	TYPE 1	TYPE 2	TYPE 3	TYPE 4	TOTAL	
OFFICIAL NEWSPAPER	172	187	63	77	499	25.7
TARGET NEWSPAPER	223	51	17	15	306	15.8
PROFESSIONAL NEWSP.	740	198	43	15	996	51.3
EVENING NEWSPAPER	36	17	8	4	65	3.4

(contd.)

	TYPE 1	TYPE 2	TYPE 3	TYPE 4	TOTAL	
SCIEN. & TECH. NEW.	50	18	4	2	74	3. 8
TOTAL	1221	471	135	113	1940	
PERCENT (%)	62. 9	24. 3	7. 0	5. 8	100. 0	

TABLE 12 **UNITS OF NEWSPAPERS BY REGION AND BY NEWSPAPER CATEGORY**

	TYPE 1	TYPE 2	TYPE 3	TYPE 4	TOTAL
OFFICIAL NEWSPAPER	9352	6350	1780	1201	18683
TARGET NEWSPAPER	4447	681	421	248	5797
PROFESSIONAL NEWSP.	11288	1999	451	172	13910
EVENING NEWSPAPER	1738	614	160	98	2610
SCIEN. & TECH. NEW.	899	178	34	30	1141
TOTAL	27724	9822	2846	1749	42141
PERCENT (%)	65. 8	23. 3	6. 8	4. 1	100. 0

TABLE 13 **UNITS OF OFFICIAL NEWSPAPERS BY REGION AND BY NEWSPAPER LEVEL**

	TYPE 1	TYPE 2	TYPE 3	TYPE 4	TOTAL	
CENTER OFFI. NEWSP.	14	4	1		19	3. 8
PROVI. OFFI. NEWSP.	35	8	11		45	9. 0
CITY OFFI. NEWSP.	59	137	44	63	303	60. 8
COUNTY OFFI. NEWSP.	64	38	17	12	131	26. 3
TOTAL	172	187	63	76	498	
PERCENT (%)	34. 5	37. 6	12. 7	15. 3	100. 0	

THE COMPOSITION OF THE SAMPLE(TABLE 14－22)

TABLE 14 **SAMPLE SIZES BY REGION AND BY MEDIA CATEGORY**

REGION	NEWSPAPER			TV AND RADIO			SUMMARY		
	MALE	FEMALE	TOTAL	MALE	FEMALE	TOTAL	MALE	FEMALE	TOTAL
TYPE 1	447	898	1345	398	1190	1588	845	2088	2933
TYPE 2	233	467	700	207	619	826	440	1086	1526
TYPE 3	70	141	211	62	186	248	132	327	459
TYPE 4	44	88	132	39	116	155	83	204	287
TOTAL	794	1594	2388	706	2111	2817	1500	3705	5205

TABLE 15 **SAMPLE SIZES FOR NEWSPAPER IN TYPE 1 OF REGION**

	MALE JOURNALISTS				FEM. JOURNALISTS				TOTAL
	H	M	L	T	H	M	L	T	
OFFICIAL NEWSPAPER	24	67	61	152	24	116	165	305	457
TARGET NEWSPAPER	12	32	28	72	12	55	77	144	216
PROFESSIONAL NEWSP.	29	81	73	183	29	140	199	368	551
EVENING NEWSPAPER	5	12	10	27	5	21	28	54	81
SCIEN. & TECH. NEW.	2	5	6	13	2	9	16	27	40
TOTAL	72	197	178	447	72	341	485	898	1345

TABLE 16 **SAMPLE SIZES FOR NEWSPAPER IN TYPE 2 OF REGION**

	MALE JOURNALISTS				FEM. JOURNALISTS				TOTAL
	H	M	L	T	H	M	L	T	
OFFICIAL NEWSPAPER	23	66	60	149	24	114	162	300	449
TARGET NEWSPAPER	3	7	6	16	3	13	18	34	50
PROFESSIONAL NEWSP.	8	21	18	47	7	36	51	94	141
EVENING NEWSPAPER	2	6	7	15	2	11	16	29	44
SCIEN. & TECH. NEW.	1	3	2	6	1	3	6	10	16
TOTAL	37	103	93	233	37	177	253	467	700

TABLE 17 **SAMPLE SIZES FOR NEWSPAPER IN TYPE 3 OF REGION**

	MALE JOURNALISTS				FEM. JOURNALISTS				TOTAL
	H	M	L	T	H	M	L	T	
OFFICIAL NEWSPAPER	7	19	18	44	7	34	47	89	133
TARGET NEWSPAPER	2	44	10	2	8	11	21	31	
PROFESSIONAL NEWSP.	2	5	4	11	2	8	12	22	33
EVENING NEWSPAPER	0	22	4	0	3	5	8	12	
SCIEN. & TECH. NEW.	0	1	0	1	0	1	0	1	2
TOTAL	11	31	28	70	11	54	76	141	211

TABLE 18 **SAMPLE SIZES FOR NEWSPAPER IN TYPE 4 OF REGION**

	MALE JOURNALISTS				FEM. JOURNALISTS				TOTAL
	H	M	L	T	H	M	L	T	
OFFICIAL NEWSPAPER	5	13	12	30	5	23	32	60	90
TARGET NEWSPAPER	1	3	2	6	1	5	6	12	18
PROFESSIONAL NEWSP.	1	2	1	4	1	3	4	8	12
EVENING NEWSPAPER	0	1	2	3	0	2	4	6	9
SCIEN. & TECH. NEW.	00	1	1	00	2	2	3		
TOTAL	7	19	18	44	7	33	48	88	132

TABLE 19 **SAMPLE SIZES FOR TV AND RADIO IN TYPE 1 OF REGION**

		REPORTER	ANNOUNCER	TRANSLATOR	SUM	TOTAL
PROVINCE	M	199	28	7	234	937
	F	400	288	15	703	
CITY DL	M	101	14	5	120	475
	F	203	146	6	355	
COUNTY	M	38	6	0	44	176
	F	75	54	3	132	
TOTAL	M	338	48	12	398	1588
	F	678	488	24	1190	

TABLE 20　**SAMPLE SIZES FOR TV AND RADIO IN TYPE 2 OF REGION**

		REPORTER	ANNOUNCER	TRANSLATOR	SUM	TOTAL
PROVINCE	M	25	4	2	31	119
	F	49	36	3	88	
CITY DL	M	90	13	4	107	426
	F	180	130	9	319	
COUNTY	M	61	8	0	69	281
	F	124	88	0	212	
TOTAL	M	176	25	6	207	826
	F	353	254	12	619	

TABLE 21　**SAMPLE SIZES FOR TV AND RADIO IN TYPE 3 OF REGION**

		REPORTER	ANNOUNCER	TRANSLATOR	SUM	TOTAL
PROVINCE	M	5	1	0	6	21
	F	7	6	2	15	
CITY DL	M	32	4	2	38	152
	F	66	46	2	114	
COUNTY	M	16	2	0	18	75
	F	33	24	0	57	
TOTAL	M	5	37	2	62	248
	F	106	76	4	186	

TABLE 22　**SAMPLE SIZES FOR TV AND RADIO IN TYPE 4 OF REGION**

		REPORTER	ANNOUNCER	TRANSLATOR	SUM	TOTAL
PROVINCE	M	1	00	1	.	4
	F	2	1	0	3	
CITY DL	M	22	3	1	26	105
	F	44	33	2	79	
COUNTY	M	10	2	0	12	46
	F	20	14	0	34	
TOTALF	M	33	5	1	39	155
		66	48	2	116	

妇女运动的主题——争取男女平等

——关于中国新闻界男女平等现状的调查与剖析

人世间出现妇女运动和妇女组织，盖因为人世间存在着男女不平等。因此，争取男女平等，是妇女运动的主题，也是妇女组织义不容辞的活动内容和工作职责。

新中国为男女平等提供了有力的法律保障，中华人民共和国宪法第48条规定“中华人民共和国妇女在政治的、经济的、文化的、社会的和家庭的生活等各方面享有同男子平等的权利。”“国家保护妇女的权利和利益，实行男女同工同酬，培养和选拔妇女干部。”然而，宪法明确规定了的妇女可享有的权利，要成为妇女所实际享受到的权利，还需要作为权利主体的妇女，做出不懈的努力。

1985年，我同首都新闻学会调查组的同志一道，做了一次全国报纸普查，发现在报纸副总编辑以上的领导干部中，女性仅占4.7%。我心里很不平衡，为什么新闻界有许多杰出的女记者、女编辑、女节目主持人和女播音员，而进入决策层的女性却不到5%？这种状况公平吗？我就想要弄个明白。

1989年，中宣部新闻局举办《新闻传播调查方法研讨班》，我和女学员们发起开展全国女新闻工作者调查，并由陈秀霞同志出面向联合国教科文组织申请经费。经多年努力，于1994年得到了联合国教科文组织3.5万美元的资助。

在问卷设计阶段，我在首都作个别访问，征询意见。有的女新闻工作者说：“我们好像没有什么不平等的感觉。”而有的男同胞则惊讶地反问：“妇女解放都过头了，还有不平等现象吗？”的确，女新闻工作者大都受过高等教育，属知识女性，拥有较大的工作自主权，新闻界似乎不存在男女不平等的问题，事实果真是这样吗？

恩格斯说过："平等仅仅存在于同不平等的对立中"。[①] 没有调查就没有发言权，没有比较就没有鉴别。于是，在1995年开展的全国女新闻工作者现状和发展调查的问卷中，专门设计了一个关于男女平等感受的问题。调查结果发现：在接受调查的4033名女新闻工作者中，在下列事情上感到"完全平等"的比例大大低于男新闻工作者（1834人，下列数据已经加权统计）：

（%）

测定题项	女性主观感受	男性主观感受	相差百分点
1. 发表作品（稿件或节目）的机会	28.3	60.7	-32.4
2. 晋升工资的机会	26.4	61.8	-35.4
3. 评比和奖励优秀新闻作品的机会	26.0	59.8	-33.8
4. 评选优秀新闻工作者的机会	23.5	59.7	-36.2
5. 评聘专业职务的机会	22.4	57.9	-35.4
6. 孩子入托、入学、招工的机会	22.0	49.9	-27.9
7. 赴疗养场所休假、疗养的机会	21.1	57.2	-36.1
8. 担负重大题材报道的机会	18.6	44.3	-25.7
9. 分配住房的机会	17.3	44.3	-27.0
10. 解决夫妻两地分居的机会	17.0	42.4	-25.4
11. 进修提高的机会	16.9	49.3	-32.4
12. 易地参观访问的机会	15.1	46.9	-31.8
13. 出国访问的机会	13.1	44.4	-31.3
14. 进决策层（社委会和编委会）的机会	11.9	36.7	-24.8

从以上统计数据可以看出：在测定女新闻工作者"平等感受"时，感到"完全平等"的题项都没有超过30%，而且每项的主观感受都大大低于男新闻工作者。其中有的题项，女新闻工作者的主观感受还同实际情况有距离，比如"评聘专业职务的机会"，尽管有22.4%的女新闻工作者感到"完全平等"，还有61.1%的人感到"基本平等"，但实际上，女新闻工作者中59.7%的人仅拥有初级专业职务，33.7%的人拥有中级专业职务，能

① 《马克思恩格斯全集》第20卷，人民出版社1995年版，第668页。

评上高级专业职务的人仅占6.7%，比男新闻工作者获得高级专业职务的15.9%低9.2个百分点。这同女新闻工作者在新闻专业人员中占三分之一的实际人数不成正比。在1993年前获得正高级专业职务的1689名新闻工作者中，女性仅140名，只占8.3%。又如有23.5%的女新闻工作者认为“评选优秀新闻工作者的机会”“完全平等”，还有59.7%的人认为“基本平等”，但获得第二届中国新闻最高奖“范长江奖”的11名获奖者中，女性只有1人（被提名的30人中只有5名是女性）。说明机会的平等，并不等于现实的平等。

但是，最突出的不平等，表现在女性进入决策层的问题上，只有11.9%的女新闻工作者认为是“完全平等”的，男新闻工作者中认为“完全平等”的也只有36.7%。

男女平等应是多层次的，妇女进入决策层是最高层次，属于政治平等层次。政治的真实含义是主持管理公众事务，但管辖权限范围有大小区分，主持管理世界事务者称为“世政”，主持管理国家事务者称为“国政”，主持管理一个学校者称为“校政”，主持管理家庭者称为“家政”。对新闻界来说，女性进入决策层，就是进入新闻机构的社务委员会或编辑委员会，掌握对新闻报道及新闻事业的决策权，称为主持“笔政”。

调查表明，只有4.4%的女新闻工作者进入报社、通讯社、广播电台、电视台的编辑委员会主持“笔政”。一些过去由女性掌权的新闻机构，现在也被男性所取代。对目前女新闻工作者进入决策层难的现状，男女新闻工作者的看法有显著的差别，有84.3%的女新闻工作者认为主要原因是“在社会潜意识中存在着排斥女性的倾向”。一位电视工作者说：“目前中国女新闻工作者在新闻事业中发挥着重要的作用，人才济济。但由于传统观念的影响，往往得不到晋升提拔，在各自的单位中，做‘将’者多，为‘帅’者少。”而较多的男新闻工作者则在认识上夸大女性的弱点，认为“女性优柔寡断，决策魄力不大”（占53.3%），“女性的组织领导才能偏低”（占46.1%）。但从目前我国干部选拔的方法和过程来看，在女性能否进入决策层的问题上，不在于宪法第48条关于“培养和选拔妇女干部”的规定多么明确，也不在于党和政府对培养和选拔优秀妇女干部的政策多么强调，而取决于目前正在领导岗位上掌握决策权的人。这是一个人治的社会，一个由男性统治的世界。男性决策者习惯于从传统的、世俗的观点看待妇女，尤其在选拔领导干部时，对女性更是百般挑剔。在同等条件下，甚至在女性优于男性的情况下，他们也会强调种种理由，要男不要女。因此，分析目前执掌新闻机构决策权的人对这一问题的看法，也许更能找到问题的症结所在。

1995年全国女新闻工作者调查共调查了426个新闻机构，共计调查了486名决策者，他们当中有68.2%的人认为目前女新闻工作者进入决策层少是因为“有些单位女性少，选拔女干部难”。这似乎不成其为排斥女性的理由，因为统计表明，目前女新闻工作者在采访、编辑、校对、翻译、节目主持和播音这六项专业工作中，有29.6%的人能做其中的两项工作，7.9%的人能做其中的三项工作，还有2.6%的人能做其中的四项及以上的工作，说明有42.9%的女新闻工作者已经具有担负两项以上工作的能力。而且有16.6%的女新闻工作者自我评价具有“有组织领导发挥全体同事整体效益的能力”。难道在她们当中不能培养和选拔出领导干部？还有49.9%的决策者认为“女性优柔寡断，决策魄力不大”，39.7%的决策者认为“女性的组织才能偏低”。这是一种先验的论调。实践出真知，“决策魄力”和“组织才能”都是要在实践中锻炼增长的，把女性排斥在决策层之外，她们得不到实践的机会，怎能迅速成长为领导干部？诚然，决策者中有56.0%的人承认“在社会潜意识中存在着排斥女性的倾向”，比女新闻工作者相同观点者低28.3个百分点。这才是问题的关键所在。

但是，如果把新闻机构决策层中女性少的因素都归诸于性别歧视，也失之公平，因为还存在着女性本身的主观因素。调查表明，有72.4%的女新闻工作者认为：“只要工作适合志向，何必当领导干部？”一些已经具有领导干部素质的女新闻工作者，不仅缺乏同男性竞争的劲头，而且当被组织上选中时，也显得十分被动，有的还一再推辞。有位非常优秀的女记者，组织上多次找她谈话，希望她能承担一张新创办的报纸的总编辑，她竟然说：“请你们不要玷污我一生不当官的清白。”后来不得已奉命当上了总编辑，把这张报纸办得有声有色，证明女新闻工作者中不乏“领军人才”

实际上，在许多女性的潜意识中，依然存在着“男主外，女主内”的传统思想，不想抛头露面，更不愿当领导，挑重担。有54.2%的女新闻工作者认同“一般女性只愿埋头干业务，不愿当领导指挥别人”的说法；有45.4%的女新闻工作者担心“女性当领导，男同事不服气，领导工作难做”；还有41.7%的女新闻工作者承认“女性家庭责任感强，生怕担当领导工作影响家庭生活”。有位满族女新闻工作者写道：“大部分女性的潜意识中存在着安逸感，追求平静。”可见，目前新闻界在男女平等进入决策层的问题上，除了千百年封建意识的积淀所造成的对妇女的歧视之外，有的女性自己也不够自强，不够争气。

要改变现状，我以为，首先妇女本身要树立妇女意识，或称性别意识。所谓妇女意识，就是第四次世界妇女大会提出的“用妇女的眼光看世界”，就是要站在妇女的立场上，以维护妇女的权益为出发点，来衡量和评价客观世界所发生的一切。对同样一件事，视点不同，会形成不同的看法，做出不同的判断，得出不同的结论。比如曾经发生过有的新闻机构拒绝接收新闻院系毕业的女硕士研究生的事，从妇女的角度看，应该是男女就业的不平等，但从男性的角度看，他们可以讲出各种各样冠冕堂皇的道理，比如说“一个单位女性多了，会降低整体工作效率。我们单位女同志已经多了，不能再收女的了。”比如说“这几年社会治安状况不佳，派女同志出去采访不放心。”比如说“本单位就缺评论人才，女同志善于形象思维而不善于逻辑思维，我们不需要。”如此等等。

最近我在一次妇女研究会上还听到一位教授的宏论，他提出了一个新观点，叫做“反向歧视”。他认为，现在我国的工资制度是男女不同工而同酬，同样学历、同样年龄、同样工龄的人，工资都一样，而实际上，男性比女性出勤率高，社会效益好。他认为，如果由于政府的干预，照顾了妇女就业，而使优秀的男性失去工作机会，那就是“反向歧视”。只不过他没有把他的潜台词说出来。他的潜台词是：“在男女条件相等的情况下，要男不要女，天经地义。”这是在为在招工、招生、“双向选择，优化组合”中排斥女性的现象寻找理论根据。尽管他讲的主题是要消灭性别歧视，而实际上，是站在大男子主义的立场上，以牺牲妇女权益为前提，来维护男子的利益，完全是“用大男子主义的眼光看世界”。这种理论只能强化性别歧视，而不能消除性别歧视。因此，我们要“用妇女的眼光看世界”，对大千世界里发生的种种危害妇女权益的现象，哪怕是包装隐蔽的歧视妇女现象，都能保持清醒的认识。

其次，要树立妇女的群体意识。所谓“妇女的群体意识”，是指每一位女性，都应该以妇女的整体解放为己任。现在有些很优秀的女性，当她们一旦进入决策层，就变得男性化了。她们不仅学习像男性一样的思维方式和工作方式，而且对妇女运动和妇女问题显得并不那么注意和关心了。有的人自认为已经与男子完全平等了，反过来还瞧不起妇女。我在调查中发现一位女决策者填写的调查表，在回答目前新闻机构中女性少的原因时，除了8道封闭题外，还有一道开放题，是由被调查者自己填写的。这位女决策者在“其他”栏内写道：“婆婆妈妈的多，面目可憎的多。”这令我十分震惊。为什么女决策者对女同事持如此刻薄的态度？为什么女决策者要排斥女同事进入决策层？这难道是自然界“同性相斥”的规律在人类政治生活中的表现吗？无独有偶，最近我看到北京市一个区妇联的一份关于选拔妇女干部的报告，说的是妇联要求基层推荐优秀女干部到领导岗位上来，却没有一位女领导干部候选人是由女性推荐上来的。这是不是也是“同性相斥”的规律在作祟呢？我还听到过有的男领导干部发的谬论，说是“领导班子里女同志多了不容易团结”。简直把女性视为“不安定因素”。这些说法和看法，都在一定程度上歪曲了女领导干部的形象，不利于更多的女性进入决策层。

然而，在现实生活中，确实有的女性，甚至是知识女性，心胸狭窄，嫉妒心强。她们有极强的进取精神，时时处处“巾帼不让须眉”，可心里却容不下任何一位姐妹超过自己。有的人甚至对有可能超过自己的女同胞造谣中伤，恶意诽谤，极力阻止别的女性前进。这种女性仅仅是个人奋斗，缺乏群体意识。她们个人披荆斩棘干得很辛苦，对妇女解放的总体贡献并不大。

我们强调树立妇女群体意识，就是要求女同胞要处处考虑到妇女的整体利益，首先我们自己要支持优秀的女干部进入决策层，并要支持女决策者的工作，使她们成为决策层中的佼佼者，为妇女在决策层中树立良好的形象。作为已经掌握领导权的女决策者，更要增强妇女意识，处处多为妇女着想，多为妇女办实事，并为妇女发展开拓新的途径。

再次，我们要树立竞争意识。无毋讳言，我们生活在男性统治的世界里，性别歧视不论在家庭生活中还是在社会生活中，不论在经济生活中还是在社会生活中，都或多或少地存在着，而且不是女性歧视男性，而是男性歧视女性，这种现象在政治生活中更为突出。因此，第四次世界妇女大会号召妇女要争取进入决策层，实现政治上的男女平等。这就是当今妇女运动的主要方向，也是妇女组织的主要任务。但要真正实现政治上的平等，需要靠优秀妇女的“四自”精神和竞争能力。成功的机会对所有的人都是一样的，在机会面前的片刻犹豫都意味着机会的丧失；善于在关键时刻抓住机遇，便有可能获得成功，至少能取得一点进展。首都女新闻工作者协会乘全国记协换届之机，不失时机地提出根据女新闻工作者在新闻专业人员中占三分之一的现状，在全国记协的理事会、常务理事会中，女性应占三分之一。尽管最终的结果没能实现，但女理事的比例已从上届的6%，上升到15%，增长了9个百分点，也算是一个不小的进步。如果全国的妇女组织都能采取不同的形式，通过不同的渠道，坚持不懈地为优秀妇女进入决策层鼓与呼，那么，必定将大大加速男女政治平等的进程。

需要提到的是，每当我国政府强调各级政府机构、人民团体、企事业单位的领导班子中必须保证有一定比例的女性时，一些单位的决策者也不得不照章办事，选择那些毫无主见、人云亦云、俯首帖耳、任人驱使的女性进入领导班子，当摆设，做陪衬。这种做法，实际上是对女性进入决策层的消极对抗。同时，也严重损坏了女领导干部的形象。各妇女组织要善于识破这种假晋升、假提拔，而以积极主动的精神，把自主意识强、讲究工作效率、富有开拓创新精神的优秀妇女，推荐到各个单位的决策层中去。

妇女进入新闻机构的决策层尤为重要，在男性统治的社会里，妇女的声音非常微弱，她们的合理要求，需要通过大众传媒的传播，为社会所了解，为社会所关注，为社会所承认，为社会所尊重，最终才能得到解决。我国的新闻传媒对妇女运动和妇女问题的报道并不充分，目前只有44.6%的新闻机构设有专人报道妇女工作。每年除了在“三八”妇女节对妇女的活动作集中报道外，平时对妇女在“四化”建设中的成就和作用，报道很少，对妇女在工作、劳动和生活中的困难和疾苦，也极少反映。在第四届世界妇女大会之前，尚有三分之一的新闻媒介设有妇女专栏、妇女专版或妇女专题节目，但在《世妇会》后，一些办得很出色的妇女专栏、专版或节目，却莫名其妙地消失了。问题就出在新闻机构的决策层中，女性太少，女性不掌权。20世纪80年代中期，我曾受一家全国性大报编委会的委托，为该报组织全国性读者调查。为设计调查问卷，我访问该报的总编辑、编辑、记者以及发行人员，当时有位夜班编辑对我说：“当夜班编辑最伤脑筋的是会议消息，有时要发八、九条之多，一版排不下，还要排到四版去。最头痛的是妇联的来稿，动不动把邓（颖超）大姐、康（克清）大姐请出来，她们打来电话，你敢不登吗？”当时我就想：“中国的妇女太可怜了，全国就一个妇联，想在报纸上发条消息，还要请邓大姐和康大姐出面。”经过1995年全国女新闻工作者的调查，才清楚了问题的症结在于：女新闻工作者尽管占新闻专业人员的三分之一，但真正掌握发稿权的人太少了。尽管有 87% 的女新闻工作者对妇女报道感兴趣，也因没掌握发稿权，她们的积极性也得不到充分发挥。因此，有 57.8% 的女新闻工作者认为“一个新闻单位女新闻工作者多了，有利于加强妇女报道，促进妇女发展”的说法与当前的社会现实不符。为了维护女新闻工作者自身的权益，有 77.5% 的女新闻工作者要求成立全国性的社团组织，以妇女群体的合力，谋求掌握传播决策权力的男女平等。

1996 年 1 月 18 日

（本文原载《新疆新闻界》1996 年第 4 期第 25 页。）

中国女新闻工作者工作生活满意度研究

“满意”在汉语词汇中的含义是“合意”“快意”的意思。有人说：“在社会上有一份称心如意的好工作，在家里有一个体贴入微的好配偶，这是人生最大的幸福!”看来事业的成功和家庭的美满是每个人为之奋斗终生的追求。而对工作和生活的满意程度，则是人生幸福的基础和源泉。

满意程度是衡量国民生活质量的重要指标。自从 Hoppock 在 1935 年提出有关“工作满足”的论文后，即成为管理学的热门研究主题。众多学术研究显示，工作满足对个人、组织、社会均有重大影响。在个人方面，工作满足会影响个人的身体健康和生活美满；在组织方面，工作满足会影响组织的效率和生产力；在社会方面，工作满足是社会中的一种有价产物，也是“心理上的国民总生产”（Psychological GNP）的主要组成部分，与国民总生产、政治稳定息息相关。自从 1971 年，Johnstone，Slawski 与 Bowman 对全美 1400 名新闻从业人员进行调查后，工作满足理论才被新闻界所重视。以后的研究大体可分为两类，一类是以验证双因理论，即影响工作满足的激励因素和卫生因素为主，借以了解新闻从业人员工作满足之现状；另一类则是着重探讨男女新闻从业人员工作满足之差距。①

据报载：共青团中央办公厅和中国青少年研究中心实施的《1994：中国青年发展状况调查》表明，“许多青年，特别是青年知识分子，对自己的职业满意程度极低，只有 5.11% 的人认为现在从事的职业能发挥能力而表示‘满

---

① 华英惠、罗文辉：《台湾地区新闻从业人员工作满意程度研究》，（中国台湾）《民意》1992 年第 178 期。文中指出：“激励因素包括成就感、受人认同与赏识、从事挑战性工作、晋升机会、担负重要责任等，这类因素主要是属于可以满足个人高层次的内在工作特质。良好的激励因素可导致员工的工作满足；缺乏激励因素，使员工无法获得满足的愉快经验，但并不会导致不满足。卫生因素则包括薪酬、工作条件、工作地位与安全、公司的政策和管理、人际关系等。此类因素主要是与工作环境有关的工作外在因素。当卫生因素不良时，员工会感到不满足；而一旦这些因素获得相当改善时，则只能消除不满，并不会导致满足。”

意'，表示'不太满意'和'很不满意'者占 26.00%，另有 46.23% 的人认为'一般'。"如此心态对待本职工作，自然难以脚踏实地，更谈不到敬业。[①]

另据中央电视台全国观众调查网和央视咨询中心于 1995 年 5 月进行的《中国妇女问题调查》，在全国就业的妇女中，对目前所从事的工作感到"满意"和"很满意"的人占 31.4%，感到"一般"的占 54.6%，还有 14.0% 人感到"不太满意"和"不满意"。[②] 我国妇女群体的工作满意程度高于青年群体。

那么，中国的新闻工作者对目前的工作满意程度如何呢？

在笔者于 1995 年主持组织的《中国女新闻工作者现状和发展》的调查中[③]，将中国女新闻工作者对目前工作和生活的满意程度，列为重点研究内容，认为女新闻工作者对工作和生活的满意程度，直接关系到她们自身素质的提高，关系到她们的成长和进步，关系到中国新闻事业的发展。如果女新闻工作者对现有的工作和生活感到满意，便能充分发挥她们的主观能动性，积极而富有创造性地工作，健康而愉快地生活，那样既有利于提高女新闻工作者的生活质量，稳定和巩固新闻队伍，又有利于最大限度地发挥新闻工作在社会主义现代化建设中的作用。因此，在《中国女新闻工作者现状和发展》课题的研究中，既调查了中国女新闻工作者工作满意程度的现状，又研究了中国男女新闻工作者工作满意程度的差异。

本文在反映中国女新闻工作者对目前工作和生活的满意程度的同时，将着重分析影响女新闻工作者满意程度的因素。

一　中国女新闻工作者工作和生活满意程度的现状

调查表明，女新闻工作者对目前工作和生活满意程度的感受（问卷中

---

① 《经济日报》1996 年 1 月 14 日"生活周刊"头版头条："青年知识分子——思想修养也须补课"。

② 胡运芳主编：《"中国妇女问题"调查报告与论文集》，中国社会出版社 1996 年版，第 19 页。此项调查女性样本总数 9294 人，男性样本总数 9971 人，全国样本总数为 19265 人。误差范围为 3%，置信度为 95%。

③ 《中国女新闻工作者现状和发展调查》，系由联合国教科文组织资助，由中华全国新闻工作者协会和中国社会科学院新闻研究所联合组成课题组完成的，笔者任课题组长。该项调查在全国除港澳台外的 30 个省、自治区、直辖市进行，以拥有新闻专业职务（含新闻记者、编辑、校对、翻译、新闻节目主持人和播音员）的 2.8 万名女新闻工作者为总体，随机抽取 4033 人为调查对象，另外随机抽取 1834 名男新闻工作者作为对照组。

的 BB 题），感到很满意者占 9.6%（男性为 9.7%），满意者占 60.5%（男性为 62.4%），合计为 70.1%（男性合计为 72.1%）；有 10.9% 的人表示无所谓（男性为 11.3%），还有 16.9% 的人表示不大满意（男性为 13.8%），2.1% 的人表示不满意（男性为 2.8%）。与男新闻工作者比较，性别差异不显著。

二　影响女新闻工作者对工作和生活满意感受的因素

（一）人口因素（含民族、年龄、教育程度和健康状况）

1. 女新闻工作者所属民族同满意感受的相关显著，少数民族对现在的工作和生活比汉族更感到满意，表示满意和很满意者占 78.2%，而汉族只有 69.1%。

2. 女新闻工作者的年龄同满意感受的相关显著，呈负相关关系，年轻人比年长人的满意感受低，随着年龄的增长，感到满意的人数比例也增加。对工作和生活感到很满意和满意的人，在 25 岁以下的人中占 68.9%，在 26—35 岁的人中占 68.4%，在 36—45 岁的人中占 71.0%，在 46 岁及以上的人中占 75.8%。

3. 女新闻工作者的教育程度同满意感受的相关显著，呈负相关，教育程度越高，满意和很满意的人数比例越低。满意和很满意者在初中及以下的人中占 79.2%，在高中及中专的人中占 77.1%，在大学专科的人中占 71.6%，在大学本科及以上的人中占 66.5%。

4. 女新闻工作者的身心健康同满意感受的相关显著，身心健康的人比不大健康的人的满意程度高；在无疾病的女新闻工作者中，很满意和满意者占 72.6%，而在患有慢性病的女新闻工作者中，仅为 64.9%，相差 7.7 个百分点；在 4.5% 因“身体不佳，难以承担现有工作”的人中，不满意和不大满意者占到 27.8%。

（二）环境因素（含家庭环境、工作环境、居住环境）

1. 女新闻工作者的婚姻状况同满意感受的相关显著，已婚者感到满意的人数比例高于未婚者，前者为 70.8%，后者为 67.0%。可能已婚女性生活稳定感比未婚女性强一些之故。

已婚女新闻工作者的满意感受同婚姻质量相关显著，满意者在夫妻感情很深的人中占 76.2%，在夫妻感情较好的人中占 69.6%，在夫妻感情一般的人中占56.6%，在夫妻间有冲突但还能维持的人中占55.2%，在夫妻感情有危机随时可能破裂的人中占47.3%。

已婚女新闻工作者的满意感受同家庭生活的和谐程度相关显著，当工作时间与配偶发生冲突时，夫妻双方采取协商方式解决的，满意者占73.1%；采取女方迁就男方或男方迁就女方方式解决的，满意者分别占69.8%和68.8%；采取各干各的方式解决的，满意者占66.0%；采取其他方式解决的满意者占41.4%。

2. 女新闻工作者所服务的新闻机构同满意感受的相关显著，在广播电视系统工作的女新闻工作者感到满意的人，略多于在报社和通讯社工作的人，前者为71.3%，后者为68.9%。可能因广播电视系统的工作条件稍好些。

3. 女新闻工作者所居住的环境同满意感受的相关显著。出乎预料的是：发达地区开放程度比其他地区高，经济收入比其他地区多、工作环境比其他地区好，但满意者比例最低，仅为68.1%，比不发达地区的68.4%还低，满意者比例最高的是欠发达地区，为75.3%，其次是次发达地区，为73.0%。可能是发达地区的女新闻工作者观念比较现代化，对目前新闻观念、新闻体制和新闻政策的滞后感到不满足。

（三）专业因素（含主修专业、新闻工龄、专业职务、领导职务）同满意感受的关系均不显著

1. 非主修新闻传播专业的女新闻工作者中的满意者，多于主修新闻传播专业的人，前者为71.1%，后者为67.6%。

2. 女新闻工作者中表示满意者，在新闻工龄5年以下组中占69.3%，6—10年组中占67.5%，11—20年组中占70.3%，21—30年组中占73.0%，30年及以上的人中占76.0%。

3. 女新闻工作者中，不同专业职务者的满意感受，呈马鞍形，表示满意的人在初级专业职务的人员中占69.7%，在中级专业职务的人员中占68.9%，在高级专业职务的人员中占77.7%。

4. 女新闻工作者中担负领导职务者，显示出担负领导职务越高，工作自主性越大，对工作和生活感到满意的人数比例也越高，表示满意的人在不担任领导职务的人中占60.7%，在担任中级领导职务（部主任）的人中占71.0%，在担任高级领导职务（社委会或编委会成员）的人中占76.4%。

三 中国女新闻工作者工作和生活满意的内容

为测定女新闻工作者究竟在哪些方面满意，哪些方面不满意，所设计的量表（问卷中的CC题）包含20个题项（其中第5、第11、第17、第19和第20题是反向题）见表1。该量表同满意感受（BB题）相关显著，P<.001。

表1 女新闻工作者的工作满意内容分析 N=4033 （%）

公共因子	满意内容	很符合	比较符合	不大符合	不符合	平均值	标准差	人数
工作自主性	1. 能充分施展自己才能	9.6	64.1	22.7	3.6	2.80	.65	3955
	2. 工作富有创造性，有成就感	8.5	51.4	34.1	6.0	2.62	.72	3897
	3. 能促进社会进步，很有价值	19.3	58.8	18.9	3.0	2.94	.71	3930
	4. 对自己的工作拥有较大主动权	8.3	53.6	30.8	7.2	2.63	.74	3941
	5. 主动采写的稿子或创作的节目经常会被改得面目全非	1.8	12.1	55.4	30.7	3.15	.69	3661
	6. 您对新闻改革的设想能体现在版面上或节目中	3.6	49.6	36.0	10.6	2.47	.73	3642
	7. 领导能耐心听取您的意见建议	9.1	63.4	22.1	5.3	2.76	.69	3820
	8. 领导常委您重任	5.7	51.5	35.3	7.4	2.56	.71	3696
同事关系	9. 与同事相处和谐愉快	31.0	65.8	2.8	.5	3.27	.53	3961
	10. 喜欢与同事合作完成艰巨任务	28.6	63.4	6.7	1.3	3.19	.61	3900
	11. 对单位内部的人际关系不满意	8.5	37.7	40.9	12.9	2.58	.82	3861
社会支持	12. 同受众建立了感情	17.7	66.8	13.3	2.2	3.00	.63	3819
	13. 比别的职业更多地得到社会尊重	12.6	69.6	15.5	2.3	2.93	.61	3893
	14. 采写批评性报道能得到各方面支持	3.8	44.6	43.8	7.8	2.45	.69	3387

续表

公共因子	满意内容	很符合	比较符合	不大符合	不符合	平均值	标准差	人数
个人升迁	15. 经常获得进修提高的机会	1.2	10.5	42.0	46.3	1.67	.71	3846
	16. 有定期晋升机会	2.6	22.4	40.7	34.4	1.93	.82	3768
生活条件	17. 感到现在的经济收入太低	29.1	44.7	23.0	3.2	2.00	.81	3924
	18. 现在的收入足够支付日常开支	6.5	47.5	34.7	11.4	2.49	.78	3928
	19. 最大的困难是住房拥挤	30.6	24.2	25.5	19.7	2.34	1.11	3856
工作压力	20. 感到工作太紧张作力太累、压力大	7.9	39.6	41.6	10.9	2.55	.79	3941

因子分析表明，20 项测定工作和生活满意程度的指标，可提取 6 个公共因子，第一个公共因子为“工作自主性”，有效程度或称贡献率为 22.7%；第二个公共因子是“同事关系”，有效程度为 8.2%，与第一公共因子的积累贡献率为 30.9%；第三个公共因子是“社会支持”，有效程度为 7.1%，与第一、二个公共因子的积累贡献率为 38.0%；第四个公共因子是“个人升迁”，有效程度为 6.7%，与第一、二、三个公共因子的积累贡献率为 44.6%；第五个公共因子是“生活条件”，有效程度是 6.0%，与前四个公共因子的积累贡献率为 50.7%；第六个公共因子是“工作压力”，有效程度是 5.1%，与前五个公共因子的积累贡献率为 55.8%。

因子分析表明，女新闻工作者对工作和生活满意的首要因素是拥有工作的自主性。自主性是现代人最突出的特征，只有当一个人拥有支配自己的命运、安排自己的工作和生活的自主性时，才是一个具有独立人格的人，才有可能充分发挥主观能动性和创造力，因此，尊重女新闻工作者的自主性，是调动她们积极性的关键。

其次是工作环境（含同事关系和社会支持）。宽松、和谐、愉快、安全的生存环境，是女新闻工作者充分施展才能、发挥潜力的外部条件。目前，女新闻工作者对身边同事的关系很满意，也很愿意合作完成艰巨任务，但对单位内的人际关系（主要是同领导的关系）满意程度较低，这同某些领导干部的特殊化和不正之风不无关系。而社会支持则主要表现在对批评性报道责难较多，舆论监督的阻力较大，因此满意程度较低。

个人升迁（含专业职务的晋升和领导职务的晋升）是在六个公共因子中满意程度最低的。专业职务是衡量新闻专业人员业务能力和工作成就的标志，改革开放后，国家建立了专业职务评聘制度，新闻专业人员可定期参加专业职务考评，成绩优秀者可晋升专业职务，晋升后被聘用者可享受相应的工资待遇和增加住房面积（评而不聘者同工资、福利均不挂钩）。但因每次晋升名额有限，竞争激烈。女新闻工作者因种种原因，平时业务进修机会较少，有55.2%的人自参加新闻工作后，从未获得过业务进修的机会（男新闻工作者为46.2%，少9个百分点），大大影响她们业务能力的提高，减弱了她们的竞争力。目前只有6.7%的女新闻工作者拥有高级专业职务（高级编辑、高级记者），比男新闻工作者的15.9%低9.2个百分点；获得中级专业职务（主任编辑、主任记者）的女新闻工作者也只占33.7%，比男新闻工作者的42.6%低8.9个百分点。至于晋升为决策层（指社委会和编委会）任领导干部的人数更少，只有4.4%的女新闻工作者进入决策层，另有9.6%的女新闻工作者担任中层一级领导工作。产生这一现象的原因，男女新闻工作者的看法不一致，有84.1%的女新闻工作者认为主要是“在社会潜意识中存在着排斥女性的倾向”；然而却有53.3%的男新闻工作者认为“女性优柔寡断，决策魄力不大”；另有46.1%的男新闻工作者认为“女性的组织才能偏低”。在当今男权社会中，女新闻工作者晋升领导职务很难。但另一方面，有些女新闻工作者不愿意担当领导职务，也是重要原因，有72.4%的女新闻工作者认为“只要工作适合志向，何必当领导干部？”自身缺乏同男新闻工作者公平竞争的意识。

至于生活条件（含经济收入和住房分配），男女无显著差异。因中国内地的工资制度保证了男女同工同酬，定期统一调整工资，学历相同、工龄相同、专业职务相同的人，工资和住房面积基本一样。但在市场经济条件下，地区经济发展不平衡，各新闻机构经营状况也不尽相同，因此，目前所出现的差别，主要表现在奖金和生活补贴等造成的差距，影响了满意程度。

最后，关于工作压力，有半数以上的女新闻工作者并未“感到工作太紧张、太累、压力大”，这同中国的女新闻工作者年轻（平均35岁）、健康（64.2%的人无疾病）、孩子少（已婚者中26.5%没有孩子，61.3%的人只有一个孩子）有关。

四　影响中国女新闻工作者满意程度的主要因素

研究影响中国女新闻工作者工作和生活满意程度的主要因素的目的，在于呼唤政府和社会注意女新闻工作者的现状，关心她们面临的困难，在条件许可的情况下，为她们提供较好的工作环境和生活条件，以提高女新闻工作者的满意程度，提高她们的生活质量。

用逐步回归分析法，研究哪些因素是影响女新闻工作者满意程度的主要因素，以CC题的量表（即满意内容）为因变量，以整个问卷的其他90个变量为自变量，最后筛选出同满意内容相关密切的10个变量（如表2）。

表2　　多元回归分析筛选出的变量　　N = 4033

变量	回归系数	回归系数标准误差	标准回归系数	回归系数的F值	F的显著度
1. 男女平等感受	.19370	.01737	.25678	124.297	.0000
2. 重视妇女报道	1.76493	.21922	.18229	64.815	.0000
3. 健康状况	.36224	.04547	.18148	63.464	.0000
4. 工作与生活中的困扰	-.63995	.09462	-.15211	45.739	.0000
5. 重新选择职业	-1.78295	.27682	-.14086	41.484	.0000
6. 业务进修时间	.49107	.08862	.11949	30.709	.0000
7. 住房面积	.58478	.10657	.11957	30.111	.0000
8. 业务工作能力	.15344	.03315	.10571	21.428	.0000
9. 夫妻感情	.67998	.15364	.09651	19.588	.0000
10. 经济收入	.42824	.10436	.09042	16.840	.0000
常数项	23.06552	1.71517		180.847	.0000

方程复相关系数（Multiple R）为.64730，多元测定系数（R Square）为0.41899，调整系数（Adjusted R quareS）为0.41451，标准误差（StandardError）为4.67276，F值=93.46065，F值的显著度（Signif F）为0.0000。

从进入逐步回归方程的10个变量可以看出，影响女新闻工作者对工作和生活满意程度的因素中，既有精神方面的因素，又有物质方面的因素。中国女新闻工作者属于知识女性，她们更看重精神因素。

1. 中国女性的权利受法律保护，中华人民共和国宪法第48条规定："中华人民共和国妇女在政治的、经济的、文化的、社会的和家庭的生活等各方面享有同男子平等的权利。"但因中国是一个有两千年封建统治历史的国家，男尊女卑的传统观念和习俗在现实生活中并未彻底消除，因此要达到男女完全平等尚有一定的距离。

女新闻工作者追求与男子的平等。平等感受越深，满意程度越高。平等感最高的是发表作品，有90.9%的人认为"发表作品（稿件或节目）的机会"平等。发表作品是女新闻工作者自我实现的前提，她们的智慧和才能、风格和文品，首先表现在她们的新闻作品上，新闻作品能及时发表，无疑是对她们工作自主性的尊重和对她们劳动的肯定。而且晋升工资、评聘新闻专业职务，以及评选优秀新闻作品和优秀新闻工作者，主要的依据是发表作品的数量与质量，因此，发表新闻作品直接关系到她们的荣誉和物质利益。在女新闻工作者中，还有89.2%的人认为"晋升工资的机会"平等，86.1%的人认为"评比和奖励优秀新闻作品或节目的机会"平等，83.6%的人认为"评聘专业职务的机会"平等，还有81.1%的人认为"评选优秀新闻工作者的机会"平等。这说明中国新闻界在满足女新闻工作者的精神需要方面做得比较好，使女新闻工作者因有平等感而感到满意。

但还存在着不尽如人意之处，比如有些新闻机构在分配住房时规定以男方为主，连一些资深的或大龄未婚的女新闻工作者也得不到住房，因此，有38.4%的女新闻工作者感到"分配住房的机会"不平等。突出的问题是女新闻工作者进入决策层的比例过低，只有4.4%的女新闻工作者进入新闻机构的社务委员会或编辑委员会，有45.9%的女新闻工作者感到"进入决策层（社委会和编委会）的机会"不平等。至于出国访问的机会，除少数有国际报道任务的新闻机构外，绝大多数新闻工作者无机会出国，即使有机会也是领导干部去，而领导干部中女性极少，因此有48.9%的女新闻工作者感到不平等，实际上，一些未担任领导职务的男新闻工作者也有不满足感。

2. 因有87.0%的女新闻工作者对妇女报道感兴趣，所以，新闻机构的决策层对妇女报道的重视程度也影响到女新闻工作者的满意程度。目前，只有6.5%的女新闻工作者认为编委会很重视妇女报道，还有60.9%的人认为重视，认为不重视和不大重视的占32.6%。在设有专人从事妇女报道的新闻机构里，女新闻工作者中的满意者为74.1%；在无专人从事妇女报道的新闻机构里，女新闻工作者中的满意者仅为66.8%，相差7.3个百分点。

同样，在媒介设有妇女专栏、专版或专题节目的新闻机构里，女新闻工作者中的满意者为74.4%，在不设妇女专栏、专版或专题节目的新闻机构里，女新闻工作者中的满意者为67.8%，相差6.6个百分点。可以认为，重视妇女报道的编辑委员会，对机构内部的女新闻工作者也比较关心和体贴，比较注意发挥她们的主观能动性，培养她们独立工作的能力。

3. 业务工作能力是女新闻工作者参与公平竞争的资本。业务工作能力越强，工作自主性越大，竞争力也越强，满意程度也越高。然而女新闻工作者对业务能力的自我评价普遍不如男新闻工作者，差异显著。如自我评价“深入实际调查研究的能力”较强者，女性为39.6%，男性为58.4%，相差18.2个百分点。“了解社情民意把握舆论导向的能力”较强者，女性为35.1%，男性为62.1%，相差27个百分点。“快速写作、拍摄和现场直播的能力”较强者，女性为29.6%，男性为42.2%，相差12.6个百分点。“发掘重大报道题材的能力”较强者，女性为25.2%，男性为48.9%，相差23.7个百分点。“独立组织重大报道的能力”较强者，女性为24.7%，男性为51.4%，相差26.7个百分点。“组织领导发挥全体同事整体效益的能力”较强者，女性占16.6%，男性占38.4%，相差21.8个百分点。“有与国内外同行进行新闻竞争的能力”较强者，女性为15.3%，男性为31.7%。相差16.4个百分点。

影响女新闻工作者业务能力的提高有多种原因，其中主要是业务进修时间少。加权后的均值检验表明，女新闻工作者自由时间的均值为2.6372，男新闻工作者为2.7149。有半数以上的女新闻工作者自从事新闻工作以来，未接受过新闻业务的培训，这也许是影响女新闻工作者业务能力提高的更加直接的因素。据统计，女新闻工作者中有55.2%的人（男性为46.2%）从未接受过新闻业务培训，参加过新闻业务培训的人，培训时间在一个月以下者占15.3%（男性为12.9%），1—6个月者占16.5%（男性为23.5%），7—12个月者占4.2%（男性为6.8%），13—18个月者占2.2%（男性为3.4%），19个月以上者占6.5%（男性为7.1%）。

相关分析显示，进修时间与工作能力呈显著正相关，P=.001，即业务进修机会越多，时间越长，新闻业务能力提高越快。男女趋势一致。但数据显示，男新闻工作者接受过新闻业务培训的人多于女新闻工作者。

目前，有63.6%的女新闻工作者感到“缺少进修机会，业务提高慢”已成为工作中最大的困扰，影响女新闻工作者对工作的满意程度。

4. 健康状况包含着身体健康和心理健康两个方面，健康状况越好，应变能力和自我调节能力越强，满意程度也高。

5. 新闻业是一个竞争特别激烈的行业，女新闻工作者要胜任新闻工作并做出成绩，同配偶的理解和支持分不开，因此，夫妻感情的深浅，也成了影响满意程度的主要因素。目前中国女新闻工作者的婚姻质量较好，在已婚的女新闻工作者中，夫妻感情很深者占46.2%，感情较好者占39.2%，合计为85.4%。家庭的和谐是女新闻工作者解除后顾之忧的重要保证。

6. 然而，物质因素也不可忽视，由于中国是发展中国家，国民经济收入不高，加上人口众多，住房困难突出；家务劳动社会化程度低，给女新闻工作者增添许多困扰。数据表明，女新闻工作者在目前的工作和生活中的困扰多于男新闻工作者（见表3）。

表3 男女新闻工作者工作和生活中存在困扰的对比

困扰内容	女性 4033	相关关系	显著度	男性 1834	相关关系	显著度
1. 缺少进修机会业务提高慢	63.9	-.0813	.000	43.5	-.0382	.052
2. 无住房或拥挤影响生活	26.4	-.0713	.000	28.6	-.0961	.000
3. 收入低家庭负担重	24.5	-.0582	.000	33.6	-.0888	.000
4. 社会治安欠佳外出不安全	20.3	-.0018	.454	16.6	-.0383	.052
5. 家务重与工作矛盾大	19.3	-.0222	.081	15.2	-.0436	.032
6. 孩子小无法出差	17.7	-.0084	.299	10.2	-.0183	.218
7. 得不到晋升提拔	14.3	-.1230	.000	15.2	-.1335	.000
8. 职业技能低无法竞争	6.1	-.0710	.000	2.5	-.0254	.141
9. 身体不佳难以承担工作	4.5	-.0639	.000	3.2	-.0446	.029
10. 有时受到性骚扰	3.4	-.0154	.167	—	—	—
11. 夫妻两地分居不得解决	2.7	-.0163	.153	2.2	-.0162	.246
12. 人际关系不和谐	2.5	-.1085	.000	4.1	-.1385	.000
13. 家庭不和影响工作	2.1	-.0332	.018	1.7	-.0315	.091

表3显示，除“有时受到性骚扰”一项外，在其余12项可比题项中，

女新闻工作者的人数比例多于男新闻工作者的有 8 项，同满意程度相关显著的有 7 项，比男新闻工作者多 3 项。说明女新闻工作者更需要新闻机构领导和社会的更多关心和帮助。

7. 女新闻工作者的满意程度同重新择业相关显著，愿意仍然选择做新闻工作的人中，满意者达 78.9%，而希望改做其他工作的人中，满意者为 56.1%，相差 22.8 个百分点。

从总的情况看中国女新闻工作者比较注重追求事业的成就和发展，崇尚敬业和奉献，而将个人的物质利益和精神压力置于次要地位。

五　结论和建议

（一）中国自 20 世纪 70 年代末实行改革开放以来，新闻事业得到迅猛发展。到 1995 年 11 月，共有报纸 2204 种，是 1978 年 186 家的 11.8 倍；广播电台 1210 家，是 1978 年 106 家的 11.4 倍，另有县乡有线广播站 49000 座，广播人口覆盖率为 77.4%；有电视台 980 家，是 1978 年 38 家的 25.8 倍，还有有线电视台 1202 家，卫星地面接收站已有 62920 座，电视人口覆盖率达 83.3%；电视机的社会拥有量由 1985 年的 6965 万台增至 2.5 亿台（截至 1994 年底）。中国已基本形成了天上卫星、地面微波、地下电缆的广播电视立体网络。中国两家通讯社（即新华通讯社和中国新闻社）的规模也有很大扩展。

新闻事业的发展，为妇女从事新闻工作提供了机会。但因中国幅员辽阔，经济、文化、社会发展不平衡，新闻媒介（主要是印刷媒介）的发展也不平衡，报纸种数的 62.9% 在发达地区，24.3% 在次发达地区，7.0% 在欠发达地区，5.3% 在不发达地区。因此，女新闻工作者的分布也不平衡，有 57.8% 在发达地区，28.6% 在次发达地区，8.4% 在欠发达地区，5.8% 在不发达地区。

（二）工作自主性是决定女新闻工作者满意程度的主要内容，这是开放改革 17 年来，新闻改革的巨大成果。众所周知，在祸国殃民的“文化大革命”中，“四人帮”将新闻媒介作为对人民群众和革命干部实行法西斯专政的工具，只要“两报一刊”（指《人民日报》《解放军报》和《红旗》杂志）点了谁的名，这个人就立即会被揪斗、被打倒，而记者不得不违背本意，奉命采访，罗织罪名，写假报道。编辑也不得不按照上司的旨意，乱扭角度，无限上纲，完全置新闻真实性于不顾。新闻界在拨乱反正中，首先强调维护新闻真实性原则，鼓励新闻工作者讲真话、讲实话，反对假、大、空，并提出了新闻媒介要“贴近群众、贴近实际、贴近生活”，要办得“可读（可听、可看）、可亲、可信”，要“扩大报道面，增加信息量”等口号，作为新闻改革的近期目标。尤其在确定从计划经济向市场经济转轨后，新闻竞争日趋激烈，各新闻机构纷纷出台新举措，鼓励记者采写独家新闻，鼓励编辑撰写有创见的言论，八仙过海，各显神通，于是女新闻工作者（也包括男新闻工作者）拥有了较大的工作自主权，因能较充分地发挥自己的才能而感到满意。

（三）所谓新闻竞争，除了传播设备和传播技术的竞争外，说到底是新闻从业人员业务能力的竞争。由于历史的、社会的原因，从总体上说，女新闻工作者的业务能力略逊于男新闻工作者，她们面临着比男新闻工作者更多的困扰，而“缺少进修机会业务提高慢”，则是大多数女新闻工作者当前最大的困扰。因此，建议政府、社会和新闻界，在关心女新闻工作者收入低、住房挤、家务重等实际困难的同时，要着重给她们提供业务进修的机会，更新知识，增长才干，迅速提高业务工作能力，以求得同男新闻工作者的平等，并在同男新闻工作者的公平竞争中取得应有的地位。

（本文原载《中国记者》1996 年第 4 期。经修改补充后，载《传播．媒介与心理》，一书，北京广播学院出版社 1999 年版。）

加紧培养跨世纪女主笔

鼓励女性积极参与国家和社会事务的管理，提高女性在各级政府、社会团体及企事业决策机构中的比例，是我国政府实行“男女平等基本国策”的重要目标，也是我国政府对有关妇女权利和妇女发展的国际公约《北京宣言》作出的承诺。

新闻界是信息传播领域中一个活跃的群体，女性已占三分之一。女性参与媒介机构的管理和新闻传播的决策，是实现《中国妇女发展纲要》、提高女新闻工作者社会地位的题中之意。

妇女进入决策层属于政治平等范畴。政治的真实含义是依法主持管理公众的事务，只是管辖权限范围有大有小而已，主持管理世界事务者简称为“世政”，主持管理国家事务者简称为“国政”，主持管理一个学校事务者简称为“校政”，主持管理家庭事务者简称为“家政”。对新闻界来说，女性进入决策层，就是要进入新闻机构的编辑委员会，掌握对新闻报道及新闻事业的决策权，按传统习惯，一般将主持管理新闻传媒者简称为“笔政”。

本文提到的女新闻工作者“参政”，并非指女新闻工作者参与人民代表大会和政治协商会议等国家大事决策的“国政”，而仅限于讨论女新闻工作者参与所在传媒机构主持“笔政”，掌握新闻传播决策权的问题。

一　问题的提出

中国共产党领导的社会主义中国，为男女平等提供了有力的法律保障，中华人民共和国宪法第48条，规定了“中华人民共和国妇女在政治的、经济的、文化的、社会的和家庭生活等各方面享有同男子平等的权利。”“国家保护妇女的权利和利益，实行男女同工同酬，培养和选拔妇女干部。”然而，根本大法明确规定了妇女可享有的权利，要成为妇女所实际享受到的权利，还需要作为权利主体的妇女做出坚持不懈的努力。

1985 年，笔者同首都新闻学会调查组的同志一道，做过一次全国报纸普查，无意中发现在报纸副总编辑以上的领导干部中，女性仅占 4.7%。

为什么新闻界有许多杰出的女记者、女编辑、女节目主持人和女播音员，而进入决策层的女性却不到 5%？

新闻传播机构决策层中女性少意味着什么？意味着妇女没有掌握新闻传播权。

新闻传播机构决策层中女性少、妇女没有掌握新闻传播权的后果是什么？

从整个社会来说，妇女的声音十分微弱。众所周知，在社会主义革命和社会主义建设中，我国妇女都顶起了“半边天”，但因妇女没有执掌新闻传播权，妇女对国家、对社会作出的巨大贡献得不到及时传扬；妇女所付出的辛劳得不到社会的承认；妇女的所思、所欲、所需、所求得不到公开的表达，鲜为人知。妇女运动和妇女工作的经验或教训得不到广泛交流；过去还出现过这样的事：妇联想在中央党报上登条消息，还要邓颖超、康克清等老大姐出面讲情。

从新闻界内部来说，女新闻工作者的利益得不到完全的尊重和完满的保障。重大题材和突发性新闻的采访机会轮不到女性；优秀新闻及优秀新闻工作者评选女性比例很低；女新闻工作者很难获取高级新闻专业职务，据统计，截至 1993 年底，全国拥有正高级专业职务者计 1689 名，其中女性仅 140 名，只占 8.3%。同时，很多新闻机构的福利房分配规定“以男方为主”，女新闻工作者下了夜班无法回家休息，影响到身体健康。

总之，决策层中没有女性，很多决策都不能体现女性的特殊利益，更不可能向女性倾斜。

1989 年，在中宣部新闻局举办的“新闻传播调查方法研讨班”上，笔者和女学员们动议发起开展全国女新闻工作者调查，并向联合国教科文组织申请经费。经多年努力，于 1994 年得到了联合国教科文组织 3.5 万美元的资助。该项目由中华全国新闻工作者协会和中国社会科学院新闻研究所合作开展。

1994 年 4 月，我们在首都新闻单位访问了一些新闻工作者，不料有的女新闻工作者说：“我从来没有什么不平等的感觉。”而有的男新闻工作者则惊讶地反问："妇女解放都过头了，还有不平等现象吗？"的确，女新闻工作者大都受过高等教育，是知识女性，拥有较大的工作自主权，新闻界似乎不存在男女不平等的问题。

事实果真是这样吗？

二　女新闻工作者进入决策层难

恩格斯说过："平等仅仅存在于同不平等的对立中"。[①] 没有调查就没有发言权，没有比较就没有鉴别。

1995 年春开展的《中国女新闻工作者现状和发展》的调查结果显示：男女新闻工作者都认为在女性进入新闻机构决策层（指编辑委员会）的问题上存在着不平等。在接受调查的 4033 名女新闻工作者中有 88.1% 的人持这一看法，而在 1834 名接受调查的男新闻工作者中，也有 63.3% 的人持同样看法。

女性在决策层中是否主管新闻业务的报道工作，不论对女新闻工作者的成长发展，还是对妇女运动的关注和报道都至关重要。数据显示，女性进入编辑委员会的人，仅占女新闻工作者总数的 4.4%，进入部主任一级担任中层领导干部的女性，也只占女新闻工作者总数的 9.6%。在现有的决策层中，女性仅占 8.5%，男性占到 91.5%；在中层一级领导干部中，女性占 17.6%，男性占 82.4%。正如一位女电视工作者所说："目前中国女新闻工作者在新闻事业中发挥着重要的作用，人才济济。但由于传统观念的影响，往往得不到晋升提拔，在各自的单位中，做'将'者多，为'帅'者少。"

1995 年 8 月，中国政府公布了 1995 年至 2000 年《中国妇女发展纲要》，宣称："到本世纪末，我国妇女发展的总目标是：妇女的整体素质有明显的提高，在全面参与经济建设和社会发展，参与国家和社会事务管理的过程中，使法律赋予妇女在政治、经济、文化、社会及家庭生活中的平等权利进一步得到落实"，并将妇女参政列为妇女发展具体目标的第一条："（一）提高妇女参与国家和社会事务决策及管理的程度。——积极实现各级政府领导班子成员中都有女性，政府部门负责人中女性比例有较大提

① 《马克思恩格斯全集》第 20 卷，人民出版社 1995 年版，第 668 页。

高。——女职工比较集中的行业、部门以及企事业单位的领导班子中，应多选配一些女性。”为此，各级人民代表大会和政治协商会议，都相应的增加了女代表和女委员的比例，各级政府中也增加了女性的人数。国务院中主管“科教兴国”的两个部门的部长都是女性，说明妇女有能力担当重任。

新闻界的情况怎样呢?

据对中央级几家主流新闻机构的调查，女性进入编辑委员会的情况见表1。

表1　两性在新闻机构编辑委员会中的比例

新闻机构	社长	总编辑	副总编辑	编委	总数	其中女性
新华通讯社	1	1	4	0	6	0
中国新闻社	1	1	2	0	4	0
人民日报	1	1	6	3	11	0
光明日报	0	1	4	2	7	0
中国日报	0	1	2	2	5	1
工人日报	1	1	4	2	8	2
农民日报	1	1	4	3	9	1
中国青年报	0	1	4	5	11	1
中国妇女报	1	1	3	2	7	3
法制日报	0	1	4	2	7	1
中国检察报	0	1	3	4	8	0
中央人民广播电台	0	1	5	2	8	0
中央电视台	0	1	7	12	20	1
中国国际广播电台	0	1	4	0	5	0

注：中央三台的总编辑均由台长兼任，两家广播电台的副总编辑栏内含主管宣传的副台长。

数据表明，除《中国日报》、《工人日报》、《农民日报》、《中国妇女报》等少数几家外，其他新闻机构的编辑委员会中都没有女性，更有意思的是，专事妇女宣传的《中国妇女报》的编辑委员会中，7名成员中有4名是男性，女性仍属少数。

三　女性进入决策层难的原因

对目前新闻机构决策层中女性少的现状，决策者及男女新闻工作者都有同感，但对女新闻工作者进入决策层难的原因看法不一。有 84.3% 的女新闻工作者认为主要的障碍是“在社会潜意识中存在着排斥女性的倾向”；男新闻工作者则较多地看到女性的弱点，认为“女性优柔寡断，决策魄力不大”（占 53.3%），“女性的组织领导才能偏低”（占 46.1%）；而决策者则强调“有些单位女性少，选拔女干部有困难”（占 68.2%）。

鉴于目前我国干部选拔的方法和过程还不完善，还没能完全做到公开、公平、公正。在女性能否进入决策层的问题上，往往取决于目前正在领导岗位上掌握决策权的人。因此分析新闻机构的决策者在这个问题上同女新闻工作者看法的差异，也许更能明白症结之所在。

表 2　　新闻机构决策层中女性少的原因

题项	女性	决策者	相差百分点
	(4033)	(486)*	
1. 在社会潜意识中存在着排斥女性的倾向	84.1	56.0	-28.1
2. 有的女性认为：只要工作合适，何必当领导干部	72.4	60.9	-11.5
3. 有些单位女性少，选拔干部难	60.5	68.2	+7.7
4. 一般女性只愿埋头干业务，不愿当领导指挥别人	54.2	49.4	-4.8
5. 女性当领导男同事不服气，领导工作难做	45.4	30.5	-14.9
6. 女性家庭责任感强，生怕担当领导工作影响家庭生活	41.7	50.8	+9.1
7. 女性优柔寡断，决策魄力不够	31.7	49.9	+18.2
8. 女性的组织才能偏低	21.7	39.7	+18.0

*1955 年《全国女新闻工作者现状和发展》调查，对抽中的样本单位掌握新闻传播业务指挥权的总编辑或副总编辑作了调查，获有效问卷 486 份。

从数据可以看出，新闻机构的决策者低估了社会传统习惯对女性的排斥，对女新闻工作者的领导组织才能也缺乏正确的认识和评估。决策者们自觉不自觉地习惯于从传统的、世俗的观点看待女性，在选拔领导干部时，对女性更是百般挑剔。在同等条件下，甚至在女性优于男性的情况下，他们也会强调种种理由，要男不要女。他们可以讲出各种各样冠冕堂皇的道理，比如说“一个单位女性多了，会降低整体工作效率。我们单位女同志已经多了，不能再收女的了。”比如说“这几年社会治安状况不佳，派女同志出去采访不放心。”比如说“本单位就缺评论人才，女同志善于形象思维而不善于逻辑思维，不适合我们的需要。”如此等等。其实，“有些单位女性少，选拔女干部难”，这似乎不成其为排斥女性的理由，因为统计表明，在采访、编辑、校对、翻译、节目主持和播音这六项专业工作中，女性已占三分之一，她们当中有29.6%的人能做两项专业工作，7.9%的人能做三项专业工作，还有2.6%的人能做四项以上的专业工作，说明有40.1%的女新闻工作者已经具有担负两项以上专业工作的能力。而且有16.6%的女新闻工作者自我评价具有“有组织领导发挥全体同事整体效益的能力”。难道在她们当中不能培养和选拔出领导干部？至于有半数的决策者强调“女性优柔寡断，决策魄力不大”，有四成的决策者认为“女性的组织才能偏低”。这是一种先验的论调。实践出真知，“决策魄力”和“组织才能”都是要在实践中锻炼增长的，把女性排斥在决策层之外，她们得不到实践的机会，怎能迅速成长为领导干部？

诚然，如果把新闻机构决策层中女性少的因素都归咎于性别歧视，也失之公允，因为还存在着女性本身的主观因素。调查表明，有72.4%的女新闻工作者认为：“只要工作适合志向，何必当领导干部？”一些已经具有领导干部素质的女新闻工作者，不仅缺乏同男新闻工作者公平竞争的劲头，而且当被组织上选中时，也显得十分被动，有的还一再推辞。实际上，在许多女性的潜意识中，依然存在着“男主外，女主内”的传统思想，不想抛头露面，更不愿当领导、挑重担。有54.2%的女新闻工作者认同“一般女性只愿埋头干业务，不愿当领导指挥别人”的说法；有45.4%的女新闻工作者担心“女性当领导，男同事不服气，领导工作难做”；还有41.7%的女新闻工作者承认“女性家庭责任感强，生怕担当领导工作影响家庭生活”。有位满族女新闻工作者写道：“大部分女性的潜意识中存在着安逸感，追求平静”。可见，目前新闻界在男女平等进入决策层的问题上，除了千百年封建意识的积淀所造成的对妇女的歧视之外，女性自身还需要自尊、自信、自强、自立。

四　“从政”应成为21世纪女新闻工作者的努力方向

21世纪将是女性在新闻界崛起的时代，高新技术将为女性从事新闻业提供优越的工作条件，将有越来越多的女性选择新闻传播业作为终生的职业，也必将涌现出一大批有领导才能的女性进入新闻机构的决策层。

但我们必须从现在开始就做好准备，积极培养跨世纪人才。

首先，女新闻工作者本身要树立群体意识，要以妇女的整体解放为己任。现在有些很优秀的女性，当她们一旦进入决策层，就变得男性化了。她们不仅学习像男性一样的思维方式和工作方式，而且对妇女运动和妇女问题显得并不那么注意和关心了。有的人自认为已经与男子完全平等了，反过来还瞧不起妇女。笔者在调查中发现一位女决策者填写的调查表，在回答目前新闻机构中女性少的原因时，除了8道封闭题外，还有一道开放题，是由被调查者自己填写的。这位女决策者在“其他”栏内写道：“婆婆妈妈的多，面目可憎的多”。这令笔者十分震惊。为什么这位女决策者对女同事持如此刻薄的态度？为什么女决策者要排斥女同事进入决策层？这难道是自然界“同性相斥”的规律在人类政治生活中的表现吗？无独有偶，最近笔者看到北京市一个区妇联的一份关于选拔妇女干部的报告，说的是妇联要求基层推荐优秀女干部到领导岗位上来，却没有一位女领导干部候选人是由女性推荐上来的。这是不是也是“同性相斥”的规律在作祟呢？笔者还听到过有的男领导干部发的谬论，说是“领导班子里女同志多了不容易团结”。简直把女性视为“不安定因素”。这些说法和看法，都在一定程度上歪曲了女领导干部的形象，不利于更多的女性进入决策层。

在现实生活中，确实也有这样的女性，甚至是知识女性，心胸狭窄，嫉妒心强。她们有极强的进取精神，时时处处“巾帼不让须眉”，可心里却容不下任何一位姐妹超过自己。有的人甚至对有可能超过自己的女同胞造谣中伤，恶语诽谤，极力阻止别的女性前进。这种女性仅仅是个人奋斗，缺乏群体意识。

我们强调树立妇女群体意识，就是要求女新闻工作者要处处考虑到妇女的整体利益，首先我们自己要努力提高自身素质和组织才能，积极支持优秀的女新闻工作者进入决策层，并要支持女决策者的工作，使她们成为决策层中的佼佼者，为妇女在决策层中树立良好的形象。作为已经掌握领导权的女决策者，也要增强妇女意识，处处多为妇女着想，多为妇女办实事，并为妇女发展开拓新的途径。

其次，新闻界的社会团体（如全国记协、女记协）要配合各新闻机构，加紧对女新闻工作者的培养，为她们提供学习进修的机会（据统计，有63.9%的女新闻工作者因“缺少进修机会业务提高慢”而深感苦恼），并通过易地采访、开展同行国际交流、评选优秀女新闻工作者及优秀新闻作品等丰富多彩的活动形式，造就一大批名女记者、名女编辑、名女播音员和节目主持人；并把有领导组织能力的女新闻工作者推荐入各自单位的决策层。

再次，建议中宣部新闻局、新闻出版署、广播电影电视总局等领导机关，责成各新闻机构对照检查《中国妇女发展纲要》的落实情况，制定切实可行的规划，把培养、提高女新闻工作者的工作列入议事日程。甚至可作硬性规定，限定女性在决策层中的比例和实现的时间，增强紧迫感。需要提到的是，每当我国政府强调各级政府机构、人民团体、企事业单位的领导班子中必须保证有一定比例的女性时，一些单位的决策者也不得不照章办事，但只选择那些毫无主见、人云亦云、俯首帖耳、任人驱使的女性进入领导班子，当摆设，做陪衬。这种做法，实际上是对女性进入决策层的消极对抗。同时，也严重损坏了女领导干部的形象。我们需要以积极主动的精神，把那些自主意识强、讲究工作效率、富有开拓创新精神的优秀女新闻工作者，推荐到各个单位的决策层中去，确保优秀女新闻工作者与男同胞一样切实掌握新闻传播权，并运用手中的权力为推动妇女运动服务。

1998年5月10日

（本文原载《中国报刊月报》1998年第8.9期）

女新闻工作者要掌握传播决策权

权字在《辞海》中的解释是“秤锤”的意思。秤锤的功能是起平衡作用，因此，“权”字本身就是平衡、平等、公平的意思。世界上只有两种人：女人和男人，所谓人权，就是指女人和男人都有平等做人的权利。传播权，是指在传播领域里，女人和男人都享有平等的权利。传播决策权，则是指对信息传播的指挥权和决定权，女人和男人也都应该享有同等的权力。

一　传播权属于基本人权

（一）传播权属于“天赋人权”

在生命的孕育过程中，不论是女性还是男性，都已奇妙地形成了传通的器官：有会哭喊和说话的声带和嘴巴，有能听声音的双耳，有既能视物又会传神的双眼，还有更奇特的器官——会思维的大脑，构成了传播的物质基础。这种先天赋予每一个人的传播能力，是人的生命得以存在的保证。假如人一生下来没有传的本领，物质的和精神的需求得不到满足，生命便无法延续。从这个意义上讲，传播权当属于“天赋人权”。在这种“天赋人权”面前，男女绝对平等。

（二）传播权是保障生存权的前提

不论女人或男人，都不可能独自一人生活，必须依靠群体的共同奋斗，才能获得必需的生活资料，因此，社会性是人的本质属性。马克思有句名言：“人的本质并不是单个人所固有的抽象物。在其现实性上，它是一切社会关系的总和。”而人的“一切社会关系”，必须要依靠信息交流才能建立。如果没有在物质交往和精神交往活动中的信息交流，男人和女人都无法生存，人类社会也将不复存在。因此，确保女人和男人享有同等的传播权，是保障妇女生存权的前提。

（三）传播权是实现发展权的关键

社会的发展，归根结底是作为社会的人的发展，而人的发展要靠知识的增长和素质的提高。知识增长依赖于在生产实践和社会实践中不断地吸收新的信息。信息是传播的材料。尤其在知识经济时代，谁获得的有用信息丰富，谁就能耳聪目明，掌握驾驭客观事物运作的主动权，从而获得最佳的发展机会。如果人不能正常从事传播活动，或者被剥夺了传播权，导致耳目闭塞，思想保守，再好的发展机会也会被白白放过。因此，确保女人和男人享有同等获取和利用社会信息资源的机会，是保障妇女的发展权、促进妇女发展的关键。

总之，传播是人与生俱来的需要，也是人的本能。传播权是人的生命权、生存权、和发展权等基本人权不可分割的组成部分，理应受到尊重和维护。“发展是硬道理”，一个国家要发展，必须保证男女公民都享有充分的、平等的传播权。

二　我国妇女的传播环境不容乐观

然而，两千年的封建残余思想根深蒂固，在传播领域里，妇女的传播权得不到应有的重视，男女平等的基本国策远未真正落实。

（一）妇女在主流媒介上得不到充分报道

据首都女新闻工作者协会妇女媒介监测网络对首都8家中央级大报（《人民日报》、《光明日报》、《经济日报》、《中国日报》、《法制日报》、《工人日报》、《农民日报》和《中国青年报》）要闻版的监测，1996年3月的监测结果发现：

1. 在要闻版报道的主要新闻人物中，男性占83%，女性仅占17%；在言论中被引述的主要新闻人物中，男性占91%，女性仅占9%；在新闻照片被拍摄的主要新闻人物中，男性占71%，女性占29%；在所报道的正面事件中显示主动作用的主要新闻人物，男性占82%，女性仅占18%。而出现频次较多的属于政治家、科学家、艺术家及著名运动员等职业的主要新闻人物绝大多数是男性，女性仅作为家属做陪衬。

2. 8家报纸的女记者在要闻版上发稿的比例以《中国日报》最高，占26%；《农民日报》最低，不足4%。

3. 8家报纸的要闻版上有关妇女的报道，以《工人日报》为多，占19%，其他依次是《经济日报》17%、《法制日报》15%、《中国青年报》13%、《中国日报》11%，《人民日报》、《农民日报》和《光明日报》比例更低。

4. 在8家报纸的要闻版有关妇女的报道中，图片占了53%。以图片形式报道妇女的数量以《中国日报》最多，占全部妇女报道的81%，其次是《光明日报》占78%。[①] 数据表明，中国妇女在社会主义建设中发挥了“半边天”的作用，但在我国的主流媒介上，却只能踡缩在“被遗忘的角落”。

（二）妇女在媒介上的形象被歪曲

妇女不仅在媒介上出现的机会少，而且媒介上出现的妇女形象被歪曲。在现实生活中，很多女性是家庭美满、事业有成的“双赢者”，但在媒介的报道中，妇女形象大多被描绘成或者是碌碌无为的“贤内助”，或者是冷酷无情的“女强人”。性别歧视比比皆是，一些描绘暴力和色情的电视剧常常把女性当作男人的“玩物”、“性对象”。有一本证券杂志甚至将长短期股票比作男人的“妻子”、“情人”和“小蜜”。有一则将空调机比作“新娶的老婆”的广告，竟然在人口覆盖率达到86%的中央电视台的黄金时段播放了相当长时间。据《大众传媒中的女性形象》课题组报告：在她们对选自5个不同经济文化发展地区的1197个电视广告（1994年8—12月）的分析，体现性别平等的广告仅19个，占1.6%；中性的775个，占64.7%；有性别歧视倾向的402个，占33.7%。有性别歧视倾向的广告在不同地区的比率有差异，在广东地区占43.6%，在上海地区占36.9%，在甘肃地区占33.6%，在北京地区占31.9%，在辽宁地区占27.2%。对妇女形象的歪曲报道，极大地损害了女性的自尊心。[②]

（三）妇女的宣传园地被挤占

在联合国第四次世界妇女大会的影响下，全国各地媒介纷纷创办女性宣传栏目和节目，作为“向社会宣传妇女，向妇女宣传社会”（彭珮云语）的园地，女性媒介的宣传加强了两性之间的沟通，也增强了女性自身的性别意识。然而5年来，女性的宣传园地正日趋萎缩。《光明日报》的“知识女性”专版，在1996年初就被取消了。《人民日报》在1998年创办的“巾

① 陈崇山：《妇女媒介监测网络在行动》，载《新闻记者》1998年第5期。

② 刘伯红、卜卫、陈新欣：《试析我国电视广告中的女性形象》，载《妇女发展与对策》，当代中国出版社1998年版。

帼园”专版，原本每月一次，到了1999年，也缩减为“社会经纬”专版中的一个不定期见报的专栏。中央电视台在1995年元旦创办的《半边天》栏目，5年中已播出962期。《半边天》栏目开播时，每周播出4次，在第1套新闻频道中首播后，在第2、3、4频道中重播，其中有3套是在黄金时段播出的。这个栏目以“客观、亲和、新颖、精致”的风格，不仅引起占65.6%的女性忠实观众的好评，而且还受到占34.4%的男性忠实观众的青睐。1995年就获得了政府栏目奖一等奖，5年来还有20个节目分别获得政府奖或其他奖项的一等奖。节目组也4次获得先进集体称号。但是到了1997年，《半边天》的播出篇幅下降了，播出次数由4次减为3次半（周日隔一周播出一次），播出时间由每次45分钟减少到30分钟，取消了晚间黄金时段的播出，还被取消了在第2、3、4频道中重播。就是说，在1997、1998、1999年这三年中，《半边天》栏目每年只播出182期，与1995年和1996年每年播出208期相比，每年少播出26期。现在的《半边天》栏目被安排在上午的10时40分播出，正是职业女性上班的时间，许多妇女没有时间看，造成了中国的“半边天”看不到《半边天》的现象。[①] 而职业女性恰恰是妇女群体中的“意见领袖”，现代化的、先进的思想观念要通过她们才会有效地影响一般妇女群众，才能产生社会效益，提高全国妇女的整体素质。

（四）妇女媒介被软化

我国女性享有的媒介资源远远不如男性，到1999年底，全国890万网民中女性只占21%；在两千多家报纸中，只有3家妇女报；尽管有十来家妇女杂志，有的发行量还很可观，但目前妇女媒介存在着软性化趋向，大都囿于家庭、健康、美容、时装等生活方面的内容，无助于吸引妇女关注社会、放眼世界，提高妇女“自尊、自信、自强、自立”的精神。正如东野长峥在“现在女人看什么?”一文（1998年7月15日的《北京晚报》）中指出的：“翻开如今的妇女读物，满目都是时装、化妆、玩乐、保养，然后就是明星们的绯闻，闪闪烁烁的性知识，微微带点儿色情内容的‘纪实文学’，最后就是一些风花雪月吃喝拉撒的小男小女散文。我轻易已经不再敢看‘女人的杂志’了，虽然那么多的妇女期刊都号称‘女人的知音，男人的朋友’。”作者希望妇女杂志“除了横流的物欲之外”，“稍微关注一下

① 陈崇山：《要让“半边天”看到〈半边天〉》，载《中国青年报》2000年3月8日。

人的内心世界，关注一下人类精神的无限可能性”，盼望能看到“有着很好的可读性，同时蕴含着丰富人文精神”的女性读物。这篇短文反映了追求精神享受的女性的心声，表达了对当前一些女性媒介一味追逐广告效益的不满和无奈。文章告诉我们：女性媒介如果报道内容不是既有“下里巴人”又有“阳春白雪”，必然难以满足女性受众日益增长的物质需要和精神需要。

《中国妇女报》是妇女媒介中的权威性报纸，创刊宗旨是“介绍妇运信息，维护妇女权利，宣传先进典型，鼓励自强不息，学习科学知识，正确教育子女，婚姻美满如意，家庭幸福和睦。”但据该报CI中心1998年底的一次读者调查表明，尽管在5625名寄回问卷的读者中，有98.2%的女读者和96.0%的男读者认为《中国妇女报》对自己有帮助和帮助很大，但回答在哪些方面有帮助时，在寄回问卷的4223位女读者中，居首位的答案是“传授给我许多日常生活知识和技能”，占72.0%；第二位的是“指导我处理好家庭和人际关系”，占70.9%；“帮助我树立自尊自信自强自立的信心”则处于第三位，占64.8%；第四位是“活跃我的文化娱乐生活陶冶情操”，占62.1%；而“帮助我提高男女平等意识关心妇女运动”却居第十位，占41.5%；“帮助我广泛了解世界妇女运动的现状”在第十三位，居倒数第三位。这不能不说《中国妇女报》的实际社会效应偏离了原定的办报方针。①

（五）主流媒介对妇女权益漠不关心

中国妇女运动史表明，每当中国出现“抢饭碗”的问题时，总有男性学者站出来向妇女吼叫：“伊伦娜，回家去！”在中华人民共和国成立50周年之际，这个反复出现的老话题被赋予了新的时代特征，又重新被提到世人面前。据说经济学教授钟朋荣在他的《谁为中国人造饭碗》的专著中，提出了“男人留岗，女人回家”的主张，建议由“政府给女人发放回家救济金”。

首先发现这个话题的不是女性媒介，而是《科学时报》。《中国妇女报》“家庭周末”专版在1999年6月11日出版的总第2766期，在头版头条推出“两位教授关于女性回家的论战”报道，多年致力于女性研究的郑州大

① 陈崇山：《女性大众传播媒介的社会责任》，载《妇女理论研究动态》1999年第2期；《中国报刊月报》1999年第9期。

学教授李小江，发表题为《怎能剥夺女性的社会发展空间》的文章，在回顾了十几年来关于妇女解放和妇女地位进行的三次较大的讨论后，指出："'男人留岗，女人回家'成为标题，寥寥几个字，道尽了作者在此问题上的全部用心。""为什么每逢社会改革向前迈步，总有男性学者出面力主妇女回家？"她认为，主要是这些男性学者"简单地将人看做是干活的'人手'和吃饭的'人口'"，"将女性置于'被人安置''受人供养'的非主体境地。""这种过分鲜明的男性中心论，完全忽略了女性的发展需求，并企图在关怀女性的幌子下，剥夺女性发展的空间。"

对于如此紧密关系到妇女人权的重大话题，我国的主流媒介却采取了漠视的态度，竟然毫无反应。既没有像20世纪40年代《力报》副刊"新垦地"发动的一场维护女权的论战和《女权论辩》一书的出版，也没有20世纪80年代全国媒介开展的维护妇女权益大讨论，甚至连《中国妇女报》的主报也没有参与，只让"家庭周末"将男女生存平等这样重大的社会性话题，局限在家庭的小圈子里，低调处理，草率收场。①

造成女性在传播领域里处于劣势的现状，盖因为封建文化的积淀，重男轻女，排斥优秀的女新闻工作者进入新闻机构的编辑委员会，使女性丧失了传播的指挥权和决策权。因为在大众传播时代，媒介机构掌握着信息的收集和发布的主动权。用什么人去收集信息？收集什么信息？发布什么信息？什么时候发布？采取什么方式发布？都要由媒介机构的"把关人"决定，具体说，是由总编辑和副总编辑们决定，编委会里没有女性，女性的权益和需求往往被忽视。

三　女性要掌握传播的决策权

1995年8月，中国政府公布了1995年至2000年《中国妇女发展纲要》，宣称："到本世纪末，我国妇女发展的总目标是：妇女的整体素质有明显的提高，在全面参与经济建设和社会发展，参与国家和社会事务管理的过程中，使法律赋予妇女在政治、经济、文化、社会及家庭生活中的平等权利进一步得到落实"，并将妇女参政列为妇女发展具体目标的第一条：

---

① 陈崇山：《女性大众传播媒介的社会责任》，载《妇女理论研究动态》1999年第2期；《中国报刊月报》1999年第9期。

“（一）提高妇女参与国家和社会事务决策及管理的程度。——积极实现各级政府领导班子成员中都有女性，政府部门负责人中女性比例有较大提高。——女职工比较集中的行业、部门以及企事业单位的领导班子中，应多选配一些女性。”为此，各级人民代表大会和政治协商会议，都相应的增加了女代表和女委员的比例，各级政府中也增加了女性的人数。但是在新闻界，据1995年的调查数据表明，进入编辑委员会的女性仅占女新闻工作者总数的4.4%，进入部主任一级担任中层领导干部的女性，也只占女新闻工作者总数的9.6%。在掌控传播决策权的编辑委员会中，女性仅占8.5%，男性占到91.5%；在中层一级领导干部中，女性也只占17.6%，男性占82.4%。正如一位女电视工作者所说：“目前中国女新闻工作者在新闻事业中发挥着重要的作用，人才济济。但由于传统观念的影响，往往得不到晋升提拔，在各自的单位中，做‘将’者多，为‘帅’者少。”因此，有88.1%的女新闻工作者和63.3%的男新闻工作者认为，在女性进入新闻机构决策层（指编辑委员会）的问题上存在着不平等。对于这个不争的事实，男女新闻工作者都有同感。

对女新闻工作者进入决策层难的原因，男女看法不一。有84.3%的女新闻工作者认为主要的障碍是“在社会潜意识中存在着排斥女性的倾向”，而男新闻工作者则较多地看到女性的弱点，认为“女性优柔寡断、决策魄力不大”，“女性的组织领导才能偏低”。

鉴于我国干部选拔的方法和过程不完善，没能做到公开、公平、公正。女性能否“顶破玻璃天花板”进入决策层，完全取决于在领导岗位上掌握决策权力的编委会。因此分析新闻机构的决策者在这个问题上同女新闻工作者看法的差异，也许更能明白症结所在（参见第310页表2）。

从数据可以看出，新闻机构的决策者低估了社会传统习惯对女性的排斥，对女新闻工作者的领导组织才能也缺乏正确的认识和估价。决策者们自觉不自觉地习惯于从传统的、世俗的观点看待女性，在选拔领导干部时，对女性更是百般挑剔。在同等条件下，甚至在女性优于男性的情况下，他们也会强调种种理由，要男不要女。他们可以讲出各种各样冠冕堂皇的道理，比如说“一个单位女性多了，会降低整体工作效率。我们单位女同志已经多了，不能再收女的了。”比如说“这几年社会治安状况不佳，派女同志出去采访不放心。如果再增派男记者‘保驾护航’，岂不增加采访成本？”比如说“本单位就缺评论人才，女同志善于形象思维而不善于逻辑思维，不适合我们的需要。”如此等等。其实，“有些单位女性少，选拔女干部难”这似乎不成其为排斥女性的理由，因为统计表明，在采访、编辑、校对、翻译、节目主持和播音这六项专业工作中，女性已占三分之一，她们当中有29.6%的人能做两项专业工作，7.9%的人能做三项专业工作，还有2.6%的人能做四项以上的专业工作，说明有40.1%的女新闻工作者已经具有担负两项以上专业工作的能力。有16.6%的女新闻工作者自我评价具有“有组织领导发挥全体同事整体效益的能力”，难道在她们当中不能培养和选拔出领导干部？至于有半数的决策者强调“女性优柔寡断、决策魄力不大”，有四成的决策者认为“女性的组织才能偏低”。这是一种先验的论调。实践出真知，“决策魄力”和“组织才能”都是要在实践中锻炼增长的，把女性排斥在决策层之外，她们得不到实践的机会，怎能迅速成长为领导干部？

笔者曾撰文呼吁“加紧培养跨世纪女主笔”，然而人微言轻，未能引起新闻界的重视。今年，是联合国第四次世界妇女大会在北京召开后的第5年，联合国将于2000年6月举行主题为“妇女2000年：为21世纪的性别平等、发展和和平”的特别会议，考察和评估贯彻执行内罗毕提高妇女地位前瞻性战略（1985）和北京《行动纲领》（1995）的情况，简称为“北京加五”。女性进入决策层，掌握传播的决策权，将是中国政府在落实内罗毕战略和北京《行动纲领》的一个实际行动，也是我国新闻界贯彻男女平等基本国策的实际行动。据笔者于1998年4月和2000年4月做的两次电话调查，在我国中央级新闻媒介机构的决策层——编辑委员会中，除了《中国日报》有一名女副总编辑外，新华通讯社、中国新闻社、人民日报、光明日报，经济日报，中央人民广播电台、中国国际广播电台和中央电视台的编辑委员会中都没有女性。中央电视台不仅台级领导班子中没有女性，在新闻中心等负责宣传的7个中心的中层领导班子的正职中也没有女性。在对象性报纸（不包括《中国妇女报》）中虽有女性参加编委会，但也只是掌握部分决策权的“编委”，连个副总编辑也没有。《工人日报》原先的女副总编辑退休后，编委会里只有女编委了。可见，在女性宣传阵地萎缩的同时，掌握传播决策权的女性也在削减。我国政府对《行动纲领》中关于妇女参政的承诺，在新闻界根本没有落实。

笔者曾走访中央有关部门，同负责考察选拔领导干部的同志（均为男性）探讨了女性进入决策层难的问题，笔者问：“中央非常重视女干部的培养、提高和选拔，在2000年初召开的全国组织工作会议上，有关领导同志还强调要特别重视青年干部、妇女干部和少数民族干部的培养，并把优秀者选拔到领导岗位上来。那么，为什么中央如此重视而实际工作进展又如此缓慢呢?”回答是“基础薄弱。新闻单位中层一级的女同志少，推荐上来的自然就少，我们选择的余地很小。”这就是说，每当某新闻机构的编辑委员会出现人员空缺需要递补时，该单位推荐的后备干部名单中缺乏女性。

那么，是否新闻机构真的缺乏女性后备领导干部呢?

据1995年的《中国女新闻工作者现状和发展调查》，我国拥有新闻专业职务的人员（指记者、编辑、校对、新闻翻译、节目主持人、播音员）计8.7万人，其中女性为2.8万人，占新闻专业人员的33%。她们当中有29.6%的人能做两项专业工作，7.9%的人能做三项专业工作，还有2.6%的人能做四项以上的专业工作，说明有40.1%的女新闻工作者已经具有担负两项以上专业工作的能力。而且有16.6%的女新闻工作者自我评价具有“有组织领导发挥全体同事整体效益的能力”。难道在她们当中不能培养和选拔出女总编或女副总编?[①]

问题的实质在于传统的人才观和传统的干部政策和干部制度制约着妇女进入决策层，有位大报的人事处长向笔者坦言：“我本人绝对没有重男轻女的思想，但在推荐干部的问题上，如果水平相当，还是要男不要女，或者先男后女。”由此可见，传统偏见是女性进入决策层的无形障碍。但是男女新闻工作者对决策层中女性少的问题在认识上差距很大，据1995年的调查，84.1%的女新闻工作者认为是“在社会潜意识中存在着排斥女性的倾向”，而在男新闻工作者中，有53.3%的人认为“女性优柔寡断，决策魄力不大”，46.1%的人认为“女性的组织才能偏低”。因此，消除传统社会偏见，将是一个长期而艰巨的任务。毋庸讳言，女新闻工作者本身也存在着缺乏自信的问题，有45.4%的人担心“女性当领导，男同事不服气，领导工作难做。”还有72.4%的人认为“只要工作适合志向，何必当领导干部?”缺乏同男性竞争的意识。

在庆祝国际妇女节90周年之际，有一项全球性的行动令世人瞩目：“妇女制作新闻”。这是联合国教科文组织总干事松蒲晃一郎于2000年1月31日提出的倡议：“让女新闻工作者们在2000年国际妇女节这一天享有新

① 陈崇山：《加紧培养跨世纪女主笔》，载《中国报刊月报》1998年第8、第9期。

闻编辑权。”联合国秘书长科菲·安南高度赞赏这项活动，他说：“对21世纪的第一个国际妇女节，这是一个很好的纪念。”并说“妇女应该在新闻界享有同样的实力和数量。……我不能想象有哪一个问题不是妇女问题。”塞内加尔和纳米比亚的两家报纸和一家电台率先响应，玻利维亚有700多家媒体积极参与。

我国首都女新闻工作者协会以“送给女新闻工作者一份妇女节礼物——享有对媒介内容的决定权；请响应联合国教科文组织的倡议——‘3月8日：妇女制作新闻’”为主题，于2月24日向首都新闻单位发出倡议书：“希望各位媒体领导根据自己媒介的情况，研究采取适当措施，赋予本单位、本部门有相关资历的女新闻工作者权力，让她们执行版面主编、栏目主编乃至值班总编辑的职责，使她们能在小组一级、部门一级和媒体一级的不同决策地位上，为广大妇女提供国际妇女节这天的新闻信息。”十分遗憾，响应者寥寥。只有《人民日报》、《农民日报》和《中国青年报》的女编辑、女记者在男同事的支持和配合下，体验了一次当专版“主编”的甘苦，但还不是真正实现总编辑的权力。有家大报的总编辑在看到“倡议”后说：“现在正是‘两会’报道期间，这项活动难以插进去呀!”说明在他的头脑里，不相信女新闻工作者具有主编“两会”报道的才能和魄力。这正是目前许多现职总编辑的心态。

可是，1998年5月据笔者对中央级几家新闻机构的电话调查，在新华通讯社、中国新闻社、《人民日报》、《光明日报》、中央人民广播电台这几家大媒体的编委会中，都没有女性，其他几家主流媒体除《工人日报》有2名外，都只有1名。更有意思的是，专事妇女宣传的《中国妇女报》的编辑委员会中，7名成员女性只有3名，属少数（见表1）。

表1

新闻机构	社长	总编辑	副总编辑	编委	总数	其中女性
新华通讯社	1	1	4	0	6	0
中国新闻社	1	1	2	0	4	0
人民日报	1	1	6	3	11	0
光明日报	0	1	4	2	7	0
中国日报	0	1	2	2	5	1
工人日报	1	1	4	2	8	2

续表

新闻机构	社长	总编辑	副总编辑	编委	总数	其中女性
农民日报	1	1	4	3	9	1
中国青年报	0	1	5	5	11	1
中国妇女报	1	1	3	2	7	3
法制日报	0	1	4	2	7	1
中国检察报	0	1	3	4	8	0
中央人民广播电台	0	1	5	2	8	0
中央电视台	0	1	7	12	20	1

笔者不知道在“北京加五”的评估中，该由谁来检审新闻机构落实《行动纲领》的情况？我希望各级妇联组织和各地的女新闻工作者协会，能对这个问题给予重视，经常关心女新闻工作者的成长，在向各级政府推荐女干部的时候，别忘了推荐新闻媒介的女主笔。

四　对策与建议

自’95第四次世界妇女大会以来的5年里，中国妇女正以知识、才华和能力的优势向新闻业进军，在许多高等院校的新闻传播院系中，女学生的人数比例已高于男学生。在职的女新闻工作者，获得高级专业职务的人数比例也有所增长。据中共中央组织部提供的数据：截至1999年底，在全国国有事业单位的新闻出版人员中，有女性5.9万人，占同类人员的34.8%，其中拥有高级专业职务者0.8万人，中级专业职务者2.4万人，分别占13.6%和40.7%；在全国国有事业单位的播音人员中有女性1.1万人，占同类人员的63.2%，其中拥有高级专业职务者0.05万人，中级专业职务者0.2万人，分别占4.5%和18.1%。数据显示出女性在新闻出版业和广播电视业中的作用已越来越大，同时，也为选拔女总编辑提供了更多的资源。

选拔女性进入新闻媒介机构决策层的基础，在于加紧对女新闻工作者的培养，提高女新闻工作者的素质。比如选送女新闻工作者脱产进修或进高等新闻院校读书，但更重要的是在新闻实践中锻炼提高，比如给她们压担子，组织采访重大题材的报道，或者提拔任中层领导，锻炼领导才能等。这些经常性的训练培养应由各新闻机构来做。但是目前新闻界至今没有新闻专业人员轮训的规划和制度，尚缺乏培养和选拔相衔接的可操作性措施，以致有55.2%的女新闻工作者从业新闻工作后，从未进修过新闻业务（男性仅46.2%），有63.9%女新闻工作者因“缺少进修机会，业务提高慢”而感到苦恼。这种状况不能再继续下去了。那么，这件事究竟该由谁来管呢？提出以下建议：

（一）建议彭珮云主席委托全国妇联主管干部培训和选拔工作的一位副主席或书记处书记牵头，在近期内约请中组部、中宣部、广播电视电影总局、新闻出版署、全国记协、首都女新闻工作者协会的领导同志，根据21世纪我国新闻事业发展的需要，制定出新闻专业人员和新闻干部的培训规划，硬性规定专业人员在工作若干年后必须接受再教育，并采取切实可行的措施贯彻执行，比如针对女新闻工作者的特殊需要，在高等新闻院校分别开设女记者、女编辑、女校对、女翻译、女播音员、女节目主持人、女总编辑专修班；在高级党校开设女总编辑培训班；课程设置中应包含女性学，并由中共中央组织部和宣传部按照《行动纲领》的要求，对女性进入决策层的时间也作出硬性规定。共同制定一个培训、选拔女主笔的规划，力争在一年内，在各新闻媒介的编辑委员会中普遍实现至少有一名女性，在三年内产生一名副总编辑或总编辑，以确保女新闻工作者掌握传播决策权和指挥权。

（二）各级妇联应关心和参与女新闻工作者的教育和培养，在帮助女新闻工作者提高政治素质、业务素质和心理素质的同时，提高她们的性别意识，使她们在新闻实践中善于用性别观点观察、评价、报道客观事物。通过她们的报道提高妇女群众的性别意识和“四自”精神。同时各级妇联也应担负起推荐新闻媒体总编辑、副总编辑的责任并对女性进入媒体决策层的工作负起检查监督的责任。

（三）中华新闻工作者协会是新闻工作者的行业性组织。各地的女新闻工作者协会是女新闻工作者的行业性组织。在组织各种活动提高女新闻工作者素质的同时，也应对女性进入媒体决策层的工作，担负起推荐、检查、监督的责任。

（四）女新闻工作者本身也要有群体意识。当一名女性投身于新闻行业之时，社会已赋予她“社会活动家”的使命，她的行为都同人民群众特别同妇女群众紧紧地联系在一起了。因此，有领导和组织能力的女新闻工作者，要当仁不让地努力争取进入决策层，为全民族的妇女掌握传播的决策权和指挥权，在传播领域里撑起“半边天”。

（五）目前女新闻工作者在全国分布不均，有57.8%的人在发达地区工作，28.6%的人在次发达地区工作，在欠发达地区和不发达地区工作的女新闻工作者分别占8.4%和5.2%。经济建设必须舆论先行，中央提出西部大开发的策略，也为女新闻工作者开辟了就业和施展才能的广阔天地，新闻机构和新闻院校要鼓励女新闻工作者和女毕业生到西部去发展，在实践中锻炼提高组织领导才能。

总之，《北京宣言》和《行动纲领》是联合国推动全球妇女运动的目标，我国政府的承诺也应该贯彻在新闻界的行动中。女性掌握传播的决策权，不论对女新闻工作者的成长发展，还是对妇女运动的发展都至关重要。加紧培养优秀女新闻工作者，并把她们选拔到总编辑或副总编辑的岗位上来，是各媒介机构及其上级机关的当务之急，也是在新闻界落实男女平等基本国策的实际行动。

2000年3月12日，5月15日修改

（在中国妇女研究会2000年年会《妇女与传媒》论坛的发言。）

女性参与决策　传媒界走了多远

1995 年，中国政府在联合国第四次妇女大会上，签署了《北京宣言》和《行动纲领》。为实现对联合国的承诺，中国政府出台了《中国妇女发展纲要》（1995—2000）。在《纲要》的“政治权利与参与决策”项中，提出如下 4 条落实措施：（1）“通过各种途经，提高对妇女政治权利的认识，使妇女平等参与管理国家事务、社会事务，参与重大问题的决策。”（2）“各级政府在制定政策和规划时，要注意听取各级妇女组织的建议和要求，充分考虑妇女的特殊利益，保障她们的合法权益。”（3）“切实做好培养、选拔女干部工作，要制订计划，定期检查，逐级落实。”（4）“加强对女干部的教育和培训，提高她们的参政能力和领导水平。”并确定要“建立国家级的妇女监测系统，制定切实可行、科学规范的监测评估方案，全面地、动态地监测妇女发展状况。”'95《纲要》是我国妇女发展的重要里程碑。应该说，中国政府重视妇女的发展并赋权，对推动中国妇女的全面发展起了积极的促进作用。

然而，在女性参与决策方面，中国政府的诺言实现了多少呢？据国家统计局 2004 年发布的性别统计资料表明，到 2002 年底止，我国只有 64.5% 的省级政府、69.4% 的地级政府和 70.0% 的县级政府中有女性。我国女性参政的现实同我国政府的承诺相去甚远。

纵然，女性进入政府决策层的速度缓慢，毕竟有三分之二的政府机构有了女性领导干部。而与政府部门相比，新闻传播界却被遗忘了。

1995 年的中国女新闻工作者现状和发展调查显示，女新闻工作者占新闻工作者总数的 32.9%，但进入传媒编辑委员会掌握传播决策权的人，仅占女新闻工作者总数的 4.4%，进入部主任一级担任中层领导干部的女性，也只占到女新闻工作者总数的 9.6%。在传媒的决策机构中，女性仅占 8.5%；在中层一级领导干部中，女性也只占 17.6%。有 88.1% 的女新闻工作者和63.3%的男新闻工作者认为，在女性进入新闻传播机构决策层（指编辑委员会）的问题上存在着不平等。

继2000年“北京+5”之后，2005年联合国又要考察和评估各国政府贯彻执行内罗毕提高妇女地位前瞻性战略（1985）和北京行动纲领（1995）的情况了，简称“北京+10”。

2005年7月，笔者选择了服务对象超亿人的16家传媒，再度对女新闻工作者进入传媒决策层——编辑委员会的情况进行调查。发现只有《中国妇女报》和《中国少年报》的总编辑是女性。特别是专事女性宣传报道的《中国妇女报》，改变了5年前领导班子的7名成员中男性多于女性的局面（有3名女性，4名男性），在13名决策者中，女性增加到8名。《中国日报》、《工人日报》、《农民日报》、《中国老年报》和中国新闻社各有一名女副总编辑，中央人民广播电台和中国国际广播电台各有一名女副台长，《中国青年报》有一名女编委。原先女性当家的中央电视台，自从台长黄惠群同志1991年离休后，十余年来不仅台级领导班子中没有女性，在新闻等7个中心的正职中心主任中也没有女性。具有68年悠久历史的新华社只在20世纪80年代的短短3年中有过一位女副总编；《人民日报》创办至今的57年中只有20世纪50年代有过一位女副总编；有49年报史的《解放军报》在“文革”中有过一位女副总编是毛泽东主席的女儿；而具有56年报龄的《光明日报》和具有27年报龄的《经济日报》，自创办以来在编辑委员会中从未出现过女性的身影（详见第331页附表）。从表中可以看出，女性在主流传媒的决策层中少得可怜，新闻传媒界成了被遗忘的角落。

为什么？笔者征询一些担任过传媒总编辑的男同志的看法，也同一些女新闻工作者交流看法，大体上有如下三个原因：

一是“女不如男”的传统观念根深蒂固。

有的男总编认为：“与男同志相比，毕竟女同志的魄力要小一些，遇事不能当机立断。”有的说：“女同志对家庭的依恋程度强，不能像男同志那样专心致志于工作。”还有的说：“女同志工作踏实肯干，但不太会处理关系。对那种敢于拼搏的女强人，大家不大喜欢。”（按：准确地说是领导不喜欢。）

而我接触到的女新闻工作者则认为，女性感情丰富亲和力强，善于与人交往，观察事物敏锐细腻，很会抓新闻由头，新闻工作很适合女性做。至于女性难以突破玻璃天花板进入高层决策，主要是传统观念在作祟。数千年封建文化酿成“女不如男”的观念，在男性领导干部的潜意识中根深蒂固。一到要提拔女干部时，他们就贬低女性的长处，扩大女性的弱点，求全责备。他们当中有的是生怕女性夺了自己手中的权力；有的是认为在女性领导下工作丢面子；还有的怕女性当了领导太较真难相处。某传媒有位抗美援朝凯旋归来的女战士，在新闻岗位上摸爬滚打多年，采访编辑样样在行，1960年就独当一面主持部门工作，然而这个部主任的位子她一直坐到1991年离休，31年间得不到提升。因为她性格正直敢言，一些男同事找出种种理由设置障碍，阻挡她进入编委会。有位女高级编辑说：“实践出真知。一旦女同志登上总编辑的位子，在实践中得到锻炼，不见得比男同志差，甚至会干得比男同志还要好。”

二是社会性别意识尚未纳入主流。

社会性别意识的宣传和培训，在我国起步较晚，准确地说，是在联合国第四次世界妇女大会前后才开始进行的。因此，在我国高级干部的头脑里，性别意识和男女平等的“国策意识”都比较淡薄。有位男性传媒领导干部竟问：“什么是性别意识？性别意识强好还是弱好？没有性别意识，男女不是都平等了吗？”

那么，什么是“性别意识纳入主流”？联合国经社理事会1997年一致结论“性别意识纳入主流是一个过程，它对任何领域各个层面上的、任何一个计划包括立法、政策或项目对妇女和男人所产生的影响进行分析。它是一个战略，把对妇女和男人的关注、经历作为在政治、经济和社会各领域中设计、执行、跟踪和评估政策和项目计划的不可分割的一部分来考虑，以使妇女和男人能平等受益，男女不平等不能延续下去。它最终的目的是达到社会性别平等。”

思想上糊涂，必然导致行动上倒退。有家传媒历来是有高级职称的女新闻工作者和男同事都是60岁退休的，但从2004年开始，却改成了男60岁、女55岁退休了。这不是倒退了吗？这家传媒编委会中唯一的女副总编辑辩解说：“这不是个男女不平等的问题。新闻工作是年轻人的事业，做新闻工作年龄不能太大。男女都到60岁退是全国妇联提出来的，实际上全国妇联和《中国妇女报》也都没有做到。现在男58岁、女53岁要退出领导岗位，为年轻人腾地儿。这些人不能在原来岗位工作了，你还得找地儿安排她们，这成了我们的包袱，我们的负担很重。她们还要每天来上班，不如放她们一马退休。我坚决不同意女同志干到60岁才退休。我自己干到55

岁一定退。”当笔者问：“那为什么男领导干部可以干到58岁，女领导干部只能干到53岁。这种做法公平吗？”她说：“这是国家的规定。没有必要去争取。”

我在想，像这样的女性进入传媒决策层，掌握新闻传播大权，她能替妇女说话吗？她能体察并表达妇女的所思、所想、所需、所欲和所求吗？由此想到，我们不能单纯地呼吁在传媒的决策层中必须要有女性，更重要的是要有什么样的女性？中组部和中宣部在选拔高级领导干部（包括高级女领导干部）时，除了要坚持德、才、绩、能兼备的选拔标准外，还应该加一条，要具有社会性别意识，对妇女有深切的同情心，能关心妇女的进步和发展，以推进男女平等基本国策在新闻传播界贯彻落实。

三是体制上将新闻传媒界边缘化。

尽管中央政府发布的《中国妇女发展纲要》（2001—2010），强调“策略措施是确保纲要目标实现的重要条件”，并“将策略措施分为国家、部门和社会三个层次，以进一步强化不同实施主体的责任意识，明确各主体在纲要实施中的职责和任务。”要求“建立健全实施《纲要》的工作机制。国务院各有关部门和社会团体每年要向国务院妇女儿童工作委员会报告实施《纲要》的工作情况。”还确定由国务院妇女儿童工作委员会监督执行。

可是，新闻传媒历来被认为是党的宣传工作部门。主流传媒领导班子的干部由中宣部和中组部或由该传媒的主管部门考察、选拔、任命。据笔者了解，自1995年北京世妇会至今的10年间，传媒的决策机构没有收到过中宣部和中组部或上级主管部门关于编辑委员会中必须要有女性的指示文件，因而编委会也没有专门讨论过培养提拔女领导干部的事宜，以至有的传媒男性领导干部片面理解我国政府的承诺，认为“’95《纲要》要求领导班子里至少有一名女性，那是指各级政府部门。新闻传媒属业务部门，’95《纲要》没有这个要求，中央也没有这个要求。”这说明《北京宣言》、《行动纲领》以及《中国妇女发展纲要》、《妇女权益保障法》等有关妇女生存发展的纲领性文件，在我国传媒决策者中还没有入心入脑、生根发芽，怎谈得上广泛深入的宣传呢？

可见，要让优秀的女新闻工作者突破玻璃天花板进入传媒决策层，首先，要打通中宣部和中组部以及传媒主管部门负责干部工作的同志的思想，建议中共中央党校将女性学列入必修课程，将《北京宣言》、《行动纲领》、《中国妇女发展纲要》、《妇女权益保障法》等作为必修必考课程，普遍提高高级干部的国策意识和社会性别意识。

其次，建议由中共中央组织部和中宣部负责，根据21世纪我国新闻事业发展的需要，督促各传媒机构制定出新闻专业人员的培训规划和新闻干部培养选拔制度，硬性规定女新闻工作者进入决策层的时间表和具体的实施措施，以改变目前无人过问的局面。

再次，请全国妇联关心和参与女新闻工作者的教育和培养，在帮助女新闻工作者提高政治素质、业务素质和心理素质的同时，提高她们的性别意识，使她们在新闻实践中善于用性别观点观察、评价、报道客观事物。通过她们的报道提高妇女群众的性别意识和“四自”精神。

中华全国新闻工作者协会是新闻工作者的行业性组织。女新闻工作者协会是女新闻工作者的行业性组织。在组织各种活动提高女新闻工作者素质的同时，也应对女性进入新闻传媒决策层的工作，担负起推荐、检查、监督的责任。

中国是一个负责任的大国，中国政府是一个负责任的政府。一个负责任的国家和一个负责任的政府，重要的标志是“一诺千金”，“说话算数”，“诚信为上”，“言必信，行必果”。《北京宣言》和《行动纲领》是联合国推动全球妇女运动的目标，我国政府的承诺也应该在新闻传播界实现。女性掌握传播的决策权，不论对女新闻工作者的成长发展，还是落实男女平等的基本国策，都至关重要。加紧培养优秀女新闻工作者，并把她们选拔到总编辑或副总编辑的岗位上来，当是各传媒机构及其上级机关的当务之急，也是在新闻传播界实现《北京宣言》和《行动纲领》的实际行动。

2005年7月29日

附表 2005年女性在我国主流传媒决策机构中的分布

传媒名称	创办年月	报台年龄（年）	编辑委员会性别结构（人）			现在及历史上女性任职情况
			男	女	总数	
人民日报	1948.6.15	57	9	0	9	杨刚1952.6—1957.10任副总编辑
光明日报	1949.6.16	56	7	0	7	
经济日报	1978.3.28	27	7	0	7	

续表

传媒名称	创办年月	报台年龄（年）	编辑委员会性别结构（人）			现在及历史上女性任职情况
			男	女	总数	
中国日报	1981. 6. 1	24	6	1	7	唐闻生 1984. 7—1986. 12 任副总编辑 黄庆 1984. 7 任编委，1986. 12 至今任副总编辑
工人日报	1949. 7. 15	56	8	1	9	申宜芬 1991. 1—2003 任副总编辑。 吴新民 1991—1999 任编委，1999. 12. 至今任副总编辑
农民日报	1980. 5. 6	25	6	1	7	
解放军报	1956. 1. 1	49	9	0	9	肖力文革期间任过副总编辑
中国妇女报	1984. 10. 1	21	5	8	13	王秀琳 1984. 10—2000. 11 任总编辑 安晋平 1997. 4—2004. 12 任社长 马丽珍 1996—2001. 7 任副社长 卢小飞 2000. 1 至今任总编辑 谢丽华 2000. 1 至今任副总编辑 杨杏南 2000. 1 至今任编委 冯媛 2000. 1 至今任编委 张朔 2000. 1 至今任编委 吴洁玲 2000. 1 至今任编委 陈本建 2000. 1 至今任编委 刘晓玲 2000. 1 至今任编委
中国青年报	1951. 4. 27	54	6	1	7	谢湘 1998 至今任编委
中国老年报	1988. 7. 6	17	3	1	4	刘爱莉现任副总编辑
中国少年报	1951. 11. 5	54	3	2	5	卢勤 2000 至今任总编辑 吴翠兰 2000 至今任副总经理
中央人民广播电台	1940. 12. 30	65	7	1	8	赵忠颖现任副台长
中国国际广播电台	1941. 12. 3	64	6	1	7	阮若琳 1978—1982 任副台长 丁一岚 1982. 6 ~ 1985. 8 任台长 崔玉陵 1982. 6 ~ 1985. 8 任副台长，1985. 8—1993. 7 任台长 王冬梅 2000. 12 任副总编辑，2002. 5 至今任副台长

续表

传媒名称	创办年月	报台年龄（年）	编辑委员会性别结构（人）			现在及历史上女性任职情况
			男	女	总数	
中央电视台	1958. 5. 1	47	8	0	8	孟启予 1960. 1—1982. 1 任副台长 朱杏娣 1975. 6—1979 任副台长， 阮若琳 1982. 8—1986 任副台长， 黄惠群 1985. 7—1991 任台长
新华通讯社	1937. 1. 25	68	20	0	20	李琴 1982. 7. 13—1985. 4. 17 任副总编辑
中国新闻社	1952. 9. 14	53	7	1	8	王晓晖 2004. 1 至今任副总编辑

注：表内资料来源，历史部分采自陈崇山主编的《当代中国报纸大全》（宁夏人民出版社 1988 年版）和许中田主编的《新中国传媒 50 年》（中国新闻年鉴社 2000 年版）。现在的资料由中国社会科学院新闻与传播研究所发公函调查，有的传媒人事部门未回应，此表内的数据是笔者通过电话找熟人获得的。

（2005 年 9 月在"北京 +10《妇女与传媒》论坛"发言。本文原载《中国妇女报》2005 年 9 月 20 日第 6 版。）

要让“半边天”看到《半边天》

50年来，新闻媒介持续不断地开展妇女报道，加强男女平等的宣传，在1995年联合国第四次世界妇女大会期间，有关妇女宣传的声势和规模都达到了空前的程度。但是我们不能不看到，在世妇会闭会后，随着时间的推移，妇女宣传报道的阵地却日趋萎缩了。《光明日报》的“知识女性”专版，在1996年就被取消。《人民日报》在1998年创办了“巾帼园”专版，原本每月一次，到了1999年，也缩减为“社会经纬”专版中的一个不定期见报的专栏。中央电视台在1995年元旦创办的《半边天》栏目，5年中已播出962期。《半边天》栏目开播时，每周播出4次，每次播出时间是45分钟，在第1套新闻频道中首播后，在第2、3、4、8频道中重播，其中有3套是在晚间黄金时段中播出的。这个栏目以“客观、亲和、新颖、精致”的风格，不仅引起占65.6%的女性忠实观众的好评，而且还受到占34.4%的男性忠实观众的欢迎。1995年就获得了政府栏目奖一等奖，5年中还有20个节目分别获得政府奖或其他奖项的一等奖。节目组也4次获得先进集体称号。但是到了1997年，《半边天》的播出篇幅和次数下降了，播出次数由4次减为3次半（周日隔一周播出一次），播出时间由每次45分钟减少到30分钟，取消了晚间的播出时段，还被取消了在第2、3、4、8频道中重播。就是说，在1997年、1998年和1999年这三年中，《半边天》栏目每年只播出182期，与1995年和1996年每年播出208期相比，每年少播出26期。而且现在的《半边天》栏目被安排在上午的10时40分播出，正是职业女性上班的时间，许多妇女没时间看，造成了中国的“半边天”看不到《半边天》的现象。

新闻媒介机构的决策者强调“版面紧”或“播出时间安排不过来”，挤占妇女宣传阵地。客观上可能是妇女宣传坚持正面报道为主，广告效益较差；主观上恐怕还是有些媒介机构的决策者，至今仍把“男女平等的基本国策”只挂在口头上，而没有落实在行动中。

而更根本的原因是女性没有掌握传播权。据笔者最近调查，在我国的权威性新闻媒介机构的决策层——编辑委员会（如新华社、人民日报、光明日报、经济日报、中央三台）中都没有女性，中央电视台的台级领导班子和新闻中心等7个中层领导班子的正职中也没有女性。在对象性报纸(不包括《中国妇女报》）中虽有女性参加编委会，但也只是掌握部分决策权的“编委”。除《中国日报》外，连个副总编辑也没有。因此在调整版面或节目的过程中，没有人为妇女讲话。笔者在1997年曾以题目为“培养跨世纪的女主笔刻不容缓”为题（《中国报刊月报》1997年第9、10期），呼吁新闻机构也要履行《北京宣言》和《中国妇女发展纲要》提出的任务，把优秀的女新闻工作者选拔到领导岗位上来，但收效等于零，甚至还有倒退。于是笔者想到，我们妇女应当学会运用宪法规定的民主权利，通过全国人民代表大会来维护我们的传播权利。解决干部问题比较难，能否争取解决些实际问题。

笔者恳请以彭珮云副委员长为首的全国女性人大代表，能否在第九届全国人民代表大会第三次会议上，形成一个提案，请广播电视电影总局责成中央电视台恢复《半边天》原先的播出时间和频率，让中国的“半边天”能够看到《半边天》节目，把妇女宣传真正落实到妇女群众的心坎上。

2000年3月1日

（本文原载《中国青年报》2000年3月8日，此日女性任主编。）

全球化与女新闻工作者

一　对全球化的理解

（一）从信息通讯角度看，全球化被认为是地球上的人类可以利用先进的通信技术，克服自然地理因素的限制进行信息的自由传递。

（二）从经济角度看，全球化被认为使资本超越了民族和国家的界限，在全球流动，以实现资源在全球范围内的配置。

（三）从环境角度看，全球化是指人类认识到人类在环境问题上是共命运的，即：地球是一个村落这样一个事实。因此必须同舟共济。

（四）从制度角度看，全球化被视为现代性的各项制度向全球的扩展。

（五）从文化和价值观角度看，全球化意味着单一（同质）与异质并存，趋同性与多样性并存。

二　全球化对新闻传播事业的影响

（一）全球化“克服自然地理因素的限制进行信息的自由传递”，受惠者首先是信息产业，新闻事业也属于信息产业。全球化有助于打破新闻垄断，为各国提供了新闻竞争的平台。

（二）信息传递必须通过先进的通信技术，由于世界各国经济发展水平相差悬殊，造成各国科学技术发展水平落差很大，因此，尽管从理论上看全球化可以打破新闻垄断，实际上，通信科技不发达的国家，依然享受不到信息的自由传递。信息传播的不平衡还将持续相当一个时期。要真正做到在全球范围内“公开、公平、公正”地开展信息自由交流，还将是一个长期奋斗的目标。近年来，中国新闻界纷纷组建集团公司，以增强经济实力，扩大技术改造，提高竞争能力，这应该说是一个方向，但操作起来还有许多问题需要在发展的过程中不断解决，不断完善。

（三）全球化意味着全球性的竞争，竞争的核心是人才的竞争。中国的信息产业发展迅速，但人才培养滞后，技术和管理相对落后，加之语言的障碍，中国离全球信息的自由传递和自由享受还有相当的距离。1995 年的调查表明，“有熟练运用外国语采编播能力的人，女新闻工作者仅占4.6%，男新闻工作者也不过5.5%。许多有机会从事国际活动报道的记者，都为外语水平不高而感到力不从心。

（四）全球化引发了文化和价值观的多元化，为新闻业提供了更为丰富多彩的报道题材，使新闻工作者大有作为。但在中国，新闻事业被认为是敏感行业，条条框框颇多，全球化将有助于打破不适应现代性的条条框框，但需要时间，关键是需要转变观念，首先领导干部要“换脑筋”。

三　全球化对女新闻工作者的影响

（一）通信科技为妇女创造了在家里工作的有利条件，方便妇女（男人）做到参与社会工作和照顾家庭两不误，使妇女可以利用通信技术得到发展机会，创造新的业绩。2000年上半年，女性上网人数已由1999年底的15%上升到21%。当然，能上网的女性大都是知识女性，其中相当一部分是女新闻工作者。但是，贫困妇女和文盲妇女显然被排斥在外。近年来的发展趋势表明，女性网民人数的增长速度超过男性网民增长速度。据CNNIC（中国互联网络信息中心）的调查，2000年7月，中国女网民达到427.9万人，占网民总人数的25.32%，而CNNIC最新的调查报告显示：中国女网民人数已达到684.9万人，占2250万网民总数的30.44%，增速迅猛。

（二）由于信息产业不需要消耗很大的体力，很适合妇女加盟，给妇女提供了诸多就业机会，也为妇女参加新闻工作创造了良好的条件。目前许多高等院校的新闻传播系中，女学生人数超过男学生，说明妇女已敏感地意识到全球化将会给自己带来的机遇，也意识到信息技术将为新闻事业开辟广阔的前景。1992年我访问了澳大利亚12所大学的新闻传播系，普遍存在着女生人数超过男生的现象，而且女生的成绩也比男生好，因此，堪培拉大学的爱伦教授说：“21世纪将是妇女统治澳大利亚新闻界的时代。”笔者在《中国记者》上发表了一篇报道，题目是：“女性的崛起”。有意思的是，这种现象在中国也出现了，上海《新闻记者》高级编辑贾亦凡说过一则趣闻：复旦大学一位领导同志到新闻学院参加迎新生的会，开会时间早已过去，但会场上的男生寥寥无几。这位领导同志有点不快，埋怨男生松松垮垮不遵守时间。系里一位同志解释说：“都到齐了”。原来2001年复旦大学新闻学院招收的124名新生中，只有11名男生。

（三）人们常说：“机遇与挑战并存”。能否敢于面对挑战，把握机遇，是摆在我们每个人面前的新课题。在21世纪即将来临之际，我们从心理上、身体上、思想上、业务上、技术上是否都做好了准备？有没有意识到全球化时代的到来将引起激烈的新闻竞争？有没有在掌握现代传播技术方面加紧学习？据1995年的调查数据，“有掌握现代采编播译新技术（如电脑）能力”较强的女新闻工作者只有一成，为10.3%（男新闻工作者也只有11.6%）。这是5年前调查的数据，现在怎么样？能上升到50%吗？全球化在经济方面主要表现为资本全球流动和资源的全球配置。中国新闻业有没有培养出能够掌握市场经济游戏规则的经营人才？据1995的调查数据，新闻传播业经营管理能力“较强”的男新闻工作者近二成（为19.5%），而女新闻工作者不到一成，仅8.0%。这几年增加了多少？再说，这部分人是否都熟悉全球的经营规则都成问题。这些问题都是我们需要思考的。

2000年8月5日

第三编

传媒人要推动性别意识纳入主流

传媒人要加强性别意识修养

传媒人是指从事新闻出版、广播电视和网络沟通等职业的人。他（她）们肩负着社会主义精神文明建设的重负，承担着传播先进文化的责任，是人民的精神生活的服务员。男女平等已作为我国的基本国策，那么，宣传和推进这一基本国策，当然也是媒介人义不容辞的天职。

自1995年第四次世界妇女大会在北京举行以来，中国人的性别意识有了很大的提高，明目张胆地轻视女性的言论在大众传播媒介上大大消减了，但形形色色轻视和歧视女性的现象，在大众媒体上并未绝迹。

表现之一：角色的常规定型。

女性常处于男性的附属地位而缺乏自主性。香港凤凰台中文台为新开设的《台北直播室》栏目设计的节目预告，是两个木偶的对话：妻子用撒娇的语气对丈夫说："老公，我要去台湾嘛！我要逛商店、炒股票，要玩打击乐………"丈夫说："嚯！要求还不少呐！先给我捶捶腿再说。"这位妻子的需要能否得到满足，不取决于自己，而要依赖于她能否取悦于自己的丈夫。女性在家庭中始终处于从属的地位。

表现之二：把女性作为骂人的材料。

除了在电视剧（尤其是匪警片）经常出现被鲁迅先生斥之为"国骂"的污言秽语外，在新闻报道和专题片中，有时也会出现。2001年的"八一"建军节，中央电视台东方时空节目在"百姓故事"栏目里，播出题为《战士》的故事，说的是一群坚守海岛的战士，如何一丝不苟地在接受严格的军风纪训练。蓝天碧海，一位基层军官在对列队的战士训话。他在历数有些战士列队作风拖拉，还有人在床头贴明星照片等问题后，厉声问道："这哪像是解放军的战士？娘们！"在这位军官眼里，那种与解放军战士身份不相称的陋习，是女人们的专利。于是"娘们"这两个字便很自然地流露出来了。"娘们"在这里是贬斥女性的贬义词，有损女性形象。

表现之三：女性的被物化。

“女性的物化”，就是把女性比作无生命的物。人们大概还记忆犹新，曾经在中央电视台播出了相当长时间的一则广告，称“我最近娶了个好老婆”，而广告的原意是推销空调机。把空调机比作新娶的老婆，无疑是对女性的侮辱。这则广告后经舆论的批评才撤销。无独有偶，在2001年10月19日的《北京晚报》第5版头条，出现了这样一条新闻：讲的是北京商委召开流通企业核心竞争力战略国际研讨会，预计在未来的三年内，北京将大力发展包括大型商场、便利店、商业物流、专业店、折扣店、自由品牌店等新业态；还引用市商委对外合作处处长的话说：“从家到便利店最多步行5分钟，你想得到的生活服务这里都有。”无疑这是北京人的福音。晚报编辑为这条新闻加的主题是“北京商业等待贴身服务”，副题是“未来三年内将大力引进多种商业新业态”。众所周知，报纸的标题是消息内容的高度概括，在版面上是起“醒目点睛”的作用的。晚报编辑做的这个标题完全可以反映新闻的内容了。但不知为什么？编辑却“画蛇添足”，用黑体字加了一个歧视女性的引题：“有个便利店不用娶老婆”。正因为有了这个引题，不仅使整篇消息的主题含混不清，而且包含了十足的性别歧视，把“老婆”变成了是为“老公”提供“贴身服务”的“物”。这同前些时候某杂志宣扬的“女人是男人的床上用品”的谬论，如出一辙，完全抽去了男女之间恋爱结婚的崇高人性内容，庸俗化到极点。

表现之四：物的女性化。

与女性的被物化相对应也是最常见的现象是“物的女性化”。2001年11月2日，香港凤凰台在早班车新闻中，播出美国纽约人在9·11事件后，为度鬼节（即万圣节）而举行的大游行中，出现了寓意再生的“火凤凰”。若按现代汉语的规定，“火凤凰”的代词应该用“它”，但字幕出现的却是代表女性的“她”。“它”是“用来称人以外的事物的代词”，而“她”则是女性第三人称的代词。用女性的“她”来代表“人以外的事物”的现象还比比皆是，连新创办的《中国民族报》在《中国妇女报》上刊登的广告，也以女性的她代表报纸，广告词称：“《中国民族报》是您的良师益友，她会从多方面满足您的需求”。也许作者和编者均无恶意，但这种“物的女性化”现象，至少应该视为对女性人格的不尊重，对汉字的运用也不规范。

无论是角色的陈规定型、对女性的谩骂，抑或是女性的被物化和物的女性化，这种现象出现在大众传播媒介上广为传播，污染受众的精神世界，都表明现在有些媒介人的社会性别意识不高，甚至缺乏社会性别意识。

所谓社会性别意识，是指在一定的社会制度和文化传统的影响下，社会的人对男女平等的看法和观念。

中国是一个封建统治长达数千年的国家，“三纲五常”、重男轻女的观念根深蒂固。尽管经历了将近一个世纪的民主主义革命和社会主义革命，但由于我们从未认真地清理和批判过封建主义思想，重男轻女的封建意识残留在国人的潜意识中，自觉不自觉地会在不经意中流露出来。

社会主义的大众传播媒介是先进文化的代表，是对国人进行马克思主义教育的教科书，同时也是反映社会公德、职业道德和家庭美德的一面镜子。怎能让重男轻女的封建主义的流毒肆意流传？

从新闻学的角度出发，“新闻是新近发生的事实的报道”（陆定一语），任何新闻报道都不是“有闻必录”的。当一件新鲜事发生时，记者在采访和写作过程中，对报道的材料都是有取舍的，编辑对记者的稿件也有删改权，还有部主任、副总编和总编辑等“把关人”的把关。为什么当一篇稿子“过五关斩六将”同受众见面时，还保留着轻视或歧视女性的话语或文字？比如那位军官骂的“娘们”两个字，完全可以作技术处理删掉的，为什么不作处理？这只能说明中国新闻界的社会性别意识不强。

1997 年，即在第四次世界妇女大会后的第三年，联合国经济社会理事会一致结论要把性别纳入主流。什么是“性别纳入主流”呢？国际劳工组织性别平等局局长张幼云，在 2000 年 7 月 20 日“《世界妇女进程》发布会暨社会性别与宏观经济研讨会”上的发言中说：“性别纳入主流是一个过程，它对任何领域各个层面上的、任何一个计划包括立法、政策或项目对妇女和男人所产生的影响进行分析。它是一个战略，把对妇女和男人的关注、经历作为在政治、经济和社会各领域中设计、执行、跟踪和评估政策和项目计划的不可分割的一部分来考虑，以使妇女和男人能平等受益，不平等不能延续下去。它最终的目的是达到社会性别平等。”那么，在大众传播领域中，是否也应该毫不例外地把性别纳入主流呢？答案应该是肯定的。

为此，笔者呼吁媒介人作为先进文化的传播者，要加强社会性别意识的修养，这里讲的是修养。所谓“修养”，《辞海》解释说：“指在政治、思想、道德品质和知识技能等方面经过锻炼和培养而达到的一定水平。”加强社会性别意识的修养，就是要有意识地、不断地清除自身头脑中的封建残余意识，树立完整的男女平等观念。社会性别意识的修养决非一日之功，除了在全社会开展广泛的宣传教育外，应把社会性别意识作为媒介人必备的品质，列入新闻传播的专业教育。新闻传播的管理机构，也应把社会性别歧视列入违纪条例，认真监督执行。

这里需要强调的是，女新闻工作者应该带头把社会性别纳入主流，在新闻实践中，处处能想到使妇女和男人能平等受益、平等发展，在自己采写的报道和制作的节目中，摒弃任何歧视妇女、歪曲妇女形象的语言和文字，并充分发挥“妇女媒介监测网络”的作用，对大众传播领域中形形色色宣传男女不平等的现象作坚持不懈的斗争。

同时应该强调的是，担负着推动我国实行男女平等基本国策重任的女性大众传播媒介，包括女性报刊、女性网页、广播电视的女性节目，更要成为同形形色色宣传男女不平等现象作斗争的桥头堡。《中国妇女报》作为全国妇女联合会的机关报，更要发挥表率作用。

毫无疑问，《中国妇女报》近年来在维护妇女权益，推动妇女发展方面做出了骄人的成绩，但也还需要增强社会性别意识。7 月 13 日，北京争得了 2008 年国际奥运会的主办权。消息传开，全民欢呼，举国沸腾。全国媒体都在 7 月 14 日出彩版表示庆贺，《中国妇女报》更是独具匠心，在头版头条位置刊登巨幅彩照，足有 432 平方厘米大；二条位置刊登喜讯：主题是两个各为 88 平方厘米的鲜红大字——“赢啦”，副题标出“北京以五十六票获得 2008 年奥运会主办权”，喊出了 13 亿中国人的心声。报眼刊登江泽民同志致信国际奥委会主席萨马兰奇的消息；下半版发表新华社稿“首都各界欢庆申奥成功”的消息和中央领导同志与首都居民联欢的照片，右下方转载人民日报社论“谱写奥运史上最壮丽的篇章”。整个版面气势恢宏，错落有致，极具感染力，突破了图片新闻难上头版头条的传统编排思路。

可是，《中国妇女报》作为唯一的一张全国性妇女报纸，头版头条照片的主角却不是女士而是男士，第 3 版刊登主题为“与北京分享快乐”的巨幅照片有 712.5 平方厘米大，主角也是男孩而不是女孩。整个四版共刊登照片 14 幅，以女性为主角的只有两幅，占 14.3%，其中有一幅刊登在二版头条位置，主题为“七月十三日——最漫长、最幸福的等待”，有 894.25 平方厘米大，是所有照片中篇幅最大的一幅，画面却是一位女大学生双目紧闭，双手合十举着国旗，“在祈祷北京好运”。另一幅刊登在第三版的右下角，一位女士激动得双手捂着脸，标题是“我想哭!”（当然是激动的泪水）。

北京申奥成功，表明中国人以体育强势屹立于世界民族之林，彻底地把“东亚病夫”的屈辱帽子抛到太平洋中去了。

中国体坛的“阴盛阳衰”，从一个侧面表明了中国妇女对体育事业的巨大贡献。正是中国妇女以自尊自信自强自立的精神，在国际体育赛事中无私奉献，全力拼搏，打出了中国体育健儿的威风，造就了中国是体育强国的形象，赢得了国际声望。这就是说，申奥成功是中国人民尤其是女运动员努力奋斗的必然结果，而不是祈祷上苍的恩赐得来的。同时，在这次申奥过程中，也有众多女性做出了不懈的努力，难道就选不出一幅能表现中国女儿英雄气概的照片做头版头条？这究竟是摄影记者们的镜头忽略了“半边天”，还是版面编辑缺乏社会性别意识？

在目前妇女占有社会资源相对稀少的情况下，女性大众新闻媒介更要十分珍惜每一寸版面、每一分钟节目时间。时时不忘把每一寸版面，每一分钟节目时间都留给妇女，宣扬妇女。紧紧围绕男女平等的主旋律，把妇女解放和妇女发展的主题做大、做足，以达到“让妇女了解社会，让社会了解妇女”（彭珮云语）的目的。

2001 年 11 月 5 日

（提交给中国妇女研究会《大众新闻媒介与妇女发展研讨会》的文章。）

性别意识进入主流步履蹒跚

10年前，联合国第四次世界妇女大会的口号是：“look at the world through women's eyes”，即：“用女性的眼睛看世界”，就是说我们必须提高性别意识，要用性别意识去搜索性别歧视，才能在所谓的“正常”中发现“不正常”，从过去习以为常的事情中发现男女不平等现象。比如，社会上有打着关怀女性及下一代健康的幌子，剥夺女性的工作权和发展权的现象。还有人提出“男人留岗，女人回家”的口号，而现实的下岗人员中就有70%以上的人是女性；更有政策硬性规定男性退休年龄60岁，女性退休年龄55岁。从事脑力劳动的知识女性，正处于事业上的成熟期及成果累累的时候，却不得不离开岗位赋闲在家。这种做法，对女性个人来说，遏制了才华的发挥、事业的发展，对国家来说，也是人才资源的极大浪费。

今年是在北京召开的联合国第四次世界妇女大会10周年，盘点10年来我国政府对联合国承诺的兑现情况，考察我国男女平等基本国策的落实情况，不能不用一句套话来评价：“成绩是主要的，问题还不少”。仅举一例：联合国第四次世界妇女大会的《行动纲领》强调：“妇女参与政治生活，在提高妇女地位的整个进程中起着关键性作用。妇女平等参与决策，不仅是要求单纯的公平和民主，也可视为是使妇女利益得到考虑的一项必要条件。如果各级决策进程没有妇女积极参与并且没有吸纳妇女的观点，就不可能实现平等、发展与和平的目标。”

我国政府承诺“确保在我们所有的政策和方案之中体现性别观点”，并且在1995年至2000年的《中国妇女发展纲要》中，承诺“积极实现各级政府领导班子成员中都有女性，政府部门负责人中女性比例有较大提高。”但是到了2002年底，我国只有64.5%的省级政府、69.4%的地级政府和70.0%的县级政府中有女性。更遗憾的是，在最高决策机构的全国人民代表大会中，2003年第十届代表大会中的女性仅占20.2%，比1998年第九届代表大会中女性占21.8%的比例，下降了1.6个百分点。可见，女性参政非但没有上升，反而倒退了。当然，作为执政党的中国共产党内女党员的比例过低（仅占17.8%），也是政府部门女领导干部缺乏的一个重要原因。

决策机构中女性比例低（何况还有的女领导干部本身缺乏性别平等意识），导致出台的有些政策习惯性地向男性倾斜，而女性的利益和诉求往往被忽略。出现这种情况，究其所以，是现职各级领导干部缺乏性别平等的意识，尚未认识到男女两性的平等，是建立和谐社会的基石，没有认识到社会如果没有女性的同步发展，科学发展观必然落空。因此，提高各级领导干部的性别平等意识，特别是提高组织人事部门领导干部的性别平等意识，已经成为刻不容缓的任务。建议中共中央组织部思考、调整组织发展政策，积极在女性先进分子中发展党员；并与高级党校合作，定期举办以性别平等意识为内容的培训班，吸收各级领导干部参加；促使各级领导干部扎扎实实地落实男女平等的基本国策，将性别意识纳入主流推向前进。

（原载《中国妇女报》2005年4月23日4版。）

要用性别意识搜索性别歧视

我今天发言的题目是：女新闻工作者要善于用性别意识搜索性别歧视。我想先同大家讨论一个问题：2001 年，北京市商业局为了方便群众生活，希望各区县加紧便利店的建设，要求城区每隔 500 米开设一家便利店。10 月 19 日，首都有张报纸在报道这条消息时，用了这样一个引标题："有了便利店不用娶老婆"。我想请在座的姊妹们评论一下这个标题。（讨论）

大家的意见都很好。把"便利店"比喻为是为"老公"提供"贴身服务"的"老婆"，将女性物化了。就是把女性比作无生命、无情感的物，是为男性提供生活服务的物件。这种现象绝非个别，比如中央电视台曾播出的一则广告词，把新购的空调机比作新娶了个好老婆。更有甚者，某杂志竟宣扬"女人是男人的床上用品"。如此等等，表现出对女性人格的极不尊重，实质是对女性的歧视。

我的一位女性朋友是这家报纸的编委，我打电话给她，指出这个标题有性别歧视。不料她无所谓地说："这算什么呀！只不过是一种形象的比喻，为的是把报纸办得生动一点么！"当然，生动的报纸能够增强可读性，可是，为什么要以歧视、贬低女性作为代价呢？

应该看到，自从在北京举行第四次世界妇女大会以来，传媒人的性别意识有了很大的提高，明目张胆地轻视和歧视女性的言论在公开场合大大地消减了，但形形色色轻视和歧视女性的现象，在大众媒介上依然频频出现，这都说明我们的传媒人，包括女新闻工作者的社会性别意识不强，甚至缺乏社会性别意识。对一些司空见惯的性别歧视，我们已经习以为常，见怪不怪，任其传播。因此，需要我们提高性别意识，自觉地去搜索形形色色的性别歧视现象，加以揭露和批判，帮助受众提高识别能力。

那么什么是社会性别意识呢？所谓社会性别意识，就是指在一定的社会制度和文化传统的影响下，社会的人对男女平等的看法和观念。

中国是一个受封建统治数千年的国家，“三纲五常”、重男轻女的观念根深蒂固。尽管经历了将近一个世纪的民主主义革命和社会主义革命，但由于我们从未认真地清理和批判过封建主义思想，封建意识深深地存留在国人的潜意识中，随时都会自觉或不自觉地在不经意中流露出来。

今年7月中旬，四川省新出台了两个规定：《关于加强对领导干部身边工作人员管理监督的暂行规定》（以下简称《规定》）和《领导干部身边工作人员行为规范》。这原本是一项政治文明建设中的好事，然而因其中有一项内容违反了《中华人民共和国宪法》确定的“男女平等”的基本国策，因而遭到社会舆论的谴责，这条规定就是“男领导不能配女秘书”。

《北京青年报》于7月15日A10版头条，以“四川男领导禁配女秘书”为题，在刊登消息的同时，发表署名“老荣”的观点，以犀利的言词抨击道：“四川这一‘封杀女秘’规定属于歧视性就业规定。首先该规定有悖于宪法中公民有平等就业权之条款。诚然，鉴于女性的生理特殊性，社会上个别职业不录用女性，属于对女性的保护，但是，男性领导干部身边的女性工作人员岗位（如秘书、护士、保姆等），明显属于适宜女性的职业而拒绝女性就业，无疑是典型的歧视女性。更令人不能容忍的是，这一歧视性就业规定显然不是对女性工作能力的歧视，而是对女性道德品质歧视，视女性为‘祸水’。那么，这一既不合法又不合理的‘封杀女秘’规定为什么能堂而皇之的出台呢？也许是传统的‘红颜祸水’说的影响很深，也许是现实反腐压力任重道远。”文章还强调说：“反腐倡廉不能本末倒置，我们应该通过完善领导干部的选拔考核监督制度，而不是‘封杀女秘’来实现廉政建设。”真是尖锐泼辣，击中要害。

这家报纸还就此《规定》专门在北京、上海、和广州做了一次公众调查，于7月26日公布的抽样调查结果表明，在617名被访问者中，有83.0%的人认为“这条规定把某些领导的‘生活作风’问题的责任推到了女性身上，对女性是不公平的”；有58.8%的人认为“这条规定隐含了‘女人是红颜祸水’的封建思想，是对女性的不尊重”。一位21岁的男性被访者说：“想去政府机关工作的女性不能做女秘书可以做办事员，但问题是做不做女秘书是女性的权利，只有她自己可以决定自己是否做秘书。而事前规定秘书不能由女性担任，就是一种对女性的不公平和歧视。这条规定等于是说领导作风出问题，根源在于女秘书，完全是有罪推断嘛！”（《北京青年报》2003年7月26日A8版）

针对社会舆论的谴责，中共四川省纪律检查委员会参加起草《规定》的一位干部辩解说，之所以要有这样的规定，“是想从干部配备上尽量避免性骚扰的因素。”（《北京青年报》2003 年 7 月 26 日 A8 版）这是什么样的奇谈怪论？领导干部与女秘书是同事，他们之间是领导和被领导的工作关系，同性骚扰有什么必然的联系？再说在这一对相互依存的矛盾之中，领导干部是矛盾的主要方面，女秘书是矛盾的次要方面，主动权捏在男性领导干部手中，男性领导干部骚扰女秘书易如反掌，而处于被领导地位的女秘书岂敢骚扰自己的上司？万一发生了性骚扰的丑闻，直接影响到政府的形象，那么，挨板子的应该是那个道德品质败坏的男性领导干部，而不应该是女秘书。是不是？作为一级地方政府，为什么要出台这样的《规定》，为维护政府形象和男领导干部的权威而不分青红皂白地敲掉女秘书的饭碗呢？

显然，在四川省的这个《规定》的起草者和批准者的头脑里，还深藏着“女人祸水论”、“男女授受不亲”等封建思想。可悲的是，这种世俗观念还“存在着一定的社会基础和群众基础”。《北京青年报》的调查数据表明，尽管有八成的被访者认为这条规定“对女性不公平”，但却有 73.5% 的被访者认为这条规定“在一定程度上能起到预防作用”，有 67.4% 的被访者认为“对意志不坚定的男领导有一定的威慑作用”，有 58.3% 的被访者认为“这条规定将预防措施予以确定。使得政府在相关工作方面有条例可依”（持这一观点的人，在北京的被访者中占到 76.5%，在上海的被访者中占到 66.7%，在广州的被访者中还占到 41.7%）。还有 56.4% 的被访者认为，“这一规定虽然不一定能从根本上解决问题，至少在短期内能够收到立竿见影的效果。”

遗憾的是，传媒人也不是个个都清醒，比如《北京青年报》的问卷设计中，把作风有问题的男领导干部称为“意志不坚定”者。这里的潜台词就是：罪魁祸首还是女性，是她们“勾引”了“意志不坚定的男领导”犯错。

该报于 7 月 26 日发表“今日社评”：“干吗都盯住‘女秘书’”，再次对《规定》提出批评。同日在“公众调查”版公布北京、上海、广州三市的调查结果，尽管用了“逾半数被访者认为女秘书下课不能防腐败”的标题，但所配的大幅漫画却引人深思：上幅是一位男领导干部搂着女秘书说：“最近群众对咱们的传闻太多，我给你换个岗位吧……”女秘书问道：“不当你的秘书了，你还会照顾我吗？”下幅是那位男领导干部对新任秘书说：“张秘书，给前任秘书小王打电话，说我帮她把事办了……”张秘书想：“小王是谁，主任每天和她联系？”也许作者想说明把女秘书调离岗位不能解决根本问题，但漫画的主题却印证了男领导干部同女秘书有暧昧关系，即使调离岗位，依旧藕断丝连。维系他们之间的纽带，是女秘书需要依赖男领导的权力“照顾”，说到底还是女性的错。这说明在某些传媒人的潜意识中，性别歧视根深蒂固。

人类社会是由男女两性共同组成的。当我们谈到社会进步这个话题时，我们会想到很多衡量社会进步的指标，比如 GDP 的总值多少？人均 GDP 多少？人均寿命多长？文化水平多高？出生率和死亡率的比例……但我认为，应该把男女平等发展、共进共荣纳入主流，列入衡量社会进步的硬性指标。政府出台的每项法律法规、政策措施，以及非政府组织（包括企业、民间团体）的每项活动，都能贯彻男女平等的基本国策。

为此，笔者呼吁传媒人作为先进文化的传播者，要加强社会性别意识的修养。要有意识地、不断地清除我们自身头脑中的封建残余意识，树立完整的男女平等观念，要把性别平等贯穿于新闻传播的全过程，促进男女两性和谐共处，平等发展。

诚然，社会性别意识的修养决非一日之功，除了在全社会开展广泛的宣传教育外，应把社会性别意识作为传媒人必须具备的品质，列入新闻传播的专业教育。新闻传播的管理机构，也应把社会性别歧视列入违纪条例，认真监督执行。

女新闻工作者更应该带头把社会性别意识纳入主流，在新闻实践中，处处想到使妇女和男人能平等受益、平等发展，在自己采写的报道和制作的节目中，摒弃任何歧视妇女、歪曲妇女形象的语言和文字，并充分发挥“妇女媒介监测网络”的作用，对大众传播领域中形形色色轻视和歧视女性的现象作坚持不懈的斗争。

女性大众传播媒介，包括女性报刊、女性网页、广播电视的女性节目等，是中国妇女的耳目和喉舌，既要以正确的舆论导向引导妇女前进，又要充分反映和表达妇女的心声。做到关爱妇女生存全面周到、体贴入微；促进妇女发展满腔热情、不遗余力；维护妇女权益立场坚定、旗帜鲜明；批判歧视女性的社会现象目光敏锐、毫不留情。《中国妇女报》堪称女性传媒的领衔报纸，在鼓励中国妇女自信自尊自强自立的同时，在二版辟有专栏，随时揭露传媒宣传中的性别歧视现象，做得很好。

姐妹们！让我们紧紧团结起来，用我们手中的笔、电脑、话筒、照相机、摄像机等，为全面提高中华民族的素质，促进中国社会的全面进步而共同奋斗！

（2003年11月10日在中国大陆及港澳台《女记者与社会进步》论坛的发言，载《中国妇女报》2003年12月30日，《青年报刊研究》2003年第4期第20页。）

妇女媒介监测网络在行动

妇女媒介监测网络的宗旨

妇女媒介监测网络是首都女新闻工作者协会所属的民间组织，成立于1996年3月8日，旨在监测我国各种传播媒介对妇女形象的宣传报道，并通过新闻媒介关注和讨论国内外有关妇女生存与发展的重大问题，促进《中国妇女发展纲要》的贯彻落实，推动《北京宣言》和《行动纲要》在神州大地实现。

妇女媒介监测网络的活动起源于美国，现已扩展到全球许多国家。加拿大全球传媒监测网在对亚洲14国政府要员报道的统计中，发现因女性从政比例很小，女性在报道中出现的人次仅占25%。印度传播参与及监测组织对71个国家的传播媒介进行分析，发现男性的声音极强，而女性的声音极为微弱，在被采访者中，女性仅占14%。美国的女性、男性与传媒小组，在对主流报纸头版的政治报道进行分析后发现，在政治报道中出现的女性仅占1%，而就在这1%的女性中，大都是以男性政治家的妻子、母亲、女儿、或女朋友的身份出现的。她们的形象是年轻漂亮但没有受过良好教育的家庭主妇、从事体力劳动的服务员以及男人的性对象。

因此，在1995年第四次世界妇女大会上通过的《北京宣言》和《行动纲要》中，提出有关妇女形象的目标，不是随便说说的，是在大量监测调查的基础上提出来的。《行动纲要》指出："媒体通讯——电子、印刷和视听——继续显示负面和有辱人格的妇女形象，这种现象必须改变。大多数国家的印刷和电子媒体没有以均衡的方式描绘妇女在不断变化的世界中不同的生活和对社会的贡献。此外，暴力和有辱人格的或色情的媒体产品对妇女及其参与社会生活也产生负面影响。制作强化妇女传统角色作用的节目同样对妇女具有限制作用。全世界消费主义趋势创造了一种气氛，其中各种广告商业信息往往把妇女描绘为消费者，而且以不适当的方式针对女孩和所有年龄的妇女。”

首都女新闻工作者认为：在“1995年世妇会前，我国政府发表了本世纪最后5年的《中国妇女发展纲要》。在关于‘改善妇女发展的社会环境’方面，《纲要》首先要求宣传妇女与男子具有同等的人格和尊严、权利和地位，宣传富有‘四自’精神的女性，改变社会对女性的歧视和偏见。”而“男女平等这个基本国策的有效实现，有赖于传媒的正确宣传”。“在报纸、杂志、广播、电视及广告中，妇女对生活和社会发展的贡献得到了一定的宣传，正面的、超越传统性别角色定型的妇女形象时有所见。然而，在有的宣传中，妇女的作用并没有得到充分的反映，仍有不少女性形象或强化男女不平等，或强化传统的性别角色，或贬低妇女的尊严和价值。不少宣传女性的文章、节目，表面上赞扬或爱护了妇女，其中的妇女观却是落后而又陈旧的。它们往往视妇女为对象而不是独立的主体，将妇女表现为只甘为人奉献而无意成就自我的形象。在广告中，妇女更是常常被描绘成消费者而不是创造者，是家务劳动的唯一承担者，是家庭服务的唯一提供者。”为此，呼吁全国的男女新闻工作者，特别是女新闻工作者，在各种媒介上宣传人物时，要注意性别平衡；在报道有女性参与的事件时，要具有女性的主体意识，体现女性视角，“用妇女的眼光看世界”，真实、全面、客观、公正地反映实际生活和环境。

妇女媒介监测网络监测的对象和结果

两年来，妇女媒介监测网络开展了卓有成效的工作。主要活动之一是对首都8家中央级大报（《人民日报》、《光明日报》、《经济日报》、《中国日报》、《法制日报》、《工人日报》、《农民日报》和《中国青年报》）的要闻版进行监测。1996年3月的监测结果发现：

（一）在要闻版报道的主要新闻人物中，男性占83%，女性仅占17%；在言论中被引述的主要新闻人物中，男性占91%，女性占9%；在新闻照片被拍摄的主要新闻人物中，男性占71%，女性占29%；在所报道的正面事件中显示主动作用的主要新闻人物，男性占82%，女性仅占18%。而出现频次较多的属于政治家、科学家、艺术家及著名运动员等职业的主要新闻人物绝大多数是男性，女性仅作为家属做陪衬。

（二）8家报纸的女记者在要闻版上发稿的比例以《中国日报》最高，占26%，《农民日报》最低，不足4%。

（三）8家报纸的要闻版上有关妇女的报道，以《工人日报》为多，占

19%，其他依次是《经济日报》（17%）、《法制日报》（15%）、《中国青年报》（13%）、《中国日报》（11%），《人民日报》、《农民日报》和《光明日报》。

（四）在8家报纸的要闻版有关妇女的报道中，图片占了53%。以图片形式报道妇女的数量以《中国日报》最多，占全部妇女报道的81%，其次是《光明日报》占78%。

数据表明，尽管目前在全国拥有新闻专业职称（指记者、编辑、校对、新闻翻译、节目主持人、播音员）的人员中，女性占到三分之一，但主流报纸要闻版对妇女的报道，以及女记者在要闻版的发稿量，均与女新闻工作者的比例不相称。这一调查结果公布于《中国妇女报》1996年7月22第三版。

监测网络成员还对报刊上和影视中反映家庭暴力的文章和报道作内容分析，加强反对对妇女施行家庭暴力的舆论压力，还协助全国妇联完成了广告中妇女形象部分的分析。在北京、上海、广州、沈阳、兰州5个城市的10家电视台录制的5000多条广告中，随机抽取1000多条作内容分析，结果发现约有三分之一的广告存在着性别歧视，主要表现在巩固传统的性别角色，强化男性的科技霸权角色，而将女性作为招徕顾客的工具。研究结果通过新闻媒介报道，促进净化媒介广告。

1995年8月17日，妇女媒介监测网络参与组织北京知识界妇女抗议印度尼西亚政府纵容“五月暴乱”，声援印尼华人妇女为维护人的尊严和生存权利的斗争，致函印度尼西亚共和国驻华特命全权大使尤瓦纳，强烈要求印尼政府尽快查清真相，揪出幕后黑手，还华裔妇女一个公道；并致函联合国安南秘书长，要求“把这一严重践踏人权的事件交世界人权大会讨论，并展开调查，让事实真相大白于天下；将那些对华人妇女滥施暴行的罪犯送上国际法庭，接受正义的审判。”

妇女媒介监测网络的活动特点

妇女媒介监测网络按自愿原则吸收网员。网员来自首都各新闻机构、新闻院校和新闻研究机构。她们建立了信息双月例会制度，交流监测信息，讨论妇女热门话题，以多种生动活泼的形式培训网络成员的性别意识。

在1月22日的例会上，以生动活泼的方式讨论性别意识问题。主持者冯媛提出了“性别意识”的概念。所谓“性别意识”是指在超出生理性别之后所形成的社会角色。然后让大家提男性和女性的形象特点，并讨论四个问题：（1）妇女素质的提高是妇女解放的前提；（2）女性较少被新闻媒介报道，说明女性在社会生活中的作用小；（3）女记者适合于报道文化、社会方面的主题，男记者适合于报道政治新闻与国际新闻；（4）记者分工我不负责妇女报道，所以我可以不大关心妇女报道。请与会者对这四个问题表示态度，是完全同意、部分同意、还是不同意。然后按这三种态度分成三个组，分别讨论各自的理由，选出代表作归纳性发言。会上各抒己见，争论热烈，求同存异，对一些问题达成共识。

与会者认为，性别与性别意识是两个概念，并非生就是女性便具备女性意识。有的女新闻工作者性别意识不强，缺乏用妇女的眼光来透视现实存在的妇女问题，是造成目前新闻媒介上妇女声音微弱的原因之一。据《中国女新闻工作者现状和发展》调查的数据表明，有57%的女新闻工作者认为新闻媒介机构中女新闻工作者人数的增加无助于妇女报道的加强。为此，需要通过多种方式开展宣传和培训，让更多的新闻工作者，尤其是女新闻工作者提高性别意识，关注妇女报道，充分发挥舆论优势，真实、准确、全面、客观、及时地报道我国妇女在改革开放及现代化建设中的作用，促进传媒中女性报道的比例达到合理平衡。《中国妇女报》已在“妇女论坛”和“女性与社会”专版上，开辟了“我们看传媒”和“传媒观察”专栏，对监测到的一些不利于青少年女性人格健全发展和社会适应的提法和广告，进行性别分析，以提高读者的性别意识。

妇女媒介监测网络寻求发展

首都女新闻工作者希望通过新闻媒介的宣传，让新闻出版界、广播电影电视界，都知晓“妇女媒介监测网络”的宗旨、任务及责任，广泛吸引全国对媒介监测感兴趣的人士参加监测活动，并选择有针对性的项目开展深入研究，以“促进媒体对妇女作出平衡和非陈规定型的描绘。”

妇女媒介监测网络由首都女新闻工作者协会副会长、《中国妇女报》谢丽华挂帅，由《中国妇女报》冯媛、郭艳秋、蔡一平具体负责。希望各地有志于妇女媒介监测工作的组织和个人，加强同首都女新闻工作者协会妇女媒介监测网络联络，以寻求共同发展。

（原载上海《新闻记者》1998年第5期第55页。）

政府应把社会性别意识纳入主流

为宣传6月纽约特别联大精神，进一步敦促政府落实《北京宣言》和《行动纲领》，首都女新闻工作者协会的一个小组，应中共内蒙古宣传部长宁宝才的邀请，于8月初到呼和浩特市举办增强社会性别意识培训班，发现当地的男女干部对制度性的性别歧视反映都很强烈。

在地方机构改革中，政府关于公务员退休年龄的条文规定，事业单位也“参照执行”。有一对蒙古族夫妇，在大学时代是同班同学，毕业后同时分配到一家报社工作，工作能力和才华相当，身体健康状况也差不多，现在都是副高职称的主任编辑（记者），但按公务员男60岁、女55岁退休的规定，今年却要精力不衰的女编辑退休，群众都感到这种规定对女新闻工作者很不公平。他们认为，从事新闻工作的女性，到了这个年龄，不仅文字功底熟练，对客观世界的洞察力强，而且拥有了深厚的群众基础，最能捕捉到有价值的新闻。当她们正在成功之路上疾步前进的时候，却让她们退休回家，实在是一种人才的社会性浪费，也是极大的男女不平等。

谁都知道，女性的一生有两个青春期：在生育孩子前有一个无牵无挂的青春期，她们会一心扑在事业上，与男性一样做出骄人的成绩。另一个青春期出现在她们摆脱孩子的依恋后，她们会为了弥补因生育和哺乳丧失的时间而发愤工作，追求事业有成。有位大学本科毕业的达斡尔族女记者，丈夫是军人，独自带着孩子，但每逢紧急而艰巨的任务都勇往直前。大兴安岭发生火灾，她把孩子托付给邻居，登上直升机就出发了。洪水袭来，有的男同志还借故不去，她却义无反顾前去采访。她的稿件不仅本报报道，而且被其他媒介广泛采用。她精力充沛，手捷眼快，今天的事不拖到明天，全年发表的评论稿多达七、八十篇，她以自己的才华和勤奋赢得了社会的赞誉，多次得奖，被评为主任编辑，多年胜任总编室副主任。试想，全国达斡尔民族才10万人，要培养出一位高素质的达斡尔族女性有多么不容易。但她万万没有想到，在机构改革中，因她已 45 岁而被调离她得心应手的岗位。据说这种做法也是“有文件根据的。”一些离退休老新闻工作者听到消息，大惑不解，连喊：“可惜，可惜呀！”

男女平等是我国的基本国策。我国政府制定了一系列政策，保障了男女有同等的生存权和发展权，比如规定溺杀女婴为犯罪行为；规定女孩和男孩同样都是 7 周岁接受义务教育；政府还施行男女同工同酬政策，使男女付出同等的劳动能获得同等的报酬，使男女在社会上和家庭中都实现经济平等。尽管近年来在高等学校录取新生时，有的学校女生的录取分数线要高于男生，剥夺了部分女性接受高等教育的机会；还有些单位在招聘新职工时也出现要男不要女的情况，为女性就业设置障碍，但都属于局部性的性别歧视。而政府的人事制度规定男性60 岁、女性55 岁退休，则是制度性的性别歧视。制度性的性别歧视，是根本性的性别歧视，说明在政策制定者的头脑里，还没有融入男女平等是基本国策的观念。

早在 1997 年，联合国经社理事会得出一致结论，要把性别纳入主流。认为“性别纳入主流是一个过程，它对任何领域各个层面上的、任何一个计划包括立法、政策或项目对妇女和男人所产生的影响进行分析。它是一个战略，把对妇女和男人的关注、经历作为在政治、经济和社会各领域中设计、执行、跟踪和评估政策和项目计划的不可分割的一部分来考虑，以使妇女和男人能平等受益，不平等不能延续下去。它最终的目的是达到社会性别平等。”为此笔者建议政府要对公务员，特别是中央政府居于决策地位的公务员，进行社会性别意识的培训，提高他（她）执行男女平等基本国策的自觉性，在制定政策、法律、法规的过程中，把性别纳入主流，从根本上消灭性别歧视。

（原载《中国妇女报》2000 年 8 月 23 日头版。）

关键在提高领导干部的社会性别意识

今年是联合国第四次世界妇女大会召开十周年。盘点十年来我国政府对联合国承诺的兑现情况，考察我国男女平等基本国策的落实情况，不能不用一句套话来评价：“成绩是主要的，问题还不少”。仅举女性参政议政一例：’95 世妇会的《行动纲领》强调：“妇女参与政治生活，在提高妇女地位的整个进程中起着关键性作用。妇女平等参与决策，不仅是要求单纯的公平或民主，也可视为是使妇女利益得到考虑的一项必要条件。如果各级决策进程没有妇女积极参与并且没有吸纳妇女的观点，就不可能实现平等、发展与和平的目标。”我国政府承诺“确保在我们所有的政策和方案之中体现性别观点”，并且在 1995 年至 2000 年的《中国妇女发展纲要》中，承诺“积极实现各级政府领导班子成员中都有女性，政府部门负责人中女性比例有较大提高”。但据国家统计局 2004 年发布的性别统计资料表明，到 2002 年底止，我国只有 64.5% 的省级政府、69.4% 的地级政府和 70.0% 的县级政府中有女性。我国女性参政的现实同我国政府的承诺相去甚远。国家统计局的性别统计资料还表明，在城镇，女性参与地方人大代表选举的人数占女性总人数的 63.6%，仅比男性的 67.1% 低 3.5 个百分点；在农村，女性参与地方人大代表选举的人数占女性总人数的 76.7%，仅比男性的 80.9% 低 4.2 个百分点。这说明女性参与政治生活的积极性同男性相比相差无几，但女性进入政权决策机构的情况却很不理想。在 1995 年联合国第四次妇女大会召开前的 20 年，即 1975 年第四届全国人民代表大会时，在我国的最高权力决策机构——全国人民代表大会中，女代表还占到 22.6%，过了十年，到了 1985 年（第六届），全国人大代表中的女代表降至 21.2%，减少了 1.4 个百分点；又过了十年，到了 1995 年（第八届），全国人大代表中的女代表又降了 0.2 个百分点，为 21.0%；在’95 世妇会后的第九届全国人大代表中，女代表所占比例有所回升，增加了 0.8 个百分点，为

21.8%；当时，彭珮云等女代表想乘世妇会的东风提高女代表的比例，呼吁“女代表在十届人大的比例应增加到25%”。然而，她们的期望落空了。在第十届全国人民代表大会中，女代表仅占20.2%，比第九届下降了1.6个百分点，比第八届下降了0.8个百分点，比第六届下降了1.0个百分点，更比第四届下降了2.4个百分点。可见，我国政府的承诺非但没有达标，反而出现了倒退的趋势。毫无疑问，女性在最高决策机关中比例的减少，必然削弱了为女性代言的声音和机会，以致重大的决策难以维持性别公正，使妇女应得的合法权益无法完全实现。据联合国开发计划署出版的人类发展报告排名，中国妇女性别赋权尺度，已经从1995年的23位下降到2000年的第40位，中国妇女对政治的参与程度名列第87位。

首都北京作为全国的政治文化中心，是女性政治活动家、社会活动家云集的地方，然而在北京市选出的第十届全国人大代表中，女代表人数比九届人大下降的幅度超过了5个百分点。是北京市现有的女代表中选不出全国人民代表吗？是北京市现有的女代表够不上全国人民代表的条件和资格吗？我看不是。

我想很多人都知道北京市有位被誉为“民选代表”的人大代表吴青。

吴青同志是北京外国语学院的教授，1984年6月4日当选为海淀区人大代表，母亲谢冰心女士送她一本《中华人民共和国宪法》，第二天，她便按照《宪法》第76条“代表应同原选举单位和选民保持密切联系，反映人民群众的意见和要求，为人民服务”的规定，自动建立了人大代表接待日制度，此后每周二下午4—5时半，准时倾听来自社会各阶层群众的呼声（经常要接待到7-8时才结束）。只要百姓反映的问题属实、合法，她都不遗余力地为之奔走呼号，督促有关部门解决，从而同百姓建立了鱼水相依的关系。1988年她被海淀区人大代表选为北京市人大代表。她现在任第三届北京市的人大代表和第五届海淀区的人大代表。百姓亲切地称呼她“吴代表”。

20多年来，吴青同志随身带着《中华人民共和国宪法》，根据宪法的精神实质，经常用法律法规为百姓尤其为弱势群体的合法权益据理力争，为百姓解决了不少实际问题。她说：“人大代表来自人民，代表人民，为人民服务，替人民说话。这都是宪法赋予我的责任。”

吴青同志有非凡的社会活动能力，热心妇女运动和公益事业。2001年，她获得了被称为亚洲诺贝尔奖的拉蒙·麦格赛赛奖的公共服务奖，表彰她为倡导妇女权益和在推动中国法制化方面所做的突破性贡献，并得到了五万美元的奖金。她把这笔钱全部捐给了“中国农村妇女教育与发展基金”。她是无党派人士，现任“农家女实用技能培训学校”的校长，并亲自授课。她与境外的妇女组织有广泛的联系，经常为我国许多基层妇联争取经费或与《农家女百事通》合作，到我国农村开办妇女培训班，对农村妇女骨干进行社会性别意识和公民意识教育。不论在国外还是在国内，她都是妇女研究工作的骨干。

像吴青这样既富有社会责任感，又富有参政议政能力的优秀女性，北京市人民代表大会为什么不能推荐她成为第十届全国人民代表大会代表呢？

究其所以，制度缺陷是主要因素。目前我国基层选举采取直选方式，像吴青这样拥有深厚群众基础的女性，能够多次冲破阻力而胜出，就取决于直选制度的民主保证。但全国人民代表的选举尚未实行全民直选，而是协商产生，多少含有“钦定”的因素，像吴青这样富有正义感又敢直言不讳的女性，往往不为世俗所容。

另一个重要因素，是在现职的男性领导干部的潜意识中“重男轻女”思想根深蒂固，男女平等的基本国策尚未被他们所认同。尽管他们在口头上说“在同等条件下女性优先”，但在实际操作起来，往往自觉不自觉地排斥女性。而目前已经进入决策层的女性领导干部人数太少，她们的声音往往被淹没。加之在现职的女性领导干部中，还有的人社会性别意识不强，在遭遇争执时，往往采取温良恭俭让的态度，不能做到理直气壮地为女性的权益鼓与呼。

因此，提高各级领导干部的性别平等意识，特别是提高组织人事部门领导干部的性别平等意识，已经成为刻不容缓的任务。建议中共中央组织部检讨、调整组织发展政策，积极在女性先进分子中发展党员；并与高级党校合作，定期举办性别平等意识的培训班，吸收各级领导干部参加；促使各级领导干部尽快“换脑筋”，提高性别平等意识，扎扎实实地落实男女平等的基本国策，不折不扣地实现中国政府向联合国的承诺。

2005 年 3 月 22 日

（讨论会上的发言。）

任命领导干部需考察其国策意识和性别意识

在纪念联合国第四次妇女大会而举行的“北京+10《妇女与传媒》论坛”上，笔者提出了在选拔和任命高级干部时，必须在考察德、才、绩、能的同时，考察他（她）们的国策意识和社会性别意识。

男女平等是我国的基本国策。《中华人民共和国宪法》第48条明确规定：“中华人民共和国妇女在政治的、经济的、文化的、社会的和家庭的生活等各方面享有同男子平等权利。”“国家保护妇女的权利和利益，实行男女同工同酬，培养和选拔妇女干部。”

1995年，中国政府在联合国第四次妇女大会上，签署了《北京宣言》和《行动纲领》。为实现对联合国的承诺，中国政府出台了《中国妇女发展纲要》（1995—2000）。在《纲要》的“政治权利与参与决策”项中，提出如下4条落实措施：（1）“通过各种途经，提高对妇女政治权利的认识，使妇女平等与管理国家事务、社会事务，参与重大问题的决策。”（2）“各级政府在制定政策和规划时，要注意听取各级妇女组织的建议和要求，充分考虑妇女的特殊利益，保障她们的合法权益。”（3）“切实做好培养、选拔女干部工作，要制订计划，定期检查，逐级落实。”（4）“加强对女干部的教育和培训，提高她们的参政能力和领导水平。”并确定要“建立国家级的妇女监测系统，制定切实可行、科学规范的监测评估方案，全面地、动态地监测妇女发展状况。”'95《纲要》是我国妇女发展的重要里程碑。应该说，中国政府重视妇女的发展并赋权，对推动中国妇女的全面发展起了积极的促进作用。

然而，在女性参与决策方面，据国家统计局2004年发布的性别统计资料表明，到2002年底止，我国只有64.5%的省级政府、69.4%的地级政府和70.0%的县级政府中有女性。女性进入政府决策层的速度虽然缓慢，毕竟有三分之二的政府机构有了女性领导干部。而与政府部门相比，新闻传播界却被遗忘了。

1995年的中国女新闻工作者现状和发展调查显示，女新闻工作者占新闻工作者总数的32.9%，但只有占总数4.4%的女新闻工作者进入传媒编辑委员会掌握传播决策权，进入部主任一级担任中层领导干部的女性，也只占到女新闻工作者总数的9.6%。在传媒的决策机构中，女性仅占8.5%；在中层领导干部中，女性也只占17.6%。正如一位女电视工作者所说："目前中国女新闻工作者在新闻事业中发挥着重要的作用，人才济济。但由于传统观念的影响，往往得不到晋升提拔，在各自的单位中，做'将'者多，为'帅'者少。"因此，有88.1%的女新闻工作者和63.3%的男新闻工作者认为，在女性进入新闻机构决策层（指编辑委员会）的问题上存在着不平等。

最近，笔者对16家主流传媒女新闻工作者进入决策层——编辑委员会的情况进行调查。发现中国新闻社有一名女副总编辑，中央人民广播电台和中国国际广播电台各有一名女副台长，《中国日报》和《工人日报》各有一名女副总编辑，《中国青年报》和《农民日报》各有一名女编委。在专事女性宣传报道的《中国妇女报》，改变了5年前领导班子7名成员中男性多于女性的局面（有3名女性，4名男性），在13名决策者中，女性增加到8名。然而新华社、《人民日报》、《光明日报》、《经济日报》、《解放军报》、中央电视台的决策层中都没有女性。中央电视台不仅台级领导班子中没有女性，在新闻等7个中心的正职中心主任中也都没有女性。

为什么会是这种情况？笔者认为大体上有如下三个原因：

一是"女不如男"的传统观念根深蒂固

有的男总编认为："与男同志相比，毕竟女同志的魄力要小一些，遇事不能当机立断。"有的说："女同志对家庭的依恋程度强，不能像男同志那样专心致志于工作。"还有的说："女同志工作踏实肯干，但不太会处理关系。对那种敢于拼搏的女强人，大家不大喜欢。"（按：准确地说是领导不喜欢。）

而笔者接触到的女新闻工作者都认为，女性感情丰富亲和力强，善于与人交往，观察事物敏锐细腻，很会抓新闻由头，新闻工作很适合女性做。至于女性难以突破玻璃天花板进入高层决策，主要是传统观念在作祟。数千年封建文化酿成"女不如男"的观念，在男性领导干部的潜意识中根深蒂固。一到要提拔女干部时，他们就贬低女性的长处，夸大女性的弱点，求全责备。他们当中有的是生怕女性夺了自己手中的权力；有的是认为在女性领导下工作丢面子。还有的怕女性当了领导太较真难相处。某传媒有位抗美援朝凯旋归来的女战士，在新闻岗位上摸爬滚打多年，采访编辑样样在行，1960 年就独当一面主持部门工作，然而这个部主任的位子她一直坐到 1991 年离休，31 年间得不到提升。因为她性格正直敢言，一些男同事找出种种理由设置障碍，阻挡她进入编委会。有位女高级编辑说："实践出真知。一旦女同志登上总编辑的位子，在实践中不见得比男同志差，甚至会干得比男同志还要好。"

二是社会性别意识尚未纳入主流

社会性别意识的宣传和培训，在我国起步较晚，准确地说，是在联合国第四次世界妇女大会前才开始进行的。因此，在我国高级干部的头脑里，性别意识和男女平等的"国策意识"都比较淡薄。有位传媒领导干部竟问："什么是性别意识？性别意识强好还是弱好？没有性别意识，男女不是都平等了吗？"

那么，什么是"性别意识纳入主流"？联合国经社理事会 1997 年一致结论"性别意识纳入主流是一个过程，它对任何领域各个层面上的、任何一个计划包括立法、政策或项目对妇女和男人所产生的影响进行分析。它是一个战略，把对妇女和男人的关注、经历作为在政治、经济和社会各领域中设计、执行、跟踪和评估政策和项目计划的不可分割的一部分来考虑，以使妇女和男人能平等受益，男女不平等不能延续下去。它最终的目的是达到社会性别平等。"

思想上糊涂，必然导致行动上的倒退。多年来，知识女性为了能在事业上与男性拥有平等发展的机会，通过传媒呼吁男女同龄退休，但北京有家传媒，历来是有高级职称的女新闻工作者和男同事都是 60 岁退休的，从 2004 年开始，却改成了男 60 岁，女 55 岁退休了。这不是倒退了吗？这家传媒编委会中唯一的女副总编辑辩解说："这不是个男女不平等的问题。新闻工作是年轻人的事业，做新闻工作年龄不能太大。男女都到 60 岁退休是全国妇联提出来的，实际上全国妇联和中国妇女报社也都没有做到。现在男 58 岁、女 53 岁要退出领导岗位，为年轻人腾地儿。再说这些人不能在原来岗位工作了，你还得找地儿安排她们，这成了我们的包袱，我们的负担很重。她们还要每天来上班，不如放她们一马。我坚决不同意女同志干到

60岁才退休。我自己干到55岁一定退。”当我问她：“那为什么男领导干部可以干到58岁退居二线，女领导干部只能干到53岁呢？这种做法公平吗？”她说：“这是国家的规定。没有必要去争取。”

我在想，像这样的女性进入传媒决策层，掌握新闻传播大权，她能替妇女说话吗？她能体察并表达妇女的所思、所想、所需、所欲和所求吗？由此想到，我们不能单纯地呼吁在传媒的决策层中必须要有女性，更重要的是要有什么样的女性？是否要提出在选拔女领导干部时，除了要坚持德、才、绩、能兼备的选拔标准外，还应该加一条，要具有社会性别意识，要把那些对妇女有深切的同情心，能关心妇女的进步和发展的优秀女干部，选拔到领导班子里去，以推进男女平等基本国策的贯彻落实。

三是体制上将新闻传媒界边缘化

尽管中央政府发布的《中国妇女发展纲要》（2001—2010），强调“策略措施是确保纲要目标实现的重要条件”。并“将策略措施分为国家、部门和社会三个层次，以进一步强化不同实施主体的责任意识，明确各主体在《纲要》实施中的职责和任务。”要求“建立健全实施《纲要》的工作机制。国务院各有关部门和社会团体每年要向国务院妇女儿童工作委员会报告实施《纲要》的工作情况。”还确定由国务院妇女儿童工作委员会监督执行。

可是，新闻传媒历来被认为是党的宣传工作部门。主流传媒领导班子的干部由中宣部和中组部或由该传媒的主管部门考察、选拔、任命。据笔者了解，自1995年世妇会至今的10年间，传媒的决策机构没有收到过中宣部和中组部或上级主管部门关于编辑委员会中必须要有女性的指示，因而编委会也没有专门讨论过培养提拔女领导干部的事宜。以致有的传媒男性领导干部片面理解我国政府的承诺，“认为’95《纲要》要求领导班子里至少有一名女性，那是指各级政府部门。新闻传媒属业务部门，’95《纲要》没有这个要求，中央也没有这个要求。”这说明《北京宣言》、《行动纲领》以及《中国妇女发展纲要》、《妇女权益保障法》等有关妇女生存发展的纲领性文件，在我国传媒决策者中还没有入心入脑、生根发芽，怎谈得上广泛深入的宣传呢？

传媒宣传得不深不透，贯彻落实男女平等的基本国策怎能成为各级干部的自觉行动？女性进入决策层难的问题，不仅新闻传播界存在，其他界别也同样存在。

为实现我国政府对联合国的承诺，让优秀的女干部进入决策层，首先要提高高级干部特别是组织人事干部的男女平等的国策意识和社会性别意识。建议中共中央党校将妇女学列入必修课程，将《北京宣言》、《行动纲领》、《中国妇女发展纲要》、《妇女权益保障法》等作为必修必考课程，普遍提高高级干部性别文化的理论水平。其次，建议将社会性别意识纳入干部考绩标准，成为提拔干部特别是提拔高级干部的考核指标。再次，责成各级政府、企事业单位根据《中国妇女发展纲要》（2001—2010）列出培养女干部的时间表，由国务院妇女儿童工作委员会监督执行。

2005 年 9 月 25 日

（在“北京 +10《妇女与传媒》论坛”上的发言。）

必须将性别意识纳入文化发展战略

文化是一个民族的灵魂，文化发展是立国之本。文化发展的水准显示出一个国家的软实力水平，为此“十二·五”规划将文化发展放在了十分重要的位置。然而，总体规划没有明确地纳入社会性别意识，在制定和实施具体计划时，难免会产生片面性，因此，有必要提出将社会性别纳入主流的主张。

什么是“社会性别纳入主流”？笔者曾于2000年7月20日，在“《世界妇女进程》发布会暨社会性别与宏观经济研讨会”上，倾听到国际劳工组织性别平等局局长张幼云女士的发言。她提到：联合国经社理事会（第1997/2号）一致结论：“社会性别纳入主流是一个过程，它对任何领域各个层面上的、任何一个计划（包括立法、政策或方案）对妇女和男人所产生的影响进行分析评估。它是一个战略，把对妇女和男人的关注事项和经验作为一个整体，纳入政治、经济和社会等所有领域的政策和方案的设计、执行、监测和评估，以使妇女和男人都能平等受益，终止男女不平等现象，最终的目的是达到社会性别平等。”之所以要提出社会性别平等的问题，盖因为人类社会长期存在着男女不平等。

新中国建立后，第一部《中华人民共和国宪法》就为男女平等提供了有力的法律保障，在第48条规定：“中华人民共和国妇女在政治的、经济的、文化的、社会的和家庭的生活等各方面享有同男子平等的权利。”“国家保护妇女的权利和利益，实行男女同工同酬，培养和选拔妇女干部。”

然而，根本大法明确规定了的妇女可享的权利，要真正成为妇女所实享的权益并非易事，数千年形成的封建文化流毒，根深蒂固，轻视妇女的现象比比皆是。

比如法律保障男女有同等的生存权，规定溺杀女婴为犯罪行为，却仍然存在溺婴现象。还有不良医生帮助重男轻女的父母利用B超确定胎儿性别后，将女性胎儿流产，他们的恶行却得不到法律的严惩，导致全国人口性别比失衡（有的地区达到惊人的两位数），威胁社会安定。

政府规定女孩和男孩同样都从7周岁接受义务教育，却有许多学龄儿童享受不到受教育的机会，其中大都是女童。在高等学校录取新生时，有的学校女生的录取分数线要高于男生，剥夺了一些年轻女性接受高等教育的机会。更有甚者，不少单位在招聘新职工时还要男不要女，为女性就业设置障碍，剥夺了女性服务社会的机会，限制了女性的发展。

政府实行男女同工同酬政策，意在使男女付出同等的劳动能获得同等的报酬，使男女在社会上和家庭中都实现经济地位的平等。但在现实生活中，同样学历、资历的人，男性提升的机会多于女性，女性得不到同等的提升，当然无法实现同工同酬。

以上这些还属于政策正确而执行有偏差的问题，更有的是政策性的男女不平等。比如退休制度规定干部和专业技术人员男性60岁、女性55岁退休；男工人55岁、女工人50岁退休；在国企改革的浪潮中，更有大量女职工45岁甚至40岁就退休的。退休意味着经济收入减少，生活水平相对下降。这个问题全国妇联和“两会”一些代表委员提了数十年，政府的政策就是不改，还诡称是“对妇女的关怀和照顾”。

众所周知，在现实生活中，女性的平均寿命高于男性，凭什么要规定女性比男性提早5年退休？要知道女性的一生有两个青春期：在生育孩子前有一个无牵无挂的青春期，她们会一心扑在事业上，与男性一样做出骄人的成绩。另一个青春期出现在她们摆脱孩子的依恋后，她们会为了弥补因生育和哺乳丧失的时间而发愤工作，追求事业有成，完善人生。

我曾认识一对同龄夫妇，在大学时代是同班同学，毕业后同时分配到一家报社工作，工作能力和才华相当，身体健康状况也差不多，当年都是副高职称的主任编辑（记者）。但按男60岁、女55岁退休的规定，却要精力不衰的女编辑退休，终结她热爱的事业。单位同事都感到这种规定对女新闻工作者很不公平。他们认为，从事新闻工作的女性，到了这个年龄，不仅文字功底熟练，对客观世界的洞察力强，而且拥有了深厚的群众基础，最能捕捉到有价值的新闻。当她们正在成功之路上疾步前进的时候，却让她们退休回家，实在是一种人才的社会性浪费，也是极大的男女不平等。因为这5年时间的差距，丈夫将有机会“更上一层楼”评上高级职称，妻子则因早5年退休，永远失去了参评高级职称的机会。

联合国经社理事会1997年作出的结论，旨在要求各国在制定发展战略时，要将“妇女和男人作为一个整体”，在同一水平线上评估“妇女和男人”的生存状况和发展水平，发现差距，采取措施，“终止男女不平等现象”，继而在制定和贯彻政治、经济、文化、科技和社会政策时，自觉地将社会性别纳入主流，将男女平等的基本国策落到实处，“最终的目的是达到社会性别平等”。

2011年6月12日

（原载中国发展战略学研究会文化战略专业委员会《通讯》2011年第3期。）

分性别统计是女性研究的基础

当今社会，女性属于弱势群体，这是不争的事实。要建设文化强国，不能不从提高妇女的文化素质和社会地位着手。

道理很简单：女性人口占全国人口的一半，只有提高女性的文化素质，才撑得起整个天，实现文化强国梦。母亲又是儿童的第一任教师，肩负着教育下一代甚至下二代的重任，直接关系到民族文化的延续和发展。因此，如何提高女性的文化素质，进而提高女性的社会地位，当是文化战略发展中的重要课题。目前已有一批社会性别意识较强的学者介入探究。然而，研究者遇到的第一个问题是情况不明，缺乏必须的统计资料。打开中国社会科学院人口与劳动经济研究所编的《中国人口年鉴》2010年版，由教育部提供的“各类学校的在校学生数”、“每10万人口各级学校平均在校生数”、“各级各类学校的毕业生数”、“全国学龄儿童入学率和各级普通学校毕业生升学率”、“2009年高等教育学校（机构）学生数及全国各级各类学历教育学生情况”、“各省、自治区、直辖市特殊教育基本情况”等等，凡是反映我国教育状况的基本资料，都没有进行分性别的统计，因此无法弄清楚男女群体间的差异，难以对我国女性受教育情况作出深入的分析和确切的判断，更无法提出中肯的对策建议。

教育是文化建设的基石，不知为什么教育部如此忽视分性别统计？不愿做举手之劳便能做好的事？

党的十七届六中全会已经提出文化建设的总目标，笔者以为，在各部门、各单位制定具体落实计划时，必须重视分性别统计，关注两性均衡发展，实现男女平等基本国策。更希望政府在公布第六次全国人口普查数据时，每项都是分性别统计的数据。

（原载中国发展战略学研究会文化战略专业委员会《通讯》2012年第1期）

联合国性别主题组与首都女记者对话

正当联合国“妇女2000：二十一世纪的性别平等、发展与和平”的特别会议在纽约召开之际，联合国妇女发展基金东北亚社会性别顾问办公室于6月6日在北京举行“北京加五”新闻发布会，向首都主要媒体的女记者通报情况，并就双方共同关心的问题对话。

联合国开发署驻华总协调员莱特娜女士首先介绍说，于6月5日至9日在纽约举行的联大特别会议非常重要，是一次继五年前在中国北京召开的第四次世界妇女大会以来的又一次有关妇女发展的国际性会议。它召集了世界各国政府的领导人，共同回顾为提高妇女地位和人权的《北京宣言》和《行动纲领》的实施情况。中国派出了由国务委员、国务院妇女儿童工作委员会主任吴仪率领的高级政府代表团。吴仪在会上发言，呼吁国际社会将妇女发展纳入和平和发展的总体战略。她指出，贫困仍是妇女进步的最大障碍，呼吁发达国家和国际组织承担起帮助妇女消除贫困的义务。吴仪说，中国正在建立监督和评估体系，以对中国妇女的发展进行阶段性评估。她还表示，中国政府将为实现第四次世界妇女大会所确定的目标作出不懈的努力。莱特娜女士谈到，中国有一个庞大的非政府组织妇女代表团赴纽约参加特别会议，这在某种程度上，可以消除一些国家认为中国没有真正的NGO的误解。

莱特娜女士应首都女记者的提问，介绍了联合国妇女基金近年来支持中国妇女发展的状况，如帮助下岗女工再就业，帮助基层妇女参政，在实施防治艾滋病的计划中偏向妇女，并同公安部合作打击拐卖妇女儿童的罪犯等。但她提到在妇女发展战略上，有两个瓶颈问题需要打破：一个是提高高层领导中女性比例，这是一个具有重要战略性的问题。但是中国存在着男女退休年龄不一致的问题，男性可到60岁退休，女性55岁就得退。女性一生中有被生育孩子耽误的时间，当她具备领导才能时，却要退休了，谁会提拔一个快退休的人呢？另一个问题是户主问题，中国的户主概念在99%的情况下是指丈夫，妇女要贷款或承包土地，都要先问问“户主”同意不同意？这都影响妇女的自主发展。如果能解决好这两个瓶颈问题，其他的事就比较容易开展了。

当有记者问到该组织对中国西部妇女是否有特殊的支持时。莱特娜女士说，我们在西部有好些扶贫项目，给妇女发放小额贷款，帮助她们增加收入脱贫。我们资助的重点是在中国的西部地区。

联合国妇女发展基金东北亚社会性别顾问陈澜燕女士，着重介绍了今年5月12日至14日，在北京举行的“’95世界妇女大会五周年研讨会”的情况，她说，5月研讨会是由联合国社会性别主题组和中国妇女研究会共同组织的会议，是一种很好的协商方式，有480余名政府官员、基层妇女干部及妇女研究者参加，收到200余篇论文。与会者在妇女与贫困、妇女与教育、妇女与保健、妇女与就业、妇女与法律、妇女与参政、妇女与传媒、妇女与环境、女童的生存和发展、婚姻家庭和老年妇女等10个领域中，就男女平等的问题作了深入探讨，形成了一个总结报告。这份报告向政府、民间组织、社会各界和妇女自身提出建议，采取行动推动各项政策、规划和方案中的性别平等。报告同时号召政府加强立法和司法，切实保护妇女的权益，并建立有效的性别统计体系来评估妇女的发展水平。这份提供给联大特别会议的报告，充分说明了中国的民间妇女组织在行动，为联大特别会议作了很好的准备。陈澜燕女士透露，在联大特别会议期间，将举办一个题为“中国民间组织在行动”的研讨会，向与会者介绍这个总结报告。

陈澜燕女士还告知首都女新闻工作者们说，在特别会议期间，联合国妇女发展基金将发布两年度报告《世界妇女进程》。这个报告通过一系列指标，评估妇女取得的进步，重点放在评估妇女的经济权利领域。报告同时也讨论了责任问题，特别强调了政府对其政策方案（包括国民经济预算）在性别方面造成的影响所应承担的责任，和企业对其经营活动带来的社会影响所应承担的责任。作为对联合国妇女发展基金在世界范围内强调利用目标和指标衡量在性别平等上取得的进步的重要性的响应，妇女发展基金北京办事处将于今年7月用汉文在中国发表这份报告。遵照报告里的精神和原则，妇女发展基金北京办事处还将帮助中国政府建立一套切实可行的目标和指标，指导中国的妇女发展事业。

有女记者问，在5月会议上，各组的大会发言几乎都提到了大众传播媒介在妇女发展中的作用，每一个领域都希望得到舆论的支持，但目前中国社会中妇女的声音很弱，主要原因是新闻媒介的编辑委员会中缺乏女性。请问妇女发展基金北京办事处能给女新闻工作者什么帮助？

陈澜燕女士回答说，我们和首都女新闻工作者协会有很好的合作，如在“北京 +5”期间帮助首都女记协写了简报，同时把纽约的信息传送给女记协；支持女记者下基层采访，并把她们的作品传输给其他同行；今年 3 月，我们为到纽约去做特别会议准备工作的 7 名女记者办了手续；6 月，又帮助采访特别会议的女记者们办了手续，并安排采访活动；6 月 7 日在纽约将开办女记者培训班，指导她们如何正确报道好联大特别会议。

有女记者建议，希望能对新闻机构的男性领导者也进行性别培训，帮助他们克服对女新闻工作者的偏见。

首都女新闻工作者协会少数民族分会会长、中央人民广播电台主任记者白勇熙（朝鲜族）问：“我们少数民族女新闻工作者分会是联合国第四次世界妇女大会的产物。据调查，在我们全国 55 个少数民族的妇女中，已经有 42 个民族出现了女新闻工作者；在首都北京的新闻机构中工作的少数民族女新闻工作者有 30 多个民族 200 余人。我们既会说汉语，又会说本民族的语言，有利于民族间的沟通和理解。今年下半年，分会打算组织首都少数民族女记者到西部民族地区采访，报道我们少数民族妇女的进步和成就，困难和期望，不知能否得到联合国妇女发展基金的资助？”

陈澜燕女士回答说：“可以，不过你们要提供一个详细的计划。”莱特娜女士饶有兴趣地听完翻译后补充说：我和澜燕一样赞成。

致力于中国妇女发展事业的联合国妇女发展基金北京办事处，希望同中国新闻界加强合作，携手共进。

2000 年 6 月 8 日

（原载《新闻学苑》2000 年第 4 期。）

女性在新闻界崛起是社会进步的标志

——答《中国妇女报》记者问

《中国妇女报》记者王春霞采访中国社会科学院新闻与传播研究所研究员陈崇山。

记者：在我们身边，越来越多的女性加入到新闻传媒界中。据新闻出版总署2005年的统计，女性在全国新闻工作者中已达到41%。您对这一群体如何评价？

陈崇山：女性在新闻界崛起，是社会进步的一个标志，也是落实男女平等基本国策的显著成效。女记者现已成为新闻传播领域中的一支不可或缺的生力军，即使在地震、台风、洪灾等灾难报道现场，也必显现女记者的身影。她们的勇敢坚毅和睿智热情，无不受到公众的敬佩和尊重，因此也吸引着大批女孩投身新闻传播事业。据说，近年来在许多高校的新闻传播院系中，女生人数超过了男生。

记者：那您是否认为女性从事新闻工作更有优势，有哪些优势呢？

陈崇山：新闻工作实质是做社会沟通的事，是通过传媒传播的信息，使人们相互熟悉，彼此理解，建立共识，达到和谐。女记者的优势在于亲和力比男记者强些，容易接近公众，容易被采访对象接受。同时，女记者一般观察问题比较细致，注重细节，达到“窥一斑而知全豹”的目的。此外，传统观念把男孩视为“顶梁柱”，把女孩视作“贤内助”，很多家庭注重培养女孩的人文素养，而丰厚的人文底蕴使得女记者的新闻作品文笔更加细腻优美、生动感人，给受众留下深刻印象。

记者：那您是否认为，女性在新闻界崛起能加速我国男女平等基本国策的落实？

陈崇山：应该是。如果众多女记者具有明确的社会性别意识，在抓新闻线索、采写新闻、编播稿件、主持节目时，很自然地会从女性的角度思考问题，做到“替妇女说话，让妇女说话，说妇女的话”，把男女平等的意识潜移默化地传输给受众，产生社会影响，推动社会进步。

但是，当我同一些女记者探讨这个问题时，得到的却不都是肯定的回答。有位女记者对我说："要是自作主张关心妇女问题，能发个内参算是好的，发不出去不是白费劲了？现在我们是任务同报酬挂钩，我们得先考虑生存呀！"这里有个考评机制问题，男女记者都一样，但根本上还是女性没有掌握传播决策权。

记者：那您怎么看媒体行业女性高层缺位现象？

陈崇山：女性高层缺位是我国普遍存在的社会性问题。1995年的调查结果显示，女性在传媒的部主任中占到17.6%，但在编委会中仅占8.5%，一些全国性大报，从创办到现在，编委会中还一直没有女性。我请教过一些传媒的男总编，他们说提拔女记者进入决策层很难，难在新闻业务优秀、又有领导才能的女记者很少。难道进决策层的男人都那么全才吗？这还是对女性的要求太苛刻。当然，这同一些女记者不愿意进入决策层有关。有位非常优秀的女记者，领导多次找她谈话想让她担任一家报纸的总编辑，她竟然回答说："请你们不要玷污我一生不当'官'的志向！"后来她还是服从组织决定当上了"新闻官"，把报纸办得有声有色。因此，我呼吁女记者要增强社会性别意识，要敢于挺身而出争当"新闻官"，掌握新闻传播的决策权，为维护妇女的权益，提高妇女的社会地位鼓与呼。

记者：您对改善女记者的生存环境还有哪些建议？

陈崇山：新闻工作是一件非常辛苦的工作，有时候还属高危工作，因此需要多方关心和支持。由近及远说，首先是家庭（配偶、父母、亲属）的支持；其次是单位和行业组织的支持。目前社会舆论环境不良，频频出现记者被打、被抓、被通缉的违法行为，严重侵犯记者的合法权益。而阻碍和侵犯记者的采访权，实质上是侵犯了公众的知情权、表达权、参与权和监督权。因此，我认为单位领导对受害记者尤其是年轻记者要多加安抚，不可求全责备；媒体同行之间也要互相支持。行业组织如全国记协、首都和各地的女记协等，都应站出来表示强烈抗议，为记者撑腰；当然，广大受众的支持是最基本也是最大的支持。

但我认为最重要的是，政府要为所有记者提供法律保障，保证新闻工作者的人身安全和职业安全，营造良性的社会舆论环境。同时要建立定期的休假培训制度，提高女记者的整体素质。

（原载《中国妇女报》2010年9月8日4版。）

对女性传媒女性宣传的思考

——致李秋芳、刘伯红同志的信

秋芳、伯红同志：你们好！

寄来的文件收到，谢谢！

从今明两年的研究计划安排看来，“关于大众传媒对中国妇女发展影响的研究”已列入明年年会的主题，但课题指南第3项所涉及的内容似乎过于狭窄，负面女性形象仅仅是妇女宣传报道中出现的一个问题，用正确的妇女观加以分析批判，有助于在全社会理解男女平等的真谛。而大众传媒对中国妇女发展影响的研究，重点是否应放在媒介对妇女生存发展的关心、对妇女生存权和发展权的维护方面，比如用正确的人生观、价值观教育妇女，提高妇女的“四自”精神，普及科学文化知识提高妇女的生存本领和竞争能力，以及调适个体与社会、与家庭的关系等。这些都是目前国内新闻媒介特别是女性新闻媒介致力在做的事，尤其在世界妇女大会以来，大多数女性媒介都重视了用正确的舆论引导妇女，以积极的精神激励妇女，这是长期来特别是近5年来大众媒介宣传的主流，是否应发动全国的女性媒介以及设有女性宣传栏目或节目的媒介机构，好好总结一下宣传的经验和实际的宣传效果，看看能否从中发现女性宣传的某些规律，上升到理论，反过来再指导和提高女性宣传的实践，以开创新世纪女性宣传的新局面。

另一个问题是少数民族妇女研究，是否也应提上议事日程，如果贵所人手不够，可借用社科院民族研究所及民族大学的研究力量。

以上两条建议仅供参考。

祝龙年大吉！

陈崇山

2000年2月17日

对改进中国妇女研究会工作的建议

——致彭珮云同志的信

珮云大姐：新年好！

在贯彻执行男女平等基本国策的过程中，关键是要提高政府要员及广大干部群众的社会性别意识。我认为年前召开的《大众传媒与妇女发展》研讨会，主旨应放在提高广大新闻工作者的社会性别意识上。只有新闻工作者提高了，才能开创女性宣传的新局面。

但我觉得这个会议的主题不够鲜明，重点也不够突出，开得不够专业。表现在：

1. 参加会议的传媒工作者太少。根据参会人员通讯录所列的246名代表中，来自传媒机构的代表仅61人（包括电台、电视台、报纸、杂志、出版社、新闻研究和新闻教育），还不到四分之一（还有些名单上的人并未出席）。主流媒体的总编辑寥寥无几，首都及外省女记协的会长缺席。就是说，掌握传播权的人参会的不多，会议的实际效果大受影响。

2. 大会发言没有抓住重点。《中国妇女报》和中央电视台的《半边天》覆盖面广，影响大，传播内容质量高，是女性宣传的旗手，应该给她们充足的时间作主题发言，重点讲如何通过舆论维护妇女权益推动妇女发展。像上海市女新闻工作者调查报告和江苏省妇女研究所的传媒工作者性别观念和行为取向的研究，做得都比较规范、全面，比大会安排的有些发言重要得多、质量也高得多，应该安排在大会发言。

3. 大会论文摘要规定一千字，没有必要再删减。如要删减，也应保留重要概念，如我的文章主要讲“媒介人要加强性别意识修养”，偏偏把“性别意识”的定义删掉了，以致会下一些女性媒介的编辑记者及研究生来问我“什么是性别意识？”还有一些实证研究的论文摘要，不交代研究目的、调查时间、抽样方法，更没有抽样调查的总体数据，仅公布百分数，无法判断其意义。因此，如果要出书，实证性论文中必须的要件是不能少的。

4. 开研讨会的目的是要解决思想认识或实际存在的问题，没有讨论交锋的时间，影响会议质量。这个会有点像展示会，把大家研究的成果都来展示一遍，有些项目同大众媒体的关系并不密切。因此，有些从事女性宣传的媒介人向我提出："你们的理论不要仅仅批评我们做得不对的地方，希望你们告诉我们应该怎么做?"如果能安排一个晚上把这些人集中起来开个小型座谈会，听听她（他）们在新闻实践中的想法、经验、问题和烦恼，也许对研究会今后确定研究方向有好处。

我知道佩云大姐早就想开这个会，调动舆论界的力量来推动妇女工作。我对这个会的期望值也很高，我在会上提出的批评，会使辛辛苦苦筹办会议的同志不高兴。但我认为，凡事都要讲究效果，要以最小的投入换取最大的产出。为使研究会的工作更上一层楼，我建议：

1. 研究会下面可成立各种专业委员会或小组，比如政治、经济、环保、劳动就业、婚姻家庭、科技教育、新闻传播等等，研究会的顾问、理事可根据自己的研究专长和兴趣参加，全国妇联研究所的研究人员可根据自己承担的课题需要负责联系某个专业委员会或小组。每年或几年内的研究项目由专业委员会或小组提出，集中后发给会员申报。

2. 研究会要成立评审委员会，不仅评审会员或非会员申报的课题，而且要评审研究成果，优秀成果给予奖励。

3. 召开专题性研讨会之前，由专业委员会或小组充分讨论提出研讨主题，围绕研讨主题组织项目研究和撰写论文，以避免泛泛而谈。

4. 正确发挥"顾问"的作用。关涛同志既熟悉新闻工作又熟悉妇女工作，如介入会议筹备工作，必定能发挥大作用。

以上建议仅供参考。

祝您健康长寿！万事如意！

中国妇女研究会顾问

陈崇山

2002. 1. 4.

第四编

中国女新闻工作者的喜和忧

欧阳海燕博士的梦想

——对陈崇山调查提纲的回答

1. 请问您为什么选择新闻传播作为职业？打算终身做新闻工作吗？

答：这个问题还真让人感慨，我从很小的时候，大约是上小学的时候，就很喜欢记者这个职业。上小学的时候，还记得一家杂志社和我们学校联谊，做了几个有模有样的小记者证，我踊跃报名，最后拿到了一枚红色的小记者证，“小记者证”几个字是竖着写的，至今记得很清楚，当时真是无比珍惜。

后来我便没有放弃这种天然质朴的对记者这个职业的喜爱，在写作上陆续得到的肯定也加固了我的这个职业理想。

后来考上了大学，虽然没有能够上新闻学院，去了社会学系，不过这门学科对于我实现我的新闻理想如今来看真是天作之美。

我从中国人民大学社会学系毕业，获博士学位。2006 年在《新世纪》周刊工作，做过历史、人物、社会各方面的报道，也做媒体调查。2009 年 9 月到《求是》旗下的《小康》杂志社做媒体调查。2011 年 10 月，我升格做母亲，产假结束后，时值博鳌亚洲论坛唯一的官方杂志《博鳌观察》筹备创刊，需要一位媒体调查编辑，我便进入其中开展博鳌调查的相关工作，至今《博鳌观察》已在博鳌亚洲论坛年会上连续发布小微金融、互联网金融、亚洲企业百强等年度报告，并就相关议题展开研讨。

如今，我将新闻传播学和社会学结合在一起，从事媒体调查工作，既使用了社会学的方法研究社会，又使这种研究具有很高的传播效率。

至于终身打算，我理解有两重含义：

一种是狭义的，一辈子做记者，接下来写书或者做新闻传播学研究。从这个意义上讲，我不敢说终身做新闻工作，因为体力渐渐不如刚来的年轻人，因此不可能像凤凰卫视的闾丘露薇那样年岁不小了仍然在一线跑。

而且，可能是因为我接受过较为系统的学术训练，我也不愿意总是跟风地到处抓第一热点。现在来看，我已经完成了第一个转型，就是从一线记者进入到了研究领域，我现在从事的这份媒体调查的工作，能够使我静下心来做一点对于一本杂志来说更具学术价值的东西。对我来说，这个事业比抓新闻生命更长。

第二种是终身打算做与新闻有关的事业。我属于第二种。做我兴趣所在和力所能及的事情，但未必是从事新闻学研究。事实上不得不承认，我做了母亲之后，可以用于投入工作和个人理想事业的精力大不如前了，在个人理想面前，我力所能及的范围在缩小。

但是我又何尝敢忘记我的初心。只是对于女性而言，职业生涯必然会受到生育的影响。我不能不去接受这个事实。我必须调整心态，甚至调整目标。但是初心不敢忘，因为理想还在，个性并没有因为生育而改变。

2. 请问您从事新闻传播工作多少年了？做过哪些具体工作（记者、编辑、校对、播音、摄影、节目主持人、新闻翻译等）？

答：我是2006年一毕业就到《新世纪》周刊实习并工作的。开始跟着一位编辑做历史。她是领我入门的人。在她的引导下我克服了找人的心理障碍，一路勇往直前，完成了很多人物报道，比如毛泽东的管家、新华字典之父的儿子，等等。这些报道相对来说比较静态。

大概一年之后，我就换到社会组，在一些重大社会事件，比如汶川地震中冲锋向前。也是在社会组，我的视野渐渐变宽，也采访了不少边缘人物，比如同性恋者、变性人等。

这些工作经历，使自己的容纳力增加，对这个多元的世界更具理解。

2009年9月，到《求是》旗下的《小康》杂志社，这是一本月刊，做媒体调查工作。媒体调查，是中国媒体的新兴行业，它集社会学与新闻学、传播学于一身，将调查、统计的方法纳入到新闻的采写当中，利用调查收纳公众意见，借助媒体反映公众意见。在《新世纪》周刊时，我做过“大学排行榜”、“中国情爱报告”等知名作品。到《小康》之后，每月都推出一个全国调查。做这份工作，既专业对口又能满足我的新闻理想，做得很过瘾。但这份工作恐怕也不能做一辈子，因此我永远地是在进程中思考我能在我感兴趣的新闻领域能做什么力所能及的事情。

2012年3月，产假结束后，我来到博鳌亚洲论坛唯一官方杂志《博鳌观察》，这个平台更高，视野更宽广。在这里，我从事了与以往大方向一致但具体内容又有所不同的工作——课题管理。我们运用媒体思维对社会中的经济现象进行观察，然后选取社会意义、学术价值和传播价值俱佳的选题进行研究，形成智力产品，在博鳌亚洲论坛年会上进行发布，并开展相关议题的研讨。近三年来，已连续发布小微金融、互联网金融以及亚洲企业影响力等年度报告，并不断开发新的智力产品和形式。这份工作给了我广阔的想象空间，并不断地挖掘着我的潜力。当然，我也坚信有巨大的机会在等待着我。

3. 请问您是否认为女性在新闻传播行业中崛起，必然会增多女性报道，增强女性呼声，推动男女平等?

答：我觉得不一定。因为从我做新闻工作不长的经验来看，我们每次在开选题会的时候，大家在意的只是新闻事实，而没有去在意性别。尽管我呆过的两家媒体，女性的比例都大于男性，那也从来没有发生过女性记者要求增加女性报道的现象。我个人认为，性别不是选题的最重要的条件。当然如果在某个新闻事件中，女性代表着弱势，那我们必然会站在她的那一方。但不是因为她是女性，而是因为她代表着与强权的对抗。

4. 请问您是否有意识地将社会性别意识贯穿在自己的工作中? 有生动具体的实例吗?

答：这是当然的。我的博士论文做的就是关于女性的。在做论文的过程中接受到的性别意识的培养，我想会终身受用。比如 2010 年 4 月份，我们曾经做过一期中产职业人群压力调查的报道（《中产病人》，发表于《小康》杂志 2010 年第四期），我便在分析中有意地使用了性别分析的方法，我的分析结果也特别有意思，我们发现，“在企业家/高管人群中，分性别看，12. 5% 的女企业家感受到“极大”压力，高出男企业家 8. 8 个百分点。14. 6% 的女企业家对自己的身心状况“很不满意”，也较男企业家多 3. 5 个百分点。”这些运用性别分析方法得出的发现，目的是启发更多人从性别的角度去观察和思考现实问题。

5. 请问您在工作中、生活中感到的幸福是什么？遇到的困惑又是什么？哪些困惑是属于自身的？哪些是属于体制性的、环境性的？

答：我感到最幸福的事是作品被同行和读者以及受访者肯定，能够产生良好的社会反响，能给人以启发甚至帮助，甚至能让人改变。

在我当了妈妈之后，又有了新的感受：幸福是什么，幸福就是当下。我就很享受跟宝宝在一起的每一刻，包括他哭、他闹。我就想，宝宝这么深地依恋自己能有几时呢？也就大概 5 年工夫，等他长大了，反倒是当妈的依恋孩子了，所以啊，趁现在赶紧享受一下被依恋的感觉。

其实生命中其他的事不都是如此么，现在无论是悲是喜，对于自己都是最宝贵的体验。每一步走好当下的人生，才会是精彩的人生。

至于困惑，可分两个方面，一个是属于自身的，即如何能够以更加生动的讲述去给人以深省，这是业务上的，跟阅历和学习有关。另外一方面是属于体制性的，因为我们的文章众所周知要受到审查，而没有一部法律来保障新闻从业者的权利，我想这是每一个新闻工作者都应该去疾呼的。新闻报道的生命是"真实"，"真实"需要法律去保障，为了"真实"，有多少新闻工作者敢于挑战强权，他们的操守令人敬佩，因此现在急需要一个法治的土壤，否则中国的新闻很难蓬勃发展。

6. 请问您认为有怎样的生态环境，才能充分发挥您的聪明才智和潜能？

答：人的需求是不断增长的。虽然我换过的单位只有三个，但什么样的生态环境适合我发挥聪明才智，这个问题我还真是思考过的。

首先要有基本的条件，就是这份工作能够满足我基本的生存需要，满足作为一个高学历劳动者的尊严。就我个人而言，我的第一份工作，即在《新世纪》周刊的那份工作，连我的基本生存需要都得不到满足。工资很少，还从来都是拖欠的，福利极差，没有企业文化，缺少团体归属感。我的工作仅依靠着我对于新闻工作的热情及成就感去支撑。在这种环境下，人心是很难稳定的。所以一个个的同事都离开了。最后，我也离开了。再后来，《新世纪》周刊被接管了，坚持到最后的同事得到了一笔补偿。

然后就是要有能够欣赏你的才能的人，和需要你的才能的人。我想《小康》就是这种地方。媒体调查在目前的国内媒体当中还是一个新鲜事物，能够赏识像我这样的跨学科人才的人还真是不多。但是《小康》的社长就看中了这个领域，而且跟国家统计局开展了长期的合作。这对我来说，真是一个很好的展示才能的平台。自从我接手《小康》研究中心，从2010年的第一期开始，就体验到了充分的成就感。第一期便有日本媒体专访。而我们做的一个有关中产职业群体生存压力一期，竟然在百度上有两千四百八十万个相关网页。我想我是比较幸运的。而在博鳌，领导更是给予了我充分的肯定和施展才华的空间。而这份工作带给我的成就感也让我对自己的这次选择——哺乳期跳槽感到幸运。虽然其间也历经波折与煎熬。

当以上两个条件都能够满足之后，我想到的是自我提升，即如何才能让我的作品能够发挥更充分的社会影响力。如何才能突破一些原本在新闻上不应该存在的一些禁忌，如何去实现思想上的自由。这个梦想当然需要一点一点地去实现。我的新闻之路还很长，不过我很庆幸在很短的时间内，找到了我擅长而且能够被人认可的方向，所以我对于未来还是充满希望的。

7. 请问您为了拥有良好的工作生活环境，您需要得到政府、社会、行业、家庭给予哪些方面的支持？怎样才能获得这些支持？

答：我按社会关系网络的由亲及疏去阐述，从非正式支持网络说到正式支持网络吧。

首先做记者这份工作，一定要得到亲人的支持，尤其是自己的另一半。因为这份工作没有规律，黑白颠倒，没有节假日，时间看似自由却没有你真正的自由，工作和生活不分，写稿时候的焦虑、心情不好、爱发脾气，总之没有我老公的支持，我是不会走到今天的。我甚至在跟他去埃及旅游的飞机和长途大巴上都在听采访录音。他认可我的工作，尊重我的选择，甚至我们商量推迟生育计划。他对我的理解和尊重，帮助我走过了最艰难的新闻工作创业期，迎来了伸展期，即可以比较轻松地应付工作，以及指导别人去工作。

我的父母和他的父母对我的工作十分肯定，看到我的成就，他们发自内心地高兴。我记得有一次，是在《新世纪》周刊的时候，在我出差去采访四川地震以前，有位编辑给我打电话说对我不放心。她的话很刺痛我，我觉得作为一个编辑，在记者要出差去执行任务的时候，最不应该说的就是这样的话，真有这样的想法也不应该说，或者真要想说点什么，也要说点鼓励的话。编辑的话让我深感失望，这是我钟爱并执著的事业么！我大哭，想放弃。妈妈说，你看你从小就喜欢这个，怎么能凭人家几句话就想放弃呢！我老公也安慰我，还开车带我出去兜风。后来这组稿子得到编辑和主编的认可与好评。再后来，在我即将离开《新世纪》周刊的时候，写了一篇有关变性人的稿子，转载量很大，《看天下》也做了转载。那个曾经刺痛我的编辑说："你属于后发力的，而且能力不止在写稿。你走了，《新世纪》周刊损失了。"

然后就是同事的支持。我很感谢最初带我入行的那位记者，她教会我很多东西，教会我勇敢、坚持，以及在这个行业怎么为人处世。还有其他很多记者，都在我刚入行的时候无私地帮助我，带我做稿子，在思想上给我启发、引导我。还有我们的主编，人民大学新闻系毕业的，是我的学长。他并不害怕我是一个博士，排除万难留下我（据说当时很多人反对接纳我）。事实上，在媒体领域，我确实是一只笨鸟，起步时已过了最佳从业年龄，又是非专业，只能慢慢飞、用力飞、坚持飞、哭着飞。现在回过头来看，博士的优势是慢慢显现的，劣势渐渐褪去，优势闪闪发光，感谢鼓励我的人们让我有了这份坚持。

然后就是更广泛的行业支持。我们这份工作，联系广泛，在行业内需要与其他媒体的记者沟通，很多时候要向同行索要受访人的电话号码。大多数时候，我都能够得到同行无私的帮助，在别人向我寻求帮助的时候，我也会帮助他们。只是碰到过个别人，躲躲闪闪，我比较反感。

社会的支持，一是体现在受访者对于记者的尊重。目前的社会氛围我觉得比较好，我采访专家学者比较多，一般都能够得到尊重，当然你受到什么程度的尊重，首先与你所在媒体分量有关系。我在《小康》，因为有《求是》的背景，感觉联系起人来，确实受重视了很多。

二是往大里说，是新闻舆论的环境。目前舆论环境比较恶劣，而没有新闻自由，老百姓就是蒙昧的。但这不是可以着急的。这涉及一系列的变革，也许十年二十年才可能获得一点点进步。不过我也看到，现在媒体的胆量越来越大，某些媒体的确很体现公众良心。这其实应该是每一个新闻工作者的工作方向。

在我仍旧不算长——八年的媒体职业生涯中，经过了两次转型，每次转型都代表着一次跃升。幸好，我没有走过弯路。幸好，八年了，我仍旧热爱我最初之所爱。

蒋巧云——中国国际广播电台第一位驻外女记者*

我是由国家分配从事新闻事业的。响应祖国需要，服从国家分配，是我们这一代人的行事宗旨和原则。1961 年我考入北京外国语学院（现北京外国语大学）俄语系，学制 5 年。1963 年被抽调到东欧语系，学习前南斯拉夫的塞尔维亚—克罗地亚语。因中央单位有优先挑选大学毕业生的优势，因此我毕业后即被分配到中央广播事业局（现广电总局）对外部（现中国国际广播电台）塞尔维亚语部从事翻译和播音工作。先后做过编辑、记者、校对、定稿等工作，1998 年任西亚非洲地区广播中心主任，直至退休。尽管新闻传播业不是我主动的选择，但我很快爱上了这个事业，并为之付出了毕生精力。

在新中国建立后的很长一段时间里，我国外派记者大都是男性。随着社会的发展，女记者的能力得到提升，优势逐步展现，各部门领导开始重视对女记者的培养和使用了。中国国际广播电台（简称国际台）1980 年开始在国外建立记者站，到 1990 年底才派出第一位女记者，那就是我——蒋巧云。

我有幸成为第一个驻外女记者，进驻贝尔格莱德记者站，心里既高兴又紧张。因为过去十年间都由男性记者轮流替换，如今只有我一个人，能干好吗？但在服从台领导决定的同时，我已暗下决心：一定要好好准备，努力工作，要用行动证明女记者驻站不比男记者差，决不能让人说“女的驻站就是不行”，决不能给女记者丢脸。

由于我的专业是外语，没有学过新闻专业，因此在出国前花费很大工夫查阅有关资料，补习新闻学知识，并到新闻中心实习了一段时间。

---

* 2012 年对陈崇山调查提纲的回答。

我欣然赴任。但不久前南斯拉夫就开始闹分裂，很快爆发波黑战争，局势越来越严峻，我国驻南斯拉夫大使馆决定先让女性工作人员和家属回国。想到战争本身就是新闻报道的最好时机，因此我毫不犹豫地要求留下，绝不在关键时刻当逃兵。

我无暇考虑个人的安危，全力以赴采写战地新闻。每当听到自己半夜时分发出的报道，清晨在中央人民广播电台的《新闻和报纸摘要》节目中播出时，内心感到无比欣慰，觉得冒着危险付出的劳累很值得。

我在国际台工作了40年，觉得国际台在新闻同行中，对女性的发展还是比较重视的，从1990年下半年以后，驻外女记者逐渐增多，全台30多个驻外记者站中女记者占到一半，驻美国记者站的2名记者都是女性。这些女记者都很优秀，像常驻中东站报道以巴冲突的记者刘素云，北约轰炸前南斯拉夫时驻贝尔格莱德记者王智敏等干得都很出色。

国际台女性职工占到一半，但进入领导层的女性凤毛麟角，2011年是建台70周年，70年间仅仅有过2名女台长（丁一岚和崔玉陵），中层领导中女性也不多，这种情况短期内难有较大的改变。

杭州女记者的乐和忧

2009 年共和国成立 60 周年大庆，我携全家回到阔别多年的故乡杭州探亲访友，并为我的课题《中国新闻界的“半边天”》收集资料。我想，既然以女新闻工作者作为研究对象，就应该关注她们的生存状况，深入她们的内心世界，了解她们的所思所想，探寻她们创作的冲动和成功的奥秘。

在浙江省女记者协会和省广电集团的协助下，我趁便访问了 14 位女新闻工作者和两位男新闻工作者，访问的重点是活跃在现场一线采访的年轻女记者。

早在 1992 年我出访澳大利亚回来，曾写过一篇访问记，刊登在《中国记者》1993 年第 2 期，编辑加了这么个标题：“澳大利亚新闻界：女性崛起”。真没想到，进入新世纪，中国的女性在新闻界也这么快地“崛起”了。

我很想知道，做新闻记者是一桩很辛苦的工作，为什么现在有这么多女性愿意报考高校的新闻专业，愿意从事新闻工作呢？她们在新闻信息的海洋中搏击，什么是乐？什么是忧？什么是她们最终的追求？

浙江省女记者协会会长张燕告诉我说：“我选择新闻工作的动机很简单，也很偶然。当年看了一部电影，看到新闻记者很有正义感，觉得新闻工作富有挑战性，而我对经济工作又很感兴趣。我没有出人头地的愿望，只想把能当个经济专业型记着作为自己一生的追求。”她如愿以偿，有幸进入了浙江日报社。当时中国社会正处在从以阶级斗争为纲向以经济为中心的转型时期，为她创造了能够施展才华的客观条件，助她迅速成长，短短十几年，她从 1990 年当经济报道的记者，到 2000 年被提为经济部主任，直至 2009 年升任副总编，一路走得顺顺当当。

荣获“浙江省十佳青年”称号的张乐向我袒露心声：“我从小就喜欢文学，高二时，文理科要分班，父亲主张我读理科，将来可以当医生。我却瞒着父亲偷偷地从理科班转到了文科班，这是我一生中第一次自作主张。高中毕业后，我考上了厦门大学中文系，父亲希望我将来能当作家，我却觉得当作家不太符合我的性格，不如当新闻记者，直接介入社会生活，从事纪实性的工作。我很幸运，一个偶然的机会，让我有机会利用寒暑假在新华社分社实习。1998 年大学毕业，我被新华社浙江分社录用，我很珍惜我的工作，一心想做名好记者。”

张乐认为亲和力和沟通能力是一名好记者必备的素质。虽然女记者在体力上比男记者稍逊，从事记者行业付出的也更多，但一般而言，女记者在有些方面的优势要比男记者明显。因为女记者给人的印象比较温和亲切，没有攻击力，因此也比男记者更容易和采访对象沟通。现实生活中经常有这样的情况：同一件事情，不同的记者会写出不同的稿子，产生不同的效果。有的记者追求轰动效应，笔触带有攻击性，给被批评的人或群体的生存造成不良影响，那就只有这一锤子买卖，下次人家就不理睬你了。张乐善于换位思考，在采写新闻稿时，始终注意同被报道者沟通。比如，总社规定，凡省城发生的重大突发事件，一个小时内必须报到总社。2003 年非典时期，浙江发现输入性非典病例，当时舆论公开的氛围还没那么好，通过努力，她在卫生厅上报卫生部之前就获得了第一手资料，但官方有一个要求，希望她能和他们同步上报中央主管部门。在不违反发稿原则和纪律的前提下，她答应了他们的要求。这种相互的信任和尊重，换来了彼此的和谐相处，之后有什么值得报道的新闻线索，办事人员都会及时地、源源不断地给她提供。这就是为什么有的记者坐在家里常常新闻源不断，而有的记者满街跑还找不到新闻线索的缘由。张乐的新闻线索来源畅通，工作效率相应也大大提高。她的发稿量很大，仅 2008 年，总社共播发以她署名采写的公开稿件大约有 400 多条，内参数十条，其中深度报道大约占到 10%。另外还广泛涉足音频、视频、摄影报道。虽然工作很紧张、很累，还经常工作到后半夜，但每一篇稿子面世，她都会感到很有成就感，从内心生发出无比的快乐。

张乐告诉我，曾经有人问她有没有离开新闻岗位的打算？的确，当记者人脉广，有社会地位，跳槽不难。曾经有位记者跳槽到证券公司当办公室主任，工作比做记者时要轻松得多，年薪却能拿到50万元。但张乐觉得人活到一定程度，追求金钱就没有意义了，最重要的是能够从事自己喜欢的事业，做自己喜欢的事情。她说："我对新闻工作很热爱，在新华社这个平台上，我更肯定了这种热爱。因为新华社给了我一个很好的平台，让我可以坚持独立的新闻立场和坚守自己的新闻操守，可以有相对自由发挥的空间，领导对记者的看法和观点也能尊重。这种对个人内心感受的尊重，是我觉得从事新闻工作十分快乐的重要原因。我为了快乐去做事，为了实现自我价值去做我喜欢做的事，我为什么要离开呢！"张乐现在是新华通讯社浙江分社编委、电视新闻采编中心主任、办公室副主任。

赵洁和熊文媛都是《都市快报在线》的年轻记者。她俩有许多共同点，其一是：都是从小就想当新闻记者。赵洁说："我在少年时代就认为女记者很酷，立志长大了一定要当记者。上大学时因英语成绩好，先被英语专业录用了。但我感到干新闻工作视野开阔，有新鲜感，因此本科毕业后，报考兰州大学新闻系读研究生，还是转到新闻行业来了。"而熊文媛则说："我从小就爱收听广播，特别爱好柔情的谈心节目，所以报考了徐州师范大学新闻传播系。我认为新闻传播业是一个极具创造性的行业，每天都能接触新鲜事物。我既然当了记者，就要努力把工作做好。"其二是：她俩都有一种"巾帼不让须眉"的气概。因为到现场采访，男记者扛大机器，她们扛的是小机器，经常受挤。于是她们总设法抢占最佳机位，抢拍精彩镜头。长得比较壮实的熊文媛说："凭我的个头，不信抢不过他们。"其三是：她们都认为受众是支撑她们努力拼搏的力量源泉。赵洁说："我们做民生节目，同百姓打交道多，受众经常打短信来感谢我们，我感到很幸福。"最令她们感动的是受众的参与热情，一旦发生新闻，立即会有热线电话进来"爆料"，催促她们去现场拍摄。熊文媛说："他们（指爆料的人）对热线电话熟悉极了，一下就能报出一串串热线电话号码。"赵洁补充说："杭州人似乎有全民报新闻的潜质，新闻敏感度高，善于抓住新闻的兴奋点，好像人人都是记者。有些人不仅打电话催我们去拍。还自己拍成DV片给我们送来。"她们还谈到杭州市现在出现了一批"媒体爆料人"（或称"公民记者"），他们大都是新闻爱好者，很勤奋。他们划分地区分工负责又相互通气，形成网络，因此杭城新发生什么事，传播得很快。"往往是他们抓住了新闻，我们记者才跟进。"

任烨是《都市快报》摄影部唯一的女摄影记者。她说小时候很想当警察，后来觉得摄影很好玩，就在海口经济学院学摄影，毕业后狂热地想当摄影记者，《都市快报》为她提供了自由驰骋的天地。她说《都市快报》的口号是“生活因温暖而美丽”。她在《都市快报》工作感到环境很温暖，周围的男同事对她都很友好，经常给她照顾和支持。她感到当记者最大的幸福是能得到被访者的理解和信任。在参与对杨竹芳检察官的采访中，她认为只有同被访者零距离接触，才能真实地记录她的生活；也只有取得她的信任，她才不会回避你的镜头。为此，她争取住进了杨检察官的家，并很快融入这个家庭。当中央新闻单位大批记者到达时，她竟然能以“主人”的身份沏茶倒水充当招待员了。在她圆满完成任务回到杭州后，杨竹芳检察官给她发来短信说：“欢迎您再到昆明来，我的家就是您的家，我们家的大门永远向您敞开。”任烨说：“我感到被信任的幸福。”

童颖骏是浙江日报特别报道部的记者、编辑。她是宁波人，在她的家族中有一位做新闻工作的伯伯是她最敬重的，对她影响很大。那时她认为干新闻记者这一行，朋友多，好办事，具有“光环效应”，人们常以羡慕的眼光看待记者，因此她选择了读新闻专业。正当她从北京大学新闻系研究生毕业那年，巧遇浙江日报社到北京招人，她有幸回到杭州为家乡父老乡亲服务。她说自己在新闻实践中经常有幸福感，主要有三个方面：“一是记者工作一直处在社会生活的第一线，可以观察到社会的变化，与社会发展同步前进。如果说人生本是一台戏，那我就是始终坐在第一排的人。二是在采访过程中，我都能分享到被访者的生活经验和知识，促使自己成长得快。三是当自己的新闻作品面世后，得到读者的认可，同时也得到社会的尊敬。”

新闻工作为女记者们带来自尊和欢乐，但同时也存在着忧虑。她们忧虑什么呢？是忧虑她们做新闻记者的理想能否坚持终生!?

从女记者本身考虑，现在还年轻，有的还未结婚，可以没日没夜地投身工作，如果成了家，有了孩子的拖累，还能坚持做自己热爱的记者工作吗？

而从现实的生存环境来看，现在传媒间竞争激烈，都要抢独家新闻，要求新闻的时效越快越好，任务压力很大。加之现有的分配制度并不完全符合新闻工作的规律和特点，制度规定工作定额与收入挂钩，迫使她们必须先保定额求生存，没时间去深入社会生活挖掘重大新闻题材，没有充分的时间讲究写作技巧，业务长进缓慢，无法充分发挥自己的创造力和个性特点，造成各家新闻的雷同性，没有特色，少有精品。一些年轻记者刚来时有理想、有抱负，还能没日没夜地在现场跑，但因工作太紧张，缺乏娱乐，没有休闲，规定的假期得不到保证，干几年便感到越干越没有劲，最后只剩下责任感在支撑着，更遑论争当名记者了。

还有，我国至今没有《新闻法》，记者的新闻采访权缺乏法律保障。原本为加强信息公开化而设立的新闻发言人制度，被有些人利用作为隐瞒事实真相对付记者的手段，一些部门和官员对传媒公众话语权的干预和干扰依然普遍存在，特别是采写批评性报道困难重重，殴打记者的事例时有发生（据说女记者挨打的几率与男记者相近），导致舆论监督难以实现，既影响传媒的公信力，也降低了记者的社会地位。这都使女记者们寒心。

为珍惜女性从事新闻传播业的积极性，稳定记者队伍，努力改善女记者的生存环境迫在眉睫。对此，张乐提出了她的建议：一要为新闻人建立职业保障制度。新闻记者尤其是“一线战地记者”是高危职业，哪里危险去哪里，国外媒体就有为记者购买高额意外保险，对从地震、台风、水灾等险恶环境归来的记者给予心理干预和咨询的惯例。如今国内新闻机构对记者相应的人身保障和身心健康的关注却十分滞后。二是加强业务培训。业务能力和素养培训在跨国公司和一些境外机构当中十分普遍，当今社会瞬息万变，新闻记者担负着捕捉有价值和公众关注的新闻，用通俗准确的语言报道新闻和客观翔实生动传播新闻的任务，因此应当是一个精通新闻传播的专家和广泛了解各类专业知识和新兴事物的杂家，系统而不间断地充电、培训应是这个行业不可或缺的内容。三是增强新闻的透明度，为记者的采访报道提供更为良好的社会环境，开拓能让记者发挥才能的宽松天地，促使新闻传播业向更好的方向发展。

（原载《中国记者》2010 年第 3 期第 33 页。）

“记者的亲和力很重要”

——访新华社驻浙江记者站记者张乐

时间：2009 年 11 月 13 日　地点：我的好友张伯钦家

（张乐同志当时还在休产假，却欣然同意到我的住所接受我的访问，令我感动）

张乐：

我从小喜欢文学，在杭州第二中学读高三时，文理科要分班，父亲主张我读理科，将来可当医生。我却瞒着父亲偷偷地从理科班转到了文科班，这是我一生中第一次自作主张。高中毕业后，为了保险，我报考了厦门大学中文系，父亲希望我将来能当作家，我却觉得当作家很难，不如当记者，从事纪实性的工作，比较符合我的性格。我很幸运，我舅舅在新华社工作的一位朋友，让我利用寒暑假在分社实习。1998 年我大学毕业后就被新华社录用了，当时还有一位男生是中国新闻学院毕业的，就录取了我们俩。我很珍惜我的工作，一心想做好记者工作。

刚开始工作时，我显得很稚嫩，但并不胆怯，因为我在杭二中读书时，是班里的团干部，班主任让我们组织过很多活动，具有从事社会活动的初期积累。但在我初次采访官员时，却显得有些稚嫩了。一次浙江大学的校长请记者吃饭、联谊，我不敢贸然开口，自始至终不敢同他交谈一句话。采访一些专业人士更显得胆怯。所以有些官员和专家会问我：“你还没有毕业吧”、“你工作几年了”……我就想怎么能突破心理障碍，和被访者顺畅沟通。于是在每次采访前，我都做好充分的前期准备，找准主题，想好话题。几年磨炼下来，我变得成熟多了，什么都不怕了。

我觉得亲和力对做好记者工作很重要。女记者一般比男记者强，给人的印象是女记者比较温和亲切，没有攻击力。对同一件事情，不同的记者会写出不同的稿子，产生不同的效果。有的记者追求轰动效应，笔触带有攻击性，给被批评者或群体的生存造成影响，那就只有一锤子买卖，下次他就不理你了。我采写批评稿时，下笔时也要同被批评者沟通，比如总社规定凡省城发生的重要事件，一个小时内必须报到总社。2003 年的非典时期，分社要我求证杭州究竟有没有发生非典病例？我反复去问，卫生部门就是不愿告诉我。我一个电话打给卫生厅厅长，告诉他我要写内参了。他们知道，如果新华社的内参先送到中央，卫生部门必定会受批评，压力会很大。他们要求：“你等我们把传真发到卫生部后，你再发稿”，我同意了。这样我既可以在第一时间又快又准地发出消息，又不伤害他们。后来我在传染病院穿梭采访，尽管心里头发憷，但我仍坚持在一线采访病人，采访医生，得到了他们对我的信任和尊敬，以后相处就容易了，有什么值得报道的新闻，办事人员会及时地告诉我，源源不断地给我提供新闻线索。这就是为什么有的记者坐在家里却稿源不断，而有的记者满街跑还找不到线索的缘由。我善于同各方面的人打交道交朋友，所以我的新闻渠道是很畅通的。从省长、省委书记到一般办事人员，向他们要个电子版什么的，也很容易，所以我的工作效率也比较高。

我是跑省政府口的记者。我采写正面的新闻他们当然欢迎，要是我采写批评性报道，他们是又爱又恨。比如杭州地铁坍塌事件，政府所有领导干部都赶到现场指挥抢救，至于死了多少人？我看他们慢慢地挖呀挖呀，有试图淡出媒体视线之嫌。遇到这种情况，我们也只能在保证他们不丢官帽的前提下做合理的批评了。

但是我也并非一帆风顺。有一次，就是娃哈哈集团同达能集团的经济纠纷。现在的经济纠纷很复杂，并不是非黑即白，是非分明的。这事是我第一个报道出来的，引起社会的极大关注，许多同行来向我打听细节，我的手机都几乎打爆了。后来达能集团向总社告我报道不实。在提拔我的会上，也有同志认为我处理得不太公正，导致我的升迁搁浅。但我相信，只要我深入采访，同各方面都沟通得好，我会顺利前行。

还有一次，我写过一篇抵制台湾歌星张惠妹来杭唱歌的稿子，省台办主任不同意发，我当着许多记者的面据理力争，他就是不同意。我未经他审核就发给总社了。当时分社也有同志认为我做得不对，但得到了总社的肯定，我心里很高兴。

我觉得中央传媒记者现在的生存环境比地方记者要好，我们有中央为我们撑腰。非典时期，有一次开大会，会场上黑压压地坐满了人，我同卫生部的一位副部长发生了正面冲突：他说："不许报道，连新华社也不许报道。"我却坚持要及时报道。后来中央做出突发性事件不准迟报、瞒报的决定，是对信息公开的极大支持，也是对我们新闻记者的极大支持。

然而，我们记者的工作，并非都能够得到社会各方面人的理解和支持的。比如现在有些单位的新闻发言人，专门钻研对付记者的办法和技巧，研究如何在新闻发布会上，既做到不冷场，又能巧妙地回避记者对一些敏感问题的提问，给我们的工作制造困难。有位企业的新闻发言人，只想把我们传媒当宣传工具，却不愿回答实质性问题。问急了竟然说："张乐，你是想拿我们的事炒作你自己。"诚然，他们有他们的职业要求，但信息公开是社会发展的大趋势，规范新闻发言人的职责，协调好记者同各单位新闻发言人的关系，也很重要。我的做法一般是在会上得不到的信息，在会下去问、去磨，好好沟通，总能挖到新闻的真相。中国毕竟是个人情社会，在公开场合卖他个面子，以后好办事。

从大环境来看，新闻的开放度不够。现在没有新闻法，记者的工作没有法律保障，传媒仅仅是统治者手中的灌输工具，记者写什么不写什么受长官意志牵制，一个电话就能否定记者辛辛苦苦采写来的稿件，影响记者的工作快乐度。非典以后开放多了一些。网络的发展冲击着新闻管制，给信息流通提供了很大的方便。

曾经有位女记者问我，有没有离开新闻岗位的想法？我回答她说："我对新闻工作很热爱，我觉得新华社记者活得有尊严，很体面。尽管我是分社记者，但我关注的是国家大事。我可以在新闻作品中抒发自己的内心感受，分社领导很尊重记者的看法和认定，绝对不会否定我的稿子。这种对我内心感受的尊重，是我从事新闻工作感觉最好的一点。我现在感到非常快乐。我为了快乐去做事，为了实现自我价值去做我喜欢做的事，我为什么要离开呢！"

我们分社有120多人，其中记者30人。新华社的改革力度和强度都比其他新闻单位大，对记者的发稿量没有限制。我一年中发出的稿件经过总社播发的约有400多条，发内参的数十条，其中深度报道的专题稿占到10%。从2008年下半年开始，发音频、视频、摄影的稿子也很多。总社要求一稿一投，因此我觉得很紧张，非常累，经常工作到后半夜，但挺过来了，感觉很自豪。

包头电视台女记者赵洁的苦与乐

2000年8月，我随首都女记协副会长斯热歌、少数民族女记协会长白永熙、妇女媒介监测网络冯媛、郭艳秋及中央电视台《半边天》节目主编寿沅君等同志，到呼和浩特举办社会性别意识培训班，顺便采访了包头电视台女记者赵洁，发现女新闻工作者有其特有的敬业精神和坚持不懈的韧劲。请看赵洁参加新闻工作的体会。

我从事新闻工作6年了，孩子才两岁。在台里负责串片子，尽管工作很累很苦，但在完成任务之后有一种满足感，一种成就感，当然在获得这种满足感的时候，我们付出的代价是很多很多的。有一次开会，散会后还有一些编辑工作要处理，我一直在等待，一直没有休息，别人都去吃饭了，我还在工作。那时候我孩子还没有断奶，奶胀得直流，衣服都湿透了，我只好拉了件大衣披上。在这种情况下，我还是认认真真地工作，因为我们面对的是全市220万观众，我的工作不允许出错。在工作面前，你必须放弃家庭、放弃孩子，放弃吃饭，一定要克服困难，即使孩子在家里饿着也要完成任务。（编者对此不敢认同，应做到家庭和事业并重，孩子和工作并重，更不能放弃吃饭。）所以我觉得女性的伟大之处是无私。当然，女人和男人的社会责任感不同。男人也追求事业成功，但女性更能认真地对待工作。我的信条就是：我在这个岗位上呆一天必须认真对待这一天，并且我在这个岗位上还要有自己的创新。要创新必须提前有准备，第二天才能打个漂亮仗，获得成功。而在本职工作中要创新就要付出很多代价，比如我现在孩子还小，有时折腾到十一、二点才肯睡，我要在孩子睡着后再拧开灯，为明天的采访作准备，理出思路或写出日程表。男人回家吃完饭就可在电脑上遨游，我却不能，尽管我婆婆给我做好饭省却了这个程序，但我还要收拾房间，陪孩子玩，给孩子开发智力，把一切都料理完了，才有时间考虑自己的事，所以我认为女人和男人的成功不是站在同一条起跑线上，女人要比男人付出的多得多。

此外，女人当然必须自强，但自强的同时还必须同合作伙伴搭档好。我们电视工作者的工作是要合作完成的。我是文字记者，扛摄像机的大都是男同志。合作关系中女人要发挥自己的优势，比如遇到问题，女人也许可用柔韧细致的方法去解决，男人也许就用刚毅果断的方法去处理，发挥各自的优势和特长，对完成工作是有利的。由此想到领导同志中的男领导和女领导也应愉快相处，那样无论对单位还是对社会，都是非常好的。总之女人和男人要相互合作，和谐发展。

寿沅君与央视《半边天》

寿沅君——一位永不满足于现状的女性，一位创新型的女编导。

1961 年，她从中国人民大学新闻系毕业后，即进入中央电视台扛起了摄影机，成为当时少有的电视女记者。她很喜欢这个工作。但不知为什么，一年后，她被调去做儿童节目的编辑，节目对象先是 3 岁至 6 岁的学龄前儿童，后来是小学生、中学生和大学生。一做就是 30 余年。尽管当初离开记者岗位时很伤心，但她很快爱上了少儿节目和青年节目的编辑工作，因为她能在这份工作中充分发挥自己的聪明才智，享受着自主创新的快乐。

寿沅君带领八位年轻编导创办的《十二演播室》栏目，是全国电视台中第一个以青年为收视对象的栏目，受到了年轻人的普遍欢迎和舆论界的充分肯定，先后被评为央视和全国的优秀电视栏目。

寿沅君也是央视第一个把竞赛形式转化为电视节目的创意人。她与林庆章等同志一起，在连续播出的《北京中学生智力竞赛》系列节目中，首次推出了主持人，然后其他节目的主持人才逐渐跟进。

紧接着，寿沅君又策划了中学生《史地知识竞赛》、《语文知识竞赛》、《微电脑竞赛》、《地震知识竞赛》及有北京香港爱好者参加的《“红楼梦”知识竞赛》，由青年军人参加的《八一青年知识竞赛》等 100 多场竞赛节目。

在诸多的竞赛中，为“国际和平年”而举办的《国际知识竞赛》，由于节目新颖生动，产生了广泛的社会影响，时任联合国秘书长的德奎利亚尔特发来贺电，称赞说：“在这样广泛的范围，进行这样卓有成效的活动，是对人类和平事业的巨大贡献。”此节目的录像已被联合国图书馆收藏。

《全国十六城市演讲比赛》，是寿沅君把辩论形式引进电视节目的成功尝试。场上选手的唇枪舌剑，一扫过去讨论节目的沉闷，引起观众极大的参与兴趣，往往屏幕上的辩论结束了，屏幕外的辩论还在继续。这个连续播出12场的节目，掀起了全国青少年的演讲之风，并使演讲节目长盛不衰。

双向传送现场直播的《运河知识京杭对抗赛》，更是我国电视史上的首创，不仅在编导上，而且在声像传送技术上都有开创意义。寿沅君除提出整个节目的创意外，还撰写了全部台本，承担了总导演台上的调机和切换，完美地实现了创作计划。总之，竞赛节目在电视界的繁荣乃至社会上的盛行，是跟寿沅君的创意和编导实践分不开的，她称得上是央视竞赛节目的"鼻祖"。

寿沅君为亿万青少年创作了上千个电视节目，先后有23个节目获全国奖，其中一半以上是政府奖和专题类节目的一等奖和特别奖。由于她在电视节目创作中的造诣，不仅使她成为全国少儿电视节目创作的带头人，还被全国妇联和共青团中央评为著名少年儿童工作者，并将她的简历收入《少先队辞典》、《中国广播电视人物词典》。

寿沅君热衷于实践探索，更勤于理论思考，她撰写了90多篇专业论文，编著了《宝宝全书》、《少年百科知识》、《中学生智力竞赛》、《中学生与微电脑》等八本书，1992年晋升为高级编辑，1993年荣获国务院颁发的"在文化艺术领域有特殊貢献"的专家证书，终身享受"政府特殊贡献津贴"。2001年又被评为"中国百佳电视艺术工作者"。

1994年，联合国第四次世界妇女大会将于1995年在北京召开的消息传来，国人振奋，新闻人也积极行动起来。然而，此时此刻的寿沅君却临近退休之年。她想，在中国的电视屏幕上，有诸如工人、农民、军人、青少年、老年人等的诸多对象性栏目，唯独占全国人口二分之一的妇女却没有自己的栏目，这是多么不公平啊！

她放弃回家颐养天年过轻松生活的机遇，决心要创办一个女性栏目。而此时她的同仁孙素平和王娴正在为谋划创办女性栏目的事而奔走，于是，三位资深的女电视人为了一个共同的目标走到了一起，她们要为中国妇女在央视屏幕上撑起半边天。

然而，以个人名义申办栏目，这在央视史无前例，简直是异想天开。但乘世妇会的东风，在国家台为中国妇女搭建一个有话可讲并能同世界妇女交流的平台，对提升我国妇女自身素质和社会地位，意义重大而深远。

于是，在1994年"三八妇女节"过后的第三天，她把编导孙素平和王娴请到家里共同"密谋"策划。三位女编导对栏目的宗旨、对象、风格、人员、经费等都做了详细的设计，取了个形象生动又好听的名字叫《半边天》。真没想到，报告送上去仅 34 天，台领导就批准了她们的请求，这令她们惊喜不已。她们采取公开招聘方式，很快就有台内台外几十位热心者加盟。

1995 年 1 月 1 日，央视屏幕上出现了一个新栏目——《半边天》，受到全国观众的广泛关注，更受到妇女们的热捧。

行将退休的寿沅君被委以《半边天》的主编、艺术指导，负责节目策划、选题制定、节目审看、播出安排以及业务培训等工作，从此翻开了她职业生涯新的一页。每天早出晚归，忙得不可开交。

寿沅君没想到《半边天》正式开播后，有关"世妇会"的报道竟成了重头戏。根据"平等、发展、和平"的"世妇会"主题，《半边天》栏目详尽介绍了历次世妇会的背景及成果和此次大会的各项活动安排；介绍了当前世界妇女的生存状况以及中国妇女运动的过去和现在等。许多珍贵史料都是第一次出现在央视屏幕上，引起观众的极大兴趣。有的观众来信说；"我爱看《半边天》，我从这里了解到了世妇会的情况和许多知识和信息。"尤其是"世妇会知识问答"小专栏，更吸引了成千上万观众的热情参与。

为庆祝大会的举行，《半边天》要录制一个大型文艺晚会节目，有位编导自告奋勇担当总导演。岂料三个月过去了，连个创作班子都未搭起来，更谈不到台本了。时间紧迫，只能临时换将。孙素平说："这任务只好麻烦寿老师了！"于是寿沅君临危受命，接过这只烫手的山芋。

可是，她过去做过新闻、专题、社教、青少、幼儿、科普、知识竞赛、演播室直播等各种类型的节目，唯独没做过大型综艺晚会，真是硬赶鸭子上架。她一方面向文艺部的同事求教，同时调动过去在采访工作中结识的朋友，集思广益，同心协力，两周后，交出了节目方案及剧组人员名单。台领导也很快审定了这个名为《大地缤纷》的 90 分钟的"世妇会"特别节目，终于按计划在世妇会开幕前与观众见了面。晚会以有关世妇会知识问答为主线，中间穿插音乐、歌舞和小品演出，活泼生动，别开生面，博得观众的阵阵热烈掌声。这台与众不同的晚会成为当时央视收视率的前 10 名之一，在会后的世妇会好新闻、好节目评选中获得二等奖。

1995 年，《半边天》栏目取得了不小的成绩。在人物报道方面，一年共推出了 200 多位女性人物，既有杰出女性的代表，又有普通女性的典型，其社会影响大大超过其他媒体的报道。在年度评奖中，有 4 个节目分获政府奖的一、二、三等奖。

经过一年多的调整、磨合，《半边天》的编导人员逐渐稳定下来，人们热心于这份与众不同的工作，并且尽心竭力想干得好一些。但是队伍的年轻和不成熟，随着时间的推移逐渐显露出来，最突出的是大家不了解“性别视角”是怎么回事。多数人还停留在“男同志能办到的，女同志也能办到”的简单认识里，并以此为选材做节目的指导原则，直接影响节目质量的提高。

一次偶然的机会，寿沅君认识了妇女研究所的刘伯红女士。

寿沅君说：“刘伯红很健谈，给我讲了时下我国妇女面临的种种问题，还列举了许多事例。交谈中，我发现她看问题的方式和角度很特别，一些人们习以为常的事，在她那儿全成了问题。她说这就是性别视角的不同，要真正解决性别歧视，必须建立正确的看问题的立场和角度。后来，我接触到的许多女性问题研究者，也都有类似看法。我渐渐明白了性别视角对认识妇女问题的意义。当我尝试着用它来审视我们播过的节目时，发现了许多值得自省之处。比如，有一个题为《女人，请自重》的节目，谈的是卖淫问题。从题目上便可看出，节目制作者的矛头所向。他把这些丑恶的社会现象全都归罪于女性，似乎只要女人自重了，社会上的卖淫嫖娼现象便可销声匿迹。完全忽视了背后复杂深刻的社会原因。这种性别视角的偏离，效果必然适得其反。再比如，有一个节目，讲述了一位母亲为供养4个儿子上大学，百般克扣自己。节目对这位母亲的‘无私奉献’精神大加赞扬，丝毫不顾及这位母亲起码的生活需求。在女性人物介绍中，这种事例并非个别。栏目的另一种倾向是强调女性要有‘女人味’，一味要求女人靓丽、温柔，一些编导专找漂亮女人拍，还以为这就是女性的风采。

“经过反复思索，我渐渐认识到，开办一个栏目并不难，而要办好一个栏目，让观众喜欢并且从中受益，就不那么容易了。要使《半边天》栏目有所改观，关键在于提高节目制作者的素质，必须从根本上改变思想观念，让编导们从传统的妇女观念的束缚中解放出来，树立起全新的性别视角。”

联合国第四次世界妇女大会的口号是“用妇女的眼光看世界”。身为主编，寿沅君率先从自己做起。她在坚持日常工作的同时，利用一切可以利用的时间和机会，边做边学。她积极参加有关妇女和传媒问题的学术研讨会，向专家学者们请教；她广泛收集报纸杂志上的有关资料，从中汲取有益的东西；她注意总结业务工作中的经验体会，在实践中充实自己；她撰写文章表达看法，在与同行交流中提高认识。就这样，点点滴滴，日积月累，不知不觉中，对于女性问题的关注和研究，竟然成为她退休生活的主要内容和乐趣。也成了她和《半边天》一些年轻人结为忘年之交的共同语言。

寿沅君在用行动带动和影响年轻编导的同时，在精明强干的第二任总制片人赵淑静的支持下，又倡导建立了一套行之有效的业务学习和编审工作的机制。

一是节目选题讨论会：每月初召开，编导自报选题，说明内容、形式及报道理由，大家自由发表看法，最后由主编或制片人敲定。讨论过程成为大家运用性别视角审视客观事物的实践机会，这样开放地自由发表意见而又不断争论的会议深受大家的欢迎。

二是节目审看会：在栏目里，对节目的审看，一般都是领导说了算，《半边天》却不同，每周初召开的节目审看会，除了主编、制片人之外，欢迎编导自由参加，而且也可以对节目发表不同的意见。这是极受编导们重视的活动，每次审看节目，屋子里的人都挤得满满的，谁都想听听“头儿们”和同伴们说些什么，审看会成为大家业务学习的极好机会。

三是优秀节目评选会：每季度一次，由主编主持，邀请台内外专家担任评委，评出每季度各类获奖作品，并进行讲评。会后主编向全体人员报告评选结果，传达评委的意见，并对全季度节目质量进行综合分析。编导们认为这是高层次的业务学习，既可以从获奖节目中受到启发，还能从综合讲评中领会导向性的意见。节目得了奖，还有奖金呢。

四是举办培训班进行系统培训：1996—2000 年间，共举办了 6 期培训班，邀请专家学者对全体人员进行系统的社会性别意识讲授，这种培训让编导们“眼睛一亮，看到了生活中过去未曾发现的、隐藏在事物背后的、对男女两性的不同评判标准和不一样的是非观念。”

经过培训，编导们渐渐学会了用社会平等意识观察社会和人生，摒弃了追求“女人味”的路子，更加关注女性群体的生活状态，在节目采编中注意体现女性在人格、尊严、价值、权利、机会和责任等方面的平等地位，使节目质量大为提高，出现了许多令人眼前一亮的好作品，收视率也稳步上升。据央视 2000 年的一项调查显示：在被调查的 22 个栏目中知名度名列第一，观众满意度名列第六，主持人素质（沙玛阿果、张越）名列第二。这对于一个在非黄金时间播出的栏目，已经是非常不容易了。

2000年6月，联合国在纽约召开特别会议，审查和评估世界各国执行《北京宣言》和《行动纲领》的结果。安南秘书长在谈到妇女与传媒时说："中国中央电视台的《半边天》是一个极具影响力的、专门播放有关女性话题的栏目。"（见评估报告第554段）

联合国秘书长用如此肯定的语句，点名道姓地评价一个电视媒体的栏目是极为少见的。通过他的声音，全世界都知道了中国国家电视台有一个叫做《半边天》的妇女栏目。

当时，寿沅君和她的同伴正应NGO基金天天会的邀请和资助，在纽约联合国大厦采访"北京+5"活动，一些外国朋友知道她们是《半边天》的记者，都来找她们交流沟通；联合国妇女基金、儿童基金、人口基金以及欧洲妇女院外集团、亚太妇女传媒网络等国际组织对《半边天》也十分感兴趣，认为中国国家电视台能开办一个专门关注妇女问题的栏目，是中国人权进步的表现。

寿沅君和她的同伴在纽约的10多天里，整日穿行于联合国大厦妇女论坛的各个会场，成功地访问了包括蒙盖拉女士在内的多位杰出妇女活动家，收获颇丰，顺利地完成了任务。

然而，当她们满怀受到联合国秘书长表扬的好心情和采制的一批节目，兴高采烈地回到北京时，却听到了令她们惊愕的坏消息：《半边天》原来那位能力强、善管理、勇于创新、经验丰富的第二任总制片人赵淑静辞职离去，取代她的是一位不知"性别视角"为何物又毫无进取心的中年女性。

这位新人一上台便找寿沅君商量，是不是减少些播出时间，没必要把大家弄得那么紧张疲劳。没多久她便去国外探望老公去了，数十天后才回来。《半边天》原来行之有效的制度，也一点点地被废止，选题讨论会不开了，编导爱做什么做什么；节目审看上交了，由部主任一个人关起门来审定，不仅编导们失去了观摩学习的机会，连寿沅君这位业务主编也无权过问了；季度评优、讲评，更是不了了之，干好干坏一个样。节目基调又倒退到追求"女人味"的老路，对女性个人情感的描述逐渐取代了性别平等意识的关注；为了表现女性的温柔，刻意把观众熟悉的红黄兰三色彩虹标志改为了粉色。为了追求卖点、收视率，要求编导做节目要有"兴奋点".要有"高潮"，不仅社会性别意识模糊了，连新闻的真实性也丢在了脑后。

面对这样的现实，寿沅君不得不辞去主编的职务，离开她为之倾注了大量心血和精力的栏目。随之而去的是撑起《半边天》栏目的一个个优秀编导和主持人。仅仅一年时间，原有业务骨干基本散尽。

在以后的时日里，《半边天》的制片人、主编，走马灯似的更换，节目质量节节下滑，播出量由鼎盛时期的四个频道交叉播出，缩减为一个频道，昔日风采荡然无存。有的编导用“名存实亡”来描绘《半边天》，话虽难听，却不失真实准确。

2010年7月30日，在播完一个名叫《我的生活我做主》的节目之后，《半边天》便在央视屏幕上销声匿迹了。

寿沅君面对《半边天》的消亡，做出了认真的理性思考。她认为：当初《半边天》之所以能够顺利开办，就带有较浓厚的“应景”成分，开完世妇会，有的领导认为它已完成历史任务。尤其在电视日益趋向市场化、商品化、娱乐化，着力追求好看、有卖点、广告多的大背下，像《半边天》这种“正统”的栏目生存环境越来差。而总制片人缺乏性别意识和为女性服务的事业心，是《半边天》从兴旺走向消亡的直接原因。

寿沅君说：“这些年来，一种难以割舍的情结始终伴随着我。因为正是由于有了《半边天》，我才开始了对女性与传媒问题的关注与研究。辞去《半边天》主编工作之后，我完全解放了，有了更充裕的时间和精力从事女性问题的研究，随着研究不断深入，关注的领域更加广阔，它成为我晚年生活中最大的乐趣。从2002年到2007年，将近5年的时间里，我发表论文、调查报告、学术演讲、专题评论等数十篇。2005年，在庆祝‘北京+10’‘国际妇女论坛’、‘北京—香港论坛’，以及‘提高社会性别主流化能力研讨班’上，我分别做了题为《中国电视女性栏目的过去和现在》、《从三个故事看主流媒体的性别意识》、《将性别意识纳入电视女性栏目》的发言和讲授，用具有说服力的材料和数据，剖析了我国电视女性栏目的现状、问题与解决办法，受到同行们的关注。我的另一篇论文《剖析电视女性栏目》被收入《中国女性的过去、现在与未来》一书，分别在美国女性主义出版社和中国北京大学出版社出版。我在北京大学文化节和延安大学所做的《女性的屏幕形象》的演讲，由于紧密结合实际，深入浅出，受到同学们的欢迎。我所作的题为《从〈东方时空〉看主流媒体的性别平等意识》、《体育报道中的中国女性》的专题研究，不仅为《妇女研究论丛》、《中国妇女报》所刊用，还被网上广泛转载。2006年，我应邀参与妇女发展蓝皮书——《中国妇女发展报告》No. 2（2007）一书的写作，作为编委之一，我被指定为课题组负责人，主持对‘电视女性栏目’的调查研究，历时半年，课题组分别对中央电视台、四川电视台、河北电视台、黑龙江电视台和广西电视台的女性频道（栏目）进行了访问和调研分析，写出了专题报告《中国电视女性频道/栏目的生存状况与发展障碍》。我在执笔撰写这份长达48000多字的报告过程中，始终心绪难平。想当初，伴随着北京‘世妇会’的脚步，在央视《半边天》的影响下，各地电视屏幕上，女性栏目争相亮相，其速度之快有如雨后春笋，不到一年时间，就有山西、武汉、宁夏、昆明、北京、浙江、辽宁、贵州、四川、湖南等多家，这种局面多么令人振奋！仅仅10年光景，各台的女性栏目便纷纷关门大吉，只剩下央视《半边天》在苦苦支撑。这种状况是我当初预想不到的。感叹之余，作为一个有志于女性问题研究的老传媒人，我只想说，要真正落实联合国第四次世界妇女大会通过的《北京宣言》和《行动纲领》，从根本上改变人们的传统价值观，实现真正意义上的社会性别平等，我们面前的道路何其遥远！

路漫漫其修远兮，吾将上下而求索！”

2015年7月28日

“饮食”怎么就有了“主义”？

——访学者型女编辑魏世平

“民以食为天”，短短五个字，揭示了一条亘古不变的真理：饮食，是人类生命存在和延续的基础，健康的保证，也是人们生活中精神和物质的美好享受。但并非所有人都知道，饮食的核心价值是营养，在物质日益丰富的当今社会，一些饕餮之士无限制地吃喝，盲目追求食物的高精尖，导致慢病丛生，国民健康每况愈下。据报道，我国各种慢性病现有确诊患者2.6亿人，导致死亡人数已占总死亡人数的85%，疾病负担已占总疾病负担的70%。卫生部前部长陈竺惊呼：“如果没有有效的干预措施，中国的慢性病将可能出现‘井喷’。”

中国传媒人为国民健康民族强盛，纷纷开设营养美食专题节目或专版专栏，倡导合理饮食，指导科学消费，传扬饮食文化，为推动国民的健康长寿鼓与呼。

然而，将饮食作为一种“主义”提出，并大声疾呼应加强国民营养，提高国民身体素质，全国唯独《北京青年报》（以下简称《北青报》）。为此，笔者专访了《北青报》“饮食主义”版主编魏世平。

“饮食”怎么就有了“主义”？

魏世平说：“这和我的成长经历有关。1979年是我国恢复高考后录取新生最严的一年，为给在‘文革’中没机会参加高考的大龄青年让路，对应届高中毕业生更是严上加严。我为保住北京户口，不得不报考了北京市服务学校的摄影专业，不料却被分配到烹饪专业学习。

“尽管我很不喜欢学烹饪专业，但在上世纪70年代末，当人们还在为温饱奔波的时候，我却能接触到营养学这样超前的知识，知道了怎么用食物补充人体需要的营养素。无形中对营养学、食品原料学、食品化学等课程产生了极大的兴趣，各科成绩名列前茅，加之我自幼乖巧的性格，老师和校长都很喜欢我。毕业后我留校当了教师，教学生凉菜象形艺术的拼摆。为提高教学质量，校长送我到北京画院学了两年国画花鸟。业余时间我还在外面讲授营养学和食品原料学的课。留校一年后，我就开始在食品科学杂志上发表文章，谈怎么把营养理论和烹饪实践结合的观点。这在当时也是一种超前观点的尝试，得到了校内外有关人士的好评。现在网上国际食品科学库仍能搜到我1982年发表的这些文章。

“20世纪80年代末，我考上了北京师范大学图书情报专业，毕业后在校图书馆工作，这为我获得了博览群书的好机会。

“1992年《北青报》招聘记者，500多人报名仅录取20名，我很幸运中榜，从而进入《北青报》当记者、编辑，开启了我人生崭新的一页。

“我在采访新闻编辑版面两年后，适逢全国青年报刊协会委托《北青报》主办《青年报刊研究》杂志，由我任责任编辑。副主编是中国青年报退休的武志莲老师，她是采访过毛主席的老记者，曾写过很多有影响力的文章。她带着我采访了几十位新闻界有成就的总编辑，同时又手把手地教我如何编稿、做标题、画版，使我增长了不少新闻学的实际知识。

“但我没有系统学过新闻学理论，深感底气不足，在得到报社领导批准后，我于1996年考入中国社会科学院研究生院新闻系在职硕士研究生班，用2年半时间系统学习了新闻传播学理论，拿到了硕士研究生毕业证书。

“这期间，中国厨师几次在国际大赛上因说不清自己制作的菜肴营养成分而落败，倒逼全国厨师掀起了学习营养学的热潮。1998年，我历时近半个月和厨师们一起听营养课；在采访营养学家李瑞芬老师和一些开始用营养学指导自己工作的厨师后，写出了《577万厨师大回炉——改善国人膳食营养先从厨师做起》的深度报道，以整版篇幅在本报‘每日焦点’刊出，在全国引起很大的反响。

“营养学家于若木同志拿着这份报纸和一些其他资料，就国民营养问题同朱镕基总理谈了两个小时，后来在国务院的《政府工作报告》中，首次出现了‘加强国民营养素质’这句话，从政府到社会都开始重视营养食品的生产和推广了。

“1998年底，在于老的推荐下，我首次走出国门，赴马来西亚参加世界中国烹饪大会并发言10分钟。我把中国古老的烹饪蕴含着现代科学营养的观点陈述给与会代表听，同时驳斥了台湾个别人宣称‘中国烹饪的根在台湾’的观点，赢得了各国代表的好评，世界中国烹饪联合会主席说：‘小魏大涨了中国人的志气’。17 年后的今天，在有些场合仍然还有人提起我的这篇报道和后续文章。

“于老又多次和我谈到学生营养的问题，促使我连续几年不间断地深入贫苦地区，到最基层的学校考察，写出了许多呼吁加强学生营养，为中国后代造福的系列深度报道，在社会上产生影响力。”

2005 年，《北青报》全面改版，别开生面地由 39 位编辑竞争 10 个副刊岗位，每人策划一个自己可操作的版面。原群工部负责和新闻界专家联系的编辑魏世平设计了一个集食品科学和饮食营养为一体的版面，在竞争中脱颖而出。

要在综合性的报纸上办一个谈论饮食营养的版面，不同于专业杂志，既要保证准确的科学性，又要具有一定的新闻性和科普性，更重要的是，如何用新闻理念去办好这个版面并办出特色？这是魏世平思考的第一个问题。

试刊那一期，仍然套用了“食物养生”的旧版名，副刊部主任陈新觉得太缺乏新意。于是出资 300 元在副刊编辑部内征集版名。在集思广益一番以后，聪慧的尚晓云说：“干脆叫‘饮食主义’吧！”这很符合魏世平的本意。她要把这个版办成既紧跟新闻热点又很贴近百姓生活的专版。

2006 年 1 月，“饮食主义”版正式在“天天副刊”与读者见面。魏世平这样为她的饮食主义版破题：“在本版，你看不到灯红酒绿的餐馆、酒家和美食城，也没有‘钟鸣鼎食’的‘满汉全席’，这里所推崇的是务实的饮食主义思想——一日三餐中蕴藏着的营养知识，普通家庭厨房中涵盖着的科学文化。我们希望有一天，你突然发现，原来自己已经变得那么会吃、那么会做，而且吃出美味的同时，吃出了健康的体魄、苗条的身材和良好的心情……”当时已经住进医院的营养学家于若木同志听说《北青报》饮食主义版诞生了，高兴地说：“终于有我们的园地了”。

有人说：“西方人用脑子饮食，中国人用舌头饮食”。是说西方人重视营养，中国人追求美味。尽管中国人创造了博大精深的饮食文化，却不讲究饮食营养，忽视营养专业人员的培养和训练。当年“文革”结束后，时任卫生部长的崔月犁同志，发现全国能称得上“营养师”的仅 72 人。崔月犁部长称他们是中国营养界的稀有人才——“72 只大熊猫”。

盖楼先得打地基。魏世平想：要想把“饮食主义”版办出特色，办得有品位，必须获得这些稀有人才的支持和帮助。于是她在最短的时间内，通过中国营养学会、中国疾病预防控制中心营养与食品安全所等部门联系上了营养专家们，逐位登门拜访，积极沟通，让他们充分地认识到：“饮食主义”版是个为百姓办实事的版面，不仅关系到当代人的健康生活，而且关系到子孙后代的健康成长。

最初有的营养学者不愿意和媒体人合作，认为媒体人不懂营养科学，不能很好地表达他们的观点，有损自己的学者形象。可几次专访和沟通后，他们愿意和魏世平合作了，认为传媒可以迅速而广泛地宣传他们的理念和知识，推广他们新的研究成果。魏世平的“饮食主义”版，正是这些专家同老百姓之间的桥梁和纽带。他们纷纷为魏世平出谋划策，帮助她一一解决难题。

比如，中国食品科学专家张学元先生，解放初期是上海益民食品厂厂长，为我国食品工业的发展做出了卓越的贡献，在他生命垂危之际，魏世平赶到北京医院对他进行了专访。因文章涉及当年任副厂长的江泽民同志和张老共同创办“光明”牌牛奶的故事，需要送江泽民办公室审阅，而按《北青报》的级别很难能送达。于若木同志听说后说：“写张老的事迹一定要支持，把文章给我，我直接给江的大秘书送去。”不久，江办就把稿子审阅回来，并做了批示。时任总编辑的张延平亲自编辑改稿，定标题为《学者张学元 一生奔波为食品》，用整版篇幅报道，在社会上引起很大反响。后来，江泽民同志去于老家拜年，还谈起这篇文章。于老对江说：“《北青报》可火了，那个魏世平是一个对国民营养报道很专业的好记者。”2015 年 1 月，江泽民同志再次想起了这篇报道，派人又把报纸的复印件要去重读。

营养学家李瑞芬毕业于 1944 年法国人办的震旦大学家政系临床营养专业，魏世平去采访她，两人谈得很投机。后来成了好朋友。李瑞芬临终前，还嘱托魏世平把社会上流传有关歪曲她的观点澄清。

与营养学家的频繁交往，使魏世平获益匪浅。营养专家的每次点拨，都能激活魏世平的创新细胞。

报网结合谈营养

2007年5月17日，正是中国学生营养日的前夕，上午10点至11点，北青网（YNET. COM）举行了一场在线访谈。魏世平请来的嘉宾是中国疾病预防控制中心营养与食品安全所副所长、研究员、博士生导师马冠生，讨论的话题是"学生怎样吃好营养餐?"按理这一时段并非是在线访谈的最佳时段。但意外出现了——据网站技术统计，直播中登录人数超过5万人，在线提问达到7000多帖，截至18日上午，点击率累计达到20万人次。巨大的流量导致直播页面一度登录困难——网站和主持访谈的编辑完全没有料到会出现这样"火爆"的场面，以致《北青报》不得不在5月19日的《天天副刊》D1版刊登公告，在感谢网友积极参与的同时，对17日在线访谈因流量过大造成一时宕机向读者和网友"深表歉意"。

对此，新闻出版总署报业专家顾问团顾问、中国网络媒体专家闵大洪，在《新闻出版报》撰文评论道："媒体向受众致歉，通常是报道发生差错，而这次《北青报》、北青网的致歉，则是由于受众参与热情高而自身始料不及准备不足所致。取得如此传播效应，固然有很多因素，但其中重要的一点，就是近一两年报界常说的'报网互动'运作。17日在线访谈引发的受众反响看似带有偶然性，其实这一偶然性蕴藏在'报网互动'运作的必然性之中。"《北青报》饮食主义版"将网上互动访谈与版面内容形成无缝对结，不仅达到浑然一体的境地，而且更成为一种常规运作，为探索报纸媒体在网络时代的运作规律，提供了极有价值的样板。"

针锋相对揭骗子

曾经有位台湾来的林光常博士，频频在电视台露面，大肆宣扬"牛奶有毒论"，同时到处举办讲座，推出他的排毒餐，导致一些地区的牛奶销量开始下降；还有些人轻信了他的排毒餐，不敢吃动物性食物，只吃白薯而造成营养不良。

为什么林光常的煽动能得逞？而正确的营养理念要让老百姓接受却那么难？不止一位营养学家对魏世平说："你是新闻圈里学过营养的，也是营养圈里搞新闻的，你应该把食品营养中的是是非非搞清楚。"

学营养学出身的魏世平当然深知牛奶的营养价值，而且她还在德国奶场考察过牛奶生产的全过程。她感到林光常的哪套“理论”很不靠谱，就在2008年国际牛奶日的前夕，邀请我国临床营养界泰斗88岁的李瑞芬教授，和中医食物养生界泰斗中医药大学教授翁维健，同时做客“YNET”网站和网友对话。两位专家大谈牛奶对人类的贡献，用事实和数据来说明中国人喝牛奶的历史和牛奶对健康的好处。李瑞芬老师最后充满激情地说：“温家宝总理提出要让每个中国人每天喝上一斤奶的梦想一定要实现，也一定能够实现。”

但此时此刻，林光常还在电视里大谈“奥运食品”问题，仍在宣传他的种种谬论。于是魏世平再次请翁维健教授做客网站直播，单刀直入地批驳林光常的排毒餐。直至8月，台湾地区百姓把林光常告上法庭。

当时有些媒体人自诩曾如何如何抵制过林光常。翁维健教授站出来说：“媒体里第一个反对林光常的不是别人，是《北京青年报》！第一个站出来反对的是我和李（瑞芬）大姐，魏世平也是有功者。”

而当张悟本在社会上红极一时时，魏世平组织营养界、中医界专家和传媒学者共同举行了《从张悟本现象我们悟出了什么》的研讨会。从营养学的理论入手，从中医的道理展开，用传播学来概括，会议开得非常成功，饮食主义版的报道也很生动。

拨乱反正靠科学

2009年，三鹿奶粉事件过后不久，有多家媒体连篇累牍地报道牛奶苯甲酸超标问题，香港一家电台声称：“又一次三聚氰胺事件，将在大陆发生。”引起百姓疑虑。

魏世平敏锐地意识到，如果不加以澄清，有可能从一个简单的食品问题，会上升为一个和百姓生命相关的新闻事件。

3月10日，饮食主义版及时刊出独家新闻：《牛奶中的苯甲酸≠三聚氰胺——关于“中国乳制品检出苯甲酸”事件的科学事实》一文，深入浅出地阐释了国际生命科学学会中国办事处食品安全工作组的最新研究成果，用黑体字标出：“（一）部分媒体对此事的报道存在明显夸大事实和误导；（二）苯甲酸是天然存在于乳制品中的正常成分，不涉及安全问题；（三）乳制品中天然存在的苯甲酸含量甚低，不会危害消费者，包括婴幼儿的健康。”为读者解疑释惑，消除了百姓的恐慌心理，中宣部下文表扬了此篇报道。还有，当“两会”上有人大代表提出地沟油重回餐桌的问题时，魏世平立即请陈君石院士撰写了《350万吨地沟油重回餐桌缺乏科学依据》的独家报道，及时消除消费者的疑虑。

有根有据析天价

2006年，京城有超市为迎合消费者盲目追求天然、有机的心理，推出100元一棵的大白菜，忽悠消费者。魏世平邀请中国农业大学担任食品原料教学的老师撰文《白菜卖到一百元有机食品是何物?》，利用图文并茂的形式对有机食品进行科学的分析，使读者看懂、明白。

魏世平又听说98元一公斤的日本天价大米在京脱销，立即又请来我国谷物专家在网上直播，揭开日本天价大米的面纱。同时告诉中国百姓，我国就有比日本天价大米价格低得多而且营养价值高的大米。

2007年初，普洱茶在京城热销，成了人们馈赠礼品的首选。而且制作和包装极其精美，每斤卖到上万元，号称有收藏价值，炒作成了艺术品、珍藏品。4月，魏世平和她的同伴在市场上做了大量的调研，走访了有关专家学者，邀请了安徽农业大学茶学系毕业的专家网上直播后见报，题为《你了解热销中的普洱茶吗?》文中把普洱茶的历史、营养成分、对人体的作用以及收藏价值都讲得很到位，告诉人们普洱茶没有那么神奇。后来，专家评报的武志莲老师评价道：“是啊，讲座也好，文章也好，就要这样一环扣一环，不脱环，不断气。只有这样，读者得到的知识才是完整的，也才有兴趣一口气读下去。”

不畏权势讲真理

2015年6月29日，国际食品包装协会负责人董金狮涉嫌敲诈勒索案开庭审理。多年来，魏世平不断地和他进行着斗争。

2012年8月8日，董金狮所在的国际食品包装协会，发布“食品包装产品质量情况调查”报告，声称对方便面桶、奶茶杯、一次性纸杯、纸碗进行调查结果显示，多款知名品牌所用的双层纸制品外层纸的荧光性物质含量超标。据在场的企业老总描述，在会上董金狮像个疯子似的大喊：“记者们快出手写稿子呀，我这有奖金大红包等着你们呢！”

中国食品科学技术学会的专家们，面对董金狮的危言耸听，马上把科学的真相告知魏世平，于是，8 月 15 日《方便面纸容器真的有隐患吗?》的文章见报。同时还专门配制了漫画，被多家媒体转载，还被学会的科普小册子采用。

2012 年底，魏世平在北京市卫生监督所新闻中心挂职期间，在走访了许多区卫生监督站和餐馆后发现，又是这个董金狮在各大餐馆招摇撞骗，他声称哪个餐馆餐具不合格，就以“国际食品包装协会”名义对其进行处罚，严重干扰了北京市卫生监督工作的顺利开展。为此，魏世平深入采访餐馆，走进厨房操作间，看到餐馆在严格的制度管理下工作井然有序，盛放生熟原料的器皿也严格分开，定期消毒，而并非如董金狮所说的那样。2012 年 12 月 26 日《北青报》报道：《贴上一个笑脸还食客一个安全》。

2012 年 11 月，董金狮制造白酒塑化剂事件，鼓动多家媒体报道，称白酒中检测出 3 种塑化剂成分，认为长期食用塑化剂超标的食品，会损害男性生殖能力，促使女性性早熟，以及对免疫系统和消化系统造成伤害，甚至会损害人类基因。

对此，魏世平邀请首都医科大学附属北京朝阳医院职业病与中毒医学科郝凤桐主任医师撰文《白酒中塑化剂是否危害健康》。

多年来，魏世平凭借自身具备的营养学知识和理论，依靠营养学专家，积极报道我国食品营养最前沿的动态新闻，坚持了正确和科学的营养导向，而且探索出一条科普宣传的路子，创造出一套为读者喜闻乐见的报道方法，比如在国家推出强化食品和 OLIGO（益生元）、扫除“营养盲”等行动时，魏世平在积极配合报道的同时，又做了名词解释、背景分析等相关报道，进行了报网互动，请有关营养专家和官员直接和网友对话，促使政府行为迅速被百姓知晓并接受。

魏世平是位非常勤奋的女记者。从不满足于已有的知识，她紧紧抓住每一个“充电”的机会提升自己。她积极参加由北京市卫生局组织的卫生记者挂职体验活动，随同 18 家中央和北京市属媒体的 28 位记者，深入到北京 23 个卫生医疗机构和卫生行政部门挂职 3 个月，接受由主办单位举办的卫生政策、医学科技知识等专业培训。

在她挂职卫生监督所期间，和监督人员一起深入到一线餐馆进行卫生监督和体验二维码，写出《舌尖上的二维码》等报道；当人们热议饮水安全时，她邀请卫生监督所的水监督专家进行报网微博互动，后又落地见报《再谈反复煮开的水是否含有亚硝酸盐》，这些报道均受到读者和相关部门的好评。为此，北京市卫生局、北京科技记者编辑协会颁给她"卫生记者挂职体验活动"优秀奖。

鉴于魏世平把食品营养很专业的知识解读成让百姓能听懂的语言，饮食主义版深受读者的喜爱，也受到学科权威机构的肯定。2013 年，国际食品科学技术联盟①颁发给她"科学传播奖"。奖状是这样写的：

> 获奖人：魏世平女士北京青年报编辑
>
> 如果说对食品安全的准确解读也可以成为安定社会、稳定民心的定海神针，那么，一份深受首都百姓欢迎的都市类报纸正以持续多年的积累承担起这样的使命。
>
> 作为这份报纸的营养版专职媒体人，从人民教师转身为无冕之王，不同的是她从三尺讲台走上了更大的平台。从充满科学精神持续多年的公众科普教育消费者，到急风暴雨的危机报道中基于科学真相的仗义执言，她始终在以关爱之情和职业道德面对读者，同样是教书育人，道德良知与专业素养使她问心无愧，坚定地走在传递正能量的征途中。
>
> 2013 年国际食品安全论坛组委会

魏世平还参与了国家关于《中国居民在外就餐指南》和《中国食品安全科普大纲》的制定工作。她成为 70 位食品安全科普专家委员会委员之一，并被吸收为中国科协的中国食品科学技术学会理事会理事，这是该组织首次吸收媒体人。

魏世平没有被掌声和荣誉所陶醉。她通过办饮食主义版，体会到编辑、记者的社会责任和专业素质在报道中始终是最重要的。科学来不得半点虚假，科学研究必须坚持这一操守，科学报道也必须坚持这一操守。在今天浮躁的风气下，听风就是雨，盲目跟风是不可取的，而在一些事件热炒的时候，保持冷静的观察和思考就更为重要。正如她的导师闵大洪时刻提醒她的话："在互联网时代，勿以争时效性而牺牲真实性，勿以争轰动性而牺

① 该组织 1970 年成立于美国华盛顿。是一个国际性的、由各国食品科技界代表自愿参加的非赢利性组织。其宗旨是在成员组织的科技界专家之间进行国际合作和交流；支持食品科学在理论和应用领域的国际进展以及促进食品科学技术的教育和培训。

牲科学性，是媒体和媒体人应该把持的。要做到‘坚持、保持、把持’，对事实进行谨慎求证，仔细核实，才能使报道准确、客观，媒体的公信力才不会遭到损害。”

然而，2012 年 6 月《北京青年报》大改版，把“饮食主义”归到了《青·健康》，版名叫“营养安全”，应该说这是更直接地表达了营养和食品安全的内涵。殊不知，在读者的心目中，饮食主义版早已成为《北青报》的知名品牌。因此，不少读者（其中也包括新闻界和营养界人士）纷纷打电话，质问魏世平为什么取消了饮食主义版？是啊！名专版、名专栏和名记者、名编辑一样都是报纸的名片，都能吸引一大批读者，都能收获稳定的传播效果，为什么取消了呢！？大概只能归咎于决策者的不专业。

2015 年 2 月，魏世平到了退休的年龄。离开了她倾注心血的饮食主义版编辑岗位，但依然执著地宣传饮食主义的思想。她不断撰写食品科普文章，并介绍先进国家的《营养法》，全力呼吁政府为保障国民饮食安全健康长寿，尽快出台中国的《营养法》。

2015 年 6 月 1 日，《北青报》、中国食品科学技术学会、中国疾控中心食物强化办公室联合主办的公众微信号“食今不昧”正式开通，魏世平带领着团队几个学新媒体的年轻人又开启了新的航程。

“食今不昧”微信号受到食品营养学界的力推，办得风生水起。孙宝国院士评价说：“‘食今不昧’既是食品谣言的粉碎机，又是食品科学的传播机”。有传媒人称，魏世平再次起航，将是华丽转身。

这就是学者型的女编辑——魏世平。

中国需要更多的学者型女记者、女编辑。

2015 年 7 月 20 日

她，51岁当记者

——访香港《文汇报》驻京女记者刘诚

有人说，新闻工作是年轻人的职业，尤其是女记者，新闻记者头上的“光环”对年轻女性极有吸引力，因此她们义无反顾地涌向高校新闻传播院系，及至她们毕业出来当了记者，到处跑跑看看还觉新鲜，时间一长，体验到吃这碗饭的艰辛，感到吃不消了，当年的激情渐渐消退，有的毅然跳槽离去，走不了的也想换个安逸的岗位，脱离火热的社会生活。

女记者的职业生涯究竟有多长？

带着这个问题，笔者走访了原香港《文汇报》驻京特约女记者刘诚。

一　天赐良机

1979年，香港《文汇报》为加强内地的报道，要聘请原《大公报》资深记者方蒙担任驻北京特约记者，但当时方蒙在新建立的中国社会科学院新闻研究所担任新闻史研究室的主任，正忙于抢救新闻史料，筹办出版《新闻研究资料》杂志，实在腾不出手，于是向香港《文汇报》推荐了刘诚。不料香港《文汇报》不拘一格降人才，居然接纳了这位没有专业学历、从未做过记者工作的刘诚，而且以后的实践证明她工作得非常出色。

刘诚虽从未做过记者工作，但她的“报龄”却很长。早在1946年她便进入上海《大公报》当练习生，先后在经理部和编辑部做文案、人事、资料等工作，熟悉了出报的流程，积累了一些报业管理的经验，并结识了许多社会名士。

新中国建立初期，报社掀起了学俄语的热潮，刘诚每周到编辑部去学习俄语，结识了采访课的记者方蒙，1955年两人结为伉俪。

方蒙推荐刘诚担任香港《文汇报》驻北京特约记者有根有据，他深知刘诚具有深厚的文学底蕴，热爱新闻工作，肯实干，不怕苦。

对刘诚来说，当记者是她朝思暮想的愿望。香港《文汇报》能聘她做驻京特约记者，真是天赐良机。这年，她已51岁。

刘诚说，开始我试着采访、写稿，真的是战战兢兢。尽管我认识的名人很多，但不入门。方蒙既是老报人，也是我的老师，亦师亦夫。方蒙提醒我："写稿子一定要用事实说话，不能凭空想象。字要写得正，给香港发的稿子一定要用繁体字，特别是人名，一个字也不能错，尤其在用长途电话传稿子时，就要说'毛'就是毛泽东的'毛'，'刘'就是刘少奇的'刘'。否则他是香港口音，你是上海口音，登错了怎么办呢？他还为我的稿子把关。"当时我们唯一的女儿还在上大学，我要出差采访，方蒙都支持我去，他在家既当爹又当妈。

那时当记者很艰苦，尽管香港《文汇报》有个好处，打出租车可以报账，但那时北京的出租车很少，我只能同小青年一起赶公交车，回家就写，有时一天里上午、中午、晚上要赶写三篇稿。经常是边吃饭边写稿，晚上三篇稿一起发。

那时家里没有电话，我要到西单电报大楼去发稿。有一次方蒙陪我去的，发完稿要回家却打不到车，我俩从西单步行回到永安路的家，已是凌晨两三点钟了，真的很艰苦。后来香港《文汇报》给我装了电话，在家里传稿子就方便多了。有一次是采访荣毅仁中信公司的活动，谷牧副总理去参加了，散会后我回家就发稿，比中新社还快，第二天登上香港《文汇报》的头版头条。

采访"两会"也要有诀窍，我先查看代表名单，把采访对象的房号记下来，采访后马上写稿，先写新闻稿，后写特稿，有时实在支持不住了，打个盹再接着写，真可谓废寝忘食。正因为报道及时，我的稿件采用率比较高。

当时也有人对我的采访写作能力表示怀疑，说我发那么多稿子是因为有方蒙在帮忙。我听了很难过。原《大公报》记者高汾（当时任《经济日报》记者）很正直，替我辩解说："那她在外地采访的稿子是怎么写出来的？方蒙总不能跟着她走呀！"其实方蒙自己忙得不亦乐乎，既任《新闻研究资料》主编要出刊物，又在研究《大公报》史，撰写《范长江传》，哪有时间管我？我的稿子都是我自己一个字一个字写出来的。尤其内地人要想在香港立足，不能想当然地添油加醋，不能随心所欲想怎么写就怎么写，要靠实实在在过得硬的工作作风。

二　聚焦名人

刘诚出生于江苏常州的名门望族，自幼崇拜名人，同社会名人接触得多，了解得多，加之在《大公报》的经历和当时香港《文汇报》的需要，促使她把采访的注意力聚焦社会名人。从她51 岁当记者到72 岁辞职，在整整20 年记者生涯里，她采访了100 多位社会名人，其中有国家领导人、专家学者、劳动模范、作家画家、演艺明星、尼姑修女、编辑记者等，还两次采访了清朝末代皇帝溥仪的弟弟溥杰，积累了名人采访的宝贵经验，也收获了丰富的人文知识。

众所周知，名人都是忙人，要使他们接受记者采访很不容易，需要记者有灵性，善沟通。刘诚讲了几个印象深刻的片段：

采访著名桥梁专家茅以升

茅以升出身平民，自幼发奋向上，成为世界闻名的桥梁专家。1984 年“两会”前夕，得知他将当选这届全国政协的副主席，我立即打电话联系，可是他的秘书说茅老从来不接受记者的采访。我说：“请您告诉他，我是常州刘家的刘诚，他的儿媳妇是我的亲表姐，他的亲家是我的亲姑妈。”茅老一听是亲家的侄女来了，马上接待我，姑妈长姑妈短地拉开了家常，非常热情。采访结束，他还送了我一本他女儿写的书。我则写就了《新任全国政协副主席、桥梁专家茅以升》。

采访著名雕塑家刘开渠

雕塑家刘开渠八十寿辰。1984 年5 月的一个晚上我去采访他。他家住在西单的一个小胡同里，路灯很暗，我摸索前行，总算找到他家。他见我夜访，很热情地接待了我，带我进入他的工作室。他的工作室好高喔！他一边谈一边爬上梯子，示范给我看他是怎么雕塑的，使我能观察到他专心工作的每个细节，增加了我的感性认识和现场感。他的秘书送我出门时对我说：“刘老师，您真不简单。我们刘老处世很低调，不接受记者采访的。他看您这么大年龄，晚上还到家里来采访，才接待您。”这篇报道我写得很长，登了整整半个版。

采访前世界乒乓球冠军庄则栋

1985 年，前世界乒乓球冠军庄则栋出了一本书：《闯与创》。我写了一则新闻，编辑配发了庄则栋的照片，登在报纸头版。一些关心庄则栋的香港读者看到后，纷纷打电话到报社，要求了解庄则栋的近况。半夜报社来电话要我发专访。我去书店买了他的书，但要找到他可真不容易。

我打了好多电话追寻庄则栋的行踪，听说他在北海少年宫当教练，我去了，可那里的工作人员不肯告诉我。后来展望出版社的一位同志告诉我：庄则栋那些天正好在北京，他家住在东城北兵马司。我辗转找到他家，在门口碰到他妈妈正在买菜，说他上班去了，中午回家吃饭。我就在他家等着。当时他家里都还是1950年代的旧家具，9英寸的黑白电视机，很俭朴。

庄则栋在乒坛素有“小老虎”的美名，经历了“文革”的折腾，他显得有些沉闷。他见到我时警惕地问我：“您是来看望我的还是来访问我的？”我说：“两者都有。”随手把一本挂历送给他。当时挂历还是很俏的，他一下子就轻松下来了，侃侃而谈。为避免他紧张，我有意不提江青，插话提问：“那您对文化大革命怎么看？”他说：“我是在掌声和鲜花丛中长大的，政治上面太幼稚。”

记者采访中是要讲究技巧的。这次采访很成功，我以“从零开始新的生活——访前世界乒坛冠军庄则栋”为题写了专访，满足了读者的愿望。

采访红学家俞平伯

1986年，我兼任《郑州晚报》的特约记者，总编辑要我去采访红学家俞平伯，那也是很困难的。我不知道他家的地址，经多方打听，瞎摸摸到他家里。见他穿着很朴素，家里只有一套很简单很古老的家具。稿子写好后，我想他是国内著名的红学家，这篇稿子除了《郑州晚报》刊登外，是否应该在《人民日报》上发表？于是方蒙帮我给《人民日报》海外版的编辑高集打了个电话。高集说：“不能见报。”方蒙问：“为什么？”高集说：“上面有指示，俞平伯当过右派。有一次社科院院长胡绳向他敬酒的照片都没让登。”方蒙说：“刘诚的稿件没有涉及他的红学观点，只写他的生活。”后来高集看了稿子觉得很好，以“简朴谦虚淡雅——访红学家俞平伯先生”为题，登在《人民日报》海外版上。同年，香港《文汇报》也报道了“俞平伯近况”。后来红学会在芜湖开会，我赶去采访了红学家吴组湘。我觉得文人学者越有学问越不摆架子，待人亲善，对我就像老朋友一样。

采访刘少奇之子刘源

1987年，我到郑州采访中国电影艺术家首届颁奖大会。开会时，我看到人们把一位衣着朴素的年轻人硬拉上主席台就座；拍照时，又硬把他从后排拽到前排中间位置。他是谁？一打听，才知道他是刘少奇同志的儿子刘源，时年 36 岁，是郑州市的副市长。他做了很多改善民生的好事但很低调。我立马约他交谈了两个多小时。刘源说为了怀念冤死的父亲，他选择到河南农村插队当农民。在副市长任上做的事，都是和当地干部群众一起做的。他很谦虚，人品很好，一点没有高干子弟的架子。我写就了长篇通讯“刘少奇之子刘源与郑州”，在香港《今晚报》连载两期。

采访前副总理陈慕华

1988 年 9 月，陈慕华刚从副总理的岗位上退下来，在全国妇代会上当选为全国妇联主任，许多记者都想采访她而遭到拒绝。散会时，我在京西宾馆的走廊上截住了她，递上我的名片，我说：“陈副总理，我采访您行吗？”她见我年纪大，又是香港《文汇报》的记者，就止步接受了我的采访。当时周围围着一大群记者，就这么站着，她同我交谈了一个多小时。她的司机和秘书再三催促她走，她都没走，继续同我谈。这个机会多难得啊！有位年轻记者对我说：“刘老师，谢谢您，我们总编辑告诉我这次全国妇联改选，一定要我采访到陈慕华。要不是您，我今天采访不到了。没有您就没有我今天的稿子了。”我体会做记者不仅要有灵性，还要有见缝就钻的精神。

刘诚还采访过当时的副总理陈永贵。

采访经济学家陶大镛

1989 年，我在国谊宾馆采访全国民盟副主席、经济学家陶大镛。请他谈内地价格改革面对的问题，采访结束已是晚上 11 时了。陶大镛真好，跑上跑下给我找车，要送我回家。后来有位记者主动让我搭他的车走。尽管我没有坐陶大镛给我找的车，但他对我的关怀，使我很感动。后来我们成了很好的朋友。我和方蒙参加民盟就是陶大镛和全国民盟副主席高天介绍的。每次民盟开会我都去看望他。得到他去世的消息我很难过，后悔在他重病住院时没去看望他。后来在《民盟通讯》上看到一篇报道，才道知他是工人家庭出身，没钱读书，完全自学成才，出国留学。他同茅以升一样刻苦向上，“仰望天空，脚踏实地”。

采访漫画家华君武

1993 年，有一次在郑州亚细亚开会，漫画家华君武去了。华君武这人很特殊，很幽默也很亲切。他有小车坐，却非要挤到我们大车上来。我对他说：“您是高档的名人，跟我们挤在一起干什么？”他说是“为了接近群众。”开会时请他讲话，他竟然失语，我在他后面给他提示，我讲一句，他照着说一句，简直笑死人了。以后我每年给他寄贺年片，他给我画过一幅画。他去世了，我很难过。

对于有些历史名人的报道，刘诚是通过对他们亲属的采访完成的，如访问田野和田海南，写就“田汉子女谈乃父”。采访周信芳之子周少麟、女儿周采芹谈京剧麒派艺术。通过对荀慧生夫人张伟君和女儿荀苓莱的采访，写了“荀慧生的艺术”。有位梅派戏迷贾丽妮从纽约来京，刘诚立刻去采访，写了“梅派名票贾丽妮”。1984 年，得知著名华人女作家聂华苓的女儿、舞蹈家王兰来京看望著名作家艾青，刘诚马上赶过去采访，报道了聂华苓母女的近况。刘诚这种闻风而动的勤奋精神，每次使她能抓住良机，采访到来去匆匆的名人，扩大了报道面。

刘诚和许多名人保持着经常的联系，结下了深厚的友谊，这为她做连续报道创造更多的机会。从 1981 年首次报道著名红学家端木蕻良“南行访古问红楼”，一直到 1998 年报道“端木蕻良国际研讨会”，共写了 7 篇；在 1983 年到 1995 年的十余年里，从不同的角度对著名画家徐悲鸿的报道也有 7 篇；而从 1991 年到 2003 年，对著名作家、诗人艾青晚年生活和情感的报道则多达 11 篇。

刘诚的名人采访并非一帆风顺，有失误，更有遗憾。

刘诚说，香港《文汇报》35 周年报庆时，我去中国科学院采访卢嘉锡，结果那天卢嘉锡不在，钱学森接待了我，还给我倒茶。钱学森是比卢嘉锡更著名的名人呀！能够见到他，多难得啊！可是当时我迷糊了，脑子没开窍，竟然没有采访他就回来了，造成我终生的遗憾。还有著名画家刘海粟，他是我的堂伯父，那天我穿戴整齐正要出门，方蒙从香港回来，他问我：“你要到哪儿去？”我说：“到钓鱼台采访刘海粟。”方蒙说：“这人日伪时期同日本人有过来往，影响不好。”于是我放弃了，这也令我遗憾。

刘诚说，采访前准备不足，也会顿失良机。有一次政协开会，我去采访胡厥文，事前都联系好了，但当我赶过去时，他的秘书说不能采访。事后我才知道他也是常州人。这令我后悔不已。如果当初我能同他扯上乡亲关系，并表明我是刘海粟的侄女，他也许就会接待我了。因此，做记者不仅脑子要灵，反应要快，还要有随机应变的能力，善于动用各种关系接近受访者，才不会失去采访的良机。还有一次在人民大会堂就餐时，我恰好坐在迟浩田将军身边，他亲切慈祥地同我交谈，我很高兴。我想在我采访过的100多位名人中，还没有一位军人，这个机会多难得呀！我正要开口正式采访，不料一位工作人员请他坐到首长席去，他一再推辞说："我坐在这里很好。"最终还是被拉走了。餐后我没有追踪采访，又一次痛失良机，令我后悔不已。

刘诚的采访体会是：名人中最好采访的是专家学者，他们有学问，知识面广，说话有条理，也好记笔记。像经济学家千家驹谈初级阶段中国经济如何发展，那简直就是出口成章。经济学家孙冶方在"文革"中坐牢7年，刚刚出狱回到复兴门部长楼的家，趁他还未被其他媒体关注的时候，我抢先到他家采访他。他可真是个好人哎！我每次与学者们交谈，都如同听了一堂课，给我知识，给我力量，获益匪浅。

现在有的记者拿着现成的新闻稿写稿发稿，我那时候却是辛辛苦苦不求私利，负责到底地在采写新闻，如果没有我们记者的艰辛付出，社会生活将变得死气沉沉。现在有些人把记者称作"狗仔队"，我听了很不高兴。当然有人把记者捧为"无冕之王"，我也不赞成。记者就是为读者提供事实真相的人。

三　不虚此生

刘诚出生于江苏省常州市的名门望族，书香门第，自幼天赋聪慧，勤奋好学，10岁就开始看《红楼梦》；看完了《东周列国志》，还把一些经典成语如"请君入瓮"等记下来背诵，烂熟于心。她也爱读外国小说，像罗曼·罗兰的《约翰·克利斯朵夫》，看起来很枯燥，但文艺性很强，她能连看两遍，还做笔记，积累了厚实的文学基础。她13岁就考上了南京国立模范女中，学习成绩优异，因父亲早逝而辍学。进入《大公报》后，她非常羡慕杨刚、彭子冈等女记者，然而在那个年代里，家庭出身始终成为她心灵上的包袱，她从来不敢公开表达当记者的奢望。

香港《文汇报》的约请，给了她实现梦想的机会，她全力投入，废寝忘食，自己也不清楚年过半百怎么还有如此强劲的青春活力。她说："我最感兴趣的是写游记散文随笔之类的东西，身临其境，感受颇深，真的使我体会到什么是'思如潮涌'，那就是想写的东西很多很多，手中的笔都来不及写，写不完。不知道我的脑子怎么就变得这么灵这么快了。1982年我到重庆去，4天写了6篇稿，其中有一篇《长江轮上使人愁》，把我自己所见所闻的事完全口语化地写出来，把我们在风雨中排队买饭的情境，那个船警的形象写得活灵活现，很神！后来旅游局知道了，批示说‘确有此事’，进而推动了长江轮的服务改革。我首次亲身体会到舆论监督的社会效应。”

刘诚的名人采访，使她同许多名人结下长久的友情，但她坚守新闻记者的操守，绝不利用手中的笔谋取私利。刘诚说，我采访过的书画家不少，有溥杰、范曾、黄胄、启功等，还有画坛寿星朱屺瞻，他们的字画可值钱呐！像启功的字真是“一字值千金”啊！可我从来没有请名人给我赐字送画。有一次我采访溥杰，正好他在给居委会写字，当时我要请他写幅字很容易，但我没有提这样的要求。不过有时候也属盛情难却。有一个晚上我去徐悲鸿家采访徐夫人廖静文，她当时的家境并不好。采访结束，她让家人送我一瓶酒和一袋苹果。我很感动。我说:“我心领了，但东西不能收。”一再推辞，他们却坚持要给我。我想一点不收怕驳了她的面子，最后只象征性地拿了一只苹果。还有一次齐白石的小儿子齐良末在北京开画展，我去采访他。他一定要给我一幅画。我说：“你们的画就是钱，我不能收。”后来有同志说他在画上已经写上您的名字了，我才勉强拿回家。

只有端木蕻良因是方蒙的好朋友，对我特别好，既是兄长又是老师，属忘年交。他每年到时候就主动给我一幅生肖画，有一次画的龙不太好，他又重画一张给我，一共画了12幅，我现在当宝贝似的保存着。只要我去他家，他夫人钟耀群就给我包饺子吃。由于艾青的夫人高瑛待人非常热情，我到他们家更如同一家人。

刘诚自幼的背诵习惯使她具有惊人的记忆力，加之她在采访中十分注意对细节的观察，因此她的新闻作品总是很生动感人。带着对《大公报》的眷恋和感激，刘诚凭记忆发表了“回忆上海《大公报》的老领导”，“深情怀念杰出女性杨刚”，“我对大公报的点滴回忆”，“克己奉公的李子宽先生”，“大公报的前辈夫人们”等系列作品。《大公报》上海办事处的主任茅杰感到奇怪，问赵鸿钧：“您认识刘诚吗？她怎么写了这么多大公报人?”赵说：“认识呀！我们都是在《大公报》一起长大的小朋友呀！”于是茅杰把刘诚的稿子复印后，分寄给被报道的大公报人，轰动了一批人（包括他们的子女）。上海和北京都有朋友打来电话说：“刘诚，您的记忆力怎么这么强啊！把所有的前辈夫人都写得这么惟妙惟肖，把我当时的形象都刻画出来了。”还有朋友说：“刘诚啊！你写得多好啊！当初怎么没有让你当记者啊？《大公报》埋没你了。”

刘诚说：“我认为不能说大公报埋没了我。《大公报》是我国新闻史上办报时间最长、影响力最大的民办报纸，人才荟萃，最著名的有“两江（范长江、孟秋江）、两刚（杨刚、彭子冈），他们多能干呀！国共重庆谈判时，不允许新闻记者采访，女记者彭子冈打扮成工人，同工人一起抬桌子布置会场，硬是挤进去采访到独家新闻。方蒙也是采访课很能干的记者，同他们比我都比不上，哪敢有当记者的非分之想啊！”

刘诚说：“我在《大公报》工作了23年。《大公报》内部的人情味很浓。我熟悉王芸生、孟秋江、李之宽、李光诒等老领导的工作和生活，他们对员工都很关心。1953年我从天津《大公报》调到北京《大公报》后，有一次我给孟秋江送文件，他主动问起我的情况，得知我有接寡母来京的想法，就给我分了房子，还给我哥哥解决了工作问题。我生了孩子，他还到宿舍来看望我。解放初期，方蒙得了肺炎，国内没有药，李光诒正要去德国访问，我求他能否在香港转机时买药？他二话没说，马上发电报给香港《大公报》的费彝民买回了链霉素，救了方蒙一命。古人说：‘滴水之恩，涌泉相报。’他们都已作古，我写怀念文章弘扬他们的美德，也算是对他们的一种报答。”

刘诚说，当记者是我多年的梦想，是香港《文汇报》给了我机会。给香港《文汇报》做事的好处是采访不受限制，政治、经济、文化、外交、社会多方面都可采访，不像内地的报纸分工那么细，所以我的自主性很强、活动范围很广。我的稿子大都发在境外的香港《文汇报》、《大公报》和《新晚报》，也有一些发在《人民日报》（海外版）、《团结报》、上海《解放日报》、《郑州晚报》、《大众日报》、《北京晚报》等境内报纸上，还有的刊登在《中外妇女》、《中国京剧》等杂志上。

刘诚为香港《文汇报》服务到2000年，72岁了，外出采访跑不动了，才辞去香港《文汇报》驻京特约记者的职务。

刘诚总结她的记者生涯时说，就是三个因素成就了我：勤奋、天赋、机遇，三者缺一不可。如果我没有勤奋和天赋，机遇来了也抓不住。香港《文汇报》给我的机遇很重要，否则就没有我今天这么多的稿子了。不管怎么说我写了这几十万字，记录下社会发展过程中许多名人的生活片断，而且大都是大报登的。这点我很高兴，总算没有虚度一生吧！

2012年1月25日

首都女记协为跨世纪人才成长推波助澜

——北京女记者群像掠影

首都女新闻工作者协会本着“为女新闻工作者服好务，为更多的女新闻工作者脱颖而出助把力”的宗旨，于1997年11月26日，召开“首都优秀女新闻工作者新时期采编实践交流会”，请“全国‘百佳’新闻工作者”、“北京市优秀女新闻工作者”，及出席党的十五大的新闻界女代表，畅谈人生经历，交流实践经验，宏扬敬业精神，参与社会实践，为跨入21世纪增强奋进动力。

顶住冲击波

“全国‘百佳’新闻工作者”、《中国日报》科教部主任黎星的英语水平很高，在联合国第四次世界妇女大会上，她曾同《中国日报》副总编辑黄庆、新华社高级编辑熊蕾一起，编辑《世界妇女》报，受到国内外朋友的好评。

这几年外语好的人很吃香，尤其对在新闻界干过一段时间的人，一些外企公司争相以高薪聘请，在黎星的同事中，已有人感到报社的工作量太大、太累、收入低，尽管有的人也很喜欢新闻工作，却挡不住高薪的诱惑而悄悄离去。黎星的朋友，包括一些外国朋友，看到她十几年来还“坚守阵地”，常以惊讶的口吻问：“怎么您还在《中国日报》呀?”

黎星当然知道，她的老同学、老朋友，凡在外企工作的，月薪都在五千元以上。但她更加熟知世界新闻竞争的激烈，她说：“当今世界上谁的国力强，谁的媒介影响力就大。我们面对着强大的对手，有的西方媒介对中国的偏见很深，常常散布歪曲我国形象的消息。因此，我感到对外宣传非常重要，压力很大。怎样通过《中国日报》这个窗口，用外国人读得懂、能理解的语言介绍中国，帮助世界各国人民了解中国，应是我的职责。为此，我不断扩大报道范围，从文艺报道到科技报道、教育报道，像考古、医药、建筑艺术等都有涉及。我的报道面很广，接触的人也很多。他们给了我极大的教育和影响。有一次，我跟随北京大学的潘文石教授到秦岭自然保护区去采访，夜晚就睡在纸箱上。清早，潘教授和他的研究生小朱要走五、六个小时，到原始森林里去观察大熊猫的生活习性，研究如何保护大熊猫。我在那里只呆了六天，就体验到艰苦了，但潘教授他们从1985年就在那里，每年都要住上大半年。他们对事业的那份投入，谁见了都深受感动，而小朱的月收入才500多元。我同他们相比，不论是工作条件还是经济收入，都比他们强多了，我有什么理由不敬业呢？正是通过同许许多多科学家、艺术家、教育家的接触，我看到了中华民族的精华，从他们身上汲取了无穷的精神力量。我要坚守岗位，同时也希望有更多的女新闻工作者从事对外宣传报道工作。”①

实现崇高理想要从一点一滴做起

中央电视台播音员李瑞英荣获“全国‘百佳’新闻工作者”称号，她在观众心目中是明星，但她为每一秒钟的播音所付出的辛苦却鲜为人知。她回顾自己的生活历程，感谢党和人民给予她的培养和机遇。

她在北京广播学院播音系读书时，还是个缺乏自信的姑娘，每次老师课堂提问，她总是红着脸低声回答：“对不起，我还没有准备好。”有时遭到老师的批评，她更埋怨自己悟性不高，后悔选错了专业、走错了路。毕业后到江苏电视台干了三年，后来调到中央电视台《新闻联播》节目任播音员。她说：“中央电视台给了我很多重要的实践机会，尤其是今年，邓小平同志逝世、香港回归祖国、党的十五大召开、江泽民主席访俄和访美，这些重要的机会都给了我，观众看我很风光，殊不知每次机会都是一次挑战，心理压力很大。因为越是重要的场合越不允许出任何差错。像今年6月30日香港回归的交接仪式，我们台长郑重地对我说：‘你是重中之重，要万无一失地完成任务。’我的心情如履薄冰，但我没有退路，只能一丝不苟地对待工作。当时我们对香港的环境也不大了解，香港的警察常来干预，

① 很遗憾，黎星同志鞠躬尽瘁，中年早逝在工作岗位上，年仅54岁。

不是这里不许站，就是那里不准停，弄得我们不知所措。于是我找了两位同事当‘保镖’，我对他们交代：‘你们的任务是对付香港警察的纠缠，只要能拖住他们一分钟，我的稿子就播完了’。这样，我总算较好地完成了任务。”

李瑞英说：“我现在的理想是一辈子做一名合格的播音员，但要实现崇高的理想，必须从一点一滴做起。吐字不清晰，发声不准确，都是不允许的。我爱我的职业，尊重我的观众，所以我每次播音都保持精神高度集中，即使是零点的广播，我知道收视率很低，没有多少人收看，那我也决不懈怠，还是要以神采飞扬的姿态去感染观众。因为我知道，播音员哪怕有一秒钟的松懈或失神，都会出现差错。我的座右铭是‘认认真真做事，踏踏实实做人’。”

用“心”写会议报道

《人民日报》的卢小飞是参加党的十五大的新闻界代表，她有相当长的一个时期在世界屋脊——西藏采访，写出了许多脍炙人口的新闻报道。今年10月7日，首都女新闻工作者协会举行纪念杨刚逝世40周年座谈会，副会长王金凤嘱她写一篇会议报道，这对卢小飞来说并非难事，但她却迟迟难以下笔。卢小飞说：“杨刚同志（1905—1957）是中国新闻史上优秀女新闻工作者的代表，唯一的一位担任过《人民日报》副总编辑的女性，该是我的奶奶辈了。参加座谈会的都是社会名人，他们以‘才华横溢，思想新鲜活泼，学贯中西，对社会、文化和人生的思考敏锐透彻，一生追求真理与光明，清纯如莲，刚正不阿’等语言来评价她。尤其像雷洁琼、艾泼斯坦等的发言都很生动感人。我怎么能用简洁的几百字把这么丰富的内涵反映出来呢？我反反复复，苦苦思索，终于提炼出一句话：‘一个人的感召力在她身后究竟能持续多久？’我就把这句话作为开篇第一句。消息在10月8日的《人民日报》第四版发表后，总编辑表扬我写得好，一些老同志和读者也打电话给我说写得很感人。我的体会是，记者要用‘心’去听会，用‘心’去写作，才能写好会议报道，才能把感人肺腑的事实报道出去感动读者，当好‘二传手’。”

坚持正义，重在参与

《北京晚报》编委、张明非是北京市优秀新闻工作者。六年前，她从来稿来信中发现，一些因见义勇为而负伤的英雄人物的医药费没处报销，营养费没有着落，得不到社会的支持和帮助。她想："决不能让英雄流血又流泪的状况再拖延下去了。"于是她奔波在北京的八个城区，逐个区找区长呼吁，要求每个区拿出一万元，建立"见义勇为基金"，帮助见义勇为的英雄们。

当时还是首都精神文明办公室主任的李润五同志，非常支持张明非的行动，决定将见义勇为列入首都精神文明建设的重要议事日程，评选见义勇为先进人物，并由首都精神文明办公室挂帅，成立了"见义勇为基金会"，每年由北京市政府拿出10万元，充实见义勇为基金，奖励见义勇为的先进人物，到1997年，已经评选了六届，今后还要坚持评选下去。张明非说："我总想，新闻记者不仅要用自己的笔反映现实，报道事实，还应该在力所能及的范围内，为百姓办点实事。我们北京晚报开通了'百姓热线'，市民有难事可打电话反映。尽管老百姓反映的事很细小，很琐碎，像下水道堵啦，路灯不亮啦等等，在我们报纸看来是小事，可对那里的老百姓来说是大事，因此，我们不嫌小，不嫌碎，都及时同有关区、县联系，请他们督促有关部门去解决。最近通过'百姓热线'的反映，丰台区搬走了好几条街上的垃圾山。百姓反映良好。"

在会上介绍经验的还有《中国妇女》杂志的龚晓村同志。

《人民日报》副社长许中田、新华社副总编辑徐学江、全国新闻工作者协会萧东升出席并讲话，高度评价首都女新闻工作者协会为女新闻工作者的成长和发展所作的贡献。

1997年11月28日

（原载《新闻记者》1998年第1期40页。）

默默奉献的首都女新闻工作者

在首都新闻界，有三分之一强的女新闻工作者，她们中的大多数虽然没有获得过鲜花和奖状，但对新闻事业的贡献，却无法估量。

那还是陈若愚大学毕业到中央电视台观众联系组不久，面对有些节目收视率不高的情况，她想："什么时候中国也能同发达国家一样，建立起观众反馈系统呢?"为此，她争取到一部分经费，首先在北京建立了500户的收视率调查网，并连续3年委托其他单位调查全国的收视情况。从1991年起，她和4名同伴先在20个城市建立了20个中央电视台收视率调查站，1993年又新建了30个站，使全国的收视情况除海南省外都能及时掌握。目前，反馈的信息已经成为电视台领导调整节目结构、改革传输设施、提高播映质量的重要依据。

《工人日报》的女记者张淑华是该报《女工园地》专版的主编。在一段时间里，针对社会上存在的歧视女性的现象，她经常苦苦思索，自己能为改变这种状况做点什么？一天，她从来稿中看到四川省总工会女工部长慕竹平关于妇女生育保障问题的论文。她眼睛一亮，是呀，对女性的偏见，归根到底是对妇女生育价值的认识问题。一些人只看到妇女生孩子会影响工作，影响企业经济效益，却看不到妇女对人类繁衍的贡献。于是，她不仅编发了这篇文章，还取得编委会的支持，在报上组织妇女问题的讨论，同时联系7个省的工会女部长商量解决问题的对策。目前，关于妇女生育价值的讨论，在《工人日报》已经发了14个专版，计120万字的文章。到今年年初，全国已有165个市、县为解决这个问题实行了女职工生育基金统筹办法。可张淑华说："我们还要继续抓下去。"

光明日报记者尹瑞龄主动"请战"创办的《知识女性》专版，不仅宣传了大量知识女性中的优秀人物，讨论了妇女运动发展中的热点问题，而且介绍了一批世界各国的杰出女性。

最近，为迎接1995年9月将要在北京举行的第四次世界妇女大会，她又组织了《妇女与科技》征文比赛。当问起为什么要创办妇女专版时，尹瑞龄说："从事新闻工作的女性都应该有强烈的妇女意识，通过新闻媒介，为我国妇女运动的发展办点实事。"

（原载《中华新闻信息报》1994年3月9日头版。）

冰清玉洁心　火热焰炽情

——记寒冰

寒冰，一一个多么严肃冷峻的名字！

在《新闻传播》读到她的事迹，我记住了这个名字。

她是《海口晚报》的记者。听说她来京参加第二届范长江新闻奖颁奖仪式，我急匆匆赶到新华社招待所拜访她。

初次见面，便感到她炙热得像团火，正如《海口晚报》总编辑张仲彩对她的名字所作的解释："寒者，乃是热的极致；冰者，是为火的精灵，火的神韵，火的化身。没有冰清玉洁之心，哪来火热焰炽之情！"

1990 年她从黑龙江来到海南，热情讴歌海南改革开放的新人新事，报道海南的建设成就。4 年来，她在报纸杂志上发表的作品多达 500 多万字，其中有 21 篇获全国和省级好新闻奖，还出版了 3 部作品集和 1 部小说。

寒冰将她的爱憎都融入了她的新闻作品之中。

1992 年 6 月，寒冰接到一封控告信，是琼山县农村妇女邢月欧请人代书的。信中诉说她被丈夫林先安和另外两个坏男人绑架轮奸后又遭毁容，而事发半年至今罪犯仍逍遥法外。她的母亲卖掉全部家产，她的姐姐卖血为她治病……

寒冰读完信怒火中烧，立即赶到 187 医院探望邢月欧。只见邢月欧的双眼已被挖去，两个眼洞流着血水，鼻子、耳朵、嘴巴都被硫酸烧毁，牙床暴露在外面。眼前的邢月欧比《夜半歌声》中的宋丹平还惨。寒冰有生以来第一次真正体会到什么是"惨不忍睹"。

这位女记者被震撼了。于是，一篇 2800 字的长篇通讯《邢月欧惨遭摧残始末》震动全国。寒冰又连续发表了《罪犯 1 月作案为何 5 月落网》等 28 篇揭露性报道，引起社会舆论的普遍关注。她还写了 6000 字的"内参"，报送各级领导；还带头捐款为邢月欧治病（全国捐款 8 万元）。当时有人冷嘲热讽："寒冰你成名了我们不沾光，你捅了娄子我们也不会替你兜着。"可她依然义无反顾，废寝忘食，上下奔波，终于使主犯林先安被判处死刑，执行枪决；其他罪犯也得到了应有的惩罚。为此，罪犯的亲属对寒冰恨之入骨，扬言"3年整死寒冰不算晚"，"要把寒冰碎尸万段"。还多次打电话恐吓她："砍断你的脚……""你就等着死吧！"祭奠罪犯林先安时还捏个小面人，写上"寒冰"的名字，诅咒她早亡。

这一切，都没有吓倒寒冰。她把自己关在房间里，连续18个日日夜夜足不出户，奋笔疾书，以邢月欧案为蓝本，创作出25万字的小说《女记者》。她借助小说中的主人翁林雪虹，抒发自己的情思："今天是星期一，作为市委机关报《江河日报》的女记者，今天是她到市妇联接待受害妇女投诉的日子。每个接待日都不轻松，电话不断，人来人往，告状信、投诉人等，整天都别想闲着，有时忙得口干舌燥，晕头转向。但是能为那些在感情迷茫的泥潭中深陷而不能自拔，在痛苦婚姻的不幸中沉沦而不能振奋，在惨遭摧残的厄境中挣扎而不能伸张的女性做点什么，这是她最大的幸福和欢乐，因为她懂得女人，理解女人，自己也是个女人，还因为她也饱尝了作为一个女人的艰辛和不易。"

她依然秉笔直书，仗义执言，为受迫害、受欺凌的女同胞伸张正义。王玉梅状告丈夫吴崇汉犯有重婚罪，8年无结果。寒冰为她奔走呼号，终于使吴崇汉受到法律制裁。吴崇汉在狱中接受改造，痛改前非，出狱后与妻子儿女团圆。他亲自做了一桌菜请寒冰吃饭，真诚感激寒记者救了他全家。寒冰为不幸的"打工仔"、"出嫁女"鸣不平，为因批评领导遭打击报复的职工说公道话。她在报上开设《寒冰信箱》，为姊妹们排忧解难；她还参与海口市妇联设立的妇女接待日活动，为女同胞频送温暖。海南民谣唱："妇女保护神，有冤找寒冰"。

海南妇女遇到有冤屈不平的事，就想到要找寒冰。有个6岁的女孩被一个46岁的男人奸污，染上了性病。女孩的家长找到寒冰。寒冰把医生请到自己家里来，为这个遭受摧残的女孩检查治病。寒冰说："这个案子的稿子我早已写好了，就等发稿了。我一定要把那个摧残幼女的恶棍送上审判台。"

我感受到她内心的激荡，感受到她对人民的挚爱和对一切丑恶行为的憎恨，感受到她对真善美的不懈追求。一个想法突然在我脑际显现："女记者比男记者更具社会责任感，她们更敢于仗义执言。像寒冰这样的女记者，实在难能可贵。”

全国妇联副主席、书记处书记黄启璪在接见寒冰时说：“你主持正义，敢说真话，为受害妇女申冤，这种精神我非常赞赏，非常支持，也非常敬佩。希望新闻工作者都能向你学习。”

海南一位画家奋笔挥毫，为寒冰写下这样的条幅：“无冕之王愤不平，悲歌一曲世人惊。良知热血挥椽笔，我谓寒冰最有情。”

寒冰誉满天涯海角，她先后荣膺海南省先进女职工、海南省维护妇女合法权益先进个人、海口市“巾帼建功”女状元、海口市精神文明先进个人、海口市先进工作者等荣誉称号。1992 年，中共海口市委、市政府给她记大功和提升两级工资的奖励，她还光荣地加入了中国共产党。1994 年，她又被评选为海口市专业技术拔尖人才、海口十大杰出青年，中共海南省委、省政府批准她为 1994 年度海南省优秀专家，她还荣获“范长江新闻奖”提名奖。

（原载《光明日报》1995 年 1 月 24 日第 7 版。）

澳大利亚新闻界：女性崛起

澳大利亚昆士兰工艺大学传播学院的爱罗·霍奇教授说："到了21世纪，澳大利亚的新闻业将由妇女来统治。"

这确实是一个令人鼓舞的观点。爱罗·霍奇博士的预测并非没有根据。请看事实：

设在伍伦贡大学内的新闻传播研究院，专门吸收大学本科毕业后有5年至10年新闻工作实践经验的人从事学习和研究，在现有攻读硕士学位的60名研究生中，女生占60%。

设在悉尼工艺大学内的澳大利亚独立新闻业中心，有200名攻读学士学位的大学生，还有20名攻读硕士学位的研究生，女生占一半。

堪培拉大学，是全澳高等院校中第一所建立新闻专业的大学，现有100名学生，其中女生占70%，而且因学习成绩优异而获奖者，都是女学生。

昆士兰大学是澳大利亚开设新闻学课程最早的高等学府，1920年就开始对政治系的学生讲授新闻学，1991年正式成立新闻系，现有学生360名，女学生占三分之二。系主任布鲁斯·格仑迪说："我们这里的好学生都是女学生，她们在半年之内都能找到称心如意的工作。"

麦夸里大学传播专业的詹妮芬·格兰特博士邀请我们去同她的研究生座谈中国的新闻改革，在12名研究生中只有3名男生，而女研究生关心的却是中国女新闻工作者的地位和作用，这就成了座谈的主题。

在我们访问过的新闻机构里，像悉尼《先驱早报》、墨尔本的《世纪报》，吉隆的地方报《咨询报》，图翁巴的《乡村报纸记事报》等，女新闻工作者均占一半。据说有的报社女性达到全报社人数的90%。

1992年11月3日，我们访问澳大利亚记者协会。这是一个吸收个人会员的社会团体。记协秘书告诉我们，在记协工作的50名工作人员中，只有8名男性，而在记协拥有的1.1万名会员中，有36%是女性。她们的工作都很出色。记协每年组织国际好新闻的评选，获奖者中有许多女记者。记协每年还组织评选一名年度优秀记者，1991 年度获此殊荣的是澳大利亚广播公司（ABC）驻莫斯科的女记者莫尼卡·艾泰罗。当苏联发生 8 月事件后，世界各国记者云集莫斯科，新闻竞争十分激烈。但不少记者不懂俄语，他们只能抓到第二手、第三手甚至第四手材料，而莫尼卡·艾泰罗既精通英语又会俄语，她及时地报道苏联解体的全过程，出色地完成了报道任务。因此，1991 年度的优秀记者非她莫属。

澳大利亚法律规定女新闻工作者生孩子可以有一年的哺乳期，其中有六个月的工资照发。一年后仍回到原来的岗位工作。当然，有的母亲不放心自己的孩子由别人照看，自愿离职在家带孩子，同时成为报纸的自由撰稿人，那就只能领取稿费而不是固定的工资了。

我们曾询问过伍伦贡大学新闻传播研究院院长利姆·洛伊德教授："在澳大利亚，新闻记者是不是最好的职业?"

"也不见得。"克利姆·洛伊德教授说："不过这个职业对社会很有影响，所以现在的女孩子比男孩子更想当记者。她们很自信，很热爱记者这个职业。"

也许这正是目前澳大利亚新闻专业中女生多于男生的主因。在澳大利亚，新闻专业录取学生不仅仅看考试成绩是否优秀，还要通过口试了解学生是否热爱新闻工作。墨尔本皇家科技学院传播研究系讲师莫尼尔·波特说："我们注重学生的操作能力，更看重学生对新闻工作的热爱程度。"

爱罗·霍奇博士说，"25 年前，在我工作的那个报馆里，60 名工作人员中只有一名是女性。现在情况不同了，妇女想改变自己的社会地位而发奋工作，她们比男人有更强烈的社会责任感，她们认为新闻工作能监督政府和社会的不良现象，推动社会发展。"

澳大利亚人认为，"新闻记者应该是行政、立法、司法的'看门狗'和人民的传声筒，然而，他们对'看门狗'的理解是专挑政府及政府官员毛病的监督者，是公众的代言人。"澳大利亚法律宣称保护新闻记者批评政府及政府官员的权利。

我们到达昆士兰大学访问时，该校新闻系主办的《独立周报》正连载学生采写的大特写《6 天的战争——乔赫最后的日子》。乔赫·毕其克·彼得生，任昆士兰州州长，任期内骄横跋扈，为所欲为，因新闻媒介的揭露批评而倒台。

在我们离开墨尔本之前，在华文报上看到一则消息，电视新闻揭露澳大利亚现任总统基廷，在昆士兰州的一次公众集会上应公众要求签名，其中也包括在两张面值5元的澳大利亚币上签名。报道说，法院正在取证，如果找到了这两张钞票，基廷将被控犯有污染货币罪。

新闻媒介的这种舆论监督作用对妇女产生极大的吸引力。妇女们对生活怀着美好的憧憬，这不仅仅为了她们自己，更为了她们的孩子，因此，她们以极大的勇气参与社会活动，以主动的姿态努力建设理想社会，而新闻记者的职业，能比较好地实现她们为之奋斗的目标，这大概是澳大利亚妇女热衷于从事新闻业的重要原因。

在澳大利亚的一些新闻业老板看来，女新闻工作者工作勤奋，细心，比男人更值得信任，因此，一般报社总编辑比较愿意雇用女记者。

新闻机构的老板愿意雇用女记者，是否女记者的报酬比男记者低呢？

不是，在澳大利亚，男女同工同酬，在同一水平的工作岗位上，女记者同男记者可以得到同样的报酬，有同样的晋升机会。然而，在实际工作中，女新闻工作者中有不少人可以获得中级领导职务，却很难获得高级领导职务，比如拥有200名公职人员的广播权利委员会，60%是女性，但由联邦政府任命的3名主席，都是男性。

墨尔本皇家科技学院传播研究系的佩特里萨·吉拉德在评论这种现象时说："尽管女人同男人有同样的学识水平和工作能力，但男人的一生可以不间断地为一个目标奋斗，所以他们比较容易获得成功。而女人要养育孩子，她们的工作精力常常被分散，即使付出比男人更多的辛劳，也很难出类拔萃，获得最高的职位。"

当我们提到爱罗·霍奇教授预言到21世纪，女人将统治澳大利亚的新闻业时，佩特里萨·吉拉德教授摇摇头说："不大可能。"

但我们已注意到，澳大利亚记者协会已着手在为女记者解决后顾之忧。记协号召各新闻机构要为女记者办全日制幼儿园。据悉，悉尼先驱早报社的幼儿园将在1993年上半年竣工。另外一些新闻机构也正在筹建之中。

陈崇山　王怡红

（原载《中国记者》1993年第2期第48页。）

真诚的会面　永恒的友谊

——中国女新闻工作者访美散记

人生旅程虽然短暂，人间情谊却绵绵流长。每当我想起在美国访问的日子，许多事情令我难以忘怀。

1995 年初，我突然收到美国爱荷华大学校长亨特·罗林斯的信，邀请我 3 月访问美国，参加在爱荷华大学举行的“世界妇女与媒介”专题讨论会，并寄来了往返机票。这使我感到非常意外，因为我不认识亨特·罗林斯校长。我想，准是爱荷华大学新闻传播系的朱迪教授提的名。朱迪女士从幼年时受父母的影响，对中国就很神往，年长后学习汉语。她的口语虽还谈不上流利，但同中国人交谈彼此都能沟通。我认识朱迪女士是在 1987 年，她在中国社会科学院研究生院新闻系任教，同时在中国完成了她的博士论文。

没有团长的 NGO

后来我才知道，接到亨特·罗林斯校长邀请信的还有：《中国日报》副总编辑黄庆，新华通讯社高级记者熊蕾、记者马桂花，《世界妇女博览》主编尚绍华，《云南日报》记者马宇微，北京外国语学院教授吴青，北京市妇女联合会副主任罗晓路。全部费用是由福特基金会提供的。

3 月 11 日，我们在北京国际机场汇合。我跟吴青初次见面，只知道她是中国著名女作家冰心女士的女公子，却不知道她还是北京市人民代表大会代表。只见她忙前忙后地为大家办理登机手续，对我们几个第一次赴美国的人更是倍加关照。后来听说，她一贯热心公益事业，赢得学院内外居民的爱戴，以高额选票当选为人大代表。她的英语非常纯熟，对人平和、亲切、热情，于是我便决定全程紧跟着她，好让她给我翻译。

当我们到达纽约时，到机场来迎接的是华美协进社的杨埙先生。华美协进社是专门从事中美文化交流的机构，成立于 1926 年，经常组织中国著名的专家学者到美国讲学，或请中国的艺术家赴美演出或办展览，最成功的活动是把中医中药介绍给美国人民。该社还采取多种形式帮助中国留学生适应异邦的生活。

杨垻先生见到我们的第一句话就问："你们哪一位是团长？"我们面面相觑，不禁同时大笑出声，说："我们都是个别接受邀请的，没有团长。我们是实实在在的NGO——非政府组织。"杨垻先生把我们安顿在一家离联合国总部不远的旅店里，并陪我们参观了女神岛和移民岛。

在联合国大厦里

3月14日，我们步行去联合国大厦，列席联合国妇女地位委员会年会。刚进报到处的门，一位白皙文雅的黑发女郎热情地迎了上来，亲切地问："你们从哪里来？"我答："北京。"她显得分外高兴，忙拉着我去报到处领卡，问长问短，对我们的美国之行非常关切。当我们相互交换名片后，我才知道她是中国人民政治协商会议的香港委员伍淑娴。一股同胞亲情的暖流冲击着我的心房，我再次紧紧地握住了她的手。

自从进入联合国大厦，人们便将我们一行8人看作中国女新闻工作者代表团了。

这次联合国妇女地位委员会年会的中心，是讨论即将提交给联合国第四次世界妇女大会讨论通过的《北京宣言》。据说年会原定参加人数是700人，但实际超过了1400人，大会讨论时连走廊上都是人。有许多国家的代表都是自己筹款来的，我看到有好几位代表坐在轮椅上，由她们的朋友推着来参加大会，还有的年轻母亲怀抱吃奶的婴儿出席。她们都是各国妇女的优秀代表。不同肤色的代表都在热烈地讨论着世界妇女共同关心的问题，如发展经济，消除贫困；遏制战争，维护和平；儿童教育，母婴卫生；妇女参政，男女平等；清洁环境，保证人类的可持续发展等等，整个联合国大厦洋溢着团结奋斗的气氛，而出现频率最高的词却是"北京"。许多代表表达了要到北京参加联合国第四次世界妇女大会的愿望。中国妇女代表团是众目关注的中心，黄启璪等全国妇联领导人的发言，经常被爆发的掌声打断。此时此刻，我心中充满着一个中国人的骄傲，为我们伟大的祖国深感骄傲。

不论大会还是分组会，我都紧紧跟着吴青教授，发现她从来不放过发言的机会，用流利的英语或阐明自己的观点，或介绍中国的情况，还不忘把重要的内容翻译给我听。一次会前，她领我去联合国大厦一层的商店，说是应该买点什么留作纪念。印有联合国标志的运动衫15美元一件，她买了就穿上了，显得分外精干。我也为老伴买了一件，还买了些邮票和明信片回来分送亲友。

同美国女新闻工作者交流

在联合国妇女地位委员会年会分组讨论时，我们就在纽约参观访问。

我们在世界著名的《纽约时报》访问时，见到了年轻的华裔女记者李真，她为了采访血汗工厂的实况，竟然进厂当工人，汗流浃背地在令人窒息的车间里干了整整一个星期，每天劳动时间长达十余小时，第一天才挣了1.8美元，一周才挣了52美元，而美国的法律规定，工人每小时的工资不得少于13美元。所谓血汗工厂，是指一些小型制衣厂，专门招收非法移民。这些人不懂英语，找不到工作，只好到制衣厂打工。老板则以延长工时、压低工资谋取暴利。李真以真情实感写就的长篇通讯在《纽约时报》发表后，社会反响良好。李真是第一位跻身《纽约时报》的华裔女性，她为此深感自豪。

我们访问NBC广播公司时，他们对等地来了8名女新闻工作者。都是很杰出的女记者，其中有一位是长驻联合国记者，曾随里根总统访问过中国。有一位专门报道白宫新闻的记者，常同美国第一夫人一起吃饭，对第一夫人的生活报道较多。新闻部主任已经42岁，才第一次怀孕，挺着大肚子还坚持上班。她告诉我们，新闻部的副主任访问过中国，还拍了故宫的电视片。当讨论到传媒的妇女报道时，她说："NBC没有专门的妇女节目，有关妇女的报道都在《今日新闻》节目（相当于中国中央电视台的《新闻联播》节目）中播出。近年来美国妇女参加工作的人多了，她们在家里都掌握经济权，因此广告商要求电视台多播妇女节目，以利推销商品。因此，现在播出的妇女报道比以往有所增加。"我发现，美国的女新闻工作者的事业心很强，真可谓"巾帼不让须眉"，她们当中有许多人工作出色，积累了丰富的经验，但出任高级管理者极少。这种情况同中国差不多，女性进入高层当领导，难！（最近看到报道，美国广播公司ABC任命了一位女总裁，是美国主要电视台总裁一职第一次由女性担任，被认为是"里程碑事件"）。

在纽约，我们还访问了哥伦比亚大学的新闻传播学院所属的自由论坛中心。在卢巴克学院新闻系旁听了女教授讲课。

参加世界妇女与媒介讨论会

3月23日，我们告别纽约，飞抵美国中西部的爱荷华城。爱荷华是个农业州，保留着恬静的田园风光。爱荷华城的风格也跟纽约迥然不同，这里没有高耸入云的摩天大楼，更没有通宵达旦的警车长鸣，这里保存着传统美国人的淳朴、坦率、诚挚和热情。原来这是一座大学城，全城5万人口中，爱荷华大学的师生就占了3万人。

碧眼金发的朱迪教授亲自到机场迎接我们，与她同行的是在爱荷华大学攻读硕士或博士学位的中国留学生。他们争相替我们搬运行李，向我们打听祖国的情况。只有一位美国男士默默地将最重的箱子搬到他的车子里去，以后几乎我们用车的地方，总少不了他来帮忙。原来他是当地一位著名的医生，是中国留学生苏红军的丈夫，我们都戏称他“洋女婿”。

世界妇女与媒介讨论会在爱荷华大学举行，有来自美洲、南美洲、欧洲、非洲、亚洲的妇女150多人。定居爱荷华城的著名女作家聂华苓也出席了讨论会。朱迪教授是这次讨论会的申办者、组织者和主持人，她把会议安排得十分紧凑，大会发言和小组讨论交叉进行，从上午9时开到晚上10时30分，中间只留午饭和晚饭的时间各1小时，大会发言每人15分钟。只因联合国第四次世界妇女大会将在北京举行，特地安排1小时由吴青教授和另一位历史学教授讲中国的历史、社会及文化背景，还安排了1小时由黄庆、熊蕾、尚绍华介绍中国新闻媒介对世妇会的报道情况及北京的准备工作。

三天的讨论话题很广泛，在三个问题上达成了共识：

1. 新闻媒介应该多报道妇女运动的新闻，反映妇女的呼声和要求，让政府和社会能听到妇女的声音。

2. 女新闻工作者应该进入媒介的决策管理层。

3. 女新闻工作者应该多关心、同情人类中的弱者，揭露、批判一切歧视、残害女性的言行。

与会者盛赞朱迪教授是使这次会议成功的功臣。

在聂华苓家作客

苏红军，上海人，在爱荷华大学新闻传播系攻读博士学位，兼修妇女学。自从我们来到爱荷华，她每天几乎不离左右，对我们关怀备至，经常调动她的“洋女婿”来为我们服务。她是聂华苓女士家的常客，在会议结束的那天傍晚，她驱车陪尚绍华、马桂花和我直奔城外的聂华苓女士家。

聂华苓女士于1964年受聘任爱荷华大学“作家工作坊”顾问，1967年同美国诗人保罗·安格尔（后来是她的丈夫）一起创办爱荷华大学“国际写作计划”，每年都要邀请三、四十名各国作家来这里住四个月。他们在这里写作、访问、讨论、旅行，相互切磋，共同推动着各国文学创作的繁荣。因此，作家们亲切地将聂华苓和安格尔的家称为“安寓”。

“安寓”位于爱荷华河畔的一个小山腰上，是一座宽敞明亮的两层楼建筑。聂华苓女士在客厅里迎候我们。这天，她身着合体的苹果绿旗袍，端庄美丽。她身材苗条，动作轻盈，完全不像是70岁的老人。她端出中国绿茶和夏威夷果仁巧克力款待我们，她告诉我们，许多中国作家都来过她家，像艾青、丁玲、萧乾、白桦、徐迟、张贤亮等等。

马桂花要求同聂华苓女士合张影。聂华苓女士说室内光线太暗，提议到外面去。我们一起走向木质的阳台，夕阳西悬，一缕晚霞映照在缓缓流过的爱荷华河上，河上激起层层的金色波浪。山风吹来，风铃发出清脆悦耳的声音。我深深地吸了口气，想把爱荷华的春天永远留驻在我的心里。聂华苓女士却有点伤感地对苏红军说：“这里的地板早该修了。过去都是安格尔亲自动手修理的。”

苏红军有意打岔说：“她们是想来看看小鹿的。”

提起小鹿。仿佛提到了聂华苓女士的至爱。她显得十分慈爱，高兴地对我们说：“现在时间还没有到，大约5点多钟它们才会出现。”她还告诉我们，她和安格尔喂小鹿已经有十多年的历史了，她们与这群野生小鹿已建立起深厚的感情。严冬季节，鹿群会主动地叩击她家的窗玻璃讨吃的，有时还会有浣熊和猕猴光顾。她邀我们一起到厨房去。在靠山坡的后门边，大桶里装有用碾碎的玉米、杂豆和小麦混合的饲料。在她家借住的一位王姓研究生的太太将大半盆饲料倾倒在树林里。我们都屏住呼吸隔着窗户注视着树林的深处。

“来啦！”聂华苓女士轻声提醒我们。

果然，一头雄鹿进入我们的视线，尚绍华端着照相机正准备冲出去。

“别过去，会把它们吓跑的。”聂华苓女士立即制止道。尚绍华只好紧贴着门框拍照。

这一天，一共来了15只鹿。

临别时，聂华苓女士把她的两本新著送给我们每个人，一本是《现在，他是一颗星——怀念诗人保罗·安格尔》，另一本是《人，在二十世纪》。坐车向灯光闪烁的爱荷华城驶去，我的思绪却依然留在了“安寓”。聂华苓，爱的化身！

副州长为我们开车

3月27日上午9时，一位微微发胖的男子开车接我们到爱荷华州首府得梅因参观访问。他自我介绍说：“我是 Bob Anderson”，我们就叫他“Bob”。

汽车上路了，两旁是新绿的草场，时而能见到牛群或马群散放在坡地上。吴青看着日程单，突然惊异地喊道：“嗨！开车的这个人不简单哪！他是爱荷华州的副州长呐！”罗晓路悄声说：“呀！刚才他帮我搬箱子来着。”好在 Bob 不懂汉语，对我们的窃窃私语毫无反应。于是我们为他唱歌，一首接一首地唱。他听不懂，坐在他身旁的马桂花告诉他，她们唱的都是中国情歌，他听了非常高兴。

我们在得梅因访问了地方的报社和电视台，我还访问了一家民意调查公司；在州议会旁听了正在审议的一项健康法案的讨论，约见了两名女州议员和两名女说客；晚上，出席全美女大学生联谊会的报告会，介绍美国第一个妇女档案馆——爱荷华妇女档案馆。该档案馆是84岁高龄的露易斯博士自筹资金创建的，每年都有国内外的百余名专家学者来这里利用资料研究妇女问题。

初次访问美国，给我的感受是，美国的妇女朋友，都以世界妇女的解放为己任，她们对中国十分友好，但又缺乏足够的了解，需要中美新闻界，尤其是中美两国的女新闻工作者携手合作，共同努力，通过新闻报道，沟通两国人民特别是两国妇女的思想感情。

1995年9月2日

（原载上海《新闻记者》1995年第6期。）

对浙江女记者的访谈记录

一 访问人民日报原副总编辑郑梦熊

时间：2009年9月30日 地点：金色年华春风苑A301室张玲缨家

郑梦熊同志任浙江日报总编辑时，曾与中国社会科学院新闻研究所合作，于1983年开展了浙江省首次大规模受众调查。他后来升任人民日报副总编，退休后回杭州，在金色年华老年公寓安度晚年。恰逢那天我去金色年华探望好友张玲婴，揪住他回答了一个问题。

陈：今天您是送上门来让我采访的。我正在做一个有关中国女新闻工作者的课题，来杭州正想访问您，没想到在这里碰巧遇到您了。

郑：你不要为难我了。我退休后回到浙江什么活动都不参加。今天是江山老家的一个活动，不去支持一下不好。

陈：我知道您今天回来已经很累了。只问一个问题：您对女性进入传媒决策层有什么看法？

郑：上世纪60年代初我进浙江日报社时，编委会里一半是娘子军，占半边天，有由原《浙南大众报》总编提上来的江雪梅、原《浙江工人报》调来的丁菲、报社内部提的秦风，还有党委书记刘芳。丁菲是地下党的，很有才华。秦风原来是《山东大众报》的记者，业务能力很强。她们进入编委会当然是工作需要，但同她们的丈夫背景也有点关系。

省报提拔女干部主要有两个渠道：一个是从地方报中物色出类拔萃的女记者，一个是本报自己队伍中冒尖的女记者。当然，也有省级领导同志发现有出色的女干部适合于做新闻工作的，推荐给报社的。

新闻单位提拔女领导要比其他单位难一点。因为我们不仅需要有较强的领导才能，而且要求有很强的新闻业务能力。所以难一点。决定女干部提拔的主要是省委宣传部和组织部，报社的一把手也会从工作需要出发来考虑。

陈：那您在当《浙江日报》总编辑和《人民日报》副总编辑的任上，有没有有意识地培养女记者，把她们推荐入编委会?

郑：没有。女记者要冒尖困难很多。成家的记者家务多，孩子要上学；女记者外出采访困难也大，不像男记者到处可以睡，可以洗澡。过去没有宾馆，女记者出去连洗澡的地方都没有。我是很同情她们的。有时是要多体谅她们的。

再说了，我们是按毛主席的思想要求干部的标准是德才兼备，以德为先，政治要求第一。党报的中层干部必须是党员，要求政治水平和业务素质都要强。但有的女记者却不愿入党。我的一位亲戚是当记者的，跑教育口，业务能力极强，同教育系统的人很熟，有的校长遇上难处也来找她。劝她入党，她说："我现在蛮好的。我又不想当官，入什么党?"而有些积极要求入党的人，新闻业务水平又不行。两者都理想的很少。难就难在这里。如果真有好的女记者，像我们这种正派的领导干部是会考虑的。

二　召开浙江广电集团女记者座谈会

2010 年 11 月 10 日与浙江广电集团女记者座谈，地点：广电集团会议室

主题：现在传媒界的女性比例越来越大，我在做一个有关中国女新闻工作者的课题。其中有一部分是关于女新闻工作者需要哪些支持？是否应包含法律支持、政策支持、社会支持这几个方面，社会支持中又可包含本单位领导和男性同事的支持、传媒行业的支持（如记者协会和新闻学会）、传媒舆论的支持、受众的支持和家庭的支持等。这些支持应包含哪些内容？请大家结合自己的工作实践和实际需要，敞开思想谈。①

1. 现在传媒竞争激烈，就得压榨记者。有道是"女人当男人使，男人当牲口使"。我们压力很大，几乎没有休息时间，很多人想早点退休，我现在就想退休，鼓励女性进入决策层并非好事，别提男女退休年龄平等了。

2. 现在传媒界阴盛阳衰，学校毕业的学生中女的多，男记者招不到。南方人男女平等的观念比较强，女记者出去比较讨人喜欢。女记者出镜比

① 因发言热烈，不系统，按观点整理。

男的效果好。像来台风了，强调要现场报道，“七姐妹”报道组都配有青蛙衣。

3. 女记者出去采访受到民俗的限制，像盖房啊、造桥啊，就不让女记者到现场采访，认为女人不吉利。

4. 男女记者被打的几率差不多，不过女记者可以打110报警，控告对方“性骚扰”。

5. 在同一个单位同工不同酬，待遇不一样。现在在第一线采访的人都是聘用的，孩子生病的医药费不能报销，而老同志就可以。令人寒心。

6. 记者出去采访危险性报道应该办保险。像去汶川地震区采访，办公室主任给办了保险，但有的新闻频道就没有。有位80后记者去航拍，上飞机前专门提醒一句：“我可是家里的独苗”。应该立法，做出硬性规定都要上保险，以保障记者的安全。

7. 现在采访很不容易。一些单位的新闻发言人想方设法对付我们，用程式化的语言打发我们，让我们挖不到实质性的新闻。

8. 我们容易被人当枪使。比如说拆迁户同房地产商发生矛盾打来热线电话。按照一般的心理定势，申诉的总是弱者，应该维护他的利益，但有时吃力不讨好。

9. 领导要求我们迅速、及时抢独家新闻，但后勤保障跟不上。如果车库里只有一辆车而同时有几个人要用，首先保证领导，其次保证广告人员，第三才轮到记者。为什么？广告是全台的衣食父母，我们的收入都得与广告挂钩。所以，经济收益第一，新闻报道第二。碰到这种时候，只能乘公交车。自已开私家车去有时不给报销油费。总之对一线采访工作重视不够。

10. 当记者是吃青春饭。年轻时有理想、有抱负，还能没日没夜地在一线跑，现在只剩下责任了。因工作太紧张，没有娱乐，没有休闲。规定的假期得不到保证。未婚的找不到对象（男记者也有这个问题，有的男记者因生活没规律，女朋友就提出分手了）。现在机关里大龄女性很多，不是不想找，是没有时间、没有心情找。领导要求团支部开展联欢活动，组织过同银行的联欢，但收效甚微。已婚的不敢要孩子，心里很矛盾。有了孩子的，无法给予照顾。孩子放假带到机关，无暇管，摔伤了，总觉得对不起孩子。因此，队伍难以稳定。有的频道女记者走了不少，有的到证券公司当办公室主任，生活安定，收入还高。

11. 电视是高风险行业，记者付出的体力很大，主持人是媒体的符号，压力大，尤其做直播，压力更大。所以很少有干一行，爱一行，专一行的想法。一般是起先很想干新闻，后来变成逼着干，再后来就不想干了。前些年我们从300多人中挑选了4名女记者，现在只剩下一人了。

12. 宣传纪律是高压线。舆论监督的成本更高。有时我们费很大劲采写的稿件被枪毙了，当然有的可以发内参，心里很不是滋味。因此，现在我们已经被训练成为奉命采访的工具，让采写什么就采写什么，谁还会自己深入下去挖掘新闻题材？

13. 现在我们评职称要考英语，考计算机，还要写几篇论文，几篇好搞，要花费很多时间，经常处在焦虑之中，没有心思在新闻业务上下工夫了。有时就不想考了。

14. 内部分配不尽合理，行政人员的收入比新闻专业人员高，广告人员更高。一篇头等奖的好稿最多奖1万元，而广告创收效益超过指标定额可奖到50万元。这种分配方式对提高新闻业务水平不利。说到头还是重经济效益，轻新闻质量。

15. 传媒发展很快，老记者跑不动了，必然要招新人。现在在一线采访的大都是年轻人，头半年（有说4年的）没有奖金。单位不给新进的人提供住房，而杭州的房租很贵，年轻记者的生活没有保证。

16. 浙江省有女记协，没有固定的经费，所收会费有限，过去组织过一些活动，如以采风的名义到云南异地采访，到浙江日报社听健康讲座，组织健步走，到西湖边的茶座喝茶等，可以帮助大家放松心情，但当不了女记者的“娘家”。而一线的女记者往往因要赶写稿子，还没有时间参与这些活动。

三 访问工人日报驻浙江记者站站长李刚殷

时间：2009年11月12日 地点：浙江省工会大楼

李刚殷：我是1984年杭州大学中文系毕业后被分配到这里来的。我这人不大愿意跟人打交道，如果让我自己选择的话，我不会选择干新闻这一行的。但既然当了记者，就要把工作干好。

作为记者站的记者，主要任务有两条，一是总结推广基层工会的经验，二是替工人说话。浙江中小企业多，在国企改制过程中，一般是在买断工龄、拖欠工资、职业病等方面的维权工作。省工会设有维权中心予以调解，有法律界的人参与，比较有效。工会的新闻中心会主动向我提供消息。

我对女工有同情心，但我从没有从性别视角出发想到要为女工说话。编辑部没有提出专门倾向女职工的报道要求，如果有的话，我当然会跟进。

男同志干的我们也在干，干的不比他们差，在同人打交道方面还有优势。但报社对我们光使用不加油，多年没有培训，仅每年一次回京开记者站记者会，请一、二位专家讲个半天一天的，分析一下经济形势，所以业务提不高。考评机制是短平快，真正有质量的稿子也没有奖。

我每月要发10多篇稿子，压力很大，成天脑子总在不停地转。我快到50岁了，家庭没有经济压力，所以想早点退休。我接触到的女同志包括我在内在，只有20%有事业心的，普遍想提前退休，占到70%至80%。我更不愿意进入领导岗位，因为当了领导就身不由己了。

四　访浙江省女记者协会名誉会长陈佩霞

时间：2009年11月13日　　　地点：浙江日报社

陈佩霞：（近70岁）我是1963年杭州大学新闻系毕业下乡搞社教后，于1965年到浙江日报社（简称“浙报”）工作的。

你问现在为什么女记者多？这与找不到工作有关。我刚到报社时，浙报男记者多，发展得好，像杜加星等名记者级别很高，与处级差不多。浙报又是“黄埔军校”，男记者干得好的都被提拔到省委机关任职。那时省委领导对浙报记者很关心，困难时期省长李丰平特批给记者发白糖和黄豆。现在报社的领导干部都是上面安排下来的，对记者只使用不重视培养，男同志也不愿当记者，感到在报社没有发展前途。现在生活上有谁关心？有谁过问？现在领导关心的是公务员，是“海归”，谁关心记者？

从现在浙报的情况看，报社系统的官本位也比过去强很多，利益驱动，个个想当官，不做事还多拿钱。

过去记者到农村采访一住好几天，拿出有质量的好稿。现在记者不深入采访了，不钻研新闻业务了。粉碎“四人帮”后还有几篇好作品，近十年来没有出现过感人的通讯。我看这是同新闻业的商业化有关。

现在女性想从事新闻工作的人多，大概是认为新闻工作还比较安稳，在社会上有一定的名气，所以还愿意干。现在像我们报社很多记者是复旦、浙江大学等名校毕业的，不少是硕士和博士研究生。女性从事新闻工作确有优势，工作踏实，新闻敏感强，容易同人沟通。但很多女性为人直白，城府浅，不像男性城府深；女性没有手腕，不像男性那样会耍手腕，所以也当不了大官。不过我自己就不想当官，只想当个专家型记者。女性的这种弱势全世界都一样。

说到我们省的女记者协会，属于民间组织，有独立法人，没有经费来源。不可能为女记者的培养和维权做点什么。只能组织个异地采访啊，组织些喝茶啊这种休闲活动。女记协成立以来的工作在《浙江新闻志》上有记载，我去给您讨一本来（说着她出去拿了一本《浙江新闻志》来送给我）。

五　访浙江女记协会长、浙江日报副总编张燕

时间：2009 年 11 月 13 日　　　地点：浙江日报社

我没有出人头地的愿望。当年看了一部电影，看到记者很有正义感，觉得新闻工作富有挑战性，我对经济又有兴趣，想把当个经济专业型记者作为一生的追求。我如愿以偿，1990 年、2000 年当记者，从事经济报道，2000 年被提为经济部主任，2009 年任副总编。报社对培养女干部不重视，20 多年来领导班子中没有女性，现在编委会 7 人中也只有我是女性，报社正处级干部中只有两名是女性。

女记协现有会员 100 多人，经常举行一些如养生、生活、家庭装饰方面的讲座，一线记者忙于写稿，参加的不多。对于培养女记者的社会性别意识，发挥女记者在女性报道中的优势方面我们重视不够。所以报上好的女性报道不多，以后要多关注女性的发展，加强女性报道。

我刚刚进入领导班子，对关心女记者方面做得还不多。给记着派活是记者部主任的事，不过我可以提建议，比如碰到好的采访机会像到北京参加“两会”、还有一些热点报道机会，我可提建议是否让女记者去，为女记者创造条件，提供机会。而一些危险性大的突发事件如台风、水灾等，是否可以不让女记者去。毕竟男女生理条件是有区别的，身体承受力不一样，电视台的“七姐妹”报道组到台风现场报道，既是锻炼的机会，也有很大风险，像这种一线报道我以为应该派男记者去。还有，女记者怀孕了最好不要出去采访了，一旦流产会造成终生不孕。我们需要考虑保护措施。

现在的问题是高等院校读新闻传播的学生中女生多男生少，我对南京大学新闻传播学院的院长说，学生中最好能男女比例平衡。

第五编

女新闻工作者主办的报纸特征

——对《中国妇女报》的个案研究

女性大众传播媒介的社会责任

论文简介　女性媒介是指为女性办、主要办给女性阅读视听并为女性服务的传播媒介。女性媒介是妇女运动的产物。争取男女平等是妇女运动的出发点和归宿。中国第一张女报和第一批女新闻工作者的出现，标志着中国女性的觉醒。女性媒介的社会责任，在于宣传男女平等的基本国策，增强女性的“自尊、自信、自强、自立”精神，提高女性生存和发展的能力，使女性能以独立的人格主体参与社会和国家建设。引导女性走向社会还是回到厨房，是衡量媒介舆论导向正确与否的尺度。

女性大众传播媒介是指为女性办、办给女性阅读视听并为女性服务的传播媒介，包括报纸、杂志、广播、电视、互联网、新媒体等等。

女性大众传播媒介的社会责任，是指女性大众传播媒介所传播的信息，应有利于女性的生存和发展，有助于提高女性自身的素质，增强女性“四自”的精神，纠正社会对女性的传统偏见，维护女性的合法权益，改善女性的家庭生活和工作条件，为女性营造一个能充分发挥潜能和创造力的生存环境，使女性能以独立的人格主体参与社会和国家建设，使男女平等的基本国策得以实现。

一　女性媒介是妇女运动的产物

世界上只有两种人：女人和男人。盖因历史错误地造就了男女的不平等，因此，才有了以争取男女平等为目标的妇女运动。一些先知先觉的女性首先起来“造反”，为女性自身的生存呐喊，并运用当时可利用的媒介宣传自己的主张，唤起女性民众的觉醒，开展妇女运动。中国第一张女报和第一批女新闻工作者的出现，就标志着中国女性的觉醒。

在“百日维新”时期，康有为、梁启超都很关注妇女问题，1898 年 5 月在上海办了女学堂，有位黄漱六先生建议在学堂中办报馆，于是中国第一份女性报刊——《女学报》，于 1898 年 7 月 24 日正式问世。该报为对开石印一大张，每月出版三次，第一期是朱印。二十几位主笔全部是受过良好教育的女性，其中有中国第一位女编辑裘毓芳、康有为的女儿康同薇、梁启超的夫人李惠仙等。《女学报》旨在力争男女平权，申明“我道这报是救我们二万万人，得平权的起点。”（按：当时全国人口四万万女性占一半）《女学报》强烈要求女性对国事有发言权，提出“既然男子可以上书，女子也应当可以上书。”理由是“大造生才岂有偏，阴阳平等不分权”，并在《男女平等论》一文中揭露家庭暴力，批判“夫杀妻则止杖徒，妻杀夫则必凌迟”的法律制度。[①] 尽管这份女报较多地反映贵族女性的要求，但争取男女平等始终是该报宣传的主线。

以后随着社会文明程度的提高，女性媒介不断发展，仅《中国近代报刊发展概括》一书即记载有 18 种之多。如 1903 年陈撷芬主编的《女苏报》，1906 年秋瑾在上海创办的《中国女报》等，在加强女性教育、呼唤妇女觉醒，争取男女平等方面发挥了积极的作用。但有的同时也宣扬封建性的女德，束缚女性的思想行为。

辛亥革命胜利后的女性报刊，从男女平等的基本人权出发，大力提倡开办女学，启迪女智，鼓励女性走向社会，参与国事。女诗人吴曾兰主笔的《女界报》，“专对女界立言”，在成都报界更是一枝独秀。都督府总政处每次开政务会，也允许《女界报》三名女记者列席。省临时议会开会时，在议场楼上旁听席右侧用红布围另辟一室，用来招待女记者。[②]

反帝反封建的“五四”新文化运动，特别是中国共产党诞生后，标志着中国进入了新民主主义革命的新阶段。以解放全人类为己任的中国共产党，一向把妇女置于同男人平等的地位，将妇女运动纳入整个民族解放运动的轨道。1920 年，以劳动妇女为主要读者对象的通俗读物《劳动与妇女》问世，1921 年 12 月，由中共领导的第一个妇女刊物——《妇女声》在上海诞生，宗旨是“宣传被压迫阶级解放，促醒女子加入劳动运动”。当时出现了一大批女社会活动家，象刘清杨、郭隆真、邓颖超、向警予、杨之华、蔡畅等著

① 刘巨才：《中国历史上第一份女报》，载《新闻研究资料》第 17 期。
② 杨光辉等编：《中国近代报刊发展概况》，新华出版社 1986 年版。

名妇女运动领袖，都跟新闻媒介结下了不解之缘。中共中央妇女部部长向警予曾主编《妇女周报》，该报由《妇女评论》和《现代妇女》合并改组而成，旨在面向“要求解放最迫切的最富有解放精神与魄力的”无产阶级妇女群众。杨之华是主要撰稿人。刘清杨、邓颖超是《女星》的主要撰稿人，1924 年 1 月该报改为《妇女日报》。向警予称赞该报问世开创了“中国妇女宣传运动的新纪元”，“是中国沉沉女界报晓的第一声”。①

抗日战争时期，一些中共党员和爱国人士在极度困难的情况下，依然坚持出报，当时影响较大的有沈兹九主编的《妇女生活》，上海市职业界救亡协会主办的《战时妇女》，还有在北平出版的《北平妇女》。创刊于 1936 年 12 月 13 日的西北抗日联军机关报《解放日报》，也设有“妇女阵线”专刊。1939 年 6 月 1 日，中共中央妇女运动委员会主办的《中国妇女》诞生了，毛泽东为它题了词。② 这些女性报刊当时都成了动员广大妇女积极参加抗日救国运动的重要舆论阵地。

新中国建立后，“男女平等”被写进了中华人民共和国的第一部宪法，并成为中华全国妇女联合会的机关刊物《中国妇女》宣传的主要内容。1956 年 3 月 8 日，以具有中小学文化程度妇女为对象的《湖南妇女报》问世，旨在向妇女宣传党的方针政策，加强维护妇女儿童合法权益的宣传，帮助妇女学习文化科学知识，并指导妇女“用共产主义思想处理恋爱、婚姻、家庭问题”，但于 1959 年停刊。

妇女报刊迅猛发展的势头出现在改革开放的八十年代，1984 年 10 月 1 日，中华全国妇女联合会主办《中国妇女报》，邓小平同志为该报题写了报名，邓颖超同志题了词，康克清同志撰文强调“《中国妇女报》要向社会反复宣传中国的妇女是一种伟大的人力资源，必须发掘这种资源，为了建设一个伟大的社会主义国家而奋斗。”1985 年《山西妇女报》和福建的《女子天地》相继创刊。《湖南妇女报》也在 1987 年复刊。③《家庭》《女友》《知音》《婚姻与家庭》《美容与健康》等以女性为主要读者对象的杂志，更成了期刊族中的生力军。

女性媒介的全面发展是在 1995 年北京联合国第四次世界妇女大会前后，不仅有新的女性报刊出现，许多报纸也纷纷开设妇女专版或专栏，几

---

① 方汉奇、陈业劭主编：《中国当代新闻事业史（1949—1988）》，新华出版社 1992 年版。

② 方汉奇、张之华主编：《中国新闻事业史（第二版）》，中国人民大学出版社 1995 年版。

③ 陈崇山主编：《当代中国报纸大全》，宁夏人民出版社出版 1987 年版。

乎所有的广播电台和电视台，都设置了妇女节目。中国历史上从来没有出现过如此大规模地宣传妇女的声势，中国妇女也从来没有开展过如此广泛地同世界各国妇女的交流与沟通。然而，“妇女宣传在许多报纸上并没有经常化和持续化，对妇女人物的报道还存在着数量不足、报道面窄、形象不平衡等现象。如世妇会后，1996 年，除各地发动了《中国妇女发展纲要》宣传月活动外，1995 年前后对妇女报道的强劲态势明显回落；中央电视台于世妇会前创办的妇女节目《半边天》，在‘软些’‘生活些’的要求下改版；几家全国性主要报纸的妇女专版专栏或‘寿终正寝’，或被归并到家庭生活一类版面中。”① 唯人民日报国内政治部于 1997 年 8 月 18 日创办的《巾帼园》专版，表明了中共中央机关报对妇女运动的关注，为宣传男女平等基本国策开辟舆论阵地。

二 女性媒介的传播误区

人有两种生活：家庭生活与社会生活。人的这两种生活缺一不可，只有处理好这两种生活，才能享受到美满的人生。家庭生活主要满足人的生理需要、情感需要、安全需要和归属需要。社会生活除了满足人的上述需要外，还能满足人的自我实现的需要。自我实现是人的高级精神需要，一个人只有不拘泥于家庭的小圈子，走向社会，用自己的聪明才智为社会服务，才能被社会接受和赏识，得到社会的尊重，并享受到应得的社会资源，不断地充实和提高自己，以到达更高的精神境界。因此，妇女运动从诞生的那天起，就以男女平等为出发点和归宿，发动和鼓励妇女走出家门，参与社会活动。

但是，我们不能低估两千年封建余毒的影响，妇女运动经常受到传统观念和大男子主义思想的阻挠，不时地有人向女性发出“伊伦娜，回家去！”的怒吼。20 世纪 40 年代，有位老作家在昆明发表文章，重弹“妇女回到厨房去”的老调，当时在《力报》主持副刊“新垦地”的作家聂绀弩，就发动了一场维护女权的论战。“新垦地”连续两个月发表了几十篇杂文，把那位老作家批驳得体无完肤。后来《力报》将这些杂文编辑成《女

① 冯媛：《主流传媒需要纳入性别意识》，载《妇女发展与对策》，当代中国出版社 1998 年版。

权论辩》一书，聂绀弩作了序。[①]

历史经常轮回反复，20世纪80年代，又出现了一股要“妇女回家”的逆流，中央人民广播电台的“午间半小时”节目，组织了针对性极强的讨论。进入20世纪90年代，意识形态的争论不幸成为现实，数以百万计的下岗人员中，女性占70%以上。有位男性教授提出了“反向性别歧视”的论点，认为“如果企业不顾经济效益，照顾聘用女性职工，而将生产效率更高的男性职工拒之门外，那是反向性别歧视。”因为他立论的出发点是“从总体上，男性的战斗力强于女性，男性的生产效率高于女性。”[②] 从这类社会思潮出发，“妇女阶段就业论”也就登台亮相了。遗憾的是，我们看不到聂绀弩式的拍案而起，也看不到“午间半小时”式的循循善诱，纵然也有的女性媒介发出过几声“呐喊”，但声音微弱，引不起人们的注意，唤不起舆论的共鸣。

那么，现在的女性媒介在忙什么呢？它们为女性受众提供了什么样的精神食粮呢？请看1998年7月15日的《北京晚报》刊登的东野长峥的文章，标题是“现在女人看什么”。文章写道：“翻开如今的妇女读物，满目都是时装、化妆、玩乐、保养，然后就是明星们的绯闻，闪闪烁烁的性知识，微微带点儿色情内容的‘纪实文学’，最后就是一些风花雪月吃喝拉撒的小男小女散文。我轻易已经不再敢看‘女人的杂志’了，虽然那么多的妇女期刊都号称‘女人的知音，男人的朋友’。”作者希望妇女杂志“除了横流的物欲之外”，“稍微关注一下人的内心世界，关注一下人类精神的无限可能性”，盼望能看到“有着很好的可读性，同时蕴含着丰富人文精神”的女性读物。这篇短文反映了追求精神享受的女性的心声，表达了对当前一些女性媒介一味追逐广告效益的不满和无奈。文章告诉我们的女性媒介，如果报道内容不是既有“下里巴人”又有“阳春白雪”，必然难以满足女性受众日益增长的物质需要和精神需求。

印刷媒介存在的问题，电子媒介同样存在。在这里，我们不禁要问：女性媒介究竟要把女性受众引向何方？是社会？还是厨房？

---

① 刘巨才：《中国历史上第一份女报》，载《新闻研究资料》第17期。

② 潘锦棠：《性别歧视，性别正视及其它》，载《一九九六年度北京市妇联调查研究成果专辑（一）》第27—28页，北京市妇联研究室、北京妇女理论研究会印，1997年4月。

三　女性媒介的导向问题

舆论有两种导向：正确的导向和错误的导向。对女性媒介来说，正确的导向应是引领女性受众顺应时代的潮流，追踪妇女运动的轨迹，走向社会，服务社会，向实现男女平等的目标奋进。反之，如果一味地把女性受众的注意力引向“风花雪月，吃喝拉撒”，培养她们营造“安乐窝”的兴趣，把她们拉回家，那就是错误的导向，只能断送掉数十年来中国妇女运动的成果。

检验媒介的导向正确与否，有无脱离轨道、偏离方向？最好的评判员是受众。只要问一问受众从媒介那里得到了什么，就可以找到比较明晰的答案。

《中国妇女报》是女性媒介中的权威性报纸，该报创办时的初衷是“介绍妇运信息，维护妇女权利，宣传先进典型，鼓励自强不息，学习科学知识，正确教育子女，婚姻美满如意，家庭幸福和睦。”[①] 据该报 CI 中心 1998 年底的一次读者调查表明，在接受调查的 5661 名男女读者中，有 98.2% 的女读者和 96.0% 的男读者认为《中国妇女报》对自己有帮助和帮助很大。[②]

但当问及在哪些方面有帮助时，竟发现居首位的是“传授给我许多日常生活知识和技能”，而“四自”精神处于第 3 位，男女平等意识处于第 10 位（见表 1）。

表 1　《中国妇女报》对女性读者帮助很大和有帮助的内容（N＝4223 人）

给女性读者帮助的方面	人数	（%）
1. 传授给我许多日常生活知识和技能	3035	72.0
2. 指导我处理好家庭和人际关系	2989	70.7
3. 帮助我树立自尊自信自立自强的信心	2732	64.7
4. 活跃我的文化娱乐生活陶冶情操	2620	62.0
5. 帮助我及时了解党和政府的政策和法规	2598	61.5

① 陈崇山主编：《当代中国报纸大全》，宁夏人民出版社 1987 年版。

② 《中国妇女报》CI 中心于 1998 年底做了一次全国读者调查，采用在报上刊登调查提纲的方式，回收到 5661 份合格问卷，代表着热心读者的要求和意愿。调查报告中的“N”是指回答该问题的人数。

续表

给女性读者帮助的方面	人数	(%)
6. 帮助我了解国内外的新闻事件社会问题	2372	56.2
7. 教会我教育孩子健康成长的方法	2354	55.7
8. 帮助我增长了女性美的知识	2174	51.5
9. 激励我参与社会竞争实现自我价值	2044	48.4
10. 帮助我提高男女平等意识关心妇女运动	1749	41.4
11. 指导我树立正确的恋爱婚姻观念	1682	39.8
12. 广告指导我正确消费精明理财	1377	32.6
13. 帮助我广泛了解世界妇女运动的现状	1368	32.4
14. 指导我选择合适的职业	394	9.3
15. 其他	298	7.1

从总的情况看，《中国妇女报》的实际社会效应偏离了原定的办报方针。

四　女性媒介的社会责任

调查数据还表明，报纸的实际社会效应在偏离办报方针的同时，还偏离了读者的阅读目的（见表2）。

表2　　读者阅读《中国妇女报》的目的（N=5649人）

读者阅读目的	性别		性别差异百分点
	女性（4314人）	男性（1335人）	
1. 了解新闻信息丰富知识开阔眼界（N=4621人）	3523 81.7%	1098 82.2%	-0.5
2. 了解有关妇女的热点难点疑点问题（N=4181人）	3415 79.2%	766 57.4%	+21.8
3. 了解日常生活的实用知识和技能（N=4238人）	3339 77.4%	988 74.0%	+3.4
4. 了解中国妇女现状（N=3662人）	3015 69.9%	647 48.5%	+21.4
5. 了解党和政府对妇女生存发展的政策和法规（N=3663人）	2922 67.7%	741 55.5%	+12.2

续表

读者阅读目的	性别		性别差异百分点
	女性（4314 人）	男性（1335 人）	
6. 了解正确教育下一代的新观念和新方法（N＝3677）	2859 66.3%	818 61.3%	+5.0
7. 了解社会时尚和流行趋势（N＝2915 人）	2345 54.4	570 42.7%	+11.7
8. 娱乐消遣放松心情（N＝2990 人）	2346 54.4%	644 48.2%	+6.2
9. 了解全国妇联的工作指示（N＝1970 人）	1718 39.8%	252 18.9%	+20.9
10. 了解世界妇女运动状况（N＝1958 人）	1604 37.2%	354 26.5%	+10.7
11. 其他（N＝575 人）	423 9.8%	152 11.4%	-1.6

表 2 显示，“了解新闻信息丰富知识开阔眼界”是男女读者的共同要求，但有更多的女性读者比男性读者格外关注“有关妇女的热点难点疑点问题”、“中国妇女现状”、“党和政府对妇女生存发展的政策和法规”、“全国妇联的工作指示”，以及“世界妇女运动状况”。女性媒介的宣传报道理应根据读者的阅读目的组织报道，以便满足读者的需要。有位读者在书面意见中提出：“报纸要多抓大新闻题材的报道，不要只抓‘针头线脑’。”

在向读者征询办好报纸的高见时，读者对报纸的期望同读者的阅读目的基本趋于一致，要求加强维护妇女权益方面的报道，并希望办成女性爱读男性也爱看的报纸，成为沟通两性关系的桥梁和纽带。这为从事女性媒介工作的传播者提供了一个新的思路：女性媒介要寻求男女两性的和谐与团结。和谐是金，不论男性还是女性，都希望生活在和谐的环境之中。家庭中两性和谐能得到温暖幸福，单位里两性和谐能达到携手共进，整个社会里两性和谐才能保证安定团结。妇女运动以争取男女平等为目标，仅仅是为了能使女性取得与男性一样的生存权和发展权，丝毫没有也不会损害男性的利益，恰恰相反，女性的解放促进了社会生产力的发展，女性受益，男性同样受益，因此，男性过去是、现在是、将来还会是妇女运动的支持者和同盟军。

《中国妇女报》已开始走出误区，从 1999 年开始改版，主报加强了有关妇女和妇女工作的政策、法规宣传，突出了维护妇女权益方面的报道，并新创办了“新闻观察”和“时尚网斋”两个专版，以崭新的面貌呈现在读者的面前，受到男女读者的欢迎。原本销售量大的“家庭周末”专版，也注意抓“大题材”了。1999 年 6 月 11 日出版的总第 2766 期，在头版头条推出“两位教授关于女性回家的论战”报道，并组织讨论。在中华人民共和国成立 50 周年之际，这个反复出现的老话题被赋予了新的时代特征，重新提到世人面前，实在耐人寻味。钟朋荣教授在《谁为中国人造饭碗》的专著中，提出了“男人留岗，女人回家”的主张，建议由“政府给女人发放回家救济金”。多年致力于女性研究的郑州大学教授李小江，读了钟教授的书后想：“怎么改革开放 20 年，人们的观念、生活方式和社会结构都发生了巨大的变化，唯有‘妇女回家’的论调依然如旧?”为此发表题为《怎能剥夺女性的社会发展空间》的文章，在回顾了十几年来关于妇女解放和妇女地位进行的三次较大的讨论后，指出:“‘男人留岗，女人回家’成为标题，寥寥几个字，道尽了作者在此问题上的全部用心。”“为什么每逢社会改革向前迈进，总有男性学者出面力主妇女回家?”她认为，主要是这些男性学者“简单地将女人看做是干活的‘人手’和吃饭的‘人口’”，“将女性置于‘被人安置’‘受人供养’的非主体境地。”这种过分鲜明的男性中心论，完全忽略了女性的发展需求，并企图在关怀女性的幌子下，剥夺女性发展的空间。《中国妇女报》组织的这场讨论抓住了男女平等话题的核心，如果能持续深入讨论下去，必然会将“男女平等”基本国策的宣传教育提高到一个新的水平，可惜草草收场。

五 结论

《中国妇女报》紧紧扣住男女平等这个主旋律，切实维护妇女的合法权益，提高妇女的主体意识，积极鼓励妇女走向社会，放眼世界，为中国妇女的生存和发展，展示了无限美好的前景。笔者认为，这应该是所有女性媒介的社会责任。

（原载北京妇女理论研究会主办《妇女理论研究动态》1999 年第 2 期，《中国报刊月报》1999 年第 9 期；入选全国妇女 50 周年理论研讨会，北京。）

谨以此文献给北京第四次世界妇女大会10周年

《新闻三昧》编者按：今年是联合国第四次世界妇女大会在北京召开的十周年。联合国给各国政府的决策者和非政府组织活动家一个机会：对十年来，各国在促进两性平等和赋权妇女和女童方面取得的进展情况进行审查和评估，对今后的行动步骤作出规划和建议，简称“北京+10”。本刊刊登《中国妇女报》在宣传《北京宣言》和《行动纲领》方面所做的努力及其报道特色，旨在敦促我国传媒进一步关注妇女的根本权益，加大宣传力度，促进两性和谐发展，为切实贯彻男女平等的基本国策呼与鼓。

玫瑰，为构建和谐社会而芬芳*

——从《中国妇女报》看新闻舆论的强大力量

马克思说：“在人民报刊正常发展的情况下，构成人民报刊实质的各个分子都应当首先各自形成自己的特征。‘好的’人民报刊，即和谐地融合了人民精神的一切真正因素的人民报刊才能形成。那时，每家报纸都会充分地体现出真正的道德精神，就像每一片玫瑰花瓣都散发出玫瑰的芬芳并表现出玫瑰的特质一样。但要使报刊完成自己的使命，必须承认它具有连植物也具有的那种通常为人们所承认的东西，即承认它具有不应该而且也不可能任意摆脱的自身内在的规律。”① 驾驭这些规律，以舆论的力量向历史前进的方向，推动和谐社会的早日实现和逐步完善，正是报人义不容辞的使命。

在经历了“文化大革命”时期“两报一刊”的高度舆论一律之后，“在20世纪80年代，改革开放为我国报业带来了新的活力和生机，新创办的报纸如雨后春笋般地涌现，报纸种类之丰，发行量之多，都是我国报业

---

* 原题为“玫瑰，为构建和谐社会而芬芳——《中国妇女报》特征分析”。

① 《马克思恩格斯全集》第1卷，人民出版社1995出版，第385页。

史上所少有。"[①]《中国妇女报》就是在这报业的春天里出土并茁壮成长起来的一朵玫瑰。

创刊于1984年10月1日的《中国妇女报》，是中华全国妇女联合会的机关报，初创时的宗旨确定为"介绍妇运信息，维护妇女权利，宣传先进典型，鼓励自强不息，学习科学知识，正确教育子女，婚姻美满如意，家庭幸福和睦。"[②] 如今，21岁的《中国妇女报》已从对开4版的周报，发展为对开16版的周六刊。

在联合国第四次世界妇女大会在北京召开之后，十年来，《中国妇女报》以妇女为本位，为贯彻实现《北京宣言》和《行动纲领》以及男女平等的基本国策大声疾呼，担负起了"集体的组织者、集体的宣传者和集体的鼓动者"的重任，成为一家具有鲜明个性特征的全国性主流报纸。

坚持不懈地鼓动将性别意识纳入主流

自从第四次世界妇女大会提出要"用妇女的眼光看世界"的口号后，中国女性特别是知识女性的性别意识有了很大的提高，她们从许多司空见惯、习以为常的社会现象中，发现了种种歧视女性的事实，于是她们通过《中国妇女报》喊出自己的声音，发表自己的见解，希望通过媒体的传播，促使"全社会进一步全面、正确地认识妇女的作用和价值，重视发挥妇女的才智，关心妇女的特殊问题，消除重男轻女、歧视妇女等封建残余思想。"[③] 然而，在世妇会后，一些主流媒体上的女性栏目或者被削减，或者彻底地消失，妇女的声音变得越来越小了。在社会结构重组的过程中，妇女的利益受到很大的损害，竟然还有所谓的经济学家提出了"男人留岗，女人回家"的主张，在有些地方下岗职工中女性占到了七成以上，致使女性经济地位下降，家庭地位和社会地位低落，导致家庭暴力屡禁不止，离婚率上升，女性单亲家庭增多，极大地降低了女性的生活质量和发展水平，也影响到下一代的健康成长。同时，在一些政府出台的政策法规中，还不时出现一些违宪的条款，如出嫁女不给分责任田，男领导干部不能配女秘书，男女公务员退休年龄相差5年等等。

---

① 陈崇山主编：《当代中国报纸大全》"编者的话"，宁夏人民出版社1987年版。

② 《中国妇女报》发刊词，载《全国报纸大全》，宁夏人民出版社出版1987年版，第112页。

③ 同上。

为此，《中国妇女报》疾呼要把性别意识纳入主流。什么是“性别意识纳入主流”？联合国经济社会理事会 1997 年一致结论：“性别纳入主流是一个过程，它对任何领域各个层面上的、任何一个计划包括立法、政策或项目对妇女和男人所产生的影响进行分析。它是一个战略，把对妇女和男人的关注、经历作为在政治、经济和社会各领域中设计、执行、跟踪和评估政策和项目计划的不可分割的一部分来考虑，以使妇女和男人能平等受益，不平等不能延续下去。它最终的目的是达到社会性别平等。”① 现在许多国家已经把性别意识纳入主流，在制定法律、法规、政策、措施时，都考虑到男女公民的平等发展，共同获益。

2004 年的“三八”国际妇女节，《中国妇女报》在头版报眼位置以“所有发展工作须聚焦妇女需要”为题，传达了联合国秘书长安南对国际劳动妇女节 93 周年的祝词，安南说：“促进性别平等和妇女权能增长，是全体联合国成员国 2000 年承诺的千年发展目标之一。”安南强调：“在社会的各个层面，需要一个深层的革命来改变男女之间的关系，使妇女能够更多地从财政上和物质上掌握她们的生活。只有投资于妇女，我们才能达到千年发展目标。”他要求“以一种新的紧迫感行动起来”。在同一版的“两会特别关注”栏目里，报纸配发了对第十届全国人大代表刘海荣的访谈录。刘海荣代表提出了“性别预算要纳入决策主流”的主张。报道说：自 1984 年澳大利亚妇女预算报告提出这一概念，到 2000 年初，全世界先后已有 4 个地区的 20 个国家开展了性别预算行动。1995 年在北京举行的联合国第四次世界妇女大会形成的《行动纲领》，明确要求各国政府进行性别预算。中国政府是《行动纲领》的签约国，签约而未践约，刘海荣代表认为这里的“主要问题还是领导层的认识，而不是什么技术问题”。

经济是基础。眼下许多涉及女性权益的问题难以解决，不就是难在缺钱嘛！性别预算纳入决策主流是妇女权益得以实现的保证。《中国妇女报》毫不含糊地“喊”出了这一呼声，显然是触及了妇女权益保障的根本问题。

《中国妇女报》在用大量事实正面宣传社会性别意识的同时，还同首都女新闻工作者协会的妇女传媒监测网络合办“传媒守望”专栏，对有些传媒散布的重男轻女、男主外女主内、“红颜祸水论”等传统思想观念，以及

① 摘自国际劳工组织性别平等局局长张幼云 2000 年 7 月 20 日在“《世界妇女进程》发布会暨社会性别与宏观经济研讨会”上的发言。

歧视女性、丑化女性形象的报道和图像，加以点评和批判，以此净化了女性舆论环境，帮助读者树立起马克思主义妇女观，增强社会性别意识。

旗帜鲜明地宣传男女平等基本国策

显然，在中国这样一个封建流毒远未彻底肃清的国度里，女性的所思、所欲、所需、所求，如果不能得到男性的理解和认同，是很难顺利实现的。这并不是说女性必须向男性乞求恩赐，而是说女性在前进的道路上要得到男性的帮助和支持。因此，两性的沟通变得重要而迫切，更何况《中国妇女报》的读者中有两成左右是男性。2002 年，报纸将“妇女论坛”改成“两性论坛”，为两性的沟通提供了一个自由交流的平台。表面上看这似乎仅仅是两字之差，但这个栏目的内涵和外延，却有着根本性的变化。它标志着报纸对妇女运动的宣传思想和报道角度，都有了一个质的飞跃，反映了男女和谐共进是时代变迁和进步的需要。更重要的是女性的诉求如何能同拥有决策权的男性沟通，达成共识，并促使这种共识成为可操作的制度或法规，能够迅速付诸实施。和谐是金，家庭里两性和谐，全家幸福温馨；单位里两性和谐，同志间团结共进；全社会两性和谐，则能获得全局性的祥和稳定。加大男女平等基本国策的宣传力度，建设两性之间的和谐合作，是实现全面、协调、可持续发展的科学发展观的根本。

自从 1995 年中央确定将男女平等作为基本国策，国策宣传一直是《中国妇女报》的宣传重点。读者经常可以在头版头条显著位置看到彭珮云、顾秀莲、黄静宜等妇女活动家在各地宣讲男女平等基本国策的报道和照片。2004 年春，报纸在头版开辟“推动男女平等基本国策走向社会——系列报道之省（市、区）委书记访谈录”专栏，请各省、市、自治区的党委书记结合本地实际畅谈对男女平等基本国策的认识及贯彻情况。如 2004 年 3 月 27 日头版头条，刊登中共中央政治局委员、湖北省委书记俞正声的谈话。俞正声说：“以男女平等为主要内容的先进性别文化是先进文化的重要内容。湖北省将继续在全社会广泛深入宣传马克思主义妇女观和男女平等基本国策，引导人们树立文明进步的男女平等意识，改造落后的性别观念，改革不利于妇女解放和发展的传统习俗，让男女平等基本国策日益深入人心。”将男女性别平等纳入先进文化的范畴，显然具有深远的理论意义。

吸引男性高级领导干部参与男女平等基本国策讨论，在决策层中大大强化了对社会性别意识的认同，提高了高层领导干部执行男女平等基本国策的自觉性，促使“国策意识”渐入决策主流。据报道，2004年，全国妇联主席顾秀莲同志先后到10个省市宣讲男女平等基本国策，所到省的省委书记都亲自主持报告会，并都当场就如何贯彻国策精神，进一步加强妇女工作的领导提出明确要求和承诺。2004年9月2日，一份题为“高层决策者社会性别平等意识调查研究报告”显示，与联合国第四次世界妇女大会前相比，我国高层领导干部的社会性别意识有很大进步，他们“赞同男女平等原则，关注妇女平等的权利，对推动性别平等有责任感，在促进‘妇女参政’等方面持积极态度。”在242位接受调查者中，有副部级以上干部9人，正局级87人，副局级146人，全都亲自填写问卷，无一秘书代笔。[①] 2005年，报纸将男女平等基本国策的宣传又向深广拓展。

态度坚定地维护妇女的根本权益

每一个活着的人，最起码的权益是生命权、生存权和发展权，男女都一样。但由于历史造成的不公平，妇女处于不平等的弱势地位，才需要创办妇女传媒，为改善女性的生存环境和发展条件呼与鼓。

那么，妇女的根本权益是什么？是生存，是发展，是尊严。

《中国妇女报》竭尽全力维护妇女的权益，所关注的领域涉及女性从生命形成到生命消亡的全过程。报纸持续不断地反对用B超确定胎儿性别和溺婴，反对拐卖妇女儿童，反对侵犯妇女儿童人身安全的暴力行为，反对教育和就业中的性别歧视，反对遗弃和虐待老人……总之，旗帜鲜明地反对一切侵犯女性人权（包括儿童）的现象和行为。对于典型案例，更以追踪报道、连续报道、深度报道的方式穷追不舍。黄静案就是一例。2003年2月24日，女教师黄静裸死宿舍，公安机关三次法医鉴定为自然死亡，为维护女性的生命权，《中国妇女报》和其他传媒一道对司法鉴定提出质询，终于在案发22个月后促使此案重新开庭审理，其男友被控有罪。

女性不仅要活着，而且要有尊严地活着。《中国妇女报》热情鼓励女性要本着“自尊、自信、自强、自立”的原则活着。唐胜利和刘艳华均是外出打工的纯真少女，两人都曾受到胁迫被逼卖淫。她们不屈从于恶势力，

① 乔虹：《国策意识渐入主流》，载《中国妇女报》2004年12月23日头版头条。

一个被迫跳楼，一个把逼她的老鸨砍伤，然后投案自首。报纸没有把这两个案件作为一般的社会新闻处理，而是把它们当作维护打工妹的合法权益的问题进行了全方位的深入报道。关于唐胜利事件，共发表文章24篇，引起中央有关领导、全国妇联、全国总工会、四川省省委的高度重视，有关领导同志均对此作了批示。刘艳华事件的报道共刊发文章29篇，有人评论这组报道是新闻界针对当时、当地的社会环境发出的扶正抑邪的舆论之声。这两组报道均为打工少女讨回了公道，同时也都获得了中国新闻奖。时任《中国妇女报》记者部主任的吴洁玲说："我感到要善于从维权案件中抓住一些典型的案例，深入解剖，挖深挖透，这样才能够真正起到维护妇女合法权益的目的。"①

而对于那些为自身合法权益抗争不息的女性，报纸都给予热情的鼓励和表彰。读者经常可以看到出嫁女用法律告倒村官讨回责任田的报道，也可以看到打工妹为取得报酬而开展的合法斗争。

抓住良机用舆论提升妇女的法律保障

"据联合国开发计划署出版的人类发展报告排名，中国妇女性别赋权尺度，已经从1995年的第23位，下降到2000年的第40位，中国妇女对政治的参与程度名列第87位。"②

中国妇女报人充分认识到，妇女权益只有得到法律的保障，才能可靠地、持久地得到根本性的维护。2004年3月，《中国妇女报》抓住"两会"这个良机，将"促进性别公正"定格为"两会"报道的主旋律，以性别公正为标准，分析、评估、判断委员代表的发言并及时予以报道。

先是有《中国妇女报》记者以独特的性别视角，从政协委员的数千份提案中，挑选出有关妇女参政权、妇女劳动就业权、妇女人身权、妇女卫生教育权及在家庭婚姻中的平等权等52份议案，在3月3日头版打出黑体大字标题："52份提案促进性别公正"。这篇头条新闻引起政府和社会舆论的广泛关注。

在经过近一周的铺垫报道之后，3月10日至12日，《中国妇女报》用

---

① 吴洁玲：《从两个维权案例看深度新闻报道的策划》，载《新闻战线》2003年第9期。
② 从蓉：《任重道远》，载《中国妇女报》2003年3月5日头版。

头版的大幅版面，直击主题，连续三天，集中刊登女代表和女委员要求修改《妇女权益保障法》的呼声。10日，报道政协妇女界小组的建议，认为法律是现实的产物，应该与时俱进，根据新情况新问题不断修改完善。莫文秀委员说："妇女就业和再就业难，妇女参与国家和社会事务管理程度偏低，贫困妇女生存发展环境不良等问题的出现，妇女权益保障法律不完善是重要因素之一，解决问题的途径之一就是修改妇女法。"华福周代表和刘海荣代表在充分肯定妇女法实施以来所取得成绩的基础上，指出其可操作性和可诉性的不足，要求人大常委会"将修改妇女法列入立法计划"。11日，在头版头条以黑体大字标题报道"10位代表酝酿修改妇女法议案"的消息，同时报道了新闻界、法律界对妇女法修改重点的思考和建议。12日的头版头条则以"彭珮云吁请十届人大修订妇女法"的醒目标题，报道了全国人大副委员长、全国妇联主席彭珮云同志代表六亿妇女喊出的最强音。这位多年来为实现男女平等基本国策到处奔走呼号的女政治家认为："为了更好地保护妇女权益，充分调动广大妇女参与全面建设小康社会的积极性，建议将妇女权益保障法的修改列入第十届全国人大常委会立法计划，使修改后的妇女权益保障法突出重点，弥补空白，提高可操作性，强化法律责任和法律监督。"

与此同时，《中国妇女报》还开辟了"百姓连线两会"专栏，反映百姓心声，使百姓的要求同代表委员的参政议政相呼应；并配合知识竞赛，开辟专栏系统宣传《中国妇女发展纲要（2001—2010）》；《中国妇女报》是全中国妇女的代言者，也是联系妇女与男子的桥梁。报纸在充分报道女代表、女委员观点的同时，还报道了一些男代表、男委员对妇女问题的看法，如3月10日第2版头条报道的"镜头不应歪曲女性形象"，政协文艺界委员参与讨论的就有张贤亮、贾平凹等著名男作家，这对削减和纠正文化层面对女性的贬损意识极为有益。

《中国妇女报》抓住重点，集中报道，很有气势，产生良好的传播效果。后续报道不断丰富《妇女权益保障法》的内容，2005年2月15日新华社发布消息，称"妇女法送审稿强化政府责任，提出了人大代表中女代表候选人比例，明确禁止性骚扰，补充农村妇女的土地承包权及相关财产权"。2月16日《中国妇女报》即在"妇女新闻"版头条位置，用大字标题"妇女权益保障法律政策体系更趋完善"为题，报道了这条消息。6月16日，《中国妇女报》刊登新华社消息：全国人大常委会将首次审议妇女权益保障法修正草案。6月27日，《中国妇女报》头版头条大字标题刊登本报记者乔虹的报道："十届全国人大常委会第十六次会议开幕（引题）妇女法修正案首次提请审议（主题）"，并配发"妇女法修改解读"，让读者了解修正案聚焦三个方面：一是"将男女平等基本国策写进总则"，二是"多方完善妇女合法权益保障的规定"（包括政治权利、文化教育权益、劳动和社会保障权益、财产权益、人身权利、婚姻家庭权益）；三是强化法律责任，增设了法律援助和司法救助的规定。值得注意的是，数千年来对女性的性骚扰恶行，首次被写进修正案，表述为"任何人不得对妇女进行性骚扰。"同时还"禁止在大众传播媒介中贬低损害妇女人格。"显然，修正后的《妇女权益保障法》可为中国妇女提供了全方位的法律保障。

2005年8月28日，中华人民共和国主席胡锦涛发布第40号主席令：《全国人民代表大会常务委员会关于修改〈中华人民共和国妇女权益保障法〉的决定》已由中华人民共和国第十届全国人民代表大会常务委员会第十七次会议于2005年8月28日通过，现予公布，自2005年12月1日起施行。

8月29日，《中国妇女报》在彩色的"北京+10"纪念特刊头版头条以大字标题"妇女法修正案表决通过"发表消息，在第三版刊登妇女法的全文，并在头版发表顾秀莲同志的长文：《认真贯彻实施妇女法　切实保障妇女权益》，系统阐释妇女法修改的原则、意义、重点，特别强调贯彻实施妇女法是全社会的责任。从而帮助读者深入领会妇女法修正案的真谛。

人物报道崇尚直言真言实言

中央电视台新闻频道有句片头语，叫做"新闻因人而生动"。人是社会生活的创造者和享受者，人的活动造就了色彩斑斓的世界，为新闻报道提供了取之不尽用之不竭的信息来源。一张报纸，只要紧扣人的活动，就有写不完的报道，做不完的文章。《中国妇女报》抛弃了见物不见人的陋习，各版的报道都突出了妇女的主体地位，让各行各业的妇女在报纸版面上唱主角；各版的图片也大都是女性，既有特写镜头，又有群英像；这使《中国妇女报》的个性更加鲜明夺目。比如2004年1月1日的《中国妇女报》，头版头条打破常规，将电子媒体已报道过的时政新闻，以标题新闻形式出现，连胡锦涛主席的新年贺词也排到了二版头条，却以半个版的篇幅刊登贺岁照片，照片上打腰鼓的农妇表现出意气风发的民族气概，预示着“一个伟大的国家又开始了新的一年”。这样的版面安排，体现了中共中央提倡传媒要多报道群众的务实精神。

宣传先进人物是社会主义新闻传媒的一大特征，《中国妇女报》的人物报道不拘一格。2004 年 1 月 3 日的头版头条，在“2003 因她们而生动”的标题下，报道了 11 位中外杰出女性：有临危受命防治 SARS 的副总理吴仪，有期望祖国统一的宋美龄，有执著维护正义的伊朗女法官希林·伊巴迪，有勇赴战地采访的女记者闾丘露薇等。令人瞩目的是一夜成名的农妇熊德明也名列其中。熊德明因向温家宝总理直言说出了拖欠农民工工资的问题，在中央政府督促下，使数千万农民工拿到了多年被拖欠的工资欢欢喜喜回家过新年。报纸选择熊德明，表明了中国妇女报人崇尚和尊重“敢直言”、“讲实话”的价值观。

讲真话实话是新闻传媒的品格。《中国妇女报》本着两性和谐共处、平等发展的理念，同样赞赏敢讲真话的男性优秀人物。2003 年 5 月 23 日的头版，“抗非典光荣榜”占用了几乎整版篇幅，排在第一位的是人人熟知的院士科学家、67 岁的钟南山，排在第二位的就是“学者良知正气功”的蒋彦永医生，第三位是国务院女副总理吴仪……

人们感到陌生的蒋彦永是 301 医院（解放军总医院）的退休医生。2003 年 3 月，他就知道 SARS 已流传到北京。可是在 4 月 3 日下午国务院新闻办公室举行的记者发布会上，卫生部部长张永康公布“截止到 3 月 31 日，北京市（SARS 病人）12 例，死亡 3 例”，并宣布中国局部地区的非典型性疫情“已得到有效控制”，宣称“在中国工作、生活、旅游都是安全的”。这位部长还对一位戴着口罩的外国记者说“戴不戴口罩都是安全的”。蒋彦永医生发现张部长发布的疫情数字与北京的实际相去甚远。他认为“对人民健康生命安全的事，来不得半点虚假错误。”于是他认真核实了部队医院的数字：确诊和疑似为 SARS 的病例在 301 医院就有 46 人，302 医院有 40 人，309 医院有 60 人，还不包括地方医院收治的病人。本着共产党员的良知，蒋彦永用电话敦促他熟悉的医生“应该向院长汇报”，他自己则在 4 月 4 日晚用电脑打出一封 800 字的信，向中央电视台和凤凰卫视反映实情。蒋彦永的义举得到中央领导同志的首肯，4 月 17 日，胡锦涛总书记在中共中央政治局会上强调任何人不得瞒报疫情。4 月 20 日，卫生部确认北京市有确诊 SARS 病人 339 例、疑似病例 402 例。这一天，新华社发布消息：中共中央“免去张文康的卫生部党组书记职务。”

蒋彦永的正义举动引起传媒的关注和百姓的称赞，但也引来了非议和压力。然而蒋彦永医生说“我不这样做，中国可能会多感染很多人，是要死人的。”“我是为了国家的利益，为了老百姓的利益。SARS 也绝不是中国一个国家的事情。如果不能迅速控制，受害的不只是北京、中国，也是全世界，所以我一定要说这个问题。”“我一直认为，人的生命最重要，讲老实话最重要。”“在可能有越来越多的生命遭到威胁的时候，我自己的一切真是微不足道的。”中国需要共产党员蒋彦永。《中国妇女报》敢于报道有争议的人物，表明了中国妇女报人坚持实事求是的办报精神。

在保持共产党员先进性的活动中，《中国妇女报》和所有的主流传媒一样，开辟了“永远的丰碑”栏目，持续报道革命先烈为实现共产主义理想而英勇献身的奋斗精神。2005 年 4 月 5 日清明节，《中国妇女报》独树一帜，用两个整版追忆敢讲真话、用生命维护真理的女英雄张志新，共刊发了 8 幅照片，5 篇文章和 3 首诗，在“张志新——不该忘却的纪念”的特大号标题下，刊登了张志新烈士的巨幅照片。照片下面引用了 1979 年出版的《辞海》关于“张志新”的词条：“张志新（1930—1975），女，天津人，1955 年加入中国共产党。曾任中共辽宁省委宣传部干事。“文革”中，她怀着对党对人民的赤胆忠心，坚持马列主义、毛泽东思想，反对林彪、‘四人帮’的破坏干扰，遭受残酷迫害，于 1969 年 9 月被捕入狱。在狱中不屈不挠，坚持斗争。1975 年 4 月 4 日被杀害。表现了共产党员为真理而献身的彻底革命精神和坚贞不屈的崇高品质。1979 年 3 月，中共辽宁省委为她彻底平反昭雪，并追认为革命烈士。”张志新烈士因讲真话捍卫真理而被“自己人”残忍杀害，对后世的警示意义更发人深省。

报纸的头版特别是头版头条是报纸的灵魂，体现着这张报纸的精气神。《中国妇女报》经常在头版报道女性优秀人物，大力弘扬成功女性对人类社会的贡献，赞扬她们的智慧推动了中国以至世界的经济社会的发展，仅 2005 年 8 月 28 日的头版，就登载了全球 83 位杰出女性的照片。这无疑是对女性的肯定和鼓励，指明了女性奋发图强的前进方向。与此同时，报纸也深切关注挣扎在生死线上的弱势妇女，提醒社会要关心她们的生存和命运。比如鼓动社会各界为贫困母亲建水窖，为贫困女大学生和辍学女童筹集学费，为农村出嫁女和打工妹争取合法权利等，这些看以社会新闻的报道，也都上了头版的重要位置，而且这种平衡报道的方式，更有利于向读者全面展示女性世界。

《中国妇女报》是我国各民族妇女的耳目和喉舌，是我国各民族妇女的舆论中心。尤其在联合国第四次世界妇女大会之后的十年间，它坚持以人为本，以中国妇女为本位，在中华全国妇女联合会的领导下，充分反映妇女的呼声和要求，旗帜鲜明地替妇女说话，为维护妇女的生存权和发展权主持正义，用舆论争取社会公正和男女平等，为保障妇女的基本权益鼓与呼，成为宣传贯彻《北京宣言》和《行动纲领》，推动《妇女权益保障法》完善的重要舆论力量。

（原载《工人日报》主办的《新闻三昧》2005 年第 8 期，该刊主编张淑华为本文加了编者按。）

1998 年《中国妇女报》全国读者调查报告

报告之一：《中国妇女报》的读者结构

任何事物的结构，决定事物的性质。《中国妇女报》的读者结构，决定《中国妇女报》的定位。

（一）《中国妇女报》读者的性别结构（N＝5653 人）

据 1998 年全国读者调查表明，《中国妇女报》的读者中女性 4317 人，占 76.4%；男性 1336 人，占 23.6%；性别未答者 8 人。说明它是一张以女性读者为主体的报纸，主要服务对象是女性。

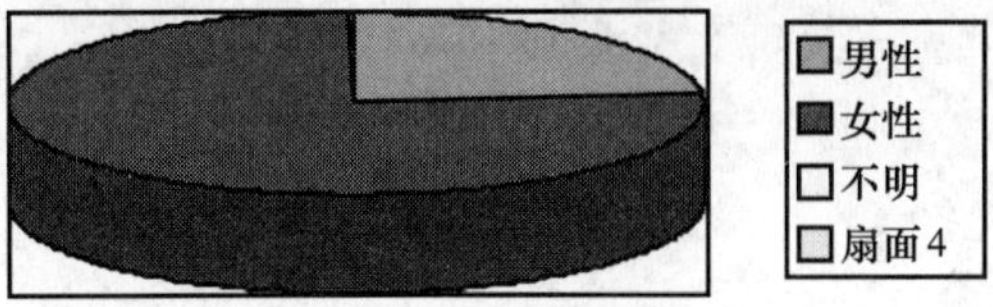

图 1.1　读者性别结构

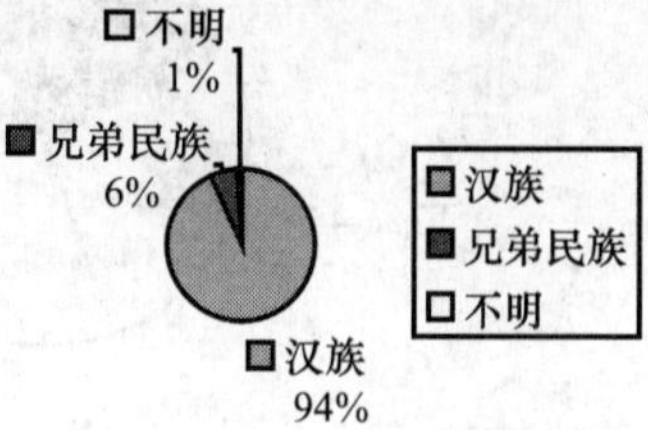

图 1.2　读者民族结构

（二）《中国妇女报》读者的民族结构（N＝5587 人）

数据表明，截至 1998 年 12 月 10 日，在主动寄回调查表的读者中，有汉族、满族、回族、蒙古族、壮族、藏族、苗族、朝鲜族、瑶族、彝族、俄罗斯族、侗族、白族、土家族、达斡尔族、傣族、黎族、布依族、哈尼族、锡伯族、维吾尔族、基诺族、土族、景颇族、东乡族、京族、纳西族、哈萨克族等 28 个民族的读者。其中汉族 5265 人，占 94.0%；兄弟民族 326 人，占 5.8%。汉族读者中女性 4026 人，占 76.5%；男性 1236 人，占

23.5%。在兄弟民族读者中女性245人，占75.2%；男性81人，占24.8%；其中朝鲜、白、达斡尔、傣、土、景颇、东乡、京、哈萨克等族的读者，均系女性，哈尼族和基诺族的读者均为男性。说明《中国妇女报》虽系汉文报纸，却拥有相当数量的兄弟民族读者，对增强各民族尤其对增强各民族妇女的团结进步，能发挥巨大作用。

（三）《中国妇女报》读者的年龄结构（N=5653人）

据统计25岁以下者1247人，占22.1%，其中女性929人，占74.5%；男性318人，占25.5%。26—35岁者1797人，占31.6%；其中女性1352人，占75.2%；男性445人，占24.8%。36—45岁者1521人，占26.9%；其中女性1254人，占82.4%；男性267人，占17.6%；46—55岁者807人，占14.3%；其中女性625人，占77.4%，男性182人，占22.6%；55岁以上者191人，占3.4%；其中女性85人，占45.0%；男性105人，占55.0%。主要是婚龄期的男女。他们对婚姻家庭问题的关注，大大超过未婚者。女性读者在36—45岁年龄段高达八成以上，可以认为这个年龄段的女性在各个方面均已进入成熟期。

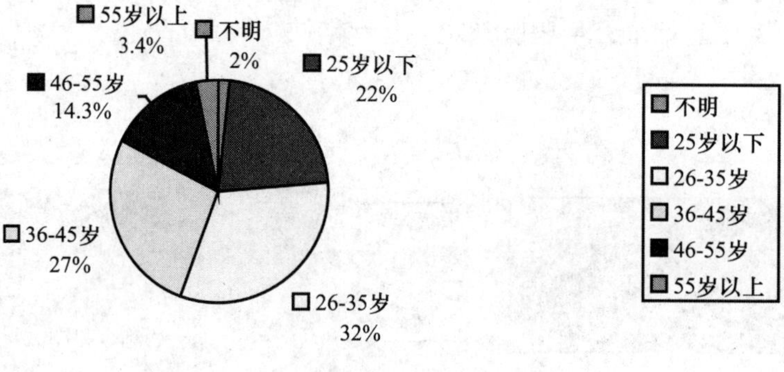

图1.3　读者年龄结构

（四）《中国妇女报》读者的教育程度结构（N=5645人）

以高中、中专及大专教育程度读者居多。据统计，初中及以下读者360人，占6.4%；其中女性248人，占68.9%；男性112人，占31.1%。高中、中专读者2402人，占42.6%；其中女性1852人，占77.1%；男性550人，占22.9%。大专读者2233人，占39.6%；其中女性1746人，占78.2%；男性487人，占21.8%。大学本科读者628人，占11.1%；其中女性445人，占70.9%；男性183人，占29.1%。硕士读者19人，占

0.3%；其中女性 17 人，男性 2 人。博士 3 人，占 0.05%；其中女性 2 人，男性 1 人。

（五）《中国妇女报》读者的职业结构（N = 5634 人）

主要是党政机关干部和公有经济单位人员。据统计，公有经济单位人员 1858 人，占 33.0%；其中女性 1357 人，占 73.0%；男性 501 人，占 27.0%。党政干部 1310 人，占 23.3%；其中女性 936 人，占 71.5%；男性 374 人，占 28.5%。各级妇联干部 911 人，占 16.2%；其中女性 898 人，占 98.6%；男性 13 人，占 1.4%。科教文卫体单位人员 712 人，占 12.6%；其中女性 519 人，占 72.9%；男性 193 人，占 27.1%。非公有经济单位人员 269 人，占 4.8%；其中女性 182 人，占 67.7%；男性 87 人，占 32.3%。家庭主妇及离退休人员 146 人，占 2.6%；其中女性 111 人，占 76.0%；男性 35 人，占 24.0%。在校学生 77 人，占 1.4%；其中女性 54 人，占 70.1%；男性 23 人，占 29.9%。其他 352 人，占 6.2%；其中女性 246 人，占 70.0%；男性 105 人，占 29.9%。从统计数据看，阅读《中国妇女报》的各级妇联干部中女性高达 98.6%，说明报纸对各级妇联的工作很有指导意义，深受妇联干部的欢迎。但妇联干部在读者总体中仅占 16.2%，因此，《中国妇女报》仍应面向社会各界妇女，并兼顾近四分之一的各界男性读者的兴趣。

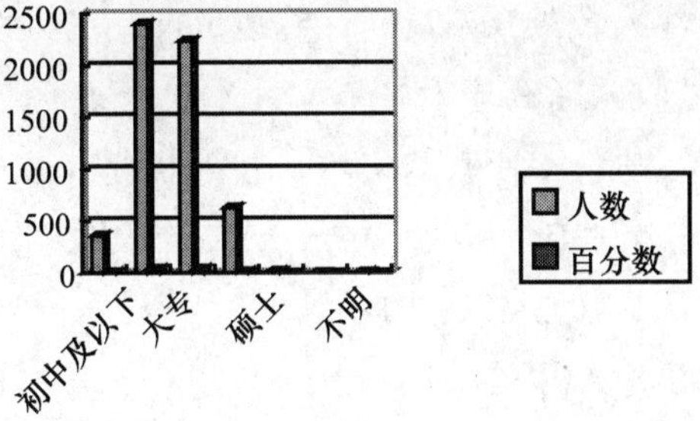

图 1.4

（六）《中国妇女报》读者的婚姻状况（N = 5641 人）

以已婚者为主体，计 4324 人，占 76.7%；其中女性 3357 人，占 77.6%；男性 967 人，占 22.4%。其次为未婚者，计 1127 人，占 20.0%；其中女性 802 人，占 71.2%；男性 325 人，占 28.8%。离异者 89 人，占 1.6%；其中女性 81 人，占 91.0%；男性 8 人，占 9.0%。再婚者 61 人，

占1.1%；其中女性40人，占65.6%，男性21人，占34.4%。丧偶者36人，占0.6%；其中女性26人，占72.2%；男性10人，占27.8%。其他4人，男女各为2人。

（七）《中国妇女报》读者的家庭类型（N=5614人）

以两代户为主，计2695人，占48.0%；其次为三代及以上户，计1433人，占25.5%；再次为一代户，计1327人，占23.6%；还有单身户143人，占2.5%；其他16人，占0.3%。

（八）《中国妇女报》读者的个人收入状况（N=5617人）

以中低收入者居多。在回答此项的5617人中，女性4291人，占76.4%；男性1326人，占23.6%。个人月收入在500元及以下者，在女性中有1724人，占女性人数的40.2%；在男性中有544人，占男性人数的41.0%。月收入在501—800元者，在女性中有1676人，占女性人数的39.1%；男性有498人，占男性人数的37.6%，女性比男性多1.5个百分点。月收入在801—1000元者，女性有593人，占女性人数的13.8%；男性有185人，占男性人数的14.0%。月收入在1001—1300元者，女性有198人，占女性人数的4.6%；男性有60人，占男性人数的4.5%。月收入在1301—1500元者，女性有56人，占女性人数的1.3%；男性有21人，占男性人数的1.6%；月收入在1501—2000元者，有女性26人，占女性人数的0.6%；有男性13人，占男性人数的1.0%。月收入在2001元以上者，有女性18人，占女性人数的0.4%；有男性5人，占男性人数的0.4%。从总体上看，男性的月收入略高于女性。

（九）《中国妇女报》读者家庭人均月收入状况（N=5618人）

以中低收入者居多，301—700元者，计2574人，占45.8%；300元以下者，计1207人，占21.5%；701—1000元者，计988人，占17.6%；1001—1300元者471人，占8.4%；1301元及以上者378人，占6.7%。

（十）《中国妇女报》读者家庭经济支配权状况（N=5567人）

以夫妻双方共同管理者居多，计3324人，占59.7%；由妻子管理者1144人，占20.5%；由丈夫管理者245人，仅占4.4%，比由妻子管理者少16.1个百分点；由家庭其他成员管理者854人，占15.3%。

从以上数据可以看出，《中国妇女报》现有的读者主体是女性，按民族区分主要是汉族，但读者在各兄弟民族中分布广泛，因此，《中国妇女报》应是中国各民族妇女的耳目和喉舌，是中国各民族妇女的舆论中心。它充分反映各民族妇女的呼声和要求，旗帜鲜明地替各民族妇女说话，为维护各民族妇女的生存权和发展权主持正义，用舆论争取社会公正和男女平等，为保障各民族妇女的基本权益鼓与呼。

《中国妇女报》主体读者的年龄大都处在 26—45 岁年龄段，属于各方面均较为成熟的婚龄期男女。主体读者中有七成以上的人已婚，生活在两代户和三代及以上户的家庭中，担负着较重的家庭责任。主体读者的个人月收入及家庭人均收入均属中低水平。因此，报纸在婚育教育及家庭生活方面的引导受到欢迎。

目前，《中国妇女报》读者中七成以上读的是公费报纸。能享受公费阅报待遇的自然是党政干部、妇联干部和公有经济单位的管理人员，但这部分人的教育程度较高，大体上在高中教育水平及以上，《中国妇女报》作为全国综合性报纸，似应面向较高教育程度的读者，可采取办子报的方式如农村版，满足特殊群体的需要。

报告之二：读者的阅读目的和收获

（一）读者阅读《中国妇女报》的目的

在数以千计的报纸中，读者选择阅读《中国妇女报》，自然有其特殊的动因。据本次调查的数据表明，除了“了解新闻信息丰富知识开阔眼界”这项阅读目的，男女读者大致趋同外，其他各项阅读目的都存在着性别差异，其中差异最大的是“了解有关妇女的热点难点疑点问题”和“了解中国妇女现状”两项，女性比男性分别高 21.8 和 21.4 个百分点（见表 2.1）。

表 2.1　　读者阅读《中国妇女报》的目的（N = 5649 人）

读者阅读目的	性别		性别差异百分点
	女性 N = 4341	男性 N = 1335	
1. 了解新闻信息丰富知识开阔眼界（N = 4621 人）	3523 81.7%	1098 82.2%	-0.5

续表

读者阅读目的	性别		性别差异百分点
	女性 N = 4341	男性 N = 1335	
2. 了解有关妇女的热点难点疑点问题 （N = 4181 人）	3415 79.2%	766 57.4%	+21.8
3. 了解日常生活的实用知识和技能 （N = 4237 人）	3339 77.4%	988 74.0%	+3S.1
4. 了解中国妇女现状 （N = 3662 人）	3015 69.9%	647 48.5%	+21.4
5. 了解党和政府对妇女生存发展的政策和法规 （N = 3663 人）	2922 67.7%	741 51.3%	+12.2
6. 了解正确教育下一代的新观念和新方法 （N = 3677）	2859 66.3%	818 61.3%	+5.0
7. 了解社会时尚和流行趋势 （N = 2915 人）	2345 54.4	570 42.7%	+11.7
8. 娱乐消遣放松心情 （N = 2990 人）	2346 54.4%	644 48.2%	+6.2
9. 了解全国妇联的工作指示 （N = 1970 人）	1718 39.8%	252 18.9%	+20.9
10. 了解世界妇女运动状况 （N = 1958 人）	1604 37.2%	354 26.5%	+10.7
11. 其他 （N = 575 人）	423 9.8%	152 11.4%	-1.6

表2.1显示，“了解新闻信息丰富知识开阔眼界”是男女读者的共同要求，强化报纸的新闻性、知识性能满足男女读者共同的需要。女性读者最关心的是同自身利益密切相关的“热点难点疑点问题”，报纸不断提出社会生活中出现的新问题，或及时报道，或组织讨论，能满足多数女性读者的企求。多数男性阅读《中国妇女报》是出于实用的目的，为的是“了解日常生活的实用知识和技能”，因此，加强报纸的实用性，不仅能满足多数女性读者的需求，还能吸引更多的男性读者。在不同教育程度的读者中，初中及以下程度的读者倾向于信息的实用性，大专及以上的读者倾向于信息的新闻性。不同职业的读者阅读《中国妇女报》的目的差异不很大，唯各级妇联干部显现突出，近九成的人阅读《中国妇女报》的目的是了解政策和法规及有

关妇女的热点难点疑点问题，有八成左右的人阅读的目的是了解中国妇女现状、获取新闻信息及全国妇联的工作指示。各级妇联干部从做好本职工作出发，比其他职业的读者更需要《中国妇女报》的指导帮助。

（二）读者从《中国妇女报》得到的帮助

春雨润物细无声。报纸的作用，在于通过新闻信息的传播，不断消除读者头脑里的不确定性，潜移默化地帮助读者正确认识环境，认识自己，使读者适应所生存的自然环境和社会环境。因此，报纸对读者有无帮助，是衡量报纸办得好坏的重要标准。而读者只有在读报后感到有收获时，才认同报纸对她（他）有帮助。

1.《中国妇女报》对读者有帮助

有九成六及以上的读者认为报纸对自己帮助很大和有帮助（详见表 2.2）。

表 2.2　《中国妇女报》对读者有帮助（N = 5625 人）

有无帮助 / 性别	帮助很大	有帮助	合计	帮助不大	没有帮助	合计
女性	1661	2562	4223	3	1	3
（4300 人）	38.6%	59.6%	98.2%	2.7%	0.0%	2.7%
男性	360	912	1272	21	1	22
（1325 人）	27.2%	68.8%	96.0%	1.6%	0.0%	1.6%

注：此表略去“说不上”的数据共 76 人，其中女性 44 人，男性 32 人。

表 2.2 显示，98.2% 的女性读者和 96.0% 的男性读者都认为《中国妇女报》对自己帮助很大和有帮助。而各级妇联干部认为“帮助很大”者多达 56.4%，党政机关干部认为“帮助很大”者为 39.7%，其他职业读者中认为“帮助很大”者均在 35% 以下，最低是在校学生，仅 19.5%。由此可见，这张报纸比较重视工作指导，对干部读者的帮助多于一般读者。如何能使一般读者也感到“帮助很大”，是报纸改革中应研究的一个课题。

2. 读者认同《中国妇女报》在以下方面对自己有帮助

在问及“如果您认为《中国妇女报》对您有帮助和帮助很大，表现在哪些方面?”时，有 5496 名读者做了回答（详见表 2.3）。

表 2.3 《中国妇女报》对读者帮助很大和有帮助的方面（N＝5496 人）

帮助的方面	帮助很大	有帮助	合计
1. 指导我处理好家庭和人际关系	28.5	43.3	71.8
2. 传授给我许多日常生活知识和技能	26.3	43.0	69.3
3. 活跃我的文化娱乐生活陶冶情操	23.2	37.8	61.0
4. 帮助我及时了解党和政府的政策和法规	27.4	52.1	79.5
5. 帮助我了解国内外的新闻事件社会问题	23.9	34.0	57.9
6. 教会我教育孩子健康成长的方法	23.1	32.0	55.1
7. 帮助我树立自尊自信自立自强的信心	25.5	29.3	54.8
8. 激励我参与社会竞争实现自我价值	20.6	22.2	42.8
9. 帮助我增长了女性美的知识	17.7	24.3	42.0
10. 指导我树立正确的恋爱婚姻观念	16.2	23.9	40.1
11. 帮助我提高男女平等意识关心妇女运动	19.5	20.5	40.0
12. 广告指导我正确消费精明理财	13.8	16.8	30.6
13. 帮助我广泛了解世界妇女运动的现状	15.6	14.6	30.2
14. 指导我选择合适的职业	4.3	4.6	8.9
15.其他	4.0	2.8	6.8

表 2.3 显示，读者感到《中国妇女报》对自己有帮助的方面，前三位都是生活方面的，而“四自”精神排在第七位，实现自我价值排在第 8 位，男女平等意识排到了第 11 位，这就需要反思在导向方面是否有偏差？

3. 女性读者认同《中国妇女报》在以下方面对自己有帮助

表 2.3 中的读者包含男女读者，让我们将 4223 名认为报纸对自己帮助很大和有帮助的女性读者作单独分析（详见表 2.4）。

表 2.4 《中国妇女报》对女性读者的帮助（N＝4223 人）

给读者帮助的方面	帮助很大（人数）	有帮助（%）	合计
传授给我许多日常生活知识和技能	3035	72.0	1
指导我处理好家庭和人际关系	2989	70.8	2
帮助我树立自尊自信自立自强的信心	2732	64.7	3
活跃我的文化娱乐生活陶冶情操	2620	62.0	4
帮助我及时了解党和政府的政策和法规	2598	61.5	5

续表

给读者帮助的方面	帮助很大（人数）	有帮助（%）	合计
帮助我了解国内外的新闻事件社会问题	2372	56.8	6
教会我教育孩子健康成长的方法	2354	55.5	7
帮助我增长了女性美的知识	2174	51.5	8
激励我参与社会竞争实现自我价值	2044	48.4	9
帮助我提高男女平等意识关心妇女运动	1749	41.4	10
指导我树立正确的恋爱婚姻观念	1682	39.8	11
广告指导我正确消费精明理财	1377	32.6	12
帮助我广泛了解世界妇女运动的现状	1368	32.4	13
指导我选择合适的职业	394	9.3	14
其他	298	7.1	15

表2.4显示，有些报道内容对女性读者帮助很大和有帮助，与表2.3比较可以看出，“帮助我树立自尊、自信、自立、自强的信心”项，由表2.3的第7位上升到表2.4的第3位，说明报纸在鼓励女性读者树立“四自”精神方面处于主导地位。但表2.4的第1、2、4位依然是个人生活方面的。而“激励我参与社会竞争实现自我价值”项从第8位退到了第9位。这可能因《中国妇女报》的读者中各级妇联干部和党政干部占有相当比例，她们的工作稳定，自认为已经实现了自我价值不再需要参与社会竞争，也可能报纸在这方面提倡不力，致使女性读者的竞争意识不强。“帮助我提高男女平等意识关心妇女运动”项从第11位提到了第10位，但依然处于后列。“帮助我广泛了解世界妇女运动的现状”项在第13位，可能报纸在培育读者的性别意识，引导读者关心妇女运动方面特别在关心世界妇女运动方面显得薄弱。

报告之三：读者的阅读习惯和阅读偏好

（一）《中国妇女报》读者的读报习惯

《中国妇女报》的读者中有68.4%的读者拿到报纸先看第一版，“家庭周末”的读者有56.1%的人先看第一版，显示出读者对重要信息先睹为快的求新心理，同时报纸折叠机也是使第一版先接触读者的视线，因此多数

读者习惯于先读第一版。不妨尝试将重要广告置于第一版，以扩大广告的影响，提高广告的效益。（见表 3.1）

表 3.1 读者拿到报纸先看哪一版（N = 5661 人）

中国妇女报			家庭周末	专版
版次	人数	百分数	人数	百分数
一版	3872	68.4	3173	56.1
二版	424	7.5	270	4.8
三版	572	10.1	340	6.0
四版	445	7.9	247	4.4
五版			586	10.4
六版			324	5.7
七版			78	1.4
八版			347	6.1
不一定	348	6.1	296	5.2
合计	5661	100	5661	100

（二）读者喜欢阅读《中国妇女报》的哪些报道内容

问卷列举 14 项报道内容请读者选择，结果见表 3.2。

表 3.2 《中国妇女报》读者的阅读偏好（N = 5661 人）

	读者偏好		
报道内容	很喜欢	喜欢	合计
1. 健康与生活的文章 （N = 5491 人）	2611 47.60%	2557 46.60%	5168 94.20%
2. 社会问题与女性问题的报道 （N = 5456 人）	2209 40.50%	2878 52.70%	5087 93.20%
3. 婚姻家庭 （N = 5503 人）	2531 46.00%	2488 45.20%	5019 91.20%
4. 法制新闻与个案报道 （N = 5427 人）	2382 43.90%	2418 44.60%	4800 88.50%
5. 儿童教育与成长的报道 （N = 5394 人）	2149 39.80%	2384 44.20%	4533 84.00%
6. 时政要闻 （N = 5276 人）	1026 19.40%	2781 52.70%	3807 72.10%
7. 文化动态与观点 （N = 5192 人）	946 18.20%	2688 51.80%	3634 70.00%

续表

报道内容	读者偏好		
	很喜欢	喜欢	合计
8. 妇女运动的报道和观点（N=5152人）	910 17.70%	2543 49.40%	3453 67.00%
9. 经济、消费报道（N=5215人）	851 16.30%	2448 46.90%	3299 63.20%
10. 科技报道（N=5104人）	767 15.00%	2301 45.10%	3068 60.10%
11. 时尚（N=5162人）	1084 21.00%	1989 38.50%	3073 59.50%
12. 国际新闻（N=5132人）	559 10.90%	2287 44.60%	2846 55.50%
13. 图片新闻（N=5162人）	617 12.00%	2192 42.50%	2809 54.40%
14. 各地新闻（N=5197人）	543 10.40%	2278 43.80%	2821 54.20%

注：表内"N="是指回答该问题的人数。合计人数是指"很喜欢看"和"喜欢看"的人数。表中未列出"无所谓""不大喜欢看""不喜欢看"的数据。

表3.2显示，九成以上的读者都回答了阅读偏好的问题，所有14项报道内容都有半数以上读者表示喜欢，有5项报道内容的喜欢人数在八成以上，其中"健康与生活的文章"和"婚姻家庭"两项喜欢人数在九成以上，而且"很喜欢看"的人超过了"喜欢看"的人，可以认为这是《中国妇女报》的特色报道。第11项至第14项为后列项，喜欢的人数不足六成，似应采取些改革措施。处于中间状态的第6项至第8项，本该属于《中国妇女报》的强项，但表示喜欢的读者仅六、七成，在扩大报道面、增强思想性和可读性方面还有较大的空间。

（三）"家庭周末"读者的阅读偏好

"家庭周末"专刊是一份休闲性质的报纸，但文化内涵丰富，有九成以上读者回答了她（他）们的阅读偏好（详见表3.3）。

表3.3　读者阅读"家庭周末"专版的偏好（N=5661人）

报道内容	很喜欢	喜欢	合计
1. 感情人生（N=5491人）	3040 55.4%	2082 37.9%	5122 93.3%

续表

报道内容	很喜欢	喜欢	合计
2. 婚恋家园（N=5464人）	2745 50.2%	2167 39.7%	4912 89.9%
3. 家庭文摘（N=5407人）	2236 41.4%	2601 48.1%	4832 89.5%
4. 健康俱乐部（N=5402人）	1941 35.9%	2581 47.8%	4522 83.7%
5. 一版新闻（N=5376人）	2123 39.5%	2358 43.9%	4481 83.4%
6. 文化时空（N=5289人）	1573 29.7%	2824 53.4%	4397 83.1%
7. 社会瞭望（N=5307人）	1206 22.7%	3010 56.7%	4216 79.4%
8. 家政时尚（N=5298人）	1593 30.1%	2616 49.4%	4209 79.4%
9. 消费真情（N=5236人）	1074 20.5%	2394 45.7%	3468 66.2%

注：表3.3内“N=”是指回答该问题的人数，合计人数是指“很喜欢看”和“喜欢看”的人数，表中未列出“无所谓”“不大喜欢看”“不喜欢看”的数据。

从表3.3可以看出，所列调查的九个题项，“很喜欢看”和“喜欢看”的读者人数在九成以上者有1项，八成以上者有5项，七成以上近八成者2项，六成以上者仅1项，说明这是一份贴近读者、贴近生活又可读性较强的专刊，其中“感情人生”和“婚恋家园”两个专栏，“很喜欢看”的读者人数多于“喜欢看”的人数，可视为精品专栏。报社可考虑学习电视台的做法，适当提高阅读率高的版面的广告费，并将“读者阅读率”的概念“灌输”给广告商，让他们明白，刊登在“读者阅读率”高的版面上的广告，容易引起读者注意，并能产生良好的广告效益。

（四）读者对《中国妇女报》的期待

办好一张报纸，不仅是办报人的事，也是读报人的事。读报人对报纸该怎么办提出要求、意见和建议（当然也包括批评报道），是读报人在传播领域里的权利，也是读报人应尽的义务。尊重读者的意见和建议，不仅能密切报纸同读者的联系，更重要的是能够夯实报纸的社会基础，在市场竞争中始终立于不败之地。因此，读者对报纸的意见和建议，很值得办报人认真对待，她（他）们对报纸的期望，办报人应仔细研究，尽量满足。

本次调查对怎样进一步办好《中国妇女报》提出了 16 项，除“扩大版面”一项外，回答其他题项的读者均在千人以上（详见表 3.4）。

表 3.4　　读者对如何办好《中国妇女报》的建议（N＝5661 人）

读者对办好报纸的建议	人数	百分数（%）
1. 要办得女人爱读男人也爱读沟通两性关系	3897	68.8
2. 加强维护妇女合法权益的报道	3134	55.4
3. 对热点难点问题多加评论	3025	53.4
4. 理直气壮多替妇女说话	2983	52.7
5. 热心为妇女服务	2878	50.8
6. 对妇女共同关心的问题组织讨论	2383	42.1
7. 多登家庭理财的文章	2104	37.2
8. 以面向知识女性为主	1878	33.2
9. 为妇女表达意见提供更多版面	1810	32.0
10. 多登妇女儿童实用的广告	1474	26.0
11. 着力美化版面	1315	23.2
12. 及时转载因特网上的精彩内容	1256	22.2
13. 认真消灭错字	1249	22.1
14. 发动各级妇联做好《中国妇女报》的发行工作	1141	20.2
15. 加强国际报道引导妇女关心世界妇运	1012	17.9
16. 扩大版面	801	14.1

从表 3.4 可以看出，居首位的是有近七成读者希望《中国妇女报》办成男女读者都爱读的报纸，通过《中国妇女报》沟通两性关系，建立和谐的人际关系和家庭关系，使每一个女人或男人都生活在一个充满爱心的家庭和社会里。有位读者在信中说：“在男女共同组成的这个人类社会里，从根本上将是谁也离不开谁，不然女性怎称为‘半边天’呢?”但她认为我国目前离真正意义上的男女平等还差得远。有半数以上读者希望报纸加强维护妇女合法权益的报道，理直气壮地多为妇女说话，对热点难点问题多加评论，热心为妇女服务。表明读者的权利意识和参与意识都很强，有的读者提出希望“新闻话题不再限于‘针头线脑’，要抓大题材，并作追踪报

道、深度报道。”有的读者希望维权的报道要有始有终。尽管不少读者对广告颇有微词，却有26.0%的读者要求“多登妇女儿童实用的广告”，说明广告也是一种为读者服务的方式。

读者除在问卷上表达她（他）对办好《中国妇女报》的期望外，还随调查问卷寄回数百封信，这些信件都很真挚感人，她（他）们以朴实的语言感谢办报人付出的辛苦，激励办报人再接再厉更上一层楼。对有些庸俗化的报道内容、呆板模糊的版面、久存不灭的错字，虚假不实的广告，以及某些报社工作人员对读者的冷漠态度，都提出了严肃的批评，建议编委会的领导同志们认真读读这些来信，或者编发给各部门的工作人员，对提高《中国妇女报》的质量，改善广告和发行工作，将大有裨益。

报告之四：读者的时间消费与广告兴趣

（一）《中国妇女报》读者的时间消费

《中国妇女报》读者的时间消费男女有别，一般女性读者每天花费在购物、做家务及照料教育孩子的时间多于男性读者，而在工作、睡眠、学习、娱乐及其他活动方面的时间均比男性读者少（见表4.1）。

表4.1 《中国妇女报》读者的时间消费（日/小时）

时间消费内容	女性	男性	差异（女性比男性）
工作时间	6.1910	6.4874	-0.2937
睡眠时间	6.1673	6.2824	-0.1151
购物时间	0.7272	0.6549	+0.0723
做家务时间	1.6710	1.2062	+0.4648
照料教育孩子时间	1.2625	1.0977	+0.1648
伺候老人时间	0.8093	0.8391	-0.0298
看电视时间	1.5734	1.6755	-0.1021
听广播时间	0.6760	0.7285	-0.0525
读报刊时间	1.0535	1.2390	-0.1855
读书及学习时间	1.666	1.2113	-0.1447
锻炼身体时间	0.6553	0.6991	-0.0438
其他活动	1.0709	1.3553	-0.2844

（二）《中国妇女报》读者对广告和消费时尚报道的注意度（N＝5627人）

不论是新闻报道还是广告，只有在引起读者的注意时，才能对读者的思想行为发生作用，因此，注意度（或称关注度）是衡量广告和消费时尚报道传播效果的一个重要指标。

1.《中国妇女报》读者阅读广告和消费时尚报道的性别差异不大。有六成以上的读者很注意看和注意看广告和消费时尚报道，其中很注意看的762 人，占13.5%；注意看的2833 人，占50.3%，两者共为63.9%；不大注意看者 1843 人，占 32.8%；不注意看者 189 人，占 3.4%，两者共为36.2%。

2.《中国妇女报》读者对不同类型广告和消费时尚报道的注意度（N＝5606 人）。

鉴于近八成的《中国妇女报》读者已婚，且多数家庭人均月收入在 700 元以下，他们既要关心家人的健康和孩子的成长，还要用心安排家庭生活，对广告采取务实的态度，对《中国妇女报》的广告“很注意看”和“注意看”的读者居首位的是医疗健康类广告；其次是“女性时尚用品类”和“文化信息类”广告，显现出《中国妇女报》广告的优势和特色（见表4.2）。

表 4.2　《中国妇女报》读者对本报广告的关注度　N＝5606　%

注意度 广告类别	很注意看	注意看	合计	关注度单位
医疗健康类	599 10.7	2126 37.9	2725 48.6	1
文化信息类	405 7.2	1471 26.2	1876 33.5	3
女性时尚用品类	510 9.1	1493 26.6	2003 35.7	2
家居厨房用品类	397 7.1	1146 20.4	1543 27.5	4
食品类	299 5.3	893 15.9	1192 21.3	5

续表

注意度 广告类别	很注意看	注意看	合计	关注度单位
休闲旅行类	265 17.9	832 14.8	1097 19.6	8
家庭装修用品类	296 5.3	809 14.4	1105 19.7	7
家用电器类	258 4.6	720 12.8	978 17.4	10
电脑类	188 3.4	546 9.7	734 13.1	11
招生招工类	112 2.0	274 4.9	386 6.9	12
美容减肥用品类	316 5.6	805 14.4	1121 20.0	6
图书出版类	260 4.6	836 14.9	1096 19.6	9

注：此表略去“不大注意看”和“不注意看”的数据。

3. 什么内容的广告吸引读者

《中国妇女报》读者对广告多数人选择“广告对商品的介绍真实全面客观可信”，居首位；其次是“广告的创意新颖别致”；再次是“刊登广告的生产企业知名度高信誉好”。说明多数读者追求广告的可信度，同时也要求广告本身要做到内容和形式的和谐一致（见表4.3）。

表4.3 《中国妇女报》读者注意本报广告的特色 （N=5540人）

广告特色	很注意看	注意看	合计	序号
商品的品牌标志突出	125 2.2	276 5.0	401 7.2	8
广告的篇幅大标题鲜明醒目	130 2.3	314 5.7	444 8.0	7
名优产品的更新换代产品的广告	286 2.9	778 14.8	1064 17.7	5

续表

广告特色	很注意看	注意看	合计	序号
刊登广告的生产企业知名度高信誉好	297 5.4	915 16.5	1212 21.4	3
广告的画面简洁明快	177 3.2	575 10.4	752 13.6	6
广告的创意新颖别致	293 5.3	1039 18.6	1332 23.9	2
广告语生动活泼容易记住	238 4.3	816 14.7	1054 19.0	4
广告对商品的介绍真实全面客观可信	540 9.7	2018 36.4	2558 46.1	1

注：此表略去“不大注意看”及“不注意看”的数据。

4.《中国妇女报》读者对不同表现形式的消费时尚报道的注意度 N = 5302

读者对不同表现形式的商品信息的注意度居首位的是“消费者的现身说法”，其次是“专家意见”；值得注意的是：“对商家的采访报道”不足两成，折射出读者对记者缺乏信任，传媒的公信力不很高（见表 4.4）。

表 4.4　《中国妇女报》读者对不同形式商品信息的注意度　N = 5302　%

消费时尚报道形式	很注意看	注意看	合计	序号
广告	120 2.3	191 3.6	311 5.9	4
对商家的采访报道	212 4.0	660 12.4	872 16.4	3
消费者的现身说法	514 9.7	1795 33.9	2309 43.6	1
专家发表的意见	432 8.1	1455 27.4	1887 35.5	2

5.《中国妇女报》读者对广告及消费时尚报道的态度同注意度的关系

报纸刊登广告或消费时尚报道，旨在指导读者正当合理消费，创建幸福美满生活。当然，同时也具有帮助商家推销商品活跃经济的作用。本次调查列举“医疗药品”和“美容”两类广告和消费时尚报道测试读者的态度，发现“很注意看”和“注意看”广告和消费时尚报道的读者，态度趋向积极，“不大注意看”和“不注意看”广告和消费时尚报道的读者，态度趋向消极。《中国妇女报》的读者中约有半数读者会“根据知识判断再决定”是否购买，可见他们对报纸广告和消费时尚报道并不盲从，教育程度越高知识越丰富的读者越有主见（见表 4.5 和表 4.6）。

（1）您阅读了《中国妇女报》的医疗药品广告或信息后，您会向有治疗需要的亲戚朋友推荐吗？

表 4.5　读者对《中国妇女报》的医疗药品广告的态度　N = 5561　%

读者态度	很注意看	注意看	合计	不大注意看	不注意看	合计
肯定会 N = 1502	314 20.9	792 52.7 73.6	1106	355 23.6	41 2.7	396 26.4
先咨询再决定 N = 936	143 15.3	532 56.8 72.1	675	246 26.3	15 1.6	261 27.9
根据知识判断再决定 N = 2679	271 10.1	1351 50.4	1622 60.5	981 36.6	76 2.8	1057 39.4
不推荐 N = 444	21 4.7	133 30.0 34.7	154	237 53.4	53 11.9	290 65.3

从表 4.5 中可以看出，在“很注意看”和“注意看”《中国妇女报》医疗药品广告和信息的读者中，有 73.6% 的人肯定会向有治疗需求的亲戚朋友推荐，而在“不大注意看”和“不注意”看的读者中，只有 26.4% 的人肯定会推荐。按照传播学的理论，在人际传播中，人们对知心朋友和亲属的话往往更加信任。报纸广告和商品信息通过热心读者的口头传播，会产生广泛的社会影响。关于美容的广告和信息出现同样的趋势（见表 4.6）。

（2）您自己或周围的人有专门去做美容的想法时，您会照《中国妇女报》刊登的相关广告或报道去做或推荐吗？

表 4.6　　读者对《中国妇女报》的美容广告的态度　N = 5457　　%

读者态度	很注意看	注意看	合计	不大注意看	不注意看	合计
肯定会	304	636	940	257	20	277
N = 1217	25.0	52.3	77.3	21.1	1.6	
让别人先做看看再决定	212	945	1157	536	24	560
N = 1717	12.3	55.0	17.3	31.2	1.4	32.6
只要朋友鼓动就会试试	79	325	404	161	8	
N = 573	13.8	56.7		28.1	1.3	169
		79.5			29.4	
不相信不做不推荐	79	527	606	595	111	
N = 1312	6.0	40.2		45.4	8.5	706
		46.2			53.9	
其他	68	322	390	229	19	
N = 638	10.7	50.4		38.9	3.0	248
		61.1			38.9	

（三）读者对《中国妇女报》广告和消费服务报道的期望

有 5617 名读者根据自家的理财计划，希望在 1999 年的《中国妇女报》上，能看到如下类别的广告和消费服务报道，女性时尚用品类的广告和信息，依然是女性读者的特殊需求，广告经营部门应千方百计满足读者的需要（见表 4.7）。

表 4.7　　《中国妇女报》读者对本报广告和消费服务的期望　N = 5617　　%

广告和消费服务报道内容	女性 N = 4287	男性 N = 1330	女性同男性的需求差异（%）
1. 医疗保健类 N = 3719	2902 67.7%	817 61.1%	+6.3
2. 女性时尚用品类 N = 2368	2195 51.2%	173 13.0%	+38.2
3. 文化信息类 N = 2335	1666 38.9%	669 50.3%	−11.4

续表

广告和消费服务报道内容	女性 N = 4287	男性 N = 1330	女性同男性的 需求差异（%）
4. 家居厨房用品类 N = 2093	1711 39.9%	382 28.7%	+11.2
5. 家用电器类 N = 1882	1247 29.1%	635 47.7%	-18.0
6. 食品类 N = 1687	1386 32.3%	301 22.6%	+9.7
7. 休闲旅游类 N = 1468	1074 25.1%	394 29.6%	-4.5
8. 电脑类 N = 1248	886 20.7%	362 27.2%	-6.5
9. 房地产类 N = 886	653 15.2%	233 17.5%	-2.3
10. 证券股市类 N = 805	616 14.4%	189 14.2%	+0.2
11. 汽车类 N = 360	203 4.7%	157 11.8%	-7.1
12. 其他类 N = 332	250 5.8%	82 6.2%	-0.4

表4.7中数据显示，对广告和消费信息的需求男女有别，女性读者倾向于食品和一般生活用品，对女性时尚用品更情有独钟。而男性则倾向于技术含量高的家用电器、汽车、电脑等现代生活用品和文化信息。随着时间的推移，高新技术的迅速发展，女性对现代生活用品的需求也会逐渐增强，报纸应加强引导，有意识地培养和提高女性读者的现代观念。

（四）读者对《中国妇女报》广告的评价

读者对《中国妇女报》刊登的公益广告评价最高，有87.8%的读者“很同意”和“同意”说“公益广告提倡社会公德和家庭美德教育意义大”，说明这家报纸的公益广告思想性强，使读者感受到教育意义大。有59.3%的读者“很同意”和“同意”说“对商品性能用途的介绍具体全面”，说明这家报纸的广告实用性强。有58.3%的读者“很同意”和“同意”说“妇女儿童用品的广告多能指导我消费”，说明这家报纸刊登的妇儿童用品类广告不仅数量多，而且指导性强，对读者有帮助。有43.7%的读者“很同意”和“同意”说“广告的创意新颖别致”，同时有43.6%的读者表示“不大同意”和“不同意”说“广告版面呆板”。看来这四成多的读者对广告还算满意，但近六成的读者并不苟同，说明广告经营者尚需努力。对“现在妇女管钱的多，在《中国妇女报》登广告能为厂家带来效益”的说法，“很同意”和“同意”的读者占40.1%，“不大同意”和“不同意”的读者占31.8%，持肯定态度者比持否定态度者多8.3个百分点。至于《中国妇女报》的广告价格是否便宜，只有16.3%的人“很同意”和“同意”说“广告的价格便宜”，而有22.9%的人明确表示“不大同意”和“不同意”。在多种媒介竞争的现时代，广告商经常将同一商品的广告投向多种媒介，而读者本身又是信息接受的主体，那么，在看了电视广告或听了广播广告后，是否还愿意看报纸广告呢？调查提出“对同一种商品已看过电视广告就不想再看报纸广告了”的说法，44.4%的人持否定态度，41.7%的人持肯定态度；反对这种说法的人多于赞同的人；对于“对同一种商品已听过广播广告就不想再看报纸广告了”的说法，持反对态度的人超过半数，达53.2%，赞同者为32.5%。这是因为电子媒介的广告传播一闪而过，容易引起注意却不容易记忆，而报刊保存时间长，可以反复阅读，仔细琢磨，只要能引起读者的注意，便能留下印象，在她（他）们需要购买时，还可以找旧报查询。因此，尽管电子媒介传播迅速，但不可能取代印刷媒介。

（五）结论和建议

1.《中国妇女报》的读者主体是全国各民族妇女，多刊登女性用品广告和信息，是报纸宣传报道不可或缺的内容，是全心全意为读者服务的题中之意，更何况女性用品广告和消费服务信息是多数读者之所需、所求。

2.《中国妇女报》的读者中八成已婚，但经济收入处于中低档水平，报纸广告主要应贴近读者的日常生活，在推介新潮商品时，要考虑到她们的承受能力。

3.《中国妇女报》的读者有73.6%的人生活在两代和三代户中，这就是说，她们“上有老，下有小”，因此提供儿童用品和老人用品的广告，也应该是报纸广告服务的重要内容。

4.《中国妇女报》的读者九成以上处于工作年龄，她们不仅是家庭中的主心骨，而且是社会中的中坚力量，许多人掌握着所在工作机构的财权。因此，报纸广告不能局限于个人和家庭消费品的推介，一些有关妇女整体发展的商品广告，如普及电脑和电子商品广告，也应精心经营，以激发女性读者追求高新技术的积极性，享受现代生活。

5.《中国妇女报》的读者中有93.5%的人受过高中及高中以上教育，她（他）们有文化有知识有主见，还有批判能力，她们会对报纸广告“横挑鼻子竖挑眼”，因此广告经营者千万不可大意，要兢兢业业精心制作每一则广告，力求吸引读者注意，满足读者需要，取得最佳的广告传播效果。

6.《中国妇女报》的读者中有72.9%的人拿到报纸后先读第一版，有59.1%的人拿到“家庭周末”专版后先读第一版，可见多数读者的阅读心理是追求重要新闻，享受“先睹为快”。因此，可让重要广告上头版。这不仅能充分发挥广告的效益，同时也有助于增强报社的经济实力。目前已有一些报纸在头版刊登广告，收入不菲。中央电视台不是也在《新闻联播》节目前安排广告吗？只要决策者“解放思想，实事求是”，坚持“三个有利于”的原则，有创造性地经营报纸广告，相信《中国妇女报》的广告部门必然会开创出新局面。

[注：文中的（N=数字/人）是指回答该问题的人数，百分比是指回答问题人数占总体中的比率。]

报告之五：热心读者的特点

（一）阅读《中国妇女报》的年限长

本次调查主动寄回问卷的5661位读者大都是热心读者，而且是稳定读者，亦称忠实读者。她（他）们阅读《中国妇女报》的平均年限为4.83年，其中女性读者平均为4.97年，男性读者平均为4.38年（详见表5.1）。按不同职业区分，各级妇联干部阅读年限最长，为6.32年；在校学生阅读年限最短，但平均也超过两年，为2.05年。阅读年限长意味着多年接受《中国妇女报》的教育和影响，受到的帮助也大。因此，积极争取扩大稳定读者的范围，增大稳定读者的比例，是媒介始终不渝的追求目标。

表5.1　不同职业的读者阅读《中国妇女报》的历史（N=5538人）

读者职业	回答人数	平均读报年限
1. 各级妇联干部	903	6.32
2. 家庭主妇及离退休人员	144	5.26
3. 党政机关干部	1290	5.05

续表

读者职业	回答人数	平均读报年限
4. 科教文卫体艺单位人员	691	4.86
5. 公有经济单位人员	1829	4.46
6. 非公有经济单位人员	261	3.52
7. 其他	364	3.49
8. 在校学生	74	2.05

（二）与报社有过联系和交往

人际交往是培养感情建立相互信任的必要渠道，报社与读者的联系和交往，则是培养读者对报纸的感情，建立读者对报纸的信任的必要渠道。《中国妇女报》比较重视报纸的群众工作，创办14年来已经为自己培养了一大批热心读者，此次主动寄回调查表的读者，大都同报社有过不同方式的交往。交往时间越长，交往次数越多，对报纸的感情越深，详见表5.2。

表5.2　读者与《中国妇女报》的联系（N=5661人）

读者与报社的联系方式	人数	百分数
1. 组织妇女们阅读《中国妇女报》	2735	48.3
2. 帮助推销《中国妇女报》	1697	30.0
3. 参加中国妇女报社组织的群众性活动	1114	19.7
4. 给《中国妇女报》投过稿件	956	16.9
5. 其他联系	736	13.0
6. 写信或打电话向报社反映情况	263	4.6
7. 给《中国妇女报》提供过新闻线索	105	1.9
8. 接受过《中国妇女报》记者的采访	38	0.7
9. 帮助《中国妇女报》组织过广告	25	0.4
10. 在《中国妇女报》上刊登过广告	14	0.2

表5.2显示，有2735名读者“组织妇女阅读《中国妇女报》”，这是本次调查最有价值的发现，也可能是其他新闻媒介难以企及的事情。众所周知，报纸只有在拥有众多读者的情况下，才能发挥它社会教育的作用，报纸也才能得以生存和发展。《中国妇女报》创办才14年，就有数以千计的热心读者自觉自愿地组织妇女们读报，扩大报纸的社会影响，增强报纸

的教育作用，实在是《中国妇女报》得天独厚的优势。这种优势的形成，当然是报社全体同志勤奋工作的结果，但各级妇联的同志功不可没，尤其是基层妇联的干部，她们把《中国妇女报》称为“自己娘家的报纸”“姐妹们的贴心人”“妇联工作的指导员”。同时，也把《中国妇女报》作为对妇女进行思想教育的经常性教材，工厂里的女工委员会和农村里的乡村妇联常组织妇女们读报，鼓励妇女树立“四自”信心，增强男女平等意识。这是中国妇女报社的一笔极为可贵的无形资产，应采取适当和可行的措施，加强同这批热心读者的联系，如在版面上设置“热心读者信箱”，组织热心读者联谊会等，把她（他）们紧密地团结在报纸周围，并通过她（他）们辐射全国，使报纸植根于广大妇女群众之中。

居第二位的是，有三成读者替报社“推销过《中国妇女报》”。有些妇联干部把推销《中国妇女报》看作是自己分内的工作。在本次调查中，有23.4%的读者认为“发动各级妇联做好《中国妇女报》的发行工作”，是把报纸办得更好的有力措施。出乎意料的是，有5254位读者回答了BB题，即“如果有可能您愿意帮助发行《中国妇女报》吗?”回答“愿意”的人竟然高达92.2%，不愿意的仅占7.8%。热心读者关心《中国妇女报》并愿意帮助发行报纸，这是中国妇女报社又一笔无形资产，就看如何开发利用了。

另外，有956人向报纸投稿，105人提供报道线索，263人反映情况计1324名热心读者占到23.4%，这也是办好报纸的基础力量。

表5.2的数据同时也反映出广告是个薄弱环节，为报纸组织过广告者仅25人，而在《中国妇女报》刊登过广告者只有14人，看来报社广告部门的公共关系工作还需加强，在激烈的市场竞争中，主动出击，推销自己，才能争取到更多的广告份额。何况《中国妇女报》有自己独特的广告优势，有26.2%的读者希望报纸“多登妇女儿童实用的广告”。妇女儿童再加上日益增多的银发老人，是一个很大的消费群体，广告部门如能根据她（他）们的不同需要，有针对性地组织广告，必然会获得她（他）们的好感。但必须是真实、可信的广告。

（三）兼读其他妇女报刊的人多

热心读者大都阅读条件较好，她（他）们在阅读《中国妇女报》的同时，还能够阅读到其他女性报刊（详见表5.3）。

表 5.3　《中国妇女报》读者兼读其他女性报刊的情况（N＝5661）

其他女性报刊名称	兼读人数	百分数
1.《家庭》	3438	60.7
2.《婚姻与家庭》	3081	54.4
3.《女友》	2471	43.6
4. 其他女性报刊	1361	24.0
5.《美容与健康》	1120	19.8
6.《女性世界》	740	13.0
7.《现代女报》	609	10.7
8.《女性月刊》	350	6.2

《中国妇女报》的读者中将近八成已结婚成家，所以对家庭建设的欲望强烈，她（他）们许多人兼读其他家庭刊物。读者兼读的报刊越多，对《中国妇女报》构成的威胁越大，已有读者在书面来信中批评《中国妇女报》近几年“报纸质量一年不如一年。”因此，编委会要提醒采编人员学习研究其他女性报刊，采其所长，做到“你无我有，你有我新，你新我深，你深我精”，力争以精品战略取胜，绝不松懈。1999 年创刊的“新闻评论”和“时尚网斋”两个专刊，从内容到形式都令人耳目一新，尤其是创刊号，运用了多种编辑手法，主题突出，形式新颖，堪称精品，但愿不要虎头蛇尾，而要兢兢业业，保证质量，使每一期都成为精品。

（四）愿意自费订阅《中国妇女报》的人多

有 5634 位读者回答了报纸来源的问题，目前有将近八成的读者阅读公费订阅的《中国妇女报》，但假如取消公费订报，有 75.9% 的人愿意自费订阅，不愿意自费订阅的读者主要嫌报价太贵（详见表 5.4）。

表 5.4　热心读者阅读的《中国妇女报》来源（N＝5634）

报纸来源	人数	百分数
1. 公费订阅	4391	77.9
2. 自费订阅	622	11.0
3. 借阅	323	5.7
4. 零买（“家庭周末”）	262	4.7
5. 赠阅	36	0.6

因在热心读者中公有经济单位管理人员、各级妇联干部、党政干部占多数，所以读公费报的读者多达77.9%。从读者的来信看，自费订阅者中有些是离退休的妇联干部。读者在报摊上零买的是“家庭周末”专刊，一些读者在信中抱怨在报摊上买不到主报，建议主报也上报摊，便利读者购买。

在问及“假如取消公费订报，您愿意自费订阅《中国妇女报》吗”，有4294人表示愿意，占75.9%，有1192人表示不愿意，占21.1%，还有175人没表态，占3.1%，应算在不愿意之列。读者不愿意自费订阅的主要原因是“报价贵订不起”（详见表5.5）。

表5.5　不愿意自费订阅《中国妇女报》的原因（N=1192）

不愿意自费订阅的原因	人数	百分数
1.《中国妇女报》报价贵订不起	578	48.5
2. 其他原因	340	28.5
3.《中国妇女报》适合我的内容少不想订	216	18.1
4. 读其他妇女报刊可代替读《中国妇女报》	196	16.4
5. 看电视的妇女节目可代替读《中国妇女报》	166	13.9
6. 自费订阅《中国妇女报》手续麻烦不想订	150	12.6
7. 听广播的妇女节目可代替读《中国妇女报》	60	5.0
8.《中国妇女报》尽登些婆婆妈妈的小事没看头	6	0.5

表5.5显示，读者不愿意自费订阅《中国妇女报》的主因是“报价太贵”，这也是多数读者不支持扩大版面的原因。如果增加版面而不提价，这部分读者也是欢迎的。有相当一部分读者认为看了其他妇女报刊和广播电视的妇女节目可以代替读《中国妇女报》，说明目前《中国妇女报》的特色还不十分鲜明，还不具备不可替代性。还有近二成的读者感到《中国妇女报》可读的内容少，不愿意自己掏腰包订阅。但真正认为没看头的读者极少。

（五）能读到当天报的人少

《中国妇女报》名为日报，但能够读到当天报纸的读者却不到二成（详见表5.6）。

表 5.6　读者什么时间能读到新出版的《中国妇女报》(N＝5620)

报纸到达时间	人数	百分数
1. 当天上午	432	7.7
2. 当天下午	601	10.7
3. 第二天	1928	34.3
4. 第三天	1639	29.2
5. 第四天及以后	1020	18.1

表5.6 显示，能读到当天报纸的读者与第四天及以后才能读到报纸的读者人数相当，大部分人是在第二天或第三天才能读到报纸的，而信息价值的大小是同信息传播的速度成正比的，即信息到达信息宿（受传者）的时间愈短，信息价值愈大，时间愈长则价值愈小。《中国妇女报》作为一张全国性日报，如果不能在传送速度上占上风，那就只能以“独家新闻”取胜了。

此报告执笔者陈崇山建言：《中国妇女报》广告部于 1998 年 11 月 6 日，在《中国妇女报》的《家庭周末》第 7 版刊登调查表，征求读者对报纸的改革意见。截至 12 月 10 日，共收到读者主动寄回的调查表 5661 份，本报告即以 5661 份调查表为统计分析根据，不包括 12 月 10 日以后收到的千余份调查表所表达的读者意见。

本次调查因受经费限制，采取在本报刊登调查表的方法，能主动寄回调查表的大都是热心读者或称忠实读者，即现实读者中最积极的部分，她（他）们的意见很值得重视，但不一定代表全体读者的意愿，更无法反映潜在读者的要求。请报社同志在阅读本报告时，注意到这种调查方法的局限性。建议在条件许可时开展全国随机抽样调查，扩大读者面。

本次调查的实施者：中国妇女报社副社长马丽珍、编委杨杏男、编辑程刚，中国社会科学院新闻与传播研究所研究员陈崇山

（此报告分别以《如是我闻》及《以家为重　偏爱如用　笃信诚实　积极行动》为题，刊登于 1999 年 1 月 15 日和 1999 年 1 月 29 日《中国妇女报》。）

附：

1998年《中国妇女报》全国读者调查问卷

亲爱的读者：您好！

《中国妇女报》是全国妇女自己的报纸，办好这张报纸是全国妇女的责任。为了在本世纪末最后的一年里，《中国妇女报》能以崭新的面貌呈现在您的面前，我们开展这次读者调查，希望得到您的支持和帮助。请您认真逐项填写调查表，在符合您的情况和想法的项后面打"√"，千万不要漏填。您对调查表所列问题的回答，无所谓对错，请不必有任何顾虑。

我们将对最先寄回调查表的读者给予赠送《中国妇女报》的奖励，希望您能在1998年10月31日前，将调查表寄回我社。

谢谢您的合作！

中国妇女报社

1998年10月10日

2004 年《中国妇女报》全国读者调查报告

一 《中国妇女报》的读者特征 N＝905

（一）《中国妇女报》的读者结构

读者构成是确定报纸定位和整体形象的第一依据。

1.《中国妇女报》读者的性别构成

表 1 %

	人数	百分比
女	735	81.2
男	168	18.6
缺失	2	0.2
总计	905	100.0

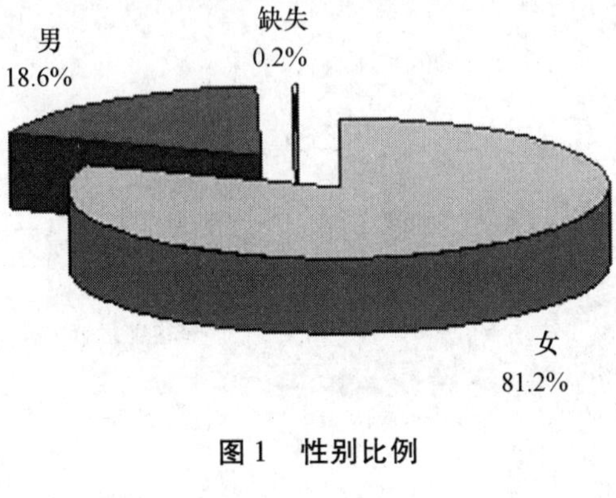

图 1 性别比例

统计结果显示，本次调查回收样本中女性读者 735 人，占样本总数的 81.2%，男性读者 168 人，占 18.6%。因此，《中国妇女报》是一份以女性读者为主的报纸，这也是由报纸本身的类别决定的。

2.《中国妇女报》读者的民族构成

统计结果显示，本次调查中绝大多数读者为汉族856人，占样本总数的94.6%。其次分别为：满族9人、回族8人、蒙古族7人、彝族5人、壮族3人、土家族3人、瑶族3人、侗族2人、藏族1人、傣族1人、俄罗斯族1人、哈萨克族1人、傈僳族1人、苗族1人和畲族1人等16个少数民族。

在汉族读者中，女性和男性读者的比例分别为81.4%和18.6%，该比例与整个读者构成比例基本持平。在少数民族读者中，女性为38人，占81.9%；男性为9人，占18.1%；其中藏族、傣族、侗族、俄罗斯族、哈萨克族、傈僳族、苗族、畲族和彝族的回邮读者均为女性。

3.《中国妇女报》读者年龄构成

表2　%

	人数	百分比
中年	418	46.2
中青年	251	27.7
中老年	139	15.4
青年	81	9.0
老年	11	1.2
缺失	5	0.6
总计	905	100

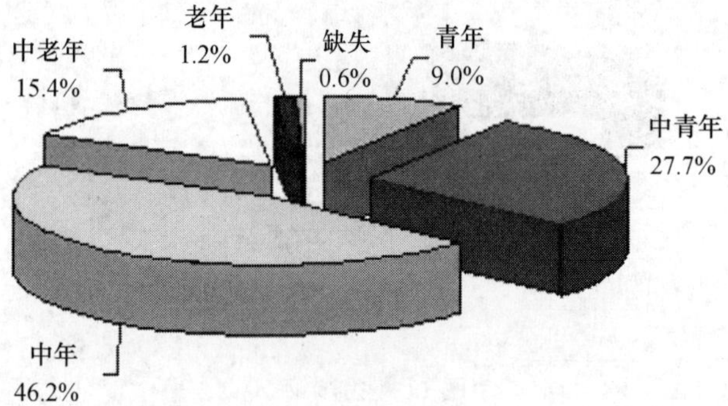

图2　年龄构成

注：年龄分段说明：青年：19—25岁；中青年：26—35岁；中年：36—45岁；中老年：50—69岁；老年：70岁及以上。

本次调查回收的样本中以中年读者和中青年读者居多，分别为46.2%和27.7%。交互分析发现，各年龄段男女比例大致与整体读者群男女比例相同。

中年和中青年是人生中的黄金时期，也是在家庭、社会中处于核心地位的群体。这一群体从年龄上保证了《中国妇女报》作为主流报刊的市场地位。

4.《中国妇女报》读者教育程度构成

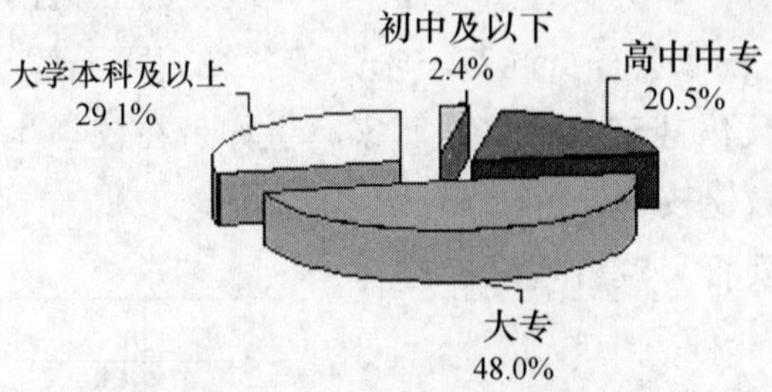

图3　教育程度构成

本次调查回收的样本中，有近一半的读者（47.8%）为大专学历，其次为本科及以上学历（29.1%），因此具有专科以上的高学历者占到了76.9%，这一群体从知识结构上保证了《中国妇女报》作为主流报刊的市场地位。

5.《中国妇女报》读者职业结构

表3　%

	人数	百分比
企业职工	292	32.3
国家公务员	247	27.3
各级妇联干部	164	18.1
科教文卫艺体专业人员	85	9.4
其他	48	5.3
离退休人员	35	3.9
农林牧渔副业人员	19	2.1

续表

	人数	百分比
在校学生	7	0. 8
家庭主妇	3	0. 3
军人	3	0. 3
服务人员	1	0. 1
下岗人员	1	0. 1
总计	905	100

统计结果显示，本次调查回收样本中，最多的三类读者分别为：企业职工（32. 3%）、国家公务员（27. 3%）及各级妇联干部（18. 1%），比例比其他读者高出数倍甚至几十倍。而家庭主妇、在校学生、军人、服务人员及下岗人员人数比较少，皆在10人以下。

6.《中国妇女报》读者婚姻状况

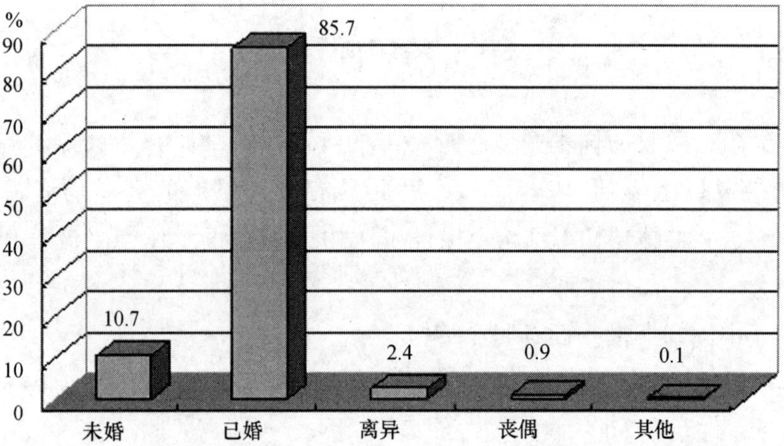

图4　婚姻状况

统计结果显示，本次调查中绝大多数读者为已婚，占样本总数的85. 7%；其次为“未婚”，占10. 7%，有22名读者“离异”，8名读者“丧偶”。交互分析显示，“已婚”及“未婚”男女比例大致与整体读者群男女比例持平。

7. 《中国妇女报》读者个人月收入构成

表 4　　%

	人数	百分比
500 元及以下	105	11. 6
501—1000 元	287	31. 7
1001—1500 元	311	34. 4
1501—2000 元	103	11. 4
2001—2500 元	57	6. 3
2501 元及以上	38	4. 2
缺失	4	0. 4
总计	905	100

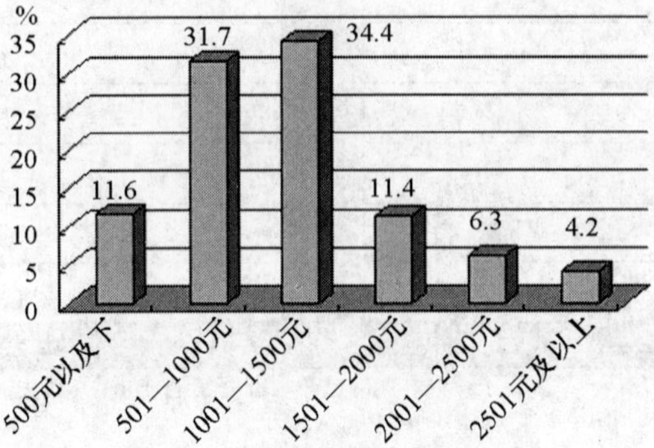

图 5　个人月收入

统计结果显示，本次调查回收的样本中，读者个人月收入集中在 501—1000 元和 1001—1500 元这两个收入段上，共占样本总数的 66. 1%。其次分别为 500 元及以下（11. 6%）和 1501—2000 元（11. 4%）。而 2001—2500 元和 2501 元及以上收入者相对较少，分别有 57 人和 38 人。女性读者各收入段比例基本与男性读者中各收入段比例持平。

因此，从经济收入来看，《中国妇女报》读者主要为中等收入人群及中等偏低收入人群。

8. 家庭经济收入的管理者

表 5　　%

	人数	百分比
丈夫	76	8. 4
妻子	229	25. 3
自己	565	62. 4
家庭其他成员	17	1. 9
缺失	18	2. 0
总计	905	100

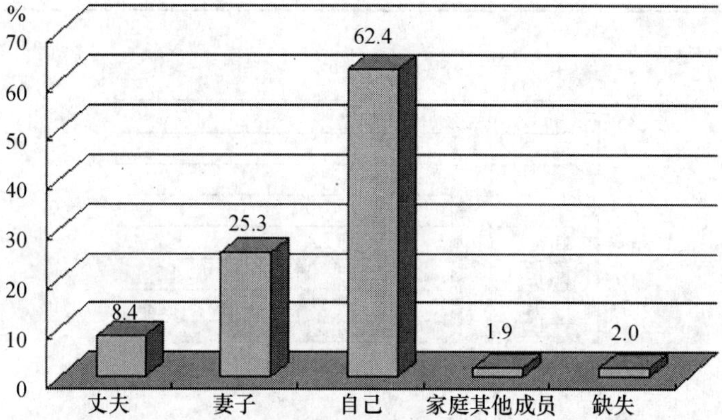

图 6　家庭经济收入管理者

统计结果显示，本次调查回收的样本中，读者自己管理家庭收入的占到了 62. 4%，其次是妻子 25. 3% 和丈夫 8. 4%。交互分析发现，选择“自己”的读者性别比例与整个读者群性别比例相对持平。可以看出，女性读者仍然是今天家庭中财权的主要管理者。

需要指出的是，如果读者本身为家庭中“妻子”的角色，而家庭中经济收入的管理者正好又是“妻子”的话，她可能会选择“妻子”项，也可能会选择“自己”项，因此无法分辨出实际的家庭收入管理者。另外，如果家庭中“丈夫”和“妻子”同时管理经济收入或各管各的经济收入，那么在选择此题时也会出现类似的无法分辨的情况。

9. 读者居住地分布

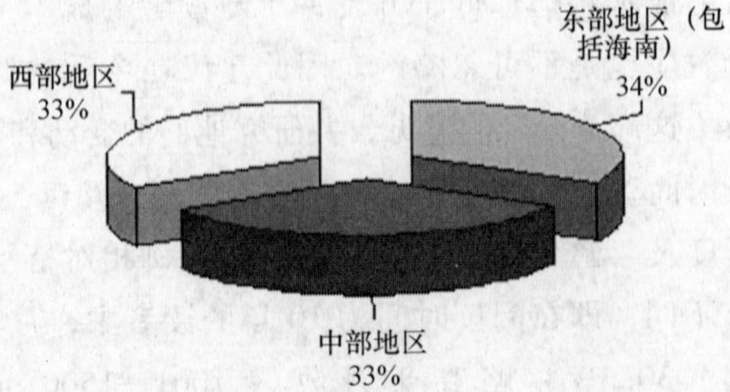

图7　居住地分布

统计结果显示，本次调查回收的样本中，读者在居住地分布上十分均匀，东部、西部和中部人数基本相同。其中，中部地区女性读者的比例（78.2%）略低于东部地区（83.0%）和西部地区（82.5%）。

（二）读者阅读《中国妇女报》的年限

本次调查回收的样本中，将近一半的读者（44.5%）阅读《中国妇女报》的时间在2—5年之间。其次是阅读时间在6—10年的读者，占样本总数的28.1%。阅读11—15年、16—20年的老读者和阅读1年的新读者比例接近，分别为10.4%，8.0%和7.0%。

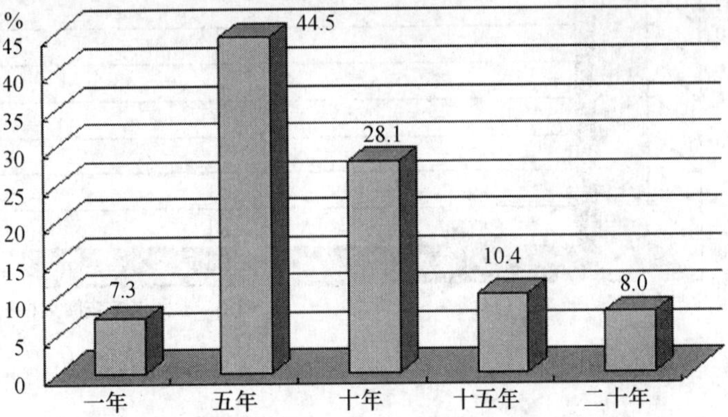

图8　阅读时间

从读者阅读时间分布来看，《中国妇女报》有一批较稳定的读者群，这些人拥有至少5年以上的阅读经历，构成了报纸的忠诚读者群。从产品营销理论来看，忠诚读者是报纸销售及广告贩卖利润的主要创造者，而且维系一个忠诚读者的成本将远远低于开发一个新读者的成本，他们所带来的推荐阅读及联动效应也是不可忽略的。因此建议在今后的调研中及读者反馈中可以重点收集这部分读者的意见，并研究他们的变动和流向。

通过“阅读时间”与其他变量的交互分析发现：阅读5到10年的读者在性别、教育程度及年龄分布上与整个读者群比例相对持平。而在“月收入”分布上略有不同，即在阅读时间为10年的读者中，月收入501—1000元的读者比例（30.3%）略高于月收入1001—1500元的读者比例（27.3%）。

（三）读者阅读《中国妇女报》的来源

统计结果显示，本次调查回收的样本中，大多数读者（83%）通过公费订阅读《中国妇女报》。其次是自费订阅的读者，占样本总数的9.8%。而通过借阅、赠阅和图书馆或阅报栏方式的读者皆比较少，分别为2.4% 1.1%和2.9%。

其中，男性读者中借阅的比例高于女性读者。高中、中专教育程度读者公费订阅比例相对稍低。

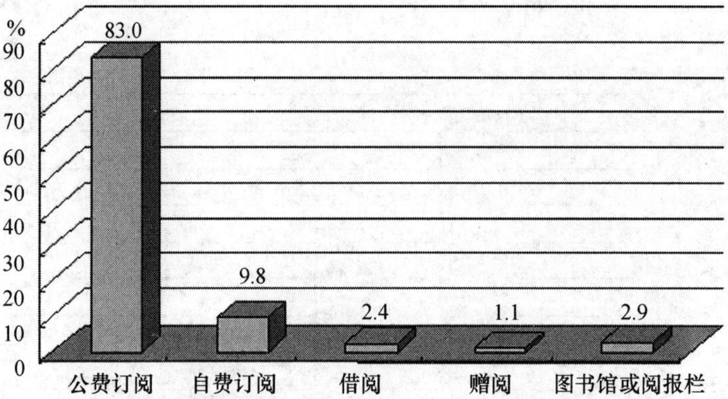

图9　报纸来源

由此可见，通过所在单位及组织“公费订阅”仍然是读者的主要阅读来源，而其中部分读者承担了向身边的男性读者提供报纸以供其阅读的职能。

（四）《中国妇女报》读者愿意同编者一起办好报纸

1. 是否愿意同编者一起办好报纸

表6　%

	人数	百分比
愿意	867	95.8
不愿意	15	1.7
缺失	23	2.5
总计	905	100

调查结果显示，95%的读者都表示愿意与编者一起办好《中国妇女报》。反映出报纸的热心读者对《中国妇女报》有较高的认同感及参与意识。

2. 愿意为报纸提供哪方面的工作　N=905

表7　%

	人数	百分比
积极参加报社组织的群众活动（征文、知识竞赛、读者娱乐部）	565	62.4
组织妇女们阅读《中国妇女报》	464	51.3
真实反映妇女儿童的呼声要求	460	50.8
为报纸提供报道线索	459	50.7
愿意做信息员或通讯员	438	48.4
及时反映社会热点难点问题	425	47.0
积极给报纸写报道和文章	344	38.0
帮助推销（含零售）《中国妇女报》	215	23.8
在自己服务的媒体上宣传《中国妇女报》	205	22.7
帮助《中国妇女报》发展经营业务	99	10.9
帮助《中国妇女报》组织广告	53	5.9
为《中国妇女报》在境外联系作者、信息员和通讯员	53	5.9
在《中国妇女报》上刊登广告	40	4.4
为编辑部翻译稿件	39	4.3
为《中国妇女报》开拓境外发行渠道	34	3.8
为《中国妇女报》开拓境外广告业务	20	2.2
其他	126	13.9

从表7中可以看出，在表示愿意与编者一起办好报纸的读者中，有

62.4%的读者愿意“积极参加报社组织的群众活动”；其次分别为愿意“组织妇女们阅读《中国妇女报》”、愿意“真实反映妇女儿童的呼声要求”、愿意“为报纸提供报道线索”、愿意“做信息员或通讯员”、愿意“及时反映社会热点难点问题”等。而选择“为《中国妇女报》开拓境外发行渠道和境外广告业务”的读者比较少。

另外，有126名读者选择了其他选项，归其要者有以下三种：

（1）帮助宣传《中国妇女报》。如“向周围女性和部分男性宣传报纸”、“好的文章推荐给其他报纸”，“帮助宣传报上所刊登的成功故事和政策”等。

（2）给报纸提供反馈信息。如“提供不受欢迎的批评意见”，“提供来自基层的信息”等。

（3）参与到报纸的制作、发行中来。如“希望《中国妇女报》定期举办通讯员学习班”，“通过网络了解办报信息并参与办报”，“向社会有关人士宣传和借阅给他们《中国妇女报》并力促他们去订阅”等。

由此可见，对于报纸所举办的各种群众活动，如征文、知识竞赛、读者娱乐部等活动获得读者较高的参与，同样这也应成为今后收集读者反馈意见的良好渠道。一半多的读者表示愿意组织妇女们阅读《中国妇女报》，这些人其实承担了报纸舆论的“把关者”（意见领袖）的职能，在今后的读者研究中应该对这部分读者的意见和期望给予更多的关注，如多反映她（他）们对女性问题的观点和看法，以增强其认同感和归属感。

3. 如果只能订阅一份报纸时，多数读者选择《中国妇女报》

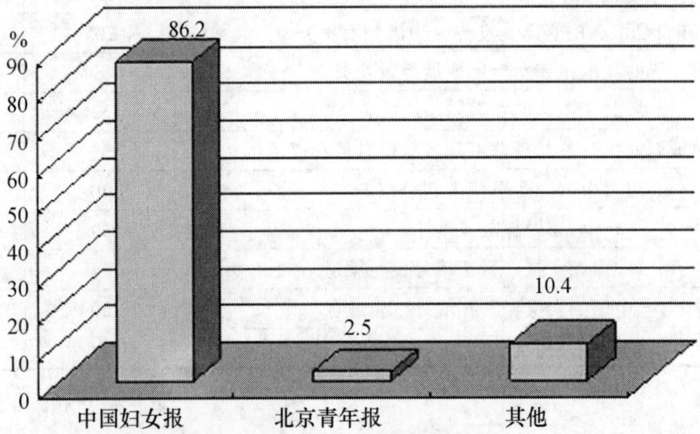

图10　如果只订一份报纸时的选择

统计结果显示，如果只能选择一份报纸，多数读者会选择《中国妇女报》（86.2%），另外有94名读者表示会选择其他报纸，而表示会选择《北京青年报》的读者只有2.5%。可见对于热心读者来说，《中国妇女报》是她（他）们订阅报纸时的首要考虑，尤其对于北京市场来说，《北京青年报》并不构成直接的威胁。

二 《中国妇女报》读者的阅读习惯和阅读偏好

——对改版后的评价、期望和建议

2004年是《中国妇女报》创刊20周年，也是实施全面改版、以崭新风格呈现在读者面前的第一年。读者是如何评价改版后的报纸内容和风格的？对新的版面、周刊阅读习惯和满意情况如何？报纸最主要的改进方面有哪些？报纸各版面及各周刊之间的类别将如何确定？本次读者调查针对这些问题做了相应的测量与分析，分析结果如下。

（一）读者对报纸改版后的评价

表8　%

	很同意	同意	小计	不大同意	不同意	小计
重大新闻报道及时、新闻性增强	31.2	58.5	89.7	0.9	0.2	1.1
内容贴近生活、贴近实际、贴近群众	37.8	53.7	91.5	1.0	0.4	1.4
反映妇女的呼声要求充分了	43.9	45.1	89.0	1.7	0.6	2.3
深度报道多、耐看了	24.5	49.0	73.5	3.0	0.3	3.3
批评报道尖锐泼辣、富有战斗性了	16.5	42.0	58.5	7.2	1.9	9.1
文章短小精悍、文风清新了	24.3	55.9	80.2	2.9	0.6	3.5
图片增多、图文并茂了	23.5	52.2	75.7	4.1	0.8	4.9
人物报道生动活泼了	27.5	53.5	81.0	2.9	0.4	3.3
国际报道面宽广了	21.0	52.3	73.3	3.4	1.0	4.4
独家新闻增多了	21.1	45.1	66.2	4.1	1.1	5.2
评论的思想性理论性提高了	23.0	55.2	78.2	3.8	0.2	4.0
文章通俗易懂可读性增强了	31.6	57.3	88.9	1.4	0.4	1.8
以人为本服务性增强了	30.7	53.1	83.8	2.1	0.2	2.3

续表

	很同意	同意	小计	不大同意	不同意	小计
刊登的广告真实实用了	10.5	28.3	38.8	10.9	3.5	14.4
订阅方便，投递更及时了	28.3	50.6	78.9	3.0	1.4	4.4
用心校对错别字消灭了	24.4	57.7	82.1	2.5	0.8	3.3
社会性别意识提高了	38.6	54.6	93.2	0.6	0.2	0.8

注：表中的小计是指“很同意”和“同意”的读者比例，和“不太同意”“不同意”的比例。

从表8可以看出，除“刊登的广告真实实用了”这一项表示很同意和同意的比例未到半数外，其余各项都有超过半数的读者表示很同意和同意。其中，对“社会性别意识提高了”和“内容贴近生活、贴近实际、贴近群众”两项评价同意的读者超过九成，说明《中国妇女报》在这两方面的改版比较成功。另外，在报道的及时性、新闻性以及可读性方面的进步也都得到了绝大多数读者的认同。而且，近90%的读者同意报纸在“反映妇女的呼声要求方面充分了”，这说明改版后妇女报的特色更加鲜明了。

（二）《中国妇女报》新闻版读者的阅读习惯

表9　　%

	仔细读	粗略读	只读标题	一般不读
时政要闻版	39.9	47.8	11.3	0.6
综合要闻版	34.3	55.5	9.2	0.3
妇女要闻版	80.1	16.9	2.1	0.4
文体要闻版	32.2	48.1	15.6	3.4

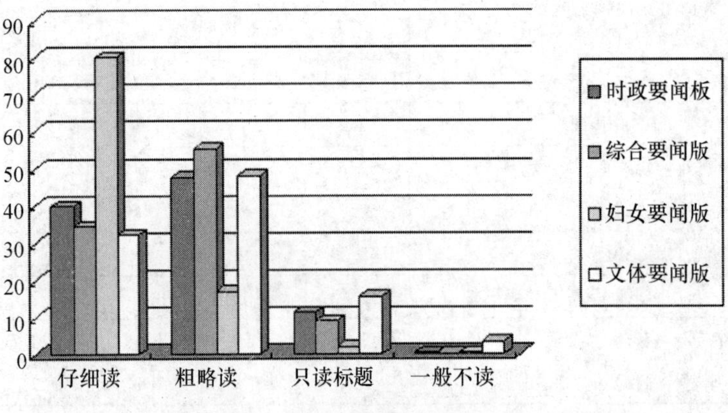

图11　读者怎样读报纸各个版面

统计结果显示，本次调查回收的样本中，仔细阅读“妇女要闻版”的读者最多，明显高于对其他版面的读者，反映出《中国妇女报》的读者主体为妇女，因此较为关心妇女新闻；相应的，粗略阅读“时政要闻版”、“综合新闻版”和“文体新闻版”的读者数量差异不大。而在“只读标题”和“一般不读”的版面中，比例最高的则是“文体要闻版”，总的来说文体要闻版是四个版面中阅读仔细程度最差的版面。

1. 对“时政要闻版”的阅读习惯

交互分析发现，绝大多数读者对“时政要闻版”都不会只读标题或者不读。但女性读者中，有超过一半的读者倾向于粗略地阅读，而男性读者中，仔细阅读“时政要闻版”的比例为50.0%。可以看出，男性读者对“时政要闻版”的兴趣要高于女性读者。而青年读者要比另四个年龄段的读者更倾向于仔细阅读“时政要闻版”。老年读者中采取粗略阅读“时政要闻版”的比例最高，超过七成。而从教育程度来看，教育程度越高的读者越倾向于粗略阅读时政要闻版。

2. 对“综合要闻版”的阅读习惯

多数读者都采用粗略阅读的方式阅读“综合新闻版”，其中，企业职工和国家公务员“只读标题”的比例比较高。

3. 对“妇女要闻版”的阅读习惯

多数读者仔细阅读“妇女新闻版”，女性读者仔细阅读“妇女新闻版”的比例高达87.2%，可以看出女性很关注与其性别相关的新闻信息。男性读者中，仔细阅读“妇女新闻版”的比例也高于其他阅读方式。中年读者仔细阅读“妇女新闻版”的比例高于其他年龄段。教育程度为初中及以下的读者中，仔细阅读“妇女新闻版”的比例较低。妇联干部中仔细阅读“妇女新闻版”的比例最为突出，达到90.9%。

4. 对“文体要闻版”的阅读习惯

有超过一半的女性读者选择粗略阅读“文体新闻版”。男性读者中，仔细阅读“文体新闻版”和粗略阅读比例接近，分别为36.9%和36.3%。青年读者中，仔细阅读“文体新闻版”比例较高于粗略阅读比例，为45.7%。其他各年龄段中，均为粗略阅读比例较高，比例在半数左右，还各有一定比例的人只读标题。

总的来说，读者对四个新闻版的阅读方式以仔细读和粗略读为主，只读标题和一般不读的比例很小。其中，“妇女新闻版”的阅读情况最好，反映出与报纸的名称、定位一致的特征。相比之下，“综合新闻版”和“文体新闻版”的阅读情况略差，这或许是由于当前信息的易得性使得读者不必依靠《中国妇女报》来获取这方面的信息，如果想要吸引更多的读者仔细阅读，需要在特色上下些工夫。

（三）《中国妇女报》新闻版 SWOT 分析

改版后的《中国妇女报》将每日的头四版设置为新闻版，并将其分为“时政要闻”、“综合新闻”、“妇女新闻”及“文体新闻”四种信息类别，在保证其“女性”读者本位的前提下，实际上传递的是一种“全息型”的新闻信息。而这四种新闻信息在读者那里引起的实际阅读效果以及各版面的类别确定则是我们 SWOT 分析的主要目的。

说明：这里的 SWOT 分析是指将“阅读程度得分”与“版面阅读满意度”两项指标交互列表，按新闻版在这两项指标上的得分高低划分出四个不同的象限来，然后分别计算四个版面分别落入哪个象限（即属于哪个版面）。对四个象限的定义为：

1. 名牌版面：阅读程度得分 Z 值与满意度 Z 值双高者为“名牌版面”；

2. 有特色版面：阅读程度得分 Z 值低而满意度 Z 值较高者为“有特色版面”；

3. 有潜力版面：阅读程度得分 Z 值较高而满意度 Z 值较低者为“有潜力版面”；

4. 有待改进版面：阅读程度得分 Z 值与满意度 Z 值均低者为“有待改进的版面”。

研究者使用“阅读程度得分”与“版面阅读满意度”来对其进行 SWOT 分析，结果为：

“妇女新闻版”无论阅读程度得分还是满意度皆高出其他三个版面，为新闻版的“名牌版面”；“综合新闻版”由于阅读程度得分低而满意度相对较高，属于“有特色版面”；“时政要闻版”则阅读程度得分较高而满意度较低，为新闻版的“有潜力版面”；“文体新闻版”阅读程度得分 Z 值与满意度 Z 值均低，属于“有待改进的版面”。

可以看出，在四个版面中，“妇女要闻版”不但能满足读者的需要，而且读者阅读的仔细程度也高于其他三个版面，是最受青睐的新闻版，理应成为《中国妇女报》的第一卖点。相较而言，“综合新闻版”由于能满足读者获取全面综合信息的需求而得到了较高的满意度评价；“时政要闻版”则由于其及时、重要的新闻信息而获得了较高的阅读率。比较研究发现，《中国妇女报》的“文体新闻版”在两项指标上的得分都比较低，是今后需重点改进提高的版面。

需要指出的是，四个版面的分类只是一种相对的比较分析，在今后的编辑工作中只有相互取长补短方能促使新闻版面整体质量的提升。

（四）读者对《中国妇女报》各周刊的阅读偏好

1. 读者对《中国妇女报》周刊的喜欢情况

表10 %

	很喜欢	喜欢	不大喜欢	不喜欢
健康周刊	71.6	26.2	1.0	0.6
社会周刊	33.9	59.1	5.5	0.3
成长周刊	43.2	47.4	7.8	0.3
婚恋周刊	54.3	37.2	7.3	0.4
经济女性	42.4	45.5	10.2	0.9
国际周刊	20.3	55.5	21.4	1.7

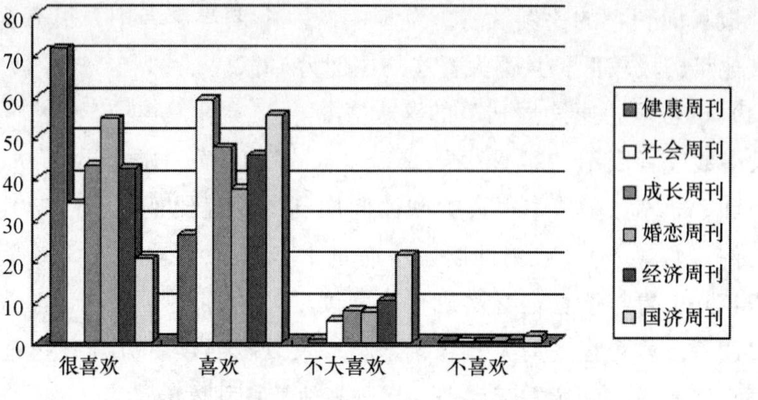

图12 读者对报纸各周刊的喜欢情况

统计结果显示，本次调查回收样本中，总的来说对各周刊喜欢情况比较好。其中表示很喜欢“健康周刊”的读者最多（71.6%），高于对其他周刊的喜欢人数。而读者“不大喜欢”及“不喜欢”的周刊都是“国际周刊”。

（1）读者对“健康周刊”的喜欢情况

绝大多数读者都表示“很喜欢”阅读“健康周刊”（71.6%）。在女性读者中，这一比例高达74.3%，男性读者中很喜欢阅读此周刊的比例为60.1%。而在中老年读者中，这一比例达到了75.5%，在老年读者中不大喜欢和不喜欢的比例均为0，这反映出中老年读者更关注自身的健康，也可以看出，健康周刊在这方面满足了读者的需求。

（2）读者对“社会周刊”的喜欢情况

绝大多数读者表示“很喜欢”或者“喜欢”阅读社会周刊（分别为33.9%和59.1%）。其中，“喜欢”的读者比例均要比“很喜欢”的比例高。在女性读者中“喜欢”的比例（60.5%）要略高于男性读者的比例（53.0%），但男女读者各有超过5%的读者不大喜欢阅读此周刊。在调查中还发现未婚的青年读者中，不大喜欢阅读此周刊的读者数量略多（10.3%）。

（3）读者对“成长周刊”的喜欢情况

大多数读者表示“很喜欢”或者“喜欢”阅读“成长周刊”（分别为43.2%和47.4%），其中女性读者“很喜欢”阅读“成长周刊”的比例（44.6%）比男性读者相应的比例（37.5%）要高。中青年读者中很喜欢阅读“成长周刊”的比例最高，为51.4%。中老年读者中，很喜欢的比例相对其他年龄段较低，且不大喜欢的比例为12.2%。

（4）读者对“婚恋周刊”的喜欢情况

大多数读者表示“很喜欢”或者“喜欢”阅读“婚恋周刊”（分别为54.3%和37.2%）。其中很喜欢阅读此周刊的女性比例（55.9%）略高于男性比例（47.0%），在男性读者中有近12%不大喜欢或不喜欢阅读此周刊。青年和中青年读者很喜欢或喜欢阅读“婚恋周刊”的比例略高于其他年龄段读者。教育程度为大专和大学本科及以上的读者分别有超过90%的读者很喜欢或喜欢阅读婚恋周刊，超过其他教育程度的读者。

（5）读者对“经济女性”周刊的喜欢情况

女性读者中“很喜欢”阅读“经济女性”周刊的比例（45.9%）高于男性读者（27.4%）。有20.8%的男性读者表示“不大喜欢”阅读“经济女性”周刊。青年读者“很喜欢”“阅读经济”的女性比例（54.3%）相对较高，中老年和老年读者“很喜欢”的比例相对稍低（分别为36.7%和

36.4%），而且中老年读者中有 14.4% 的人表示不大喜欢。

（6）读者对“国际周刊”的喜欢情况

有高达 20% 左右的读者表示“不大喜欢”阅读此周刊。

2.《中国妇女报》各周刊 SWOT 分析

改版后的《中国妇女报》在每日四个新闻版后的 5 到 8 版按周一至周六顺序，分别设置了“健康周刊”、“社会周刊”、“成长周刊”、“婚恋周刊”、“经济女性”和“国际周刊”六个周刊。

说明：这里的 SWOT 分析是指将“喜欢率”与“满意度”两项指标交互列表，按各周刊在这两项指标上的得分高低划分出四个不同的象限来，然后分别计算六个周刊分别落入哪个象限。对四个象限的定义为：

（1）名牌周刊：喜欢率 Z 值与满意度 Z 值双高者为“名牌周刊”（或称黄金周刊）；

（2）有特色周刊：喜欢率 Z 值低而满意度 Z 值较高者为“有特色周刊”；

（3）有潜力周刊：喜欢率 Z 值较高而满意度 Z 值较低者为“有潜力周刊”；

（4）有待改进周刊：喜欢率 Z 值与满意度 Z 值均低者为“有待改进的周刊”。

我们使用“喜欢率”与“满意度”两个指标对其周刊类别进行了 SWOT 分析，结果为：

“健康周刊”与“社会周刊”由于喜欢率与满意度皆高出其他四个周刊，被确定为《中国妇女报》的“名牌周刊”；而前者在两项得分上又明显高于后者，为“第一名牌周刊”，“社会周刊”则为“第二名牌周刊”。“成长周刊”喜欢率较低而满意度相对较高，被确定为“有特色周刊”。“婚恋周刊”喜欢率较高而满意度较低，则为“有潜力周刊”。而“国际周刊”与“经济女性”周刊喜欢率与满意度均比较低，属于“有待改进的周刊”；其中前者在两项得分上又明显低于后者，属于最需要改进的周刊。

因此，“健康周刊”与“社会周刊”是读者评价中最成功的两个周刊，而“国际周刊”与“经济女性”周刊在各周刊中优势则不明显。尤其以女性话题为特点的“经济女性”周刊在今后的编辑工作中更需要着力改进，以发挥报纸女性读者群的优势。

3. 读者喜欢《中国妇女报》哪些报道和文章

表 11　　N = 905　　%

	阅读内容	很喜欢	喜欢	小计	不大喜欢	不喜欢	小计
1	宣传党和政府有关妇女生存发展的法律方面的新闻报道和文章	322 35.6	462 51.0	784 86.6	12 1.3	2 0.2	14 1.5
2	宣传男女平等基本国策的理论与实践	279 30.8	457 50.5	736 81.3	15 1.7	7 0.8	22 2.5
3	报道党和国家领导人的讲话	107 11.8	422 46.6	529 58.4	61 6.7	18 2.0	79 8.7
4	报道妇联领导的讲话和文章	178 19.7	419 46.3	597 66.0	52 5.7	13 1.4	65 7.1
5	刊登全国妇联的工作指示文件	184 20.3	419 46.3	603 66.6	50 5.5	17 1.7	67 7.2
6	介绍各级妇联的工作经验	234 25.9	396 43.8	630 69.7	38 4.2	12 1.3	50 5.5
7	反映读者的呼声要求和意见	321 35.5	452 49.9	773 85.4	5 0.6	22 2.4	27 3.0
8	介绍成功女性的创业历程	459 50.7	360 39.8	819 90.5	8 0.9	2 0.2	10 1.1
9	反映女性及儿童的生存现状	430 47.5	422 46.6	652 94.1	2 0.2	14 1.5	16 1.7
10	维护妇女儿童的合法权益	502 55.5	361 39.9	863 95.4	2 0.2	11 1.2	13 1.4
11	探讨妇女儿童的难点疑点热点问题	465 51.4] 379 41.9	844 93.3	6 0.7	1 0.1	7 0.8	
12	追踪报道家庭暴力事件及遏制措施	415 45.9	383 42.3	798 88.2	9 1.0	2 0.2	11 1.2
13	揭示女性的情感世界	440 48.6	347 38.3	787 86.9	14 1.5	16 1.8	30 3.3
14	监督传媒传播的性别歧视现象	287 31.1	461 50.9	748 82.0	17 1.9	4 0.4	21 2.3
15	揭露批评危害妇女儿童权益的社会现象	380 42.0	423 46.7	803 88.7	9 1.0	30 3.3	39 4.3
16	报道世界各国妇女的生存现状	230 25.4	484 53.5	714 78.9	16 1.8	5 0.6	21 2.4

续表

	阅读内容	很喜欢	喜欢	小计	不大喜欢	不喜欢	小计
17	预报世界新潮和时尚	303 33.5	354 39.1	657 72.6	28 3.1	8 0.9	36 4.0
18	介绍卫生保健知识和长寿之道	556 61.4	281 31.0	837 92.4	3 0.3	11 1.2	14 1.5
19	宣传正确的婚恋生育观念和方法	396 43.8	396 43.8	792 87.6	10 1.1	1 0.1	11 1.2
20	日常生活的实用知识和技能	483 53.4	346 38.2	829 91.6	5 0.6	20 2.2	25 2.8
21	清晰动人的图片新闻	198 21.9	440 48.6	638 70.5	24 2.7	5 0.6	29 3.3
22	真实可靠的广告宣传	94 10.4	329 36.4	423 46.8	82 9.1	30 3.3	112 12.4
23	紧切读者与编者的交流沟通	205 22.7	431 47.6	636 70.3	23 2.5	3 0.3	26 2.8

注：表中“喜欢”后的小计是指“很喜欢看”和“喜欢看”的读者人数和比例，“不喜欢”后的小计是指“不大喜欢”和“不喜欢”的读者人数和比例。表中未列出“无所谓”的数据。

从表11中可以看出，超过八成的读者“很喜欢”和“喜欢”阅读“介绍成功女性的创业历程”、“反映女性及儿童的生存现状”、“维护妇女儿童的合法权益”、“探讨妇女儿童的难点疑点热点问题”、“介绍卫生保健知识和长寿之道”和“日常生活的实用知识和技能”、“宣传党和政府有关妇女生存发展的法律方面的新闻报道和文章”、“宣传男女平等基本国策的理论与实践”、“反映读者的呼声要求和意见”、“追踪报道家庭暴力事件及遏制措施”、“揭示女性的情感世界”、“监督传媒传播的性别歧视现象”、“揭露批评危害妇女儿童权益的社会现象”、“宣传正确的婚恋生育观念和方法”等方面的内容，这些都是《中国妇女报》的特色报道。其中前六项内容喜欢的读者超过了九成，可以视为是《中国妇女报》报道比较成功的方面。

读者“不喜欢”和“不大喜欢”阅读的包括“领导讲话”、“工作文件”、“工作经验”以及“广告宣传”。

具体来看，女性读者倾向于喜欢阅读“预报世界新潮和时尚”、“报道世界各国妇女的生存现状”、“宣传党和政府有关妇女生存发展的法律方面的新闻报道和文章”、“揭示女性的情感世界”、“探讨妇女儿童的难点疑点热点问题”、“维护妇女儿童的合法权益”等方面的内容，男性读者则倾向于喜欢阅读“反映读者的呼声要求和意见”方面的信息。

年轻读者倾向于喜欢阅读“预报世界新潮和时尚”、“宣传正确的婚恋生育观念和方法”、“揭示女性的情感世界”、“反映女性及儿童的生存现状”、“报道世界各国妇女的生存现状”，年长的读者倾向于喜欢阅读“宣传党和政府有关妇女生存发展的法律方面的新闻报道和文章”、“报道妇联领导的讲话和文章”、“宣传男女平等基本国策的理论与实践”、“刊登全国妇联的工作指示文件”、“报道党和国家领导人的讲话”、“介绍各级妇联的工作经验”等方面的信息。

受教育程度高的读者倾向于喜欢阅读“揭露批评危害妇女儿童权益的社会现象”、“预报世界新潮和时尚”，受教育程度低的读者倾向于喜欢阅读“追踪报道家庭暴力事件及遏制措施”、“宣传党和政府有关妇女生存发展的法律方面的新闻报道和文章”、“宣传男女平等基本国策的理论与实践”、“揭露批评危害妇女儿童权益的社会现象”等新闻报道。

月收入水平越低者越倾向于喜欢阅读“追踪报道家庭暴力事件及遏制措施”、“宣传男女平等基本国策的理论与实践”、“维护妇女儿童的合法权益”方面的新闻信息。

4. 读者认为《中国妇女报》有价值的新闻报道

统计结果显示，在对该问题做出回答的793位读者眼中，认为《中国妇女报》有价值的新闻报道主要集中在以下六个方面，其被提到次数从多到少依次为：

（1）介绍成功女性创业历程

（2）维护妇女儿童的合法权益（批评家庭暴力，歧视儿童）

（3）介绍卫生保健知识和预报世界新潮和时尚

（4）宣传党和政府有关妇女生存和发展的政策法规

（5）揭示女性的情感世界

（6）反映读者的呼声和意见

5. 读者认为《中国妇女报》没有价值的新闻报道

统计结果显示，在做出回答的523位读者眼中，认为《中国妇女报》没有价值的新闻报道主要集中在以下五个方面，其被提到次数从多到少依次为：

（1）各种广告宣传

（2）各大报纸已经刊登过的新闻报道

（3）报道妇联工作指示等文件

（4）文体新闻

（5）婚恋事件报道

6. 读者对《中国妇女报》的广告的态度

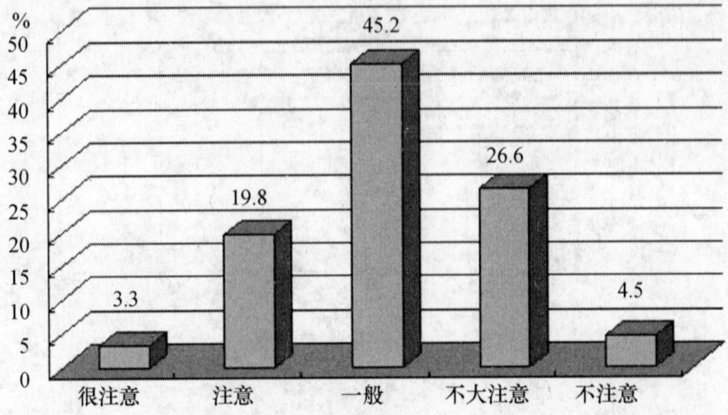

图 13 是否注意看妇女报的广告

从图 13 可以看出，近一半的读者（45.2%）对《中国妇女报》广告的注意程度为“一般”，“不太注意”和“不注意”的共占到了 31.1%。共有 23.1% 的读者表示“很注意”和“注意”看报纸的广告。

另外，通过对“广告注意程度”与“广告喜欢类别”的交互分析发现，对于选择“很注意”看广告的读者来说，她（他）们最喜欢看的广告类别依次为：医药保健类（90.0%）、食品类（90.0%）、休闲旅游类（63.3%）、时尚类（66.7%）、文化娱乐类（56.7%）、家电类（56.7%）、电脑类（33.3%）、房地产类（26.7%）、汽车类（23.3%）和证券股市类（20.0%）。

而对于选择“注意”看广告的读者来说，她（他）们最喜欢看的广告依次为：医药保健类（85.5%）、食品类（63.7%）、文化娱乐类（59.8%）、时尚类（57.5%）、休闲旅游类（56.4%）、家电类（38.0%）、电脑类（17.3%）、汽车类（14.0%）、房地产类（10.1%）和证券股市类（9.5%）。

可以看出，读者对“医药保健类”和“食品类”这两类广告不但会注意阅读，而且也是她们最喜欢的广告。相对而言，“证券股市类”、“房地产类”及“汽车类”广告则注意率和被喜欢程度都比较低。这一结果同下面“读者喜爱看《中国妇女报》刊登的哪类广告”分析是基本吻合的。

7. 读者喜爱看《中国妇女报》刊登的哪类广告

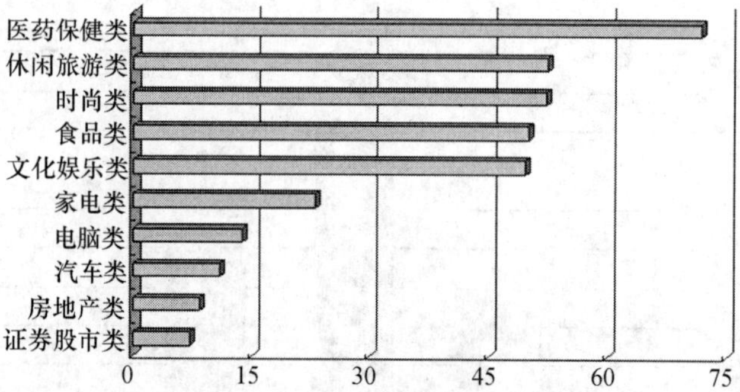

图 14　喜爱看哪类广告

从图 14 中可以看出，读者最喜爱看的广告是“医药保健类”，比例明显高于其他类别的广告。其次是“休闲旅游类”、“时尚类”、“食品类”和“文化娱乐类”，之间差别不大。而“家电类”、“电脑类”、“汽车类”“房地产类”、“证券股市类”广告则被喜爱情况不好。这可能是由于《中国妇女报》的读者是以女性为主，对于这后五类的商品兴趣不大。

8. 读者希望《中国妇女报》在 2005 年做的改进

表 12　　%

	很同意	同意	小计	不大同意	不同意	小计
增强新闻性多抓独家新闻	45.3	38.7	84.0	5.2	0.1	5.3
理直气壮为妇女说话维护妇女权益	63.6	32.5	96.1	1.0	0.1	1.1
批评危害妇女儿童的社会丑恶现象	63.0	29.0	92.0	3.1	0.1	3.2
多关心儿童及青少年健康成长	58.6	36.4	95.0	0.9	0.0	0.9
多为促进妇女生存发展出谋划策	53.9	39.0	92.9	1.1	0.1	1.2

续表

	很同意	同意	小计	不大同意	不同意	小计
注重在女性和男性之间架设沟通桥梁	43.3	45.6	88.9	3.0	0.1	3.1
设置读者论坛让读者充分发表意见	30.8	52.6	83.4	6.2	0.4	6.6
提高评论的针对性做到切中时弊	34.5	46.7	81.2	6.3	0.6	6.9
减少领导人讲话篇幅只刊登有新意的观点	43.8	41.5	85.3	7.4	0.8	8.2
多分析妇女政策法律实践中出现的新问题	45.2	46.2	91.4	2.3	0.0	2.3
多反映妇女儿童等弱势群体的生活现状	44.9	44.2	89.1	4.3	0.1	4.4
多报道名人传奇生涯和情感世界	32.8	39.9	72.7	18.3	1.5	19.8
加强女性心理健康的报道	56.4	37.6	94.0	2.7	0.2	2.9
重大国际新闻上头版头条	25.1	43.1	78.2	20.3	2.0	22.3
增设介绍国外时尚、消费、艺术和文化领域内的新动向、新潮流	29.7	47.4	77.1	14.0	2.1	16.1
开展多样性群众活动吸引读者参加办报	30.5	52.8	83.3	7.6	0.7	8.3
有步骤地建立读者俱乐部扩大报纸影响	25.7	56.0	81.7	7.7	0.4	8.1
增强服务性为读者提供全方位的服务	31.9	52.7	84.6	4.6	0.7	5.3
多刊登与女性生活密切的广告	27.0	45.1	72.1	17.9	2.8	20.7
精编稿件减少长文增强可读性	40.8	48.0	88.8	3.8	0.2	4.0
改进文风减少空话套话	54.6	38.0	92.6	1.7	0.1	1.8
增加新闻图片做到图文并茂美化版面	37.2	43.6	80.8	9.0	0.3	9.3

注：表中“同意”后的小计是指“很同意”和“同意”的比例，“不同意”后的小计是指“不大同意”和“不同意”的比例。

从表12中可以看出，多数读者都同意《中国妇女报》2005年应在所列这些方面做出改进。尤其体现在“理直气壮为妇女说话维护妇女权益”、“多关心儿童及青少年健康成长”、“加强女性心理健康的报道”、“多为促进妇女生存发展出谋划策”、“改进文风减少空话套话”、“批评危害妇女儿童的社会丑恶现象”、“多分析妇女政策法律实践中出现的新问题”等方面。可见多数读者的期望是，《中国妇女报》能够体现自己的特色，真正成为中国妇女的良师益友，为妇女儿童的生存发展贡献力量。

三　《中国妇女报》读者的实际阅读效果和收获

从媒介传播效果的理论来看，只有对受众形成实际的帮助（利益回报）才能持久抓住读者的注意力。作为全国性主流报刊的《中国妇女报》既不是一种单纯的舆论宣传平台，也不能是一种转瞬即逝的“新闻快餐”，而是能为广大妇女读者提供学习、生活、工作上实际帮助的朋友，并能满足其潜在的心理需求和期望。这方面读者是如何评价的呢？本次调查对这个问题进行了初步的研究和分析，分析结果如下。

（一）多数读者认为《中国妇女报》对自己有帮助和帮助很大

表13　　%

	人数	百分比
帮助很大	391	43.2
有帮助	501	55.4
说不上	4	0.4
帮助不大	3	0.3
缺失	6	0.7
总计	905	100

统计结果显示，本次调查回收样本中，绝大多数读者表示阅读《中国妇女报》对自己“有帮助”或“帮助很大”，两者比例分别为55.4%和43.2%。其中，选择“帮助很大”的妇联干部比例为57.1%，这从一个侧面说明，报纸在对妇联工作指导方面给予了较大的关注，对干部读者的帮助多于一般读者。而如何能使一般读者也体会到实际的帮助，是报纸改革

中应研究的一个课题。

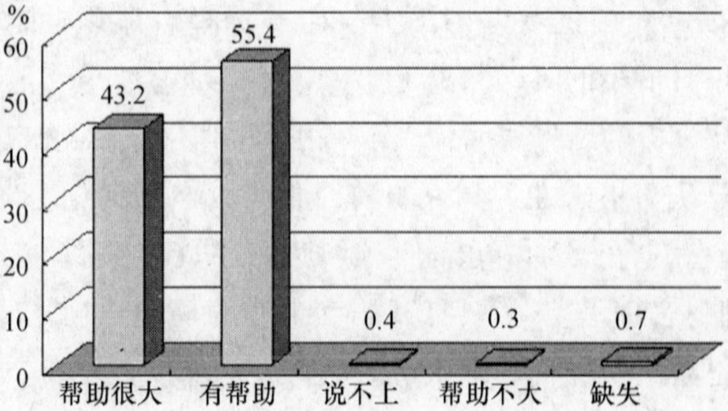

图 15 《中国妇女报》对您是否有帮助

（二）读者从《中国妇女报》中获得的具体帮助（即收获）

表 14 %

	人数	百分比
增长日常生活知识和技能	708	78.2
增强法律意识维护自身权益	667	73.7
树立正确的婚恋观念建立和睦家庭	661	73.0
树立自尊、自信、自立、自强的信心	623	68.8
指导我强身健体延年益寿	608	67.2
了解新潮时尚提高生活质量	604	66.7
了解世界妇女运动现状打开思路开阔眼界	603	66.6
树立正确生育观念和掌握教育孩子的方法	593	65.5
活跃文化娱乐生活增添生活情趣	552	61.0
提高社会性别意识树立男女平等观念	551	60.9
了解世界各国妇女的生活状况	551	60.9
激励我参与社会竞争实现自我价值	455	50.3
指导我精明理财合理消费	443	49.0
打开妇女工作的局面	427	47.2
指导我选择合适职业走上成功之路	248	27.4
其他	164	18.1

统计结果显示，本次调查回收样本中，表示阅读《中国妇女报》能“增长日常生活知识和技能”的读者最多（78.2%），但与“增强法律意识维护自身权益”等众多选项差别不大。而“选择合适职业走上成功之路”被认为是帮助相对最小的（27.4%）。

另外，交互分析的结果说明：表示《中国妇女报》对自己“帮助很大”的读者中，主要认为报纸在“树立自尊自信自立自强的信心”、“树立正确生育观念和掌握教育孩子的方法”、“激励我参与社会竞争实现自我价值”、“指导我精明理财合理消费”、“打开妇女工作的局面”、“指导我选择合适职业走上成功之路”等方面收获大。

（三）读者从《中国妇女报》中获得帮助的因子分析

为了了解读者在报纸对其帮助方面的主要评价，对问卷中的15种具体评价做因子分析，最终归纳出以下四个方面的帮助公共因子：

1. 获取生活知识、提高生活品质（因子一）

（1）了解新潮时尚提高生活质量，（2）增长日常生活知识和技能，（3）活跃文化娱乐生活增添生活情趣，（4）强身健体延年益寿，（5）精明理财合理消费。

2. 增强自信心、实现自我价值（因子二）

（1）树立自尊、自信、自立、自强的信心，（2）参与社会竞争实现自我价值，（3）选择合适职业走上成功之路，（4）增强法律意识维护自身权益。

3. 了解妇女信息、开展妇女工作（因子三）

（1）了解世界妇女运动现状打开思路开阔眼界，（2）广泛了解世界各国妇女的生活状况，（3）打开妇女工作的局面。

4. 提升婚恋生育观念、增强性别平等意识（因子四）

（1）树立正确的婚恋观念建立和睦家庭，（2）树立正确生育观念和掌握教育孩子的方法，（3）提高社会性别意识树立男女平等观念。

从各个因子的贡献度来看，“获取生活知识、提高生活品质”是读者从《中国妇女报》获得的最主要帮助，其次是“增强自信心、实现自我价值”、“了解妇女信息、开展妇女工作”及“提升婚恋生育观念、增强性别平等意识”。

（四）阅读《中国妇女报》各新闻版的读者收获较大

通过对“各新闻版阅读情况”与“报纸对读者的帮助情况”的交互分

析，可以得到的主要结果（数据从略）。总的说，仔细阅读“时政要闻版”和“妇女要闻版”的读者获得帮助多。

仔细阅读“时政要闻版”的读者倾向于在“提高社会性别意识、树立男女平等观念”，“了解世界妇女运动现状、打开思路、开阔眼界”，“广泛了解世界各国妇女的生活状况”等方面获得帮助。

而仔细阅读“妇女新闻版”的读者，获得帮助最多的是在“树立自尊、自信、自立、自强的信心”方面，其次获得的帮助是在“打开妇女工作局面”，“增强法律意识、树立男女平等观念”，“了解世界妇女运动现状，打开思路开阔眼界”和“参与社会竞争、实现自我价值”等方面。

虽然从数据看来，阅读“综合新闻版”和“文体新闻版”与获得的总体帮助没有相关性，但是具体看来，仔细阅读“综合新闻版”的读者在“了解世界妇女运动现状、打开思路开阔眼界”和“精明理财合理消费”方面仍有收获；仔细阅读文体新闻版的读者也能够在“了解新潮时尚、提高生活质量”和“活跃文化娱乐生活增添生活情趣”方面得到帮助。

（五）读者阅读《中国妇女报》的周刊的实际效果

总的看来，大部分读者喜欢阅读《中国妇女报》的周刊，从中获得较多收获。其中，“健康周刊”、“社会周刊”、“经济女性”对读者的帮助相较另三个周刊要多些。

具体说来，喜欢阅读“健康周刊”的读者倾向于在“指导我强身健体延年益寿”、“增长日常生活知识和技能”、“树立自尊自信自立自强的信心”以及“指导我精明理财合理消费”等方面获得帮助。

喜欢阅读“社会周刊”的读者倾向于在“活跃文化娱乐生活、增添生活情趣”、“指导我精明理财合理消费”、“广泛了解世界各国妇女的生活状况”、“打开妇女工作的局面”、“提高社会性别意识树立男女平等观念”等方面获得帮助。

喜欢阅读“成长周刊”的读者倾向于在“树立正确生育观念和掌握教育孩子的方法”、“指导我精明理财合理消费”、“指导我树立正确的婚恋观念建立和睦家庭”、“激励我参与社会竞争实现自我价值”、“树立自尊自信自立自强的信心”、“指导我选择合适职业走上成功之路”等方面获得帮助。

喜欢阅读“婚恋周刊”的读者倾向于在“指导我树立正确的婚恋观念

建立和睦家庭”、“树立正确生育观念和掌握教育孩子的方法”、“增长日常生活知识和技能”、“指导我精明理财合理消费”、“活跃文化娱乐生活增添生活情趣”、“了解新潮时尚提高生活质量” 等方面获得帮助。

喜欢阅读“经济女性” 的读者倾向于在“指导我精明理财合理消费”、“指导我选择合适职业走上成功之路”、“了解新潮时尚提高生活质量”、“树立自尊自信自立自强的信心”、“激励我参与社会竞争实现自我价值”等方面得到帮助。

喜欢阅读“国际周刊” 的读者倾向于在“广泛了解世界各国妇女的生活状况”、“了解世界妇女运动现状打开思路开阔眼界” 等方面获得帮助。

从以上分析可以看出，《中国妇女报》各周刊刊登的内容基本达到了预期效果，与周刊的定位基本吻合。

结论与建议

《中国妇女报》此次改版的主要特点之一就是对“新闻版” 的分类和突出。对新闻信息的强调反映了报刊充分发挥其新闻“社会守望” 功能的优势。需要指出的是，对于《中国妇女报》这种目标受众类别相对固定的主流媒体来说，无需过多地追求“一报在手、通晓天下” 的全息效应，而需在自己的特色领域做得更好更深入，真正成为妇女读者的良师益友，方能发挥其对其他信息的整合效应。对新闻版四个版面的 SWOT 分析正反映了这方面的情况。

对社会性别意识的关注、对“三贴近” 原则的强调、对成功女性创业历程方面报道的青睐，以及对维护妇女儿童合法权利声音的支持，这些都反映出读者在报纸改革过程中的实际期望和要求，应成为今后编辑工作的重点。

而对于那些纯官方语言和学术语言的新闻报道，读者对其价值给予了相对较低的评价。如何把这些信息解读成女性读者喜欢读、愿意读的语言也应成为报纸今后着力研究突破的方面。

我国处在剧烈而深刻的社会转型阶段，任何一种报纸媒介的目标读者群都在迅速地发生着转移，只有持续不断地研究这些人的构成变化、阅读偏好及实际的传播效果才能力争成为服务于“女性读者” 这一领域群的主流媒介。而持续、全面、科学的读者抽样调查将是实现这一目的的重要手段。

中国传媒大学—调查统计研究所

2004. 12. 08

说明：

2004 年是《中国妇女报》创刊 20 周年。这 20 年是中国改革开放的主要阶段，也是报刊媒介实现大众传播多功能信息传递的主要阶段。20 年来中国传播环境发生了深刻的变化，其主要趋势是“受众本位”的确立。《中国妇女报》在不断发展壮大中坚持从受众出发，以受众意见反馈及受众调查作为报纸改革的主要依据，体现了对受众观念的强调与尊重。

本次调查问卷刊登于《中国妇女报》2004 年 10 月 29 日第三版。截至 11 月 20 日，共收到热心读者主动寄回的调查问卷 905 份，本报告即以 905 份调查问卷为统计分析的样本，不包括 11 月 20 日以后收到的调查问卷所表达的读者意见。

本次调查的实施者：中国社会科学院新闻与传播研究所研究员陈崇山

中国妇女报通联部主任《编读往来》版主编任安立编辑李福生

（此报告刊登于《中国妇女报》2005 年 1 月 8 日“编读往来”版。）

2004 年《中国妇女报》全国读者调查问卷（略）

2008年《中国妇女报》全国读者调查报告

2008年10月26日，第十届全国妇女代表大会在北京召开，《中国妇女报》趁此良机开展读者调查，旨在使2009年的报纸办得更适合形势发展和读者的需要。

本次调查采取在报纸上刊登调查问卷的方式，重点确定为对第十届全国妇女代表大会代表的整体调查，和对其他读者的调查两部分。其他读者包括妇联机构参与大会工作的人员、京西宾馆的服务人员和各地主动邮寄回调查问卷的读者。

由于不是抽样调查，这个样本结构不具有代表性，不能推算《中国妇女报》读者的总体，但因妇代会本身具有各界妇女的代表性，因此本报告将单独分析妇代会代表的状况，而把其他读者视作热心读者，他们的看法同样具有参考价值。

一 《中国妇女报》的读者样本结构

本次共回收有效问卷1352份，其中妇代会代表735人，占54.4%；妇联工作人员195人，占14.4%；邮寄读者117人，占8.7%；京西宾馆服务员305人，占22.6%（见表1）。

表1 **样本结构** N = 1352

受访者来源	样本量	有效百分比	累计百分比
妇联干部	195	14.4	14.4
邮寄读者	117	8.7	23.1
京西宾馆读者	305	22.6	45.6
妇代会代表	735	54.4	100

续表

受访者来源	样本量	有效百分比	累计百分比
样本总体	1352	100	

（一）性别结构：在1352名样本中女性为1237人，占91.5%；男性108人，占8.0%（见表2）。

表2　　性别结构　　N = 1352

A2 性别	人数	百分比	有效百分比	累积百分比
女	1237	91.5	92.0	92.0
男	108	8.0	8.0	100.0
合计	1345	99.5	100.0	
缺失	7	0.5		
总体	1352	100.0		

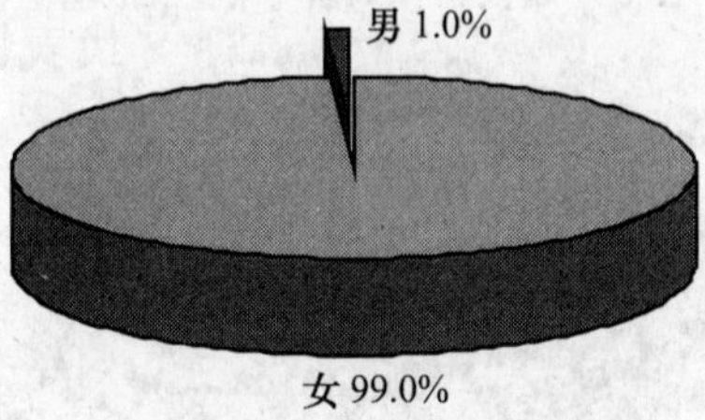

图1　妇代会代表样本的性别比例

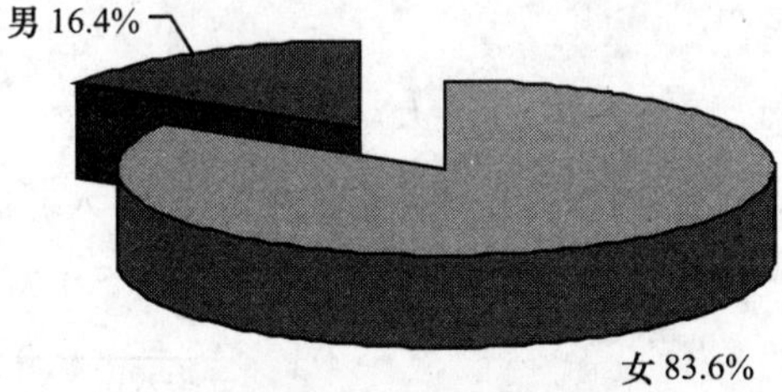

图2　其他读者样本的性别比例

（二）民族结构：在1352名样本中汉族1205名，占89.1%；少数民族140名，占10.4%（见表3）。

表 3　　　　　　　　　民族结构　　N = 1352

A3 民族	人数	百分比	有效百分比	累积百分比
汉族	1205	89.1	89.6	89.6
少数民族	140	10.4	10.4	100.0
合计	1345	99.5	100.0	
缺失	7	0.5		
总体	1352	100.0		

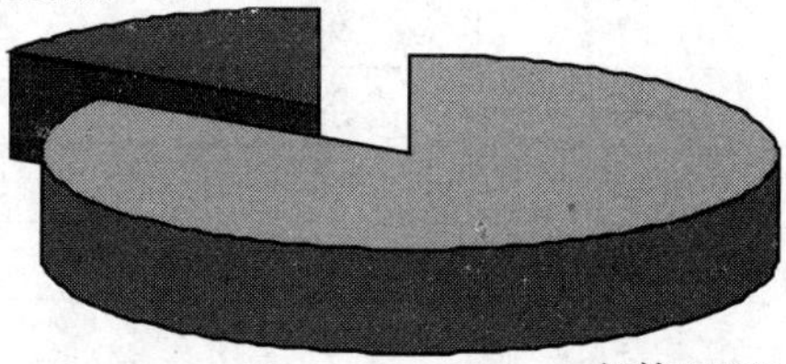

图 3　妇代会代表样本的民族构成

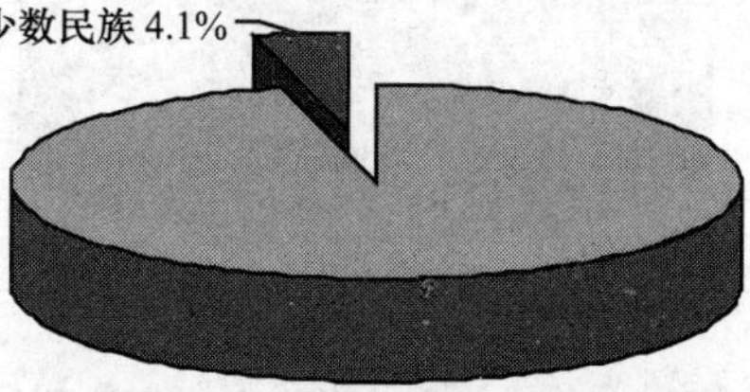

图 4　其他读者样本的民族比例

（三）年龄结构：在 1352 名样本中，16—24 岁者 192 人，占 14.6%；25—34 岁者 276 人，占 20.9%；35—44 岁者 379 人，占 28.7%；45—54 岁者 396 人，占 30.0%；55 岁或以上者 76 人，占 5.8%（见表 4）。

表 4　　　　　　　　　年龄结构　　N = 1352

A4 年龄	样本量	百分比	有效百分比	累积百分比
16—24 岁	192	14.2	14.6	14.6
25—34 岁	276	20.4	20.9	35.5

续表

A4 年龄	样本量	百分比	有效百分比	累积百分比
35—44 岁	379	28. 0	28. 7	64. 2
45—54 岁	396	29. 3	30. 0	94. 2
55 岁或以上	76	5. 6	5. 8	100. 0
合计	1319	97. 6	100. 0	
缺失	33	2. 4		
总体	1352	100. 0		

妇女代表样本和其他热心读者样本的年龄结构见图 5。

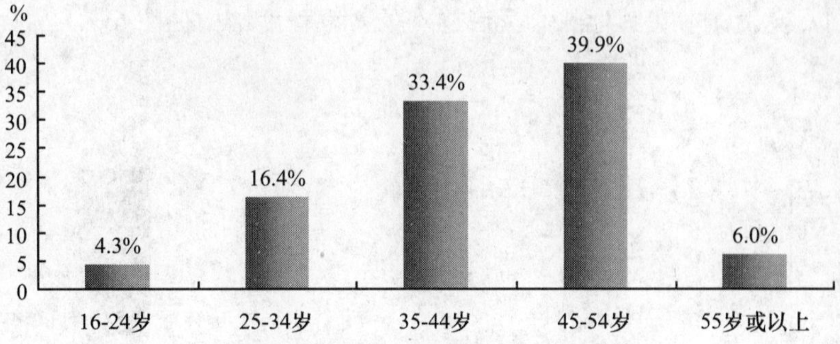

图 5a　妇代会代表样本的年龄构成

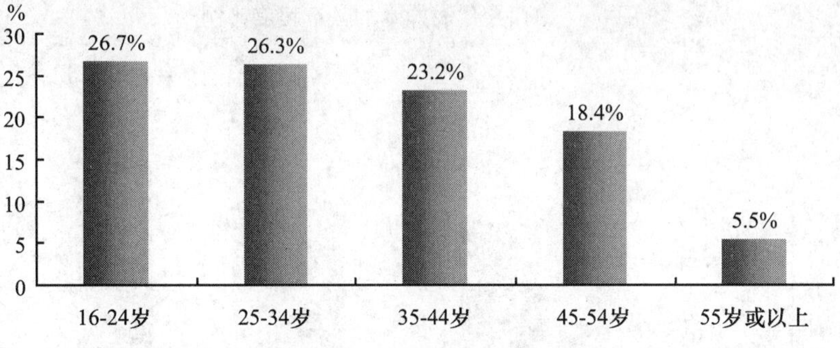

图 5b　其他读者样本的年龄构成

（四）教育程度结构：初中及以下者 42 人，占 3. 2%；高中或中专者 225 人，占 16. 9%；大专者 328 人，占 24. 6%；大学本科及以上者 737 人，占 55. 3%（见表 5）。

表 5　　　　　　　　教育程度结构　　N = 1352

A5 教育程度	样本量	百分比	有效百分比	累积百分比
初中及以下	42	3. 1	3. 2	3. 2
高中或中专	225	16. 6	16. 9	20. 0
大专	328	24. 3	24. 6	44. 7
大学本科及以上	737	54. 5	55. 3	100. 0
合计	1332	98. 5	100. 0	
缺失	20	1. 5		
总体	1352	100. 0		

妇女代表样本和其他热心读者样本的教育程度结构见图 6。

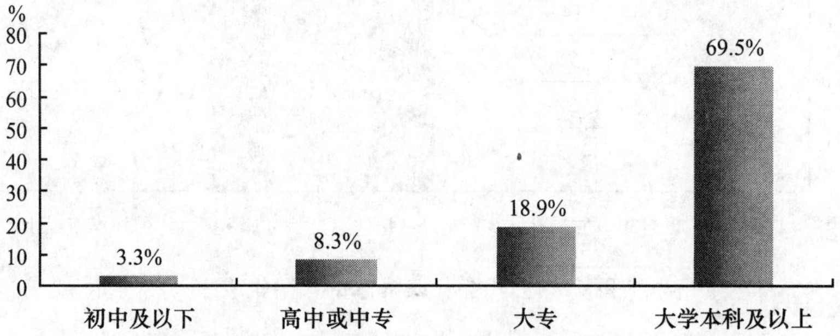

图 6a　妇代会代表样本的教育程度比例

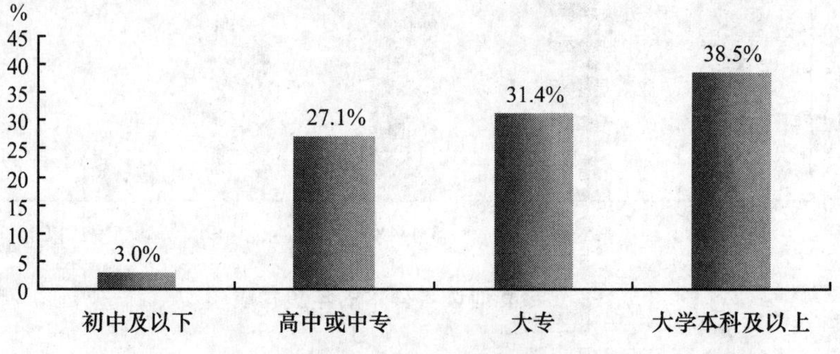

图 6b　其他读者样本的教育程度构成

（五）职业结构：国家公务员 374 人，占 28. 5%；企业家及高级管理人员 101 人，占 7.7%；企业职工 215 人，占 16.4%；各级妇联干部 269 人，占 20.5%；科教文卫艺体专业人员 121 人；占 9.2%；农林牧渔副业人员 24 人，占 1.8%；商业服务行业人员 143 人，占 10.9%；离退休人员及家庭主妇 25 人，占 1.9%；其他 38 人，占 2.9%（见表 6）。

表 6　　职业结构　　N = 1352

A6 职业	样本量	百分比	有效百分比	累积百分比
国家公务员	374	27.7	28.5	28.5
企业家及高级管理人员	101	7.5	7.7	36.3
企业职工	215	15.9	16.4	52.7
妇联干部	269	19.9	20.5	73.2
科教文卫艺体专业人员	121	8.9	9.2	82.4
农林牧渔副业人员	24	1.8	1.8	84.3
商业服务行业人员	143	10.6	10.9	95.2
离退休人员及家庭主妇	25	1.8	1.9	97.1
其他	38	2.8	2.9	100.0
合计	1，310	96.9	100.0	
缺失	42	3.1		
总体	1，352	100.0		

妇女代表样本和其他热心读者样本的职业结构见图 7。

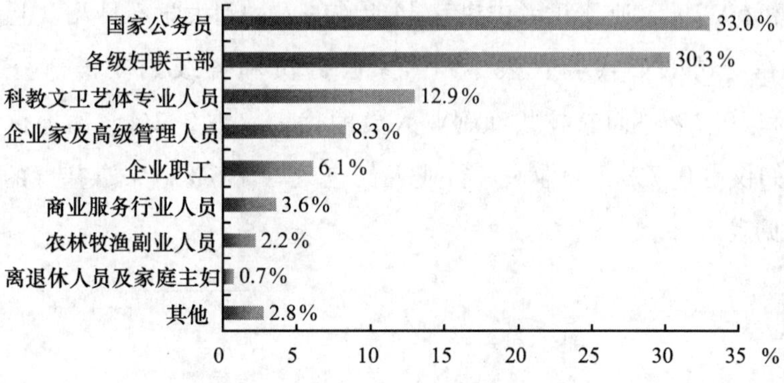

图 7a　妇代会代表样本的职业构成

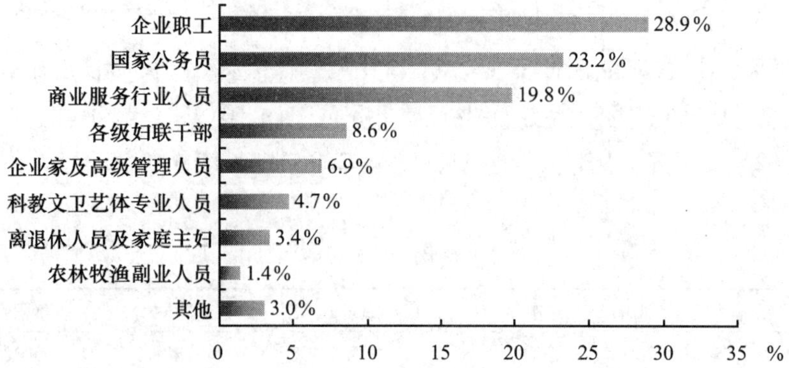

图 7b　其他读者样本的职业构成

（六）本次调查的样本结构特点。

1. 女性占 92%，符合妇女报的特点。

2. 少数民族占 8.0%，与少数民族占全国总人口 11% 的比例相近。

3. 受访者多为中年人，25 岁至 54 岁的受访者占到 79.6%。但 4 个群体样本来源中的年龄结构有差异，京西宾馆读者中年轻人多，16—24 岁的受访者高达 46.6%；各级妇联干部中以 25—34 岁居多，占 31.8%；邮寄的热心读者中 35—44 岁受访者近四成，达 37.9%；妇代会代表年龄偏大，45—54 岁者达 39.9%。

4. 教育程度高，大专以上教育程度的人达到 86.4%。在妇代会代表和各级妇联干部的受访者中，大学本科及以上者均占到六成以上，分别为 69.5% 和 60.2%，邮寄读者中也有 44.8% 的人达到大学本科及以上。

5. 在受访的妇代会代表中，国家公务员和各级妇联干部分别占到 33.0% 和 30.3%，而农林牧渔副业人员的代表仅占 2.2%，离退休人员及家庭主妇仅占 0.7%，商业服务行业人员也只有 3.6%，来自基层的受访者过少（见表 7）。

表 7　　**样本结构的综合分析**　N = 1352　　%

百分比均为有效百分比		总体	来源			
			妇代会代表	各级妇联干部	邮寄热心读者	京西宾馆读者
性别	女	92.0	99.0	79.5	72.6	90.5
	男	8.0	1.0	20.5	27.4	9.5
民族组	汉族	89.6	84.3	98.5	87.9	97.3
	少数民族	10.4	15.7	1.5	12.1	2.7
年龄段	16—24 岁	14.6	4.3	9.9	3.4	46.6
	25—34 岁	20.9	16.4	31.8	16.4	26.7
	35—44 岁	28.7	33.4	27.1	37.9	14.9
	45—54 岁	30.0	39.9	22.9	29.3	11.1
	55 岁或以上	5.8	6.0	8.3	12.9	0.7
教育程度	初中及以下	3.2	3.3	2.1	6.0	2.3
	高中或中专	16.9	8.3	11.5	18.1	40.5
	大专	24.6	18.9	26.2	31.0	34.9
	大学本科及以上	55.3	69.5	60.2	44.8	22.3
职业	国家公务员	28.5	33.0	43.6	36.8	4.5
	企业家及高级管理人员	7.7	8.3	8.0	1.8	8.3
	企业职工	16.4	6.1	15.4	20.2	41.2
	各级妇联干部	20.5	30.3	15.4	14.0	2.1
	科教文卫艺体专业人员	9.2	12.9	3.7	12.3	2.4
	农林牧渔副业人员	1.8	2.2		4.4	1.0
	商业服务行业人员	10.9	3.6	8.0	1.8	34.6
	离退休人员及家庭主妇	1.9	0.7	2.1	4.4	3.8
	其他	2.9	2.8	3.7	4.4	2.1

6. 居住地分布（见表8）。

表8 居住地分布

来源		样本量	百分比
妇代会代表	四川	54	7.3
	北京	50	6.8
	天津	41	5.6
	云南	41	5.6
	湖北	38	5.2
	西藏	37	5
	广西	36	4.9
	陕西	34	4.6
	内蒙古	32	4.4
	江西	31	4.2
	安徽	30	4.1
	广东	28	3.8
	江苏	26	3.5
	河北	25	3.4
	黑龙江	24	3.3
	中直	23	3.1
	青海	22	3
	宁夏	21	2.9
	山东	18	2.4
	新疆	18	2.4
	山西	15	2
	台湾	15	2
	福建	14	1.9
	湖南	12	1.6
	吉林	10	1.4
	河南	9	1.2
	贵州	8	1.1
	甘肃	7	1
	上海	6	0.8
	浙江	4	0.5
	澳门	2	0.3
	香港	2	0.3
	重庆	2	0.3
	总计	735	100
其他读者	北京	407	66
	山东	66	10.7
	河北	11	1.8
	河南	10	1.6
	江苏	9	1.5
	广东	8	1.3
	陕西	8	1.3
	安徽	7	1.1
	黑龙江	7	1.1
	海南	6	1
	山西	6	1
	四川	6	1
	吉林	5	0.8
	辽宁	5	0.8
	新疆	5	0.8
	贵州	4	0.6
	湖北	4	0.6
	内蒙古	4	0.6
	福建	3	0.5
	甘肃	3	0.5
	江西	3	0.5
	上海	3	0.5
	云南	3	0.5
	重庆	3	0.5
	广西	2	0.3
	青海	2	0.3
	湖南	1	0.2
	浙江	1	0.2
	合计	602	97.6
	缺失	15	2.4
	总计	617	100

妇代会代表样本的居住地遍布全国，其中四川和北京的比例最高，分别达到 7.3% 和 6.8%，而上海、浙江、澳门、香港和重庆的比例不足 1%。

其他热心读者样本的居住地分布比较集中，大多数来自北京，比例达到 67.6%；其次是山东，比例超过一成；其他省份均为 2%，而广西、青海、湖南和浙江等地的比例不足 0.5%。

二 读者阅读《中国妇女报》的状况

(一)《中国妇女报》读者的信息来源

本次调查发现，受访者接受外界信息来源的渠道，依次为报纸(80.0%)、电视(76.8%)、互联网(55.1%)、广播(23.2%)和手机(17.8%)(见表 9)。

表 9 《中国妇女报》读者接收外界信息的来源 %

B1 您平日主要通过什么渠道了解外界信息？(可选三项)	B1_ 1 报纸	B1_ 2 广播	B1_ 3 电视	B1_ 4 互联网	B1_ 5 手机
妇代会代表（N = 735，其中 B1 题有效样本 726）	81.5	22.3	79.2	64.2	18.5
热心读者（N = 617，其中 B1 题有效样本 613）	78.1	24.3	74.1	44.4	17.1
总体（N = 1352，其中 B1 题有效样本 1339）	80.0	23.2	76.8	55.1	17.8

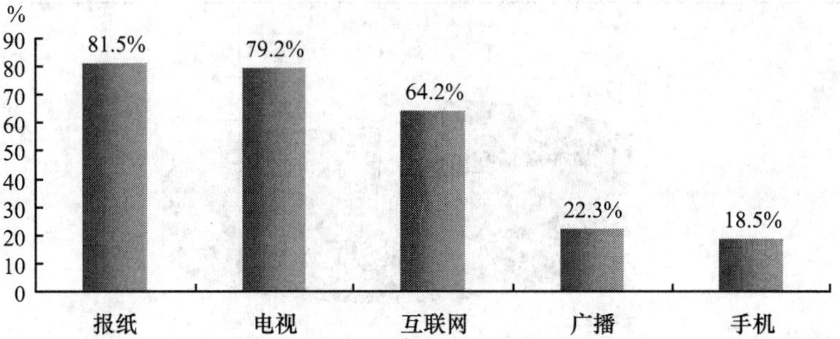

图 8a 妇代会代表样本的获取信息方式

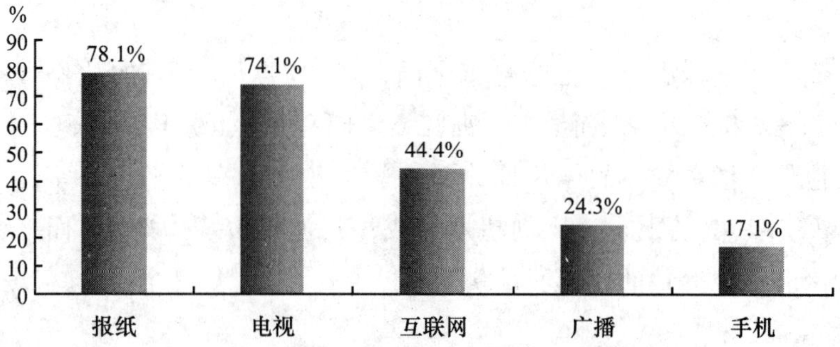

图 8b　其他读者样本的获取信息方式

近年来，一般受众调查的信息来源都是电视居首位，而这次调查报纸获得头彩，这可能和受访者教育程度高有关，而且样本中机关干部尤其妇联干部居多，她们获得读报的机会较多，当然，也不排除有的受访者为得到礼品、或为面子而不填写真实情况。值得注意的是，通过互联网获取信息的人为 55.1%，同全国平均数 68.6% 尚差 13.5 个百分点（见 2008 年 12 月 26 日《报刊文摘》第 1 版）。

（二）阅读《中国妇女报》者占八成

调查显示，八成以上的受访者阅读《中国妇女报》，妇代会代表为 82.2%，热心读者为 83.8%（见表 10）。

表 10　　《中国妇女报》读者阅读报纸状况　N = 1337

阅读情况	有效样本量	阅读率（%）	缺失
妇代会代表	724	82.2	2
热心读者	613	83.8	0
总体	1337	82.9	2

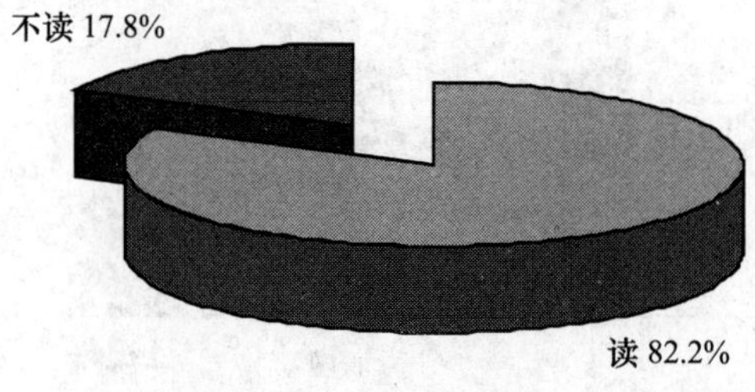

图 9a　妇代会代表样本对《中国妇女报》的阅读情况

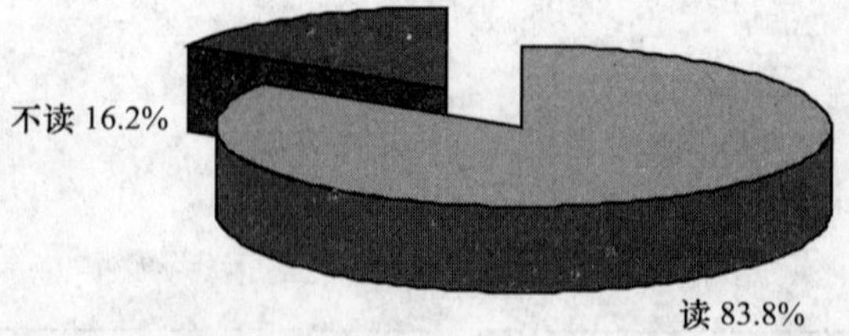

图9b　其他读者样本对《中国妇女报》的阅读情况

（三）报纸来源

《中国妇女报》读者所读的报纸有六成是公费订阅的，热心读者的自费订阅率比妇代会代表高出 7.2 个百分点，赠阅率差别不大（见表 11）。

表 11　《中国妇女报》读者所读报纸的来源　N = 1109　%

您现在订阅的《中国妇女报》来源于：（单选）	妇代会代表		热心读者		总体	
	样本量	百分比	样本量	百分比	样本量	百分比
公费订阅	383	69. 9	283	57. 4	666	64. 0
自费订阅	60	10. 9	89	18. 1	149	14. 3
借阅	37	6. 8	62	12. 6	99	9. 5
赠阅	39	7. 1	39	7. 9	78	7. 5
图书馆或阅报栏	29	5. 3	20	4. 1	49	4. 7
有效样本量	548		493		1041	
缺失	47		21		68	
读者总样本量	595		514		1109	

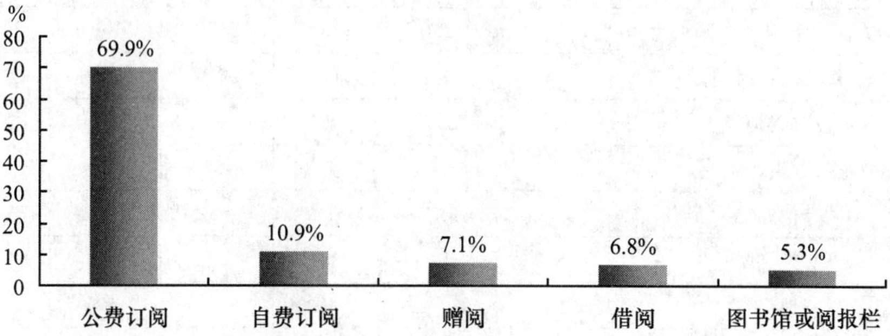

图 10a　妇代会代表样本阅读《中国妇女报》的来源

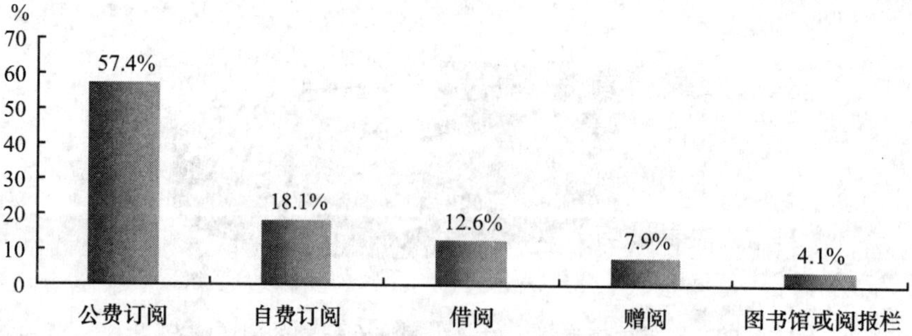

图 10b　其他读者样本阅读《中国妇女报》的来源

（四）不读《中国妇女报》的原因

受访者中有 228 名不读《中国妇女报》，其中妇代会代表 129 人，占受访代表的 17.6%；热心读者 99 人，占受访读者的 16.4%。不读的原因居首位的是“接触其他传媒可以代替了”，占 30.1%，妇代会代表同热心读者差别不大。其次是认为“上中国妇女网可以代替了”，占 22.7%；妇代会代表（27.3%）比热心读者（18.2%）多 9.2 个百分点。只有 1 人反映“报价太贵订不起”，2 人反映“没有兴趣读”。需要重视的是有二成（21.0%）的人反映“订阅不方便读不到《中国妇女报》”，因此改善报纸发行工作应是当务之急（见表 12）。

表 12　受访者不读《中国妇女报》的原因　%

原因	妇代会代表		热心读者		总体	
	样本量	百分比	样本量	百分比	样本量	百分比
接触其他传媒可以代替了	27	30.7	26	29.5	53	30.1
上中国妇女网可以代替了	24	27.3	16	18.2	40	22.7
订阅不方便读不到《中国妇女报》	15	17.0	22	25.0	37	21.0
工作太忙没时间读	14	15.9	14	15.9	28	15.9
没有兴趣读	2	2.3	8	9.1	10	5.7
报价太贵订不起	1	1.1	1	1.1	2	1.1
其他原因	5	5.7	1	1.1	6	3.4
有效样本	88		88		176	
缺失	41		11		52	
总样本量	129		99		228	

三　受访者阅读《中国妇女报》的时间

受访者阅读《中国妇女报》所花费的时间，妇代会代表与热心读者呈同一趋势，妇代会代表平均为 32.9 分钟，热心读者平均为 32.4 分钟，但在同一群体中的差异很大，标准差分别为 18.588 和 18.454（见表 13、表 14）。

表 13　读者阅读《中国妇女报》的时间　%

C4 您收到《中国妇女报》一般花费多少时间阅读？（单选）	妇代会代表		热心读者		总体	
	样本量	百分比	样本量	百分比	样本量	百分比
15 分钟以下	128	23.8	122	25.8	250	24.8
30 分钟	250	46.6	202	42.8	452	44.8
45 分钟	102	19.0	103	21.8	205	20.3
60 分钟及以上	57	10.6	45	9.5	102	10.1
有效样本量	537		472		1009	
缺失	58		42		100	
读者总样本量	595		514		1109	

表 14　妇代会代表和热心读者阅读《中国妇女报》的时间

C4 阅读中国妇女报的时长	平均时长（分钟）	有效样本量	标准差
妇代会代表	32.9	537	18.588
热心读者	32.4	472	18.454
总体	32.6	1009	18.517

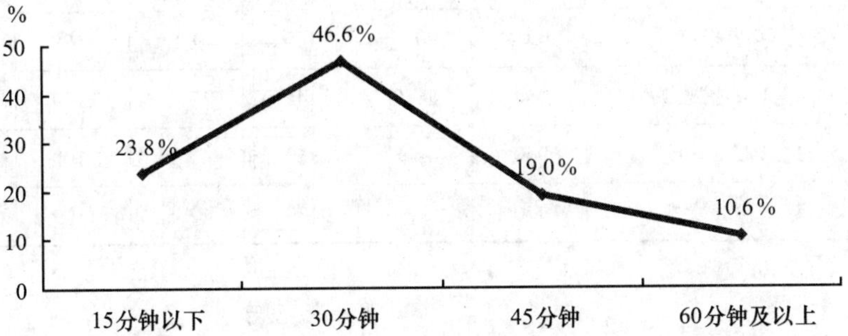

图 11a　妇代会代表样本阅读《中国妇女报》的时间花费

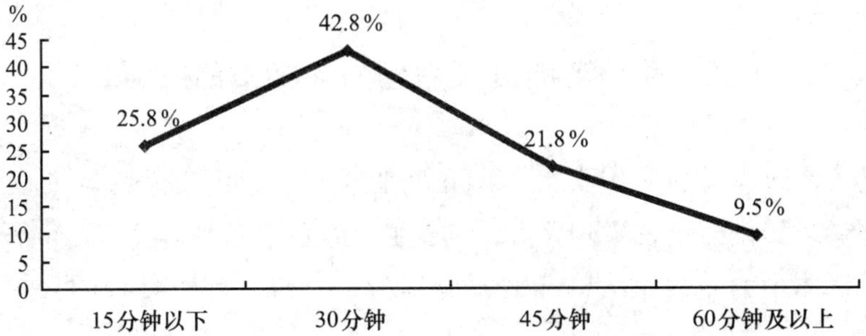

图 11b 其他读者样本阅读《中国妇女报》的时间花费

四 《中国妇女报》读者阅读新闻版的状况

本次调查发现，读者阅读《中国妇女报》新闻版的状况有以下特点

（一）关注新闻的读者多

在 1352 名受访者中，阅读《中国妇女报》的新闻版的读者均在八成以上，阅读时政新闻的读者高达 92.3%（见表 15）。这同本次调查受访者的结构有关，妇代会代表占了 54.4%，她们教育程度高，视野开阔，吸收新闻信息的能力强，是妇女界的精英。

表 15 读者阅读《中国妇女报》新闻版的状况 N = 1109 %

	有效样本		缺失		总体	
	样本量	百分比	样本量	百分比	样本量	百分比
C5_ 1 时政新闻	1024	92.3	85	7.7	1109	100
C5_ 2 新闻天下	983	88.6	126	11.4	1109	100
C5_ 3 女界报道	1004	90.5	105	9.5	1109	100
C5_ 4_ 1 女报视点	964	86.9	145	13.1	1109	100
C5_ 4_ 2 权益热线	940	84.8	169	15.2	1109	100
C5_ 4_ 3 今日女性	970	87.5	139	12.5	1109	100

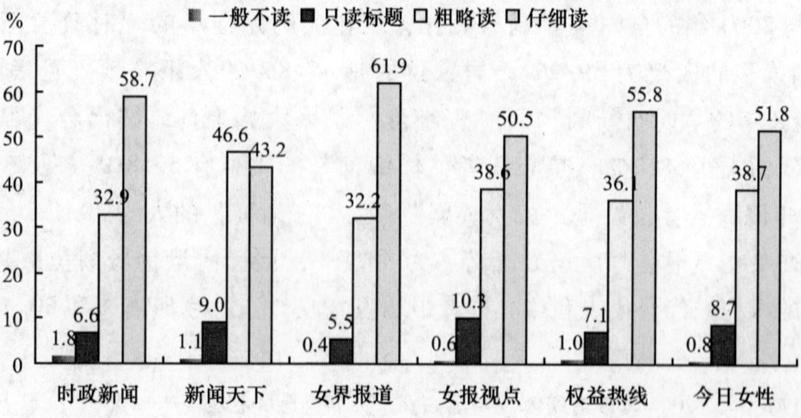

图 12　妇代会代表样本对《中国妇女报》新闻版的阅读情况

（二）阅读新闻版的质量较高

调查问卷以“一般不读”（1 分）、“只读标题”（2 分）、“粗略读”（3 分）、“仔细读”（4 分）测量新闻版的阅读质量，均值越高，说明阅读质量越高，满分为 4 分（表 16）。阅读新闻版的均值都在 3 分以上，差别不很大，最高是“女界报道”版，均值为 3.53 分，最低的“新闻天下”版也有 3.33 分。

表 16　读者阅读新闻版的质量

C5 您阅读《中国妇女报》时怎样读新闻版？	妇代会代表（N＝595）		热心读者（N＝514）		有效填答该题的读者总体	
	平均值	样本量	平均值	样本量	平均值	样本量
C5_ 1 时政新闻	3.48	557	3.46	467	3.47	1024
C5_ 2 新闻天下	3.32	532	3.34	451	3.33	983
C5_ 3 女界报道	3.56	544	3.51	460	3.53	1004
C5_ 4_ 1 女报视点	3.39	523	3.42	441	3.40	964
C5_ 4_ 2 权益热线	3.47	504	3.51	436	3.49	940
C5_ 4_ 3 今日女性	3.42	519	3.49	451	3.45	970

（三）仔细读的读者居多

不论妇代会代表还是热心读者，仔细阅读各版的读者均在五成以上（仅妇代会代表阅读“新闻天下”版时，“粗略读”（46.6%）略高于“仔细读”（43.2%），说明新闻版对大多数读者具有吸引力。

与2004年的全国读者调查相比，变化大的是当年的“时政要闻”版“仔细读”的人仅为39.9%，居首位的是47.8%的人粗略读（见表17）。而2008年的“时政新闻”版“仔细读”的人大幅上扬，妇代会代表“仔细读”的人达58.7%，热心读者“仔细读”的人也有57.8%（见表18）；2004年调查居首位的是“妇女要闻”版，“仔细读”的人为80.1%，2008年调查“女界报道”版仍处旺势，为90.5%，阅读质量仍居高位，“仔细读”的人在妇代会代表和热心读者中均占六成，分别为61.9%和60.4%。

表17　　2004年读者阅读《中国妇女报》新闻版的状况　N=905　　%

	仔细读	粗略读	只读标题	一般不读
时政要闻版	39.9	47.8	11.3	0.6
综合要闻版	34.3	55.5	9.2	0.3
妇女要闻版	80.1	16.9	2.1	0.4
文体要闻版	32.2	48.1	15.6	3.4

表18　　读者阅读《中国妇女报》时政新闻版的状况　　%

			C5_ 1时政新闻				有效样本量
			一般不读	只读标题	粗略读	仔细读	
来源	妇代会代表（N=595）	样本量	10	37	183	327	557
		百分比	1.8	6.6	32.9	58.7	
	热心读者（N=514）	样本量	9	36	152	270	467
		百分比	1.9	7.7	32.5	57.8	
有效填答该题的读者总体		样本量	19	73	335	597	1024
		百分比	1.9	7.1	32.7	58.3	

表19　　读者阅读《中国妇女报》新闻天下的状况　　%

			C5_ 2新闻天下				有效样本量
			一般不读	只读标题	粗略读	仔细读	
来源	妇代会代表（N=595）	样本量	6	48	248	230	532
		百分比	1.1	9.0	46.6	43.2	
	热心读者（N=514）	样本量	2	48	196	205	451
		百分比	0.4	10.6	43.5	45.5	

续表

		C5_ 2 新闻天下				有效样本量
		一般不读	只读标题	粗略读	仔细读	
有效填答该题的读者总体	样本量	8	96	444	435	983
	百分比	0.8	9.8	45.2	44.3	

表20　　读者阅读《中国妇女报》女界报道的状况　　%

			C5_ 3 女界报道				有效样本量
			一般不读	只读标题	粗略读	仔细读	
来源	妇代会代表（N=595）	样本量	2	30	175	337	544
		百分比	0.4	5.5	32.2	61.9	
	热心读者（N=514）	样本量	8	29	145	278	460
		百分比	1.7	6.3	31.5	60.4	
有效填答该题的读者总体		样本量	10	59	320	615	1，004
		百分比	1.0	5.9	31.9	61.3	

表21　　读者阅读《中国妇女报》女报视点的状况　　%

			C5_ 4_ 1 女报视点				有效样本量
			一般不读	只读标题	粗略读	仔细读	
来源	妇代会代表（N=595）	样本量	3	54	202	264	523
		百分比	0.6	10.3	38.6	50.5	
	热心读者（N=514）	样本量	10	34	157	240	441
		百分比	2.3	7.7	35.6	54.4	
有效填答该题的读者总体		样本量	13	88	359	504	964
		百分比	1.3	9.1	37.2	52.3	

表22　　读者阅读《中国妇女报》权益热线的状况　　%

			C5_ 4_ 2 权益热线				有效样本量
			一般不读	只读标题	粗略读	仔细读	
来源	妇代会代表（N=595）	样本量	5	36	182	281	504
		百分比	1.0	7.1	36.1	55.8	
	热心读者（N=514）	样本量	6	35	127	268	436
		百分比	1.4	8.0	29.1	61.5	

续表

		C5_ 4_ 2 权益热线				有效样本量
		一般不读	只读标题	粗略读	仔细读	
有效填答该题的读者总体	样本量	11	71	309	549	940
	百分比	1.2	7.6	32.9	58.4	

表 23　　读者阅读《中国妇女报》"今日女性"的状况　　%

			C5_ 4_ 3 今日女性				有效样本量
			一般不读	只读标题	粗略读	仔细读	
来源	妇代会代表（N=595）	样本量	4	45	201	269	519
		百分比	0.8	8.7	38.7	51.8	
	热心读者（N=514）	样本量	11	26	146	268	451
		百分比	2.4	5.8	32.4	59.4	
有效填答该题的读者总体		样本量	15	71	347	537	970
		百分比	1.5	7.3	35.8	55.4	

（四）妇代会代表和热心读者的差异

热心读者仔细阅读《中国妇女报》第 4 版轮流刊出的 3 个专版的人数比例均高于妇代会代表：

1. 仔细读"女报视点"的热心读者 54.4%，比妇代会代表的 50.5% 高出 3.9 个百分点。

2. 仔细读"权益热线"的热心读者 61.5%，比妇代会代表的 55.8% 高出 5.7 个百分点。

3. 仔细读"今日女性"的热心读者 59.4%，比妇代会代表的 51.8% 高出 7.6 个百分点。

从总的状况看，读者阅读《中国妇女报》新闻版的质量比较高。

五 《中国妇女报》读者对专刊的满意程度

（一）读者对《中国妇女报》周刊的满意度较高

列入本次调查的有 17 个周刊，采用 5 级量表测试读者的满意度，"不满意"为 1 分，"不大满意"为 2 分，"说不好"为 3 分，"满意"为 4 分，"很满意"为 5 分，满分是 5 分；5 项之和为均值，均值越高，满意度越高。

从表23 可以看出，不论妇代会代表还是热心读者对周刊的满意度均在 4 分以上，差别不大。均值最高的是“健康周刊”，满意度均值为 4. 48，热心读者的均值（4. 57）略高于妇代会代表（4. 40）（见表 24）。

表 24　**读者对《中国妇女报》专刊的满意状况**　%

C6 您对《中国妇女报》的周刊满意吗?	妇代会代表（N =595）		热心读者（N =514）		有效填答该题的读者总体	
	平均值	样本量	平均值	样本量	平均值	样本量
C6_ 1 健康周刊	4. 40	555	4. 57	483	4. 48	1038
C6_ 2_ 1 教育周刊	4. 20	535	4. 36	445	4. 27	980
C6_ 2_ 2 理财	4. 11	503	4. 30	447	4. 20	950
C6_ 2_ 3 家电	4. 01	497	4. 23	431	4. 11	928
C6_ 3_ 1 新知周刊	4. 10	482	4. 22	426	4. 16	908
C6_ 3_ 2 红旗飘飘	4. 05	505	4. 20	432	4. 12	937
C6_ 3_ 3 美食	4. 13	505	4. 36	442	4. 24	947
C6_ 3_ 4 旅游	4. 11	509	4. 36	441	4. 22	950
C6_ 4 文明周刊	4. 12	512	4. 31	452	4. 21	964
C6_ 5_ 1 育儿周刊	4. 19	526	4. 36	446	4. 27	972
C6_ 5_ 2 品味男女周刊	4. 16	500	4. 33	439	4. 24	939
C6_ 5_ 3 美丽	4. 21	505	4. 37	444	4. 29	949
C6_ 5_ 4 时尚	4. 16	504	4. 35	445	4. 25	949
C6_ 6_ 1 经济女性周刊	4. 16	504	4. 27	445	4. 21	949
C6_ 6_ 2 乡土中国周刊	4. 01	502	4. 20	434	4. 10	936
C6_ 6_ 3 汽车	3. 96	493	4. 15	433	4. 05	926
C6_ 6_ 4 家居	4. 07	519	4. 27	445	4. 16	964

（二）热心读者和妇代会代表的满意度有差异

表 24 是对 17 个专刊读者满意度的具体分析，从中可以看出：

1. 读者对《中国妇女报》专刊的满意度总的说是高的。总满意度在九成以上的专刊有 1 个，即“健康周刊”，妇代会代表为 94. 2%，热心读者为 95. 4%。总满意度在八成以上的周刊居多，妇代会代表有 11 个，热心读者有 15 个。总满意度在七成以上的周刊，妇代会代表有 5 个，热心读者只有 1 个。

2. 热心读者的满意度高于妇代会代表，表现在妇代会代表对 17 个专刊的满意度，居首位的都是“满意”，而“热心读者”对 17 个周刊的满意度，除“红旗飘飘”周刊外，居首位的都是“很满意”；热心读者对“健康周刊”表示“很满意”者达到 61.5%，而妇代会代表表示很满意者为 47.0%，低 14.5 个百分点。

3. 唯有妇代会代表对“经济女性周刊”的总满意度比热心读者多了 0.7 个百分点。但热心读者中很满意者占 46.3%，比妇代会代表的 34.9% 高出 11.4 个百分点（见表 25）。

表 25 **妇代会代表和热心读者满意度的比较**

您对《中国妇女报》的周刊满意吗？	妇代会代表		热心读者				两者相差
	满意	很满意	合计	满意	很满意	合计	
C6_ 1 健康周刊	47.2	47.0	94.2	34.2	61.5	95.4	-1.5
C6_ 2_ 1 教育周刊	55.5	33.3	88.8	40.0	49.2	89.2	-0.4
C6_ 2_ 2 理财	48.7	32.2	80.9	38.0	47.4	85.4	-4.5
C6_ 2_ 3 家电	48.1	27.6	75.7	41.1	41.8	82.9	-7.2
C6_ 3_ 1 新知周刊	51.5	30.1	81.6	40.6	42.0	82.6	-1.0
C6_ 3_ 2 红旗飘飘	47.9	29.3	77.2	41.9	40.0	81.9	-4.7
C6_ 3_ 3 美食	48.9	33.1	82.0	40.3	48.6	88.5	-6.5
C6_ 3_ 4 旅游	49.7	31.0	80.7	41.0	48.3	89.3	-8.6
C6_ 4 文明周刊	52.5	30.7	83.2	39.4	46.5	85.9	-2.7
C6_ 5_ 1 育儿周刊	47.1	36.9	84.0	35.9	51.1	87.0	-3.0
C6_ 5_ 2 品味男女周刊	51.6	33.0	84.6	41.7	46.2	87.9	-3.3
C6_ 5_ 3 美丽	48.1	37.2	85.9	36.9	51.4	88.3	-2.4
C6_ 5_ 4 时尚	50.4	33.7	84.1	37.3	49.9	87.2	-3.1
C6_ 6_ 1 经济女性周刊	49.4	34.9	84.3	37.5	46.3	83.6	+0.7
C6_ 6_ 2 乡土中国周刊	47.0	28.5	75.7	39.4	41.0	80.4	-4.7
C6_ 6_ 3 汽车	43.8	27.8	71.6	35.3	41.8	77.1	-5.5
C6_ 6_ 4 家居	49.1	30.6	79.7	37.3	47.0	84.3	-4.6

注：本表是读者对各专刊表示“满意”和“很满意”的数据之和。其他数据详见附表。

（三）对照 2004 年读者对《中国妇女报》专刊的喜爱率

表 25 是 2004 年《中国妇女报》全国读者调查的数据，6 个周刊中读者喜爱率在九成以上的有 4 个，占三分之二，喜爱率在八成以上的有 1 个，在七成以上的有 1 个。

诚然，喜爱率和满意度不是一个概念，读者喜爱看的专刊不见得满意，但喜爱率是满意度的前提和基础，只有吸引读者爱读，才谈得上满意不满意。由于专刊名称和内容的变更，可以比照的只有“健康周刊”和“经济女性周刊”。

“健康周刊”在2004年读者喜爱率高达97.8%，2008年的读者满意度也在九成以上（妇代会代表为94.2%，热心读者为95.4%），说明这个周刊受到绝大多数读者的喜爱和满意，因而长盛不衰，成为最佳品牌。

“经济女性周刊”在2004年读者喜爱率为87.9%，2008年的读者满意度也在八成以上（妇代会代表为84.3%，热心读者为83.6%），说明这个周刊发展平稳，还有提高的空间（见表26）。

表26　2004年全国读者对《中国妇女报》周刊的喜爱度　N=905　%

	很喜欢	喜欢	合计	不大喜欢	不喜欢
健康周刊	71.6	26.2	97.8	1.0	0.6
社会周刊	33.9	59.1	93.0	5.5	0.3
成长周刊	43.2	47.4	90.6	7.8	0.3
婚恋周刊	54.3	37.2	91.5	7.3	0.4
经济女性	42.4	45.5	87.9	10.2	0.9
国际周刊	20.3	55.5	75.8	21.4	1.7

在2004年读者喜爱率九成以上的还有“社会周刊”、“成长周刊”和“婚恋周刊”三个周刊，因刊名变更而无法比对。这三个周刊都关系到人的生存发展，关系到人的素质的培养和提高，改变了很可惜。尤其如“婚恋周刊”，读者总喜爱率达到91.5%，仅次于“健康周刊”和“社会周刊”，并有54.3%的读者表示很喜爱，仅次于“健康周刊”的71.6%，比“社会周刊”的33.9%高出20.4个百分点。削减读者喜欢的周刊，必然会伤害读者的感情和阅读习惯，导致读者同报纸疏远。

六　读者认同《中国妇女报》对自己的帮助

春雨润物细无声。报纸的作用，在于通过新闻信息的传播，不断消除读者头脑里的不确定性，潜移默化地帮助读者正确认识环境、认识自己，使读者适应所生存的自然环境和社会环境，以求得持续的发展。因此，报纸对读者有无帮助，是衡量报纸办得好坏的根本标准。而读者只有在读报后感到有收获时，才认同报纸对她（他）有帮助。因此，从1998年、2004年及2008年的读者调查问卷中，都设计了两个题项：“一、您感受到《中国妇女报》对您有帮助吗?”和“二、您认为《中国妇女报》对您的帮助表现在哪些方面?”。

(一)《中国妇女报》对读者有无帮助?

对“您感受到《中国妇女报》对您有帮助吗?”的问题，采取5级量表测试：“(1) 帮助很大”评5分，“(2) 有帮助”评4分，“(3) 说不上”评3分，“(4) 帮助不大”评2分，“(5) 没有帮助”评1分。

本次调查对这个问题的数据分析结果显示：读者的总体评价很高，九成以上的读者认为《中国妇女报》对自己有帮助，均值达到4.40分（满分为5分），在回答此题的519名妇代会代表中，认为“有帮助”者占54.9%，认为“帮助很大”者占42.4%，合计为97.3%。在回答此题的452名热心读者中认为“有帮助”者占43.1%，认为“帮助很大”者为50.0%，也达到了93.1%（见表27）。这说明，绝大多数读者肯定《中国妇女报》对自己有帮助和帮助很大。

表27　《中国妇女报》对读者的帮助　%

您感觉《中国妇女报》对您有帮助吗?			C7帮助					有效样本量	平均值	标准差
			没有帮助	帮助不大	说不上	有帮助	帮助很大			
来源	妇代会代表(N=595)	样本量	0	3	11	285	220	519		
		百分比	0.0	0.6	2.1	54.9	42.4		4.39	0.562
	热心读者(N=514)	样本量	1	11	19	195	226	452		
		百分比	0.2	2.4	4.2	43.1	50.0		4.40	0.706
有效填答该题的读者总体		样本量	1	14	30	480	446	971		
		百分比	0.1	1.4	3.1	49.4	45.9		4.40	0.633

(二) 您认为《中国妇女报》在那些方面对自己有帮助?

《中国妇女报》在哪些方面对读者有帮助呢? 表27显示，在15个题项中，居首位的是“(1) 帮助我树立自尊、自信、自立、自强的信心”，占

66.8%；居第二位的是“（4）帮助我了解世界妇女运动现状打开思路开阔眼界”，占63.4%；居第三位的是“（2）帮助我增强法律意识维护自身权益”，占62.1%；居第四位的是“（5）帮助我广泛了解世界各国妇女的生活状况”，占60.9%；居第五位的是“（3）帮助我提高社会性别意识树立男女平等观念”，占58.9%。从总的趋势看，不论是妇代会代表还是热心读者，都认为《中国妇女报》在宏观观念方面对自己有帮助和帮助很大。

但妇代会代表与热心读者从报纸感受到的帮助并不完全一致，在妇代会代表和热心读者中居首位的都是“（1）帮助我树立自尊，自信，自立，自强的信心”，分别占69.4%和63.9%。

在妇代会代表中居第二位的是“（4）帮助我了解世界妇女运动现状打开思路开阔眼界”，占69.4%；但在热心读者中居第二位的却是“（2）帮助我增强法律意识维护自身权益”，占59.8%。

在妇代会代表中居第三位的是“（5）帮助我广泛了解世界各国妇女的生活状况”，占67.4%；在热心读者中占第三位的却是“（4）帮助我了解世界妇女运动现状打开思路开阔眼界”，占56.6%。

在妇代会代表中居第四位的是“（3）帮助我提高社会性别意识树立男女平等观念”，占64.6%；在热心读者中居第四位的是“（13）帮助我活跃文化娱乐生活增添生活情趣”，占56.0%。

在妇代会代表中居第五位的是“（6）帮助我打开妇女工作的新局面”，占64.3%；在热心读者中居第五位的是“12 帮助我增长日常生活知识和技能”，占55.4%。

可见，由于社会地位和教育程度的差异，妇代会代表更多地从宏观观念上获得帮助，热心读者则较多地从文化娱乐和生活知识等微观方面获得帮助（见表28）。

表 28　《中国妇女报》对读者有帮助的方面　%

C8 您认为《中国妇女报》对您的帮助表现在哪些方面？（选项不限）	妇代会代表（N=595）	热心读者（N=514）	有效填答该题的读者总体
1 帮助树立自尊，自信，自立，自强的信心	69.4	63.9	66.8
4 帮助我了解世界妇女运动现状打开思路开阔眼界	69.4	56.6	63.4
5 帮助我广泛了解世界各国妇女的生活状况	67.4	53.5	60.9

续表

C8 您认为《中国妇女报》对您的帮助表现在哪些方面？（选项不限）	妇代会代表（N＝595）	热心读者（N＝514）	有效填答该题的读者总体
3 帮助我提高社会性别意识树立男女平等观念	64.6	52.5	58.9
6 帮助我打开妇女工作的新局面	64.3	43.8	54.6
2 帮助我增强法律意识维护自身权益	64.1	59.8	62.1
12 帮助我增长日常生活知识和技能	51.3	55.4	53.2
13 帮助我活跃文化娱乐生活增添生活情趣	49.7	56.0	52.7
9 帮助我了解新潮时尚提高生活质量	49.6	52.1	50.7
7 激励我参加社会活动实现自我价值	48.9	44.8	46.9
14 帮助我强身健体延年益寿	45.9	48.7	47.2
10 帮助我树立正确的婚恋观念建立和睦家庭	44.1	50.9	47.3
11 帮助我树立正确的生育观念和掌握教育孩子的方法	44.1	53.8	48.7
15 帮助我精明理财合理消费	37.1	50.1	43.2
8 帮助我选择合适职业走上成功之路	35.7	37.9	36.7
16 其他	1.6	6.1	3.7
有效样本量	571	507	1078

（三）从1998、2004和2008年三次调查中看《中国妇女报》对读者的帮助

从1998、2004到2008年的10年内的三次读者对同一问题的调查，可以看出，读者感受到《中国妇女报》对自己有帮助和帮助很大者均在九成五以上，尽管2008年的总数相对较低，但感受到“帮助很大”的读者比率却呈上升趋势：1998年为35.9%，2004年为43.5%，2008年为45.9%。应认定《中国妇女报》是一张对读者有帮助社会效益好的报纸（见表29）。

表29　　从三次调查中看《中国妇女报》对读者的帮助　　%

年份	样本量	回答人数	帮助很大	有帮助	合计	说不上	帮助不大	没帮助	合计
2008	1352	971	45.9	49.4	95.3	3.1	1.4	0.1	4.6
2004	905	899	43.5	55.7	99.2	0.4	0.3	0	0.7
1998	5661	5625	35.9	61.8	97.7	–	0.9	0	0.9

注：表29中的百分率以实际回答问题的人数为基数，不包括缺失人数。

从《中国妇女报》对读者的帮助方面看出报纸质量有提高。1998年的调查数据表明：列入调查的14个题项中，读者感到《中国妇女报》对自己有帮助和帮助很大的前三位都是生活方面的：居首位的是“指导我处理好家庭和人际关系”，占71.6%；居第二位的是“传授给我许多日常生活知识和技能”，占69.3%；居第三位的是“活跃我的文化娱乐生活陶冶情操”，占61.0%。而一些宏观观念方面的帮助却居后列，如“帮助我树立自尊自信自立自强的信心”排在第七位，“激励我参与社会竞争实现自我价值”排在第八位，“帮助我提高男女平等意识关心妇女运动”排到了第11位，“帮助我广泛了解世界妇女运动的现状”排到了第13位。因此1998年的调查报告质疑报纸的编辑方针是否出现了偏差？

2004年的调查数据显示，尽管居首位的仍是“增强日常生活知识和技能”，占78.2%；居第三位的是“树立正确的婚恋观念建立和睦家庭”，占73.0%；但读者的权益意识有所增强，“增强法律意识维护自身权益”居于第二位，占73.3%；“树立自尊自信自立自强的信心”，已由1998年的第七位上升到第四位，认同的人数也从1998年的54.8%上升到68.8%，增加了14个百分点，而2008年更跃居第一位。说明读者从报纸获得的帮助，已从微观向宏观转化。观念决定行动。女性的自尊自信自立自强，是争取男女平等的基础，也是实现男女平等基本国策的原动力。作为唯一一张全国性的《中国妇女报》，以女性公民为本位，启发和培养女性公民的“四自”精神，提高女性公民的政治素质、道德素质和科学文化素质，进而提高妇女的社会地位，产生了良好的社会效益。

七　读者对《中国妇女报》的期望

读者调查的意义和目的在于吸收读者的反馈信息，寻找编者和读者之间的契合点，实现编者和读者间的顺畅沟通，提高传播效益。为此，每次调查均需设置一道题，询问读者“您需要《中国妇女报》加强哪一方面的报道”以了解读者的阅读需求。

本次调查设计了20项内容，在1352名受访者中有1084人作出回答，占80.1%。受访的735名妇代会代表中，有572人作出回答，占77.8%；受访的617名热心读者中，有512人作出回答，占83.0%（见表30）。

表 30　　受访者对《中国妇女报》改进报道内容的期望　　%

C10 您需要《中国妇女报》加强哪一方面的报道？（选项不限）	妇代会代表（N＝595）	热心读者（N＝514）	占有效填答该题的读者总体
1 党和政府提高妇女地位的新法规新举措	75.2	59.6	67.8
2 深入贯彻男女平等基本国策的理论与实践	66.1	44.3	55.8
7 揭露危害妇女儿童权益的社会现象	55.2	44.9	50.4
12 讨论妇女儿童的难点疑点热点问题	54.9	47.1	51.2
9 女性及儿童生存发展的现状	54.7	44.7	50.0
6 各国政府维护妇女儿童权益的新信息	53.5	41.6	47.9
11 女性坚持科学发展的先进典型	53.3	40.8	47.4
10 加强对农村妇女儿童的特别关怀	53.3	44.9	49.4
19 妇女儿童卫生保健知识和保障	51.9	54.3	53.0
4 全国妇联领导的讲话和文章	51.7	35.4	44.0
13 遏制家庭暴力事件的有效办法	51.7	42.8	47.5
14 男女两性情感世界的和谐健康	49.3	46.1	47.8
5 各级妇联的指示文件和工作经验	48.8	35.9	42.7
8 读者的呼声要求和意见	48.3	51.0	49.5
20 日常生活中的实用知识和技能	47.0	56.1	51.3
18 世界科学技术发展的新信息	44.1	43.2	43.6
3 党和国家领导人的活动和讲话	42.1	32.6	37.6
15 监督各类传媒报道中的性别歧视现象	41.6	40.8	41.2
16 由女性唱主角的新闻图片	35.8	37.5	36.6
17 指导妇女儿童健康消费的广告	34.1	38.1	36.0
21 其他	0.5	5.3	2.8
有效样本量	572	512	1084

从表 30 可以看出：

1. 妇代会代表和热心读者居首位的诉求一致，都是“（1）党和政府提高妇女地位的新法规新举措”，妇代会代表高达 75.2%，热心读者也达 59.6%。既然是多数读者的期望，理当成为报纸报道的重点，不论是中央政府还是地方政府，只要出台了有利于提高妇女地位和维护妇女权益的新法规新举措，报纸均应热情宣传，用显著的版面和醒目的标题加以报道。这点不妨借鉴《老年文摘报》的做法，该报的头版都是关注老年人切身权益的报道，个性突出，引人瞩目。

2. 妇代会代表居第二位的诉求是“（2）深入贯彻男女平等基本国策的理论与实践”，占66.1%，但热心读者居第二位的诉求却是“（20）日常生活中的实用知识和技能”，占54.3%。同样，妇代会代表居第三位的诉求是“（7）揭露危害妇女儿童权益的社会现象”，占55.2%；热心读者第三位的诉求却是“（19）妇女儿童卫生保健知识和保障”，占54.3%，显示出妇女精英们比较关注宏观问题，热心读者比较重视微观知识。这是由受访者不同的社会地位、教育程度、生活环境和思维方式所决定的。尽管俗话说：“众口难调”，但如果精心安排专版和专栏，不同的栏目吸引不同的读者，还是可以满足各层次读者的需求的。

3. 由于本次调查属于对不同群体的整体调查，两个群体的结构不同，阅读兴趣就有差异，差异大的如“（4）全国妇联领导的讲话和文章”，妇代会代表为51.7%，热心读者为35.4%，相差16.3个百分点，这是由于本次调查中妇联干部比重过大所致。又如“（3）党和国家领导人的活动和讲话”，妇代会代表为42.1%，热心读者为32.6%，相差9.5个百分点。除了受访者中干部比重大之外，也同其他传媒对“党和国家领导人的活动和讲话”报道得更迅速、更全面有关。因此，对领导讲话和指示的报道，如果同妇女的关系不密切，现在采取的“一句话新闻”或“标题新闻”的报道做法仍应坚持。

八　受访者对改进《中国妇女报》的意见和书面建议

北京海淀区中国人民大学附属中学退休苗族教师 柳成昌：在“可读性”上下大工夫。一报在手，为众星捧月；天天和报纸见面，不见面就憋得慌、想得慌。这就靠报纸“能抓人”、能进入读者“内心世界”。除丰富的内容、充足的信息量以外，每天都有几篇引人入胜的文章、喜闻乐见的作品，能让读者心生共鸣。最好不发长文，多发一、两分钟能读完的文章，简洁流畅，不加修饰，一看就明白。请多关注青少年教育问题。开辟专栏、发表青少年教育研究的文章，为青少年成长提供生动、切实可信的理论支持。定期开展群众评报活动。编者、作者深入基层，深入群众，定期召开读者座谈会，征求办好报纸的意见。

上海青浦新城经济区 周玲：《中国妇女报》为我在总结本单位妇女工作时提供需要的时政信息。希望加强维护妇女儿童权益的典型案例报道。

还望扩大发行范围，让全国各地、各行业的女性朋友都能了解关注《中国妇女报》。

中国农业银行陕西商洛分行 赵云：应进一步贴近老百姓的生活并希望开辟“帮您解难”专栏。

江苏南京鼓楼区人民政府江东办事处 徐永红：《中国妇女报》应是一张吸引女性眼球的报纸，应多增加些健康方面的知识及如何运动的内容。

中国兵器工业集团河北第二机械工业有限公司工会 耿建坤：《中国妇女报》办得很好，希望增加一些女性和谐、健康、卫生保健知识方面的内容。

北京市房山区安全生产监督管理局 王培铭：适当增加一些生活小常识、小窍门及女性卫生、保健方面知识的内容。

中国人民解放军驻河北承德 66028 部队政治部新闻干事 杨海鹏：《中国妇女报》是一张宣扬女性“半边天”主阵地的报纸！帮我了解了许多不平凡的女性。希适当增加“军旗飘飘”版，加强对国家、人民和军队作出贡献的女性的报道。建议版面更体现女性阴柔、矜持之美，并渴望成为贵报通讯员。

广东省汕头市妇联 薛祥英：中国已进入老龄社会，应多关注老年妇女生活状况。

河南省济源市万洋公司办公室 郭娥：我很喜欢“品位男女”周刊，希增强可读性和趣味性。

安徽省安庆市大观区十里铺乡人民政府 金叶：多增加一些可操作性的做好妇女工作的好的做法。

山东省济南市长清区卫生局 毛美梅：多关心和了解基层妇女的心声，多帮她们排忧解难。

山东省临清市国税局 于秋芳：更加贴近一线人员生活，多报道成功经验。

黑龙江省哈尔滨市香坊区 江玉洁：报纸在帮助我学习先进人物的先进事迹方面有益处。希加强与读者的互动，多搞一些有奖征文、有奖征答等活动。

北京市通州区中关村科技园光机电一体化产业基地 李会芝：《中国妇女报》可否以小说形式连载成功女士的事迹？

广东省五华县国税局 朱海燕：望多刊登一些成功女性的成长经历文章。

中国人寿保险公司山东省淄博市分公司 李新香：应加强批评危害妇女

儿童权益的报道，并及时刊载有效处理办法的文章。

湖北省荆门市泉口街道办苏台居委会 杨立虎：《中国妇女报》是我日常生活中必读的报纸之一，特别爱看“教育周刊”“爱生活周刊·理财专版”和“健康周刊”。为办好这份报纸，我建议：（1）加强和谐社会主旋律的报道，办好教育周刊。因为随着妇女在家庭中的地位日渐上升，她们学习与否，将直接关系子女后代的教育及习惯的好坏。（2）“爱生活·美食专刊”不仅要讲求原料、配料合理，美食更要讲求营养。专刊应刊登有关营养学的系列知识。（3）多刊登大众参与性强的内容，如每月评报、营养学知识有奖问答、卫生保健知识有奖问卷、公民道德知识有奖竞赛等，让大家特别是妇女同志参与。（4）网络时代，可以开通网络答题等活动。

福建省厦门市 戴珍华：报头应更换、标题应大小相济，加强少数民族信息的报道，突出女强人，加浓文化味。照片可以最大化刊出，开辟女性实话栏目。

山东省东阿县铜城街道办事处 王殿申：希望贵报多宣传些男女平等，关爱女孩，家庭美德等方面的知识，宣传女致富能人，引导广大妇女科学发家致富。

广东省大埔县大麻镇人民政府 郭成：建议以“尽讲妇女关心的事”为宗旨，进一步办好办活版面，使之成为百姓爱读的报纸。

浙江省杭州市淳安县汾口镇人民政府 方慧：希望《中国妇女报》多报道一些提高妇女地位的新法规和举措，引领妇女工作走向更广阔的天地。

湖北省潜江市江汉油田 潘玲莉：希望能在妇女健康、孩子教育、生活指南、理财点拨、科技介绍以及电脑技术等方面加强报道，涵盖面再广泛些。

华北油田公用事业处矿政环卫大队 余雪琴：《中国妇女报》报对我从成功女性身上吸取经验、自强自立方面很有帮助。希望加强新婚姻法的宣传，教会女性保护自身权益和安全。

辽宁省瓦房店市人民政府办公室 丁颖：希望多介绍知识女性典型，开辟妇幼保健专栏，开通妇女维权热线。

黑龙江省延寿县国土资源局 赵荣成：应该增加文学作品专栏，发表一些小小说、诗歌、散文等内容。

江西省吉安市青石街读者 黄江兰：要以妇女情况为主体，加强法律宣传和现代生活的介绍。

新疆乌鲁木齐市地方税务局人教处 何树荣：建议《中国妇女报》可以适时地组织些小型征文等积极互动性活动。通过这些不定期的征文让读者真正地参与到《中国妇女报》中，让读者成为报纸的主人。这种互动性质的征文活动不仅可以丰富《中国妇女报》的版面，提高它的可读性，还可以让《中国妇女报》的读者参与到报纸中来。"扩大与读者的互动"——这是办报的当务之急，同时也是当下时尚刊物的流行趋势。当然《中国妇女报》组织的互动活动可以更高雅、更具"书卷气"。我认为这次《中国妇女报》目前组织的"改革开放三十年"征文这个活动就很好，同时这类"读者调查"活动也很好。组织征文、征求读者意见、建议是"桥梁"……在读者、编辑之间架起了一座友谊的桥梁：互相交流、互相沟通，使"读"与"编"更畅通。通过征求意见、建议"读"、"编"双向交流传递的是尊重、信任、理解与豁达。报纸只有广纳诤言，抱着谦逊学习的态度才能够把报纸办得更贴近读者、更贴近生活。《中国妇女报》还应加大自由投稿的使用量，这样可以在进一步加强报纸可读性的同时增强读者参与性。

陕西省大荔县城关畅家村妇委会 张麦香：自任职村女主任35年多，一直都订阅《中国妇女报》。2000年，原全国妇联主席彭珮云、顾秀莲来到畅家村，并题辞"全面做好妇女工作，建设社会主义新农村"给予我工作的支持和鼓励。我现任村长兼妇女主任，畅家村的妇女工作目前搞得是很好的。我希望《中国妇女报》能够多刊登可以指导农村干部帮农民致富的新技术、新经验和新思路。

陕西省咸阳市妇联 南翠英：需要各级妇女干部自身素质的提高和能力建设方面的宣传。建议扩展"乡土中国"周刊，使其成为农村妇女干部和群众的知音，并在其中增设育儿、健康等栏目。因为城乡一体化发展的大政确立了，农村妇女对文化科技、卫生教育等方面的知识会越来越需要。

山西省临汾市曲沃县人大退休干部 曹玉英：我是一位很喜欢《中国妇女报》的读者，并已自费订阅20余年。每天晚上我都要认真看很长时间。《中国妇女报》已是我生活中离不开的精神食粮。而且我的家人也都很爱看。因为《中国妇女报》曾使我战胜了生活中的困惑和工作中的困难。所以我衷心希望她越办越好、越强！为此，我提两点建议：（1）多报道女企业家、女强人及孝顺公婆的好儿媳妇。在农村和县城90%的老人在丧失劳动能力后，都是独自生活，提起儿媳妇感到很伤情。（2）《中国妇女报》也应揭露社会的丑恶现象，如：卖淫嫖娼等。我们的彭珮云同志早前也在

《中国妇女报》呼吁全社会关注，得到了广大妇女们的支持，大家说，我们的娘家人敢说话。

河南《平顶山矿工报》社退休干部 王振山：需要女界精英人物的典型、女性世界轶事及历史钩沉。希望《中国妇女报》办出“妇女”的特色，文章短些，增强新闻性、贴近性和可读性。

河南省许昌市人民检察院政治部 何洁：《中国妇女报》应在展示女性才艺的新闻图片、文学作品等方面加强报道，体现自己的特色，人无我有、人有我优，具有独特魅力；精准定位，任何时候都不忘“妇女”二字。

安徽蚌埠 乔绣环：今后办报应在帮助女性维权和反映女性热点方面更加突出。

甘肃省白银市 胡广军：增加一些社会热点问题的调查评论。

云南省公安厅行动技术总队 李宾宾：建议《中国妇女报》开设“男界观点”栏目，让男士参与讨论女性热点问题；开设“女性文摘”栏目，让读者好收集资料；开设“家庭教育”栏目，关注并引导解决好家庭教育的具体问题；要克服版面不紧凑的问题（浪费）。

江西省安福县文化广播电视局 李江梅：我特别喜欢看这份报纸，把喜欢看的内容都剪下来、记下来，已经剪下了十多本富有知识内容的剪报集。

四川省万源市八台乡人民政府 潘传明：贵报刊登的文章不宜太长，应短小精悍，增加信息量；最好是每季度举办一次读报有奖知识竞赛，联络和沟通编读情感；刊登有关邮购妇女方面的图书信息。

中国农业银行新疆阿克苏兵团支行 崔明：建议《中国妇女报》改为像《人民日报》一样的版式大小，并且不定期的举办有关妇女方面的法律、法规有奖知识竞赛。

黑龙江省汤原县妇联 王世宏：多增加教育中学生的知识（将家庭教育纳入到一个版面，这也和妇联的工作息息相关）。《中国妇女报》是一个能让6.5亿妇女自食其力、增强就业、提高妇女自身综合素质、增加妇联系统干部培训（特别是到大地方大的学校的培训）、为妇女参政提供更加广阔的舞台的报纸。希望《中国妇女报》在以下方面加强报道：家庭教育知识、妇女致富项目、四川地震灾区小女孩的事迹、孩子爱国爱党爱家爱父母爱社会爱同学的教育方面的事例、维权案例、女性健康（美容、身体有专家的系列讲课）办好《中国妇女报》的建议：（1）不要犯简单的校对的错误（这个在以前的报纸上我发现并给打过电话）。（2）多增加一些以上我建议的内容。(3) 将《中国妇女报》纳入到党报党刊中。(4) 最大限度地利用空间，不要浪费。

河北省涿鹿县赵家莲区公所办公室 宋竞：多写一些各级妇联的新活动、新举措，更好地提高我们的业务素质。

安徽阜阳卷烟厂 侯黎丽：贴近各阶层妇女，反映妇女心声，给妇女更好地生活、工作以指导。

陕西省榆林市榆阳区妇联 刘亚萍：《中国妇女报》帮助我在妇联更好的开展工作。它应是指导社会各阶层、各年龄段妇女生活质量提高的报纸。需要它加强时尚美食、服饰彩图和有奖知识问答。降低报纸成本，扩大《中国妇女报》的订阅面，让农村妇女订阅。

北京市东城区人民法院办公室 武文娜：建议给下岗女工提供些就业点子。能否给全国女性朋友提供一个可以相互留下各自联系方式的交流空间？

山东省荣成市水利局 刘学源：我是男性，两年多前偶然的一次机会读到《中国妇女报》，便被她丰富新颖的内容所吸引。此后，我与她结下了不解之缘，成为《中国妇女报》的一名忠实读者。《中国妇女报》帮助我开阔视野，丰富知识，增长才干，提高素养。贵报每有进步与发展我都十分关注。我发自内心地感到，经过报社领导与编辑人员的拼搏努力，我们现在手中的这份报纸已是沉甸甸的。无论是从形式上、内容上、质量和效果上都办得很好，是一份有特色、有水平、大手笔、大气魄的报纸。我和我周边的同事觉得，在目前的各类报纸中，贵报是颇引人注目的，是办得最好的，是最值得看的一份报纸。近年来，党中央及各级对妇女工作高度重视，妇女儿童事业出现了空前活跃，前所未有的健康发展局面，作为妇女主流媒体的报，应当与时俱进，不断创新，把报纸办得与妇女儿童事业在党和国家大局中的特殊地位和重要影响相适应、相匹配。而贵报做到了，并且做得很好，很优秀、很出色。这是全国妇女组织的骄傲、自豪与幸福。全国妇女，也包括我们这些喜爱贵报的男性读者应当感谢你们。说这些话绝对没有半点恭维与作秀之嫌，是我和我周边同事们的肺腑之言。我们觉得经过近年来的不断改版扩版，现有的版面和栏目，设计新颖、眉清目秀、内容丰富，政治性、政策性、新闻性、知识性、可读性极强，文字质量也是很高的。今后应进一步在办报特色、质量与效果上下工夫。建议：(1) 多做一些纪实性的深度报道。对妇女生活工作中的消极、落后、腐败现象，和危害、侵犯妇女儿童权益的重点事件以及典型案件要敢于揭露，尖锐抨击，实行舆论监督，使社会各界以此为戒，以儆效尤。（2）是否增加一个定期或不定期的旨在披露妇女革命历史、妇女先辈人物等史实题材的栏目，以教育、激励广大妇女不忘革命历史，坚定政治信仰，发扬优良传统，争取更大光荣。（3）是否定期或不定期地在报纸的末版增加一个文苑小栏目。刊登一些短小、隽永、余味无穷的微型文学作品或精品小诗，以增加报纸的多样性、趣味性。（4）贵报丰富新颖的内容，使不少男性成为热心读者。今后应当关注"男性爱看贵报"现象，多刊登一些沟通男女两性情感世界，促进家庭美满幸福方面的文章和报道。以扩大受众面，适应更多男性读者的读报要求。

山东荣成市丹霞小区 刘楠：我是一名刚参加工作不久的女大学生村官，我任职的村足有七、八百户，是全镇最大的渔业养殖村。由于该村经济基础较好，订阅贵报已有几年的历史了。我发现在村文化大院的阅览室里，贵报是最为抢手的，是阅读人数最多，最受欢迎的一份报纸。特别是贵报的《文明周刊》《新知周刊》《乡土中国周刊》《健康周刊》等都办得很有特色，可读性很强，是大家最喜欢的周刊。坦率地说，据我所知，贵报不是各级明令须订阅的报纸，但在一个基层村却被连年自愿订阅了，这在当今我们这个国度里实属不易。更令我惊诧的是，该村竟有3户之多的家庭主妇也自费订阅了贵报。当初我很是不解，村妇女主任告诉我："这都缘于贵报的魅力。看到村民如此喜欢贵报，村'两委班子'都很高兴，很支持。所以这几年村里都一年不落地订阅了。"至于村里订阅贵报的那3家，虽说是靠渔业养殖发家的富裕户，家庭主妇大都是高中以上学历，但她们的钱也不是海上涨潮时浮上来的，是靠辛勤劳动赚来的，她们能自费订阅贵报，一是说明她们的观念新，层次高；再就是这份报纸确实办得好，招人喜欢看。村民们如此喜欢贵报的现象，使我很受启发和鼓舞。我将在短短的3年任期内，围绕改善和加强新农村文化建设，构建和谐社会，推动经济发展，积极组织村民、特别是妇女开展"读报、用报、订报"活动，并充分发挥自己爱好黑板报的特点和优势，把贵报丰富新颖的知识摘抄在村文化大院的黑板报、宣传栏上，使更多的村民、特别是妇女认知贵报、喜爱贵报，享受贵报，成为贵报的热心读者，不断扩大贵报的覆盖面。党中央、国务院为加快社会主义新农村建设步伐的速度，作出了分5年选聘10万名高校毕业生到村任职的部署。"大学生村官"将成为一个新的群体亮相于社会舞台。在这支队伍中，女大学生村官占有相当的比例（以我市为例，今年选聘的大学生村官中女性占到55%）。希望贵报在今后的办报过程中关注“女大学生村官”，在贵报开设“女大学生村官”栏目。帮助指导女大学生村官提高理论水平和实际工作能力，总结推广女大学生村官队伍中的模范人物和先进事迹，加强贵报与女大学生村官之间的联系，互通情况，交流体会，打造平台，促进女大学生村官健康成长。

山西大同市永安里 张渤海：《中国妇女报》应是广大妇女政治上的明灯、生活上的益友、学习上的导师、健康上的教练；在开拓多方面视野、提升审美品味方面对我很有帮助。建议对老、中、青各年龄段女性都有报道，尤其应加强对中老年妇女政治、生活、学习、美容等方面宣传，加强帮助老年妇女提高自身品味气质风度的报道。二、三版内容应篇幅再多些、文字再紧凑些。目前看，有些浪费版面的现象。

海南省三亚市建设局 郭应均、郭一蓉、邓礼明、黄圣江：建议更多的为提高社会各阶层妇女同志的地位、切身利益和工作机会进行呼吁与监督，督促多级政府部门落实“男女平等基本国策”；更加密切关注家暴问题，特别是冷暴力问题。

海南邻水县 郭羽：请更多关注妇女儿童的生存环境和发展空间。

重庆北碚区 郭丽华、王辛：建议少一些长篇大论的理论性文章，多一些通俗易懂的短小文章并请更多关心女大学生就业难的问题。

海南三亚市郭一蓉、海南保亭县 黄圣章：建议多一些政策问题的指导性文章；能否更侧重于多些妇女维权方面的实际案例，从而使报纸内容更加生动吸引人。

北京市怀柔区怀柔镇王化村 杨春江：我每次看的《中国妇女报》是村委会订阅的几种报刊中的一种。它不是我最爱看的报纸。订阅《中国妇女报》一般都单位订阅，很少个人订阅。（1）单位订阅同时也订阅了其他大报，所以贵报的时政新闻、新闻天下的文章应该短一些。（2）报导各地妇联工作的消息太多，很多消息无关痛痒，像白水一样没滋没味，不是太渴的人没人动一口。（3）应该去除“家电、美食、旅游、美丽、时尚、汽车、家居版面”。这些版面的内容都是为贵族妇女贵夫人服务的。既然叫《中国妇女报》应该就是为全中国妇女服务的报纸，应多关注一些农村贫困妇女的生活特别是老年贫困妇女的生活。（4）多刊登一些关于妇女身心健康和妇女保健方面的文章，在这方面《中国人口报》做得比《中国妇女报》要好一些。（5）《中国妇女报》批评性的文章太少或没有，特别是对一些社会丑恶现象进行揭露批判的文章也应该有一些。这样可以吸引一些人的眼球。(6) 妇女也需要科学技术，而这方面的文章几乎没有或者很少，即使有也是以报导人物为主。最好刊登一些实实在在属于科学方面的文章。最好是直接服务于妇女生活方面小科技、小发明、小知识，能直接用得上的。一些高精尖的技术科学，不是大多数妇女能用得上的，可做通俗介绍。这样报纸内容更丰富、更有科学性，更招人喜欢。

本次调查中读者写下的书面意见和建议，吐露了读者真诚的心声，字字珠玑，句句珍贵，应是指引报纸改革的根本依据，故写入调查报告，希编者认真研究，虚心采纳。

2009 年 1 月 5 日

本次调查实施者：中国社会科学院新闻与传播研究所研究员陈崇山
中国妇女报通联部主任、《读者视界》版主编任安立编辑
李福生、卢寒蕊

2008 年《中国妇女报》全国读者调查问卷（略）

《中国妇女报》应是一张普适于、普惠于全国妇女的报纸

（一）《中国妇女报》应该是一张什么样的报纸？

报纸的定位非常重要。定位准确才能符合读者的需求，从而得到正常的发展，前景广阔。定位不准，偏离读者需求，必然会使读者日渐疏离，报纸也日渐萎靡。

创刊于1984年的《中国妇女报》，原本定位是“中华全国妇女联合会主办的、以各界妇女为主要读者对象，并面向整个社会的全国性报纸”。它的宗旨是“介绍妇运信息，维护妇女权利，宣传先进典型，鼓励自强不息，学习科学知识，正确教育子女，婚姻美满如意，家庭幸福和睦。”

自从中央把男女平等确定为基本国策后，宪法规定的男女平等原则更加具体化了。第四次世界妇女大会在北京举行，引进了许多国际妇女运动的先进理论和方法。《中国妇女报》突出地宣传了性别意识进入主流的重要性和必要性，帮助妇女树立“四自”精神，旗帜鲜明地维护妇女权益，鼓励妇女参与国家现代化建设，积极推动男女平等基本国策的落实，成绩显著。

但是新闻业的市场化趋势，给报人带来了诸多困惑。提出了“《中国妇女报》应该是一张什么样的报纸”的问题。这是一个“为什么人服务”的根本性问题。

为此，在2008年的读者调查问卷中，特地设计了8个题项，专门就这个问题求教于读者。采用5级量表：“很同意”为5分，“同意”为4分，“说不好”为3分，“不大同意”为2分，“不同意”为1分，满分为5分，平均值越高表示赞同率越高，标准差越低，表示看法越集中一致。统计结果见表1。

表 1　　您认为《中国妇女报》应该是一张什么样的报纸？

来源			不同意	不大同意	说不好	同意	很同意	缺失
妇代会代表 N = 735	C9 - 1 公益	样本量	1	8	9	210	396	111
		百分比	0.1	1.1	1.2	28.6	53.9	15.1
		有效百分比	0.2	1.3	1.4	33.7	63.5	
	C9 - 2 层次	样本量	194	163	45	57	21	255
		百分比	26.4	22.2	6.1	7.8	2.9	34.7
		有效百分比	40.4	34.0	9.4	11.9	4.4	
	C9 - 3 市场	样本量	140	143	63	58	34	297
		百分比	19.0	19.5	8.6	7.9	4.6	40.4
		有效百分比	32.0	32.6	14.4	13.2	7.8	
	C9 - 4 两性	样本量	4	21	29	221	242	218
		百分比	0.5	2.9	3.9	30.1	32.9	29.7
		有效百分比	0.8	4.1	5.6	42.7	46.8	
	C9 - 5 主妇	样本量	163	152	56	46	24	294
		百分比	22.2	20.7	7.6	6.3	3.3	40.0
		有效百分比	37.0	34.5	12.7	10.4	5.4	
	C9 - 6 权益	样本量	2	18	26	221	278	190
		百分比	0.3	2.4	3.5	30.1	37.8	25.9
		有效百分比	0.4	3.3	4.8	40.6	51.0	
	C9 - 7 精神	样本量	238	204	50	25	5	213
		百分比	32.4	27.8	6.8	3.4	.7	29.0
		有效百分比	45.6	39.1	9.6	4.8	1.0	
	C9 - 8 平等	样本量	6	11	26	206	297	189
		百分比	0.8	1.5	3.5	28.0	40.4	25.7
		有效百分比	1.1	2.0	4.8	37.7	54.4	
热心读者 N = 617	C9 - 1 公益	样本量	1	4	19	146	382	65
		百分比	.2	.6	3.1	23.7	61.9	10.5
		有效百分比	.2	.7	3.4	26.4	69.2	
	C9 - 2 层次	样本量	180	174	44	34	10	175
		百分比	29.2	28.2	7.1	5.5	1.6	28.4
		有效百分比	40.7	39.4	10.0	7.7	2.3	
	C9 - 3 市场	样本量	149	149	64	36	20	199
		百分比	24.1	24.1	10.4	5.8	3.2	32.3
		有效百分比	35.6	35.6	15.3	8.6	4.8	

续表

来源			不同意	不大同意	说不好	同意	很同意	缺失
热心读者 N = 617	C9 - 4 两性	样本量	2	17	58	180	227	133
		百分比	. 3	2. 8	9. 4	29. 2	36. 8	21. 6
		有效百分比	. 4	3. 5	12. 0	37. 2	46. 9	
	C9 - 5 主妇	样本量	180	155	42	33	18	189
		百分比	29. 2	25. 1	6. 8	5. 3	2. 9	30. 6
		有效百分比	42. 1	36. 2	9. 8	7. 7	4. 2	
	C9 - 6 权益	样本量	6	12	27	172	256	144
		百分比	1. 0	1. 9	4. 4	27. 9	41. 5	23. 3
		有效百分比	1. 3	2. 5	5. 7	34. 4	54. 1	
	C9 - 7 精神	样本量	179	184	43	31	8	172
		百分比	29. 0	28. 8	7. 0	5. 0	1. 3	27. 9
		有效百分比	40. 2	41. 3	9. 7	7. 0	1. 8	
	C9 - 8 平等	样本量	9	14	36	163	239	156
		百分比	1. 5	2. 3	5. 8	26. 4	38. 7	25. 3
		有效百分比	2. 0	3. 0	7. 8	35. 4	51. 8	

注：灰底语句已经根据研究假设做反向处理，以下单独分析处理相同。

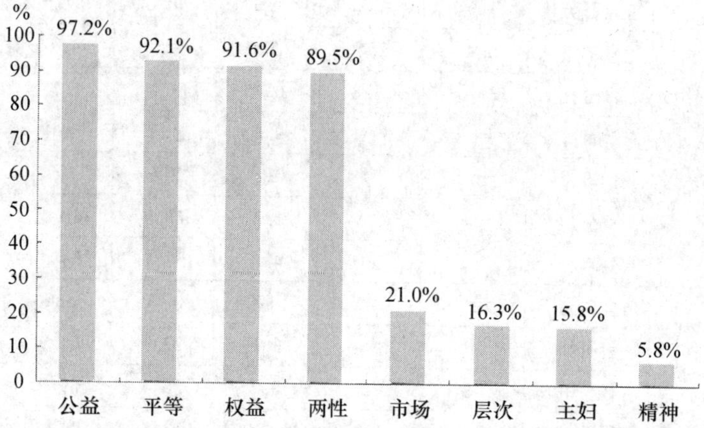

图1　妇代会代表样本认为《中国妇女报》应该是一张什么样的报纸

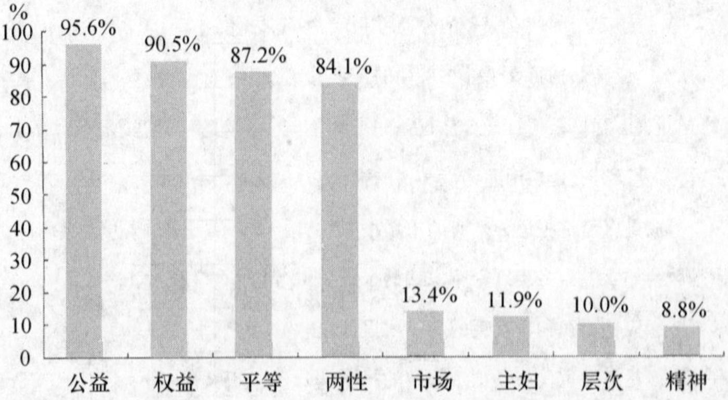

图 2 其他读者样本认为《中国妇女报》应该是一张什么样的报纸

妇代会代表样本认为中国妇女报的定位“应是为全国妇女服务的公益性报纸”，“同意”和“很同意”的有效百分比达到 97.2%；其次是“应是妇女能充分表达意见维护自身合法权益的报纸”，“同意”和“很同意”的有效百分比为 92.1%；“应是弘扬男女平等主旋律的报纸”“同意”和“很同意”的有效百分比达 91.6%；“应是女人爱读男人爱看沟通两性和谐的报纸”，“同意”和“很同意”的有效百分比占到 89.5%，也接近九成。

热心读者样本和妇代会样本的认同率呈同一趋势，认为《中国妇女报》的定位“应是为全国妇女服务的公益性报纸”，“同意”和“很同意”的有效百分比达到 95.6%；其次是“应是妇女能充分表达意见维护自身合法权益的报纸”，“同意”和“很同意”的有效百分比达到 90.5%，也超过九成；另外，对“应是弘扬男女平等主旋律的报纸”和“应是女人爱读男人爱看沟通两性和谐的报纸”的认同率也较高，“同意”和“很同意”的有效百分比分别为 87.2% 和 84.1%，接近九成。

鉴于本次调查的重点是第十次全国妇女代表大会代表，因此对妇代会代表和热心读者分别作统计分析，平均值越高，说明认同率越高；平均值越低，说明反对率越高。

妇代会代表样本认为《中国妇女报》“应是为全国妇女服务的公益性报纸”的认同率最高，其次是“应是弘扬男女平等主旋律的报纸”，“应是妇女能充分表达意见维护自身合法权益的报纸”和“应是女人爱读男人爱看沟通两性和谐的报纸”的认同率的均值也较高。说明妇代会代表对上述 4 项持肯定态度（结果见图 3）。

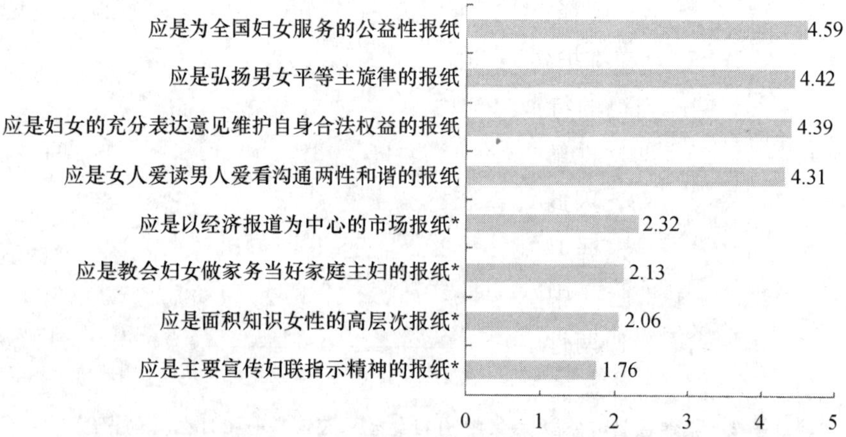

图3　妇代会代表样本认为《中国妇女报》应该是一张什么样的报纸

热心读者样本认为《中国妇女报》“应是为全国妇女服务的公益性报纸”的认同率最高，其次是“应是妇女能充分表达意见维护自身合法权益的报纸”，认为“应是弘扬男女平等主旋律的报纸”和“应是女人爱读男人爱看沟通两性和谐的报纸”的认同率均值也较高，热心读者的认同率和妇女代表的认同率趋势一致。说明绝大多数读者对报纸的定位有明确的认识（图4）。

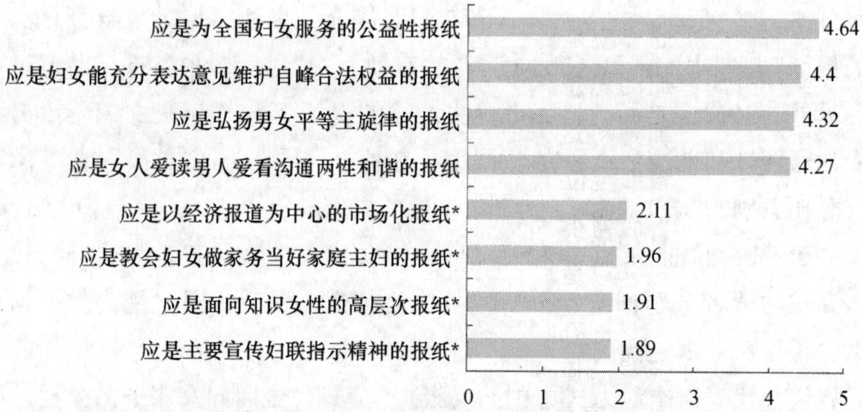

图4　其他读者样本认为《中国妇女报》应该是一张什么样的报纸

综观上述4项，其共同点都属于所有女性生存发展的基本需求。有九成五以上的读者认定《中国妇女报》是“公益性报纸”。何谓“公益性”？

《现代汉语规范辞典》解释："公益，社会公共的利益。"这意味着20余年来，《中国妇女报》在维护各界妇女的权益方面的作为，得到绝大多数读者的认可，已经形成自己的特色。

但因当今社会的女性解放，除了自身具备"四自"精神外，还需要取得男性的支持和帮助，因此，两性的和谐是社会和谐的基础，也是女性争取男女平等的条件。根据1998年和2004年《中国妇女报》全国读者调查的数据，男性读者在《中国妇女报》的受访者中分别占到23.6%和18.6%，报纸作为沟通两性交往的桥梁。不仅为妇女解放削减了阻力，也为妇女维权增加了推力。而最终推动男女基本国策的落实。

因此，将报纸定位于是一张普适于、普惠于全国妇女的公益性报纸。既符合当年创办《中国妇女报》的初衷，也符合读者对报纸定位的认同。

但是，作为反意题统计这4个题项都有相当的认同率，那是因为受访者对报纸性质的定位混同于报纸的任务了，比如据第8位的"应是主要宣传妇联指示精神的报纸"。全国妇联是全国妇女的组织机构，是全国妇女的"娘家"，也是《中国妇女报》的主办单位。报纸宣传报道妇联的指示精神义不容辞。宣传报道好妇联的指示精神，也是为妇女服务好的重要内容。但如果把《中国妇女报》定位于"是主要宣传妇联指示精神的报纸"，则势必会缩小报道面，甚至成为妇联的"公告牌"而脱离广大妇女读者。

又如居第7位的"应是面向知识女性的高层次报纸"，知识女性无疑是女性中的精英，她们的思想行为对社会的影响很大，在全国女性中具有表率的作用。报纸要加强对这部分女性的报道，大力传播她们的知识、经验和理论。但如果把报纸定位于"是面向知识女性的高层次报纸"，势必会脱离广大中低层妇女，而缩小了报纸的社会基础。

再如居第6位的"应是教会妇女做家务当好家庭主妇的报纸"，家庭主妇是每个家庭的主心骨，关系到家庭的和谐美满和下一代的健康成长。妇女报帮助女性学习、提高做家务的本领，有助于女性管好家，提高生活质量，进而营造和谐的家庭氛围，巩固婚姻和家庭。但如果把报纸定位于"是教会妇女做家务当好家庭主妇的报纸"，势必引导女性只关注自家的"安乐窝"，脱离社会公共生活，而成为鼠目寸光的芸芸众生。这不仅背离《中国妇女报》的办报宗旨，更远离男女平等基本国策的终极目标。

再如居第5位的"应是以经济报道为中心的市场化报纸"。则更不符合

《中国妇女报》的办报宗旨和读者的期望了。

可见，不论是从当年将《中国妇女报》定位于“中华全国妇女联合会主办的、以各界妇女为主要读者对象，并面向整个社会的全国性报纸”，还是从本次调查读者对《中国妇女报》定位的认同，均可确定《中国妇女报》是一张普适于、普惠于全国妇女的公益性报纸。

（二）应是一张以妇女受众为本位的报纸

笔者在《受众本位论》一书中，首次针对受众与传媒的关系提出了受众本位的概念：“受众本位，就是指大众传媒在新信息的传播活动中，应以最大限度地维护受众的根本利益为出发点，以满足受众获取多方面信息的需要为己任，以帮助受众提高思想素质、政治素质、道德素质和科学文化素质为目标，全心全意为受众服务。”受众本位，是以人为本的思想在新闻传播领域中的具体体现，是中国社会主义新闻传媒的特色。

将这一论点应用到《中国妇女报》，就是要“以妇女为本位，在新信息的传播活动中，应以最大限度地维护妇女的根本利益为出发点，以满足妇女获取多方面信息的需要为己任，以帮助妇女提高思想素质、政治素质、道德素质和科学文化素质为目标，全心全意为妇女服务。”

要确立妇女受众为本位的办报思想，首先必须了解并尊重妇女受众的价值观。“受众价值观是指在新闻传播活动中，新闻传媒具有能为人们提供鲜为人知的、具有新闻特质的新信息、新知识，能够满足受众由社会交往所引起的认知需要而具有的客观价值在受众头脑中的反映。是促使受众接近传媒、获取传媒、欣赏传媒、享受传媒的内在驱动力。”2006 年，笔者利用天津人民广播电台 2005 年全市调查的数据，对受众价值观的结构做了初步的研究。

结构“既是物质系统存在的方式，又是物质系统的基本属性，是系统具有整体性、层次性和功能性的基础和前提。研究物质系统的结构和功能，既可根据已知对象的内部结构，来推测对象的功能，也可根据已知对象的功能，推测对象的结构。”新闻传媒的价值源自被受众所认同的新闻传媒的属性。新闻传媒的属性取决于它客观存在的“质”。所谓“质”，是指一事物区别于他事物的一种内在的特殊规定性。新闻传媒（报纸、广播、电视、杂志、互联网）都是物，这种被称为新闻传媒的“物”同世界上其他千千万万、形形色色的“物”的区别，就在于它是荷载鲜为人知的新闻信息的载体，也就是说，传播“鲜为人知的新闻信息”，是新闻传媒的“特殊规定性”，是新闻传媒区别于其他如非新闻性杂志、图书、教科书、电影（新闻电影除外）、网络、录像、DVD 等传媒的本质属性。

由于新闻传媒所荷载和传播的新闻信息包罗万象，丰富多彩，决定了新闻传媒具有真实性、时效性、实用性、服务性、倾向性．思想性、阶级性、指导性、显要性、警示性、功利性、知识性、趣味性、娱乐性、预见性等等多种属性。这种种属性，都是由新闻传媒所荷载的信息内容所决定的，是客观存在的。鉴于新闻是客观现实生活中新发生的实事真相的报道，因此，“真实是新闻的生命”，真实性是最能体现新闻本质属性的特质。为保证新闻的真实，传媒在报道客观事实的真相时，必须遵循真实、全面、客观、公正的原则，这是新闻传媒的天职。假如违背这一原则。新闻传媒的内在特殊规定性便会发生变化，进而丧失新闻传媒对于受众所具有的价值而从受众的生活中消失。

基于上述思考，笔者设计了一个用于测定受众价值观的量表，在 2005 年 4 月天津人民广播电台听众调查时付诸实施。通过数理分析，得到的受众价值观结构见图 5。

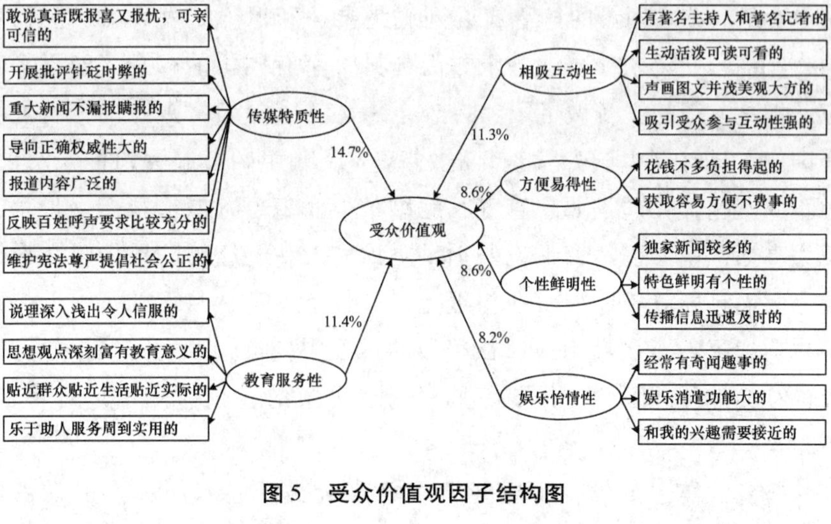

图 5　受众价值观因子结构图

从受众价值观因子结构图可以看出，受众价值观由 6 个因子组成：

第一个是“传媒特质性”因子，有 7 个题项组成，贡献率为 14.7%，说明受众之所以接触传媒，是因为传媒具有其他物所不具有的特质，这些特质包含在 6 个题项中，折射出受众所追求的是传媒的真实性、全面性、权威性、公开性、公正性、反馈性、警示性和可信性等特质。

第二个是“教育服务性”因子，贡献率为11.4%，由4个题项组成，折射出受众追求传媒的知识性、教育性、贴近性、平易性和服务性等特质。

第三个是“相吸互动性”因子，贡献率为11.3%，由4个题项组成，折射出受众追求传媒的显著性、生动性、美观性和互动性。

第四个因子是“个性鲜明性”，贡献率为8.6%，由三个题项组成，折射出受众追求传媒的独特性和个性化，而信息传播的速度，则是维持传媒独特性和个性化的前提，经常发布独家新闻的传媒，总是受众的所爱。

第五个因子是“方便易得性”，贡献率为8.6%，由两个题项组成，折射出受众追求传媒的普及、廉价，容易获得，这是受众接触传媒的先决条件。

第六个因子是“娱乐怡情性”，贡献率为8.2%，由三个题项组成，折射出受众追求传媒愉悦性、奇特性和消遣性。

因此，传媒的运作需要时时尊重受众的价值观，只有当传者的主观设想同受者的价值取向相契合时，才能达到最佳的传播效果。①

（三）应是一张唱响男女平等主旋律的报纸

男女平等基本国策的核心，说到底是维护和保障妇女权益，使妇女在政治、经济、文化、社会等各个方面与男人享有同等的权利，处于平等的地位。把这方面的文章做足了，必然会凸显《中国妇女报》的独特性。因为全国妇女只有《中国妇女报》这样一张报纸为妇女服务，替妇女说话，稿源不成问题，关键是要理直气壮地维护妇女权益，敢于替妇女说话，而且要说真话，说公道话，不说假话、空话、大话、忽悠的话，树立报纸的公信力。而且要敢于让妇女在报纸上公开说话，表达自己的意见，鼓励妇女不仅会读报，而且会用报，在用报的过程中，扩大妇女的话语权，提高妇女的社会地位。因此，目前每周只有一个版的《权益热线》是否合适？值得讨论。

从读者的需求上看，2008 年调查的数据表明，在1352 名受访者中有1109 人对《中国妇女报》需加强报道的内容作出回答。在20 个选项中，妇代会代表认为需要加强的报道内容，居于前6 位的都是属于妇女权益方面的（见表2）。

---

① 陈崇山著：《受众本位论》，中国社会科学出版社2008 年版，第216—252 页。

表2 读者对《中国妇女报》报道内容的期望 N=1109 %

序号 读者期望加强报道的内容	妇代会代表（N=595）	热心读者（N=514）
1. 党和政府提高妇女地位的新法规新举措	75.2	59.6
2. 深入贯彻男女平等基本国策的理论与实践	66.1	44.3
7. 揭露危害妇女儿童权益的社会现象	55.2	44.9
12. 讨论妇女儿童的难点疑点热点问题	54.9	47.1
9. 女性及儿童生存发展的现状	54.7	44.7
6. 各国政府维护妇女儿童权益的新信息	53.5	41.6
11. 女性坚持科学发展的先进典型	53.3	40.8
10. 加强对农村妇女儿的特别关怀	53.3	44.9
19. 妇女儿童卫生保健知识和保障	51.9	54.3
4. 全国妇联领导的讲话和文章	51.7	35.4
13. 遏制家庭暴力事件的有效办法	51.7	42.8
14. 男女两性情感世界的和谐健康	49.3	46.1
5. 各级妇联的指示文件和工作经验	48.8	35.9
8. 群众的呼声要求和意见	48.3	51.0
20. 日常生活中的实用知识和技能	47.0	56.1
18. 世界科学技术发展的新信息	44.1	43.2
3. 党和国家领导人的活动和讲话	42.1	32.6
15. 监督各类传媒报道中的性别歧视现象	41.6	40.8
16. 由女性唱主角的新闻图片	35.8	37.5
17. 指导妇女儿童健康消费的广告	34.1	38.1
21. 其他	0.5	5.3

由表2可知，妇代会代表和热心读者居首位的诉求一致，居首位的都是“党和政府提高妇女地位的新法规新举措”，妇代会代表高达75.2%，热心读者也达59.6%。既然是多数读者的期望，理当成为报纸报道的重点，不论是中央政府还是地方政府，只要出台了有利于提高妇女地位和维护妇女权益的新法规新举措，报纸均用显著的版面和醒目的标题加以报道。这点不妨借鉴《老年文摘报》的做法，该报的头版都是关注老年人切身权益的报道，个性突出，引人瞩目。《中国妇女报》能否摆脱传统的编报方式，用办妇女新闻版的方式来办头版？也就是说，把读者感兴趣的新闻放在头版

和头版头条，让读者拿到报纸就能看到自己最想看的新闻。要知道，读者每天平均用于读报的时间只有30分钟，曾有心理学家测定，一般人每分钟只能看400字，30分钟只能看一个版，所以要精心经营新闻版。

当然还有许多值得珍惜的经验，需要大家一起来认真总结。

（2009年2月19日在《中国妇女报》读者调查座谈会上的发言。）

我为《中国妇女报》做读者调查

我和《中国妇女报》的亲密接触，是在1995年第四次世界妇女大会期间。我参加了首都女新闻工作者协会的妇女传媒监测网的活动。冯媛、郭艳秋、蔡一平等中国妇女报人，都是这个民间组织的骨干。《中国妇女报》为配合妇女传媒监测网的活动，特地开设了“传媒守望”专栏，对新闻报道中的一些在我看来是司空见惯的社会现象和言论，从性别意识的独特视角出发，发掘出隐藏在深层的性别歧视，予以有理有据的批判。于是我也开始懂得了什么是社会性别意识，进而提高了识别性别歧视的自觉性，看到有男女不平等的现象，忍不住也要拿起笔来写上几句，比如看到四川省出台的“男领导不能配女秘书”的规定，我就给《中国妇女报》写了“要用性别意识搜索性别歧视”的文章，揭露那些在“关心妇女”的口号下剥夺女性生存权和发展权的说法和做法。应该说，是《中国妇女报》引导我进入妇女研究的大门，我还被聘请为中国妇女研究会的顾问。

1998年，马丽珍经理命我为《中国妇女报》作了一次全国读者调查。我欣喜地发现，《中国妇女报》竟然是一张拥有广泛社会基础的报纸，在回收的5661份有效查问卷中，有女性读者4317人，占76.4%；还有男性读者1336人，占23.6%，性别未答者8人。说明这张以女性读者为主体的报纸，对男性也具有相当的吸引力。更令我惊喜的是，除了5265人是汉族读者外，还有满族、回族、蒙古族、壮族、藏族、苗族、朝鲜族、瑶族、彝族、俄罗斯族、侗族、白族、土家族、达斡尔族、傣族、黎族、布依族、哈尼族、锡伯族、维吾尔族、基诺族、土族、景颇族、东乡族、京族、纳西族、哈萨克族等28个兄弟民族的读者。在兄弟民族读者中女性245人，占75.2%，男性81人，占24.8%，男性读者的比例比汉族中的男性读者还高。一张用汉文字出版的女性报纸，能拥有相当数量的兄弟民族读者，对增强各民族尤其对增强各民族妇女的团结进步，影响力是巨大的。

我注意到，有些传媒开始走上市场化道路后，关注的重点转移到了广告主和广告商的身上，视他们为“衣食父母”，而把读者作为谋取广告的钓饵，一味追求经济效益的最大化。而中国妇女报却坚持受众本位，把社会效益摆在第一位，不仅恢复了专门为读者服务的群众工作部，而且拿出半个版的篇幅开辟了“编读往来”版。在读者和编者之间构筑了一个互通声息的平台。这样，编报人的报道意图能及时地传达给读者并征求读者的意见，读者的呼声要求及对报纸的批评建议也能得到公开的表达，从而为读者创造了参与办报的机会。“编读往来”版在编者和读者之间架设起了沟通之桥，正是编者和读者之间的这种持久的心灵交往，才使得报纸能够做到“三贴近”，实现了“让妇女了解社会，让社会了解妇女”（彭珮云语）的目标。

此后，报社群众工作部主任任安立，分别在2004年和2008年让我与他们合作，又做了两次全国读者调查。1998年的调查侧重于读者对报纸广告的兴趣及反映，2004年和2008年的调查则着重研究读者的阅读习惯、兴趣、获得感、满意度等，为报纸精准定位提供依据，以明确内容改革的方向和重点。综合三年调查的数据，确定《中国妇女报》应是一张普适于普惠于全中国各族妇女的报纸。

女新闻工作者获奖名单

随着女新闻工作者人数的增加和专业水平的提高，涌现出大批优秀女新闻工作者人才，其中一些佼佼者分别成为长江新闻奖和韬奋新闻奖的获得者。①

据统计，自20世纪90年代经中央批准设立中国新闻最高奖长江新闻奖和韬奋新闻奖以来，中国记协共评选出长江新闻奖获奖者128名，其中，女性30名，占比23.5%。共评出韬奋新闻奖获奖者123名，其中，女性21名，占比17.1%（见下表）。

获长江新闻奖和韬奋新闻奖中国女新闻工作者的名单

届别	奖项名称	获奖人数	其中女性人数	获奖者姓名	获奖者单位
第一届	长江奖	9	2	郭梅妮 樊云芳	科技日报 光明日报
	韬奋奖	10	3	杨　青 孙玉胜 陆小娅	中央人民广播电台 中央电视台采访部 中国青年报生活周刊
第二届	长江奖	11	1	端木来娣	新华社国内部编辑室
	韬奋奖	9	3	宁丽君 白玛卓嘎 余碧君	宝鸡日报 西藏电视台藏语编辑部 广东人民广播电台

① 以著名新闻工作者范长江和邹韬奋命名的“长江新闻奖”，是1991年经中央批准常设的全国优秀新闻工作者最高奖，主要奖励一线记者。由中华全国新闻工作者协会组织评选。最初每三年评选一次，从1998年开始，改为每两年评选一次。1993年，韬奋基金会委托中国记协组织评选“韬奋新闻奖”，是奖励全国新闻编辑、新闻评论员、新闻类节目制片人、校对等新闻工作者的最高奖项，每两年评选一次。2005年根据中共中央关于《全国性文艺新闻出版评奖管理办法》精神，合并为“长江新闻奖和韬奋新闻奖”。2005年至2007年，每年评选一次；2008年以后每两年评选一次，至今已评选13届。每届评选出长江系列和韬奋系列各10名。有3位男性获奖者因有违法行为被撤销获奖资格，已从总数中减去。（中国记协李莹提供）

续表

届别	奖项名称	获奖人数	其中女性人数	获奖者姓名	获奖者单位
第三届	长江奖	10	2	高丽萍 范春歌	中央电视台香港记者站 武汉晚报
	韬奋奖	9	4	范　蓉 张克眉 顾志武 张晓爱	辽宁人民广播电台 羊城晚报要闻部 工人日报检查组 北京电视台
第四届	长江奖	10	3	于　芳 叶　研 高艾苏	广东人民广播电台 中国青年报采访中心 解放日报
	韬奋奖	10	2	卢　勤 李　群	中少年报 佳木斯人民广播电台
第五届	长江奖	9	2	徐　滔 王　瑶	北京电视台 中国新闻社摄影部
	韬奋奖	8	3	刘子慧 曹照琴 刘　晖	中央人民广播电台 人民日报总编室 中国国际广播电台总编室
第六届	长江奖	10	0		
	韬奋奖	10	2	韩小蕙 徐　彤	光明日报 黑龙江日报
第七届	长江奖	10	1	刘　枫	新疆日报社
	韬奋奖	10	0		
第八届	长江奖	10	5	元欣莉 辛雪莉 张　晖 居　杨 胡晓丽	黑龙江人民广播电台 宁波人民广播电台 中国国际广播电台 法制日报 上海文广集团新闻传媒集团新闻中心
	韬奋奖	10	2	卢小飞 赖谦进	中国妇女报 河南人民广播电台
第九届	长江奖	10	4	伊秀丽 江宛柳 张秋玲 陆海鹰	吉林日报社 解放军报社 云南人民广播电台 海南广播电视台
	韬奋奖	10	0		

续表

届别	奖项名称	获奖人数	其中女性人数	获奖者姓名	获奖者单位
第十届	长江奖	10	3	山　丹 王海咏 张严平	内蒙古人民广播电台 青海人民广播电台 新华社
	韬奋奖	9	1	刘素云	中国国际广播电台
第十一届	长江奖	9	1	张泉灵	中央电视台
	韬奋奖	10	1	季建南	江苏广播电视总台
第十二届	长江奖	10	2	王　遐 高玉洁	兵团日报社 西藏日报社
	韬奋奖	10	1	杨　华	中央电视台
第十三届	长江奖	10	2	王国萍 周洋文	福建日报社 宁波广播电视集团
	韬奋奖	10	0		
合计	长江奖	128	30		
	韬奋奖	123	21		

编后的思考

这是一本不带体温的书，收集的大都是20年前的材料，但也并非是陈芝麻烂谷子，因许多材料是首次面世。

笔者编这本书的用意是为了保存一段历史的记忆，为以后的女性学、新闻传播学研究者提供参考。

从一百多年前第一张女报的诞生和第一位女新闻工作者的出现，标志着处于社会最底层的中国妇女开始觉醒和奋起。关于这段历史，一些关注女性问题的政治家和学者多有记载和论述。但把女性问题提高到国家层面，引起全民族全社会的关注，并把男女平等确立为基本国策，吸引了全世界的目光，则是在20世纪90年代。

为迎接联合国第四次世界妇女大会在北京举行，中国社会科学院新闻与传播研究所和中华全国新闻工作者协会获得联合国教科文组织的资助，在全国范围内（除港澳台外）开展了大规模《中国女新闻工作者现状和发展调查》，这是中国新闻传播史上第一次用国际通用的随机抽样方法，对全国女新闻工作者的全面调查，可称史无前例，具有里程碑的意义。

1995年9月，联合国第四次世界妇女大会在北京召开，中国传媒人倾全力投入‘95世妇会的报道。几乎所有的新闻传媒都出现了女性专版、女性栏目、女性频道；大会开设有专门的《妇女与传媒》论坛，并出版了英文会刊，使中国女性能同各国来京的妇女精英研讨传媒对女性发展的作用和责任，彰显中国女传媒人为维护妇女权益做出的努力，同时也研讨女传媒人自身的生存和发展。本书的主要内容从一个侧面反映了‘95世妇会前后的这一历史阶段。

今年是‘95世妇会20周年，即“北京+20”。回观过往的这20年，令人感慨万千，深感有些问题还需要深入思考和探讨：

一 国策和性别

男女平等是我国第一本宪法就确定的原则，1995年提升为基本国策，无疑是历史的进步，20年来的成就历历在目，2015年9月由中华人民共和国国务院办公室发布的《中国性别平等与妇女发展》白皮书，对此做了全面的总结。

男女平等基本国策的贯彻落实，每一步都不能缺少传媒的广泛宣传解释。然而，白皮书对“妇女与传媒”却着墨不多，这是否意味着传媒人落实男女平等国策不力？

事实是，‘95世妇会后，当年令人陶醉的盛宴尽散，传媒上的女性栏目和女性频道消声匿迹，网络上现存的所谓女性频道充斥着商业和色情气息，缺乏性别意识。现实生活中出现侵害妇女儿童权益的现象，鲜见有传媒和传媒人挺身而出。事实证明：缺乏性别意识，国策必定落空。从央视《半边天》节目的发展轨迹可以看出：这是一档深受中国妇女喜爱的节目，也是一档坚持时间最长的女性节目，主编寿沅君和她的制作团队频频得奖，还受到时任联合国秘书长安南的夸奖。只因当时央视的某些领导者缺乏性别意识和受众意识，任用了同样缺乏性别意识和受众意识的制作者，硬是在节目安排上让中国的半边天看不到《半边天》，致使一档有品位的节目寿终正寝。目前央视仍拥有诸多对象性节目，却唯独没有供7亿妇女说话和欣赏的平台。

可见，尽管女性人数在新闻传媒界节节上升，有的还掌握了传媒的决策权，但缺少社会性别意识，依然不会加强基本国策的宣传推动男女平等的进程。这里的关键在于居领导岗位的男女决策者都必须具有社会性别意识，才能确保男女平等基本国策的精准完美落实。建议高级党校和新闻传播高等院校普遍开设社会性别教育课，首先提高各级领导干部和传媒专业人员的社会性别意识，逐步普及到全社会。

二 自主与创新

新闻传播业原本就是一项日日创新的光鲜事业，所以能吸引众多年轻人趋之若鹜。许多传媒人也因能获得创新的成就感而坚守岗位矢志不移。

自主与创新密切相关，有自主才有创新，自主性强，创新力大，成就感高；自主性弱，创新力小，成就感低。自主是传媒人创新的原动力，也是传媒人成就感和满意度的源泉。香港《文汇报》驻京女记者刘诚从51岁当记者，报社给予她有充分的自主权，使她越干越有劲，一直工作到70

岁。而有些反对男女同龄退休，盼望越早离职回家越好的女传媒人，除了嫌收入过低、提升无望、工作压力大等因素外，主要是感到缺乏自主创新的空间，不能充分发挥自身的聪明才智。正如带着镣铐跳舞的舞者成不了优秀的舞蹈家一样，限制甚至压制传媒人的自主创新，同样出不了优秀的新闻人才。而建成有中国特色社会主义小康社会，时刻需要传媒的信息传播和沟通，因此，建议各级领导要承认新闻传播的固有规律，就是马克思所说的“必须承认它具有连植物也具有的那种通常为人们所承认的东西，即承认它具有不应该而且也不可能任意摆脱的自身内在的规律。”① 尊重传媒人按照新闻传播规律运作的自主权，削减不恰当甚至粗蛮的行政干预，为传媒人提供能够充分发挥自主创新力的宽松环境。这里所谓的宽松环境，是指要为传媒人提供一个能够说真话讲实话的生态环境，这样才能避免那些具有正义感责任心热爱本职工作的传媒人“无奈伤心出逃”，以提高和巩固新闻传播队伍。

三　自律与他律

中国传媒人爱国敬业，坚持社会主义核心价值观，不辞辛劳兢兢业业，全心全意为受众服务。这是主流。如《中国日报》的女编委黎星同志，业务水平很高，却坚决抵制高薪的诱惑，坚守岗位，累死在工作岗位上，年仅54岁。这样的传媒人并非个别。

然而传媒的市场化极大地加剧了传媒的商业化和娱乐化，冲击了正确的新闻观念，污化了传媒人的生态环境，扭曲了有些传媒人的灵魂，为金钱和权力所惑，出现了出卖版面、新闻敲诈、收封口费、制造假新闻等丑恶行为；还出现了有的传媒人充当权贵势力的鹰犬，为贪官猎取女同伴，害人害己，走上犯罪的道路。但更令人痛心的是有些女传媒人不知自爱，摒弃了传媒人应有的正义感和荣誉感，或迫于高官的权势，或接受金钱的利诱，甘愿充当情妇、二奶，葬送了自己美好的前程，同时也损害了新闻业的公信力和影响力。

因此，新闻传播界需要开展一次纯洁队伍的行动，普遍进行一次职业道德的自我教育，并使这样的自我教育常态化。同时要欢迎受众通过新媒体对传媒人进行友善的批评监督，及时揭露和纠正传媒人的陋习，以确保

---

① 马克思：《摩泽尔记者的辩护》，载《马克思恩格斯全集》第1卷，人民出版社1995年版，第385页。

队伍的纯洁健康，确保全国所有传媒都风清气正。

四　关怀和保障

传媒是社会的公器，它通过信息的传播，沟通社会上各种人群的思想情感，销减和消除相互间的误解和矛盾，达到社会的和谐发展。

传媒人应是维护社会公平正义的社会活动家，被称为“社会的良心”“人民的代言人”。传媒人服务于全社会，理应受到全社会的尊重和爱护。限制和打击传媒人的正当传播活动，无疑会压制甚至剥夺人民的话语权，损害人民当家作主的权利，属于违宪违法行为。党和政府应立法为传媒人提供法律保障。

陈崇山

2015年11月21日

后　记

这本书编得很辛苦，拖得时间很长，深感还有很多不足：

1. 我1979年才调到新闻所从事新闻理论的研究工作，理论基础薄弱，加之，我的主业是用实证研究方法研究受众，对新闻史不很熟悉，因此，本书的第一编大都是采用现成的资料。而在此编的“新中国的女新闻工作者”一节中，没有再逐个介绍著名的女记者，而着笔于女记协的组织活动。这是因为建国后新闻界女性优秀人物众多，但笔者难以确定哪些是受众公认的著名新闻人物。

2. 借助’95世妇会在北京召开之机，陈秀霞同志着力争取到联合国教科文组织的经费支助，笔者有幸组织并主持《中国女新闻工作者现状和发展》课题的调研，但因缺乏女性学的学养，对这次调查获得的珍贵资料只做了肤浅的呈现，缺乏深度分析，更未提出有创建的理论观点。

3. 笔者猛然闯入女性研究，但对我国女性世界，包括新闻界的“半边天”，缺乏全面的了解，对女新闻传播人的所思、所想、所欲、所求并不清楚，却一味呼吁“男女同龄退休”、“女性要掌握传播决策权”，尽管观点没有错，但有点脱离新闻传媒人现实的生存环境，遭到一些同行的反对。

4. 笔者已进入耄耋之年，离休20余年，一些有利的社会资源不再存在，何况时代在前进，社会已变化，以前研究资料共享不成问题，现在索要网上没有的资料极度困难，而我又不切实际地想把资料收集得“越全越好”，白搭功夫收效甚微。加之腰部手术后体质下降，视力减退，因此只好收笔，把此书交给读者，期盼有兴趣的朋友“横挑鼻子竖挑眼，”针对本书的不足，对中国女新闻传播人的研究继续下去。

对于我在研究过程中支持帮助过我的同志，深表感谢！

陈崇山

2015年11月20日